叶蓓卿 编

"新子学"论集
二辑

学苑出版社

图书在版编目（CIP）数据

"新子学"论集．第二辑/叶蓓卿编．—北京：学苑出版社，2017.5
ISBN 978-7-5077-5211-3

Ⅰ.①新… Ⅱ.①叶… Ⅲ.①中华文化-文集 Ⅳ.①K203-53

中国版本图书馆 CIP 数据核字（2017）第 067447 号

责任编辑：战葆红
封面设计：徐道会
出版发行：学苑出版社
社　　址：北京市丰台区南方庄 2 号院 1 号楼
邮政编码：100079
网　　址：www.book001.com
电子信箱：xueyuan@163.com
销售电话：010-67675512　67678944　67601101（邮购）
经　　销：新华书店
印　刷　厂：保定市彩虹艺雅印刷有限公司
开本尺寸：700×960　1/16
印　　张：53.5
字　　数：700 千字
版　　次：2017 年 4 月北京第 1 版
印　　次：2017 年 11 月北京第 2 次印刷
定　　价：200.00 元

开放会通的"新子学"
——《"新子学"论集》序（二辑）

陈鼓应

我曾经寻访过几大文明古国，如埃及、希腊、印度等。特别是到了埃及，亲眼观摩屹立数千年的金字塔，令我受到了巨大的震撼。然而念及创造如此辉煌文明的智慧先民，早已隐退于历史的长河，也不能不心生慨叹。归国后，我前往参观三星堆古遗址，五千年前巴蜀文化的丰富与璀璨，印证了中原文明以外，长江流域的古文明同样是一派繁荣气象。中华文化是多元文明中的一员，中华文化自身也有多个源头，这一点已是常识。

相较其他古文明，中国是唯一一个延续至今没有中断的文明体，这与我们早期的思想有一定的关联。早期中国的思想并不是统一的，不同源头之间有交流、有会通。北大老校长蔡元培所说的文化的南北交汇，台大校长傅斯年早先提出的"夷夏东西说"，都蕴含着这层意思。就中国早期历史而言，自西向东，是一个方向；自东向西，也是一个方向；南北之间亦复如是。不同地区文化之间有交流、有融通。比如陕西，就是著名的交汇之地，也是易学的源头。经济、文化有这样纵横交错的互相激发，才能促成春秋战国时期的思想繁荣，固守一家是不会有持久的生命力的。又比如老子故里河南鹿邑有座"圣母殿"，圣母殿中供奉了三位母亲，分别是老子、孔子、释迦摩尼的母亲。鹿邑"圣母殿"在唐代业已存在，说明古人认为不同的思想之间不是对立的，不是你死我活的，而实际是可以相互融通共生的。我们经常看到类似的情景，庙宇大殿供奉着不同的圣像，都市通衢并存着不同信仰的宗教场所，这说明中国对于多元异质的文化本就有着和谐共处的包容心态。

文化应当开放、包容、多元化，而非闭塞、禁锢、独断，这在今日之中国已成共识，但却不是由来如此。我想以台湾的经验来谈如何提倡传统文化。在过去，台湾推崇的传统文化，实为"独尊儒术"。蒋介石到了台湾，担任孔孟学会荣誉理事长，还成立国防研究院，把高级将领和党政干部大都纳进来受训。他将孔孟所提倡的忠孝伦理转化为"移孝作忠，忠于领袖"。在长达数十年的戒严令下，我们都身处这种"独尊儒术"的氛围中。我研究《老子》《庄子》，就不走"独尊儒术"的旧路，我对老庄海纳百川的气度是极为欣赏的。

对待中国传统文化，既要有开放的心灵，也要有"借古开新"的精神。我认为方勇教授提出的"新子学"非常好，有助于我们站在一个新的高度，更好地理解古代思想文化。"新子学"之"新"十分关键，要承接诸子学，也要有新的讲法。古人讲诸子学，旧的代表如班固著《汉书·艺文志》，沿袭了刘向、刘歆父子的成果，把当时的学术著作分门别类，其中首要的就是六艺和诸子之分，也就是经学、子学之分。这是一种图书分类法，同时也体现了班固对于经学、子学学术价值的判断与立场。事实上，他和董仲舒"独尊儒术"的态度是一致的，而与汉初司马谈《论六家要指》中的观点则有所不同。降及南宋朱子时代，儒家内部有了新的调整，《论语》《孟子》《大学》《中庸》成为经典，构成四书，而与五经并立，后来更成为国家的取士标准。朱子对诸子中的其他人物则加以排斥，这种做法较之班固门户就更窄了。清末以来，诸子学复兴，墨子、荀子、韩非子等长期不受重视的诸子也吸引了许多著名学者，老学发展开始倾向于应世致用，公羊学也开始复兴。民国时期，章太炎、梁启超、胡适等学者写作哲学史、学术史、思想史，就是在这些基础上再吸收西方观念来完成的。而到了我们的时代，多元文明的观念成为常识，学术眼光与境界本应更为开放，而不应该再把经学、子学高下作为前提，也不必拘泥于六家或者九流之说。先秦经典是不同源头思想融汇的成果，不应该分高下，也不要存门户之见，唯有一视同仁，观其会通，才能有一通达的了解。发掘早期文明之幽光，熔铸现代中国之魂魄，"新子学"的气象理应如此。

目　录

三论"新子学" ………………………………………… 方　勇 / 1
"新子学"理念提出的前后脉络 ……………………… 方　勇 / 10
"新子学"与中华文化重构
　　——在台湾"'新子学'国际学术研讨会"上的
　　主题讲演 ………………………………………… 方　勇 / 14
"新子学"概念的界定 ………………………………… 欧明俊 / 27
论"子学思维"与"子学精神" ………………………… 欧明俊 / 31
子学精神与"新子学"建构刍议 ……………………… 李桂生 / 50
从共同的问题意识探求子学的整体性
　　——"新子学"刍议 ……………………… 孙　广　周　斌 / 64
论"新子学"的内涵及其意义
　　——兼谈子学与经学之别 ……………………… 揣松森 / 70
关于"新子学"的几点浅见 …………………………… 郭　丹 / 80
先秦诸子思想中逻辑"中心点"存在的可能性
　　——"新子学"探索的内在路径 ………………… 方　达 / 87
新子学：几种可能的路向
　　——国内外学者畅谈"新子学"发展 ………………………
　　……吴根友　严寿澂　李若晖　姜声调　孙少华　李承贵 / 97

先秦诸子的本源地位与"新子学"的意义 …………… 蔡志栋 / 108
儒家式与道家式:"新子学"政治自由论的两种构建路向
　　——以康有为、严复为中心 …………………… 蔡志栋 / 120
"新子学"文化源流及其价值诉求 ………………… 景国劲 / 138
对于当代"新子学"意义的思考 …………………… 张　涅 / 148
诸子学的扬弃与开新 ……………………………… 徐儒宗 / 163
论诸子学的范畴、智慧及现代条件下的转化 ……… 刘韶军 / 178
诸子学转型的理由追问 …………………………… 许建良 / 198
漫谈总结时代的诸子学 …………………………… 强中华 / 225
传统子学精神与"新子学"的责任和使命 …………… 唐旭东 / 235
"新子学"承载回应时代问题的神圣使命
　　——以老子"天下观"意蕴与普世价值为例 …… 谢清果 / 245
再论"新子学"与中华文化之重构 ………………… 汤漳平 / 264
新诸子学与中华文化复兴 ……………… [新加坡] 严寿澂 / 278
实现中华民族伟大复兴的"新子学"之
　　"关注现实"的思考 ……………………………… 耿振东 / 301
"新子学"的本体建构及其对华夏文化
　　焦虑的对治 ……………………………………… 周　鹏 / 311
寻找中国文化真正发源起点 ……………………… 郝　雨 / 327
"新子学"与"新儒学"之辨 ………………………… 郝　雨 / 331
"新子学"与现代文化:融入与对接 ………………… 郝　雨 / 334
以诸子思想之源建构企业文化之魂
　　——"新子学"精神与商道文化的对接与融合 … 郑　作 / 342
重建当代知识分子的"子学"精神 ………………… 逄增玉 / 350
"新子学":如何与当代生活对接 …………………… 葛红兵 / 354
对"新子学"三个层面的思考 ……………………… 郜元宝 / 357

"第三极文化"体现的"新子学"精神 …………… 王　斐 / 361
重建我们的信仰体系,子学何为? …………… 宋洪兵 / 370
"新子学"理论支持社会主义核心价值观刍议 ……… 杨林水 / 397
构建"新子学"时代新的女性话语体系 …………… 张勇耀 / 405
"新子学"理论建构的现状与反思 …………… 曾建华 / 415
后现代语境中的知识建构
　　——试论"新子学"的境遇与未来 …………… 曾建华 / 429
现代学术视野下"新子学"的困境与出路 …………… 何浙丹 / 448
"新子学"与学术"新传统"建设 ……………… 孙少华 / 460
"新子学"与跨学科多学科学术研究 …………… 孙以昭 / 472
"新子学"与跨学科学术研究鸟瞰 ……… [韩国]姜声调 / 485
在韩国如何推广"新子学" ……………… [韩国]姜声调 / 507
"新子学"学科定位与杂家精神 ……………… 林其錟 / 521
"新子学"与杂家 ……………………………… 张双棣 / 539
熔经铸子:"新子学"的根与魂 ………………… 李若晖 / 544
探索前期中国的精神和观念
　　——"新子学"刍议 …………………… 刘思禾 / 555
"新子学"对国学发展的理解 …………………… 刘思禾 / 568
"新子学"对国学的重构
　　——以重新审视经、子、儒性质与
　　　关系切入 …………………………… 陈成吒 / 573
"新子学"的儒家 ……………………………… 陈成吒 / 588
"新子学"对中国传统经学的超越 ……………… 李小成 / 599
固本培元　革故鼎新
　　——儒道学说与"新子学"的发展 …………… 张洪兴 / 610
"新子学"与"狂"的现代意义 …………… [韩国]曹玟焕 / 619

从"为学"与"为道"来试谈21世纪
　　　新东道西器论 ………………………… [韩国]金白铉 / 634
"新子学"研究的当代指向与方法寻绎
　　　——兼论刘笑敢《老子古今》的
　　　"人文自然"概念 ………………………… 贾学鸿 / 649
子学到"新子学"的内在理路转换过程研究
　　　——以明清庄子学为例 ……………… (台湾)钱奕华 / 661
关于"新子学"构建的刍献刍议
　　　——《〈庄子〉结构艺术研究》读后漫笔 ………… 李炳海 / 683
浅谈"新子学"建设的历史脉络
　　　——从傅山到章太炎 ……………… 周　鹏　贾泉林 / 703
告别路径依赖　构建大乘墨学
　　　——"新子学"视野下的墨学
　　　发展进路 ……………………………… (香港)黄蕉风 / 721
"子商"再思考 …………………………………… 郑伯康 / 736

访谈录

精进开拓　推陈出新
　　　——方勇教授访谈录 …………………………… 却咏梅 / 746
"新子学"与中华文化之重构
　　　——方勇教授访谈录 …………………………… 张勇耀 / 760
致力于弘扬子学文化的传统魅力
　　　——访中文系方勇教授 ………………………… 杜晓玥 / 770
"新子学"将助力当代思想文化建设
　　　——访方勇教授 ………………………………… 李向娟 / 773

媒体报道

以"新子学"作为传承与重构中华文化的基础
　　——《"新子学"论集》出版 ·················· 汤漳平 / 779
"《子藏》第二批图书新闻发布会暨诸子学现代转型高端研讨会"
　　召开 ··· 叶蓓卿 / 784
诸子学现代转型高端研讨会在沪召开 ············ 万姗姗 / 786
发掘诸子沉淀在历史中的"金子"
　　——学者呼吁推进"新子学"理论建构 ·········· 胡言午 / 789
"新子学"推动文化复兴
　　——《子藏》第二批成果发布会暨诸子学现代转型
　　高端研讨会举行 ···························· 潘　圳 / 791
"新子学"稳步推进
　　——"诸子学现代转型高端研讨会"
　　纪实 ······························ 方　达　崔志博 / 795
《"新子学"论集》出版 ··························· 陈成吒 / 804
以开放多元的态度解决精神困境
　　——"'新子学'与现代文化：融入与对接"跨学科
　　研讨会举办 ································ 刘　凯 / 806
专家研讨扎根中国文化的"新子学" ················ 周玉宁 / 808
"新子学"国际学术研讨会在沪召开 ········ 刘晓晶　万姗姗 / 809
让诸子智慧真正走入当代生活
　　——第二届"新子学"国际学术研讨会
　　深入探讨 ·································· 却咏梅 / 812
发掘诸子治国理念
　　——第二届"新子学"国际学术研讨会综述 ······ 刘思禾 / 815

新媒体时代民族文化探源与经典传播
——"子学精神"传承与传播研讨会
　　综述 ………………………………… 毛冬冬　刘　凯 / 825
海峡两岸学者研讨"新子学" ……………………… 陈志平 / 835

编后记 ……………………………………………… 叶蓓卿 / 839

三论"新子学"

方 勇

学术创新是当今时代的重大课题，积极发掘传统文化中的元典精神，解决当代文化发展中的矛盾冲突，越来越成为社会关注的焦点。从根本上讲，"新子学"所关心的正是传统文化研究如何创新的问题。2012年10月，我们在《"新子学"构想》中全面论述了对当代诸子学发展的看法。2013年9月，又通过《再论"新子学"》集中探讨了"子学精神"。经过数年的思考，我们进一步认为，从"新子学"角度观照传统文化创新，具有其独特的可行性与挑战性，并关联到当代中国学术发展的一系列重要问题。

追溯原点

多元文明的观念在今日已成为普遍常识，文明的冲突与对话也时常见诸媒体。与之相关的还有多元现代性的观念，如艾森斯塔特的多元现代性讨论、杜维明的东亚现代性论述等。多元现代性是对经典现代性叙事的一种反驳，旨在强调不同的文化传统与现代社会之间存在内在关联。著名政治学家亨廷顿在《文明的冲突》中指出，现代性对西方社会同样是颠覆性的，只不过其内生因素起到了克服作用。借助全球史的视野，我们发现，后发现代化的国家最初都是被迫卷入现代的，都有一个急速的模仿期。当现代性深刻嵌入之后，后发国家的固有文化与现代性的协调问题就会逐渐突出。这对我们理解中国现代化与传统之间的关系具有借鉴作用。

中国作为一个连续不间断的文明体，其文化的生命力由来已久。当然，近代以来的挫折也揭示了中国文化内在的弱点。特别是近三十年来，中国社会极速现代化，经济繁荣、社会昌盛的同时，也不可避免地引发诸多问题。一个单纯发展经济的社会是没有前途的，社会发展必须落实为每个人的文明生活，这就需要文化的形塑力量。西方的流行观念在当下中国影响甚大，学界对于传统的研究也大多处于整理知识的阶段，研究方法尚依赖于西方话语体系，这实际上强化了外来价值体系的影响。此前，"新子学"提出正本清源的主张，就是希望中国学术能摆脱既有模式，重视创新精神。我们认为，传统文化研究创新首先需要回到中国思想的原点，即先秦时代的诸子学传统。

对于先秦学术，传统时代的学者大多囿于经学心态，无法客观认识其价值。近代以来观念更新，学者多能道破要点。章太炎评价中国学术："唯周秦诸子，推迹古初，承受师法，各自独立，无援引攀附之事。"后来的胡适、冯友兰等也有类似看法。这些都加深了我们对先秦时代元典性的认识。中国学术的革新，几乎每一次都是对先秦学术的重新发掘。汉代今文学影响最大的公羊学，是早期经学和诸子学的结合。魏晋玄学汇通三玄，是对于儒、道两家智慧的融通。宋明理学建立四书系统，是对早期儒学的一次重构，不过其强分正统、异端，则扭曲了先秦时代的思想脉络。在理学兴起前后，道教学者也以心性论为架构，成功复兴了道家。其后，宋明理学模式在明清之际陷入困局。清代学术以反省心学、理学为起点，经学考证成为主流，然其逐渐流于烦琐，终究难当大任。清代中后期，今文学和诸子学兴起，先秦学术传统再次复活，并在形态上最接近于元典时代的原貌。

今文学从庄存与、刘逢禄到龚自珍、魏源，再到廖平、康有为、梁启超，蔚为大观，于晚清掀起巨浪，在当代又重获新生。诸子学则从王念孙、王引之到俞樾、陈澧，再到章太炎，渐次张大，后并借助哲学史的形式成为主流。梁启超在回顾清代学术发展时指出，清代学术的脉络是由宋而汉，由东汉而西汉，有一个渐次回溯的过程。当代研究清代学术史的学者也有类似的看法。以蒙文通为例，其治学接续廖平一系，由今古文而入齐学、鲁学，再进至诸子学，深探古典时期的哲学与政治思想，可说是晚近学术演进的一个范例。数百年来，学术史的线索皆在于摆脱宋明理学模型的束缚，最终指向先秦学术的原生面貌，这可看作今天古典学问的方向。

先秦学术并没有一个固定的图景，汉宋明等不同时代对其有不同描述，这很大程度上取决于解释者的问题意识和学术脉络。近代以来，先秦哲学史对此提供了系统的知识图景，而这些工作在今天看来犹有未及。哲学史的范式预设了诸子学研究的范本，研究的兴趣多着力于形上学，诸子学本来的问题意识和思想线索被遮蔽了，而我们实则应于原生中国意识的定位上再多下工夫。除了学术观念的更新，考古学发现同样重要。我们有机会认识古人完全无法想象的先秦时代，如禅让风气与今文学发展的关系，孔孟之间、老庄之间的学术链条，黄老学的展开等，这些是传统时代无从想象的。诸子学的发展谱系，远较司马谈《论六家要指》《汉书·艺文志》复杂，各家的共通性非常大，相互的影响极深。因而，当代实具备了回归中国思想原点的极佳契机。更重要的是，诸子学本身所具有的多元开放的气质，正是中国思想原创力的突出体现。身处现代语境中的当代研究者，不妨学习和继承先秦时期"处士横议"的原创精神与恣纵气势，摆脱各种固有观念的束缚，汲取元典智慧，融会当代理念，是为学术创新之关键所在。

重构典范

关于中国传统文化的结构，学者各有不同理解，或宣扬儒学道统说，或主张道家主干说，或以经学为中心。"新子学"提出之后，也有学者主张经学、子学兼治。关于经典文本的结构，当代学者也有新的探索，如主张以《论语》《孟子》《荀子》《礼记》为"新四书"，或者以儒家经典加上《老子》《庄子》为"新经学"。传统本即复合多元，不同的主张确可相互促进。以"新子学"的角度观之，谁是主流、谁是正统的争论，在古代自有其理据所在，而置诸今日，却已渐失其讨论价值。全球化的时代，我们应从中华文明的整体格局看待传统资源，因为中国思想要解决的不再是内部问题，而是如何应对现代性挑战。将儒学视为中国思想的主流与正统，不免失于偏狭。中国社会已经深深扎进现代体系之中，文化转型势在必行。学术要大胆创新，要适应时代，有必要对传统做一番大的重构。我们认为，重构的关键在于如何把握先秦时代思想的结构。

先秦是文明转型的时代，也是构想新的天下秩序的时代。围绕着建立一个怎样的文明体和如何建立这个文明体，早期的思想家们既能汲取古代的资源，又能深刻观察现实，他们独立思考，大胆发言，形成了众多流派。孔子和老子作为儒道思想的原点，各自发展出思想系统，同时在很多重大问题上保持共识。原始儒家温厚活泼，开通多元，在其被体制化之前，既没有沾染经学的气息，也没有为维系中枢权威而不惜一切代价。原始道家宗旨清晰，意在构建更宽松更有活力的小规模文明体，而不像汉代之后被过度扭曲，畸变为一统帝国的统治技巧或者身体操作的指南。墨家是儒学价值的直接挑战者，开辟了论战的新视野，其关注底层和技术的倾向，为其他学派所不及。孟子和庄子都提到杨、墨的风行，可见墨家对当时思想界的巨大冲击。法家后起，代表了诸子学新兴力量，指引了当时政治体的发展，其系统的治理思想在后世影响深远。各家宗旨不一，却能相互吸收，越到晚期，这种趋势越明显。至《吕氏春秋》与《淮南子》，各家思想渐被吸纳并收，表达为一种中国早期文明的整体想象，最终促进了以秦汉帝国为标志的文明体的形成，这是思想创造力与时代呼应的典范。

从文化内部来看，先秦诸家皆能开出思想的新路，光耀一时。如果站在世界文明的维度上，最受瞩目的，则当属以孔、老为代表的原始儒家、道家。其中深藏的历史洞见和思想基因，也是现代文明重新理解自身、创新时代的宝贵资源。由孔、老切入元典时代，自然会在诸子学之外，注意到早期经学的价值。六经是古代典籍，其成为一个整体，则有赖于孔子。早期经学的发展，多体现为"传"，如《春秋公羊传》《周易传》等。汉代学者将《春秋》视为孔子思想的关键，而今人研究却多限于《论语》，对孔子和《春秋传》的关系有欠关注，不利于深入理解。同时，我们也应当注意到老子与《周易》在思想上的联系，特别是后世，无论王弼、陈抟抑或王夫之，易、老通治都是其学术的基础。《周易》和《老子》相互融通，古人限于经学观念，多不明言，今天则不妨深入加以讨论。"新子学"认为，关于元典时期的研究范围实应涵括诸子各家，旁涉早期经学，这样就能跳出经、子二分的传统观念，回归原点。我们主张以《春秋》《周易》《论语》《老子》为基础，这可能是激发创造的新典范；再旁及《孟子》《荀子》《庄子》《墨子》和《韩非子》等其他经典，形成元文化经典的新构造。

儒、道异同，经、子尊卑，一直是中国思想史上备受关注的重要命题。庄子云："自其异者视之，肝胆楚越也；自其同者视之，万物皆一也。"在传统语境中，固然有合同孔、老的主张，也有很多人严分儒、道。而从出土的郭店简来看，早期儒、道两家并非水火不容。

唐以前，学者出入经子百家是常态；只是宋明理学兴起后，理学家构造出正统和异端的界限，似乎孔子和老子完全成了正、邪之分。朱子把老子看成是阴谋家，务必除之而后快，这一态度对后来有很大的负面影响，略览清人熊赐履《学统》即了然。直到近代以来，诸子学复兴，学者才有真正改变，魏源、陈三立、高延第等都能平视孔、老，有如徐绍桢、严复等，甚至认为老子高于孔子。在今天多元文明的语境下，我们体认到，孔、老之间的同质性要大于差异性。约略言之，与古希腊思想比较，孔、老都是天下主义者，都能尊重不同族群，有人类一体的情怀，而不至于自困于城邦政治，甚至视奴隶为工具。与希伯来传统比较，孔、老都能发扬人文精神，"依自不依他"（章太炎语），而不以神格压制人道。这一洞见，于各大文明之中独树一帜。其他诸如深思德、位、时、中，以历史意识通观政治社会，皆可看出中国文化的深层精神。西方学者看待老子和孔子，大概就像我们看待柏拉图和亚里士多德，那是早期中国的主脉。古人的智慧在前，如何融通开新，参与到世界范围的讨论中，这是今天的任务。"新子学"主张，在面对西方文化的背景下，深入把握早期经典中的相通之处，熔铸出新解，这当是学术创新的途径。

唤醒价值

返归元典时代，意味着学术研究方式的转型。近代以来诸子学研究主要采取了哲学史模式，体现为"中国哲学"的知识系统，其最大的兴趣则在构造形上学。站在"新子学"的角度上，"中国哲学"事实上成为现代性叙事的构件，其在知识上的贡献远大于价值上的。中国古典学术与西方学术存在很大差异，其价值意义大于知识意义，这一点近代以来的学者有清醒的认识。章太炎认为，中国学术在致用，西方学术在求是。柳诒徵认为，中国学术重在实行，西方学术重在知识。劳思光认为，中国哲学是引导性的，西方哲学是解释性的。类似的讲法还有很多。晚年的徐复观为谈这一问题，专门作《向孔子的思想性格回归》一文，主张以恢复儒学的实践品格为方向。当代的研究者也有类似的主张。我们认为，传统文化研究的方向应该是对治现代性，而非论证现代性。从哲学史的范式中走出来，把重点从知识构造转出，重新唤醒传统资源的价值意义，让经典回到生活境遇中，这是关键。当然，这不是说把古人的话头直接搬到现在，也不是说不顾及现代社会的主流价值，一味复古。唤醒价值，是指在传统价值中找到适应当代的形式，并与现代价值做有效沟通。这就需要诸子学研究模式的创新。这方面我们已做了适当的探索。其一是研究的原理化。原理化要求不再局限于儒、道、墨、法、阴阳、名六家的框架，而是以问题为中心，做一种会通的研究。要抓住核心观念疏通古今，融入现代生活中加以讨论。诸子学具有恒久的意义，在于其洞见了文明中的基本事实，其解决问题的方案可能不是唯一的，但最切近中国社会。其二是研究的社会科学化。以往的研究都偏于哲学化，我们应该更多注意运用社会科学方法解释古典文本。现代社会与传统社会的不同在于，这是一个高度"人工化"的社会，一切现象都需要社会科学的视角才可以理解。古典时期的智慧需要结合诸如经济学、政治学、管理学、社会学的方法来阐释，才可能具有实际的解释力。学界较为缺乏像费孝通《乡土中国》一类的研究，不免阻碍了古典文本的意义开放。诸子思想的本旨在政治治理，现在的研究则多是集中于哲理方面，我们认为应该结合政治学理论的新发展做研究。

　　法国思想家科耶夫认为，现代性的本质是欲望，这指出了现代文化的根本弱点。一切打着主体、自我等旗帜的宣扬，最后都会一头栽进虚无主义的深渊。如何面对现代性的挑战，不仅是西方文化的问题，也是包括中国文化在内的多元文明的共同问题。要解决这一问题，首先需要冷静理解现代社会和传统资源之间的关系。现代社会中的主要特质，诸如巨大的活动力、线性的进步观、人的主体化，这些都是古典社会所没有的现象。资本和技术推动下的社会突进，并非传统文化能够直接无转换地嵌入。我们不能要求传统思想全面构造现代社会，传统文化的意义在于为社会提供价值系统，解决现代背景下的人的问题。不同的文明传统有不同的价值体系，西方有其自身的价值体系和解决方案，诸如"解放神学"就是力图解决现代社会困境的一种努力。西方的价值体系与其历史文化紧密相关，并不能解决中国社会的困境。要解决现代化中的中国人的问题，无法模仿西方，只能通过对自身文化的创新来解决。诚然，先秦诸子并没有现代生活的经验，他们的思想也不是为了解决今天的问题。但是，诸子思想是对文明的深刻洞见，尤其是对人的深刻理解，这些具有普世和恒久的价值。假如我们把技术和资本的问题理解为物，先秦诸子要处理的就是人如何应物的问题，这是传统文化研究创新的根本点。

以中国的价值来应对外来文化，宋儒曾经做过相应的思考。事实证明这样的创造性改造才能解决价值问题。陈寅恪曾指出："一方面吸收输入外来学说，一方面不忘民族本来之地位，此二种相反而适相承之态度，乃道教之真精神，新儒家之旧途径。"这也是创造性转化最早的表达。今天我们做的是融克西方观念的工作，关键还在如何发掘元典智慧，以应对当代挑战。譬如原始儒家强调家庭、教育和德性生活，这对当代中国非常重要。稳定的家庭是社会的基础，经济发展对现代家庭冲击巨大，城乡二元下的家庭和教育缺失问题尤为突出。而儒家的家不仅指家庭，也可以是一种组织原则，能够在社会组织中起到想象共同体的作用。如何把这些发展为管理学理论，值得思考。又如在政治伦理方面，儒家主张对国家行为做方向性的引导，强化行政体系的内部凝聚力，对官员的纪律约束，而道家则倾向于政治体的自我约束，放开管制，这些都可以转化为新的社会理论，都是先秦诸子探索与思考并总结出一定方法与结论的重要话题。通观原始儒家、道家，孔子讲"和而不同"，老子讲"玄同"，庄子讲"莫若以明"，都显示了开阔而包容的文化态度，其背后的理论意涵尤其值得深入发掘，并通过精深的研究形成完整的论说。中华文明并不是一枝独秀，中华文明也不低人一等，在差异中寻求共识，在合作中保存特质，这是诸子精神的当代意义。"新子学"认为，具有现实指向的价值重建，能够使传统文明在国家制度、政策以及个人生活中真正落实其价值，对当代社会产生应有的贡献。

只有当资本不再是自我逐利的怪兽，个人不再是虚空欲望的躯壳，中国人的文明生活才是值得期待的。传统完全可以转化为现代的商业理念，也可以深入其他领域，关键还在于创新的魄力与能力。作为一个有着悠久文明的国家，中国的传统研究最终还是要提供一种身份认同，助力于文明生活的重建。"天下文明"是古人最高的理想，也是吾辈应当努力驱驰的方向。传统中国已经深深嵌入现代世界，中国的命运和整个世界息息相关。如何把中国的思想力和创造力最大限度地开掘出来，考验着每一个认真思考与生活的人。《庄子》云："道术将为天下裂。"时至今日，我们不妨将其理解为：多元会通的中华文明，正需要通过追溯原点、重构典范、唤醒价值的一系列创新实践，才能突破自身旧有格局，从而更深刻、更切实地屹立于风云变幻的现代世界。

（原载于《光明日报》2016年3月28日16版。作者单位：华东师范大学先秦诸子研究中心）

"新子学"理念提出的前后脉络

方 勇

"新子学"理念的面世已逾二载，但其酝酿筹备的时间更长。《"新子学"构想》正式见报以前，我已同《光明日报》相关栏目主编当面详谈过多次，文章成稿以后，我又先后与该栏目主编往返修改了五轮，历时半年左右。《光明日报》认为，"新子学"的观点一旦推出，很可能会一石激起千层浪，因而格外慎重。从前《实践是检验真理的唯一标准》一文，据说修改了十一轮；我这篇文章竟也已经五易其稿了。五轮修订过后，正式定稿。2012年10月22日，《"新子学"构想》刊发，声势确实不小，许多学者与媒体都纷纷回应。这些呼应文章，如今绝大部分收录于首部《"新子学"论集》（学苑出版社2014年2月版）中，第二部现在也已在编。"新子学"相关论文累积已达150多篇，规模不容忽视。

按我们原来的设想，"新子学"的讨论可能主要在诸子学研究范围内开展。然而它一经登出，立刻波及其他各个学科领域，而非局限于诸子学一门，在地域上，它也已经传播至海外多个国家和地区。今年10月上旬，我到韩国首尔参加有关21世纪道家文化的国际学术研讨会，主办方已将"新子学"作为一个专门的议题来进行讨论。韩国学术原以儒学为命脉基准，儒学正统的观念根深蒂固，如今，他们同样也面临着思想转型的问题。"新子学"的观点传播至韩国以后，不光影响到学术方面，还与其他一些社会问题整合在一起，引起了一系列的反响。

比"新子学"更早进行的《子藏》工程，是华东师范大学的超大型古籍整理项目，也是我们共同策划并由我主持的。但没想到，目前关注"新子学"的人比关注《子藏》的还要多一些。相比较而言，可能《子藏》工程的内容较为专业化、专门化，而"新子学"却经由各大媒体广泛传播至各个学科，并使各个阶层都对其有所了解。

今年9月下旬，第五届国际儒学联合会在京召开，开幕式于24日上午在人民大会堂举行，习近平总书记作了报告。我应邀参加盛会并仔细聆听了报告，在场学者认为，总书记的报告即使单从学术角度去理解也是十分深刻而有意义的，很可能指引着以后相当一段时间内中国文化发展的根本方向。第二天，这份报告在《光明日报》第二版全文刊登。但是对于这份报告，每个人的解读是不一样的。24日晚上，《新闻联播》报道就没有从根本上把握报告中的学术内涵，也没有全面领悟总书记的讲话内容。报道仅仅是从恢复儒学、儒学几近独尊的角度来加以阐释播报。在我看来，这显然偏离了习近平的讲话精神。习近平讲话大致是说，儒学是非常重要的，是中国古代重要的学说之一，它与诸子百家等共同推进了中国文化的发展。报告中反复强调的这一观点，绝没有独尊儒学的意思。而且报告中还有一个新的关注点，即马克思主义与中国文化的关系问题，这和以前的提法都不一样。习近平指出："马克思主义基本原理必须同中国具体实际紧密结合起来，应该科学对待民族传统文化，科学对待世界各国文化，用人类创造的一切优秀思想文化成果武装自己。"马克思主义已经深深扎根在中国固有文化的基础上。我们认为这个观点比较重要。后来第二天分小组讨论，由我主持了其中的一场讨论。我谈到了"新子学"，但在场学者大部分倾向于儒学突出，认为中国的文化仍然需要有一个能够代表意识形态的东西，儒学还应该经学化，保持高高在上的地位，并主张在儒学经学化的基础上再来实现文化的多元化。我提出，"新子学"刚好是要破这个观念，不能有一个"高高在上"的经学。儒学中当然可以整合出一些合理的内容，我们也可以从儒学中多吸收一些养分，但不能将任何一门学说绝对性地置于所有学术文化之上。我们提出"新子学"的主张，最重要的就在于发扬子学精神，这是中国传统文化中非常宝贵的内涵，也正契合这个时代的精神。如果有人觉得我们提倡子学，只是在强调子学在学术史上如何重要，那么显然对"新子学"产生了误解。诸子学在中国思想史上固然十分重要，但并不总占据着最显著的地位。以《四库全书》为例，子学的位置就显然不是最突出的。而如今我们提倡子学，首要就是提倡"子学精神"，这是子学背后中国文化源发时期的基本特质。简单地说，"子学精神"就是不尚一统、主张多元并生，就是学派间要保持平等对话、相互争鸣。"新子学"反对任何独尊，反对以权力宰制学术，反对借古圣人之言造作道统。不能理解"子学精神"，也就不能理解"新子学"的关切点。我在国际儒学联合会上表达了以上观点，但与会者并未能充分理解。

"新子学"的理念，是要破除思想的禁锢。经学观念已经渗透在我们每一个人的思想之中，渗透在整个中华民族的心理中，无形而又无所不在。我们提出"新子学"，并不是说诸子百家作为学术研究要改变一些方法，要渗透进一些异质，这只是表层现象；更深层的理念观照在于，中国的文化要有一个大的改变。至于它与西方学术的关系，与古代文化的关系等等，我之后几篇"新子学"论文大致上已经表述得比较全面了。但"新子学"作为一个系统性的架构，并非几篇文章就能涵盖其所有内蕴，也不是短短数天数月甚至数年就能辨析清楚。"新子学"理念要充分渗透到各个领域，前路尚且漫漫。回顾历史，任何重要的新观念的蔓延，往往未必顿现于一朝一夕，可能经过数十载乃至更长的岁月，其影响仍在延展与振作。而理论性的问题，特别需要邀请理论研究专家，尤其是哲学思想研究者参与进来。我的主要精力还是放在诸子百家方面，因而，诚挚希望有更多的思想研究者参与"新子学"的讨论，为这一创生伊始的理念能够更为蓬勃地发展多多建言。谢谢大家！

说明：本文根据2014年11月9日上海大学举办的"'新子学'与现代文化：融入与对接"学术研讨会上的发言录音整理而成。

（原载于《名作欣赏》2015年第1期。作者单位：华东师范大学先秦诸子研究中心）

"新子学"与中华文化重构
——在台湾"'新子学'国际学术研讨会"上的主题讲演

方　勇

女士们、先生们：

　　上午好！十分荣幸能来到这和诸位一起探讨"新子学"，我对本次研讨会期待已久。台湾的学术界与民间一直都有着创新的意识，勇于站在时代潮流的前端，相信经过在台湾的探索，"新子学"一定会获得更多新的活力，进入更新的境界，因此，本次研讨会必将成为"新子学"发展史上意义重大的里程碑。以下我将结合"中华文化重构"这个问题对"新子学"作一下整体介绍，包括"新子学"提出的背景与必要性、"新子学"概念的具体内涵、"新子学"的影响力三方面，如有疏漏，还请多多指正。

一、"新子学"提出的背景与必要性

　　提出"新子学"这个理念，是与我的治学经历与学科背景紧密相关的。我的学术生涯起步于老庄研究，我们这一代研究老庄的学者，基本上都是读着陈鼓应先生的老庄研究著作成长起来的，这也让

我很早就与台湾学界结下了缘分。1986年我在河北大学中文系获得硕士学位，之后留校任教，这一阶段我的学术重心主要落在《庄子》上，期间与中国社会科学院陆永品先生合著了《庄子诠评》一书。此书写作耗时四载，总共涉及120多种古代研究《庄子》的著作。在《庄子诠评》的写作中，我涉猎了大量材料，也萌发了许多想法和思路，为之后的《庄子》研究奠定了基础。之后，我师从杭州大学（今浙江大学）吴熊和先生攻读唐宋文学博士学位，但仍心系子学，特别是《庄子》研究。这段经历对我之后研究"庄子学史"也很重要。此前我研读的大多是唐前文献，而博士期间，我把大量精力放在了研读《四库全书》《四部丛刊》《丛书集成初编》等丛书所收录的唐宋及以后的相关文献上，对中国文化的大背景有了一定的掌握后，历代学术研究的情况也就熟稔于心，这对我后来撰写《庄子学史》有极大的帮助。1997年7月我进入北京大学中文系博士后流动站从事研究工作，确定以"庄子学史"为较长时期内的研究课题，经过十年多的努力，完成了200万字的《庄子学史》，2008年10月由人民出版社出版。《庄子学史》旨在梳理《庄子》研究的历史，同时又辅以多条副线，关涉文学、艺术、医学等多方面，获得上海市第十届哲学社会科学优秀成果奖、教育部第六届高等学校科学研究优秀成果奖一等奖。我又受到游国恩先生《离骚纂义》的启发，着手撰写并于2012年出版了《庄子纂要》一书，相比《庄子学史》，《庄子纂要》400万字，更以资料全备为特色，对"庄学"研究有襄助之功。

在《庄子》研究领域取得一定成果之后，我又着手开垦整个诸子学领域。2006年我成立了华东师范大学先秦诸子研究中心。此外，我还努力地创造平台促进诸子学领域学者之间的交流，包括主编《诸子学刊》、主办"诸子学"学术研讨会、策划"诸子研究丛书"、筹建诸子学会等工作，这些都对诸子学研究有着积极的推进作用。在这些工作的基础上，我酝酿启动《子藏》工程。《子藏》工程力求全面搜集整理中国历史上诸子学相关的研究材料，是一项超大型的学术项目，是华东师范大学人文学科中资金投入最多的项目，对中国文化发展的意义更是不言而喻。《子藏》工程的运行，为诸子学的全面复兴提供了文献材料的基础，同时我也意识到《子藏》工程的主体部分仍是局限在文献层面，主要针对的也是专业学者，如果想让诸子学在当代文化中获得新生，那我们还需要对它进行理论探索，并让它面向更广大的受众。基于这方面的考虑，我便有了"新子学"的理论构想。以上所述，主要是从我治学经历的角度介绍了我提出"新子学"理念的背景。

当然，"新子学"的提出还有一个更大的文化背景。在过去的五六十年中，中国文化的发展经历了曲折的道路，尤其是"文革"期间，中华文化更是遭受了灾难性的打击。近十余年，中国政府开始调整发展策略，更为注重"文化强国"的理念，中国不但要在经济上成为强国，在文化上也要有自信心。本来中国国学在改革开放30年来就持续升温，随着"文化强国"理念的推广，国学进一步升温，很多知名大学都成立了国学院，青少年教育也加入了更多的国学元素。但随着国学的升温，问题也随之而来：文化到底要传承什么？传统文化发展的方向到底在哪？我在2012年4月的"先秦诸子暨《子藏》学术研讨会"大会报告中提出了"全面复兴诸子学"的口号。① 这个口号之前未有人提过，经过新闻媒体和学术刊物的报道和介绍，"全面复兴诸子学"的理念产生了一定的影响。之后我沿着这个思路继续挖掘，并与我的博士团队共同探讨，集团队之力，进一步凝结出"新子学"理念。在《光明日报》的支持下，2012年10月22日的

---

① 李秀华：《为诸子学全面复兴而努力——"先秦诸子暨〈子藏〉学术研讨会"纪要》，《光明日报》2012年4月23日第15版。

《光明日报》"国学"版刊发《"新子学"构想》一文,在学界引起了很大反响,不少学者纷纷撰文讨论"新子学"议题。之后,2013年9月9日的《再论"新子学"》,2016年3月28日的《三论"新子学"》等文章相继刊发于《光明日报》"国学"版。"新子学"影响不断扩大,各方又继续推动。

除了政府的文化政策促进了"新子学"理念成形之外,从中国文化史、学术史的角度来看,诸子学的复兴也是理所当然。先秦时期百家争鸣,可谓中华学术的黄金时代,诸子关注现实,自由地发表议论,文化多元,平等对话,没有一个学派完全取代其他各个学派的位置。到了汉武帝时期采纳董仲舒的建议则独尊儒术。经学在当时自有合理的一面,但其负面影响是,一旦为统治阶级所用,依此制定的国策便多趋向封闭保守。原始儒学并非僵化不堪,然而一旦成为经学,就变得神圣不可侵犯了,其他诸子的思想会被视为异端,这就形成了中华文化几千年来的基本框架。东汉后期,已经成为迷信的经学垮台以后,老庄学等文化迅速崛起,引发了人性的大解放,文化多元的大释放,启发人们不要被高高在上的权威所左右,不要被经学思维、经学政治束缚。降至隋唐,这种趋势又不幸中断,虽然当时的基本文化格局是儒、道、佛三教并重,但儒学仍占主导地位,一直持续到明清都是如此,进仕之途也必须按照指定书目应考。魏晋以后的历史发展表明,经学一旦成为权威,要它适应之后各时代的发展是有一定难度的,因而它自身作了很多内部调整。比如,宋儒认为汉人释经,过于看重文字训诂,造成了儒学义理的平板化、碎片化。他们以弃形存神、直入孔孟堂奥为理想,吸收了佛、道二教的诸多成果,丰富了儒学的哲学维度,最终形成理学。但为了维持"经学"的权威,他们表面上决不承认这一点,以免背上"异端"的罪名。理学家号称探究到了先秦儒学的真正思想,但显然这是假象,儒学的演化适应能力是比较差的,单靠它自身的发展难以达到这一高度,所以必然要对道、佛各家思想有所吸收，才使儒学适应了新文化的发展。在之后的元朝，中华思想学术没有太大发展。而朱元璋建立明朝后，文化上采取高压政策，士人思想多受束缚，学术进展缓慢。一直到正德年间，朝廷由于内讧，控制力减弱，加上当时江南等地商业繁荣，各种因素综合，促进了作为儒学经学对立面的老庄学说及其他诸子学说乘势而起。以道家学说为例，嘉靖万历年间，老庄十分流行，晚明时期，研究《庄子》的著作数量更是蔚为壮观，甚至与清代庄学著作的总量相当。当然，出现这种状态也与阳明心学有一定关系；阳明心学不避讳对异端的吸收，承认了佛老对自身的影响，毕竟当时的思想风气已进一步开放。但总体来说，明朝的主导思想仍是儒学，而到了清代，文化发展又回归了之前的途径，儒学再次成为绝对主导，诸子学的发展都笼罩在儒学影响下。以庄子学为例，清代庄学体现了鲜明的"以儒解庄"倾向，这些学者思维中还是根深蒂固的儒学、经学意识，希望以儒学为主，实现儒、道调和。在中国两千余年的历史中，整体的文化格局基本就是儒学占主导地位，经学高高在上，其他思想会有间歇性的蓬勃发展，但大部分则被压至从属地位，视为异端。

现代意义上的诸子学，如果追溯源流，可以定位在明末清初，主要人物是傅山。作为气节傲然的遗民学者，傅山坚决不出仕清廷，赢得了当时很多人的尊重。他提出了"经子平等"的理念，认为经学与诸子之学在地位上应该是平等的，比如他指出：

　　经子之争亦未矣。只因儒者知"六经"之名，遂以为子不如经之尊，习见之鄙可见。①（《杂记三》）

　　子书不无奇鸷可喜，但五六种以上，径欲重复明志，见

---

① 傅山：《霜红龛集》，山西人民出版社，1985年，第1066、653页。

道取节而已。①(《与戴枫仲》)

傅山本人对这一理念身体力行,综合研究了《庄子》《老子》《淮南子》等各类子学著作。到了清前期,文字狱大兴,学者世人皆不敢妄谈义理,于是如"乾嘉学派"等就钻到故纸堆中做考据与校勘,不过他们在研究经部著作时,也对子部的周汉典籍作了研治,这从另一个层面相对来说,也实现了"经子平等"。因此纵观历史长河,诸子学实际上一直在发展,只不过常常以暗流涌动的形态存在。

"五四"之后,儒学明显衰弱,随着西方文化的涌入、社会的转型,诸子学潜力被发掘,广受重视。继而诸子学一直呈现上升之势,经久不衰。按照我的观点,在目前的发展潮流下,中华文化能给世界贡献的最重要思想,大概就是诸子的思想。以上便是我提倡"新子学"的一个重要的思想文化背景。

最后,从人们的思想观念来看,"新子学"的提出也是很必要的。中国由于长期的大一统思想,儒学高高在上,其他思想都被视为异端,从而造成了人们头脑中的"经学思维"。这种经学思维是广义的,不仅仅局限在学术范围内。比如人们平时思考问题时,总希望有个"意识形态"在上面做把持,然后才能有学术、政策等具体的表现。这样考虑问题便不能再持有平等、多元的心态,而是容易出现一些比较极端的倾向。而庄子"齐物论"等思想对于改变单一思维,形成多元视角来看待世界具有正向意义。经学思维已经根植在中华民族的精神深处,而在台湾地区这种思维可能更明显。台湾上世纪有过"尊孔读经"的运动,大陆则经历了"文化大革命"。台湾学者受到的经典教育强度更大,而大陆学者接触经典则主要源于自身兴趣,而且也不限于经书一类,这就造成了两地学者对"经学"的不同接受

---

① 傅山:《霜红龛集》,山西人民出版社,1985年,第1066、653页。

态度。比如20世纪80年代，我随魏际昌先生参会时，就注意到台湾学者在研究《诗经》时，"大序""小序"是不敢随便怀疑的，经学思维很明显，而大陆学者在这方面则更为开放，他们不仅怀疑这些是东汉卫宏所作，甚至有些人还为了配合批判儒学而指出它们出自"村夫"之笔。当然，随着台湾政治、文化的发展，大众头脑中的经学思维受到了冲击，也可以随时批评当局，这在原来是不可想像的。但在学术研究上面，经学思维还是有较大残留。我和陈鼓应先生谈过，我说："陈先生，您在大陆的影响应该比台湾大，因为台湾是看重经学的，而您是研究子学的。"陈先生听了，点了点头。以前这就是真实情况，研究经学的人总是觉得高人一等。现在情况可能有些改变，台湾的经学研究在衰退，而子学研究在上升，大陆也有类似的情况。

基于上述种种，我认为提出"新子学"是很有必要的。

二、"新子学"的内涵

对于"新子学"这个概念，一般人刚接触时可能会简单地以为这是"诸子学"研究在方法层面的革新，比如采用一些新方法对诸子文献做整理等等。当然"新子学"有这层含义在里面，但这不是最主要的。"新子学"概念的提出，是为了承载我们对于文化多元化的诉求，这种多元平等的精神一直是我的关切点。"新子学"就是承载这一提法比较新颖的一个概念。第一篇刊发的《"新子学"构想》已大致打造出了这一思想的框架，此文详细阐发了"新子学"与儒学的关系、在国学中的地位、如何面对西学等问题，[①] 为之后的"新

---

① 方勇：《"新子学"构想》，《光明日报》2012年10月22日第15版。

子学"讨论大致确立了一个方向。之后的《再论"新子学"》，对"新子学"做了更形而上的探索，归纳出"子学现象"和"子学精神"两个概念。我在《再论"新子学"》中曾提到过："就深层意义而言，'新子学'是对'子学现象'的正视，更是对'子学精神'的提炼。所谓'子学现象'，就是指从晚周'诸子百家'到清末民初'新文化运动'时期，其间每有出现的多元性、整体性的学术文化发展现象。这种现象的生命力，主要表现为学者崇尚人格独立、精神自由，学派之间平等对话、相互争鸣。各家论说虽然不同，但都能直面现实以深究学理，不尚一统而贵多元共生，是谓'子学精神'。"①

从"子学精神"的角度出发，可以帮助我们更好地理解我在《"新子学"构想》中提出的几个问题，即"新子学"与儒学的关系、"新子学"在国学中的地位等等。

首先来看"新子学"与儒学的关系。中国最早的文化主体自然是"六经"系统，这是无可置疑的。但面对着春秋战国时期的变局，一些有眼光的士大夫吸收了"六经"的思想精华，针对现实提出了他们的治国方略。这类思想比起经学，显然更关注现实，有着更多元的文化视野。从后世的发展来看，经学一直以"五经"为主体，变化不大，而诸子之学则始终在变化自身以适应现实，不断提出新的思想理念。特别是面对着当代科技的突飞猛进，世界变得越来越小，不同的文化出现了激烈的碰撞，中国再也不能以之前的天朝上国自居。在这种情况下，如果我们还是固守儒学的一些理念、停留在经学思维中，妄自尊大，那必定难以适应时代的潮流。在我看来，儒学与其他诸子相比，的确显得相对保守。《论语·雍也》记载孔子说："觚不觚，觚哉！觚哉！"②即认为某些东西就得有某些样子，孔子还十分

---

① 方勇：《再论"新子学"》，《光明日报》2013年9月9日第15版。
② 朱熹：《四书章句集注》，中华书局1983年，第90页。

强调"夷夏之辨",而从现代观念来看,各国、各民族无论大小都是平等的,是要相互尊重的。重视本民族文化是无可非议的,但我们不能因此看低其他民族的文化,否则就违背全球化的发展趋势了。而现在大陆一些大学的国学院响应国家"文化强国"的口号,努力发扬传统文化,但对象往往囿于孔子、儒学的范围,让大众以为中国传统文化仅限于此,这也是不可取的。这时,就需要专业研究人员真正地面对中国文化的现实,将传统文化的丰富性和包容性挖掘出来呈现给大众。原先学者只是坐拥书斋研究些具体而微的课题,而时代呼唤我们走出象牙塔,同时参与大文化的建构。

所以,"新子学"认为,首先必须承认儒家"六经"是中国旧文化的主体,但随着时代的发展,诸子百家逐渐凸显出来,这也是我们必须面对的现实。那么,当今时代,儒学必须要返回到原始儒学上去,将经学的成分尽量排去,之后,儒学中的子学精神将更鲜明地呈现出来,它将表现出平等、多元、善于应变、面对全球等新特质,由此,儒学又将会获得鲜活的生命力。继而,它将作为子学中的一种在当代依旧发挥其重要作用,这种状态下的儒学与"新子学"并不是针锋相对,而是相辅相成,共同致力于中华文化的伟大复兴。

此外,再来讨论一下"新子学"与国学。传统国学的内涵很广,有些学者提出"大国学"的概念,认为各种传统的文化都可以看作国学。但国学需要一些灵魂的、核心的东西,之前学者探讨这一层面时,主张国学以儒学为主体,以经学为灵魂。但我以为新的国学必须要面对现实,决不能儒学一家独大,它的核心精神还应该是子学。当然,以子学为国学核心,这种说法并不是立足于典籍的数量与比例方面,而是就其精神层面而言。我在《再论"新子学"》中专门探讨了这个问题:"'新子学'视野中的'国学'将是一个思想多元性与时代发展和谐一致的图景。我国早期思想史上经学与子学的互动,中后期三教的冲突与融通,以及西方思想文化因素在明清以来的渗入,这些都是构建'新国学'时不得不予以关注的。……'新子学'的'子学精神'主张多元并立，在主导'国学'构建与发展时，将整合现有的各类学术文化。它给'国学'带来的不是简单的内容上的囊括，而是结构性的革新：'国学'将由单向封闭的金字塔结构，转变为交互动态的多元开放结构。简单而言，在'新国学'的结构中，各种学术之间多元、平等、互为主体，没有谁统摄谁，谁要依附谁的问题。在这种体系之下，经学和儒学并不占据垄断地位，不再是其他学术确立自我和位置的依据与标准，只是复合多元、动态构成的学术生态中的一个重要但又普通的组成部分而已。因此，今后的'国学'不再是一枝独秀的孤景，而将上演百家合鸣的交响。"① 可见，由"新子学"主导的国学将会与旧国学呈现出不同的特质，从而更好地适应时代发展。

再者，"新子学"与西学的问题也是亟待处理的。全球化，那么面对西方文化时代的中西文化关系也是很重大的问题。比如，在研究生培养这一领域，由于过去的学科建设基本照搬欧美或照抄苏联，传统的中国学问被肢解分散到各个专业中去，研究生传统学问的根基被严重削弱。尤其是一些主攻西方哲学或西方文艺理论的学生，传统中国文化的根基较弱，一些研究生古文功底不足，面对读不懂的古文，反过来去找西方学术论著中相关的英文翻译版来看，很不可思议。所以，"新子学"主张，当前发展文化应以中华传统文化为主体，然后吸取一切外来文化中的精华部分，以补充我们的文化、发展我们的文化。在这方面，古代中国文化对佛教部分吸收的成功经验能给我们很大启发。那么，基于中国几千年的传统文化和大国背景，"新子学"主张在面对强大的西方文化之时，不能丧失自信心，而应该在世界上力争属于自己的话语权。我们这种努力也是和目前的大趋势相吻合的

---

① 方勇：《再论"新子学"》，《光明日报》2013年9月9日第15版。

——虽说如今的诸多评价体系如论文评价、思想评价、观念评价等都大致是以西方为标准，但近年来，中国大陆学术界开始回归传统，而且回归传统文化会是大势所趋，例如有些文艺理论研究者，早先对中国传统文艺理论不够关注，但随着研究的深入，发现以西方的文艺理论阐释中国传统文艺理论存在隔阂，他们也开始回归中国传统的原始典籍。使中国学术以更好的姿态面向世界，这是"新子学"的机遇，也是"新子学"需要承担的时代责任。

三、"新子学"的传播与影响

"新子学"理念提出后，在学术界迅速得到传播，诸多媒体如《文汇报》《文汇读书周报》《中国社会科学报》《社会科学报》《安徽日报》等都进行过报道并有不少学者参与讨论。目前涉及"新子学"的文章已达190多篇，"新子学"引起广泛讨论当然和我们的推动有关，但在深层次上，"新子学"也与当前的文化背景相合。

"新子学"如今已得到学者们的广泛认可与参与，在上海我们已经开过两次大的国际学术会议和一次规模相对集中的高端研讨会，而上海大学也和甘肃文联联合举办过一次"新子学"学术会议。在2014年10月11日我参加的韩国"第二次神明文化国际学术大会"上，举办方就将"新子学"的讨论作为此次学术大会的重要议题之一，韩国学者也对"新子学"发表了很多好的见解和看法。2016年3月18日，台湾屏东大学也组织召开了"新子学"座谈会。"新子学"国际研讨交流会也于2016年11月28日在厦门筼筜书院召开。2017年10月，台湾中国文化大学还将举行一次规模比较大的"新子学"国际学术研讨会。

随着讨论"新子学"的论文数量越来越多，两年前已有学者编辑了《"新子学"论集》,该书把已发表的讨论"新子学"有关的80余篇文章搜集并出版,由于"新子学"的讨论文章还在增加,第二本论文集也正在编选之中。总之,"新子学"之所以能够引起这么多学者的讨论,说明它是抓住了时代发展方向的。

"新子学"除了在纯学术界的影响,同时也影响到其他很多方面,例如在中国大陆的中学教学里面,也出现了"新子学"的影子。2014年河南中原名校高考全仿真模拟考试整张120分的语文试卷中,有关"新子学"的题目占到9分。"新子学"甚至渗透进经济领域,在传统儒商之外,"子商"的新观念也被提出,① 谭家健先生也认为"子商"是有道理的,比如《管子》中就有很多经商之道,而儒学中却很少。

"新子学"面世以来,有些人是不太理解的。香港有位治墨学的年轻学者撰写了一篇文章发表在网上,大意就是说,大陆的"新子学""新儒学"都是被政府收买的。但是他不明白,实际上"新子学"的提出跟政府并没有任何关系,我认为像这样的争议倒是好的。后来我们召开"'新子学'国际学术研讨会",还把这位年轻学者也请来了,倡议他一起参与探讨。通过交流,他最终也赞同"新子学"的理念,且将他自身所提倡的"新墨学"与我们的"新子学"结合起来,实现了良性互动。

文化发展到今天,大的方向需要大家一起来寻找。可以说"新子学"提出至今,大的方向是对的,总的理念是不错的。目前还没有学界同仁发表文章来否定这个大的方向。至于一些具体的细节问题,比如整个框架是不是完全就是目前这个范围,这些是很值得讨论的。关于这方面的理念我自己也不是固定的,也在不断修补与发展,盼望各国各地的学者一起参与"新子学"的讨论,盼望有更多的学

---

① 郑伯康:《"子商"构想》,《诸子学刊》(第九辑)2013年2期。

人为"新子学"研究注入新的活力。

（本文由博士生张耀据2016年10月22日讲演录音整理而成，原载于《人文杂志》2017年第5期，发表时删去了文中的首节文字，今补足，作者单位：华东师范大学先秦诸子研究中心）

"新子学"概念的界定

欧明俊

《光明日报》2012年10月22日"国学版"发表了《"新子学"构想》一文,首次提出并系统阐述了"新子学"概念,引起学术界热烈反响。笔者拜读后深受启发,此就"新子学"概念的界定谈谈个人的理解。

界定"新子学",首先有一对应概念,就是"旧子学"或"古代子学"或"传统子学",传统子学就是经、史、子、集的"子部"之学,即凡著书立说自成一家之言者,除经书外,统称子书,子书及研究子书的学问即称为"子学"或"诸子学"。传统子学实有狭义、广义之分,狭义的特指先秦诸子百家学术;广义的则指历代诸子百家学术及历代学者研究诸子思想的学问。先秦诸子元典著作、两汉以来诸子著作、整个古代诸子百家研究以及研究之再研究,是最广义的传统子学。

自汉代"独尊儒术"始,诸子学长期被视为"异端",只是经学的附庸。清末受西学影响,诸子学开始"复兴",1902年颁布的《钦定京师大学堂章程》,以朝廷的名义正式使用"诸子学"概念,"诸子学"作为一专门学科正式形成。与传统子学相较,清末民初,诸子学出现许多新因子、新气象,"新学"特征十分明显,严复、康有为、梁启超、章太炎等即借鉴西方的理论来研究传统诸子，此即"近代子学"、"现代子学"，也可称"新子学"，只是当时无人"命名"而已。

"新子学"有不同的时间规定性，从清末开始的或从"新文化运动"开始的或从20世纪80年代以来兴起的即近代子学、现代子学、当代子学，皆可称作"新子学"，各自又有独特内涵。笔者更倾向于主张将20世纪80年代以来兴起的以新观念、新思维、新理论、新方法、新视角、新材料、新模式等研究传统诸子百家学术及现当代"新诸子"的"当代子学"称作"新子学"。

"新子学"是对传统子学的新阐释和新发展，其本质精神就是一种学术新理念、新体系、新创造，此即"新子学"的"新"。但同时应强调，"新"并不意味着抛弃"旧"，传统子学的一切皆应继续研究，并继承其精华，应充分尊重古人智慧、体认古人思想，合理扬弃。子学是思想的学问，是"道"的学问，应注重"道"的阐发，而不应舍本逐末，只重其"术"。传统的兵学、医学、佛学、道学（仙道学），"道"的层面应是"新子学"的题中之义，天文、算法、术数等，其中亦有"道"，具体的"术"可以不论，艺术、谱录类可独立，《论语》《孟子》早已入经部，仍应视为经学来研究，不必再"离经还子"，但论先秦"原生态"的诸子学时可视为"子"。"新子学"可以"新史学"、"新经学"为参照概念，但必须避免其弊端，绝不能照搬照抄，应注重在继承传统的基础上创新。子学与经学、文学存在"交集"部分，子学不是孤立的存在，不能满足于就子学论子学，而应互动认知，注重关联性，融会贯通。子学属于义理之学，属于学术的一个层面，还要兼顾考据、辞章、经济之学，置其于学术总体系中研究子学。

与"新子学"相关的概念是"新儒学"，代表人物是梁漱溟、熊十力等现代"新儒家"。"新子学"也应该有"新子家"，历代新诸子不断增加，现代也有"子"家，儒家是诸子之首，"新儒家"其实就是"新诸子百家"中的一"家"，除"新儒家"外，那些有独特思想体系的大学者如章太炎、陈独秀、胡适、马一浮等都可称为"子"，即"新诸子"，"新子学"也包括"新诸子"之学，也研究"新诸子"。"新子学"是国学的一部分，应在国学研究中发挥不可替代的作用。

相对于"西学"而言，"新子学"应有文化自信和理论自觉，一方面，敢于并善于吸收西方学术的先进理论和方法，吸收世界一切民族的优秀思想，进一步将自身系统化、科学化；另一方面，应充分重视本土的立场、传统、话语，重视民族特色，应以西融中，以中化西，西学为我所用，而不只是注解西学，沦为西学"附庸"。传统子学是历代思想家智慧的结晶，代表"中国智慧"、"东方智慧"。"新子学"应努力继承并发扬传统"子学精神"，要注重当下关怀，更要有人文理想、终极关怀。"新子学"不能仅仅满足于注释古人、研究他者，更重要的是自己能创造。研究者要有文化担当精神，有高远宏大的学术理想，代表天下之良心，视学术为天下之公器，要有国际大视野，站在国际高度来看问题，兼容并蓄中外众家之长，综合创新，在国际学术格局中发出自己的声音。

按现代学科观念，传统子学可分为不同的学科进行研究，如哲学、政治学、军事学、经济学、伦理学、逻辑学、教育学、宗教学、文学、中医学、天文学等，但仅仅分科研究是不够的，那只是诸子的一面，不是全体。笔者强调充分体认传统整体学术观念，深刻反思完全采用西方学科分类硬套和肢解传统子学而带来的学术"分裂"之弊。要善于继承传统子学的精髓，重视学术的关联性、会通性、系统性、整体性、综合性，弥合学术"分裂"，在学术"大体"、"大道"视野中看待一切。重返中国传统贯通一体的学术路数，"激活"其内在生命力，走返本开新之路，是学术发展的大方向。"新子学"要存旧统，更要开新域，其神圣使命是引导中国和国际学术的新潮流，对未来中国及国际学术发展作出独特贡献。

（原载于《中国社会科学报》2013年6月28日第B01版。作者单位：福建师范大学文学院）

论"子学思维"与"子学精神"

欧明俊

　　方勇先生在《"新子学"构想》中呼吁重视"子学思维"研究，认为"子学根植于中国文化土壤，其学术理念、思维方式等皆与民族文化精神、语文生态密切相关"，"在思维方式上，诸子百家重智慧，讲彻悟，不拘泥于具象，不执着于分析"①；又于《再论"新子学"》中强调要"从经学思维和体系的禁锢中真正解脱出来，以开放的姿态传承历史文化，维护学术开放多元的本性，积极构建具有时代特征、富于活力的'新国学'"，批评以"传统经学思维与观念"理解"新子学"。又说："就深层意义而言，'新子学'是对'子学现象'的正视，更是对'子学精神'的提炼。学者崇尚人格独立、精神自由，学派之间平等对话、相互争鸣。各家论说虽然不同，但都能直面现实以深究学理，不尚一统而贵多元共生，是谓'子学精神'。"② 呼吁重视"子学精神"的提炼。笔者拜读后，深受启发，兹就这一问题略抒浅见，求教于方勇先生和学界方家。

---

① 方勇《"新子学"构想》，《光明日报》2012年10月22日。
② 方勇《再论"新子学"》，《光明日报》2013年9月9日。

一、子学思维

此处所说"思维",并不是指思维科学所研究的思维机制和实验,而是指思维方式,即如何思考问题,是思维科学的应用问题。所谓"思维方式",是指人们通过思维活动,为了实现特定思维目的所凭借的途径或方法,亦即思维过程中所运用的手段。子学思维特色明显,大体上是学术思维、是创新思维、是理性思维、科学思维,即按一定的逻辑和道理来思考问题。

辩证思维 辩证思维强调事物的变化是量变与质变的统一,量变是质变的前提和必要准备,量变达到一定程度,必然引起质变,质变是量变的必然结果。《荀子·劝学》曰:"不积跬步,无以至千里;不积小流,无以成江海。"① 事物自身包含着既对立又统一的关系,矛盾就是对立统一,矛盾双方相互排斥、相互分离,又相互吸引、相互联结,在一定条件下相互依存,又依一定的条件相互转化。《老子》曰:"祸兮福之所倚,福兮祸之所伏。"② 要善于从福中看到祸,从祸中看到福,看问题不能静态化、绝对化。《荀子·不苟》曰:"凡人之患,偏伤之也。见其可欲也,则不虑其可恶也者;见其可利也,则不顾其可害也者。是以动则心陷,为则必辱,是偏伤之患也。"要防止片面性。矛盾存在特殊性,矛盾的事物及其每一个侧面各有其特点。《庄子·骈拇》曰:"凫胫虽短,续之则忧,鹤胫虽长,

---

① 方勇、李波译注《荀子》,中华书局2011年版,第5页。本文所引《荀子》原文,皆据此本。

② 罗义俊《老子译注》,上海古籍出版社2012年版,第129页。本文所引《老子》原文,皆据此本。

断之则悲。"① 事物各有自己的本性，不能以统一标准强求一律。

辩证思维是一分为二思维，坚持两分法看问题。但是很多时候，一分为二思维容易走向极端，绝对化、简单化、片面化，二元对立，两极思维，极端肯定或否定，非此即彼。如孟子言性善，荀子则言性恶，《荀子·性恶》曰："人之性恶，其善者伪也。"儒家重礼治，法家重法治，水火不相容，尖锐对立，儒家强调"隆礼"，斥法家为"无教化，去仁爱"，而法家斥儒家为"以文乱法"，为不通世务之腐儒，二者各执一端，自以为是，都是极端思维。

全息思维 所谓"全息"，指部分是整体的缩影，个体是全体的缩影。全息思维，即强调由一点见全体，通过一个表征来看到事物的全貌。《韩非子·说林上》曰："圣人见微以知萌，见端以知末，故见象箸而怖，知天下不足也。"② 窥一斑而知全豹，从一点推出全部，举一而反三。《淮南子·说山训》曰："以小见大，见一叶落而知岁之将暮。"③《华严经》认为，一即一切，一中知一切，小世界即是大世界，知一世界即知无量无边世界。我们见燕子归，而知春天来了，又说牵一发而动全身。西医分科，头痛医头，脚痛医脚；而中医仅仅通过号脉，通过一个表征，便可知道全身疾病，即是一种全息思维。

中和思维《论语·先进》曰："子贡问：'师与商也孰贤？'子曰：'师也过，商也不及。'曰：'然则师愈与？'子曰：'过犹不及。'""过犹不及"，就是恰如其分，就是《尚书》说的"允执厥

---

① 方勇译注《庄子》，中华书局2010年版，第135~136页。本文所引《庄子》原文，皆据此本。

② 高华平、王齐洲、张三夕译注《韩非子》，中华书局2010年版，第258页。

③ 张双棣《淮南子校释》，北京大学出版社1997年版，第1714页。

中",不偏不倚,"中庸"之道,两极间取其中。《孔子家语》卷四曰:"中人之情也,有余则侈,不足则俭,无禁则淫,无度则逸,纵欲则败。"① 强调凡事不要过分,应把握一个"度"。梁漱溟在《东西文化及其哲学》中,根据"意欲所向"将人类文化分为西方、中国、印度三种类型,他认为,所有人类的生活大约不出这三条路径样法:西方文化是以意欲向前要求为根本精神的,中国文化是以意欲自为、调和、持中为其根本精神的,印度文化是以意欲反身向后要求为其根本精神的。中和、持中,就是"一分为三"思维,如此看问题更合理,可参看庞朴《一分为三论》。

抽象逻辑思维 抽象逻辑思维是以抽象概念为形式的思维,是思维的核心形态,主要依靠概念、判断和推理进行逻辑思维,是反映事物本质属性和规律性联系的思维,是高级的思维方式。如墨家、名家,重视概念辨析,逻辑思辨。墨子善于推理,如"为善者福之,为暴者祸之"②,善于归谬法的运用,懂得矛盾律和排中律。名家惠施的"合同异",公孙龙的"离坚白""白马非马"等命题,取象类比,皆是运用抽象逻辑思维的典型。

形象思维 形象思维重感觉、知觉,是具体、可感的,人们通过形象可以抽象出事物内部的本质,可表达抽象思维的内容。《庄子》《吕氏春秋》《淮南子》《列子》中,皆多寓言故事,即是用形象思维论证问题、说明问题。《庄子·逍遥游》描述了鲲鹏形体硕大无比,变化莫测,气势壮美;描述了蜩与鸠因身轻翼小、飞不高、行不远,却自以为得到逍遥,从而嘲笑鹏鸟的行径;又通过朝菌、蟪蛄、冥灵、大椿等例子,用卮言得出结论:它们都是有所待的,只有

---

① 王国轩、王秀梅译注《孔子家语》,中华书局2011年版,第201页。
② 孙诒让《墨子间诂》,中华书局2001年版,第463页。本文所引《墨子》原文,皆据此本。

"乘天地之正，而御六气之辩"的"至人""神人""圣人"才能达到无所待；又用四个寓言形象说明，使人对其结论加深理解，自然接受。庄子在"游"中做到主观精神与"道"的合一，进入《齐物论》所说的"天地与我并生，而万物与我为一"的"独与天地精神往来"的境界。神与物游，思与境谐，庄子"游"的过程，想象与形象紧密结合，有强烈的感情活动、生动的物象、丰沛的情感、奇异的想象，不拘泥于形式，超越时空，进入自由境界。学术研究，并不排斥形象思维。

直觉思维 直觉思维就是采用非分析、非逻辑的方法，通过知觉、感悟、内省等方式思考问题。柏格森《形而上学导言》说："所谓直觉，就是一种理智的交融，这种交融使人们自己置身于对象之内，以便与其中独特的、从而是无法表达的东西相符合。"①《庄子》说其书中"寓言十九，重言十七，卮言日出，和以天倪"，又说"以天下为沉浊，不可与庄语，以卮言为曼衍，以重言为真，以寓言为广"。庄子"寓言"是借人、借物、借事所说的话，"重言"是让人信服的耆艾之言，卮言是如酒一般的合道之言，"三言"即是直觉思维。庄子对道的体认，是凭直觉来领悟，是自主性思维，以一（道）统万，以有显无，以物观物，以外托内，正反互见，模糊性，而不求精确性。庄子讲彻悟，不拘泥于具象，不执着于分析，是感知，是整体观照。

相对思维 相对思维承认并重视相对性，不绝对化。如庄子觉察到认识的相对性，指出物质的不确定性，所谓"逍遥游"的"游"，便是"游心"，指游于观念世界，特别指不受对立范畴的逻辑限制，打破自我与非我、非我与非我、自我与自我的绝对分界，即是不是、

---

① 柏格森著、刘放桐译《形而上学导言》，商务印书馆1963年版，第34页。

然不然、可不可的非此即彼的思维方式。

其他还有如变通思维，根据现实的变化而采取灵活变通的方式来分析问题、解决问题，兵家的代表人物孙武、吴起等，其思维核心是兵无常势，水无常态。逆向思维，如孟子提出"性善论"，荀子则提出"性恶论"。否定思维，批判思维，老子、墨子、庄子皆多否定思维，甚至怀疑一切，否定一切，批判一切，导致历史虚无主义和文化虚无主义。理性思维，如荀子"天人相分"的天道观，《荀子·天论》曰："天行有常，不为尧存，不为桀亡……故明于天人之分，则可谓至人矣。"比较思维，求同比较或求异比较，等等。

子学思维可以经学思维为参照。经学思维，是指由儒家对"六经"和孔孟经典的传习、注解和阐释所彰显或表征的一种模式化的思维习惯或认识价值取向，持续不断地"依经演绎"和"返本求真"。熊十力《论六经》说："六经为中国文化与学术思想之根源，晚周诸子百家皆出于是，中国人作人与立国之特殊精神实在六经。"[①]饶宗颐先生认为"经"讲"常道"，"树立起真理标准，去衡量行事的正确与否，取古典的精华，用笃实的科学理解，使人的文化生活与自然相协调，人与人之间的联系取得和谐的境界。经的内容，不讲空头支票式的人类学，而是实际受用有长远教育意义的人智学（anthroposophy）"[②]。经学思维，讲常道，平实无奇，是稳定性思维、模式化思维。儒家严格规定高低贵贱社会等级行为规范，形成了固定模式。其理想状态是：圣王、贤臣、义士、顺民。儒家的思想逻辑是：天下都是安分之人，于是天下无纷争，无纷争则天下太平，也就达到

---

① 熊十力《论六经·中国历史讲话》，中国人民大学出版社2006年版，第104页。

② 饶宗颐《饶宗颐二十世纪学术文集》卷四，新文丰出版公司2003年版，第10页。

了社会治理的极致。

经学思维大体上是守旧思维、守成思维，依傍前人，如董仲舒依傍孔子，宋明理学家依傍孔、孟。经学时代，儒家定为一尊，儒家的典籍成为"经"，为全国人的思想树立标准，限制规范，人们的思想都只能活动于"经"的范围之内，即使有一点新的见解，也只能用注疏的形式发表出来，习惯于依傍古人的才能思想。教条化，只以权威的思想为自己思想，故无大变化，无大进步。"罢黜百家，独尊儒术"导致儒家思想在中国社会中长期处于独尊的地位。以思想上的大一统，维护政治上的大一统，一切不符合自己思想的皆视为"异端"。如此，重在创新的"子学思维"便被窒息。经学思维不容忍不同的声音存在，以正统思想姿态讨伐"异端"并阻滞其发展和进步。经学思维是唯一思维、排他思维、专制思维，专断、霸道，我就是真理，我就是唯一，求人与己同，排斥异己，凡是不符合我的统统都应被抛弃。学术思想，本应该是百家争鸣、百花齐放，却变成了一花独放、一家独语。

经学思维是线性思维，如《大学》曰："物格而后知至，知至而后意诚，意诚而后心正，心正而后身修，身修而后家齐，家齐而后国治，国治而后天下平。自天子以至于庶人，壹是皆以修身为本。"逻辑推理简单化，实际上，事物前后环环相扣，联系并非那么绝对，即便一个环节的成功并不意味下一个环节的必然成功，如果条件不许可，齐家者未必能治国，需要机会，还要看个人的能力是否真的可以治国，能齐家的人，未必就能治国，能治国的人，也未必能平天下。

经学思维是后视思维，就是一切向后看。孔子"述而不作，信而好古，窃比于我老彭"。"信而好古"，是说对于古代思想文化深信不疑，老彭是商时的贤大夫，做了许多传述的事，"窃比于我老彭"，就是私下把自己比为老彭，以老彭为榜样，述而不作，就是传述而不创作，主观上不打算自创新学。退化论，今不如古，一代不如一代。

孔子曰："郁郁乎文哉，吾从周。"他认为所处的时代不如西周，人心不古。后视思维，消极中有积极的一面，承认自己智力和能力的局限性，重视历史积累，尊重古人智慧，不陷入历史虚无主义。不轻易否定古人，强调继承历代以来的智慧。后视思维，论证问题，选择证据，以古为尚，以汉、唐证据难宋、明，不以宋、明证据难汉、唐；据先秦、西汉可以难东汉。以经证经，可以难一切传记。

经学思维是肯定思维，遵从，不愿怀疑、不敢怀疑、无能怀疑，只说好，不说不好，肯定古代一切，对缺点视而不见、避而不谈。封闭，固化，缺乏活力。尊古、托古、泥古，迷信过去，不敢创新，如"疏不破注"。经学思维是绝对思维，以正统、正宗、主流自居，话语霸权，文化控制，权威主义，排斥边缘、异端，甚至禁毁消灭。经学思维是垄断思维、一元化思维，而子学思维是多元化思维。

子学思维与经学思维的差异只是相对而言，不是绝对的，决不能将两者对立起来。其实，两者有相同、相通处，如皆重视整体思维。整体思维讲"天人合一""天人感应"，追求不同质的事物之间的联系、影响、渗透和整合，明显有别于西方分析、局部、以形式逻辑见长的思维方式。《周易》重整体、系统的思维方式，对国人的整体思维方式产生深远的影响，造就了中国人善于采用整体、全息、系统的思维方法，而不是局部、解剖、分析来考虑问题。学科与学科之间的融合与贯通，对事物的整体把握和感悟，有可能进入事物的本源，掌握事物与事物之间的内在联系。"文史哲不分家"，文学和史学、哲学相互渗透，相互关联，它们之间有着天然的不可分割的联系，如果将其人为地分割开来，就不可能取得正确认识。《荀子·解蔽》开宗明义地指出："凡人之患，蔽于一曲，而暗于大理。"即人之大患在囿于一己之见，而不通达于大理。他批评慎子"蔽于法而不知贤"，庄子"蔽于天而不知人"，而主张通识事物的"大理"，即"合二而一"的整体思维，不囿于一孔之见、一得之识。荀子主张治国安邦，要"隆礼重法"并举,《荀子·君道》曰:"至道大形,隆礼至法,则国有常。"认为礼教与法治是一个政体有效机制的两个方面,二者对立统一,相辅相成,缺一不可。中医就是整体思维方式最典型的代表。整体思维是全面思维,全方位思维,避免片面;是多元思维,或多维型思维,避免单一、一元;是系统思维,避免孤立。整体思维重共性、整体、宏观,不肢解研究对象,不支离破碎,有别于西方分析思维,这是东西思维方式的最大差异。"西学东渐",严格的西学学科分类,明快的逻辑和清晰的条理,研究方法趋于简洁,便于运用,中国特色的整体研究被遗弃,甚至被当作落后的思维方式而受到批评,应破除西方学术霸权对中国学术的束缚。整体思维是"一"思维,一种从根本上把握,从大局把握,超越细枝末节的高级思维,如《老子》说:"昔之得一者:天得一以清,地得一以宁,神得一以灵,谷得一以盈,万物得一以生,侯王得一以为天下贞。"刘宗周《读〈大学〉》曰:"夫道,一而已矣;学,亦一而已矣。"[①] 当然,整体思维有时是模糊思维,不清楚,不够科学。

子学思维本质上是一种创造性思维,敢于创新,并善于创新,有思想,敢于并善于表达自己的思想,且充分表达自己的思想。

子学思维亦有弊端,容易游谈无根,空言"义理",一偏之见,以自逞胸臆。"新子学"思维上要创新,要时刻警惕经学思维的专制独断,同时也要有自我反省、反思能力,警惕新的专制思维。

二、子学精神

学术精神是学者追求的学术之"道",是本,它对应"术",

[①] 刘宗周《刘子全书》卷二十五《杂著》,清道光刻本。

"术"是末。"子学精神"造就了中华民族精神文化，应注意提炼升华，承继发展。林其锬先生《略论先秦诸子传统与"新子学"学科建设》一文中总结了五方面的"诸子精神"，即：入道见志、自开户牖的原创精神；述道言治、拯世救俗的求实精神；飞辩驰术、百家飙骇的争鸣精神；百虑一致、殊途同归的会通精神；与时竞驰、通变无方的开放精神①。

"子学精神"可与"史学精神"比较看。史学最重要的是求真求实精神，班固《汉书·司马迁传》曰："自刘向、扬雄博极群书，皆称迁有良史之材，服其善序事理，辩而不华，质而不俚，其文直，其事核，不虚美，不隐恶，故谓之实录。"② 史学要求如实表达事实真相，真实、可靠，尊重事实，求是，求真，实录，纪实。史学求真传统，如实揭示人类活动的基本轨迹，注重史实，不空言义理。钱大昕《廿二史考异·自序》明确指出："史非一家之书，实千载之书，祛其疑，乃能坚其信，指其瑕，益以见其美。"③ 史学研究具有超越时代的价值，必须坚持实事求是，去伪存真，尊重事实，讲究实证。史学之弊，繁琐考证，堆砌资料，叠床架屋，袭陈言，以偏概全，见小遗大。

子学精神不同于史学精神，最重要的是创新，是理论创造。

"大丈夫"精神 "大丈夫"人格，独立不惧。《孟子·滕文公下》曰："富贵不能淫，贫贱不能移，威武不能屈，此之谓大丈夫。"又《滕文公下》曰："居天下之广居，立天下之正位，行天下之大道。"孟子说"吾善养吾浩然之气"，并说这种气"至大至刚"，"塞

---

① 林其锬《略论先秦诸子传统与"新子学"学科建设》，《诸子学刊》第九辑，上海古籍出版社2013年版，第48~51页。

② 班固《汉书》，中华书局2007年版，第622页。

③ 钱大昕《廿二史考异》，上海古籍出版社2004年版，第1页。

于天地之间"。"大丈夫"追求高尚人格,陆象山曰:"若某则不识一个字,亦须还我堂堂地做个人。"① 又曰:"人须是闲时大纲思量:宇宙之间,如此广阔,吾身立于其中,须大做一个人。"② 顾炎武《与友人论学书》曰:"愚所谓圣人之道如之何,曰'博学于文',曰'行己有耻'。自一身以至于天下国家,皆学之事也;自子臣、弟友以至于出入往来、辞受取与之间,皆有耻之事也。耻之于人大焉,不耻恶衣恶食,而耻匹夫匹妇之不被其泽。"③

执着精神 执着精神近乎一种宗教性的情感,热爱学术,执着理想,就像热爱生命一样。孔子一生以追求真理为己任,说"朝闻道,夕死可也"。他生于乱世,积极入世,道不得行,累然不得志,明知自己所追求的理想政治秩序很难在现实中建立,依然不屈不挠地为之奋斗,"知其不可而为之",意志坚决。他周游列国,"累累如丧家之犬",而精神不改,晚年退居讲学,以礼乐文化为核心内容,推行"仁道",正如曾子所说:"仁以为己任,不亦重乎?死而后已,不亦远乎?"

牺牲奉献精神 墨家以为万民兴利除害为自己使命,并为之孜孜奋斗,游说诸侯,谋求制止战争,安定社会,"席不暖""衣不黔","摩顶放踵"以利天下。鲁迅《中国人失掉自信力了吗?》说:"我们从古以来,就有埋头苦干的人,有拼命硬干的人,有为民请命的人,有舍身求法的人。"④ 并称之为"中国的脊梁"。鲁迅列举的四类人中,至少有三类与墨家相符。

尚气节精神 讲求操守,保持人格尊严和民族尊严,是中华民族

---

① 陆九渊《陆九渊集》,中华书局1980年版,第447页。
② 同上书,第439页。
③ 顾炎武《亭林文集》卷三,清康熙刻本。
④ 鲁迅《鲁迅全集》第六卷,人民文学出版社2005年版,第122页。

生存、繁衍、发展的内在生命源泉和动力。孔子提倡"杀身以成仁",孟子主张"舍身以取义",为了追求成仁、取义,不惜牺牲个人生命。这种精神熏陶感染了无数坚持真理,不怕牺牲的志士仁人。

仁爱精神 儒家讲"仁政",《孟子·尽心上》曰:"君子之于物也,爱之而弗仁,于民也,仁之而弗亲,亲亲而仁民,仁民而爱物。"要求人们从爱亲人到爱百姓,然后将爱扩展至万物。墨家讲"兼爱""非攻""兼相爱,交相利",视人如己,爱人如己,"天下兼相爱",就可达到"交相利"的目的。富有同情心,悲悯情怀。

谦虚好学精神 重学习,重智慧,愿意学,乐意学,善于学。孔子曰:"三人行,必有我师焉。"他"入太庙,每事问",强调"知之为知之,不知为不知,是知也"。朱熹曰:"为学须是切实为己,则安静笃实,承载得许多道理。若轻扬浅露,如何探讨得道理?纵使探讨得,说得去,也承载不住。"① 虚怀若谷,从善如流,博采众家之长,"海纳百川,有容乃大"。敢于承认自己的不足,乐意承认别人的优点,不自满,不自傲。谦虚不仅仅是一种美德,更是一种学术精神。孔子看到知识对人的德行的重要作用,《论语·阳货》曰:"好仁不好学,其蔽也愚;好知不好学,其蔽也荡;好信不好学,其蔽也贼;好直不好学,其蔽也绞;好勇不好学,其蔽也乱;好刚不好学,其蔽也狂。"提倡勤奋、认真、严谨。

科学精神 墨家道、技统一,为天下兴利除害。《墨经》中涉及数学、力学、光学、几何学等,又涉及逻辑学、生理学、心理学各个领域。讲求实证,重事实,重归纳,《墨子·小取》"摹略万物之然",即反映事物本来面目,是对人类认知活动目的和宗旨的概括,实事求是。实证,即从客观存在的事实出发,如实认识事物本来面目,不附加以任何外来成分,不掺杂主观、神秘或信仰因素。《墨

---

① 黎靖德编、王星贤校点《朱子语类》卷八,中华书局1986年版。

子·非命上》中，墨子提出"立言三法"，即论证论点的三个标准："上本之于古者圣王之事"，根据历史事实；"下原察百姓耳目之实"，根据人民群众的现实经验；"发以为刑政，观其中国家百姓人民之利"，在应用中观察符合人民利益的程度。墨子认为"察实"、"取实"重于"命名"，《墨子·非攻下》批评"今天下之诸侯将犹多皆免攻伐并兼，则是有誉义之名，而不察其实也。此譬犹盲者之与人同命白黑之名，而不能分其物也"。科学精神求真，重实验，《孔子家语》中《困誓》曰："不观高崖，何以知颠坠之患；不临深泉，何以知没溺之患；不观巨海，何以知风波之患。"① 孔子注重亲身经历与体验即实践。《荀子·劝学》曰："不登高山，不知天之高也；不临深溪，不知地之厚也。"《荀子·儒效》曰："不闻不若闻之，闻之不若见之，见之不若知之，知之不若行之。"学以致用，学习有不同的境界，闻、见、知层层递进，但最高境界是"行"。严谨求真，朱熹强调"格物致知"，要在人世间与自然界的一切事物上穷理："上而无极太极，下而至于一草一木一昆虫之微，亦各有理。一书不读，则阙了一书道理；一事不穷，则阙了一事道理；一物不格，则阙了一物道理。须着逐一件与他理会过。"② 反对照搬书本，主张独立思考。

自由精神 思想自由，言论自由。诸子各家各派尽量发表各自的见解，以平等资格相互辩论争鸣。不承认有所谓"一尊"，也没有"一尊"。各学派虽从不同的社会集团的利益出发，纷纷著书立说，议论时事，阐述哲理，但是并非政治附庸，依附于某个政治权势集团，而是合则留，不合则去。不依傍，不苟且，不盲从，不迂腐，精神上独立自由。

独创精神 创立新义，诸子述道言治，自开户牖，不满足，重原

---

① 王国轩、王秀梅译注《孔子家语》，第282页。
② 黎靖德编、王星贤校点《朱子语类》卷十五。

创性、学术个性，成一家之言。如老子贵柔，孔子贵仁，墨子贵廉，关尹贵清，列子贵虚，陈骈贵齐，阳生贵己，孙膑贵势，王廖贵先，儿良贵后；又如老子法自然，庄子法天，孟子事天，荀子参于天地。独立思考，创造性探索。

争鸣精神 诸子百家相互辩驳，共同提高，在争鸣过程中进一步激发各家原创思维的生命力，使各种学说的独特性得到了呈现。面对异己，确立自家学说，孟轲正是在与杨朱、墨子等人的思想交锋过程中，才确立为子学的孟子；荀况是在与"十二子"的思想对话中才确立为子学的荀子。

叛逆精神 墨子初受孔子影响，"学儒者之业，受孔子之术"，后逐渐成了孔子和儒家叛逆，创建了与儒家相对立的墨家学派。东汉时代，儒家思想占支配地位，但与春秋、战国时期所不同的是儒家学说打上了神秘主义的色彩，掺进了谶纬学说，使儒学变成了"儒术"。王充《论衡》针对这种儒术和神秘主义的谶纬说进行批判，以"实"为根据，"疾虚妄"之言，《论衡·对作》目的是"冀悟迷惑之心，使知虚实之分"①。《论衡》一书"诋訾孔子"，"厚辱其先"，反叛汉代儒家正统思想，故遭到当时以及后来历代封建统治阶级的冷遇、攻击和禁锢，将它视为"异书"。王充对正宗儒学的叛逆，是学术史上的一种宝贵精神。异端思想，解构正统、偶像和经典，以异端、另类的姿态反传统、反正统，思想解放。

怀疑精神 不迷信权威，不迷信传统，不迷信定论。宋代诸子"疑古""疑经"。张载《大学·原下》曰："可疑而不疑者，不曾学，学则须疑。"②吕祖谦曰："读书无疑，但是不曾理会……小疑必

---

① 王充《论衡》，上海古籍出版社1990年版，第276页。
② 张载《张载集》，中华书局1978年版，第286页。

小进，大疑必大进。"① 《朱子读书法》曰："读书无疑者，须教有疑；有疑者却要无疑，到这里方是长进。"又曰："书始渐未知有疑，其次渐有疑，再其次节节有疑，过此一番之后，疑渐读释，以至融会贯通，都无可疑，方始是学。"② 陆九渊曰："为学患无疑，疑则有进……小疑则小进，大疑则大进。"③ 陈献章说："前辈谓学贵知疑，小疑则小进，大疑则大进。疑者，觉悟之机也。"④ 李贽《答僧心如》曰："学者但恨不能疑耳，疑即无有不破者。"⑤ 王夫之《诗广传》卷四曰："由不疑至于疑，为学日长，由疑至于不疑，为学日固。疑者，非疑道也，疑言道者之不与道相当也。不疑者，非闻道在是而坚持之也，审之微、履之安，至于临事而勿容再疑也。"⑥

批判精神 孟子批判"独夫"暴君，荀子敢于非议前贤。《荀子·非十二子》不但非议墨家、道家、刑名之学，而且胆敢非议子思与孟子，斥之为"闻见杂博""僻违无类""幽隐无说""闭约无解""子思唱之，孟轲和之……是则子思、孟轲之罪也"。他非十二子的主旨，就是因为其"学理"有不当之处，包括子思、孟子。荀子不是在故意标新立异，如《不苟》篇曰："君子行不贵苟难，说不贵苟察，名不贵苟传，唯其当之为贵。""当"就是恰当、适当，恰如其分，实事求是。批判精神是一种可贵的学术精神，没有这种精神，学术就不能发展，社会就不能进步。《非相》篇曰："相人，古之人无有也，学者不道也。"特别强调人的吉凶祸福与相貌无关。唐

---

① 吕祖谦《吕东莱文集》卷二十《杂说》，《丛书集成初编》本。
② 永瑢、纪昀等总纂《景印文渊阁四库全书》第709册，台湾商务印书馆1983年版，第370页。
③ 陆九渊《陆九渊集》，第449页。
④ 陈献章《白沙子全集》，台湾商务印书馆1973年版，第49页。
⑤ 李贽《焚书·续焚书》，中华书局2011年版，第381页。
⑥ 王夫之《诗广传》，中华书局1981年版，第114页。

甄《室语》曰："治天下者唯君，乱天下者唯君。""自秦以来，凡为帝王者皆贼也。"① 大胆批判。从某种程度上说，子学就是一种批评、批判的理论，而不是"颂赞"的理论。怀疑、批评、否定，不盲从，如果不敢怀疑，就不可能创新。

担当精神 以天下安危为己任，就是对现实、社会、民族、国家有高度的责任感，有人间情怀，入世、济世、救世，充满现实关怀、当下关怀。欧阳发《先公事迹》载，欧阳修说孔子作《春秋》，是"因乱世而立治法"②。《孟子·滕文公下》曰："世道衰微，邪说暴行有作……圣王不作，诸侯放恣，处士横议。"班固《汉书·艺文志》曰："道家者流，盖出于史官，历记成败存亡祸福古今之道，然后知秉要执本，清虚以自守，卑弱以自持，此君人南面之术也。"所谓"君人南面之术"，即治国之术，政治哲学。老、庄不是以德来治国，是以"道"，也就是自然而然地治国，以人的天性来治国，无为而治，"治大国若烹小鲜。以道莅天下，其鬼不神"③，顺应天道。庄子与老子一样，主张无为治国，任其自然，认为"绝圣弃知而天下大治"④，君主要"顺物自然而无容私焉，而天下治矣"⑤。"无为"，看似消极，亦是在探寻社会矛盾的解决之道，以退为进，是在为解决社会矛盾开出一剂良方，"无为"不是"无用"。他们追求学问的目的，基本是为了应对现实社会提出的问题，为了探讨家国天下的"经济之道"。他们不做纯而又纯的学术，有强烈的忧患意识、责任意识、承担意识、使命意识，关注世道治乱，以其所学影响君主，进

---

① 唐甄《潜书》，中华书局1963年版，第196页。
② 李逸安点校《欧阳修全集》附录卷二，中华书局2001年版，第2628页。
③ 罗义俊《老子译注》，第133页。
④ 同上书，第163页。
⑤ 同上书，第125页。

而改造社会，是"入世之学"，是"经世致用"之学，道与术、学与术统一，不仅仅是"独善其身"，更"兼济天下"。这种担当精神也是现在一些学者缺乏的，有一种观念，只要把纯而又纯的学问做好了，外面的世界我是不管的，物欲横流，道德沦丧，民生疾苦，皆与我无关。佛教小乘佛是自我修炼，自我完善，大乘佛不仅拯救自己，更拯救他人，普度众生，是一种大境界。

会通精神 《易传》曰："天下一致而百虑，同归而殊途。"《庄子·天下》《吕氏春秋·不二》直至《淮南子·要略》，都表达了这种追求，追求会通的多元性。《管子》内容博大精深，涵盖了中国古代的政治、经济、教育、法律、伦理、军事、自然科学等方面，书中所包含的思想流派涉及儒家、法家、道家、阴阳家、兵家、农家等。诸子百家有共用概念、范畴，"道"并不属于道家的专利，先秦诸子对"道"的阐释各有不同，但它作为反映事物发生和发展的依据或原则却被共同确认，并成为学术最高范畴。"新子学"应注重宏观研究、综合研究、会通研究，而不能满足于就老子论老子、就墨子论墨子。

开放精神 包容，开放，各个学派之间、同一学派内部各家之间，既相互争鸣又相互学习和借鉴。宋明理学吸取了佛、道两家的某些思想和思维方式，把人的自我完善放在首要位置，对人与人、人与自然、人与社会之间的相互关系作了深入研究，构建了一整套具有严密思辨结构的思想体系，视野宏阔。陆象山曰："宇宙便是吾心，吾心即是宇宙。东海有圣人出焉，此心同也，此理同也。西海有圣人出焉，此心同也，此理同也。南海北海有圣人出焉，此心同也，此理同也。千百世之上至千百世之下，有圣人出焉，此心此理，亦莫不同也。"[①] 谭嗣同《与唐绂丞书》曰："何谓大义？明乎学术、治术之

---

① 陆九渊《陆九渊集》，第483页。

当然，合乎地球万国之公理，可永远行之而无弊。""何谓公理，放之东海而准，放之西海而准，放之南海而准，放之北海而准。东海有圣人，西海有圣人，此心同、此理同也。犹万国公法，不知创于何人，而万国遵而守之。"①

和谐精神　老、庄重视人与自然、人与人、人与社会的和谐，特别重视人与自己的和谐，即内在精神和谐，批评物质主义、机械文明的泛滥对人类和谐生活的破坏，是对人生终极意义的理性思考，是对幸福观、快乐观的理性理解。人生不能太"充实"，没有一点空白，太重功名利禄，太重物质金钱，那是人性的异化，是缺乏理性的偏激行为。

自省精神　季文子"三思而后行"，曾子曰："吾日三省吾身，为人谋而不忠乎？与朋友交而不信乎？传不习乎？"不断反省自己，看到自己的短处，承认自己的局限，不断调整自己、改变自己，提醒自己与时俱进。不断吸收新知识、新思想，不拘泥旧学。

自律精神　约束自己，孔子认为"克己"是实行"忠恕之道"的先决条件，也是爱人的先决条件，要克制凡事专从自己利益出发的行为，而应该考虑别人的利益。只要严格遵循"礼"所规定的标准，约束自己的言行，使之一一合乎礼的规范，通过这样，就可以达到"仁"最高的伦理道德境界。同时，孔子还把"克己"作为"复礼"的条件，《论语·颜渊》曰："克己复礼为仁，一日克己复礼，天下归仁焉，为仁由己，而由人乎哉！"

还有如宽容精神，孔子讲"己所不欲，勿施于人"的"恕道"，不专断，不霸道。民主精神，《孟子·尽心下》曰："民为贵，社稷次之，君为轻。"

历代以来，"子学精神"一直都鲜活地存在着，"新子学"的神

---

① 谭嗣同《谭嗣同全集》，中华书局1981年版，第263~264页。

圣学术使命，就是接续"子学精神"的"学脉"。"子学精神"对当下学术研究的启示，不是为了研究而研究，为了学问而学问。我们有义务和责任发扬光大"子学精神"，不断开拓，不断创新，不断超越，尤其要超越自己。要做有思想的学问，有深度的学问，进入学术史的学问，传世的学问，对当下、未来有益的学问，而不是视学术生产为一次性消费品。一代有一代之学术，当代也应该有属于自己时代的诸子学，即"新子学"，要有大气魄，创立学派，胸怀学术理想，追求真理。研究"子学精神"，对当下学者的人格建设，对学者学术精神的培养，对学界的学风建设，优化学术生态，皆极有借鉴意义。

（原载于《诸子学刊》第十三辑。作者单位：福建师范大学文学院）

子学精神与"新子学"建构刍议

李桂生

自子学大家方勇先生创建"新子学"概念及提出"新子学"基本内涵之后，学术界对此积极呼应，或发表文章，或举办论坛，掀起了"新子学"讨论的热潮。"新子学"是建立在"旧子学"基础上的，但不管新旧，其核心概念都是"子学"。我们弘扬国学，自然要弘扬子学，但我们弘扬的不是子学的"躯体"，而是其"精神"。唯有如此，才不至于买椟还珠，南辕北辙，而失其"真精"。所以，我们在扬弃"旧子学"，创建"新子学"之时，必须先弄清贯穿"子学"的精神和灵魂是什么，这样才知道究竟要弘扬什么，抛弃什么。诸子百家，形态各异，学说殊途，然百虑一致。这个"一"，就是"子学精神"。

一、子学精神

（一）独立人格

诸子诞生于礼崩乐坏、风起云涌之际的春秋战国，他们是当时士人阶层中最杰出的代表。儒家多文士，道家多隐士，墨家多武士，法家多权士，兵家多谋士，名家多辩士，纵横家多策士，阴阳家多算士，杂家多通士，农家多耕士。这些士人或出身没落贵族，或起于平民之家，挟说竞进，奔走各国，孜孜矻矻，均志在实现个人抱负，匡正时弊。对士人而言，势位富贵固然重要，然而推行自己的政治主张及治国思想乃其人生第一要义，故所到之国，其政见与君王合则留之，异则去之。故孔子不受阳货馈豚，礼遇于齐燕而不留，并赞美蘧伯玉"邦有道则仕，邦无道则卷而怀之"（《论语·卫灵公》）。楚威王闻庄子贤，派人送去黄金百镒、文锦千段，以安车驷马相迎，许以相位，但庄子以神龟为喻，宁愿曳尾涂中，也不接受聘请，依旧过着清贫而自由的生活。墨家广收豪侠之士，组建墨家军，周旋于列国之间，倡道尚贤兼爱，反对不义之战，推行节用节葬，既不依附强权，又不凌压弱寡，摩顶放踵，以苦为乐。商鞅以其干练之材，受聘于秦，践行"法治"主张，秦国由此强大，但商鞅也为此付出了生命的代价。孙武以《十三篇》受吴王阖闾重用，得以施展其军事天才，"西破强楚，北威齐晋，南服越人"（《史记·孙子吴起列传》），最后功成身退，隐居乡野。名家在政治上主张"去尊偃兵"，与墨家"兼爱非攻"相近。春秋战国，君臣之位无常居，贫富穷达无常态，邓析顺应历史变化趋势，主张"循理正名"、"按实定名"，表现了他进步的历史观。公孙龙曾为平原君门客，颇受平原君厚待，游于燕、赵等国，劝说燕昭王、赵惠文王偃兵，又助赵救魏以抗秦，出入诸侯之门，沉浮宦海之波。惠施曾相于魏，提出魏、楚、齐合纵以抗秦，是合纵论的首倡者，且与庄子观点相左而友情笃厚，可谓和而不同，其死后，庄子过其墓而叹曰："自夫子之死也，吾无以为质矣，吾无与言之矣。"（《庄子·徐无鬼》）

其余诸子，虽思想不同，然其行为超卓，人格独立，大抵类此。此种秉性，究其根源，乃由孟子所言之荡漾于心胸、充塞于天地的"浩然之气"所养成。此气实为人的精气神。孟子云："其为气也，至大至刚，以直养而无害，则塞于天地之间；其为气也，配义与道；无是，馁也。"(《孟子·公孙丑上》)以孟子之言，其浩然之气，是"配义与道"之气，若离于"道义"，则"气馁"。孟子所谓"道义"，当是心怀天下之正义正道。

诸子独立人格的前提是身心自由。他们以天下为己任，哪里能够推行自己的思想主张，就到哪里去，所以诸子不是某一地的诸子，而是"天下"的诸子。他们所关注的事不是一地一时的事，而是"天下"之事，古今之事。战国时期齐国孟尝君、魏国信陵君、楚国春申君、赵国平原君，各自门下都养着众多的士。这些士很受礼遇，即使"鸡鸣狗盗"、"引车卖浆"之流，只要有出类拔萃的才干，就都能受到与其他士同等的礼遇，这不仅反映了"四君子"有爱才之德、容人之量，而且反映了所养之士有不可辱的风骨和心存道义的志趣。在追求身心自由方面，道家庄子最有代表性，他所描画的"肌肤若冰雪，绰约若处子，不食五谷，吸风饮露，乘云气，御飞龙，而游乎四海之外"(《庄子·逍遥游》)的藐姑射山之神人形象，就是其追求人格独立和精神自由的形象化表述。

(二) 思想原创

春秋战国是我国思想文化的"轴心时代"，先秦诸子就诞生于这个时代，而且正因为诸子的诞生，使这个时代得以成为"轴心时代"。可以说，是先秦造就了诸子，又是诸子造就了先秦。先秦诸子的思想是那个时代前所未有的创造，他们虽然继承了商周时期的思想文化，但是其思想的原创性、独创性无有可以取代者。儒家之"仁"、"礼"、"中庸"、"忠恕"，道家之"道"、"朴"、"自然"、"无为"，墨家之"兼爱"、"非攻"、"尚贤"、"非礼"、"非乐"、"节用"、"节葬"，法家之"法"、"术"、"势"，名家之"去尊"、"偃兵"、"按实定名"，兵家之"权谋"、"形势"、"技巧"，纵横家之"合纵"、"连横",农家之"君民并耕而食",阴阳家之"深观阴阳消息",杂家之"融会百家",都是无有依傍的原创思想,而且诸子在实践上身体力行。不同的诸子流派代表了不同社会阶层或社会团体的理想诉求,故其原创性,从根本上说,来自于社会,植根于社会,是当时社会现实在思想上的直接反映。儒家看到当时礼崩乐坏的社会现实,故追慕周朝的礼乐制度,对"克己复礼"孜孜以求;道家看到当时社会对权势金钱的疯狂追求而迷失自我,故主张返璞归真,清静无为,自然葆真,游于大道;墨家看到当时诸侯争霸、列国相侵,故主张兼爱非兵;法家看到当时不变法则亡、变法则兴的形势,故主张奖励耕战,富国强兵,实行法治,辅以"势"、"术",以固君权;兵家看到当时战争频仍,民不聊生,故主张"以战止战";阴阳家由星历天象的变化,推演到社会的变化,提出"阴阳消息"、"五行生克"理论;纵横家看到了列国之间利害相连的关系,故运用联合与分化的策略,提出"合纵"与"连横"的主张;农家看到当时社会贵族阶层不劳而获,故提出"君民并耕而食"、"饔飧而治"的思想。对以上情况,《庄子·天下》有深刻论述,认为天下学术有"道术"和"方术"之别,"道术"是关于普遍规律的学问,无时无处不在,只有天人、圣人、神人、至人才能掌握。然而春秋战国,天下大乱,贤圣不明,道德不一,天下之士得一孔之见以自誉,虽各有所明,各有所长,然不能相通,不该不遍,皆为"道术"之一曲,故名之曰"方术"。

(三) 批判思维

有生命力的学术总是闪烁着批判的光芒,没有批判,就没有学术。诸子学说从它产生起,就挟带着批判思维的内核。其批判思维主要表现为对社会治理结构的创造性构想,不管是儒家的"礼治"、"仁治",还是法家的"法治"、"术治"、"势治",抑或道家的"无为之治",都是对当时社会治理结构的实践否定和理论重建。虽然诸子之学没有能够更多地在实践中加以应用,但是在思想和理论层面开启了民智,繁荣了学术,发展了思想,为社会治理及其结构的改革提供了有价值的参考,并影响着后世诸子及施政者。虽说"诸子出于王官",但就其思想及主张而言,更多的是因为针砭春秋战国之乱象而产生,是当时纷繁复杂的社会现实、思想意识、社会诉求在学术上的反映,而所谓"出于王官",乃谓部分原始诸子之出身而已。因是之故,诸子的批判思维,一是批判前代思想,二是诸子之间的相互辩难和批判,三是对当时社会现象及社会治理的批判,四是新理念、新思想、新理论、新学说的提出与创建。诸子的批判精神使之具有反思传统、超越传统、创立新说的品格。即便追慕西周政治制度和文化制度的儒家创始者孔子,也是如此。

(四) 入道见志

诸子之术乃"道术",常常关注天人之道。譬如,儒家关注伦理之道,道家关注自然之道,兵家关注兵胜之道,墨家关注和平之道,农家关注君民平等之道,法家关注以法、术、势为内涵的霸治之道,杂家关注王治之道,名家关注名实之道,纵横家关注安民择交的进取之道。《文心雕龙·诸子》云:"诸子者,入道见志之书。"又云:"博明万事为子,适辩一理为论。"诸子之道,虽各有所指,但其志相同,即志在天下,志在苍生,志在通古今之变,究天人之际,所以它的思想涵盖了政治、军事、民生、社会、经济等各个方面。由于其说宏阔漫漶,综括万物,无所不包,故几于大道。以刘勰之意,商周以前便有诸子,如风后、力牧、伊尹,只是"诸子"之名始于战国,而诸子之"入道见志",多表现为对"名德"的追求。《文心雕龙·诸子》又云:"君子之处世,疾名德之不章。唯英才特达,则炳曜垂文,腾其姓氏,悬诸日月焉。昔风后、力牧、伊尹,咸其流也。篇述者，盖上古遗语，而战代所记者也。至鬻熊知道，而文王谘询，余文遗事，录为《鬻子》。子目肇始，莫先于兹。"秦汉以降，儒家诸子具有比其他诸子更加通畅的"入道见志"途径，他们以"格致诚正，修齐治平"作为立身扬名之道，汉代董仲舒提出"诸子"之"道志"乃"正其义不谋其利，明其道不计其功"。及至"北宋五子"之一的张横渠，则明确阐释了"诸子"的伟大使命和抱负："为天地立心，为生民立命，为往圣继绝学，为万世开太平。"明清之际的顾炎武则从"匹夫之责"的角度提出诸子应负的天下之责，云："保天下者，匹夫之贱，与有责焉耳矣。"(《日知录·正始》) 近现代诸子开眼看世界，倡导学习西方科学和民主。譬如，魏源提出"以夷攻夷"、"以夷款夷"、"师夷之长技以制夷"(《海国图志·叙》)；梁启超论述爱国及国政云："国者何？积民而成也。国政者何？民自治其事也。爱国者何？民自爱其身也。故民权兴则国权立，民权灭则国权亡。"(《爱国论》) 严复提出"诸子"应该自觉担当起兴继国家和民族的大任，云："夫计学者，切而言之，则关于中国之贫富，远而论之，则系乎黄种之盛衰。"(《原富·译事例言》) 可见，从先秦到近现代，诸子怀思抱术、心系天下的精神一脉相承，不绝如缕。

（五）保持张力

诸子学说，殊途同归，而其最重要的价值在于"殊途"。诸子学术体系，同构而异质。他们论述的天人之道、治国之术、修身之法、物我之情、先天之性、后天之习、道心人心等诸问题，答案各不相同，主张各有千秋。诸子文化之张力，恰如自古以来的农耕文化和游牧文化，不断冲突，而又不断融合，亦如各具特色的地域文化，气质咸异而和谐共处。在历史长河中，燕赵文化、中原文化、三晋文化、秦陇文化、巴蜀文化、荆楚文化、吴越文化、苗蛮文化各有源头，各有传流，但是互相借鉴，取长补短，其特色反而更加鲜明，从而形成了蔚为壮观、博大精深的中华文化。诸子学术,因为"殊途",所以有"张力"。唯有适度的张力,方可保持诸子活力,保持良好的文化生态。"一种良好文化生态的形成,取决于多元文化结构形态之间的内部张力。这种张力,就是一种思想价值取向上的对峙状态或紧张关系。"[①] 春秋战国,诸子各有其生发和伸展的土壤和空间,但其互相诘难、批判及冲突又注入新的发展元素。然而此后,秦朝奉行法家学说,汉代以至明清奉行儒学或理学,其余诸子或隐或灭,诸子文化失去了张力,其生态再也难以保持自动制衡和自主创新的活力,从而进入了漫长的文化专制时代,诚为中华文化之不幸也。故诸子学术在其发展历程中给我们留下了深刻的警示:一个社会与一个时代的思想学说,必须是保持适度张力的多元文化共存共生、相击相摩,这样才能够如春秋战国时代一样造就"百家争鸣、百花齐放"的生生不息的文化景象。

(六) 和而不同

诸子学说由于保持了适度的张力,所以尽管相互批评甚至攻击,却能共生共处,形成"和而不同"的学术生态。《国语·郑语》云:"夫和实生物,同则不继。以他平他谓之和,故能丰长而物归之;若以同裨同,尽乃弃矣。"孔子亦云:"君子和而不同,小人同而不和。"可见,"和"是有差别甚至对立的和谐与统一,而"同"是无差别的等同,这也是"阴阳消长"、"五行生克"学说的理论基础。诸子之间,互相辩驳。譬如,儒家批评墨家的"兼爱"是"无君无父",是"禽兽";墨家批评儒家的"亲亲"、"尊尊"、"礼乐"、"厚葬"、"顺命",而主张"兼爱"、"非乐"、"节葬"、"非命";儒家主

[①] 李有亮《重返中国传统文化最佳生态现场》,《诸子学刊》第八辑,上海古籍出版社 2013 年版。

张"仁治"、"礼治",法家则主张"法治";儒家不主张以武力相向,兵家则主张"以战止战";兵家主张"进攻",墨家则主张"防守";杨朱主张"利己",墨家主张"兼爱";儒家主张"劳心者治人",农家主张"君民并耕",人人自养;名家主张"循实正名",儒家主张"君君臣臣";道家主张"自然"、"无为",儒家则讲"修齐治平"、"知其不可为而为之"。其实,诸子不同的思想主张,正体现了不同的社会状况及人生态度。故诸子之学来自社会,来自人心,是不同社会群体、不同社会阶层的诉求和理想,这也正说明了社会是不同力量互相制衡和生克的共同体。从这个角度说,也正好说明了这个世界"和而不同"的辩证构造方式。正因为彼此的不同,才会产生碰撞和激荡,才能在相互的排斥、冲突中体现彼此的存在价值。诸子之间是竞争及斗争的关系,但他们不是同质竞争及斗争,而是异质竞争及斗争,所以诸子是通过对立来达到统一,而这里所讲的"统一",绝不是思想主张的相同及彼此异质的消除,而是对立中的统一,而其"对立"也是统一中的对立,不是绝对的对立。我们讲诸子,如果忽视彼此之间存在相通的质素,就会夸大诸子之间的对立,使之走向"绝对主义";而如果忽视彼此之间存在的异质对立,只看到它们的相通质素,就会使之走向"相对主义"。诸子均具救人济世情怀、安邦治国之志,不仅目标指向一致,而且在实现的路径与方法上也不无相通之处。譬如,道家的"无为"恰恰是最好的"有为"(儒),道家的"避世"实际是最好的入世(儒、墨、兵、纵横、名等);道家的退守,正是最好的进取(儒、墨、兵等);兵家的"进攻",有时又恰好是最有效的"防守"(墨);杨朱的爱己自利而不利他,既不侵人之利,也不与人以利,从某种意义来说,恰好是最能落实的"兼爱"(墨)。凡此种种,均为相通之处。故以笔者愚见,观诸子之书,为诸子之学,须从多面看,不可一面观;既要看其表,又要观其里,不同的角度有不同的意蕴。如此,方能体味诸子真意,所谓"横看成岭侧成峰"是也。

(七) 实践理性

先秦诸子提出的主张、阐释的思想具有鲜明的实践理性精神，"所谓实践理性，是说把理性引导贯彻在日常现实世间生活、伦常感情和政治观念中，而不作抽象的玄思。"① 诸子学说是理性的产物。理性是人对自身及外部世界的一种认识机能，是控制和改造外部世界的一种能力，是世界的一种有序结构。理性与感性、本能相对，具有鲜明的社会特征，它不是源于自然，而是源于意志，但意志的表达不是强制性，而是说服性。实践理性强调实践的效果和结果的公正，注重其价值的普遍性和可行性，然而又区别于工具理性，工具理性强调的是为了实现某个特定目标而采用的最有效手段，不注重手段的正义性和公平性。故实践理性是介于本然和应然之间的一种理性认识。诸子学术对理论的建构，不是为了纯粹地获得知识，不是为了认识而认识，不是为了理论而理论，而是具有很强的实践功能。即使是消极避世、注重修身的道家，其学说也具有一定的实践理性精神。譬如杨朱学派，虽然主张"为我"，既不"损一毫而利天下"，也不"悉天下奉一身"，但其实践指向也是"天下之治"，认为若如此，则"天下治矣"（《列子·杨朱》）。杨朱学派的继承者子华子则进一步提出"全生为上，亏生次之，死次之，迫生为下"（《吕氏春秋·贵生》）的"贵生"思想，试图通过"全性保真"来实现"无为而治"的政治理想。又如庄子学派，庄子虽然主张追求绝对的"逍遥"，做到"无己"、"无名"、"无功"，以"堕肢体，黜聪明，离形去知，同于大通"（《庄子·大宗师》）的"坐忘"之法，来实现其"物我两

---

① 李泽厚《美的历程》，生活·读书·新知三联书店2009年版，第52页。

忘"的"齐物"境界。然而,"治身"不是最终目标,"治国"才是其终极理想,也就是要达到《庄子·天道》所言"帝王无为而天下功"的目标。

诸子学术来自实践,是体认人生、自然、社会及宇宙万物的经验性认识,但又高于经验,具有实践理性的特征。譬如孔子,不仅在鲁国实行过其"仁政"与"礼治"主张,而且周游列国,希望能够推行其政治主张;墨家诸子衣缁衣,履芒屦,尚侠义,摩顶放踵,为了制止战争,推行兼爱,而奔走于险途,周旋于列国;法家顺应时势,怀法术之思,干位于人主,推行变法,富国强兵;孙吴诸子,追求和平,运筹帷幄,驰骋疆场,以杀止杀,以战止战。又譬如列子,"师老商氏,友伯高子,进二子之道,乘风而归"(《列子·黄帝》)。其"进道"的结果是"心凝形释,骨肉都融,不觉形之所倚,足之所履,随风东西,犹木叶干壳,竟不知风乘我邪?我乘风乎?"(《列子·黄帝》)庄子所云列子"御风而行,泠然善也"(《庄子·逍遥游》),即此之谓也。而从对"实践"的理论探讨看,历代诸子都研讨过"实践"与"认识"的关系。虽然孔子认为圣人"生而知之",但其后继者孟子、荀子等人却认为"行高于知,知明而行";墨子重视"耳目之实";董仲舒主张"法天之行";王充主张"学贵能用";程朱主张"知先行后"、"理会践行";王阳明主张"知行合一";王夫之则认为"知"亦是"行","行"亦是"知","知行合一"。不管哪一种主张,都反映了诸子对"实践"的理论认同和实践体悟。

二、"新子学"建构

(一) 厘清几个重要概念

1. 诸子与诸子学。诸子即指历代创立或阐扬某一学术流派的思想家,有先秦诸子、秦汉诸子、魏晋南北朝诸子、隋唐诸子、宋元诸子、明清诸子、近现代诸子及当代诸子。"子"是古代对有道德、有名望的男子的尊称,相当于"先生"。"诸子"就是"诸位先生"的意思。先秦诸子之余绪在秦汉之后,有些学派,如墨家、名家、农家、纵横家,渐趋衰绝,而法家、道家、兵家、阴阳家的学说虽流行于世,其学脉绵延不绝,但又毕竟不是官方推许的学术。汉魏两晋之时,诸子遗风犹在,尚多有称"子"者,如贾子(西汉贾谊)、扬子(西汉扬雄)、桓子(东汉桓谭)、魏子(东汉魏朗)、牟子(东汉牟融)、淮南子(淮南王刘安)、王子(三国王肃)、谯子(三国谯周)、顾子(三国顾谭)、任子(三国任嘏)、袁子(西晋袁准)、傅子(西晋傅玄)、符子(东晋符朗)、抱朴子(东晋葛洪),及至隋唐之后,诸子之学,很少称"子"了。尽管隋唐以降,诸子之名不显,但是诸子及诸子学却代有生发。诸子学,是指对诸子及其学术进行研究的学问。中国学术,尤其是国学,诸子学是其重要内容。

2. 诸子学者与诸子。诸子学者是指研究诸子或诸子学的学者,是诸子研究领域的专家,但称得上"诸子"的并不多。在诸子学者中,只有那些在前代诸子成就的基础上有重大创发的,独树一帜的,才算是诸子。而诸子,则可以突破先秦诸子的流派,自创新派或新学,不囿于"九流十家"的限制。譬如汉代之陆贾、扬雄、桓谭、董仲舒、司马迁、王充,魏晋之王弼、何晏、裴颁、向秀、郭象、嵇康、隋之王通、唐之韩愈、柳宗元、刘禹锡、林慎思、宋代之周敦颐、邵雍、张载、程颢、程颐、朱熹、吕祖谦、张栻、陆九渊、陈亮、叶适、元代理学家许衡、刘因、吴澄、明代的王阳明、王廷相、李贽、王畿、王艮、杨慎、颜山农、何心隐、陆楫、焦竑、刘宗周，清代之黄宗羲、王夫之、顾炎武、唐甄、方以智、戴震、龚自珍，近现代之魏源、王韬、陈炽、严复、谭嗣同、康有为、梁启超、章炳麟、李大钊、陈独秀、胡适、陈寅恪、鲁迅、当代之孙中山、毛泽东、冯友兰、梁漱溟、熊十力、殷海光、牟宗三、张君劢、徐复观、钱穆、杜维明等，都可称为"诸子"。秦汉以后的学术，多有创新和发展，建立了新的学术体系，提出了新的思想主张，所以这些人也是诸子。后代诸子相对于前代诸子，就是新诸子，今日之新则为明日之旧，今日之旧恰为昨日之新。故诸子是指那些思想独创或继承前代诸子学脉且有创新的思想家。"诸子"的外延在秦汉之后有变化，魏晋玄学家、宋明理学家、现当代的新儒家，甚至中国化了的佛学家，生长于中国本土的道教家，都应该划入广义的"诸子"范围。

3. "新子学"与旧子学。新旧是相对而言，所谓"新子学"，乃相对于前代子学而言。而所谓旧子学，也是相对于后世"新子学"而言。没有绝对的新，也没有绝对的旧。

4. 新的子学与新子之学。"新子学"一词，应该包含两方面的含义：一是新的子学，二是新子之学。若仅指其中一个方面，则有失偏颇。

（二）"新子学"体系

"新子学"体系应该包括"新的子学"和"新子之学"。"新的子学"是指对历代诸子及诸子学的研究，也包含两个方面：一是今人对旧子之学的研究，即对历代诸子及其学说进行研究，并赋予其新义；二是今人对旧的子学的研究，即对历代诸子学进行研究，并赋予其新义。必须注意的是，其研究应该"赋予其新义"。若无"新义"，即使是今人所研究的诸子及诸子之学，也不可称为"新的子学"，只能称为"今人的子学研究"。"新子之学"是指当今新子及其所创作的新子书。当今新诸子的产生，其实已现端倪。近几十年来，有新儒家、新墨家、新法家和新道家的兴起，这些也是"新子"。只是这些"新子"，对于当下来说，又成"旧子"了。故当今之"新子"实际上是"新新子"。当下"新子学"发轫，表明当今"新子"即将破土而出。至于哪些学人是新子，笔者不敢妄议，但新子的产生必然带来新子书的迭兴和繁荣，这点却是可以预见。只有"新子"和"新子书"的涌现，"新子之学"才算形成。

（三）"新子学"体系还应该包括"世界诸子"及"世界诸子学"

以上的文字，笔者都是从中国传统的"诸子"概念来理解，但是当今学术对话愈来愈频繁，学术交流愈来愈平常，世界各国不同学派的学者需要面对世界社会的共性问题，比如环境问题、人口问题、资源问题、战争问题、贫富问题、恐怖主义问题等等，国际合作更加密切，国家之间的相互依存性、依赖性更加明显和重要。所以，"诸子"不仅有"九流十家"之诸子，也有"九流十家"以外之"诸子"，如中国之玄学、理学、心学、禅宗、事功之学、质测之学，外国之人本主义、唯意志主义、黑格尔学派、实证主义、马克思主义、弗洛伊德主义、分析哲学、存在主义、结构主义、解构主义、后现代主义、重商主义、重农学派、伦敦学派、瑞典学派、芝加哥学派、公共选择学派等，这些外国诸子的"主义"和"学派"对世界思想和历史进程均有广泛而深远的影响，故笔者把它们与中国诸子一起，称为"世界诸子"。

综上，诸子不仅有古代诸子、近现代诸子，而且有当今诸子；不仅有"中国诸子"，而且有"世界诸子"。因是之故，"新子学"的创建，应该具有国际视野，突破"诸子"及"诸子学"的中国本土观念，从思想学派着眼，把"外国诸子"涵括其中，比如苏格拉底、德谟克利特、柏拉图、亚里士多德、释迦牟尼、伏尔泰、康德、达尔文等都是"诸子"。凡是世界各国之"诸子"及其学术，都是"新子学"应该囊括的内容。

当前，从中国本土看，经济高度发展，文化繁荣，社会稳定，综合国力增强，大国地位逐渐提升；从国际社会看，当今世界呈现政治多极化、经济全球化、文化多元化、价值多样化、对话全球化的特点，与中国先秦之春秋战国的"天下大势"非常相似，正呈现"当今春秋战国"的态势。这些为"新子学"的兴起与发展提供了千载难逢的机遇。但是，几千年来存在的政治集权、文化专制、思想僵化、遍设禁区等问题，难以在短时期内得到根本解决，这又必然限制和影响"新子学"的发展，故"新子学"的形成还有很长的路要走。

（原载于《诸子学刊》第十三辑。作者单位：黄冈师范学院文学院）

从共同的问题意识探求子学的整体性
——"新子学"刍议

孙 广 周 斌

经过三年多的讨论,"新子学"已经由方勇先生的一家之言,成为了当代学人探讨学术转型和思想建设的学术公器。目前,学界已经认识到,"新子学"的最大困境,在于其核心理论的缺席。与此同时,越来越多的人开始围绕这一问题寻求解决之道,也提出了一些很有价值的意见。但是,要探求"新子学"的核心理论,首先应该要明白"新子学"本身的定位是什么。其实,方勇先生在《"新子学"构想》等文章中一直坚持称"子学"而不是某个具体的诸子,各种相应的讨论也是如此,就已经透露了信息[1]。近日,方勇先生更是在《三论"新子学"》一文中说:"古人的智慧在前,如何融通开新,参与到世界范围的讨论中,这是今天的任务。'新子学'主张,在面对西方文化的背景下,深入把握早期经典中的相通之处,熔铸出新解,这当是学术创新的途径。"[2]这就可以明确,我们要探求的,是作为一个整体的"子学",而不再是各自为政的"诸子学"。

子学的研究,一直以来都是一家一子之研究,没有一个整体性的概念。究其原因,一是子学先天的多元性与排他性;二则是学派的确立。所谓子学先天的多元性与排他性,就是指诸子各自"入道见志"[3]，自立其说，又为了维护自己的理念，时常攻击他人的学说，如孟子辟杨朱、墨翟，荀子非十二子等等。但是，若仅仅是如此，还不足以束缚智慧如海的中国学者两千年。另一个重要的因素则是学派的确立。学派的确立，其根本原因仍然是子学先天的多元性与排他性。但先秦时期，还比较少有学派的区分，更多的仍然是单个的"子"的区分。到司马谈《论六家要指》，才有比较明确的说法。而后到了刘向、刘歆父子，作《别录》《七略》，其后班固《汉书·艺文志》仍袭之，才完全确立了九流十家的子学学派构成。在子学学派确立之后，纷繁的诸子思想开始凝练成一个个的名片，如儒家的"仁义"、道家的"道"、名家的"正名"、法家的"严刑峻法"……这种名片式的概括，一方面有助于帮助人们正确理解诸子的主要思想，不至于胡乱附会——这也正是班固等人区分学派的本意。但是另一方面，也导致了一个极其严重的后果——子学的分裂。很多初学者，尚未正式地接触相关的文献，便先入为主地接受了这种名片式的独立排他的理念。从此以后，我们的子学研究，便彻底地进入了一个多元独立的状态，道家自道家、法家自法家。在中国的学术、思想研究中，文学、历史都有非常成熟的体系性研究，比如刘勰的《文心雕龙》、刘知几的《史通》等。唯独子学，是没有一个完整的体系的，这不能不说是我国学术思想史上的一个巨大的遗憾。当下，诸子研究已经进入全面总结的时代，这个问题也就越发地凸显了出来。

因此，单就子学转型这个角度来说的话，"新子学"的准确定位，应当是作为一个整体的"子学"，而非各自独立不容的"诸子学"。"新子学"在这方面的意义，就是凸显子学本身的整体性和统一性。明确了这个定位的问题，我们再来探讨"新子学"的核心理论，才能算是找到了正确的入门之途。但是，正如方勇先生等学者所说，"新子学"并不是一个一蹴而就的简单的学说或理念，而是需要社会各界广泛求索的一个数年、数十年乃至数百年的巨大工程。要想直接得出一个核心的理论来统摄"新子学"在子学转型方面的意义，显然是非常艰难的。因此，从什么角度来寻找"新子学"的核心理念——也就是子学的整体性和统一性，就是当下"新子学"研究的重中之重。

目前，"新子学"的研究者们，除了少数还在强调一家一子之学外，多数的学者都在探索如何寻找子学的整体性和统一性。但是，他们大多都是提出了一个具体的理念，试图以此来统摄整个的子学。比如玄华先生的"多元"、曹玟焕先生的"狂"等等。这些说法都持之有故，言之成理，足称一家之言。然而庄子云："是亦彼也，彼亦是也。彼亦一是非，此亦一是非。"[4]这种具体的理念，极容易使"新子学"陷入彼此是非的理论争端之中而无法自拔。那么，是否能够换一个角度来探求子学的整体性和统一性，就成了一个值得思考的问题。

在历史上，对于子学相通的探索，儒家学者们已经有了比较深入的认识。儒家学者们对待子学有两种态度，"爱之则强附于儒，憎之则悉斥为异端"[5]。"斥为异端"者且不论，其"强附于儒"者，实际上是将子学附属于"六经"。班固《汉书·艺文志》云："今异家者各推所长，穷知究虑，以明其指，虽有蔽短，合其要归，亦六经之支与流裔。"[6]儒家的学者们认为，"六经"出于圣人，是圣君所制定的万世准则，而诸子则出于王官，是辅佐圣君的"支与流裔"。这些学者认识到了子学的价值，认为"诸子百家，其学皆思以求治者也"[5]，并不斥之为异端而加以排斥。在这一点上，与司马谈"夫阴阳、儒、墨、名、法、道德，此务为治者也，直所从言之异路，有省不省耳"[7]的说法是相吻合的。他们在解释《艺文志》中诸子出于王官的说法时，也是普遍采用这个理由①。因此，儒家的做法，就是认为诸子的相通之处，在于诸子皆"资于治道"。换言之，在儒家的学者们看来，诸子有一个共同的问题意识——挽救当时的社会危机！除此之外，杂家也有类似的认识。班固《艺文志》谓杂家："兼儒墨，合名法，知国体之有此，见王治之无不贯。"[5]这是对杂家非常准确的概括。通过班固的这个评价，我们同样可以看到，杂家所理解的子学的相通性也在于"国体之有此，王治之无不贯"这一治国的问题意识。由此可见，从共同的问题意识来考察子学的整体性与统一性，是我们传统学术之中的一个广泛的认识②。这种完全跳出了具体的理念之争的做法，是应当为我们当下的"新子学"研究所重视的。

但是，儒家、杂家的具体做法，都有非常大的缺陷。儒家的不足之处在于附会，强行认定诸子出于王官，是"六经之支与流裔"，忽视了子学自身的独立性。这种做法正是出于儒家尊经的思想，显然与我们"新子学"的追求相左。而杂家的学者们，虽然没有局限于经学的范畴之内，但在具体构建其学说的时候，其实是预先设定了一个理念，然后再以子学的理论来证成之。在杂家的领域内，子学成了材料来源和论证工具，失去了其主体地位，"说者谓其采庄、列之言，非庄、列之理；用韩非之说，殊韩非之旨"[5]。就这个层面来说，杂家的做法，与后人附会佛学、西学别无二致。更有甚者，杂家的某些

---

① 《庄子·天下》云："以法为分，以名为表，以参为验，以稽为决，其数一二三四是也，百官以此相齿。"这大概是诸子出于王官的源头，刘《略》班《志》不过发挥其说而已。

② 本文指出"问题意识"，而不具体落实为"挽救社会危机"或"治国"，是因为子学共同的问题意识是可以讨论的，并非只有这一个答案。比如方勇先生的《三论"新子学"》将子学的问题意识归结为"人如何应物"，就十分深刻。参见方勇：《三论"新子学"》，《光明日报》，2016年3月28日第16版。

著作在进行构建时,由于子学本身的多元性冲突,导致了其原本体系的崩塌,"漫羡而无所归心"[6],最终单纯地沦为了一种子学材料的堆砌,成为"驳杂之家"。比如《隋书·经籍志》中著录的杂家著作,就有《子钞》等书钞,甚至有《皇览》、《类苑》、《华林遍略》等类书。因此,从共同的问题意识把握子学的整体性和统一性,若完全照搬儒家或杂家的做法,无疑是不足取的。

当然,从子学共同的问题意识出发,来探讨子学的整体性和统一性,也要注意必须认清共同的问题意识和子学思想的区别。如果认为子学共同的问题意识是挽救社会危机,就简单地以"挽救社会危机"来统摄子学,认为"百家之学皆以救时为主,世之乱也,则当取而用之"[4],将子学当成救一时之蔽的虎狼之药,无疑是不可取的。这与曹玟焕先生的观点相似而更甚,把子学视作某种极端,完全是不可取的。恰恰相反的是,子学思想的精华,不是某些极端的观点或具体的措施①,而是在于其对社会、制度、人性、人生体验、伦理道德、能指与所指等重大问题的原理性思考。而这些原理性的深沉潜思,是对任何时代、任何社会都有重大的指导和借鉴意义的。这也正是我们在当下的时代,郑重提出"新子学"的缘故。

---

① 子学之中表达的某些比较极端的观点和态度,一些是一种深沉潜思之后的激愤表现,而更多的则是后人的一些误读。比如说孔子重礼,故批评子贡时说:"尔爱其羊,我爱其礼。"(《论语·八佾》)但孔子并不是一味地追求对周礼的还原或者对仪式的推崇,故而他说:"麻冕,礼也;今也纯,俭,吾从众。"(《论语·子罕》)又比如说庄子强调无为自然,反对人为对自然本性的改变,故说:"日凿一窍,七日而浑沌死。"(《庄子·应帝王》)但他并非要废弃一切的人为活动,故批评汉阴丈人说:"彼假修浑沌氏之术者也。识其一,不识其二;治其内,而不治其外。"后人据其一端,不假思索,遂谓孔子是全然复古的,庄子是全然反对人为的,子学遂被人误解为极端矣。历代那些抱着"祖宗之法不可变"的腐儒,何曾看到了孔子说的"从众"之说?

涤除玄览，抛开经学为尊的态度，放弃以某种预设的理念来统摄子学，从子学共同的问题意识来考察子学的整体性，不失为一个可行的方向。从这个角度来探讨"新子学"的整体性和统一性，一方面既源于我国自身的传统文化，符合"新子学"寻求自身理论自觉的追求；另一方面也避免了"新子学"成为一种具体的理念，从根本上杜绝了"新子学"陷入无休止的理论争端的可能，更不会使"新子学"违背其多元独立的本质要求，变成一种另类的"经学"。因此，对于"新子学"来说，从共同的问题意识来探求子学的整体性和统一性，是非常值得探索的一条路径。

参考文献：

[1] 方勇．"新子学"构想［N］．光明日报，2012-10-23（14）．

[2] 方勇．三论"新子学"［N］．光明日报，2016-03-28（16）．

[3] 周振甫．文心雕龙今译［M］．北京：中华书局，1986．

[4] 郭庆藩．庄子集释［M］．北京：中华书局，2012．

[5] 孙德谦．诸子通考［M］．长沙：岳麓书社，2013．

[6] 班固．汉书［M］．北京：中华书局，1962．

[7] 司马迁．史记［M］．北京：中华书局，1982．

（原载于《集美大学学报》2016年第3期。作者单位：华东师范大学中文系，南昌大学国学研究院）

论"新子学"的内涵及其意义
——兼谈子学与经学之别

揣松森

方勇先生在 2012 年 10 月 22 日《光明日报》"国学"版发表《"新子学"构想》一文,首次提出"新子学"的理念[1]。该理念甫经提出,便引起了海内外学术界贤哲的热烈讨论,产生了广泛而深切的影响。先生随后又接连发表了《再论"新子学"》[2]《"新子学"申论》[3]两篇文章,对"新子学"理念作了进一步的阐述和更深入的思考。本人因素来倾心诸子学,对诸子学界的关注相对较多,所以自先生"新子学"理念的提出起,便产生了较浓厚的兴味。爱好所在,不敢藏拙,故不揣浅陋在此谈谈自己的一点粗浅想法。

一、"新子学"的内涵

"新子学"的内涵,可以从一般意义(学术文化层面)和理念意义(哲学层面)两个层面来理解。一般意义上的"新子学"内涵,就是打破传统的经学思维下的学术分类方式和西方话语模式下的学术分科方式,尽可能地探寻先秦诸子的原生态样貌。我们知道,近代以前的中国传统学术格局是经学在汉代占主导地位后,当时学者们整理分类的结果。这就一方面因为整理分类的需要，过滤掉了很多重要的信息，而不能完全反映先秦学术原初的丰富性和鲜活性；另一方面因为当时学者是以经学为主导的，先入为主地把诸子学作为经学的补充或附庸来看待，从而造成一些对先秦学术原初面貌的失真。所以，当下的我们如果要研究先秦诸子学，研究先秦学术文化，就不能不破除经学思维的余波，以科学的求真的态度去对先秦的学术文化做一番重新的审视。近代以来中国的学术格局走向两个极端，或者一味复古，或者全盘西化，最终后者占了上风，从此中国学术落入西方话语模式下的学术分科的铁蹄之下。这种学术分科模式的影响至今犹在，并且日渐显露出它的弊端。中国的学术精神与西方的学术精神根本不同，双方的学术体系也大有区别，如果非要生搬硬套，非但不能求中国传统学术文化之真，而且有害中国学术文化发展的前途。因此，我们要探寻先秦学术文化的原生态面貌，就不能不首先打破传统的经学思维下的学术分类方式和西方话语模式下的学术分科方式。

　　破除定势之后，我们要走的是一条中国学术文化本土化研究的路子。具体而言，我们可以引用方勇先生《再论"新子学"》里的论述来讲，即"一是要结合历史经验与当下学术理念，在正确界定'子学'范畴的前提下，对诸子学资料进行全面的收集和整理，将无规则散见于各类序跋、笔记、札记、史籍、文集之中的有关资料，予以辨别整合，聚沙成丘；二是要依据现代学术规范，对原有的诸子文本进行更为深入的辑佚、钩沉、辑评、校勘、整合、注释和研究；三是要在上述基础上，阐发出诸子各家各派的精义，梳理出清晰的诸子学发展脉络，从而更好地推动'百家争鸣'学术局面的出现"[2]。历史的真实远比我们一般了解的要丰富、鲜活——我们所了解的历史是经过过滤和压缩后的历史。那么，我们做学术研究就要尽可能地破除旧有的框架和定势，尽可能地了解更全面的、更原生态的学术文化样貌。从这个意义上讲，"新子学"的一般意义某种程度具有学术研究方法的普遍意义。这或许是中国学术文化研究本土化的一条必由之路。

　　理念意义层面的"新子学"内涵，是在原生态的诸子学面貌下的"子学现象"中提炼的具有普遍意义的"子学精神"。我们知道，人的知识和智慧是在社会生活实践中获得的经验结晶。先秦诸子对春秋战国间剧烈变动的现状进行满怀热忱的介入和观照，其思想和著述是他们对当时的现实进行思考的结果。他们身上所表现出的"张扬的人文精神和高昂的主体自信""深切的现实关怀"以及"独立品格""争鸣精神"，深受中华民族历代贤哲的景仰而代代传承。中华民族的人文精神和对人的价值的肯定早在殷周易代之际就萌发了，这比西方要早得多。殷周鼎革，社会巨变，小邦周取代大邦殷，这让周初的统治者深感天命的无常，转而强调自身的德行修养，"人"的价值和人文的精神渐渐受到强调。此后虽不是没有谈鬼神天命者，然大都对之采取一种敬而远之的态度；更普遍地流行着的，是一种强调人的德行修养和人的价值的思潮，给中华民族的基本精神确定了重人文的基调。至春秋战国时代，社会剧烈变动，士人突起，他们无不以极大的热情关注和思考着其所处的时代，无不试图提出解救时弊的良方，给社会和生民确立一种"人"的准则和秩序。可以说，人文精神和对人的价值的肯定在那个时期得到了最大程度的张扬。试想，如果没有一种人文精神和主体的自信，而能够有"舍我其谁"的气魄和为天下兴利除害而奔走不已的动力，简直是不可想象的！所以我们说，"张扬的人文精神和高昂的主体自信"是诸子精神，更是中华民族的基本精神——正是这种精神造就了中华民族文化的早熟和高度，它与西方传统精神根本不同。

　　"子学精神"的第二个重要方面就是先秦诸子"深切的现实关怀"。这种精神亦有其传统。自殷周易代以后，中华民族的精神便转向人文精神和对主体价值的肯定上，宗教观念逐渐被剥离和淡化，人们对鬼神上帝多抱一种敬而远之的态度。借着人文精神的萌发和对人的价值的肯定，人们不寄希望于一个脱离了人世的彼岸世界，而始终着眼于一个由血统和君统维系过去、现在、未来的现实世界的关怀。春秋战国间的诸子都有着"深切的现实关怀"，其思想和学问的关注点和归宿都在国家治理和人的修养上，即以各自的智慧和情怀关注和应对现实，在终极意义上为社会确立秩序，为生民确立准则。可以说，"深切的现实关怀"是中华民族学术的传统，是中国学问的一个显著特点，与西方学术传统有很大不同。

"子学精神"的另两个方面是，先秦诸子所具有的"独立品格"和"争鸣精神"。先秦诸子不管是在现实中还是思想上都不依傍他人，能够保持一种独立的人格和独创的思想精神。正如方勇先生在《"新子学"构想》中所说的："诸子皆不依傍、不苟且，重独得之秘，立原创之见，倡导精神上的独立与自由。百家争鸣，相互抵异，而多以天下安危为己任，不迷信，不权威，多元而有序地自觉发展。"[1]我们以为，先秦诸子之所以有"独立品格"和"争鸣精神"，源于他们高度的主体自信和理性精神，就是一方面他们相信自己可以认识和介入当时的社会现实；另一方面又相信对社会现实的认识和实践是可以探讨的，而且在某种程度上可以达成共识。事实上也是如此。诸子各派虽然都是出于对社会现实的回应，但很大程度上也是在与其他派别的争鸣中才更加鲜明地确立各自的主张，以至到后来都不得不取长补短有所融汇。这种"独立品格""争鸣精神"在当今弥足珍贵，且愈发具有现实意义。

总之，"张扬的人文精神和高昂的主体自信"内在地蕴含着的是理性精神，"深切的现实关怀"和"独立品格"意味着创新与自由是其题中应有之义，而"争鸣精神"则是以平等为前提。我们提倡"新子学"理念，更侧重地是讲"子学精神"。

二、子学与经学之分别

讲诸子学，不能不谈到经学。我们讲"新子学"，也不能不说到经学。这里试就子学和经学之别做一番比较和探讨。子学和经学在其内容和文本的原初形态上并没有什么区别，它们都是先民实践经验的结晶。实事求是地讲，经学在其原初的意义上并不具有绝对意味。举例来说，《诗》本是殷周间（更多的是周初到春秋间）平民和贵族生活情感的记录；《尚书》是前代史官对史事和传闻的记录，本身属于史书；《易》是上古所传的卜筮之书，秦汉间人仍如此看待它。它们本身原都没有"经，常也"这般的绝对意味。最终使这些上古载籍发生经学意味的关键人物是孔子，据传他作《春秋》，删《诗》《书》，为《易》作《传》，从出土的马王堆帛书《易传》、上博简《孔子诗论》等出土文献中也可看到他的这种影响。那么，《诗》经过"赋诗言志"的过程，到孔子论诗的"诗教"，再到汉代经师的《诗传》《诗序》，就逐渐地形成了一套"经义"，完成了由普通文本到经学文本的转化；《书》就由原来的史书，变为一字一句不容改易、圣贤一言一行都有深意的经学文本；《易》也由卜筮之书，经由孔子及其后学的申发和阐述，一跃成为"五经之首"；而《春秋》据说就是孔子删削鲁史记而成，借史事而寓微言大义，更成为"乱臣贼子惧"的经了。由此可以看到，与其说《诗》《书》《易》《春秋》为经，毋宁说是后代学者，特别是孔子及其后学，对它们所作的引申和阐释为经。因此可以说，经学之所以为经学，并不在它的文本本身，而在于孔子和经师对其文本所作的引申和阐发。他们的引申和阐发并不完全忠实于原初文本的内容和思想，其本意也并不在对文本原义的阐发；用现代的话来说，经学是对古老学问和智慧的理论升华。

实事求是地讲，经学化本身并没有问题，而且有其合理性和意义。中华民族的塑造，中华民族大一统国家的维系和统治，以及中华文化命脉的精神基调和传承，都有赖于经学的力量和价值而得以实现。但问题是，这样一种经学化了的知识能否适应各个历史时段的现实状况，能否应对各个历史时段的问题和危机？在汉代及以后的大一统国家里，经学在塑造中华文化基架和维系大一统国家的统一方面发挥着重要作用。虽然如此，经学即便是在传统的历代也不能有效应对新的社会国家问题，总有新思想应运而生，而经学则借着政治力量得以维持其地位。近代以来，中国的大门被西方的坚船利炮打开，中国实际已经置身于世界民族之林之中，面临着生死存亡的危机，而不再是高高在上的上国共主，大一统的观念受到冲击，经学也因其对现实的无能为力而失去往日的尊崇与光辉。

我们反对经学，是反对它绝对化的这个层面，并非反对它原初作为社会实践经验结晶这个层面的内容。我们提倡诸子学，侧重点就在于提倡诸子学这种没有绝对化、没有教条化而是对现实生活具有鲜活反应的经验和智慧。可以说，是经验和智慧的传承与积累造就了人类的光辉文化，也促使着人类的社会不断进步；不过，如果这些经验和智慧被绝对化、教条化，那么它们本身的精神和价值就失去了，它们就非但对人无益反而有害。上古以来，每代也都有所谓的"经"在传承，如传世文献中所称的"诰""命""说""某某之言""某某之兆"，以及出土文献中的"明型""宝训""法""典"等。这些先辈的嘉言懿行便是后人学习和参照的榜样、典型，然而这些是鲜活的、应景的，并非如后世经学般的僵化、绝对。可以说，"六经"都是上古经验和智慧的结晶，而孔子以文化传承者自命，不得已作《春秋》，删《诗》《书》，为《易》作《传》，一方面出于对周公礼乐的推崇，试图恢复周初礼乐制度；另一方面则有集上古文化大成，为后代万世作则的意思。虽然如此，他也不至于会迂腐到把这些文字和圣贤言行绝对化、教条化的地步！然而，后世以孔子后学自命者，竟把"六经"视为一字一句不容改易、所记圣贤一言一行都有深意的万世不变之"经"，岂不是完全违背祖师的初衷吗！时至今日，如果仍以"经，常也"的僵化眼光来看"六经"而亦步亦趋，只知其言而不知其所以为言，只法其法而不知其所以为法，不能以发展的眼光、现实的眼光、科学的眼光来读"经"、来看问题，那可真不足与其言矣。

相反，诸子学则有其丰富性和鲜活性。如上所分析的，上古人所学习的"某某之言"是很宽泛的，初无一固定的范围，如孔子所尊奉的除了尧、舜外，还有郯子、孔文子、周任、管仲等等。如果按后世的学术标准划分的话，孔文子、周任、管仲、郯子只能算是诸子。另外，还有诸如伊尹、鬻熊、范蠡、文种等，典籍中也有不少他们言行的记录，其言行在学者们间传承，在当时与其他"经"言并没有地位高低的差别。典籍传言①，"经"用简长二尺四寸，"传"半之，"子"不盈尺，就是说根据内容的重要程度高低而用简长度逐次杀减；可是从目前出土的竹书来看，也找不出这种差别和区分，所以这种说法很可能是后世儒者理想化的一种形态。举这些例子，主要是说"经"与"子"在其原初价值上并无高低之别，它们都是一种经验与智慧的结晶；它们的高低贵贱之别是后世人为造成的，并没有反映它们本初的真实状态。而知识一旦被绝对化，就成了僵化的知识，也就失去了真精神与真智慧，也就随着时间的推移逐渐脱离实际而对现实问题无能为力。

方勇先生提出"新子学"的理念，其入手处便是祛除经学的绝

---

① 如王充《论衡·正说篇》及郑玄注《论语·序》（《春秋左传注疏·春秋左传序》疏引）等皆有是说。详情参见：黄晖：《论衡校释》[M]．北京：中华书局1990年版，第1135-1136页；《十三经注疏》整理委员会：《春秋左传正义》[M]．北京：北京大学出版社1999年版，第8页。

对化的外衣，置其于先秦学术文化的原生态之中，恢复其子学的活力与精神，并进一步从先秦学术文化的原生态面貌中提炼出更具普遍性的"子学精神"。那么，立足传统丰富的原生态文化资源，我们足以为近代以来的社会剧变指明出路，也足以为中华民族传统学术文化的发展指明方向。我想，这大概也是先生提"新子学"的着眼点和苦心所在。所以我们以为，不管是从一般意义还是理念意义上讲，"新子学"都为学术研究方法和当代中国文化的推进提供了一条可能的路径。

三、"新子学"理念提出的意义

方勇先生在《"新子学"构想》中说道："'新子学'概念的提出，根植于我们正在运作的《子藏》项目，是其转向子学义理研究领域合乎逻辑的自然延伸，更是建立在我们深观中西文化发展演变消息之后，对子学研究未来发展方向的慎重选择和前瞻性思考。"[1]我们以为，"新子学"的提出，不仅有其学术文化研究上的意义，更有其现实意义与时代意义。

自启蒙运动以来，西方走出中世纪黑暗神学时代，人文精神得到张扬，尊重人的自然本性，突出个体人的独立、自由，注重理性分析，促发其近代科技和文化的发展进步。而19世纪中后期至20世纪初，西方工业文明高度发展，西方国家借此雷电之势扩张全球，几乎把世界其他文明都纳入其势力范围和文化同化之中。与此同时，工业文明所带来的问题，尤其是工业文明和机器大生产对人文精神的挤压问题日益突出，促使人们开始对工业文明进行反思，从而催生出新的社会思潮。此后，现代主义、后现代主义思想不断涌现，尊重人的主体性，倡导自由、平等、理性、创新，解构权威和既定模式，已然得到了人们最大程度的共识，成为最为当今世界人们所普遍接受的观念。

不可讳言，我们如果要探讨近代以来中国的社会问题乃至学术文化问题，都不得不在西方近代文明发展的背景下来进行讨论。清朝后期，中国的大门被西方的坚船利炮打开，面对那场剧变，中国政府束手无策毫无招架之力，而以经学为主导的中国学术文化对那场剧变也无能为力，不能做出有效的调适。而且我们以为，中国所以落到如此地步，很大程度上也就是被历代统治者奉为治国大纲的经学不断僵化而脱离实际的结果。清末民初，在经历了一段新与旧、复古与西化的争论激荡之后，中国从政治到学术文化都完全纳入到了西方的话语和模式之下，至今犹然。然而，最终因为生搬硬套而不能得其真精神，又因脱离中国传统而始终隔着一层，不能融通。可以说，鸦片战争以来的中国始终面临着这样一种困境，而那时以来中国人的心灵始终充斥着世纪性的纠结和挣扎，不得根本的安顿与坦然。新中国改革开放以来，我国的经济建设取得了举世瞩目的成就，我们的国家在世界上扮演着越来越重要的角色，也产生着越来越广泛的影响。与此同时，我国的学术文化发展相对滞后，面临着新时期的转型问题，需要为国家的进一步发展提供更丰富、更深厚、更广泛和更具前瞻性的思想资源。可以说，这已成为一个迫切的现实问题。

方勇先生提出"新子学"理念，一方面是要打破传统的经学思维下的学术分类方式和西方话语模式下的学术分科方式，尽可能地探寻先秦诸子的原生态样貌；另一方面是要在原生态的诸子学面貌下的"子学现象"中提炼出具有普遍意义的"子学精神"。这不仅切合中国的现实处境和时代精神，也为中国学术文化的转型指出了一条出路。自鸦片战争中国的失败，已经宣告了经学的失败；而近代中国的积贫积弱也正是由于不断教条化的经学对人们思想的束缚，以及日趋僵化的经学思维对人们思想的愚化。而且自那时起，中国实际上已经处在一个弱肉强食的世界民族之林中，这就要破除"中国即天下"的不切实际的梦幻，而要以务实的态度和坦然的自信，制度性地激发每一位中国人的聪明智慧和现实关怀精神，求真务实，自强不息，从而确保国家自立于世界民族之林。此时中国所处的环境，正如春秋战国时期列国林立、合纵连横的局面，我们有丰富的诸子思想和诸子精神可以借鉴。诸子思想和精神的核心在于人与社会现实之间的互动是鲜活的、应景的，这也是"新子学"所强调的一个重点。而且，先秦诸子"张扬的人文精神和高昂的主体自信""深切的现实关怀"以及"独立品格""争鸣精神"，也与世界范围内的时代精神内在契合。在目前列国并立的世界格局之中，中国欲求立于不败之地，就不得不在保持经济稳步增长的同时，加速文化转型，提升文化品质和高度，提倡一种更具普遍性和统摄性的价值观。我们以为，"新子学"提出的原生态学术文化研究方式，为中国学术文化研究本土化提供了一条出路，将是中国学术文化发展的一条出路；而"新子学"所提出的"子学精神"则根于人心，既是对中国传统精神的提炼，又与当今时代精神相契合，可以承担其在中华民族伟大复兴中的价值功能。"新子学"理念提出的意义在此，同时也体现出方勇先生作为一代中国学者勇于创新的精神和现实关怀的责任感。

参考文献：

[1] 方勇."新子学"构想[N].光明日报，2012-10-22（14）.

[2] 方勇.再论"新子学"[N].光明日报，2013-09-09（15）.

[3] 方勇."新子学"申论[J].探索与争鸣，2013（7）：73-77.

（原载于《集美大学学报》2016年第3期。作者单位：华东师范大学中文系）

关于"新子学"的几点浅见

郭 丹

方勇先生提出"新子学"的概念,在学术界引起很大的反响。在复兴"国学"的热潮中,这是一个颇具建设性的倡导,对于传统文化的复兴有重要意义。对于这一倡导,笔者以为,应有更多的学人来提出问题,补苴罅漏,集思广益,对"新子学"的概念加以完善。有鉴于此,笔者提出几点浅见,以供参考。

一、"新子学"的精神内核

"新子学",当然是相对于传统"子学"而形成的概念。"子学"即诸子之学,其最早的含义,是指先秦诸子之学。《文心雕龙·诸子》说:"诸子者,入道见志之书。""入道见志",不论是入哪家的"道",抒发的是什么"志",诸子之学是阐发自己思想学说之学,是"欲以一己之思想学说以广播于天下者",是针对当时的社会进行思考而提出的治理社会、有关人性的各种主张,是坚持"立原创之见,倡导精神上的独立与自由"。这就是诸子之学的精神内核。我们提出"新子学"的概念时,应清楚先秦诸子之学的精神内核是什么;相对于传统子学,"新子学"的精神内核又是什么?如何定位"新子学"的精神特质?对先秦诸子之学的精神特质如何继承,如何延续?这都是应该考虑到的。关于这点,是否可以拿儒家作为参照?有人反对以儒家作为参照,笔者以为其恰可以作为"新子学"建设的借鉴。儒家从先秦的原儒→汉儒→程朱理学(新儒家)→现代新儒家,虽然各个不同的时代有各自的特点,但总是有一贯穿始终的儒家精神的基本内核。如宋代理学,又可称为道学、新儒学。称为理学,是因为两宋诸子所创立的思想体系以"理"为宇宙最高本体,以"理"为哲学思辨的最高范畴;称为"道学",是因为理学诸子自认为已继承尧、舜、禹、汤、文、武、周、孔的道统(这正是儒学历代变化中的不变精神),并宣称他们的学问路径以"明道"为目标;称为新儒学,是因为理学虽以儒家礼法、伦理思想为核心,但其张扬的孔孟传统已在融合佛、道思想中被加以改造,具有焕然一新的面貌。20世纪20年代产生的现代新儒家,服膺宋明理学,以接续儒学"道统"为己任,面对着西方工业文明的挑战,试图通过吸纳西方文明而重建儒家道统。以儒家道统为核心,是现代新儒家的精神内核。同样的道理,"新子学"与传统子学在精神上应有延续性和继承性,而不是割断的。愚意以为,就宏观的层面来说,统领"新子学"的精神内核,从先秦时期肇始的子学精神是"新子学"应该延续和弘扬的。就微观的层面,或者说各个"子"学的具体内容来说,可以各有各的特色。

二、"立说"之学与"诠释"之学

先秦诸子学说,指的是春秋战国百家争鸣时期诸子各家的学说。依刘勰《文心雕龙·诸子》所列,除了儒家学说之外,道家的《老》

《庄》《列子》《鹖冠子》《文子》，墨家的《墨子》《随巢子》，名家的《尹文子》，农家的《野老》，阴阳家的《驺子》，法家的《管子》《申子》《慎子》《韩非子》，纵横家的《鬼谷子》，杂家的《尸子》《尉缭子》《吕氏春秋》《淮南子》，小说家的《青尸子》，都是"入道见志"之书，可归为诸子。《四库全书总目提要·子部总叙》说："自六经以外立说者，皆子书也。"但是按照"四库全书"中"子部"收录的范围，确也过于宽泛。不过，立足于"立说者"，应是题中之义。宋代的程颐、程颢、朱熹等人，其为"程子"、"朱子"，是为宋代的"新子学"也。他们既符合刘勰的"或敘经典，或明政术"、"博明万事"、"适辨一理"的"立说者"的标准，也符合《四库提要》"研理于经，可以正天下之是非；征事于史，可以明古今之成败"的要求。其可谓宋代子学的代表。

再者，上海世界书局编辑《诸子集成》，"印行汉人之注疏，并宋人之章句集注"（《刊行旨趣》），说明已经把子学著作的注疏类文献归入"诸子之学"中了。就现在《子藏》第一批第二批所收著作来看，既包括先秦诸子研究之学，也包括历代的诸子诠释、研究著作。本来，经学研究也好，子学研究也好，历来有训诂和义理两个层面，也就是说包括训诂之学和义理之学，有的则是把训诂和义理融合在一起。拿"庄子学"来说，《庄子》外篇和杂篇是对内篇思想的阐释，郭象和成玄英则是对《庄子》的诠释，一直到郭庆藩、王先谦，既包含训诂，也包含义理，其他的庄学著作，多是如此。同样的，朱熹的朱子学之后，也有不少对朱子学的注疏、阐释之作。对于"新子学"，方勇先生已经注意到了"新之子学"与"新子之学"的区别。是否可以这样来理解，"新子之学"侧重于"立说"之学；"新之子学"则包含诠释之子学（但不是全部）。以这样的理解，愚意以为"新之子学"与"新子之学"，都是"新子学"所应包括的范围。此外，还应注意到"立说"之诸子学与"诠释"之诸子学的区别，二者在概念上有所不同。虽如此,"立说"之诸子学与"诠释"之诸子学,也应该包括在"新子学"的范围之内。

新与旧是相对的。旧即指传统诸子学,那么新的概念包括哪些?有论者提出所谓新思维、新方法、新观念等等,这些当然是"新子学"之"新"的体现。但笔者以为,这些都不是主要的,最重要的是内容。一个学说和概念的提出,是先有概念口号,还是先有内容,然后从内容中提炼出学说概念呢?当然应该是先有其内容,然后才能总结其精神和观念,犹如刘勰的论"诸子",从先秦以至两汉,列叙诸子之产生和演变,从中总结概括出诸子之学的精神实质与特点。传统诸子学,还不是由九流十家的诸家著述的思想内容中形成了"诸子精神"吗?其思维方式、学术方法、时代观念等等,都是从他们著书立说的具体内容中产生的。"新子学"的提出也要考虑这一点。"新子学"的内容是什么?正如方勇先生所说:"'新子学'概念的提出,根植于我们正在运作的《子藏》项目,是其转向子学义理研究领域合乎逻辑的自然延伸。"因此,"新子学"首先应该是内容之新;精神之新是从内容之新来的。形而上的精神层面和形而下的文献编撰层面,虽不可分割,但又有区别。所以,这就涉及,如果要编一部《"新子学"文献》,如何编?如何收?依据《子藏》的编撰体例,"立说"之诸子学与"诠释"之诸子学都收录,其下限到清末民国前。有论者认为诸子之学的"新",从清末已经开始,其实如前所说,朱子也是"新子学",并非仅从清末始。不过此说启发一个问题,即如果以时间划线,"新子学"的上限在哪,下限在哪?就文献编撰来说,《"新子学"文献》的上限在哪?下限在哪?

三、杂与多的关系

　　如上所述,"新子学"可以包括"新之子学"和"新子之学",也包括"立说"之诸子学与"诠释"之诸子学。但在学术的界定上,"新子学"又不能太杂,不能变成国学或传统文化的代称,或是中国文化的代称。诚然,把国学只理解为经学,是过于狭隘。对于国学的理解,可以有不同的看法。章太炎认为,国学是中国固有的学术文化的总称,它包括"经学、史学、哲学、文学"。季羡林说,国学就是传统文化,它包涵中国古代的文、史、哲以及与此相关的学科。他们虽未点明"子学"这一名称,但所论无疑包括了子学。国学有自己的内涵,虽然它将随着时代的变化而发生变化。子学也一样,子学也好,"新子学"也好,都有自己特定的内涵。方勇先生提出"新子学,将应势成为国学新主体",这是无疑义的,但不可能是替代国学。有论者认为近代的许多学者可归入"新诸子",甚至孙中山也是"新诸子",经济之学也是"新子学"。诚如是,那么,与孙中山同时代以及其后的诸多大家,甚至后来出现的现当代人的各种文集选集,是否也属于"新诸子"呢?法学、政治学、社会学是否都属"新子学"呢?诚然,新的时代有新的"立说者",也必然有新的各家之说出现。但"新子学"是继承从先秦诸子之学所延续下来的具有传统文化意义的新学说,这是"新子学"内涵的基本定位。对于这一点,愚意以为应该谨慎,不能让"新子学"成为包罗万象的杂烩。

四、通与变的关系

"新子学"应该把握好"通"与"变"的关系。刘勰说:"变则可久,通则不乏。""通"是指"新子学"应该继承传统子学的精神。"变"则指"新子学"虽然不能成为杂烩,但"新子学"应该具有开放性和创新性。这是毋庸置疑的。就"变"的方面来说,如刘勰认为,像陆贾《新语》、贾谊《新书》、扬雄《法言》、刘向《说苑》、王符《潜夫论》、崔寔《政论》、仲长统《昌言》、杜夷《幽求》等,"或叙经典,或明证术,虽标'论'名,归乎诸子"。因为从确定的标准来说,"博明万事为子,适辨一理为论","子"与"论"虽略有区别,但"彼皆蔓延杂说,故入诸子之流"亦为合适(《文心雕龙·诸子》)。刘勰这样的划分是合理的,因为汉代以后,"诸子之学"的外延已经扩大。经学以儒家经典为其核心内容,确实具有排他性。但是,经学也是开放的,郑玄的经学吸收了今文经学和古文经学的内容而形成了"郑学"。汉代经学的今古文之争曾经形同水火,主要是利禄之争、政治之争。而"郑学"能够融合今古文经学二者,说明经学本身、经学各派在学术上具有包容性和相容性。再说五经的发展,从五经到九经到十三经,经书把子学的《论语》《孟子》也收进去。清人编"经解""续经解",收录了后代众多的解经之作。应该看到,经学本身并非封闭而一成不变的。后人要"还经于子",那是重建新体系的问题。不过,"还经于子"是否必要,还是值得考虑的。从经学的发展历史来看,无论是纸质流传的先秦文献,还是出土简帛文献,都可以证明先秦时期《诗》《书》《礼》《乐》《易》《春秋》作为经典的观念已经形成。后来收"子"入经,即把《论语》《孟子》归入十三经,是汉代独尊儒术以后的事,《论语》在东汉时被列入"七经",《孟子》在宋代被列入"十三经",就这两个时期的背景来看,就知道其目的在于以孔孟思想强化儒学的道统。特别是元代延佑中恢复科举,《论语》《孟子》被定为科举的教科书之后,其地位远远超出了一般的子书。今天如果提出要"还经于子",是希望恢复二者子书的本来面目。但无论是"收子入经"还是"还经于子",都说明儒学本身亦非一成不变。所以,"新子学"也一样,"博收而慎取之",既不能太杂,又不能是封闭的,应该处理好"通"与"变"的关系。

(原载于《诸子学刊》第十三辑。作者单位:福建师范大学文学院)

先秦诸子思想中逻辑"中心点"
存在的可能性
——"新子学"探索的内在路径

方　达

"新子学"概念的提出已有二年多，其间通过两次大型的"新子学"国际学术研讨会，在众多学者深入讨论的基础上，这一概念的哲学理论前提渐渐鲜活起来。简言之，先秦诸子的思想是中国思想史上整体规模最为广博、内部机制最具生命力的哲学载体。然而在西汉至清末间以儒学为主体意识形态的漫长历史过程中，这一思想载体长期处于弱势地位，并逐渐失去了其内在的生命动力，乃至沦为单一的历史文献对象。当下信息时代最需要的是多元化的思想、文化以及学术，因此在回顾、研究先秦诸子学时，我们应该以一种新的角度、心态来关注它，并从中汲取养分。如此不仅可以得到精神上的信仰，更能创造出新的学术天地。基于以上认识，学界同仁普遍认为："新子学"的根本指向性是继承先秦诸子的思想形态，即方勇教授《"新子学"构想》《再论"新子学"》等文章中多次提及的"现代向轴心时代的突破"。既然要向轴心时代突破，首先就需要对中国是否具有"轴心时代"作出界定，并在此基础上进一步探索"突破"的路径。

一、对于中国"轴心时代"的内涵定义

"轴心时代"（Axial Age）理论是由德国存在主义哲学家雅斯贝斯（Jaspers Karl Theodor）提出，形式上他以时间节点为界，将人类历史划分为史前文明、古代文明、轴心时代和科技时代四个基本阶段，其中轴心时代文明的共同特点是人类向自身寻求正义、趋善的内在动因，并由此相应产生了多元化的哲学、思想理论派系。但实质上，雅斯贝斯所谓"轴心时代"更多的是指一种知识体系发展过程中，逻辑顺序上的一个"原点"，这个"原点"是呈现后世知识体系的源头，无所不包。因此若要判断中国是否也同样存在"轴心时代"，我们不妨以春秋时期肇始的诸子百家为时间节点，与之前的"殷商文明"作番比较。

中国历史中真正能作为"古代文明"阶段而被客观讨论的思想意识形态，实际上只能限于殷商自盘庚迁殷之后到西周中晚期这一历史阶段。如此划分的依据是，迄今可见最早的甲骨文为第一期的盘庚、小辛、小乙、武丁四组卜辞，而下限定于西周中晚期的依据则是《诗经·国风》中大部分以个人视角来反思、劝谏统治阶级的作品最早产生于这个阶段。相对于"轴心时代"各个地域的人类向自身寻求内在的正义、趋善性可能性的特点，"古代文明"阶段所呈现的特质应该是人类尚未具备完整意义的自我认知能力，用先秦哲学的话语对其所作的定义就是，人类在此时不仅没有形成"天人相合"、"天人之分"的思想形态，甚至连什么是后代意义上的"天"和"人"都不具备清楚的认知。以甲骨文为例，其中大部分内容是殷商王室对于渔捞、征伐、农业进行占卜的记录。通过释读可以发现，虽然每片甲骨所记录的具体时间、地点、对象以及最后的结果不尽相同，但它

们无一例外地具备两个共同的特点，就是事件行为者与对象之间的"相对整体性"和"关系单向性"。"相对整体性"是指，这些"事件行为者"和"事件对象"虽然分别具备以"王"、"帝"、"天"和部落指称为代表的个体称谓，但实质上却都指代一个族群或者同一类泛化的事物，其中"王"、"帝"指代部落首领以及佑护部落的先祖们，"天"指代整个不可预知的自然界及自然现象。"关系单向性"是指，"事件行为者"与"事件对象"的行为关系是单向性的，具体表现为部落对祖先、上天采取何种祭祀方式，从而得到相应的庇护，或者部落卜问自然界的变化对于农事、战事的影响，从而预期相应的收成和战果，这意味着两者之间基本没有再次的回馈，即占卜的结果对于行为主体没有任何反向作用。除了甲骨文，在"古代文明"阶段中最具思想特质的历史文献便是"五经"（《诗》《书》《礼》《易》《乐》），而"五经"中大部分内容实质可以界定为一种以行为规范为主体的权威官方文化。正如《周礼·保氏》载："养国子以道，乃教之六艺：一曰五礼，二曰六乐，三曰五射，四曰五驭，五曰六书，六曰九数。"我们知道，时至东周早期，受限于生产力的低下，这些所谓的"国人"、"野人"只能全力投入物质生产中，至于形而上的文化、教育就只能局限于"国子"之中。因此可以说，"国子"所学的"六艺"基本上涵盖了当时所有的知识体系以及意识形态。具体到内容，"五礼"指"吉、凶、宾、军、嘉"，"六乐"指"云门、大咸、大韶、大夏、大镬、大武"，"五射"指"白矢、参连、剡注、襄尺、井仪"，"五驭"指"鸣和鸾、逐水车、过君表、舞交衢、逐禽左"，从中我们可以看出，"六艺"不仅涵盖了《书》《礼》《易》《乐》这"四经"中的大部分内容，其实际内容应当还要广泛很多。此处唯一需要进一步商榷的是《诗经》，正如前文所述，《诗经》中除《颂》部分全为殷商及西周初年颂歌之外，在《国风》和《雅》中都存有所谓"变风变雅"的作品，这些作品大致都出现于西周中晚期以后，并恰恰可以视之为民众个体对统治阶级某些行为产生不满情绪后所作的善意批评。因此剔除"变风"、"变雅"这一部分的内容后，《诗经》在整体上就和其他"四经"以及甲骨文献具备了相同的性质，即行为主体和客体的"相对整体性"和"关系单向性"。而这种"变风变雅"的出现，正可视为随后东周阶段开始涌现出以孔子为开端的先秦诸子思想的变革先锋。他们打破之前思想形态的束缚，创造了多元化的，向人类自身意识反思的思维格局，并且决定了后世长达几千年的意识形态及发展方向。而这与"轴心时代"人类向自身个体寻找正义、趋善性的内在动因思维特点的定义是一致的。因此从这个层面来说，雅斯贝斯的"轴心时代"理论同样可以概括中国的客观历史发展进程。

二、对于中国"轴心时代"的思想

"中心点"概念的定义既已确定中国具备"轴心时代"的理论前提，我们便需要进一步论证"新子学"的创新实际上是对"轴心时代"回溯、突破的唯一可能性。正如上文所说，春秋战国时代是一个思想多元化探索取代集权小众王室文化的历史阶段，是人类开始注重自我独立、自我反思，开始探索试图将自身完全剥离社会属性甚至自然属性可能性的特殊时期。因此，我们绝对不能将这个时代产生的思想仅仅局限于当时。相反地，甚至可以说，秦汉以后的所有思想流变都源于诸子百家的时代，抑或说诸子百家时代所产生的思想形态提供了后世所有思想理论创新的可能性和理论依据。众所周知，秦汉至今，中原思想、文化发生过几次重要变革：西汉时的"罢黜百家，独尊儒术"，魏晋时期玄学兴起后儒、道的融合，南北朝至唐代对佛教的解释、消融，宋明理学、心学的兴盛以及清末开始的西学东渐。

但从总体上来说，我们可以将其分为两类情况，一是儒学不断地发展并最终成为中华民族的思想正统，一是中原本土文化对外来文化的消融与吸收，如佛教、欧洲哲学。先以佛教为例，古印度佛教于东汉传入中原的伊始，完全保持了原本的教义，但在魏晋南北朝到唐代这一历史阶段，经过中国主体文化的不断消解、融合，最终成为以禅宗为代表的中原主体文化的一部分。这种情况与清末的西学东渐何其相似，而我们至今还处于中西文化融合的迷茫和阵痛之中。在这两段历史表象下真正值得注意的是，其消融过程中，真正起到主导作用的还是中国的本土文化，这种消融的原始动力其实就蕴含在我们自己的"轴心时代"之中，即以儒家学术为主体辅以其他先秦诸子理论的思想形态。但是这种思想形态是如何形成的，又是以怎样的姿态进行演变的？我认为，在先秦诸子的某一特定时期，由思想源点分化而出的各个流派思想应当又无限回归接近这个源点。就如人类曾经认为分子是物质的最小颗粒，却又发现了离子、质子、电子等等。这个中心点便是分子，它是构成宏观物体（历史）的最基本元素和原点。而各种各样的先秦学术便像这些离子、质子、电子，是构成分子（中心点）的最基本元素和原点，同时它们自身还可以进一步分解、变化。因此，无论在任何历史阶段进行思想创新、变革，实际上都是在这个"中心点"内部进行的，即我们身处传统之内并突破传统发端思想，而最终的目标应当是认识并找寻到这个凌驾于现有传统的辩证统一的"中心点"，从而真正达到思想、思维的创新和升华。基于此，目前提倡的"新子学"创新方法，只能是先在传统中回溯"轴心时代"的"传统源头"，然后再来寻找"轴心时代"的"中心点"。

三、基于思维"中心点"的定义探讨"新子学"的路径

毋庸置疑，中国现有意识形态的主体是由儒学一手创造、发展而来的。以当下视角来看，古代儒学发展的巅峰应该是以"四书五经"为代表形式的宋明理学心学系统。然而，"四书五经"这个名称本身就涵盖了两种思想系统，一种是以"四书"为代表的以修身之道为特征的社会主流思潮，一种是以"五经"为代表的以行为规范为主体的权威官方文化。关于"五经"系统的成因、面貌以及内在性质，已在前文论述，此处需要探求"四书"系统的形成。

东周时，由于王室不断衰弱以及生产力的发展，一部分官方文化流入民间，并逐渐开启以诸子百家为代表的后世传统文化，而在文化由官方向民间逐渐渗透的过程中，孔子无疑是最重要的枢纽，孔子思想的重要载体无外乎《论语》一书。在我看来，《论语》不仅是民间主流思潮真正的源头所在，而且还决定了这种主流思潮的内在性质。孔子一生致力于恢复周代的"礼"，然而在他的思想架构中却并未对"礼"的内涵做出过明确界定，因此孔子或多或少留给后人一种只是志在恢复礼仪形式的琐碎感。如首篇《学而》中，有子所说"礼之用，和为贵。先王之道，斯为美，小大由之"、"恭近于礼，远耻辱也"，实际上正反映出孔子对于"礼"的作用的认同，却又未能告诉弟子们有关"礼"的具体内涵是什么。在这种基本背景下，后学很容易将孔子学说的重点界定为在"礼"的范围内如何修养自身道德素质的问题。"吾日三省吾身"所反省的对象是"忠"、"信"，"弟子入则孝，出则弟，谨而信"的目的是"亲仁"，而将"忠"、"信"、"孝"、"弟"这四者联系起来便是"仁之本"。又，有子谓：

"其为人也孝弟，而好犯上者，鲜矣；不好犯上，而好作乱者，未之有也。君子务本，本立而道生。孝弟也者，其为仁之本与。"这两段话往往被理解为孔子对君子修身要求的逻辑线索：为人最基本的出发点是"孝弟"，"父在，观其志；父没，观其行，三年无改于父之道，可谓孝矣"。其后是对君主的"忠"，"为人谋而不忠乎"、"事君，能致其身"。而最终的目标是"信"，"道千乘之国，敬事而信"、"与朋友交而不信乎"，这"信"上足以治理国家，下足以结交挚友。孔子这种将人自身的道德素质修养视为学习的最基本也是最终的目标特质，显然被思孟学派完全继承下来。孟子认为，实行仁政的根本动力来源于君子天生具备的良知、良能，而要达到对此两者"操之所存，舍之所亡"的认知，则必须依靠于心性的修养，即孟子所谓的"我善养吾浩然之气"。时至儒学发展的巅峰，宋明理学、心学的出现，更是将这种向人心深处寻求宇宙万物规律的思维特征发挥得淋漓尽致。

通过以上对形成当下传统形态模式的主导动因，以及儒学发展与流变历程的简略梳理，我们可以清晰地认识到，不仅当下的传统源头在"轴心时代"就已确定，而且传统本身的自我走向也早在伊始之初就被决定了。这便意味着，身处传统之中的时人根本不可能彻底抛弃早已固化的视角，去直接看待先秦诸子的思想。对于历史的认知是在传统之中形成的，如果否定传统，即等于否定了历史本体，自然也就没有了反思的路径。因而，我们只能以儒学为线索，回归到"轴心时代"并寻找出与当下传统有一致性但根本指向却又不同的思想理论。相对于继承孔子"内在性质"思想的思孟学派而言，继承孔子"外在思想形式"的荀子便可以直接作为对比材料。

荀子的历史地位一直比较尴尬，不仅后世学者经常评价其为"儒不儒，法不法"，就连荀子的门生都评价老师的一生"名声不白，徒与不众，光辉不博"。但这种定位本身却说明，荀子在继承孔子部分思想的同时，在根本指向性上却与当时的儒学主流有着天壤之别。相对思孟学派继承"修身"、"修德"、"修心"方法的不同，荀子在孔子恢复"周礼"的影响之下，创造出了一套更注重社会实际需要的意识形态与思想理论。首先，荀子在天人关系上做出了明确的判断。先秦时期，人类在进行思想探讨时不可回避的一个基本出发点就是人与天的关系，儒家认为"天"是有意志、有精神的宇宙万物的主宰，"死生有命，富贵在天"（《论语·颜渊》），它决定了人的命运；道家虽然根本指向性与儒家不同，但是也认为"人法地，地法天，天法道，道法自然"（《老子》二十五章），"天"是宇宙万物的最高法则。在这种思想背景下，荀子吸收了墨家"非命"观的部分理论，提出了"明于天人之分"（《天论》）的观点。他认为，"天行有常，不为尧存，不为桀亡。应之以治则吉，应之以乱则凶"（同上），天是没有主观意志的客观存在的自然对象，它有自己的运行规律，不以个人意志为转移。在此基础之上，荀子进一步提出"制天命而用之"（同上）的口号，"大天而思之，孰与物畜而制之？从天而颂之，孰与制天命而用之？望时而待之，孰与应时而使之"（同上），要求人们发挥主观意志参与到大自然的运行之中，并相应地改造、利用它。其次，在剥离人性或人格中天赋部分的基础上，荀子将思想的起点放置于对人性本质的探讨之上。荀子在《性恶》篇中批判了孟子天赋道德的"性善论"，并在"天人之分"的基础上提出了"人之性恶，其善者伪也"的观点。他认为，人"固无礼义"，"生而有好利"、"生而有疾恶"、"生而有耳目之欲"，在天性中充斥着贪婪、自私的欲望，并且这种恶的欲望是不能自发地向善转变的，"性也者，吾所不能为也，然而可化也"，只有通过后天对"礼义"的学习才能有所改变，实现"性伪合"（《礼论》）。基于这一认识，荀子继而提出"塗之人可以为禹"的观点，肯定了每个人通过学习之后都可以成为圣人的可能性。因此通过对"天性"和"人性"这两大本质的界定，荀子抛弃了神秘内心探索的方式并开始重新阐释儒家思想。

荀子反对孟子"良知"、"良能"、"万物皆备于我"的说法，而继承了孔子"学而知之"的观点，他首先肯定了人具备认知事物的能力，而事物相应地具有被认知性，"凡以知，人之性也；可以知，物之理也"（《解蔽》）。他认为，人的认知过程要经过"天官意物"和"心有征知"（《正名》）这两个阶段，"天官"指人的感官系统，即人首先利用自身的感官与外界事物进行广泛地接触，然后再经过心的"征知"，即对各种现象进行分析、综合后，才能得到全面的认识。为了达成这一目的，荀子提出了"行"的重要作用，强调人的主观认知要通过"行"的实践检验，认为"行"才是认识的归宿和终点，"知之不若行之"、"学至于行之而止"（《儒效》）。而荀子这种"天人相分"、"知行合一"的理论正是有别于思孟学派的最大特点。

此外，荀子较孟子更为高明的便是他试图建立一套完善的政治制度。荀子的政治理想是建立一个"四海之内若一家"（《王制》）、"天下为一"（《王霸》）的中央集权制国家，"隆礼"、"重法"是其政治理论的核心内容。荀子认为，礼可以制约人们的情欲，自觉约束人们的行为，它不仅是一种使"贵贱有等，长幼有差，贫富轻重皆有称"（《富国》）的伦理道德等级制度，更是治国之根本，是一种最高的政治纲领。"礼者，治辨之极也，强国之本也，威行之道也"（《议兵》）、"人之命在天，国之命在礼"（《强国》），礼的作用重大，关系到国家的存亡，只有隆礼，才能治国。"礼义生而制法度"（《性恶》），礼是治国治民之本，而法则是必不可少的手段，"隆礼至法而国有常"（《君道》）。同时，基于当时客观的历史背景，荀子还提出了"群分"说。其时，靠血缘关系维持的宗主制社会关系已逐渐瓦解，取而代之的是生产力发展后带来的阶级社会，这就意味着

"群"的概念早已默默地深入了每一个人的内心之中，所以要想取得社会安定、国家强大的唯一方法就是"明分"，而"分"的标准正是"礼"。这个"礼"实际上就是贯穿荀子思想核心观念的"法治"和"人治"相结合后的一种意识形态。荀子认为，有了"法治"，社会才能"贵贱有等，长幼有差，贫富轻重皆有称者"，这样物质才会富足，人民才会各安其职。这也说明，"礼治"的基准始终贯穿着荀子对于制度层面的构想，而这种模式恰恰是超越了以个人为中心的封建君主制，具备了十分超前的眼光。

从荀子这套融合了思想、制度的思想来看，他很好地规避了儒学注重个人修养方向中神秘论的倾向，反而更注重对于"周礼"的形式和内涵的继承，将思想探索置于一种开明的、规范化的社会体制之下，最大程度地继承了"轴心时代"理性思潮的传统。同时，鉴于其与思孟学派同源异流，荀子的思想形式给我们沿传统内部向上回溯后提供了一种更容易接受的思辨方式，而这种方式恰恰是"新子学"创新时可以实际践履的路径。至于荀学是否可以成为"轴心时代"思想汇集的"中心点"还有待商榷，但至少这种在传统之中回溯、突破的方法是必要的。只有尽可能真切地置身于"轴心时代"思想原始形态之下，我们才有创造出思想大突破、大创新的可能性。

（原载于《中州学刊》2015年第12期。作者单位：华东师范大学哲学系）

新子学：几种可能的路向
——国内外学者畅谈"新子学"发展

吴根友　严寿澂　李若晖
姜声调　孙少华　李承贵

光明日报编者按：自2012年10月华东师范大学方勇教授于本刊发表专文，提出"新子学"理念以来，学界相关的讨论一直在持续进行。于日前在上海召开的"诸子学现代转型高端研讨会"上，国内外学者就"新子学"进一步发展提出各种看法，其中不乏真知灼见。与会学者在"新子学"理论建构之外，更关注"新子学"发展的路向问题，这表明"新子学"正稳步走向实践阶段。本刊撷取部分学者的发言，以飨读者，以期进一步促进"新子学"之发展。

参与世界范围的"百家争鸣"
武汉大学哲学学院教授　吴根友

方勇教授提出"新子学"，我是欣赏的。有时候需要有勇气有气魄的人提出口号，竖立旗帜，把学者召集在一起。就我个人而言，更愿意讲诸子学在当代的新展开。面对传统的子学，当代学者应该有一个回应：今天子学要做什么。这是"新子学"要回答的。

中国文化是多元并进的，在儒学内部也是如此。传统文化当然有自己的主流，但并不因此而能过多地奢谈"正统"，争抢所谓的"正宗"。思想与文化的发展恰恰要在诸子百家争鸣的状态下，才能健康地向前推进。我们不赞成道统说，赞成子学多元的传统。仅就思想史、哲学史而言，"子学"其实是研究诸多思想家、哲学家的学问。中国传统文化很少有西方思想界的"自由主义"传统，但诸子百家的争鸣在实质上就反映了学术自由与思想自由的实质。

我认为，当代中国哲学研究与诸子学研究，可以从萧萐父先生的子学思想中吸取思想的启示，活化熊十力先生"以平等心究观百家"的学术平等精神，平视西方哲学各流派的思想，并要有批判的眼光对待西方哲学中的诸观点与方法，做到为我所用，而不是亦步亦趋。

晚年的萧先生，在发表的文章与私下的谈话中，多次提到要敢于参与世界范围内的"百家争鸣"，将中国传统的"子学"概念加以泛化，用以描述当今世界范围的诸子百家争鸣的现象。在《世纪桥头的一些浮想》一文中，萧先生要求我们把"'全球意识'与'寻根意识'结合起来，通过'两化'实现中国文化的新陈代谢、解构、重构，作出新的综合和理论创造，从而有充分准备去参与'百家争鸣'"。很显然，萧先生将当今世界范围内的各家各派的学术争论，视为当年发生在中国先秦的诸子百家的争鸣。这种带有比喻性质的说法，体现了萧先生深邃的学术洞察力与以平等的眼光对待西方以及其他各民族的思想的学术态度。

萧萐父先生的子学思想，对于重新认识中国传统学术中的自由精神，对于新世纪的中国哲学与文化的发展，对于子学在当代的新展开，都将会给予有益的思想启迪。尤其是他将"子学"作一泛化的处理，要求我们参与世界范围的诸子百家争鸣的说法，特别具有启发意义。而非常有意思的是，他的这一想法与他生前的好友——华东师大教授冯契先生的观点颇为一致。冯先生说："我们现在面临的是一个世界性的百家争鸣局面。对传统文化、对西方文化以及诸文化怎样彼此结合或冲突，将会有怎样的前途，大家见仁见智，会提出许多不同意见。只有通过百家争鸣来自由地讨论解决。"这就表明，参与世界范围内的诸子百家争鸣，是当代"子学"发展的一个新方向。

仅就中国文化的发展趋势而言，萧先生虽然赞同百家争鸣，并且要参与到世界范围内的百家争鸣的行列中，但他对中国文化的发展方向及其前景的预测，不同于《庄子·天下》篇所悲叹的"百家往而不返"的结局，而是趋向于"同"，只是这种"同"是以"异"为基础的"同"。如王船山所说，"杂统于纯"，"异以贞同"，而当中国文化在过去经历了一段必要的分殊发展之后，"在未来必将进入一个兼综并育的整合期"。而这一"兼综并育"的新文化，即是在中西、古今的交会中形成中国传统文化的现代性转化。这时的中国文化将是一个"矛盾、杂多的统一"的"和"的文化状态，而不是单向度的纯之又纯的新文化。

依自不依他，求是致用相资

新加坡南洋理工大学国立教育学院教授　严寿澂

理解和发展"新子学"，首先要厘清经学和子学的关系。一般理解的经学、子学完全对立，这是不符合事实的。章太炎先生曰："老聃、仲尼而上，学皆在官。老聃、仲尼而下，学皆在家人。"可谓一语道破中国学术演进的关键。东周以降，此贵族封建之制逐渐崩坏，官学亦因而衰替。孔子创办私家学校，将古代王官之学传授于任何愿学者，民间私学于是代兴。百家言兴起，原有的王官学并未歇绝，如钱宾四所指出，战国时期，王官学与百家言并立于学官，一掌于史官，一掌于博士官。至于所谓经，孔子之时，"犹不名经"；迨至孔门弟子，始有"六经之名"。以王官学之六艺为常道，自孔门始。六艺之学与孔门的关系，如吕诚之先生所谓，"孔子所传之义，不必尽与古义合，而不能谓其物不本之于古。其物虽本之于古，而孔子自别有其义。儒家所重者，孔子之义，非自古相传之义也。此两义各不相妨"，蒙文通亦持类似见解，此最为通达之论。

一般来讲，儒家之经学与其他诸子之学，并无本质上的不同，皆为"就现象加以研求，发明公理者"。然而"经之与子，亦自有其不同之处"。章太炎云："经多陈事实，诸子多明义理……故贾、马不能理诸子，而郭象、张湛不能治经。"实为的论。因而经学和子学有同有异，不能截然二分。

"新子学"的典范是基于"后设于哲学"之立场的章太炎。近代学者中，章太炎泛滥众流，出入百家，同时又坚持本民族地位。太炎心目中的中华文化复兴，在思想方面是发扬先秦诸子之学。太炎以为："孔氏而前，或有尊天敬鬼之说。孔氏而后，儒、道、名、法，变易万端，原其根极，唯依自不依他一语。"今日欲复兴中华学术与文化，必须上接先秦，重开百家争鸣之新局。

依鄙见，其要点有二项，一是依自不依他，二是求是致用相资。所谓依自不依他，其含义有两个层次。一是立足于本民族的历史文化，切忌将凿枘不入的外来思想学说视为无上正等正法，加诸本国文化之上。太炎先生去世前三年，昭告其弟子曰："夫国于天地，必有与立，所不与他国同者，历史也，语言文字也。二者国之特性，不可失坠者也。……尊信国史，保全中国语言文字，此余之志也。"这段话正是"依自不依他"第一个层次的极好概括。"依自不依他"的第二层次则是自力道德，不以鬼神为依归，与耶、回等一神教大异其趣。此乃二三千年历史使然。诸教诸神各有其功能，百姓各取所需，彼此相安无事，是为宗教宽容和谐之极致。

所谓求是致用相资，中华文化有一重大缺陷，即太过实用，以致妨碍了纯科学的发展。有识之士，如章太炎、陈寅恪，皆对此有深切认识。以见求是之学，本不以致用为鹄的，若因此而有大用，则是不期之遇，非其本意。纯科学研究之真谛，可谓尽于此数语中了。因而要注意纯粹认知的意义，以与传统相汇通。

总之，依自不依他，求是致用相资，乃中华文化复兴必由之道；而太炎先生者，实为前驱。今日提倡"新子学"，当于此取法。

"新子学"必须与经学相结合
复旦大学哲学学院教授　李若晖

"新子学"发展，应该立足自由经学和子学传统相互促进上。传统上，以经为中华传统文明之核心，如《四库全书总目》卷一《经部总叙》开篇有云："经禀圣裁，垂型万世。"以经为大道之所在，此固汉唐经学之通义，但是其在历史上的具体表现另有曲折。

至于诸子之学，一般认为是经学的附庸和补助。而冯友兰《中国哲学史》分中国哲学史为两大阶段，即子学时代与经学时代。"上古时代哲学之发达，由于当时思想言论之自由；而其思想言论之所以能自由，则因当时为一大解放时代，一大过渡时代也。"其实即便在先秦时期，诸子也与经学息息相关。王葆玹指出：中国有一俗见长期流行，即以为五经纯为儒家经书，经学为儒家所独有。实则五经在秦代以前，乃是各家学派共同尊奉的典籍。先秦至汉初之经说本与子学一体，也是活泼泼的自由思想。经子关系，诚如《汉书·艺文志·诸子略》序所言："《易》曰，天下同归而殊涂，一致而百虑。今异家者，各推所长，穷知究虑，以明其指。虽有蔽短，合其要归，亦六经之支与流裔。使其人遭明王圣主，得其所折中，皆股肱之材已。"

近代经学沉沦，子学复兴，但复兴后的子学弃经学而附哲学，于是中国传统义理之学的固有格局与内在脉络被打散。这在经学领域表现最为明显。汉王朝以秦制律令体系，驯化经说，建构经学，再以之一统思想，对于这个传统需要现代学者加以疏通。近年叶国良倡言："经学的生命力是否旺盛，端看是否有新体系出现，易言之，须有适用于我们这个时代的创新之作，才能维系经学的生命力，这方面还是有待努力的。"

我们认为，经学的根本性地位还是要承认，中国文化还是无法彻底离开经学，同时需要发掘经学的自由传统，允许自由辩论、自由质疑。经学时代之前的经说就是自由的传统。因而，如何回到自由经学，并以此为基础重构子学？这是当代"新子学"建构的要点。

如何重构子学？汉初司马迁可以为我们提供参考。钱大昕《潜研堂文集·史记志疑序》论曰："太史公修《史记》以继《春秋》，成一家言。其述作依乎经，其议论兼乎子，班氏父子因其例而损益之，遂为史家之宗。"太史公正是熔经铸子，才能"拾遗补艺，成一家之言，厥协六经异传，整齐百家杂语"。

因此，当代"新子学"的建立，必须与经学相结合，以中华文化的大本大源为根基，立足于中华文化自身，面对中华文化的根本问题，重铸中华之魂，此即当代"新子学"之魂魄所归。

"新子学"要走进跨学科研究

韩国圆光大学校教育大学院助教授　姜声调

"新子学"是以古今与东西为背景相对合理客观地进行一连不断的对话，建构一完整的学术思想体系，展开一种不同于过去"子学"

的研究活动。这里的关键是建立一种跨学科学术研究，需要说明的是这里的学科不仅仅是现代学科，也有不同学术范式的意味。

诸子的跨学科研究在历史上就有先例，最早恐源于《韩非子》的《解老》《喻老》二篇，以法家观点发挥阐释老子之说，即《解老》以义释《老》，《喻老》以事解《老》。宋代是跨学科学术研究奠定基础的时期。宋代学术以儒为主，杂以道、佛，学者们提升层次，扩展思维，营造一种跨学科学术研究的条件环境。

在今天，"新子学"走进跨学科研究的阶段，必须经过规范化、科学化、具体化、多元化、普及化的过程，才会被学术界以及群众接受。规范化是指过去与现在相接互应地体现具有中国传统的学术研究体系；科学化是指人文学知识借助于各种科学知识解决学术研究的问题；具体化是指抽象的学术思想成分转变为具体并辨识"虚幻"与"真实"；多元化是指相对客观合理的范围条件下把古今与传统相接、东西与现代相应；普及化是指研究者与大众共同参与从事文学化、大众化两方面的事情，并以此落实于"新子学"而分享。

下面重点说明多元化和普及化两个问题。方勇教授在《"新子学"构想》一文中认为，"新子学"要继承充满"原创性""多元性"的"子学精神"，这是每一代都要重视的。值得注意的是"多元性"面貌，就适合于跨学科学术研究。"多元化"是在前提开放的意识形态下，承认学科间差异的立场，各学科的相对局限性问题，互让互补，容纳彼此，以跨越学科，接受不同学科领域的知识。"子学"自有博大精深的含义，需要不同学科人员自由活跃地接受发挥，科际整合，贯串为一，这便符合"新子学"学科建立与学术研究的理念。

同时，"多元化"就自然地涉及"普及化"，其成功必须归结于"普及化"，先行后随，互补相成，是一种接连发展的进程。而"普及化"的进程是从专业研究者与大众相连来主导，即前者专门从事"新子学"，是服务于学术研究的，称为文学化；后者互动参与"新子学"，是服务于朴实有用的，称为大众化。除此之外，专论"大众化"就以学术大众、一般大众为对象，从专业性、世俗性两方面进行，不仅符合学术发展的本质，也符合学术开放的本质，能使之服务于学术界及社会大众。特别是面对一般社会大众的"大众化"，一定要考虑调整人员结构的问题，鼓励一般大众积极地介入参与"大众化"的过程，将学者与大众相结合，并协助齐心协力地共创出大众化文本来，才能实现顾名思义的"普及化"。

"多元化""普及化"是跨学科学术研究的基础。"新子学"在"多元化""普及化"的基础上要进行跨学科学术研究，必须重视这两项工作。

要创建一种新的研究范式与学术传统

中国社会科学院文学研究所副研究员　孙少华

直到目前，文献整理与哲学思想研究，一直是研究诸子的两大工具。对诸子较为深入综合的文史研究，尤其是能将诸子研究转换为现代成果、服务于现实社会的成果，还较为缺乏。

根据新世纪学术发展的形势与要求，我们有必要创建一种新的研究范式与学术传统。就子学的思想渊源与发展流变来说，"新传统"的建立可能相对容易开展。结合西方最新研究成果与海外汉学的成就，我们完全有可能创建一种既能体现子学研究的固有传统，又能有所创新，既能融贯中西，同时又具有中国特色、符合现代社会要求与思想实际的"新传统"。

古、今学术之辩证关系与平衡，是一个直至今天仍然争论不休的话题。在"新"与"旧"关系的处理上，汉代学者如陆贾之流，思考较为清醒。他们认为，正确处理"旧"与"新"的关系，尽量保持"旧学"与"新知"的平衡，对社会政治至关重要。陆贾《新语》说："善言古者合之于今，能述远者考之于近。"单纯地强调厚今薄古，是片面的；但"道近不必出于久远，取其致要而有成"，盲目的厚古薄今也是不正确的。古与今，远与近，永远是一对矛盾统一体。也就是说，一种新体系的建立与研究，需要认真对待旧与新、古与今、远与近的关系。这是历代学者都会遇到的问题。子学研究提出"新子学"概念，符合中国的历史传统，符合古代诸子思想的文化传统。从思想渊源上说，"新子学"研究具有一定的可行性。诸子学的创新研究，不可能完全抛弃"旧传统"的一切研究体系自立门户或重起炉灶，而应在继承"旧传统"优秀成果基础上，取其精华，去其糟粕，为我所用。

子学研究的"创新"，是"继承"基础上的超越，也就是要在"旧传统"基础上，建立一个适应历史发展和社会需求的"新传统"。这就需要破除诸子思想中已经不适合现代社会的消极成分，找到诸子思想与现代学术的结合点。也就是说，我们承认，传统的诸子学是进一步开展"新子学"研究的宝贵遗产，但这并不意味着只能固守前贤遗留下来的研究思想与方法。子学要在新时代焕发新生命，必须要有新突破。传统选题的深化与突破，传统方法的改善与突破，传统观念的更新与突破。如何将子书中具有普遍性价值的思想挖掘出来，成为指导人们建立正确人生观、世界观的有益工具，是我们思考与研究的方向。

从当下思想实际看，人文社会科学的价值不能忽视，古代学者包括诸子百家的精神遗产不能抛弃。"新子学"的提出，是一个适应时代发展的新命题。"新传统"的建立，任重道远，意味着更多的挑战和责任。在这个方面，我们需要加强与海外汉学的沟通、交流与学习，需要积极输送外语好的青年学者外出短期学习与工作，考察国外子学研究的现状、成绩与经验，以保障"新子学"研究长期、稳定的发展，为"新子学"研究更上一层楼奠定基础。

总之，"新子学"顺应时代要求，提出了新的子学研究理念与方法，为开拓子学研究新局面提供了新思路。在未来的子学研究中，"新子学"完全可以承担更多责任，为创造新世纪中国"新子学"研究的"新传统"，甚至创造中国古代学术研究的"新传统"，树立一个新典范。

一种充满生命力的新学说

南京大学哲学系教授　李承贵

在中国当下非常物质化的社会中，有"新子学"这样的精神追求，方勇先生及其团体把学术作为自己的事业，我觉得非常好。我主要讲四个观点：

第一，"新子学"是一种可以充满生命力的新学说。改革开放以来，国学有很多纷争，大家做的工作也很多，但是有勇气提出一个旗帜，一个学说，却不多，因此对"新子学"我非常肯定。"新子学"刚刚提出来，一种新的学说还需要积累力量，它的主题，研究方法，研究范畴，还有它的使命，这些都需要进一步厘清。对照新儒家、新道家、新佛学，现在"新子学"还没有一个明确的说法，这个需要加强。"新子学"应该有一篇长文，系统论述自己的主张。当然，"新子学"刚刚提出，需要一个发展的过程。我相信"新子学"通过方勇先生和他的团队努力十年，五十年，包括其他关心"新子学"朋友的参与，"新子学"会有一个大致的轮廓。

第二，"新子学"和西学的关系。我们都很清楚，近十年来，中国哲学界反思一百多年来，西方文化哲学进入中国后，有一个强烈的反弹，大家在讨论中国哲学合法性问题。相当一部分学者认为，因为引用西方思想作为媒介、坐标、镜子，来看我们中国传统的学说，发现西方哲学解构了传统学术，中国学术的真精神丧失掉了，由此推出建立中国本位的学术与方法的主张。我赞同这一主张，不过我们应该看到，现在是一个地球村时代，王国维先生讲过，现在学术已经没有中西之分。要以更高的眼光看待西方学术，不要因为过去的解构，完全排除西方哲学，这是做不到的。牟宗三先生、冯友兰先生学术中西方的东西去得掉吗？去不掉的。这是中国哲学生生不息的一个部分。因此，"新子学"面对西方也要有一个比较科学的立场，学术思想要开放，不要本位主义。

第三，任何学说都无法胸纳百川。一般讲的胸纳百川的学说，在中国学术历史上是不存在的，学术的党派之争是实际存在的。宋明新儒学是三教合一，但问题是合了什么，合在什么地方，合的程度怎么样。朱子、阳明也是有选择的，其选择也是有条件的。"新子学"要胸纳百川，如何可能？

第四，关于引领国学发展方向。我赞同这一气概，"新子学"要引领当下国学发展方向，但是能不能领导是另一个问题。我认为应该有一个指导，一种纯粹的公正的学术精神的指导。现在国学看起来是繁荣的，儿童读经，各种培训，报道、民间团体非常多，好像传统离我们很近，但是事实上泥沙俱下，儒道释的真精神没有来到身边。

（原载于《光明日报》2014年5月13日"国学"版。作者单位：武汉大学哲学学院、新加坡南洋理工大学国立教育学院、复旦大学哲学学院、韩国圆光大学校教育大学院、中国社会科学院文学研究所、南京大学哲学系）

先秦诸子的本源地位与"新子学"的意义[①]

蔡志栋

话题还要从我所关心的课题"先秦诸子与中国现代自由观的诞生"开始。对于自由,我们形成了自己的理解,分为认识自由、政治自由和人格自由三种。毋庸置疑,对于这种新自由观可以有很多种研究方式加以探讨。比如,直接讨论,深入阐发其内在的各个环节和相互之间的关系;也可以采取间接讨论的方式,比如探讨它和西方自由观的关系,从古到今各个思想家、思潮、派别对于这种自由观的认识和贡献等等。从这个角度看,以先秦诸子和中国现代自由的关系作为研究对象具有某种偶然性,但这种偶然性并不能抹杀其重要性。根本言之,之所以选择先秦诸子,是因为他们具有本源地位,而方勇教授首倡的"新子学"则是对这种本源地位的肯定与发扬,且具有纠偏学界风气的积极意义。

[①] 本文是国家社科基金青年项目"先秦诸子与中国现代自由研究"(批准号:10CZX029)、上海哲社一般课题"新世纪以来中国社会思潮跟踪研究"(批准号:2015BZX003)、国家社科重点项目"社会主义核心价值观的传统文化根基研究"(批准号:14AZ005)、国家社科重大项目"冯契哲学文献整理和思想研究"(批准号:15ZDB012)以及上海市高峰高原计划资助的阶段性成果。

第一，之所以选择先秦诸子，因为我们意在具体地讨论传统与现代的关系问题。

按照熊十力的说法，现代中国是一个新故交替的时代，"凡新故替代之际，新者必一面检过去之短而舍弃之，一面又必因过去之长而发挥广大之。新者利用过去之长而凭借自厚，力量益大，过去之长经新生力融化，其质与量皆不同以往，自不待言"①。请注意熊十力的措辞。他认为在这种时期，新者并非完全摒弃旧者而得发展，而是"必"与过去处于连续性和断裂性的纠葛之中。

从某种角度看，"先秦诸子与中国现代自由观"当然涉及传统与现代的关系问题，这是一个老生常谈、但历久弥新的话题。然而，何谓传统？何谓现代？讨论至今，这些基本的范畴突然成为问题②。显然，它们不仅仅是一对时间范畴，而且也涉及内在的基本性质之规定。问题的严峻性在于，说现代是起源于现代的某个时间点，并不意味着否定传统在其中所发挥的各种作用，由此，传统和现代便"剪不断，理还乱"。

我们无意于在此抽象地讨论这个问题。事实上，抽象的判定传统

---

① 熊十力《论六经》，《熊十力全集》（第五卷），湖北教育出版社2001年版，第773页。

② 高瑞泉先生认为，传统一方面是对现代而言，指的是古典；另一方面对异域文明而言，指的是自己的。在后者的意义上，传统既可以是古典的，也可以是现代的。所谓现代的传统不是一个语词矛盾，而是在现代的背景下形成的具有影响力的资源。参高瑞泉《中国现代精神传统》，东方出版社1998年版。另外，甘阳等人也在主张新的"通三统"。所谓"三统"，指的是儒家传统、毛泽东传统和邓小平传统。显然，后两种传统具有强烈的现代色彩。参甘阳《通三统》，生活·读书·新知三联书店2007年版。

具有某种特色,比如它是静的,而现代是动的①,这样的做法越发值得怀疑。这倒不仅仅是说我们在现代思想家里发现了大量的将传统诠释为动的之类的言论,而是说,就其直接表达而言,当代不少人将"静"也作为重要的精神来加以主张。比如2013年8月28日《文汇报》有文《蛙眼阅世》,内说:

> 当代人普遍地失"闲"少"静",缺的就是一双"静观自得"的蛙眼。倘以蛙眼阅世,少些盲动,少些浮躁,这个世界定会安静得多。如今传媒过剩,搅得周天烦躁,上百频道争抢一双眼球,媒体人要想在喧嚣嘈杂中"搏出位",就得"搞怪"、"尖叫"、"浪骂"、"大声说"。为了"收视率"甚至不惜在形象上恶搞自己,要么亮个大光头一"丝"不挂,要么一头乱发染成个红黄蓝绿的凤头鹦鹉,要么制造点绯闻故意耸动视听。更有胆大如斗之徒,深谙"窃钩者诛,窃国者侯"之秘籍:你若是抄袭一篇小文,被人逮着必是声讨一片;干脆你大张旗鼓地抄莎士比亚,抄得满城风雨,抄得家喻户晓——把莎翁的一只"大蚊子",涂上中国特色,丹麦国王改扮成中国皇帝,再加点庸俗作料,换个华文剧名,开动一切宣传机器狂轰滥炸,大肆炒作——必定赚得盆满钵满,外加骂声一片。其实骂也是"福"。"骂",繁体为"罵",四马也。春秋时代四马牵一车谓之一"乘"

---

① 比如,李大钊认为:"东方文明之特质,全为静的;西方文明之特质,全为动的。"(李大钊《动的生活与静的生活》,《李大钊全集》(第二卷),人民出版社2006年版,第96页。)虽然东西之别并非就是古今之别,但是,李大钊在某种意义上认为东方的传统就是静的,西方的传统是否为动的尚不可知,不过,他认为进入现代之后,西方文明突入东方文明,所以也要建立动的文明。从这个角度看,他认为东方之现代"应该"是动的。

("百乘之家"即为卿大夫),如今君得"四马"已有一乘,正好载金装银。

　　一个静不下来的民族是没有希望的!①

虽然这仅仅是报纸上一篇散文,似乎很难进入严肃的哲学探讨的视野②,但是报刊文章某种意义上具有思想史的意义,反映着时代中某些更具一般性的特征。作者严肃地写道:"一个静不下来的民族是没有希望的!"③让我们似乎看到了历史的吊诡。因为就在刚刚过去的20世纪,我们民族的主流还在呼吁:"一个动不起来的民族是没有希望的!"

　　还比如,新世纪以来在民间颇为热闹的于丹所写的《论语心得》,主张现代人"在圣贤的光芒下学习成长"④。然而,众所周知,"圣贤"这一古典理想人格在"五四"新文化运动之后其实饱受批判,现代所提倡的是平民化的理想人格⑤。然而,这些说法不能一律化,其间难免有某些特例。毛泽东也曾以未必全然是揶揄的口吻说:"要说是圣人嘛,圣人就多得很;要说不是圣人嘛,我看圣人也就一

---

　　① 詹克明《蛙眼阅世》,载《文汇报》2013年8月28日。

　　② 不过,报刊文章为何不是哲学研究的对象?这当中或许存在着根深蒂固的偏见。我们以为,平凡的资料也可以是哲学研究的好材料。这是另外的问题,此处不予展开。

　　③ 詹克明《蛙眼阅世》,载《文汇报》2013年8月28日。

　　④ 于丹《论语心得》,中华书局2006年版,扉页。对于于丹的批评参见陈卫平《宽容、批评、反思——我读于丹〈论语心得〉》,载《上海市社会科学界第五届学术年会文集(2007年度)(哲学·历史·人文学科卷)》,上海人民出版社2007年版。

　　⑤ 冯契《中国近代哲学的革命进程》,上海人民出版社1989年版,第580页。

个没有。"① 他还认为鲁迅"是现代中国的圣人"②。而且，在广义的思想史的视野中，于丹对"圣贤"的提倡也是一个具有思想史意义的话题：它表明，在现代，对古典传统的模仿、复制也是一种现代现象。

这些琐碎的事例意在表明抽象地讨论传统和现代之间的关系是不可靠的。不过，这里要说的重点是，传统内部也是分成多个时间段的。有先秦时期的传统，也有秦汉时期的传统，还有唐宋元明清时期的传统。我们所选择的是先秦时期的传统与现代的关系。这是具体化的一个含义。

第二，先秦诸子具有极端的重要性。

之所以选择这个阶段，自然因为先秦时期具有极端的重要性。雅斯贝尔斯（Karl Theodor Jaspers）将这个时期列为"轴心时代"，已经从某个角度为我们做出了论证。本文从其他角度再略作述说。

这种重要性首先表现在现代思想家们的自我认识之上。梁启超认为，清代学术思想史是前此二千多年的学术史的"倒影而缀演之"。他将清代学术史分为四个时期：第一期（顺治、康熙年间）复兴的是程朱陆王问题；第二期（雍正、乾隆、嘉庆年间），复兴的是汉宋问题；第三期（道光、咸丰、同治年间），复兴的是今古文问题；第四期（光绪年间）复兴的是孟荀、孔老墨等问题③。他又说："综观二百余年之学史，其影响及于全思想界者，一言蔽之，曰'以复古为解放'。第一步，复宋之古，对于王学而得解放。第二步，复汉唐

---

① 毛泽东《关于辛亥革命的评价》，中共中央文献研究室编《毛泽东文集》（第六卷），人民出版社1993年版，第346页。

② 毛泽东《论鲁迅》，中共中央文献研究室编《毛泽东文集》（第二卷），第43页。

③ 梁启超《论中国学术思想变迁之大势》，吴松等点校《饮冰室文集点校》（第一集），云南教育出版社2001年版，第282页。

之古，对于程朱而得解放。第三步，复西汉之古，对于许郑而得解放。第四步，复先秦之古，对于一切传注而得解放。夫既已复先秦之古，则非至对于孔孟而得解放焉不止矣。"①

这种描述当然如梁启超本人所说是"勉分时代"，不可"划若鸿沟"②。而且，也不能因此而推论晚清之后，进入民国时期，中国学术思想史完全是先秦思想史的翻版，并且越追越远。然而，梁启超所揭示的晚清以来先秦诸子学的复兴则是一个不争的事实。从这角度看，先秦诸子之所以重要，因为它们在现代中国得到了复兴。这构成了我们进行讨论的历史基础：正是因为有大量的思想家大量地涉及先秦诸子，我们以之为研究对象才是可能的。

其次，先秦诸子的重要性还表现在中国要复兴就离不开先秦诸子之思。对此有清晰认识的还是梁启超，他指出："我中国于周、秦之间，诸子并起，实为东洋思想之渊海，视西方之希腊，有过之无不及，政治上之思想，社会上之思想，艺术上之思想，皆有亭毒六合，包罗万象之观。中世以还，国势统一，无外国之比较，加以历代君相，以愚民为术，阻思想之自由，故学风顿衰息，诚有如欧洲之所谓黑暗时代者。夫欧洲所以有今日之文明者，因十字军以后，外之则责来埃及、印度、远东之学术，内之则发明希腊固有之学术，古学复兴，新学继起，因蒸蒸而日上耳。中国今日之时局，正有类于是，外之，则受欧洲输入之种种新学，内之则因国民所固有历史所习惯的周、秦古学，而更加发明。"③ 他还说："欲通中学者，必导源于三代

---

① 梁启超《清代学术概论》，上海古籍出版社1998年版，第7页。
② 梁启超《论中国学术思想变迁之大势》，吴松等点校《饮冰室文集点校》（第一集），第282页。
③ 梁启超《论中国人种之将来》，吴松等点校《饮冰室文集点校》（第二集），第707~708页。

古籍，周秦诸子也。"①

梁启超认为，先秦时期"思想极自由活泼，孔子、老子、墨子、庄子、孟子、荀子、韩非子等大思想家相继出生，实为古代思想界最有光辉的时代"②。他指出："经唐、虞、三代以来一千多年文化的蓄积，根柢已很深厚，到这时候尽情发泄，加以传播思想的工具日益利便，国民交换智识的机会甚多，言论又极自由。合以上种种原因，所以，当时思想界异常活泼，异常灿烂。不唯政治，各方面都是如此。"③

同样，被徐复观、牟宗三、唐君毅等人奉为宗师的熊十力指出现代中国需要文艺复兴，其起点则是先秦诸子：

> 余以为辛亥光复，帝制告终，中国早应有一番文艺复兴之绩，唯所谓复兴者，决非于旧学不辨短长，一切重演之谓。唯当秉毛公评判接受之明示，先从孔子六经清理本源，此则晚周诸子犹未绝者（如老庄孟荀管墨之类），或残篇仅存（如《公孙龙子》之类），及有片言碎义见于他籍者，皆当详其本义，而后平章得失。④

在这段论述中我们还能发现毛泽东的思想的影子。毛泽东便说过：

---

① 梁启超《变法通议》，吴松等点校《饮冰室文集点校》（第一集），第64页。
② 梁启超《明清之交中国思想界及其代表人物》，吴松等点校《饮冰室文集点校》（第五集），第3105页。
③ 梁启超《先秦政治思想》，吴松等点校《饮冰室文集点校》（第五集），第3086页。
④ 熊十力《论六经》，《熊十力全集》（第五卷），第763页。

"从孔夫子到孙中山,我们应当给以总结,承继这一份珍贵的遗产。"①

而且,熊十力甚至认为中国先秦时代本来已有科学和民主思想,但进入秦汉专制时期之后,这个传统却被抹杀了。这个思想他在《原儒》一书中反复加以申发。从这个角度看,回到先秦诸子也就是回到中国固有的科学和民主的传统,而按照我所关注的自由主题来说,科学和民主分别和自由的认识论维度以及政治自由的实现方式密切相关。

以马克思主义立场创造了"智慧说"的冯契先生也指出:

> 近代思想家大多向往着先秦儒、道、墨诸子蜂起,百家并作的局面。先秦是民族文化的"童年时代",它揭开了中国哲学史的光辉灿烂的一页,近代中国人又一次回顾了这个具有"永久的魅力"的时代,从中吸取了丰富的营养。②

可见,先秦诸子在中国现代思想史上的存在及其重要性既是一个事实,又为众多不同派别的思想家所认识到。

最后,先秦诸子的重要性表现在他们和现代人一样,面对的是社会的永恒问题。这个观点来自中国思想史研究名家本杰明·史华兹(Benjamin I. Schwartz)的启发。他说:

> 让人感兴趣的是,明治初期的日本与20世纪初期的中

---

① 毛泽东《中国共产党在民族战争中的地位》,中共中央文献研究室编《毛泽东选集》(第二卷),第534页。

② 冯契《中国近代哲学的革命进程·绪言》,上海人民出版社1989年版,第8页。

国,在经常引用孟子与卢梭方面呈现出许多类似之处。在18世纪政治哲学家和中国古代圣贤之间作意味深长的比较,事实上是可能的吗?大多数主流历史学家和社会科学理论将对这种可能性持排斥态度。但在我看来,对这二者进行比较是可能的。探讨这种比较为什么是可能的,将会把我们带入更为深远的领域。附带说一句,古代周朝的思想家与18世纪的哲学家竟从同一个视角面对着人类的处境,这足以让人感到惊奇。这是政治家们对于作为一个整体的社会所做的多角度描述。①

这段话意蕴丰厚。它至少指出了孟子在现代中国的复活。不过这里重要的是,将文中所说"18世纪的西方政治学家"置换为"19世纪末、20世纪初以来的中国思想家",以上话语照样成立。根本原因在于,先秦诸子和中国现代思想家面对的是人类的永恒处境。

第三,它是对近年来传统文化复兴思潮的一个回应和纠偏,与"新子学"的提倡不期而遇。

无疑,在现代新儒家那里,传统与现代之间的关系从来都得到高度的关注和肯定。从他们发表于1950年代的《为中国文化敬告世界人士宣言——我们对中国学术研究及中国文化与世界文化前途之共同认识》来看,他们的复兴涉及传统和现代的各个方面,对于我们所说的认识自由、政治自由和人格自由也是再三致意。不过显然,他们是以儒学为主加以展开。

既然他们自称现代新儒家,那么这种做法无可厚非。然而,在学术界一时出现某种值得讨论的现象:即,将中国传统文化缩减为儒家

---

① [美]史华兹著、陈玮译《中国的共产主义与毛泽东的崛起》,中国人民大学出版社2006年版,第203页。

文化。21世纪前十年，我们见证了一场"国学热"的兴起。不过，如果我们现在回顾这场文化热之起初，可以发现，在相当一部分研究者那里，"国学"和儒学竟然是等同的①。虽然关于"国学"之概念是否能够成立尚处于争论之中，不过，如果我们将国学看作传统文化的代名词，那么，这种将之等同于儒学的做法显然有待商榷。

2012年10月，华东师范大学中文系方勇教授明确提出了"新子学"的构想。其要点是：

> 子学产生于文明勃兴的"轴心时代"，是以老子、孔子等为代表的诸子百家汲取王官之学精华，结合时代新因素创造出来的新学术。自诞生以来，子学便如同鲜活的生命体，在与社会现实的不断交互中自我发展。当下，它正再一次与社会现实强力交融，呈现出全新的生命形态——"新子学"。"新子学"是子学自身发展的必然产物，也是我们在把握其发展规律与时机后，对其做的进一步开掘。它将坚实地扎根于传统文化的沃土，建立起属于自己的概念与学术体系，以更加独立的姿态坦然面对西学。同时，它也将成为促进"国学"进一步发展的主导力量，加快传统思想资源的创造性转化，实现民族文化的新变革、新发展，为中国之崛

---

① 参刘泽华《关于倡导国学几个问题的质疑》，载《历史教学（高教版）》2009年第5期。本文被《新华文摘》2009年第15期全文转载。值得注意的是，刘泽华先生在本文中指出国学有时候被某些研究者理解为儒学，但同时，刘先生在措辞中也出现过"如果国学、儒学指的是传统之学……"这样的字样，其间的顿号"、"富有深意。它表明，某种意义上刘先生也姑且接受了将国学和儒学等同起来的说法，因为顿号具有并列的含义。当然，从全文来看，刘先生认为国学在广义上指的是"古代的学问"。

起贡献出应有的力量。①

从历史实际来看，儒学在其诞生之初也只是诸子百家之一。而在新时代，复兴传统文化当然不能仅仅复兴儒学。从这个角度看，"新子学"的提法比"新儒学"似乎更具包容性。虽然在现实的展开中，现代新儒学由于源远流长，旗帜鲜明，发展近百年来，已经产生了不可忽视的影响。相对而言，"新子学"内部所包含的"新道家"、"新法家"、"新墨家"之类，影响微小，不成气候②。但这并不影响先秦诸子之为百家的事实，并不影响现代思想家吞吐先秦诸子而开出新局面的事实。简而言之，先秦思想并非只有儒家一脉，还有诸子存在。"新子学"一方面正视这个历史事实；另一方面，又主张充分挖掘子学的创造性精神③，以多种资源回应时代的要求，实现中华民族的复兴。从这个角度看，联系上文，我们可以发现"新子学"是对现代中国高度重视先秦诸子的本源地位的做法的延续，而在提法上更加醒目。

以上所说，目的在于揭示以往对传统文化理解上的某些偏差，以

---

① 方勇《"新子学"构想》，载《光明日报》2012年10月22日。

② 注意，"新子学"的明确提出可以归功于方勇教授的那篇文章，不过，"新道家"、"新法家"、"新墨家"之类的提出在时间上要早很多（参周山主编《近现代的先秦诸子研究丛书》，辽宁教育出版社1997年版）。所以，从自觉性上讲，"新子学"绝非与它们形成上下级关系，而只能看作是学术思想上某种比较一致的倾向。

③ 方勇教授认为，"子学精神"包含两个内涵：原创性和多元性（《"新子学"构想》）。其实，"子学精神"除了这两项之外，还有什么？这是一个值得深入讨论的问题。个人认为，与"经学思维"、"经学精神"相比，它应该还具有高度的民间性和个体性；而每一个精神都会使"新子学"具有与众不同的特征。这些想法存此备忘，有待来日展开。

及思想界新近发展对这些偏差的纠正。而我们的研究正和思想界的新动态不期然相耦合。从历史的角度看，或许这就是所谓时代的"风气"？

章学诚说："君子之学，贵辟风气，而不贵趋风气也。"他同时又提醒我们："天下事凡风气所趋，虽善必有其弊。"[1] 正如上文所言，现代新儒家所形成的学术风气一时使得人们错以为儒家就是先秦以来传统文化的全部。"新子学"所蕴含的学术生命力是否也会使人一叶障目？不过，目前考虑这个问题还为时过早；目前，从先秦诸子着眼，阐发其与现代思想之间的关系，尚是一个有待展开的课题。

（原载于《诸子学刊》第十三辑。作者单位：上海师范大学中国传统思想研究所暨哲学学院）

---

[1] 章学诚《淮南子洪保辨》，《章学诚遗书》，文物出版社 1985 年版，第 62 页。

儒家式与道家式:"新子学"политическое 政治自由论的两种构建路向[1]
——以康有为、严复为中心

蔡志栋

"新子学"是方勇先生独创的一个概念,引起了学界广泛的反响[2]。笔者无意于对此概念作出全面的界定,而是想指出,本文所谓的"新子学",一方面是对中国现代具有创造性思想家的肯定,认为他们也是新的"轴心时代"的重要人物,是可以称为现代诸子的,或者说"新子"。显然,在中国现代思想开启的早期,康有为和严复是两大代表人物;另一方面,本文也不是全面地讨论他们对政治自由的观点。这种讨论很有必要,但不是本文短短的篇幅所能够承担。因此即便是为了写作的方便,本文所说的"新子学"还有第二层含义,这就是"新子"对于先秦诸子思想的解读,在本文语境中,显然是对先秦诸子的政治自由思想的解读。

---

[1] 本文是国家社科基金青年项目"先秦诸子与中国现代自由研究"(批准号:10CZX029)、上海哲社一般课题"新世纪以来中国社会思潮跟踪研究"(批准号:2015BZX003)、国家社科重点项目"社会主义核心价值观的传统文化根基研究"(批准号:14AZ005)、国家社科重大项目"冯契哲学文献整理和思想研究"(批准号:15ZDB012)以及上海市高峰高原计划资助的阶段性成果。

[2] 参叶蓓卿编《"新子学"论集》,学苑出版社2014年版。

如果说康有为更多地从儒家角度诠释政治自由，那么，严复主要从道家角度展开论述，可谓道家自由主义的滥觞。他们分别显示了"新子学"构建现代政治自由的两种典型路向：儒家式和道家式。

一、康有为：儒家与现代政治权利论

在现代思想史语境中，政治自由往往首先表现为权利，政治自由甚至就是政治自由权的简称。

在康有为政治思想中，处于基础地位的，首先是某种抽象的自主之权。他系统地揭示了自主之权和儒家思想之间的内在联系，表明一切古已有之；他还从儒家的角度将权利理解为名分，又将之误解为利益；他还对各种具体的权利和儒家思想之间的关系作出了刻画。

康有为指出人人有自主之权是现代文明的标志："夫人人有自主之权一语，今日欧美诸国，无论其为政治家，其为哲学家，议会之所议，报章之所载，未有不重乎是者。""总之，人人有自主之权，为地球之公理，文明之极点，无可訾议者也。"自主之含义即为自由、平等："自主云者，人人自由，人人平等。"① "人人有天授之体，即人人有天授自由之权。"②

康有为认为，先秦思想中已经具有丰富的主张自主之权的观点。他说："若夫人人有自主之权，此又孔、孟之义也。《论语》曰：我不欲人之加诸我也，吾亦欲无加诸人。言己有主权，又不侵人之主权也。孔子曰：匹夫不可夺志也。又曰：己欲立而立人，己欲达而达

---

① 《代上海国会及出洋学生复湖广总督张之洞书》，《康有为全集》第五集，中国人民大学出版社2007年版，第328、329、331页。
② 《大同书》，《康有为全集》第七集，第58页。

人。已有立达之权，又使人人有之也。孟子曰：天之生斯民也，使先知觉后知，使先觉觉后觉也。人人直接于天而有主权，又开人人自主之权也。其他天爵自尊，藐视大人，出处语默，进退屈伸，皆人自主之。《易》曰：确乎不拔，《礼》曰：强立不反，贵自主也。"① 其中沟通现代和传统的努力是显而易见的，不过，同样明显的是，在此康有为对自主之权的理解是广义的，其中也包含了"志"等实际上属于道德哲学领域的内容。这从一个角度表明，康有为并未明确意识到权利本质上属于政治哲学的范畴，不能和道德哲学相混淆。而从伦理道德的角度来理解问题，无疑又从一个角度凸显了康有为受到的传统的影响。

同时，康有为也试图重新解释《中庸》"忠恕违道不远，施诸己而不愿，亦勿施于人"一语，从中解读出自主、平等的思想。他说："中心出之之谓忠，如心行之之谓恕。违，去也。道者，人所共行也。必与人同之而后可。物类虽多，而相对待者，不外人己，同为人类，不相远也。人莫不爱己，己欲立而立人，己欲达而达人。己所不欲，勿施于人。张子所谓：以爱己之心爱人，则尽仁。孔子告子贡以一言行终身者'推己及人'，乃孔子立教之本。与民同之，自主平等，乃孔子立治之本。故子思特揭之。"②

康有为还指出，孔子的"群龙无首"表达的就是自由平等的观点。"《易》曰'大哉乾元，乃统天'……以元统天，则万物资始，品物流行；以元德为政，则保合太和，各正性命。所谓乾元用九，见群龙无首，而天下治。行太平大同之政，人人在宥，万物熙熙，自立自由，各自正其性命。"③ 从历史上看，后来熊十力也以"群龙无

---

① 《驳张之洞劝戒文》，《康有为全集》第五集，第337页。
② 《中庸注》，《康有为全集》第五集，第374页。
③ 《论语注》，《康有为全集》第六集，第387页。

首"来表达其政治自由观，无疑显示了他和康有为思想之间逻辑上的联系。

康有为不仅在儒家的经典文本中解读出了自主自由权，而且，他也从儒家有争议的文本中诠释出了相关观点。这主要体现在他对庄子的解读中①。康有为认为，庄子是孔子的再传弟子，其师为子赣之徒田子方。他说："子赣不欲人之加诸我，自立自由也；无加诸人，不侵犯人之自立自由也。……子赣盖闻孔子天道之传，又深得仁恕之旨，自颜子而外，闻一知二，盖传孔子大同之道者也。传之田子方，再传为庄周，言'在宥天下'，大发自由之旨。盖孔子极深之学说也。但以未至其时，故多微言不发，至庄周乃尽发之。"②

然而，与对儒家的高度赞赏形成鲜明对比的是，康有为认为以老子为代表的道家以及法家的残暴思想却严重损害了自由。他说："老子之学，分为二派：清虚一派，杨朱之徒也，弊犹浅；刻薄一派，申、韩之徒也，其与儒教异处，在仁与暴，私与公。儒教最仁，老教最暴。故儒教专言德，老教专言力。儒教最公，老教最私。儒教专言民，老教专言国。言力言国，故重刑法，而战国之祸烈矣。清虚一派，盛行于晋，流于六朝，清谈黄老，高说元妙。刻薄一派，即刑也，流毒至今日，重君权、薄民命，以法绳人，故泰西言中国最残暴。"③ 显然，中国要建设现代政治自由，必须批判老子的残暴思想，继承儒家思想。

不过，康有为指出，老子的无为而治的思想却是适合于大同世界的。换而言之，无为而治可以赋予民众政治自由。"夫一统之世。不

---

① 一般总将庄子划入道家，但在康有为那里，庄子属于孔子再传弟子，故为地地道道的儒家。
② 《论语注》，《康有为全集》第六集，第411页。
③ 《康南海先生讲学记》，《康有为全集》第二集，第108页。

忧虞外患，不与人竞争，但统大纲。以清静治之，一切听民之自由而无扰之，虽不期治而期于不乱，此中国秦汉二千年来之政术也。其政术如此。自萧何立法，曹参随之。曹参者，奉老子学者也，老子之治术，曰为者败之，曰以无事治天下。故曰闻在宥天下，未闻治天下也。在宥之说，在一切听民之自由而勿干涉之。此在地球一统之时，民智大开，民德大化，则诚可矣。"①

当然，康有为同时指出，老子无为而治思想中所包含的愚民主张需要摒弃，不适合竞争之世。他说："其术又曰为治非以明民，将以愚之，使民安其居、乐其业、美其服，老死不相往来，如放鹅鸭于大泽中，听其知鸟饮啄而已。若施于诸国并立之时，穷精角力，各视其团体之凝散与提絜之宽严以为强弱之对取，如以一统之漫无提絜、团体散涣而与诸国之团体结凝、提絜精严比较，犹驱市人乌合之众而当百炼节制之师也，鲜不败矣。"②

然则何谓权利？以上论述也从某些侧面揭示了康有为心目中的权利的内涵，不过，还比不上他从名分的角度来理解权利来的直接。

康有为从名分的角度来理解权利："所谓宪法权利，即《春秋》所谓名分也，盖治也，而几于道矣。"③ 值得注意的是，这是他在戊戌变法时期为了引进现代权利观念而做的解释。这个观念持续到后期。他指出："中国政教之原，皆出孔子之经义，孔子作《春秋》以定名分，君不曰全权，而民不为无权，但称其名而限其分，人人皆以名分所应得者而行之保之；君不夺民分，民不失身家之分，则自上而下，身安而国家治矣。宪法之义，即《春秋》名分之义也。中国数

---

① 《官制议》，《康有为全集》第七集，第231页。
② 同上。
③ 《日本书目志》，《康有为全集》第三集，第357页。

千年之能长治久安,实赖奉行经义,早有宪法之存。"①

戊戌变法失败之后,在游历了西方各国,见识权利观念在现实社会中所引起的后果,尤其是经历了辛亥革命,权利观念已经成为中国人的某种基本的意识甚至是陈词滥调之后,康有为一方面继续着权利名分观,另一方面,却又将权利和广义的利益等同起来。

此时的康有为对权利观念深恶痛绝:"总之权利二字一涉,即争盗并出,或阴或阳,其来无方,入其中者,必狡险辣毒与之相敌,然后可。"② 之所以如此,和他将权利理解为利益密切相关。他说:"欧美之新说东来,后生贩售,不善择别,误购权利之说挟以俱来。大浸稽天,无不破坏,而险諛悍骜之姿,遂悍然争利,而一无所顾矣。……呜呼!今而后知孟子口不言利之虑患深长也,今而后知孔子忧不讲学之救世深切也。"③ 康有为将对权利思想的批判和孔孟对利的警惕联系在一起。不过,很显然,"权利"和"功利"(即便是广义的、作为某种效果的功利)是不同的,康有为有所混淆。

这种混同便导致康有为从利益的角度所展开的对权利思想的批评中包含着某种紧张。众所周知,儒家也并非不讲利,而是主张公利。因此,当康有为一般性地反对利益,从而试图批评权利思想时,他一定程度上也将公利也加入了反对的行列。问题在于,事实上康有为害怕权利观念会导致对国家公利的损害。他说:"今举国滔滔,皆争权利之夫,以此而能为国也,未之闻也。《孟子》开宗,《大学》末章,皆以利为大戒。使孔子、孟子而愚人也则可,使孔子、孟子而稍有知也,则是岂可不深长思也。鄙人至愚,亦知宫室饮食、衣服起居、亲

---

① 《海外亚美欧非澳五洲二百埠中华宪政会侨民公上请愿书》,《康有为全集》第八集,第411页。
② 《与梁启超书》,《康有为全集》第九集,第128页。
③ 《祭梁伯鸣文》,《康有为全集》第九集,第142页。

戚宴游，无不待于财利焉，岂有异哉，但昼夜溺心，唯知利之是慕，则市怨寡耻，其反则悖人悖出为祸矣。……今吾国人唯权利之是慕，各竞其私，各恤其家，而不知国；国既亡，身将为奴，而权利何有乎？"①

这段话给我们一个启发：如果我们将权利理解为利益，康有为赞同的是国家层面上的权利，即国家公利。换而言之，由于权利本质上是政治自由权的简称，所以康有为更多的是在主张国家的自由。这又是和他一贯的救亡主张相一致的。当然，这并不妨碍康有为对具体的个人权利做出某种论述。只是说，和个人权利相比较而言，他更加倾向于国家权利。

那么，从个人权利的角度看，康有为的认识又如何？他的解答也主要是儒家式的。

康有为早在戊戌变法时期就认识到了自由权利包含的丰富内容："法之革命也，天赋人权之说，载于宪法。美之独立也，权利自由之书，布之列邦。其他各国所有者，曰人民言论思想之自由权，曰出版之自由权，曰从教之自由权，曰立会之自由权，曰居住移转之自由权，曰身体之自由权，曰住所之自由权，曰信书秘密之自由权，曰产业之自由权。载之宪法，布之通国，人人实享其利益。"②

以下对这些自由权利进行简要讨论。

康有为清楚认识到言论自由权是现代基本自由权之一："言论自由一义，为文明之国所最重。"③ 而且，他也指出言论自由的一大表

---

① 《中国颠危误在全法欧美而尽弃国粹说》，《康有为全集》第十集，第138页。

② 《代上海国会及出洋学生复湖广总督张之洞书》，《康有为全集》第五集，第329页。

③ 《刘、张二督致英沙侯电驳词》，《康有为全集》第五集，第268页。

现就是舆论对于政府的批评，其间也包含着社会进步的契机："而政府当权之人，既担荷一国之责任，则一国人皆得监察而督责之。故报纸之攻击政府、攻击官吏，乃报纸应行之义务、应执之权利，非政府官吏所得而禁也。而国家之所以日进文明者，亦恒由是。苟欲禁之，是为侵犯自由权利。为报馆者，例得抗拒之。若上能禁，而下不能抗拒，则其国政紊乱，国势之杌陧，不问可知矣。"①

值得注意的是，康有为从两个方面指出现代言论自由和先秦思想之间的联系。其一，他指出现代的言论自由是对古代钳制言论做法的反驳："中国古来无报馆也，而暴君污吏有偶语弃市之刑。近年以来，官吏之仇报馆甚矣，屡次禁印行、禁售卖、禁阅读、捕主笔、捕馆东，数见不一见。究之报馆何尝能禁绝？公论何尝能泯没？毋亦枉作小人已乎？"② 其二，康有为指出，先秦思想中其实也有强调言论自由的重要性的观念："古语曰：防民之口，甚于防川。"③ 同时康有为认为避免自由言论之锋芒所及，关键在于自身的道德修养。他认为，古语所说"止谤莫如自修"就是这个意思④。

不过，康有为也看到了言论自由权可能包含的消极成分，其所依据的是《尚书》中的观点。他说："臣有为谨案：《书》称无稽之言勿听。泰西俗例，不得造无据之言，妄相是非，其罪极重。以谣言无据，最易惑人听闻、颠倒是非、变乱黑白也。既惑听闻，则能乱政，于用人行政关系极大，故尤恶之。"⑤ 虽然康有为说这段话的背景是在鼓励光绪皇帝以雷霆手腕一心一意变法，但其中包含的对于言论自

---

① 《刘、张二督致英沙侯电驳词》，《康有为全集》第五集，第268页。
② 同上。
③ 同上。
④ 同上。
⑤ 《日本变政考》，《康有为全集》第四集，第116页。

由的观念似乎也有某种一般性。

由上可知，康有为一方面意识到了言论自由作为现代政治自由权的重要性，另一方面也看到言论自由不能成为诽谤的口实，而且两方面都能在先秦思想之中找到相应的根据。那么，言论自由的限度何在？这个问题似乎尚未得到康有为深入思考。某种意义上，康有为更多的是借助先秦的相关言论来表达具体的立场和观点，而对于其中所包含的一般性的问题则似乎缺少反思。

除了言论自由权之外，信教自由无疑是现代政治自由的一项重要内容。康有为认为孔子有信教自由的观点："盖孔子之道，敷教在宽，故能相容他教而无碍，不似他教必定一尊，不能不党同伐异。故以他教为国教，势不能不严定信教自由之法。若中国以儒为国教，二千年矣，听佛、道、回并行其中，实行信教自由久矣。"[①]

二、严复：道家自由主义的滥觞

如果说康有为主要是从儒家的角度诠释现代政治自由，那么，严复的特点尤在于从道家的角度构建现代政治自由，反而对儒家的重要观念比如仁政有所批评。

话题要从现代政治自由的个人主义基础说起。

从西方自由主义的发展来看，个人主义是其理论基础。这点《西方自由主义的兴衰》[②] 的作者说得非常清楚。自由主义首先设定了原子式的个人，在原初状态中，每一个人都有自己天赋的权利，为

---

① 《中华救国论》，《康有为全集》第九集，第327页。
② ［英］阿巴拉斯特著、曹海军译《西方自由主义的兴衰》，吉林人民出版社2004年版，第一篇之"自由个人主义的基础"。

了生存和发展，人与人之间势必发生斗争。长期的斗争所导致的结果是每一个人不仅自身的发展不可能进行，而且，自身的生命也处于岌岌可危之中。为此，人与人之间订立了契约，组建了社会、政府、国家。也就是说，社会、政府、国家是为了保护个人的权利而存在的，它们不得侵犯个人的自由权。这其实就是自由主义的基本理路。显然，在自由主义的脉络中，政治自由是以个人主义为基础的。

严复对此有清晰的认识①。事实上他对原初状态有自己的描绘："自繇者凡所欲为，理无不可，此如有人独居世外，其自繇界域，岂有限制？为善为恶，一切皆自本身起义，谁复禁之？但自入群而后，我自繇者人亦自繇，使无限制约束，便入强权世界，而相冲突。"②"如有人独居世外"这显然是中国特有的说法，其实对应的就是西方的原初状态。虽然严复在此说道"为善为恶"的问题，表明这段话还具有除了政治自由之外的其他含义，然而，毋庸置疑，个人主义在政治自由中的前提性地位得到了确认。另外，严复翻译的密尔的《论自由》其基本思路就是从言论自由、思想自由的角度高扬个人主义。虽然现有的研究表明，严复在翻译的过程中其实和翻译《天演论》一样，做出了一定程度的改译，但是，严复还是深知个人自由的道理的，他并未完全以国家的自由压倒、替代个人自由③。其实，无论严复的真实意图是高扬个人自由，将之置于国家自由之前，还是因为当时中国特殊的生存境遇，而将国家自由的重要性置于个人自由之前，这样的争论终究显示了一点：严复认识到了个人自由的重要

---

① 在《民约平议》中，严复近乎开天辟地地介绍了《社会契约论》的大意。

② 严复《〈群己权界论〉译凡例》，《严复集》(1)，中华书局1986年版，第132页。

③ 参黄克武《自由的所以然——严复对约翰弥尔自由主义思想的认识与批判》，上海书店出版社2000年版。

性。事实上，他比自由主义还要更加激进：个人自由不仅仅是组建社会、国家的逻辑前提，而且，也是国家富强的根本原因和动力。

当然，这么措辞很容易又引起严复研究中的另一个老生常谈的话题：严复究竟是把个人自由当做价值本身，还是当做实现国家富强的手段，仅具有工具价值？然而，这种问法本身恐怕也是需要反思的。个人自由和国家富强并不是一个非此即彼的选择，两者本质上是相辅相成的。一方面，个人自由是国家富强的原因和动力；另一方面，富强的国家又担保了个人自由更好地得以实践。不错，从其原始教义上看，自由主义也始终提防国家权力对个人自由权利的侵犯，可是，在更大的范围内，自由主义还是以民族国家作为存在的区域。因此，富强的国家对于个人自由而言，虽然也可能是一个危险，但由于这种富和强无疑也具有对外的向度，从而保卫了内部个人的自由不受外族、外国的侵犯，所以，它对个人自由的保卫作用是不言而喻的[1]。

我们正是在这样的背景中来讨论严复的个人主义的。众所周知，严复喜读《庄子》。晚年严复做了一个大胆的揣测，他从音韵学的角度论证先秦时代主张极端个人主义的杨朱其实就是庄周。他说："颇

---

[1] 参崔宜明《个人自由与国家富强》，《上海师范大学学报》（哲社版）2011年第3期。另外，也有研究者指出了民族国家如何保障个人自由的机制，此即民主机构。英国当代政治哲学家David Miller揭示出民主和民族主义之间的内在联系：Although not all nationalists have been democrats, there is an implicit connection between the two ideas: Nations are the units within which democratic institutions should operate, and since each member of the nation has something to contribute to its cultural development, political democracy becomes the natural vehicle for national self-determination. (David Miller: Nationalism. *The Oxford Handbook Of Political Theory*. Edited by John S. Dryzek, Bonnie Honig & Anne Phillips. Oxford University Press. 2006. P532.) 这些都为个人自由和民族国家之间的积极关系提供了论证。

疑庄与杨为叠韵，周与朱为双声，庄周即孟子七篇之杨朱。"① 他明确说道："庄周吾意即孟子所谓杨朱，其论道终极，皆为我而任物，此在今世政治哲学，谓之个人主义 Individualism。"② 照我们看来，严复将庄周诠释成杨朱，其根本意图不在于考证庄子和杨朱的关系问题，而是试图在中国先秦思想中发现个人主义的思想，从而为其政治自由观的建构提供逻辑基础。

这种思路显然是受到了密尔很大的影响。个人主义是政治自由的基础，个人和个人之间的界限之所在是后起的问题。首先必须确定个人的本体论地位。回首中国古代，虽然儒家也讲"为己之学"，将自我（己）放到了崇高的地位；然而，深受传统浸染的严复知道还有一个人物对个人的看法达到了前所未有的高度，即杨朱。杨朱"拔一毛以利天下，不为也"，这句话可以作多重的解释，既可以理解为对群体的漠视乃至否定，也可以理解为对个体自身的高度重视，甚至以一种极而言之的方式表达出这个观点：哪怕是身上的一个毫毛，也不是可以随便与人的，何况作为自身自由权利的各种规定？显然，严复采取的是后面一种解释路径。

这里需要再三强调的是，个人主义的杨朱，或者说庄周，不是道德上自私自利的杨朱或者庄周。因为严复这里的个人主义不是伦理学意义上的，而是政治哲学意义上的，它指向的是对个人种种自由权利的肯定。从伦理学的角度看，严复从来对群体予以高度的重视。他所推崇的忠孝节义等传统道德显然包含了对群体的关怀③。这个证据从另一个角度否定了这样一种猜测：严复称赞杨朱或庄周的个人主义，

---

① 严复《〈庄子〉评语》，《严复集》（4），第 1125 页。
② 同上文，第 1126 页。
③ 严复《道扬中华民国立国精神议》，《严复集》（2），第 343~344 页。

看重他的为我主义，俗称自私自利。

严复终于从庄周那里发现了现代自由主义的逻辑基础：个人主义。这个发现得益于其创造性的改编：杨朱居然就是庄周。我们也能体会严复的苦衷，这种近乎移花接木式的做法是不得已而为之。因为如果缺乏庄周飘逸的思想作为深厚的后盾，杨朱仅仅是一个不肯"拔一毛以利天下"的吝啬鬼而已，不仅在道德上饱受讥评，而且，这种个人主义难以引发其他的逻辑后果。毕竟，杨朱的文本资料太少，而政治自由不是只有个人主义一层单调的含义。它的内涵十分丰富。而这正是严复接下来要阐释的内容。

1. 自由就是在宥。

从消极的层面讲，自由就是以他人的自由为界。但这并不意味着自由只是退守。事实上，严复所理解的自由之基本含义是个体主体性的发挥。值得考量的是，晚年的严复试图在《庄子》文本中发现中国传统文化对个体主体性的肯定。在诠释《庄子·应帝王》时，严复说："自夫物竞之烈，各求自存以厚生。以鸟鼠之微，尚知高飞深穴，以避矰弋熏凿之患。人类之智，过鸟鼠也远矣！岂可束缚驰骤于经式仪度之中，令其不得自由、自化？"[①] 当然，严复此处所诠解的个体主体性显然主要是一种生物本能，接受了进化论的严复进而将作为本能的主体性上升到了政治主体性的高度。

还是在《应帝王》的诠释中，严复认为真正的帝王是主张"在宥"，听民自治的。他说："郭注云，夫无心而任乎自化者，应为帝王也。此解与挽近欧西言治者所主张合。凡国无论其为君主，为民主，其主治行政者，即帝王也。为帝王者，其主治行政，凡可以听民自为自由者，应一切听其自为自由，而后国民得各尽其天职，各自奋

---

① 严复《〈庄子〉评语》，《严复集》(4)，第1118页。

于义务，而民生始有进化之可期。"①

在较早时候讨论政党的一篇论文中，严复指出主张个人主义的政党的思想内容是"一切听民自谋，不必政府干涉而已"②。值得注意的是，严复在此还运用了一个显然来自《庄子》文本中的概念："在宥。"他说："再进亦不过操在宥勿治之学理，谓一切听民自谋，不必政府干涉而已。"③ 也就是说，严复将自由主义的学理理解成了"在宥"。

结合以上论述，我们可以得出一个结论：严复认为，政治自由的内涵之一即"在宥"。"在宥"也即使得民众自己发挥政治主体性。严复同时认为，能够这么做的帝王才是真正的帝王；或者说，真正的帝王是应该这么对待民众的。

2. 严批儒家的"仁政"思想。

如果我们从更广的范围内看，就会发现严复对民众的政治主体性的肯定已经超越了帝王的苑囿。即，实际上他已经得出了否定帝王乃至否定仁政的结论④。这个结论也是推崇民众的政治主体性必然的结果。严复说："自由云者，不过云由我作主，为所欲为云尔。其字，与受管为反对，不与受虐为反对。虐政自有恶果，然但云破坏自由，实与美、法仁政无稍区别。虐政、仁政皆政也。吾既受政矣，则吾不得自由甚明，故自由与受管为反对。受管者，受政府之管也，故自由与政府为反对。"⑤ 无疑，当严复说"自由与受管为反对"时，他对

---

① 严复《〈庄子〉评语》，《严复集》(4)，第1118页。
② 严复《说党》，《严复集》(2)，第240页。
③ 同上。
④ 当然，严复的思想是复杂而矛盾的。有时他又肯定了帝王存在的必要性，有的学者比如萧功秦甚至认为严复是一个新权威主义者。这点下文会分析。
⑤ 严复《政治讲义》，《严复集》(5)，第1287页。

自由的诠释有点极端化，因为在以他人之自由为界的自由中，法律为自由做出了规定和划界，但法律在广义上也是一种管制。但让我们暂时撇开这些问题。严复在此透露的一个意思值得高度重视：仁政之下个体很可能没有自由。

严复以百年前的南美洲为例来说明这点。他说："至政府号慈仁，而国民则不自由之证，请举百年前之南美洲。当时西班牙新通其地未久，殖民之国，为耶稣会天主教士所管辖，此在孟德斯鸠《法意》尝论及之。其地名巴拉奎，其政府为政，无一不本于慈祥惠爱，真所谓民之父母矣。然其于民也，作君作师，取其身心而并束之，云为动作，无所往而许自由，即至日用常行，皆为立至纤至悉之法度。吾闻其国，虽男女饮食之事，他国所必任其民自主者，而教会政府，既自任以先觉先知之责，唯恐其民不慎容止，而陷于邪，乃为悉立章程，而有摇铃撞钟之号令，琐细幽隐，一切整齐。夫政府之于民也，如保赤子如此，此以中国法家之言律之，可谓不溺天职者矣。顾使今有行其法于英、法、德、奥间者，其必为民之所深恶痛绝无疑也。且就令其政为民所容纳，将其效果，徒使人民不得自奋天能，终为弱国。总之，若谓自由之义，乃与暴虐不仁反对，则巴拉奎政府，宜称自由。脱其不然，则与前俄之蒙兀政府二者合而证之，知民之自由与否，与政府之仁暴，乃绝然两事者矣。"①

这段的意蕴十分丰富。这里严复最终得出的结论是"民之自由与否，与政府之仁暴，乃绝然两事者矣"，然而，我们显然也能看出仁政之下民众的政治主体性受到戕害这一事实。同时，虽然南美洲的遭遇缘于其宗教的背景，似乎和中国传统社会中宗教甚弱没有多大关联；然而，严复已经认识到中国传统社会中存在相似的因素，"如保赤子"的字眼便是来源于传统；更加明确的是，严复指出，从中国

---

① 严复《政治讲义》，《严复集》(5)，第1283页。

法家的角度看，政府实行仁政的做法"可谓不溺天职者矣"。也就是说，严复在这段话中至少隐含了这样一层意思：把民众当孩童一样管理的做法，即便是出于善意，也是一种对政治主体性的伤害。这个见识实在是深刻。

对于仁政可能包含的弊病，当代西方政治哲学思想家萨托利也有所认识。仁政的特色在于一方面剥夺民众的政治权利，另一方面，对民众的民生高度重视，并由此获得政治合法性。萨托利指出，仅仅依靠民享（民生）并不能证明一个政府是民主政府。他说：在林肯关于民主的三个因素中，"只有第三个因素'government for the people'（民享）是不含糊的，'民享'明确地是指为了他们的好处、他们的利益、他们的福祉。但过去有许多政权从不自称民主制度，却宣布自己是'民享'的政府。"① 但是，萨托利随后说："今天，共产党的专政制度自称民主，也是基于同样的理由。"显然是错误的，怀有极大的偏见。

内在地看，严复对仁政的批评与他道家自由主义的立场相关。其实当严复指出自由与否和仁政恶政无关时，从另一个角度看，也是在为恶政辩护，因为其言外之意可以是恶政之下也有自由。但此处就其对仁政的批评而言，矛头最终所向往往涉及帝王，正是在这个意义上，我们认为严复对民众政治主体性的强调包含了否定帝王的倾向。但同时要指出的是，这种倾向又被严复自己扼杀了。

3. 严复认为老子主张民主之道。至少具有两个层次：

层次一：严复认为老子雌弱的哲学为民主提供了本体论的论证。《老子》说："故贵以贱为本，高以下为基。"严复的诠释是："以贱

---

① ［美］萨托利著、冯克利译《民主新论》，东方出版社1998年版，第38页。

为本，以下为基，亦民主之说。"① 无疑，这是肯定了民众在政治活动中的基础地位。

层次二：严复认为老子的无为论展示了民主的真实内涵。众所周知，老子主张无为，但所谓的无为不是毫无作为，而是指君王充分尊重民众的主体性，不任意发号命令，这样就能获得巨大成就。此即"道常无为，而无不为。侯王若能守之，万物将自化"（《老子》三十七章）。这种观点，颇类于自由主义尽量缩减政府权力，而让公民自身发挥自由权利。显然，这又是和他对仁政说戕害民众政治主体性的主张相一致的。

余 论

总体来看，严复在诠释政治自由的时候当然也离不开对儒家思想的观照和反思，但其根本特点则在于从道家出发为政治自由作出前提性论证，并一定程度上展开其某些内涵。正是这点，使他与康有为有所不同。上文已述，康有为虽然也没有忽略庄子，并且也认为庄子主张"在宥"，但他实际上视庄子为儒家。康、严从不同角度展示了先秦儒道二家与现代政治自由之间的内在关系，展现了"新子学"诠释政治自由的两种典型路向：儒家式和道家式。前者主要为现代新儒家继承，后者为胡适、殷海光、陈鼓应以及当下若干中国自由主义者所发展②。他们在双重意义上丰富了"新子学"的内涵：一方面他们本身构成了"新子"；另一方面，他们的思想的阐发是以与古典诸子

---

① 严复《〈老子〉评语》，《严复集》（4），第1092页。
② 参拙作《论"道家自由主义"三相》，《华东师范大学学报》（哲社版）2013年第2期。

的对话为表现形式的。

（原载于《诸子学刊》第十三辑。作者单位：上海师范大学哲学学院）

"新子学"文化源流及其价值诉求

景国劲

近年来，自方勇教授在《光明日报》发表《"新子学"构想》和《再论"新子学"》等文章以来，在学术界引起较大反响和讨论，讨论虽集中于"新子学"这一学术焦点，但具体观点却是各有不同。"新子学"作为中国文化转型进程中的一个学术文化话语，本身又形成文化转型的一种学术文化现象，人们不再满足于一家一派之学术文化，而意欲在中国传统文化的整体性中寻找中国文化复兴的价值追求和路径，以实现中华文化复兴之梦。因此，在讨论"新子学"文化学术理念时，必然会涉及中国文化的源流关系，以及由此引申的文化价值诉求等问题。

一、"新子学"与中国文化之源

一般来说，人们容易将诸子百家的"子学"视为中国文化的源头，但"新子学"应以更开放和宏阔的视野来寻找自己的文化源头，如果说，中国文化的源头是"子学"的话，"子学"的源头则是"易经"。《易经》从传说中伏羲的先天八卦到周文王的后天八卦，再到解释《易经》的《易传》，前后经历了三千年之久，这在世界文化史上是独一无二的文化经典现象。中国的文字、哲学、数学、科学（天文）、历法、文学、军事、中医学等均源于《易经》，《易经》成为中国传统文化的活水源头。同时，《易经》也是中国传统文化经典的首典，居于"六经之首"，自然也是中国传统文化经典的原典，人类智慧的第一宝典，正如瑞士哲学家荣格在《易经》英文版再版序言中所说："谈到世界人类唯一的智慧宝典，首推中国的《易经》。在科学方面，我们所得出的定律，常常是短命的，或被后来的事实所推翻，唯独中国的《易经》亘古长新，相距六千年之久依然具有价值，而与最新的原子物理学颇多相同的地方。"①

"子学"主体构成中的儒道均以《易经》为经典，且逐渐成为儒家"五经"和道家"三玄"之首，作为中国传统文化的源头，也作为"子学"的文化源头，《易经》既不归属于儒家也不归属于道家，而是成为以儒道为主体的"子学"的文化总根源。"春秋战国之际，学术蜂起，不少家数虽然言不及《易》，但以阴阳标榜的易道对于诸家的影响则是无可置疑的。"② 从哲学的角度看，"由'阴阳'而构成的中国哲学原型具有一种先天的二元论倾向"，"外倾的、一元的、西方式的哲学原型容易导致相互排斥的哲学派别和体系，像中世纪的唯名论与实在论、近代的英国经验派和大陆理性派、现代的科学思潮与人本主义都是如此；而内倾的、二元的、中国式的哲学原型则容易产生相互补充的哲学派别和体系，如儒、道两系便是如此"③。20世

---

① 转引自邓永武《〈易经〉是人类智慧的第一宝典》，《山西社会主义学院学报》，2013年第3期。
② 罗炽《〈易〉文化与中国民族精神》，《湖北大学学报（哲学社会科学版）》，1993年第1期。
③ 陈炎《多维视野中的儒家文化》，中国人民大学出版社1997年版。

纪末在中国大陆有关《周易》的国际学术研讨会上，一些知名学者如陈鼓应等提出《易传》非儒家典籍而是道家系统之作，《周易》是道家典籍的观点，这一观点既得到一些学者的支援，也引起了激烈的争论。这种学术争论从"学术研究"的层面客观上透露出一个重要的信息，即《周易》是儒、道等"子学"的文化源头，儒道的发展都源于对《周易》的阐发。因此，《易传》作为儒家解易之作，既有儒家思想，也有道家的思想，其根本原因在于易文本是儒道两家思想产生的重要文本。由阴阳符号而阐发的天人合一之说真正实现了儒道互补和会通。①

《易经》或《周易》文化的本源性为我们对中国传统文化寻根提供了根源性的典范。"《周易》所表达的人生智慧和思维方式对于当今人类把握现实与面向未来仍然具有极为重要的启示和借鉴意义。"②《周易》为"新子学"注入了根源性的活水，使其成为"有源之水"，在中国文化的历史长河中源远流长。如果"子学"或"新子学"将诸子之学视为中国文化的源头，不仅不符合中国文化的实际，还会限制自己的文化学术视野，影响人们对中国传统文化的认知。《周易》的抽象与具象思维方式，特别是其宇宙观及其天人合一的观念，对当今人类社会认识自然，认识人与自然的关系，认识和把握人生与社会，有着永恒性的意义和价值。同样，"新子学"可以在《周易》中得到诸多启示，《周易》对理解和阐释诸子学说，建构新的"子学"理论，对接当代生态美学、存在论美学、后现代主义以及"建设性的后现代主义"，从而建构中国性的民族话语，有着不可替

---

① 曾凡朝、曾玉粉《从〈周易〉视角看儒道会通》，《山东教育学院学报》，2011年第1期。

② 欧阳康、孟筱康《试论〈周易〉的原始意义与现代意义》，《周易研究》，2002年第4期。

代的独特价值。

二、"新子学"与新文化之流

"新子学"不仅要寻根问祖，寻找其文化的本源性或本源性文化之根，还要以开放的视野和胸怀审视其与现代文化的关联流向，也就是说，"新子学"不仅有母胎母体，还有儿子和孙子，中国现代以来的新文化无疑是诸子中重要的一"子"，这也是"新子学"的"新"意所在。

在谈到"新子学"的文化之流时，最有必要谈论的是"五四"新文化这一最"新"之"流"；而谈及"五四"新文化时，最让人担忧的是新文化的"反传统"特质与"新子学"的传统文化特质间是间离还是关联的问题。这些问题不仅是"新子学"所关注的问题，也是新世纪以来中国现代学术界所关切的问题。有的学者从文化的"内发性"视角研究"五四"新文化的内发性，认为"中国文化传统的学理系统到近代已经开拓到了尽头，如果不发生一场文化变革，它就不足以克服内在的文化生命力趋于衰竭的问题"，"中国文化传统所蕴涵的内在生命力为其现代开展奠定了坚实的基础"，"在五四新文化运动时期，正是刚健有力、自强不息的民族文化精神为面对新的历史时期，将中国文化的发展推进到一个新的历史阶段提供了内在的驱动力，成为以儒学为代表的中国文化传统之内在生命力的重要体现，同时也成为理解五四新文化运动之内发性的一个重要方面"。既然"五四"新文化的"反传统"有着历史的内在的合理性和必然性，那么，批判仅仅以儒学为中心的"传统"对文化的统治也就势在必行。

"五四"新文化总体上呈现为文化转型与文化变革的内发性因

缘，在具体实践中还展开了与"学衡派"等文化保守主义的批判，也就是说，外在地看，"五四"文化运动确实与文化保守主义是对立的，但它们在文化精神上又都是在"现代性"这一语境中表达其文化价值观念的，保守主义文化仍属新文化的范畴。从文化建构角度看，"五四"新文化之"破"与文化保守主义之"立"正好构成文化变革格局应有的常态结构，形成对新文化建构的互补关系。因此，"在中国文化由常态走向现代的整体背景之下，现代新儒家对于中国文化的现代重建正可以说是接续了五四新文化运动的历史任务，在五四新文化运动较为彻底地完成了解构传统文化中腐朽成分的任务并彰显了建设中国现代文化的历史使命之后，以'文化保守主义'的方式尝试着进行中国文化的现代重建。在这个意义上，我们可以说20世纪儒家思想的新开展与五四新文化运动一起，共同构成了中国文化近现代化的发展链条之中具有紧密联系的有机环节"①。王富仁先生认为，"假若我们从整体上看待'五四'新文化运动之后形成的中国现代学院文化，我们就会看到，西化派和新儒家学派实际上是构成中国学院文化的两个主要派别。这两个派别的具体学术成果都被涵盖在'国学'这个统一的学术概念之中，但在具体学术倾向上都处在对立的两极"，"中国传统文化在现代学院内部的创造性转化，基本是通过这两个学派的互动关系而逐渐实现的"②。即使像"五四"前后出现的以胡适这样一个新文化阵营主要成员身份所提倡的"整理国故"运动，确实和"五四"新文化运动所倡导的"反传统"是相悖的，但从深层来看，前者恰好是在后者文化精神启示下发生的，是以"五四"文化精神对中国传统文化的重新审视和评判，许多现代学者

---

① 李翔海《五四新文化一定与民族文化传统关系问题再探讨——以20世纪儒家思想的新开展为例》，《教学与研究》，2003年第10期。

② 王富仁《"新国学"论纲》（上），《社会科学战线》，2005年第2期。

都认识到"整理国故"是"五四"新文化的延续和深化,比如,它的科学的民主的方法和价值观,对非儒学派的重视和对民俗文化的发掘等,无疑又与"五四"新文化精神相吻合,推动了中国现代学术的转型。

总之,"五四"新文化的"反传统"并未造成中国传统文化的"断裂",它与中国传统文化之间存在着千丝万缕的丰富复杂的关联性。对此,王富仁不无感慨地说:"直至现在,在中国的学者中仍然存在着对'五四'新文化运动的隔膜乃至对立情绪,实际上,中国现当代学术的价值和意义,以及从事学术研究的绝大多数中国现当代知识分子的存在价值和意义,都是在五四新文化运动的基础上得到确立的。没有五四新文化运动,就没有中国现当代学术存在的根据,也没有我们这些从事学术研究的中国知识分子的存在根据。"① 因此,五四新文化及中国现代文化是"新子学"具有现代性之流,理应成为"新子学"的重要组成部分。

三、"新子学"的价值诉求

"新子学"不是一个学派的概念,也不是一个严密的学术理论体系,更不是一种解读"子学"的具体方法,它是一种具有"策略性"的学术文化理念,显然有着当代性的文化价值诉求。"新子学"的文化价值诉求主要体现在三个方面,即有机整体观与创生精神、参与精神和对话精神等。

"新子学"的文化内涵及其价值诉求,从字面上看,集中体现在"新"和"子"两个字上,将"子学"前冠以"新"字,不是话语

---

① 王富仁《"新国学"论纲》(上),《社会科学战线》,2005年第2期。

游戏，而是有着价值追寻意义的，以开放的视野建构一种具有有机整体性的"新子学"。

对"新子学"可以做多种理解。"子学"的所指是比较明确的，它是"诸子"时代之"子"和研究"诸子"之"子"；而新的"子学"则是以"诸子"为原典的具有当代性和创新性的"子"之"学"。从这样的角度理解"新子学"，其时限性就不仅是"中国古代"、"中国近代"乃至"中国现代"的"子学"，还应包括从古至今仍然在发生和发展着的中国文化研究。其中，有两个关节点需要特别强调出来，这就是上文中提到的"易经"是"子学"乃至中国文化的源头，而"五四"新文化及当代文化则是"新子学"的"新"流，这样，中国文化的上源和下流同时也成为"新子学"的重要源流，从而汇聚成中国文化奔腾不息的文化长河。由此可以看出，"新子学"的构成方式既不全是纵向式也不全是横向式，而是纵横交织的立体式，它不仅以高雅文化为主体，同时还包括了民俗文化；不仅以中国内地子学为主体，同时还包括了海外乃至世界范围内的中国文化研究。王富仁先生的"新国学"理念对我们理解"新子学"同样具有启示性和适用性，比如他认为："通过民族语言和国家这两个构成性因素，我们所说的国学就与原来所说的国学有了不同的内涵和外延，但它又绝对不是一个无法界定的学术整体，而是有着明确的边际感的。从民族语言的角度，包括中国内地学者、海外华人、台、港、澳等地区的中国学者在内的所有历史上流传下来的和现在刚刚出版的用汉语文字写成的学术研究成果，都应该包含在我们的国学范围之内。"[1]

当代的生态美学、存在主义美学和"建设性后现代主义"在人

---

[1] [美]柯布、樊美筠《现代经济理论的失败：建设性后现代思想家看全球金融危机——柯布博士访谈录》，《文史哲》，2009年第2期。

与自然、人与社会及其人与人的关系问题上,大体都坚守有机整体观,这与中国传统文化的天人合一思想有着大体相似的观念。在怀特海整体有机哲学思想基础上发展的"建设性后现代主义",是"一种建立在有机联系基础之上的推重多元和谐的整体性的思维方式,它是传统、现代、后现代的有机结合,是对现代世界观和现代思维方式的超越"①。中西这些"生态性"的思维方式及其价值观念对"新子学"不无启示和借鉴意义,儒家与诸子、古典与现代的文化学术思想构成中国文化的有机整体,具有多元共存的"间性"关系,是一种开放的文化学术共同体,是生态文明时代所追寻的当代文化学术生态。在有机整体观基础上,"新子学"还应体现创生精神、参与精神和对话精神。

《周易》中"生生之谓易"的"生生"思想,讲的是天人的有机整体关系及其生命生长活力,天与人的这种不断变化运动是和人的创造性联系在一起的。"新子学"的"新"正是中国自强不息、刚健有力的民族精神的体现,"新子学"的"新"也是中国文化创生性精神特质的表征,创新不是"全盘西化",而是在尊重中国文化原典基础上的会通,实现中西会通、古今会通、人文会通、高雅文化与民俗文化会通、学科会通,在会通基础上以求创造性的发展,"系统整合古今文化精华,构建出符合时代发展的开放性、多元化学术,推动中华民族文化的健康发展"②。

王富仁先生认为:"学术首先是一种参与。'参与什么'以及'怎样参与'实际上是所有研究活动不能不面对的两个重要问题。"③

---

① [美]柯布、樊美筠《现代经济理论的失败:建设性后现代思想家看全球金融危机——柯布博士访谈录》,《文史哲》,2009年第2期。
② 方勇《再论"新子学"》,《光明日报》2013年9月9日。
③ 王富仁《"新国学"论纲(下)》,《社会科学战线》,2005年第3期。

而"用民族语言的力量参与民族语言的交流,用民族知识的力量参与民族知识的交流,用民族思想的力量参与民族思想的交流,我认为,这是每一个个体知识分子参与我们称之为'新国学'这个民族学术整体的唯一途径和方式"①。"参与"的动力来自知识分子对自己所处时代语境的感悟,来自对中国文化的觉解,来自对人与自然、人与社会、人与人等重要社会文化实践的关切。"学术是对现实实践关系的一种超越,但这种超越也是建立在对它的关切之上的。没有关切,就不需超越,有了关切,才有超越的愿望和要求。"② 知识分子正是在这种对现实的关切与超越中建构起了自己的独立人格,"就是在这种对民族现实实践关系的关切中自然形成的,就是对自我独立思想和见解的意义和价值的明确意识中自然生成的"③。"新子学"正是对中国现实实践或符号实践的关切和超越,其目标应该是在传承与创新中国文化学术实践中,追求中华民族的伟大复兴。

"新子学"不仅追求创生精神和参与精神,它还追求一种多元对话精神,"在'新国学'的结构中,各种学术之间多元、平等、互为主体,没有谁统摄谁,谁依附谁的问题。在这种体系之下,经学和儒学并不占据垄断地位,不再是其他学术确立自我和位置的依据与标准,只是符合多元、动态构成的学术生态中的一个重要但又普通的组成部分而已。因此,今后的'国学'不再是一枝独秀的孤景,而将上演百家争鸣的交响。"④ "新子学"的这种多元对话精神,正是我们这个时代所需要或适切于时代需要的文化精神。追求生态文明是时代的应然主题,哲学中的"主体间性"理论及其"对话"精神,正

---

① 王富仁《"新国学"论纲(下)》,《社会科学战线》,2005年第3期。
② 同上。
③ 同上。
④ 方勇《再论"新子学"》。

好契合了"新子学"的精神诉求。在开放的文化视野、有机整体性的文化学术构成中,"新子学"的创生精神、参与精神被统摄于"生态性"和"主体间性"的有机对话中,并在与时代的现实实践互动中多元共生,"多元、开放、创新、务实本是诸子百家之学先天具有的精神特征,是富于生命力的思想资源,经过整合提升转化,必能为民族文化复兴提供助力,成为'新国学'的主道!"[1] "新子学"的对话精神是一种"间性"的批判性思维方式,是生态文明时代的人文精神,它在中国古今与中西文化学术的多重复杂关系的对话过程中,建构具有民族主体性的文化学术话语。

(原载于《名作欣赏》2015年07期。作者单位:集美大学教师教育学院)

---

[1] 方勇《再论"新子学"》。

对于当代"新子学"意义的思考

张 涅

近年来，在方勇教授和华东师范大学诸子研究中心的倡导下，"新子学"的研究为学界所瞩目。这是赓续晚清民国子学思潮的自觉认识，是当代社会政治思想和文化建设的必然要求，兼具学术和社会两方面的意义。当然，因为问题的复杂性和深刻性，需要多方面、多层次的讨论。笔者以为，认识先秦诸子思想产生和晚清民国时期子学复兴的历史原因，或有助于研究的深入，故而据此谈一点思考。偏陋之处，敬请批评！

一、"子学"源于东周时期士人的政治认识

关于"子学"有不同的界定，一般指春秋末至汉初期间诸子百家的思想学说，是士人在大一统体制建立之前对于社会政治的思考。后来有一些学人把汉以后"入道见志"（刘勰《文心雕龙·诸子》）的著作归入"子学"，已游离了早期"子学"政治实践性的本旨。至于把历代注疏批判诸子著作的成果也称为"子学"，则是泛称了，这个泛称其实可用"子学研究"一词来表达。"子学"和"子学研究"是两个概念，"子学研究"着重于学术，而"子学"更多地具有社会实践性的品质。所谓"新子学"，严格地说，是指在新的历史阶段对于社会政治

的再思考和实践。与此相应的"新子学研究",即晚清民国以来的吸收了西方学术思想和范式方法后的诸子学研究。"子学"与"子学研究"的关系,一方面前者是核心,"子学研究"围绕着"子学"展开;另一方面,后者也不断地赋予前者以时代意义,使之呈现经典的价值。

有关"子学"产生的原因,《汉书·艺文志》和《淮南子·要略》已经说得明白。《汉书·艺文志》说:"皆起于王道既微,诸侯力政,时君世主,好恶殊方,是以九家之说蜂出并作,各引一端,崇其所善,以此驰说,取合诸侯。"即指出其为"时君世主"所需要,是"王道既微"以后的政治认识。《淮南子·要略》还具体阐述了诸子"救时之弊"的思想目的。其具体所述或可异议,但是诸子思想与该时代的社会政治密不可分是不争的事实。

这样的认识显然合乎历史的客观。今天我们细读诸子著作,考证其生平事迹,依然能认识到他们的社会政治实践性的本旨,如司马谈所言:"此务为治者也。"(《论六家要指》)

例如孔子,现代学人大多强调其为思想家、教育家;或者从道德文化的层面予以评价,如牟宗三说:"孔子通体是一文化生命,满腔是文化理想。"① 但是究其一生追求,核心显然在于政治事业。从《史记·孔子世家》的记载可知,孔子年轻时就有明确的从政志向,中年后曾经施展了政治才能,有"苟有用我者,期月而已可也,三年有成"(《论语·子路》)的自信。故而其弟子记道:"夫子之至于是邦也,必闻其政。"(《论语·学而》)在当时社会,"礼"或被略弃,或流于虚文,因此孔子阐发"仁"的思想,从"礼"中凸显出"内圣"意义。这种凸显,在我们现在看来是思想特质所在,但在孔子本愿中,主要还是为政治实践作理论准备,提供思想基础。一些学人认为,孔子周游列国后专心做文献整理的工作。从客观的成就

---

① 牟宗三《历史哲学》,学生书局2000年版,第89页。

上讲确是如此，其中当然有传承文化的自觉意识，但是，这只是现实政治下的无奈之举，并非意味着孔子放弃了政治活动的信念。《论语·宪问》记："陈成子弑简公。孔子沐浴而朝，告于哀公曰：'陈恒弑其君，请讨之。'公曰：'告夫三子。'孔子曰：'以吾从大夫之后，不敢不告也。君曰"告夫三子"者。'之三子告，不可。孔子曰：'以吾从大夫之后，不敢不告也。'"《左传》哀公十四年也有相同的记载。当时孔子已经七十一岁了，听到齐国的陈桓弑杀齐简公这样犯上作乱的事，自知不可能改变什么，依然庄严上朝，请求鲁哀公出兵讨伐，此足以证明政治是孔子一生的信念。电影《孔子》让银幕上的孔子在返回鲁国前说"不再过问政事"，显然是编导的无知。

孔子志在政治，从他屡屡称慕周公的语录中也可以清楚认识到。周公"屏成王而及武王以属天下"（《荀子·儒效》），封土建国，制订礼乐文化，完成宗法制度，提出"明德慎罚"与"刑兹无赦"（《尚书·唐诰》）相结合的政治思想，奠定了封建政治文化的基础。这些继往开来的政治成就显然是孔子仰慕周公的原因，故而孔子说："久矣！吾不复梦见周公。"（《论语·述而》）历代多认识到孔子和周公的这种本质联系，如《淮南子·要略》说："孔子修成康之道，述周公之训。"朱熹《四书集注·述而》注："孔子盛时，志欲行周公之道。"汉唐时期"周孔"并称，显然也是把孔子作为政治思想家来认识。

再如《庄子》，现代学人特别重视其中的人生论意义，强调其"逍遥游"的精神追求和"齐物论"的认识自觉。这没有错误，因为这样的研究有当代意义。但是，我们只要细读《庄子》这部著作，当不会忽略其中大量的政治论。《应帝王》篇的无治主义思想即是，"外杂篇"的诸多篇章又是对于《应帝王》无治主义思想的阐释发展①。而且，

---

① 参见拙作《〈庄子〉"外杂篇"对于〈应帝王〉篇的思想发展》，载《国学研究》第 16 卷，北京大学出版社 2005 年版。

我们还应该认识到，庄子的人生论也是对于现实社会政治无奈以后的逃避，故而其在超越性的背后，有着对于儒家、法家这些有为政治的批判，渗透着生命的大悲苦。脱离了社会政治这一层面，恐难以把握庄子人生论的真谛。

再如《公孙龙子》，自从梁启超用西方逻辑理论予以解读，提出"名即概念"说后，学界对它的认识大多落实在逻辑学范畴内。但是，透视其背后意义，我们也能认识到，这样"名"的表达是政治形式规范化的要求。故而顾实为张怀民《公孙龙子斠释》所作的"序"说："名家之于政治，其关系尤至密切重大乎，然则《公孙龙子》一书，于先秦政治思想，有重大之价值。"①胡适也说："古代本没有什么'名家'，无论那一家的哲学，都有一种为学的根本方法。这种方法，便是那一家的名学。"②

其他诸子的政治意图更不必言。诸子并非纯粹学院派的，在象牙塔内，即使如稷下学宫，也"不任职而论国事"（《盐铁论·论儒》），"咸作书刺世"（《风俗通义·穷通》）。因此可以说，社会政治的实践性是"子学"的根本所在，其内在的理论只是有关于实践的阐释。后学假如局限在理论范畴内分析讨论，恐怕不能获得本质性的领会。

唐宋以来，学界以为先秦有个旨在道德修养的思孟学派，给予特别的重视。其实，这只是那个时代的解释而已，并非子思、孟子的本旨。孟子为帝王师的精神和指示学人皆知，不必赘言；即使被学界普遍认为讲修养之道的郭店竹简《五行》，也强调"和则乐，乐则有德，有德则邦家兴"，社会政治的目的显而可见。与荀子相比，子

---

① 张怀民《公孙龙子斠释》，商务印书馆1937年版，第1页。
② 胡适《惠施公孙龙之哲学》，载《名学稽古》，商务印书馆1923年版，第19页。

思、孟子确实更强调心性修养的重要性，但是其言语针对的是政治人物，故而所强调的也是政治参与者的心性修养，本旨没有游离过社会政治领域。《荀子·非十二子》斥其"略法先王而不知统"，也着重指其政治思想的错误。众所周知，唐宋时期已不存在政治思想的方向性问题，当时需要考虑的是政治措施的修补、落实和在该制度下如何使个人生命具有意义的问题，因此倡导思孟学派是那个时代的需要。现时代的历史任务和文化需要已经与宋明时代不同，我们自然不应该再像宋明理学那样来解释思孟学派。

显然，"子学"的起源与东周时期剧烈变革的历史环境有关，诸子的思想本旨指向社会政治领域，这些已经是中国思想史的常识。诸子的思想无疑已经拓展到了哲学、伦理、教育、经济、军事等领域，有形而上的企图，诸子可称为思想家、伦理学家、教育家、军事家等，但这些都是其社会政治认识广泛化和深入化的结果。离开这一根本点来讨论"子学"问题，不免游离了其本旨。思想史发展的规律告诉我们，一个新的时代需要思想资源并企图从中获得启益时，必须追溯到它的源头，如卡尔·雅斯贝尔斯的"轴心时代"说所言[1]。汉以后的思想发展都是通过对诸子思想的创造性阐述建立起来的，我们现时代也不例外。因为前一个时代的解释是出于前一个时代的需要，而新的时代有新的需要，回到源头上，才可能获得真正的思想启迪。因此，当代政治和新文化的建设不宜接着宋明理学讲，而应当回到先秦诸子中去，从中去觅取思想资源。

---

[1] 卡尔·雅斯贝尔斯认为在公元前500年前后，中国、西方和印度等地区同时出现文化突破现象："在中国，孔子和老子非常活跃，中国所有的哲学流派，包括墨子、庄子、列子和诸子百家，都出现了。""这个时代产生了直至今天仍是我们思考范围的基本范畴。"（《历史的起源与目标》，魏楚雄、俞新天译，华夏出版社1989年版，第8、9页）

二、新子学的兴起基于近现代政治变革的要求

在汉武帝以后，诸子的思想争鸣画上了句号，经学走上了社会政治思想的主舞台。这种转变是历史的合理选择，因为汉武帝"独尊儒术"的方针符合小农业经济时代的需要。那个时代，家庭为社会经济文化的基本单位，儒家的血缘亲爱原则和礼乐制度最适宜家族社会的长治久安。于是，接下去的问题主要是政治制度的落实和开展。其中当然有具体的问题需要讨论和修补，但那不是属于方向性的。因此从这个角度说，到汉武帝时，诸子思想完成了自身的历史使命。随后的魏晋玄学、宋明理学则着重于解决这种社会形态下的生命意义的问题，其对于诸子思想的解读，都是基于该时代需要的误读和发展，游离了政治领域。例如关于老子，汉初一般与黄帝合称为"黄老"。"黄老"是一种"治术"，一种政治理念。到了东汉，其开始蜕变为个人品性与人生的修养，如《后汉书·光武帝纪》："黄老养性之福。"到魏晋以后，老子更多地与庄子合称为"老庄"，"老庄"取代"黄老"，即衍化成了个人的性命修养之学。故而陶希圣说："老子在西汉初期与黄帝的传说相结为'黄老'而为经世的思想。东汉末年以后，庄学才盛大起来，老子在此时乃庄学化而为'老庄'，为魏晋以后士大夫间的避世思想。"[①] 儒家学说也是如此，从"周孔"到"孔孟"的转折即是明证。在"周孔"中，孔子是政治思想家；而在"孔孟"中，孔子则主要以道德圣人的形象出现。

到明末清初，面对沦丧于文化思想比自己落后的民族的事实，士人才又开始重视政治建设的问题。其中一个重要的认识是：宋明以来

---

① 陶希圣《中国政治思想史》，上海书店1996年版，第122页。

单纯重视心性修养，忽略了政治方面的问题；正是政治的腐朽，导致了国家的沦亡。基于这样的认识，傅山开始重视荀学，并开启了诸子学研究的思潮①。

清中叶以后，因为西学的冲击，诸子学更普遍受到关注，这也是出于政治变革的需要。其中荀子和墨子尤甚。这两家在经学时代基本上被忽略，但是因为其可以提供现代政治所需要的思想元素，清末以后越来越受到重视。关于荀子，或认为其是专制主义的罪魁祸首，封建政治的崩坏与之有关；或认为其"性恶"说能开拓出现代民主政治和法制模式，中国要成为民主、法制的国家，建立在"性恶"论基础上较之建立在"性善"论基础上要坚实得多。关于墨子，一方面认为它可以接引西方的科技文明，如俞樾《墨子间诂序》说的："近世西学中，光学、重学，或言皆出于墨子。然则其'备梯'、'备突'、'备穴'诸法，或即泰西机器之权舆乎。嗟乎，今天下一大战国也，以孟子'反本'一言为主，而以墨子之书辅之，傥足以安内而攘外乎！"另一方面，也是认为墨家的"兼爱"、"尚贤"、"非攻"、"节用"等观点，体现着博爱、平等、民主、和平的思想，更合乎现代公民社会的需要，具有走向现代性的可能。例如梁启超曾说："杨学遂亡中国，今欲救之，厥惟墨学，惟无学别墨而学真墨。"② 20世纪末，张斌峰、张晓芒的《新墨学如何可能》还宣称："无论是从中国传统文化的人文精神的重构和科学理性精神的确立，还是从社会经济、文化的现代化的现实价值层上，抑或是从世界的角

---

① 荀学被重视始于傅山。傅山著《荀子评注》与《荀子校改》，指出荀学具有剌取诸说、兼收并蓄的特点："其精挚处即与儒远，而近于法家，近于刑名家；非墨，而又有近于墨家者言。""申、商、管、韩之书，细读之，诚洗东汉、唐、宋以后之粘，一条好皂角也。"

② 梁启超《子墨子学说》，载《饮冰室合集》专集第十册，中华书局1936年版，第1页。

度来看墨学，墨家学说在建立新的全球社会时，将会比儒学和道家之学可能提供得更多。"①

现代以来影响甚大的新儒家、新墨家、新法家等学派，从先秦诸子中寻觅思想资源，目的也无不在于现代社会政治的转型问题。故而贺麟说："儒家思想的命运，是与民族的前途命运、盛衰消长同一而不可分的。"② 陈启天说："近百年来，我国既已入新战国时代之大变局中，将何恃以为国际竞争之具乎？思之，重思之，亦惟有参考近代学说，酌采法家思想，以应时代之需求而已。"③ 这些学派的政治思想和设计都不免有简单化、理想化甚至迂腐的问题。例如传统儒学的核心观念"礼"和"仁"具有等差性的特质，难以成为现代社会的普遍价值观念，更有违现代政治的基本准则。新法家的全部设计，寄托于一个绝对遵循法律的国家领袖或领道团队之上，要求他们都具有崇高的道德觉悟和历史使命感，能力卓越，显然没有普遍的可能性。但是，这些学派重视子学的志趣所在则是显而可见的。

这里，我们还应该注意到，近代以来的士人在重视子学研究的同时还积极参与社会政治的实践活动，这显然与先秦诸子的生命形态相一致。例如新儒家人物梁漱溟，创办山东乡村建设研究院，推行乡村建设运动，发起组织"统一建国同志会"，参加组织"中国民主同盟"，参加重庆政治协商会议，参与国共两党的和谈，一生事业重在践行上。即使如马一浮这样的纯粹学者，曾谢绝北京大学的任教邀请、蒋介石的许以官职，在抗战时也出山创办复性书院，参与民族复兴的事业。

---

① 张斌峰、张晓芒《新墨学如何可能》，刊《哲学动态》1997年第12期。

② 贺麟《儒家思想的新开展》，载贺麟等《儒家思想新论》，正中书局1948年版，第2页。

③ 陈启天《韩非子校释》，中华书局1940年版，"自序"第2页。

再如蒋百里，我们讲现代新子学时往往只注意到其《孙子新释》是第一部系统地运用西方近代军事理论的著述，具有现代军事科学精神。其实，他还是现代的兵家，1937年出版的《国防论》提出全民性、持久性的抗日总战略、总方针，与毛泽东《论持久战》的精神相一致。他还是纵横家，1937年9月，他以蒋介石特使身份出访意、德等国，赢得了诸多国际人士对中国抗战的同情。这更是与先秦诸子一样的实践，从某种角度讲，这正是"新子学"，即"新子"之"学"。

当然，现代的子学思想和新子学研究也开拓到了哲学、伦理、教育、经济、军事等领域；尤其新子学的研究，在西方哲学思潮的影响下重视形而上思想体系的建构①。张岱年曾说："先秦时所谓'学'，

---

① 此类著述甚多。例如：郎擎霄《墨子哲学》（1924），陈顾远《孟子政治哲学》（泰东书局1924），陈顾远《墨子政治哲学》（泰东图书局1925），熊梦《墨子经济思想》（志学社1925），王治心《孔子哲学》（国学社1925），栾调甫《墨辩讨论》（1926），蒋维乔《墨子哲学》（1928），陈登元《荀子哲学》（商务印书馆1928），蔡尚思《孔子哲学之真面目》（启智书局1930），杨大膺《孔子哲学研究》（中华书局1931），顾实《杨朱哲学》（东方医药书局1931），汪震《孔子哲学》（百城书局1931），孙思昉《老子政治思想概论》（商务印书馆1931），贝琪《老庄哲学研究》（1932），公羊寿《孙子兵法哲理研究》（国光印书局1933），余家菊《孔子教育学说》（中华书局1934），侯外庐《中国古代社会与老子》（山西国际学社1934），胡哲敷《老庄哲学》（中华书局1935），余家菊《荀子教育学说》（中华书局1935），黄汉《管子经济思想》（商务印书馆1936），蒋锡昌《庄子哲学》（商务印书馆1937），刘子静《荀子哲学纲要》（商务印书馆1938），陈启天《韩非及其政治学》（独立出版社1940），陈启天《韩非子校释》（中华书局1940），马璧《孔子思想的研究》（世界书局1940），洪嘉仁《韩非的政治哲学》（正中书局1941），杨宽《墨经哲学》（正中书局1942），马云声《孔子和老子的政治思想》（海风出版社1946），徐赓陶《孔子的民主精神》（南宾印刷公司1947），杜任之《孔子论语新体系》（复兴图书杂志出版社1948），赵纪彬《古代儒家哲学批判》（中华书局1948）。

其意义可以说与希腊所谓哲学约略相当。《韩非子·显学篇》：'世之显学，儒墨也。'其所谓学，可以说即大致相当于今日所谓哲学。先秦时讲思想的书都称为某子，汉代刘歆辑《七略》，将所有的子书归为《诸子略》，于是后来所谓'诸子之学'，成为与今所谓哲学意谓大致相当的名词。"① 但是，他们对于"新子学"的基本点在于社会政治领域的认识也是普遍的。陈柱尊的话可谓代表："吾以谓今日欲复兴中国，莫急于复兴儒家之立诚主义，道家之知足主义，法家之法治主义，墨家之节用主义。"② 无疑，历史转折时期的政治转型需要是"新子学"兴起的根源，"新子学"的研究成果也主要落实在这一个领域。

三、当代"新子学"研究的发展思考

疏理清诸子思想产生和晚清民国时期子学复兴的历史原因，就可以认识到：当代"新子学"研究是晚清民国时期子学复兴的接续，而核心在于政治思想和制度的建设上；有关文化的、形而上思想体系的建构，实质上都有当代政治需要的背景。

众所周知，现时代与产生诸子思想的春秋战国时期有很相似的一点，即都处于旧文化规范崩坏、新文化规范尚未建立的历史转折期。在春秋战国时期，战乱不靖，礼崩乐坏，面对这样的形势，先秦诸子提出各自的政治方向和处世策略。而现代以来，占据了二千多年历史统治地位的政治文化制度被摧毁了，传统伦理也失去了绝对的控制

---

① 张岱年《中国哲学大纲》，中国社会科学出版社1982年版，第1页。
② 陈柱尊《中国复兴与诸子学说》，《复兴月刊》第一卷第十期（1932）。

力,现时代知识分子所面临的,是与先秦诸子相似的历史使命。因为新的合乎时代需要的社会政治制度建设的问题在当前依然存在,因此当代的"新子学"和"新子学研究"有着巨大的意义。

由此看,当代的"新子学"和"新子学研究"必然接踵近现代而来,对于晚清民国时期的士人思想和子学研究成果应给予充分的重视。不但入世参政的精神应该继承,研究的成果应该批判接受,其中的欠缺也宜有充分的认识。如此,才可能继往开来,真正实现子学的复兴,完成我们这一时代的历史使命。

晚清民国时期子学复兴的表现主要有二:一是关注政治思想和制度文化的变革,投身于这一历史转折阶段的社会活动;二是以科学的精神和逻辑的方法整理研究诸子典籍。前者可谓"新子学",后者则是"新子学研究",这些已经被学界所公认。当然,因为这一时期太短,又处于战争的环境中,不免有诸多缺略。比如研究时断章取义、简单比附、割裂原有血脉等问题,已为学界所普遍认识。这里,另外谈三个比较深层次的问题。笔者以为,其是"新子学研究"中的问题,也与当代"新子学"的发展方向有关。

一是对于个体意义重视不够。强调个体意义是现代文化的基本理念。爱因斯坦曾说过:"让每一个人都作为个人而受到尊重。"① 哈威尔也说:"个人自由所构成的价值高于国家主权。"② 从人类的发展历程看,"人"的发展有两个关节点:一个是群体的"人"从"天"中独立出来,不再在"天"、"神"的管辖下,具有自存自为的意义;另一个是个体的"人"的普遍自觉,个体作为国家社会的基本单位

---

① [美]爱因斯坦著,许良英译《我的世界观》,载《爱因斯坦文集》第三卷,商务印书馆1979年版,第44页。

② [捷]哈威尔著,张钰译《论国家及其未来地位》,转引自《大学人文读本:人与世界》,广西师范大学出版社2002年版,第61页。

成为常识。在中国历史上，前者约在殷周时期，后者则在民国以后。由此可知，先秦诸子的思想必然基于群体的"人"的范式，其是"天人之分"（《荀子·天论》）后"人道"的具体展开；而民国以来的新子学研究有现时代的特定要求，宜以个体的"人"的自觉为基础，其思想范式、思维形式当与旧子学研究有质的不同。众所周知，民国时期是新文化得以宣传广大的时代，反对封建礼教，倡导个性解放，正是那个时代激动人心的口号和实践。其中的新子学研究，自然宜以此为基本点之一。不过，从实际的情形看，其尚未有如此的普遍自觉。学界更多地重视诸子思想对于现代社会建设的作用，没有去探究其中蕴含的个体性因素的现代意义。他们或者以整体统摄个体，或者以个体逃避整体，而未曾去阐述个体本位基础上的社会意义。

毫无疑义，诸子思想的本旨指向社会整体。即使如庄子的"逍遥游"，也并非只是自我个体的意愿，而是对于一般的人的生命意义的思考和描述。但是，这不是说诸子的思想形式也是一般性的；相反，其形式往往是个别和特殊的，与内容指向构成不统一性。这种不统一性，一方面影响了思想内容的逻辑系统性，以至现代学人认为其存在概念不明确、逻辑不严密的问题；另一方面，其也构成了思想的张力，给予我们从形式的个别性入手阐述意义的可能性。例如关于《论语》，其语录意义的丰富性和多向性即与形式有关。《论语》的许多语录即人即事而言，属于个体片断经验的记录，孔子及其弟子等人的感情和思想表达往往以个体自我或个体对个体的形式出现，其原始意义只有与语录存在的具体语境和涉及的特定对象结合起来才能被客观地认识。这种个体不是典型创造、寓言寄托的人物，而是具体实在的、经验的，是特定时空的实践存在。这样的语录所包含的意义，原旨落实于特定的个体，随后因为指向的类别化、一般化而由个别扩展至社会一般。现代以来的学界普遍重视《论语》的一般性意义构成，据此建构孔子的思想体系，这自然是极有价值的工作。但是，其形式特征也指示我们另外的路向：即从个体性的需要出发，认识语录的特定性意义，并加以生命实践的体验。后者显然具有当代性意义，但是没有得到学界足够的重视。

二是对于多元价值缺乏普遍认同。以个体为本位，必然表现出价值的多元性，意味着多元选择的可能性。毫无疑义，多元性也是文化现代性的基本准则。东周时期百家争鸣，对于社会政治和人生活动提出了各种认识，客观上是一个多元选择的时代。汉武以后罢黜百家，独尊儒术，把孔子学说提升为"经"，造成了统治阶级的一统价值观。纵然，其不乏历史的合理性，但是在历史的行程中导致民族思想萎缩、文化活力衰弱也是不争的事实。由此推知，"新子学"的研究应该抛弃一统的价值观，倡导多元性。但是民国时期的新子学研究在介绍各家时能客观列述，在价值意义的阐述时则往往继承某一派而排斥其他各家，对于多元性缺乏足够的重视。现代新儒家、新墨家、新法家这些学派莫不如此。例如，以发扬儒学"道统"、接续宋明理学为己任的现代新儒家学派认为，只有走以"内圣外王"为本、由内圣开出新外王的道路，才可以实现中国政治文化的现代化。新墨家学派则认为，"兼爱"、"尚贤"、"非攻"、"节用"等观点体现着平等、博爱、和平的思想，更合乎现代公民社会的需要，具有走向现代性的可能。新法家学派则以为20世纪的世界相当于"新战国"时代，战国时代法家的实践卓有成效，因此中华民族的复兴只要采纳新法家的策略就可实现。这三种思潮各有思想角度，各有价值，但是假如以自我为唯一正确的选择，不吸纳其他各家的合理因素，显然不适应现代社会发展的需要。

有关个人的生活理念也是如此，社会不同成员有多元的选择是自然的现象。因为无论孔子、杨朱，还是庄子的生活观都有价值，任何适合某一个体的本性和生活形态的都是合理的。这三种观念（也包括其他观念），在现代社会中当可并存，但是民国时期的学人大多从社会整体的需要出发，倡导某一种观念而不及其他。

三是对于形而上思维的考虑不周。形而上思维指的是超越现实层面的具体事物的理性认识。其以概念为基础，通过判断、推理等逻辑方式构成系统思想。这些基于概念的认识与现实世界有联系，但是已经摆脱了特殊性和偶然性。具有这样的思维形式，无疑可以对现实层面有更客观、全面、透彻的认识，避免那些落实于社会政治领域的形而下思维所不免有的局限性。显然，在中国传统文化中，没有纯粹的形而上思维。中国古代缺乏西方意义上的宗教和科学，正是这种缺乏的典型表现。现代新文化的发展，需要开拓出形而上思维；而这项工作，最有可能的是通过对诸子思想的再阐释来完成。民国时期的新子学研究已经有这样的认识，例如李相显《先秦诸子哲学》说："我作此书，完全抱客观的态度，用逻辑及解析的方法，以研究各哲学大师底哲学理论，而叙述其哲学系统。"[1] 后来冯友兰也曾经说过："把过去哲学史中的一些命题从两方面讲，分别其具体意义和抽象意义。"[2] 他的抽象继承法即是形而上思维的自觉。但是，从整体上看，其尚未被充分地认识到[3]。

如前所述，先秦诸子的思想确实基于社会政治和人生意义的认识，他们的思想价值更多地表现在现实层面。但是，在他们的背后，还是有"天"、"道"这些形而上的存在。有了"天"、"道"，现实

---

[1] 李相显《先秦诸子哲学·自序》，北平世界科学社1946年版，第1页。

[2] 冯友兰《中国哲学遗产的继承问题》，载赵修义等编《守道1957——1957年中国哲学史座谈会实录与反思》，上海人民出版社2012年版，第264页。

[3] 参见拙作《略述民国时期的新子学研究》，《诸子学刊》第九辑，上海古籍出版社2013年版。

的政治和人生活动就有了神圣性和长远的意义，有了合理性和绝对性。故而老子讲"道可道，非常道"，墨子有"天志"，孔孟把道德修养与"天"联系起来。郭店竹简的"性自命出，命自天降"（《性自命出》），可谓人伦社会与天道契合的明确表述。"天"、"道"这些形而上的存在，即是建构形而上思维体系的基础，这方面的工作显然还有很大的空间。

显然，先秦诸子的思考以天才个体的形式出现，可以与现代的个体本位意识相连接。诸子的争鸣，是基于对社会政治形态和个人生命意义的不同思考，其在那个时代的并存及由此产生的思想活力以及对中国历史文化的深远影响，都足以启示现代多元观念存在的合理性和必要性。而且，先秦时代有"天"的信仰，诸子以"天"为价值的根本所在和判断的根据所在，由此发展，也有创发形而上思维的路径。从这一点看，个体本位意识、多元价值观念、形上思维形式等方面的问题显然是当代"新子学"研究可以作为的方向。当代"新子学"的发展当然与政治体制的改革相呼应；"新子学"研究的方向，则应该不排除上述的三个重点。

（原载于《诸子学刊》第十三辑。作者单位：浙江科技学院中文系）

诸子学的扬弃与开新

徐儒宗

一、经学与子学的关系

以弘扬国学为宗旨而提出的"新子学"构想，自然引发了关于"国学"所包涵的范围以及"经学"与"子学"的关系等问题的争议。对此，较为流行的传统说法一般主张以经学为主导复兴国学，但对国学应包涵的范围则有多种不同的说法。有学者将国学等同于经学，这固然是囿于一种偏见，把国学的范围定得过于狭窄了，因为国学除了经学之外，自然还应包括诸子百家、传统史学和诗文等在内。

然而，目前又有一种新的说法，认为"先有儒学，后有经学，经学是儒学的核心，儒学比经学的范畴要大；儒学原在'子学'之内，常被排在前列；'新子学'较之传统子学内容包孕更广，儒学也自然属于'新子学'之范畴，经学也相应地位于'新子学'之列"[①]。这种观点的论证逻辑是：因为儒学的范畴大于经学，而子学

[①] 见《光明日报》2013 年 5 月 13 日《"新子学"大观——上海"'新子学'国际学术研讨会"侧记》。

的范畴大于儒学，"新子学"的范畴又大于传统子学，所以，"新子学"的范畴必然更大于经学，从而得出结论："'经学'也相应地位于'新子学'之列。"对于这种观点，鄙意窃谓，除了"儒学原在'子学'之内，常被排在前列"和"儒学也自然属于'新子学'之范畴"等观点基本上可以认同而外，其余论证实不敢苟同。

第一，究竟是否"先有儒学，后有经学"？若从"经学"之名而言，确实是后于儒学才出现，但"经学"之名后于儒学出现不等于"经"之内容后于儒学。论其先后，当然不惟其名而惟其实。今从六经的内容看，无不在孔子创建儒学之前就已存在。以《易》而言，八卦、六十四卦及其卦辞和爻辞究竟是否分别为伏羲、文王、周公所作姑置勿论，但在孔子之前早已存在则毋庸置疑；以《诗》《书》而言，是否经孔子所删姑置勿论，但都是孔子以前的作品也是古今学者之共识（古文《尚书》中有争议者除外）；以《礼》《乐》而言，虽系孔门后学甚或汉儒所记，其中难免杂有后儒的思想，但基本上是记录由周公所制、由孔子所传的内容则是可信的；以《春秋》而言，其内容是孔子所记的春秋时代之史，其观点当然可以作为纯粹的儒家思想，但至迟也是与儒学同时产生，怎么会在儒学之后？

第二，"'经学'也相应地位于'新子学'之列"的观点不能成立。因为"六经"的内容早在春秋以前就已存在，而诸子之学是在春秋战国之交才出现的。所以，只能说子学是六经的继承或发展，而不能说经学包括在子学之内。如果说，主张传统经学中的《论语》《孟子》"离经还子"尚有一定道理的话，那么主张把《易》《书》《诗》《礼》《乐》《春秋》之六经统统"离经还子"就毫无道理了。

所以，关于经与子的先后关系问题，我基本上同意方勇教授的观点。方教授说："商周以来的传统知识系统，实可分为两大部分：一为王官之学，它是以周公为代表的西周文化精英，承上古知识系统并加以创造发明的礼乐祭祀文化，经后人加工整理所形成的谱系较为完备的'六经'系统；一为诸子之学，它是以老子、孔子等为代表的诸子百家汲取王官之学的思想精华，并结合新的时代因素独立创造出来的子学系统。"[①] 由此可见，方教授虽然极力倡导"新子学"，但并未把经学纳入子学乃至"新子学"之内。这是较为客观的概括。

关于对经学与子学的评价，有学者认为，经学的特点是封闭、僵化、停滞而具有保守性，而子学的特点则是开放、活跃、发展而富有创造力。对于这种观点，鄙人未敢苟同。诚然，如果以只知株守六经教条而不知变通者与诸子的开创者两相比较，则这种评价似乎是对的；但所谓"不齐其本而齐其末，方寸之木可使高于岑楼"，所得结论未免有失公允。因为现在研究经学，也有"新"的趋势，早已不是重述汉学抑或宋学的时代（当然汉学和宋学中的有益成果仍应吸取），而是把六经放到它所产生的时代背景中去研究其内容本身之价值，从中吸取精华以为今用。因此，若必欲将经学与子学进行比较，就应从六经和诸子的内容本身进行评价；判断其创造力之大小，也应就六经与诸子的创作者进行比较，而不是以六经教条之株守者与诸子之开创者进行比较。如果将六经与诸子的内容本身之间以及两者的创作者之间进行评价，必将得出两者都具有巨大创造力的结论，甚至可以说，六经的创造力更为伟大。以《易》而言，伏羲始画八卦，开创了中华民族的文化传统，其创造力是无与伦比的；文王、周公发展为六十四卦并作卦、爻辞以赋予各卦具体含义，孔子又把零散的卦爻义融会贯通而发展为体系严密的易理，无不体现其巨大的创造力；更何况，《易》之本身即以"变易"为义，而有"穷则变，变则通，通则久"之训，因而《易》之为"经"，不愧为最具创造力之书。以《书》而言，如果把《虞书》《夏书》《商书》《周书》分别看作记述虞、夏、商、周的治国资料，则每篇都有其创造性。《诗》为历代诗

[①] 方勇《"新子学"构想》，《光明日报》2012年10月22日国学版。

歌词曲之源,《乐》为艺术之源,《春秋》为史学之源,其创造性皆不言而喻。而《礼记·礼器》则有"礼,时为大"之训,因而商代不能全盘套用夏礼,周代不能完全搬用商礼,其间的"损益",即包含了既有继承又有创新之意,故孔子的一句"吾从周",即说明了所谓"守礼",并非要求株守古代之礼,而是要求遵守当代之礼。由是观之,在全部国学之中,六经是最具开创性的,因而也最具有开放、包容、变通、发展等特点而富有创造的活力。

因此鄙意窃谓,六经记述了远古至三代的文化精华,为中华文化之源,因而最具开创性;诸子则自春秋末期开始,"是个体智慧创造性地吸收六经的思想精华后,对宇宙、社会、人生的深邃思考和睿智回答,是在诸多领域多维度、多层次的深入展开"[①]。其中孔子虽自称"述而不作"而没有标新立异,惟将远古至三代的大量文化资料进行整理并加以融会贯通,从而创建了体系完整的儒家学说,然而若非具有非凡的创造力,安能担此重任?故其成就与影响较之其他另辟蹊径的诸子更为巨大。而从事于标新立异、在六经以外另辟蹊径,"欲以一己之思想学说以广播于天下"的其他诸子,自然就成为六经的羽翼了。

其实,六经和诸子都是中华传统文化取之不尽的宝库,其间并非对立的关系,而是相济相成的互补关系,大可不必扬此而抑彼。所以,我主张六经和诸子之间乃至子与子之间,都应将其置于平等的地位进行研究,就像人格平等那样。然而人格平等并不等于人与人之间毫无贤愚的差距和能力、贡献大小之差别。因为诸子之间的价值高下之差别也是客观存在的。对此,学者固然可以从不同角度甚至全方位进行评价,但也难免杂有某种个人偏见。所以现在学者的当务之急,主要还应致力于从诸子这座宝库中挖掘精华,以供现实之用。至于价

---

① 方勇《"新子学"构想》,《光明日报》2012年10月22日国学版。

值如何，有待未来实践中去检验吧。

二、诸子学的扬弃

在诸子中挹取精华，就涉及如何扬弃和取舍的问题。对此，有两步工作是必须做的：其一是还诸子以原貌；其二是在诸子的原典中辨别其精华与糟粕而加以扬弃。兹就二者简述如下。

（一）还诸子以原貌

在"还诸子以原貌"这项工作中，儒家的情况是最为复杂的，其次则是道家。以儒家而言，因为汉代以后，儒术在名义上虽受到"独尊"，但已不是先秦时代的原儒，而是包罗了其他各家思想的大杂烩。若要从中挹取精华，首先必须把这些混入儒学中的各家思想加以辨别并遣归其本家，把儒学还原为先秦之原儒，然后在其本身中辨清其精华和糟粕而加以扬弃，这就是当前研究儒学的学者义不容辞的任务。

今考汉代"独尊"以后之儒学，其中混入最多者大概要数法家思想了。举例而言，人们往往把"五伦"与"三纲"相提并论，都当作儒家思想加以论述，这实在是一种误解。其实，五伦才是正宗的儒家思想，而三纲则源自法家思想，由汉儒吸收到儒学之内，才冒充了儒家思想。两者思想体系不同，泾渭分明，毫无共同之处，兹试作辨析。

孔子以"仁"为宗旨考察社会伦理，区分了夫妇、父子、兄弟、君臣、朋友五类具有典型性的人际关系，谓之"五伦"。对于"夫妇"关系，孔子主张"夫妇和"（《礼记·礼运》），还提出"夫妇之道，不可以不久也"（《易传·序卦》），并进而提出丈夫应该尊敬妻子："昔三代明王之政，必敬其妻也有道。"（《礼记·哀公问》）孔子这种以相爱和相敬并应保持长久稳定作为夫妻关系的理论，为后世进步的婚姻观奠定了基础。

关于"父子"关系，具体而言就是父母和子女之间的血缘关系。孔子把"父子"双方相互的义务规定为"父慈而子孝"。但他又看到，在现实社会中，父母对子女一般都能尽到"慈"的责任，而子女对父母则比较难于尽到"孝"的义务。针对这种偏向，所以他平时谈"孝"的言论就比较多。再则，孔子对年轻的学生设教，自然应多谈孝道。

关于"兄弟"关系，乃禀同气而生，应以互相团结友爱为原则，即所谓"兄爱，弟敬"（《左传》隐公三年）。弟恭敬兄的道德，孔子称之为"悌"。"孝"和"悌"都是通向"仁"的起点，所以说"孝悌为仁之本"。

关于"君臣"关系，孔子提倡"君使臣以礼，臣事君以忠"（《论语·八佾》）。后来孟子则强调"君之视臣如手足，则臣视君如腹心；君之视臣如犬马，则臣视君如国人；君之视臣如土芥，则臣之视君如寇雠"（《孟子·离娄下》）。并认为贵戚之卿应该"君有大过则谏，反复之而不听，则易位"；异姓之卿则应该"君有过则谏，反复之而不听，则去"（《孟子·万章下》）。荀子亦言为臣应该"从道不从君"（《荀子·大略》）。而且，孟、荀都极力赞颂汤、武"吊民伐罪"以推翻桀、纣为正义之举。据此，孔、孟、荀所提倡的君臣关系，乃是互相尊重的关系，也是颇含民主成分的较为开明的上下级关系，绝无后世之所谓"君令臣死，不得不死"，"臣罪当诛，天王圣明"那种绝对服从的愚忠思想。而关于君民关系，孔子说："民以君为心，君以民为体"；"君以民存，亦以民亡"（《礼记·缁衣》）。孟子说："民为贵，社稷次之，君为轻。"（《孟子·尽心下》）荀子说："天之生民，非为君也；天之立君，以为民也。"

（《荀子·大略》）这些都充分体现了儒家进步的君民观。

"朋友"是一种既突破了血缘关系，又不受政治所限制，而又有别于"众人"的完全建立在道义基础之上的人际关系，所以其间的关系是互相信任，互相学习和规劝。

由此可见，孔子给这五类典型的社会关系所规定的不同的权利和义务，都是根据其不同性质而有所区别，并从人之本性出发而深合人之正常心理的。

法家的集大成者韩非，为了迎合当时君主集权的专制统治日益发展，制定了一整套极端专制主义的法家统治学说。他把人与人之间的关系，无论是君臣、父子、夫妇之间的关系，统统看成是互相利用的利害关系。

在君臣关系上，韩子主张"尊主卑臣"，集一切权力在君主一人之手以实现其专制统治，用权势法术手段以驭臣。他认为君臣关系完全是"官爵"与"死力"的买卖关系。其《难一》篇云："臣尽死力以与君市，君垂爵禄以与臣市。"他还把人的利欲看成动物的本能。正如其《内储说上》所谓君视臣"犹兽鹿也，惟荐草而就"。这是何等露骨的兽欲论！在《主道》篇提出了"明君无为于上，群臣竦惧乎下"，"有功则君有其贤，有过则臣任其罪"的极端独裁的权谋统治。这显然是后世"天王圣明，臣罪当诛"说法之所自出。

在家庭关系中，韩子彻底否定儒家所提倡的夫妇互相敬爱和父慈子孝等道德，而看成是纯粹的利害关系。其《备内》篇云："夫妻者，非有骨肉之恩也，爱则亲，不爱则疏。……丈夫年五十而好色未解也，妇人年三十而美色衰矣。以衰美之妇人事好色之丈夫，则身死见疏贱，而子疑不为后，此后妃夫人之所以冀其君之死者也。"《六反》篇云："父母之于子也，产男则相贺，产女则杀之。此俱出父母之怀衽，然男子受贺，女子杀之者，虑其后便，计之长利也。故父母之于子也，犹用计算之心以相待也，而况无父子之泽乎！"在韩子看来，即使是丈夫与妻妾、父母与子女之间，都是"用计算之心以相待"的关系。

基于以上的看法，韩子在人伦方面提出："臣事君，子事父，妻事夫，三者顺则天下治，三者逆则天下乱。此天下之常道也。"（《韩非子·忠孝》）这完全是从专制主义立场出发，否定儒家关于夫妇、父子、君臣等双方之间基本对等的关系，而从理论上断定了君、父、夫对于臣、子、妻的绝对统治权利，显然是汉儒"三纲"说之所自出。

汉继秦制，大儒董仲舒为了适应汉代大一统专制统治的需要而提出了"独尊儒术，罢黜百家"的口号，但是他对先秦儒学却作了重大的改造。他吸取先秦百家中凡属有利于专制统治的观点使之融合于儒学之中，而对先秦儒学中原本具有的民主精神则加以淡化。在人伦方面，他直接继承法家韩非之说而提出了"三纲"的概念。到班固《白虎通义·三纲六纪》又提出了"三纲"的具体内容："三纲者，何谓也？谓君臣、父子、夫妇也。……君为臣纲，父为子纲，夫为妇纲。"这就正式建立了"三纲"说。同书《五行》又说："臣顺君，子顺父，妻顺夫何法？法地顺天也。"这显然是直接从韩子"臣事君，子事父，妻事夫，三者顺则天下治"脱胎而来。所以在"三纲"中，片面强调下对上的义务，上对下具有绝对权威，而无所谓责任。这样，汉儒对原始儒家的"五伦"从理论上进行了重大的改造，把本来具有合理性的内容改造成为服务于专制统治的工具。

若将"五伦"与"三纲"加以比较，就可以看出两者之间的明显区别。先秦儒家的"五伦"，是建立在仁学的人性论基础之上的，因而每"伦"的双方基本上是互相对应的对等关系。其中夫妇关系是互相"爱与敬"，或"夫妇有义"；父子关系是"父慈子孝"或"父子有亲"；兄弟关系是"兄爱弟敬"或"兄友弟恭"；君臣关系是"君使臣以礼，臣事君以忠"；朋友关系为"朋友有信"。从中可以看出：无论哪一伦，双方都有应尽的义务，从而也相应地保证了对方所应得的权利；而且，双方都有独立的人格，互相尊重，毫无一方对于另一方的绝对服从之意，基本上都是合乎中道和"忠恕"之旨的对等关系，在人格上基本上是平等的。然而汉儒吸取韩非之说所提出的"三纲"，是以法家的绝对专制统治思想作为理论指道的，因而每"纲"的双方变成为上下从属、下对上无条件服从的关系；其中君、父、夫对于臣、子、妻完全是违背中道的极端专制主义的绝对统治关系。

而且，先秦儒家的"五伦"说，还鼓励为子要做"争子"，为臣要做"争臣"。孔子主张"事父母几谏"；孟子则提出"君之视臣如土芥，则臣之视君如寇雠"；"君有大过则谏，反复之而不听，则易位"；甚至还可以兴"吊民伐罪"之师将其推翻；荀子亦言为臣应该"从道不从君"。其中所蕴含的民主精神是很明显的。然而在"三纲"说的影响之下，就开始竭力提倡那种片面要求臣、子、妻的所谓"君令臣死，臣不得不死；父令子亡，子不得不亡"；"饿死事小，失节事大"的愚忠、愚孝、愚节思想，误道了整个专制时代，流毒非常深远。由此可见，"五伦"与"三纲"有其本质的区别。

"三纲"之说，可谓是法家思想混入儒学之中影响最大的内容，故详为辨析，以见一斑。其余内容尚多，未暇一一论述。故学术界素有把汉代以来的儒学视为"外儒内法"之学，是有一定道理的。

在汉代以后的儒学中，除了法家思想而外，还杂有其他各家的思想，诸如道家的君人南面之术，阴阳家的五德终始、天人感应之说等等，不一而足。因限于篇幅，姑从略。

道家的情况之所以复杂，主要在于两点：其一是战国至汉初时期的黄老之学，吸收了道、法两家之说加以合流；其二是汉末道教出现后，在道家的清虚无为、养生贵己的宗旨下，混入了长生不老、白日飞升之类神仙方术之说。对于前者，在于将其演变的脉络加以梳理；

对于后者，其中神仙方术之说已不属学术思想的范围，应将其从"子学"之中剔除出去，以保持道家的原貌。

（二）研究诸子的原典而加以扬弃

在诸子的原典中，都是精华与糟粕并存的。若要进行辨别和扬弃，无疑是一项极其复杂而繁重的工作。兹试举《墨子》为例略作说明。

墨子创建以"利他"为宗旨的墨家学说，其积极入世的态度与欲救民于水火的怀抱，较之儒家实有过之而无不及；其所主张的尚贤、兼爱、非攻、节用、节葬、非命等学说以及《墨经》中所包含的逻辑思想和科学知识等，确有许多值得吸取的精华，但也杂有很多有害的糟粕。鄙意窃谓，其中危害最大者莫过于《尚同》篇中的"尚同其上"的思想。《墨子·尚同中》云：

> 凡里之万民，皆尚同乎乡长，而不敢下比。乡长之所是，必亦是之；乡长之所非，必亦非之。……凡乡之万民，皆上同乎国君，而不敢下比。国君之所是，必亦是之；国君之所非，必亦非之。……凡国之万民，上同乎天子，而不敢下比。天子之所是，必亦是之；天子之所非，必亦非之。去而不善言，学天子之善言；去而不善行，学天子之善行。天子者，固天下之仁人也。举天下之万民以法天子，夫天下何说而不治哉！

墨子主张，在一乡之内要先立一个绝对正确之乡长，而使一乡之民皆以乡长之是非为是非；在一国之内要先立一个绝对正确之国君，而使一国之民皆以国君之是非为是非；在全天下则应先立一个绝对正确之天子，而使天下之民皆以天子之是非为是非。这样，天下就会没有不同的意见，思想完全归于统一，天下也就大治了！且不说这完全是一种脱离实际的过于天真的空想，即从其思维方法而言，就犯了根本性的大错误。儒家正因为认识到君或天子不可能都绝对正确，故而孔、孟、荀等大儒皆主张"从道不从君"的观点；而在方法上，又能从"异"与"同"的两端着眼，主张用和而不同的方法来实现天下大同。而墨子妄想用一人之思想来统一天下之思想，这样求"同"的后果，其终必将违背墨学为民立言的初衷，反而变成专为专制独裁统治服务的理论了。

又如墨子主张兼爱，不分人我、彼此，将普天下之人等量齐观，主张用"以兼易别"来取消社会上存在的等级差别及各种客观矛盾。其陈义虽高，然而罔顾人情之常，实际上是一种抹煞现实阶级、等级差别的幻想，所以一落入实际人群社会，就遭遇窒碍而无法推行，以致不旋踵即告衰微。再据此而检视现代的许多思想，其理念固然高超，口号也很响亮，可是都未能衡量人情事理，因此一旦勉强付诸实行，不但无法解决现有的难题，反而将大家导入另一种困境之中。这种貌似高尚实则脱离实际的理论，尤应加以辨别才能排除其消极因素。

以上仅略举其例而已。在诸子这座宝库中，虽有取之不尽的精华，但其糟粕亦复不少，必须细加辨别，才能剔除其糟粕而提取其中真正的精华。

三、诸子学的开新

对诸子进行研究而提取其精华，固然是一项重大的工程，但未足以言开新。所谓开新，还必须把从各家学说中提取出来的大量精华在更高的水平上加以综合，从而形成一个具有中华民族特色的思想体系,用以指导实践,这才是为研究诸子学开创新局面。这固然有赖于学术界的共同努力,但毕竟还有待于能够担此重任的伟大思想家的大手笔来最后完成。在古代思想史上,有不少思想家曾经做过这项工作,兹略作回顾,可以作为从事这项工作的参考。

最早从事这项工作的,当数春秋末期的伟大思想家孔子。孔子把远古至夏商周三代保存下来的大量文化资料进行收集研究,广泛吸收其中积极进步的思想因素,并加以融会贯通,从中提取以人为本的"仁"(仁者人也)作为宗旨,提取大中至正的"中庸"作为方法和准则,而把"大同"作为实行大道的最高目标,从而创建一整套自成体系的儒家学说。孔子所做的综合工作,不仅是中国思想史上最早的一次,而且也是做得最为成功的一次。他不仅创建了影响最为巨大的儒家学说,而且还开创了百家争鸣的局面,推动了各家思想的蓬勃发展,从而形成了"诸子之学"这一富有创造力的文化系统。而在他所创建的儒学本身,由于他主张以人为本的"仁"作为宗旨,使得全部儒学都体现了浓厚的民本思想。其后继者孟子和荀子先后提出了"民贵君轻"和"立君为民"等进步思想。这种颇含民主意义的民本思想虽不同于现代的民主思想,但两者之间并非对立的,而是同一方向上的程度之差。所以在推进现代化民主政治的进程中,起有积极进步的作用。而在当时,也乐为广大士民所接受,故在诸子中常被排在最前列,而对后世的影响也最为巨大。

经过战国时代二百余年的学术争鸣,已积累了极其丰富的思想资料。随着列国的逐渐趋向统一,按理也应出现伟大的思想家来把这些丰富的思想资料加以综合提升,以使学术思想也能趋向统一。秦国的丞相吕不韦大概有志于此,然而他毕竟只是投机大商人出身而非思想家,所以他聚集各家学派的人作为"宾客"所共同著成的《吕氏春秋》只是一部"杂家"著作。因为其著书的方法不是对各家学说在更高水平上加以综合,而是用一种拼凑式的方法加以罗列。其《用众》篇云："天下无粹白之狐,而有粹白之裘,取之众白也。"由于自己并无独立的立场和见解,企图只靠"兼容并包"地采集众家之说,把各家的许多观点罗列在一起,编制一套"粹白之裘",于是乃成为典型的"杂家"。《汉志》云:"杂家者流,盖出于议官。兼儒、墨,合名、法,知国体之有此,见王治之无不贯,此其所长也;及荡者为之,则漫羡而无所归心。"所谓"无所归心",就是没有一个自己的中心思想。所以,《吕氏春秋》并算不上一次真正的综合。

秦国独尊法家,及并六国后,坚持"以法为教,以吏为师",实行"偶语《诗》《书》者弃市,以古非今者族"的文化高压政策,而将民间所藏的"《诗》《书》百家语"皆烧之。于是,二百余年以来的百家争鸣之局闇然而息,亦无人敢作学术总结之事,一直到汉代董仲舒才做了这项工作。

董仲舒为了适应汉代大一统的中央集权专制主义的政治需要,提出了"罢黜百家,独尊儒术"的主张。但是他的"独尊儒术"与秦代的"独尊法家"不同。秦代确实是坚持"独尊法家"而彻底烧毁了"百家语"的,而董仲舒则是从"百家语"中挹取有利于专制统治所需要的内容纳入儒家学说之内。他把这些内容在儒家的名义下加以融会贯通的综合,创建了一整套有别于先秦原儒的所谓儒家思想体系。他的这番综合工作,从政治上说基本上是成功的,因而它能支撑了二千年之久的专制主义统治;然而从学术上说则又不无可议之处,因为他的取舍标准,并非以学术上的标准吸取百家之精华,而是以当时的政治需要为标准,吸取百家之学中有利于专制统治的思想纳入儒学之内,而把儒学中原有的诸如"民贵君轻"和"大同"思想之类进步思想相对地淡化了,因而在一定程度上禁锢了学术思想的正常发展。

汉唐时期,儒释道三教并存,互相争论,互有黜陟,曾一度使统治者无所适从。及至宋代,三教渐有合流之势,统治者也有此需要,故再次出现学术思想的综合之局已属势所必然。宋明时期的程朱理学和陆王心学正是做了此项工作。两派都以儒家为主体，适当吸收释道两教的营养而加以融会贯通的综合，从而形成自己的思想体系。从学术上说，两派都做得较为深入而细致，但也未免皆有其不足之处。其一，两派仍然出于专制统治的需要，未能完全从学术出发，将诸子中的一些进步思想加以重视和发挥；其二，两派在理论上都有重内轻外、重心性而轻事功的倾向，因而他们所建立的思想体系难免有失全面和合理。

清代初期，满清统治者实行闭关自守政策，与国际失去文化交流的通道，致使原本领先于世界的中华文化从此陷于停滞和落后。鸦片战争后，西方文化乘虚而入，乃成中西文化激烈冲突之局，至民国时期达到争鸣的高峰，并渐显交相融合之势。按理，将各种学术思想加以总结和综合的时机业已渐趋成熟，但因建国以后一段时期的指导思想照搬了苏俄模式，到"文革"达到顶峰。其间除了法家思想因出于政治需要曾一度受到不适当的宣传之外，其余各家思想乃至西方思想都在批判之列，以致学术研究长期处于万马齐喑之境。

改革开放重新迎来了百家争鸣的春天，学术上的交流讨论蓬勃发展，对于诸子的研究成果也已大批涌现。因此，除了继续研究挖掘之外，把已有的精华部分进行融会贯通的综合工作，乃是开创"诸子学"研究的新局面的应有之义。

现在的综合工作，当然不是运用《吕氏春秋》那样拼凑的方式，也不应像董仲舒那样完全受当时政治所左右，也不应像宋明理学那样偏重道德心性而讳言事功；而应效法孔子总结远古至三代文化那样的成功经验，并将视野放到更为高远而开阔的境界，对宇宙、社会、人生乃至既往、现在、未来进行全方位的通盘观照，然后加以融会贯通，从而创建一整套具有中华民族特色的思想体系，用以指导中华民族的正常发展。

鄙意窃谓，从"诸子学"的立场看，"六经之学"好比是先天赋予的元气，"诸子之学"则是后天培养而成的元气，两者共同形成人的本身所具有的元气；而外来的各种思想，则好像是人所需要补充的营养或治病的药物，可以根据需要加以吸收消化，但决不可取本身的元气而代之。所以，现在创建具有中华民族特色的思想体系，还应克服现代的某种"独尊"现象。

创建具有中华民族特色的思想体系，并非意味着开创诸子学研究的新局面的终结，而是作为中华民族学术思想发展进程中的一项阶段性成就，在新的征途上，用以指导中华民族的实践和学术思想的继续发展。

（原载于《诸子学刊》第十三辑。作者单位：浙江省社会科学院哲学研究所）

论诸子学的范畴、智慧及现代条件下的转化

刘韶军

中国的诸子学来源于古代，发展于今天，自中国悠久的历史过程和灿烂辉煌的文化土壤中形成、发展、传承而来。它本身随着时代的发展变化而不断发展变化，这是今天思考诸子学现代转型问题时应该承认的历史事实。以往的发展变化，到了今天就需要更好地总结和前瞻性思考，使诸子学的现代转型能够具有自觉性和科学性，满足它自身的自然性适应与变化。这是诸子学面对现代转型时所要考虑的又一重要问题。为此，需要立足于现代学术条件下重新思考诸子学的范畴，重新认识诸子学中的中国智慧，重新研究如何使之在现代转型时能够做到自觉和科学，从而使现代中国得以从诸子学得到最大化的利用与效益。这是研究诸子学现代转型时的根本点。

笔者认为，所谓诸子学这一概念或范畴，应该重新加以确认，不能局限于古代经、史、子、集分类体系对于子部和子学的划定与认识。只有重新认定了诸子学的真正范畴，才能确认历代传承下来的学术资源可列入诸子学的研究范围，然后才能在这个范围内发掘诸子学的各种智慧，按照现代中国的需要加以自觉和科学的转化，使之最有效地被现代中国从各个方面加以利用。这样才可以说完成了现代研究诸子学的根本任务，才可以说现代研究诸子学的学者为中国的现代化

建设做出了应有的贡献。

一、诸子学的范畴要重新认定

为什么说对于诸子学的范畴要重新认定？因为诸子学这个概念本身是历史的产物，它在过去受到古代经、史、子、集四部分类体系的影响，而被划定了一个特定的范围。到了现代，这个在古代社会条件下划定的范围已不能适应现代社会条件下研究诸子学的需要，不再合乎诸子学的真正意涵了。所以要根据现代的社会和学术的实际情况对诸子学的范畴重新认定。

在历史上最早被称为子的人，在今天看来，都是能创立一种独到的思想学说的思想家式的学者，如孔子、老子、墨子等。具体的一名这样的学者可以称为某子，而诸子就必须是至少两个以上的子的集合。古代学术界把春秋战国时期出现的一大批思想家和学术家分成若干家派，其代表人物都称为子，如儒家的孔子、孟子、荀子，道家的老子、庄子，法家的韩非子、商子，墨家的墨子等。而对于一个时期内大量出现的子，则统称为诸子，把他们视为同一类型的学者。在春秋战国时期乃至汉代的史书与学术著作中，对这个时期出现的为数众多的诸家之子，已有各种记载、论说和评价，后代学者就把这批诸子与他们的时代关联起来，称之为先秦诸子。这是诸子的最初形态与概念所指，反映了一个特定历史时期内的诸子的情况。之后时代不断发展进化，每个特定的时代都会不断出现诸子式的学者及其学术著作。后来的学者也就按照他们各自的时代，而以不同的时代之名称之为汉魏诸子、宋明诸子等。这种在不同时代出现的诸子，早已不是先秦诸子的概念所能包涵的，可知诸子的概念随着时代的发展而有了不断增添的新内容。如果仅限于先秦诸子的理解来看待诸子的概念，明显是不合乎历史事实的。据此可以说明，对于诸子概念的理解，应该具有时代性，使之包涵各个时代的诸子及其学术著作或思想学说。

古代的经、史、子、集四部分类，定型是比较晚的，如《汉书·艺文志》就与后来这种经、史、子、集四部分类有相似处，那时还有一类称为诸子略，但在诸子略之外又有兵书略、术数略、方技略，而兵书、术数、方技在后来的经、史、子、集四部体系中都已归属子部。《汉书·艺文志》共分七略，而属于后世子部的就占了四略，由此也可看出当时的诸子学是何等地兴盛，同时也说明汉代对于诸子的理解与后代不同，其范围是比较小的，所包涵是比较少的。如果根据历代正史所载的诸子或子部的内容来看，就可看出诸子在历代的变化情况以及当时学术界对于诸子范畴的认定情况。从这个角度说，处于现代社会条件下的学术界对于诸子的认定，也应该与历代一样，拿出自己认定的范畴和分类体系。这样才会使诸子的概念具有特定的时代性，才能反映出现代学术界对诸子及诸子学有了自己的符合时代现状与学术科学性的认识。

至少可以肯定的一点是，现代条件下的诸子与诸子学的认定不能固守历史上的某一个特定的认识，而使诸子的认定不够完整与科学。但同时也要尊重历史上的有关记载及相关资料，以此为基础，根据现代学术观念对这些旧的记载与资料加以新的认识与分析，从而确定现代学术条件下的诸子概念的范畴。这就是笔者所说的对于诸子和诸子学重新认定其范畴的意思所在。

基于这种认识，来看中国古代定型了经、史、子、集四部中的子部的范畴是什么情况。就《四库全书》中的子部而言，其分类如下：儒家、兵家、法家、农家、医家、天文算法、术数、艺术、谱录、杂家、类书、小说家、释家、道家，共14类。如果按照《四库全书》编纂时的概念，这样的子部中的内容都应列入诸子的范畴之中。但是如果仔细分辨起来，就会产生不少问题，说明不能简单地按照这种分类体系的子部来认定诸子的范畴。

上列14类中只有儒家、兵家、法家、农家、道家是最早认定的诸子，释家在汉代还未出现，但据它与道家并列的情况看，释家也可以没有疑问地列入诸子范畴之中。

术数中下分数学、占候、占卜、命书相书、阴阳五行、相宅相墓等，《汉书·艺文志》的诸子略中有阴阳家，所以术数类中的阴阳五行，可以列入诸子的范畴。

杂家类下分杂学、杂纂、杂编、杂品、杂说、杂考等小类，其中杂考中的《白虎通义》应该列为儒家类，杂学中的《鬻子》《墨子》《慎子》《鹖冠子》《公孙龙子》《吕氏春秋》《淮南鸿烈》等都可列入诸子的范畴，但所属的类别已与《汉书·艺文志》有所不同，如《汉志》有名家，名家中有《公孙龙子》，在《四库全书》时就没有名家一类了，而把《公孙龙子》列入杂学之中。《墨子》《慎子》等也与此类似。说明后代的子部分类体系与汉代已有很大不同。

《汉书·艺文志》将天文、历算、五行、蓍龟、杂占、形法等列入数术略中，这些在《四库全书》的子部中仍然存在，但天文历算已从数术中分了出来，单独成类。

《汉书·艺文志》把医经、经方、房中、神仙归为一类，称为方技，相关内容在《四库全书》中独立成医家，但神仙一类则从医家分离出去了。

以上这些类别都可列入诸子的范畴。但《四库全书》的子部中还有不少内容是不能列入诸子范畴。如子部的类书，不能列入诸子的范畴。小说家之下又有杂事、异闻、琐记三小类，也不能列入诸子的范畴。子部杂家类的杂纂、杂编、杂品、杂说、杂考、杂学等小类中也有不少内容不能列入诸子的范畴，如《元明事类钞》《玉芝堂谈荟》《说郛》《仕学规范》《古今说海》《钝吟杂录》《云烟过眼录》《韵石斋笔谈》《砚山斋杂记》《王氏杂录》《文昌杂录》《仇池笔记》

《师友谈记》《冷斋夜话》《曲洧旧闻》《近事会元》《能改斋漫录》《云谷杂记》《芥隐笔记》《经外杂钞》《爱日斋丛钞》《潜邱札记》《湛园札记》等，大多属于笔记杂记一类，可以列入史部，却不宜列入诸子的范畴。而《潜邱札记》《湛园札记》，《皇清经解》都已收入，可知也不宜列入诸子，可以列入经部。

《四库全书》子部还有艺术和谱录两类，艺术之下又分书画、琴谱、篆刻、杂技，杂技之下有《棋经》《棋诀》《乐府杂录》等，谱录之下又分器物、饮馔、草木禽鱼等，对这些内容也要根据具体情况加以分辨。

这说明《四库全书》的子部不能一视同仁地划入诸子之列，其中不少内容都应该仔细区分辨别，从诸子的范畴中剔除出去。但在《四库全书》的经部、史部和集部中，却有一些内容可以列入诸子的范畴。

如经部的《周易》类中有《易学象数论》《春秋占筮书》《易图明辨》一类著作，从内容上看，已经不是对《周易》原书内容的阐释与研究，而是借题发挥，作者由此阐发出一种与《周易》不同的新学说或思想，在内容和性质上与《周易参同契》《皇极经世书》《太极图说》类似，因此被统称为象数学，其中有不少思想性的内容，也有不少属于术数性质的内容，所以是可以列入诸子范畴的。

经部《尚书》中有关于古代天文历算的内容，不仅《尧典》中有这样的内容，《尚书》的其他篇中都多有与古代天文历算有关的内容，如王国维、陈久金关于《尚书》中所说的生霸、死霸的考证，就是纯粹属于古代天文历算性质的内容，当然应该列入诸子范畴。《尚书·洪范》是一篇重要的古代政治学的作品，从诸子学的角度来看，其内容与诸子作品相同，所以像《洪范》篇这样的经部著作中的内容也完全可以列入诸子范畴。与之类似的情况还有《礼记》中的《大学》《中庸》两篇，此二篇在宋代之所以被理学家重新提出来加以重点阐发,如《程氏经说》《融堂四书管见》《朱子五经语类》《四书章句集注》《四书或问》,都表明经部《礼记》中的《大学》《中庸》已成为宋明理学诸子所要研究和阐发的主要内容,这一历史事实也充分证明它们完全可以列入诸子范畴。《尚书·洪范》与之相比,也完全有理由予以同等对待。

经部《诗经》中有不少关于植物、动物的专门研究,如《毛诗草木鸟兽虫鱼疏》一类的著作以及经部的《尔雅》中都有此类内容,具有这种内容的著作,完全可以与子部谱录类著作同等看待。《诗经》中还有不少关于天文的内容,也可列入诸子的范畴。

经部《周礼·考工记》,是关于古代各种建筑与器物的专门制造的作品,《仪礼》中也有这种内容,如《仪礼释宫》《宫室考》《释宫增注》等。三《礼》中还有关于古代服饰的不少著作,如《内外服制通释》《深衣考》。《礼记·月令》也有不少相关的著作,如《月令解》《月令明义》等。《礼记·夏小正》又与天文历法相关,三《礼》总义类中的《三礼图》《三礼图集注》,这一类内容都是关于古代专门技术与制作工艺等的专门之学,也应列入诸子范畴。

经部《春秋》与三《传》中有与天文历算、占筮有关的内容,如《春秋长历》《三正考》等,还有《春秋世族谱》一类的著作,也可列入诸子范畴。经部《春秋》类中还有董仲舒的《春秋繁露》,明显地更应放在诸子类中。

经部乐类有《乐书》《律吕新书》《瑟谱》《律吕成书》《钟律通考》《乐律全书》《律吕正义》《琴旨》等,在内容上都与子部艺术类著作相关,也应列入诸子类中。

经部的《论语》《孟子》,直接就可以看作记载了子部儒家代表人物孔子、孟子各种思想观点和言论的著作,在最初的六经或五经体系中,二者并不属于经部,后来才纳入经部,所以二书完全应该视为诸子。而《周易》中的《系辞》,也不是《周易》本身的内容,而是儒家学者对《周易》的阐释，类似的内容在《礼记》中也有不少。这都应该列入诸子的范畴。

可知在四部所分的经部中有不少篇章或相关著作，都可视为诸子学的内容。在史部也不例外，如正史或类似正史的著作（如《通志》）中的天文志、天象志、五行志、灵征志、律历志、乐志、释老志、氏族略等，都可列入诸子的范畴。

史部还有时令类，其中有关于月令的著作，如《月令辑要》；史部政书类有考工之属，其中的著作与内容与《考工记》类似，也都可以列入诸子范畴。

史部还有史评类，其中有些著作是思想家的作品，如王夫之的《读通鉴论》《宋论》，这种著作中含有思想家反思历史的重要思想与学说，如果王夫之可以列为诸子之一的话，那么他的这两部史评类著作当然不能划到诸子学范畴之外。

就集部而言，其中的别集类收载了历代学者的个人文集，在这些学者中有不少属于历代的诸子，因此他们的文集也应列入诸子的范畴。这样的学者及其文集非常多，如贾谊、扬雄、张衡、嵇康、陶潜、刘勰、魏徵、韩愈、柳宗元、刘禹锡、王安石、司马光、苏轼、程颐、程颢、周敦颐、张载、邵雍、朱熹、陆象山、宋濂、刘基、王阳明、顾炎武、黄宗羲、王夫之等，为数众多，难以一一列举，但应该具有这种意识，即历代思想家或众多学者的作品虽然被传统的四部分类法归入了集部，但从诸子学角度来看，学者在进行研究时不应忘记这类学者的文集，也应当属于诸子范畴。还有一些属于合集的著作，如《弘明集》《广弘明集》等也应这样来看待，推而广之，在《四库全书》之外，如《道藏》《大藏经》中还有不少学者及其著作也应列入诸子范畴。民国以来编纂的《丛书集成》《新编丛书集成》等已对古代的文献资料作了新的分类，这在今天思考诸子学的问题时，也有参考价值。

总之，对于诸子和诸子学，应该在现代学术体系背景下重新认定其范畴，分清历史存留下来的诸多文献与史料中的具体内容究竟哪些可以列入诸子范畴，哪些不可列入。这是一项繁重的工作，但必须在研究诸子学之前先行做好，然后才能顺利地开展诸子学研究。

二、全面整理诸子学说中的各种智慧

在重新认定了诸子包括哪些学者以及哪些相关著作之后，就要确定一个最重要的任务，即发掘研究其中的各种智慧，以便为现代中国的各项建设服务，使中国历代思想家和学者的思想结晶能够古为今用，这也是现代学者进行学术研究时所要承担的学术和思想的传承的最大责任和历史使命。

诸子类别繁多，从共性上讲，凡是具有独到思想或某种专门技艺的学者就可列为诸子，其著作中所包含的思想和专门之学的内容，就是诸子学所要研究的对象。

这样的理解就使诸子的范畴比较大，所包含的学者与学术内容就比较多，因此其中所包含的中国古代学者的智慧就比较丰富。今天研究古代的诸子及其思想和学术成果结晶，要有一个重点，这就是研究、分析、理解、总结、转化其中的思想与学术的智慧，而不要像汉代经师那样，皓首穷经，只知繁琐的考证与注释，而不能站在思想与文化发展进步的高度，认识和总结其中最可宝贵、最具科学性的智慧。

从以上立场认识诸子及诸子学，就能看到诸子学具有极其丰富的内容。现代学者研究诸子，不能把它简单化或单一化，而应该具备承认这种丰富性及复杂性的意识。对诸子学具备这种意识，就是承认中国历史的悠久以及历代学者思想与学说的博大精深与深沉丰厚，这也可以从一个侧面证实中国历史文化的光辉灿烂。同时也要意识到，这种复杂而丰厚的学说结晶之中的智慧对于今天的中国以及中国将来的发展具有非常重要的意义，不可因为它们已经成为过去而轻视和忽视。由此也可以证明今天重视研究诸子学具有极其重大的学术价值与文化价值，对于当今的中国来说，是一项不可替代的工作。还要意识到学术界在这方面的研究还非常不够，还有许多课题需要深入和专门的研究，为此要由众多的学者来做大量的工作。从国家到地方的政府以及诸多部门以及整个学术界，都应该对此具有足够的认识。

一方面要认识到历代诸子学者传留下来的著作中并不是所有的话语和思想观点以及相关技术方法都可以作为与现代中国的需求相适应的智慧来看待和使用的；另一方面，也有不少话语内容在表面看来不是什么智慧，但运用现代各种学科知识与理论观念加以深入阐释后，却能从中发现深睿的智慧。这两种情况都需要现代学者运用现代的知识、理论、观念以及方法、手段等对历代诸子学者传留下来的全部著作及其思想学说等进行全面深入的研究阐释并且融会贯通，才能将其中符合现代社会学术标准的各种智慧总结出来。

诸子著作包含的智慧，从深和广两个角度来说，是极其丰富和深睿的，不是简单的注释或者介绍就能将其中的智慧展现出来的。

从诸子思想流派的角度看，有儒家、法家、墨家、道家、杂家、兵家、阴阳家等，从技术、技艺上看，涉及许多不同的学科知识与技术，如天文历算、建筑、音乐、制造、农业、医药、数学等，这里面有许多不同的思想学说与技术方法，反映了不同学者对于各种社会与自然现象的深刻思考。在这种思考中，就有许多内容可以总结为中国人特有的智慧。对于这些思想智慧的内容，在现代学术条件下，应该给予全面而深入的分析，然后加以评定，而不仅仅是简单定性。

如儒家、法家、墨家、道家、杂家关于社会政治问题的分析与认识，都有自己独到的见解与思想观念，相互之间也存在着不少差异、分歧甚至是批判。对于这种情况不能简单地说哪一家的思想学说是对的，哪一家的思想学说是错的。在这样的问题上，没有简单的对错，应该说都有一定的合理成分，且合理到什么程度，也都是需要认真分析的。这就需要在现代学科的理论和观念指导下加以重新研究。

还有一些不能简单定性为哪一家的诸子的著作，则需要更精细的分别，不能笼统地或片面地指称这一类诸子的著作中的学说和思想观念是怎样的。如《管子》一书，其内容就非常复杂，不能简单地定为哪一家。

今天所看到的《管子》，本来并不是由一个学者完成的专著，而是多种资料整理后的合编，据《汉书·艺文志·诸子略》记载，《管子》经刘向整理后定为86篇，但在整理定稿之前，有《管子书》389篇、《大中大夫卜圭书》27篇、《臣富参书》41篇、《射声校尉立书》11篇、《太史书》96篇，把这几种不同名称的书对照之后，除去其中重复的内容共484篇，最后确定为86篇。可知是据几种书整理合编而成的。在其后的流传过程中也有不同的记载，据《史记·管晏列传》"正义"，说《管子》18篇，与《汉书·艺文志》所说的86篇相差太多，这种记载也令人怀疑，不敢相信。到宋代《郡斋读书志》就说86篇中已亡佚了10篇，即《谋失》《正言》《封禅》《言昭》《修身》《问霸》《牧民解》《问乘马》《轻重丙》《轻重庚》等，宋以后又亡佚《王言》一篇，后来这11篇在流传的《管子》书中就只保留了目录而没有原本文字了，实存的仅有75篇。从以上情况看，《管子》可以列入诸子，但要说是诸子学派中的哪一家，就不是那么简单了。《四库全书》把《管子》归为子部法家，但近代以来不少学者研究《管子》，发现其中《心术》等4篇明显属于道家，而其他篇却不能说也是道家的。就其书的实际内容看，有的篇目可属于法家、道家、兵家、儒家、阴阳家、名家、农家，有的篇目内容则属于理财，在今天属于经济，还有记事记言的内容，则属于史家，可知一书内容涉及多种学派。

　　正因为如此，《管子》书中的思想内容就非常丰富，有不少时至今日仍然需要总结的独到智慧，以下简单列举一些。如《牧民》篇说："不偷取一世，则民无怨心；不欺其民，则下亲其上。"这是说治国的人不能采取短视的政策，只求目前的利益而不顾长远，也提示治国者凡事都要考虑长远和周到，不要盲目决定某项政策或制度，更不要有欺民之意，这样才能让民无怨心而亲其上。同篇又说："城郭沟渠不足以固守，兵甲强力不足以应敌，博地多财不足以有众。唯有道者，能备患于未形也，故祸不萌。故知时者可立以为长，无私者可置以为政，审于时而察于用而能备官者，可奉以为君也。"这是说治国者不要单纯追求具体的物质效益，而应从根本规律上掌握治国的关键，即所谓的有道，要把患祸消灭在无形之中，根本不让患祸产生，而不是被动地等患祸出现之后再头痛医头、脚痛医脚地应对。从根本规律的层面掌握和控制形势，这就是所谓的知时。只有有道才能知时，二者相辅相成，也是治国高明与否的分水岭。后面说到的无私，也是一个重要条件，否则不能有道和知时，不能审时察用，这样的人就不可以为官和为君。《管子》中此类政治智慧非常多，如《权修》篇说："货财上流，赏罚不信，民无廉耻，而求百姓之安难，兵士之死节，不可得也。"货财上流，可以理解为货财都流到国家的上层手中了，会让民觉得国家只知聚财，因而他们也要想尽办法聚财，这就会使民变得无廉耻。如果国家上层与民众都这样无廉耻，就根本无法让国家的民众获得安宁，更不能让由民众组成的士兵和军队为国拼死作战。所以治国者应该是："凡牧民者，使士无邪行，女无淫事。士无邪行，教也。女无淫事，训也。教训成俗，而刑罚省，数也。凡牧民者，欲民之正也；欲民之正，则微邪不可不禁也；微邪者，大邪之所生也；微邪不禁，而求大邪之无伤国，不可得也。""凡牧民者，欲民之有廉也；欲民之有廉，则小廉不可不修也；小廉不修于国，而求百姓之行大廉，不可得也。凡牧民者，欲民之有耻也，欲民之有耻，则小耻不可不饰也。小耻不饰于国，而求百姓之行大耻，不可得也。凡牧民者，欲民之修小礼、行小义、饰小廉、谨小耻、禁微邪，此厉民之道也。民之修小礼、行小义、饰小廉、谨小耻、禁微邪，治之本也。"这是说如何教育国民，使他们有廉耻，除了国家不要只知由自己来聚财而使货财上流外，更要注意从微小处开展国民廉耻教育，在这中间，士（男子）要无邪行，女要无淫事，即男女都不要做出伤风害俗的事来，这样才能教训成俗。所谓"成俗"非常重要，即要让人们知廉耻而不做任何无廉耻的事，并让这成为社会风气，而不是只有个别人能做到这一点，并且还要由国家来表扬褒奖，那样的话就称不上成俗。治国的人都希望民众都是正直的，知廉耻的，为此就要从制止微小的廉耻之事做起，对于微邪就要禁止，对于小廉就要修养，不要等到邪恶的事情成了风气再来制止或批评，那样就晚了，根本难以纠正。要从禁微邪、修小廉、修小礼、行小义、饰小廉、谨小耻做起，这才是厉民之道和治国之本。这样的问题不是哪一个时代特有的现象，而是在任何时期都会出现的问题，所以是有普遍性的，应该好好总结《管子》中此类智慧，用于今天的治国和社会管理。

在吏治方面，《管子》也有不少内容显示出特有的智慧，可引为今天的借鉴，如《立政》篇说："故国有德义未明于朝者，则不可加以尊位；功力未见于国者，则不可授与重禄；临事不信于民者，则不可使任大官；是故国有德义未明于朝而处尊位者，则良臣不进；有功力未见于国而有重禄者，则劳臣不劝；有临事不信于民而任大官者，则材臣不用。"又说："金玉货财之说胜，则爵服下流；观乐玩好之说胜，则奸民在上位；请谒任举之说胜，则绳墨不正；谄谀饰过之说胜，则巧佞者用。"从这些说法可以看出，对于官员的任用，对于治国来说是一个非常重要的问题，不能掉以轻心。一个人德义有没有明显的表现，得未得到证实，这是任用他为国家官员时必须考察的。为此需要一整套考察人们德义的办法与制度，不能简单地确认此人有德义或无德义。一个人有没有实际的功劳和能力，也要得到明确的证实，一个人对于民众有没有信用，有没有过欺骗行为，也要明确考实。在德、功、能、信四个方面都没有确切证实之前，是不能任为大官、加以尊位、授与重禄的，否则就会造成良臣不进、劳臣不劝、材臣不用的局面，这对于国家治理是重大损失。另一方面，也要考察人们提出的主张，如果在治国方面主张以金玉货财为先，主张观乐玩好，让官员任用上的请谒之风盛行，在官员的使用之中让谄谀饰过成风，都会造成于治国不利的局面，如爵服下流、奸民在上位、绳墨不正、巧佞者用等。用这样的官员队伍来治理民众，这个国家恐怕没有什么希望，只会贪腐猖獗，民不聊生。

在社会风气方面，管子也强调不要奢侈纵欲享受，如《重令》篇说："国虽富，不侈泰，不纵欲。"这与上面所说的不要让"观乐玩好之说胜"是一致的。

《重令》篇又说："德不加于弱小，威不信于强大，征伐不能服天下，而求霸诸侯，不可得也。"这一说法可以作为外交方面的参考，对弱小施德，对强大树威，军事行动一定要让天下服，只有这样才能建立真正的威势。

《法法》篇说："不法法则事毋常，法不法则令不行，令而不行，则令不法也。法而不行，则修令者不审也。""故人主不可以不慎其令；令者，人主之大宝也，令而不行，谓之障。禁而不止，谓之逆。"国家管理当中有时高层感到令不行，禁不止，这就要在法律制度以及执行方面找原因，制定了法律却没有坚决执行，这就是法不法。法不法是一种客观情况，而不法法则是一种主观情况，二者都造成法律虽有而没有权威的局面，于是就会形成令不行禁不止的局面，而这是国家管理者的大忌。表面上看什么法律都有，其实法律没有任何权威，等于虚设。如此，又怎样治理国家呢？

《问》篇说："事先大功，政自小始。"这是说治理国家首先要确定大的目标，即所谓事先大功，但确立了大的目标之后，却要从具体的事务开始，即所谓政自小始。不能从小始，则大功根本不可能实现。

《小称》篇说："我有过为，而民毋过命。民之观也察矣，不可遁逃。故先王畏民。"这里以我与民相对而言，表明我是治理国家的人，他们必须懂得一个基本规则：只有治国者管理者会有错误，而民众是不会有过度的要求或意见的。民对治国者的观察是治国者逃脱不了的，不要想象能瞒过民众。总结这一规则，就是畏民，即害怕民众的监视监督。治国者如果不具备这种思想，就会把问题推到民众身上，而不检查自己的错误，这样治国，是不会有好结果的。所以说："善罪身者，民不得罪也。不能罪身者，民罪之。"罪身是对治国者而言的，遇事要在自己身上找原因，才能得到民众的信任，才能把国家治理好。

《任法》篇说："圣君任法而不任智，任数而不任说，任公而不任私，任大道而不任小物，然后身佚而天下治。"任法就是相信法律，使用法律，任智就是只相信自己的小聪明小智谋，任数就是相信规律，按照规律来办事，任说就是只相信自己的说教或说辞，希望凭借口头上的说辞来蒙混问题，推卸责任，任公就是一切出于公心，任私则与任公刚好相反，任大道是说按照事物的根本道理来办事，与任数类似，但道比数更高，数可以说是符合道的具体规律，道是总和一切数的根本道理。任小物是说只就细小的事来认识问题，这样就看不到大道是什么，就会在根本上犯错误。能任法、任数、任公、任大道，这样治国才是最正确的，不会产生错误，不会造成难局，不会引起麻烦和动荡，当然就是身佚而天下治。若天天忙于应对各种意想不到的麻烦动荡和难局，这样的治国者只能说是比较低能、无能的。"舍法而任智，故民舍事而好誉。舍数而任说，故民舍实而好言。舍公而好私，故民离法而妄行。舍大道而任小物，故上劳烦，百姓迷惑，而国家不治。"这正好补充说明前面的道理，如果不如前述的那样任法、任数、任公、任大道，民众就会有相应的反应。反过来说，观察民众有无这些反应，也可以说明治国者是不是做到了任法、任数、任公、任大道。

《治国》篇说："凡治国之道，必先富民，民富则易治也，民贫则难治也，故治国常富，而乱国常贫，是以善为国者，必先富民，然后治之。"富民这个道理比较容易想到，但能不能、是不是完全把国家的制度、政策与措施等按照富民的准则来制定和抉择，则不那么容易想到或做到了。有时候富民只是一种说辞，一种口号，而不能切实地让民众富裕起来，这就是治国者的最大失误。前面所说的任法、任数、任公、任大道等，也要与这里的富民结合起来，或者说要以是否富民为基准来衡量之，否则也会变成空洞的说辞，民众也会看得非常清楚而采取符合他们利益的举措来应对治国者。那样的话，国家就会难治了。

《入国》篇说："入国五行九惠之教，一曰老老、二曰慈幼、三曰恤孤、四曰养疾、五曰合独、六曰问病、七曰通穷、八曰振困、九曰接绝。"这九条都应该与富民结合起来。富民不仅仅是让民手中的钱多一点，而是让他们在各方面都得到国家的关爱，得到应有的福利，各种困难都能得到国家的帮助而解决，使民众的生活不至于走到困穷绝望的地步。

以上仅据《管子》一书中的有限资料说明了古代诸子传留下来的著作中有丰富的思想智慧，值得现代中国参考借鉴。举一反三，推而广之，就会知道众多的诸子及其著作中，还会有多少哲学、政治、军事、外交、经济、教育、文化、科技、艺术、宗教等诸多方面的思想智慧，完全可以想象到在数量上是不可估量的，是极为丰富的，在深度上是非常睿智的。今天的"新子学"应该放宽眼界，拓广视野，深化思维，认真挖掘，耐心整理，细心研究，对历代诸子传留下来的著作资料加以全面而完整的整理研究，通过现代化转型，使之成为现代中国所需要的宝贵精神财富。

三、总结整理诸子学的方法要科学、创新

中国历代诸子学的丰富内容和各种智慧，在现代中国条件下，必须由研究者运用科学的观念、方法、手段来进行全面而深入的总结、转化后加以利用。所谓创新，是指一定要有科学性，使之符合客观真实，而不是经不起验证的结论与说法。所谓现代转型，是指一定要以科学性为最高原则，在此基础上的创新才有意义。否则单纯只求创新，反而会引起混乱，造成谬误。

在谈到现代转型时一定要认识到，历代诸子学的内容，与现代的教育与学术研究之间存在着不小的隔阂：一是双方使用了古今不同的语言，这会影响今天的学者理解古代的诸子著作、话语及其所要表达的思想观念；二是古代诸子论述问题的方式与现代学者不同，在现代学者看来，古代诸子的论述方式是分散的，甚至是散乱的，很多时候是随感式的，没有系统，没有体系，没有专题，不分学科，没有上升到理论，没有彻底研究和论述清楚。这对于问题的彻底研究和系统廓清都是极为不利的。因此现代学者研究古代诸子，一定先要解决这两个问题。对于古代汉语，要彻底理解，并对古代学者喜欢采用的书不尽言、言不尽意的表述方式，要能透彻理解，然后加以细致认真的思索分析，运用阐释学的理念与方法从中诠释出丰富的题中之义。其次是对古代诸子分散的、随感的、不分学科的、未采取理论形式的、没有形成专题的、没有形成系统体系的种种论述中所隐涵的思想内容，要能根据和应用现代学术的各种学科的理论与方法等加以研究和

诠释。

此外，还应注意到，对于古代诸子学的研究，还要有更广更高的视野，即诸子学的思想观念与智慧，不是与国家、社会、个人的实践相脱离或相隔绝的，而是紧密相关的。古代学者早已认识到诸子的思想学说与国家政治的紧密关系及内在关联。如司马谈《论六家要指》说："《易大传》：'天下一致而百虑，同归而殊途。'夫阴阳、儒、墨、名、法、道德，此务为治者也，直所从言之异路，有省不省耳。"虽然诸子的思想主张有所不同而分为多家，但从根本上说，都是"务为治"的，即都是为了国家治理而进行思考和提出各种方案的，所以说是百虑而一致，殊途而同归。这也是中国古代诸子的基本特点，与古希腊的思想家们有所不同，如亚里士多德就把自己的学术分为多科而不相混淆，这在中国古代诸子中是从来没有的情况。正因为如此，今天研究古代诸子也不能忽略这一特点，因为这本身就是历史上的真实情况。

但关于国家治理的问题，按今天的学科分类体系来说，也不仅仅是政治学一门学科的事，也会牵涉到更多的学科，如经济学、社会学、管理学、法学、军事学、外交学、领道学等，甚至是地理学、海洋学、电脑与网络、信息学以及更多的科技学科也是不能忽略的。这说明诸子本身的内容丰富，涉及学科众多，从不同学科的角度出发，分别或合作地进行研究，也是一种必然。所以现代学者研究诸子学的时候，必须具有现代多学科意识，在此基础上形成多学科交叉和融会贯通的研究平台或群体，这是在现代学术条件下研究诸子学与以往任何时代都绝不相同之处，也是其优势所在。如果真能在这方面形成理想的研究态势，相信对于诸子学的研究必会产生史无前例的影响与效果，这对于诸子学的现代转型也必将产生难以想象的重大影响。

以上所说的三个方面，是现代研究诸子学时不可偏废的，应该作为整体而结合起来，这就需要从国家到各级政府再到学术界众多学者的通力配合与自觉参与，不能再满足于个体经营式的研究以及旧时那种注释或单学科阐释的方式。这对于国家及政府和学术界、学者来说，都是一个新的课题，是需要认真思考与通盘研究的。

具体说到诸子学的现代转型，还有一点也需要注意，即要能够跳出古代诸子思考的命题范畴或范式，建立一套符合现代学科理念的研究范畴与范式，把有关问题整理成符合现代学科理念与命题的形式，不能仍旧用古代诸子所用的命题与论题。这也是一种非常重要的转型工作。这一工作也是为了上述的各种整合所需要的基础，同时也能使现代学者研究古代诸子的思想内容时形成共同的话语与概念，否则仍会是各学科的不同命题与论题以及相关概念，无法形成对话，无法作为整体而结合，也无法构成统一的研究平台与系统。

在诸子学现代转型过程中，还需要建立一套正确解读古代诸子思想学说及其观念的科学思维模型。这个问题的实质是要对古代诸子所提出和论述的各种学说见解按照科学思维的规律加以思考、分析和解释，既不受古人思维模式的束缚，也不受现代学术中的某一家学派或理论的束缚。如古代诸子在反复讨论人性问题时，提出了性善论、性恶论、性善恶混等不同的见解，分别反映了不同学者在这个问题上的不同思维与论证。到现代就有不少学者从多学科角度，根据不同学派的学说与理论，对这些关于人性问题的认识加以分析，予以一定的评价与定性。所谓科学思维，就是不能固守某一学派的认识来对它们进行评价和定性，不能做出简单的肯定与否定，而应根据不同说法的具体内容进行科学分析，梳理其中合理与不合理的成分，由此形成关于人性的科学认识。诸子学中还有许多问题的见解不同，各有各的论证与分析，如何对这些复杂而不同的学说以及论证加以科学的分析，是诸子学现代转型中不可忽视的重要问题之一。建立一套科学思维模式，目的是避免对古代诸子的思想学说和见解做出简单的定性和评价，而是应当全面清理其中的见解、主张、论证，把其中真正的智慧整理论定，才能提供给现代中国各方面人士作为有益而正确的参考。

最后一个问题是，如何整合庞大众多的历代诸子著作及其文献中的复杂内容与资料？这也是现代转型问题中的一环，不可忽视。所谓现代转型，这一命题中包含一个意义，即能够使古代诸子学的思想与学术成果为现代中国所利用。从反推的方法来讲，为达到这一目的，需要提供对于古代诸子学各种思想学术成果的具有科学性的研究成果；而形成这样的成果，需要研究者在掌握现代学科理论与知识方法的同时，对古代诸子的相关文献资料全面掌握而没有遗漏，这是任何科学研究必不可少的前提条件之一；而要完整掌握相关文献资料，根据现代的技术条件与手段，应该利用资料库技术与方法把历代诸子文献资料电子化，使之成为可以通过各种角度检索出来的电子化资料，这样就可大大节省研究者翻查海量文献资料的时间，使他们可以集中精力分析研究这些文献资料中的思想和学术内容。

现代电脑和网络技术已经提出了大数据（big data）的观念，科学界已经提出了大数据时代或大数据智慧时代的观念。大数据即巨量资料，指所涉及的资料量规模巨大到无法通过目前的软体工具在合理时间内进行撷取、管理、处理、并整理成为帮助经营者或研究者达到其他目的的信息。因此大数据具有四 V 特点：Volume（大量）、Velocity（高速）、Variety（多样）、Value（价值）。研究大数据的专家已经发现，通过大数据方法提供的全新的信息处理模式，能够为使用者提供更强的加工能力和关于特定目标的决策力、洞察发现力，从而形成多样化的信息成果。因此人们相信在大数据时代，谁能具备更好地掌控资料的力量，谁就能看到更多的真相，从而做出最明智的决策，从而对已有的关于世界的认识提升到全新的层次。

这样的理念在诸子学现代转型中也具有现实价值。诸子学研究所要面对的资料是巨量的，但在研究中又需要从巨量的资料中实现高速的检索与撷取，收集到必要的且是复杂多样性的全部资料，由此通过研究分析形成重要的研究新成果，实现新的价值。所以大数据的方法就是帮助诸子学现代式研究迅速、完整掌握必要的复杂资料信息，大数据方法应该成为学术研究者手中的必要工具之一。在诸子学的现代转型之中，掌握这种方法与工具将有巨大意义。

如果按照大数据的观念来对历代诸子的文献资料加以整合、整理，就要把分散的文本中的字句、话语及相关的丰富复杂的信息内容进行加工，把巨量的历代诸子的原始资料加工为可以通过现代电脑网络处理的资料，让研究诸子学的学者或政府机构等各类使用者根据特定需要迅速检索出所需的全部原始资料，而且这时检索出来的资料在保持其原始形态的同时，也因为已经做了资料化的加工而具有了更多的学术信息。它们已经不再是原始的分散的无系统状态，而是已被加工成具有一定系统性的资料信息。这就会为研究者或利用者提供更为方便和有用的信息，帮助他们在分析时形成更有科学性的结论与认识。

根据以上分析可以看出，这本身是一项庞大的工程，不是哪一个人或单位就能胜任的，应该由国家统筹规划和部署，从经费、组织、人员、管理等各方面加以整合来从事这项工作。这样可以节省人力、物力等各种资源，避免分散低效重复和遗漏，大大提高工作效率，增强工作和研究的目的性，最大程度上符合国家利益，这也是诸子学现代转型中的重要问题，是保证现代转型得以成功的条件之一。

总之，关于诸子学的现代转型问题，是一个涉及广泛的重大问题，需要各学科学者以及国家与各级政府共同关心，协同思考，紧密合作，不能认为只是某些学者的事情而置之不顾，这种意识对于诸子学的研究及其现代转型是不利的。这一点笔者也想借本文提出，请专家学者思考。

（原载于《诸子学刊》第十三辑。作者单位：华中师范大学历史文献研究所）

诸子学转型的理由追问[①]

许建良

任何研究都是时代的研究,离开时代的轨道就无实际价值而言。当然,对此会有争议,在中国古代思想的平台上,有人会认为古代思想有其自身的价值,这是毋庸置疑的,这与我认为是时代的研究并不存在丝毫的矛盾。换言之,思想自身的价值,是学理上在同一时代诸多思想的坐标系里衡量的结果。就某一思想而言,这个层面的价值可以说是永恒的。

但是,在人类文明史的长河里,特定时代的思想在不同时代的研究正是文明史长河演绎的具体故事,在这个意义上,不同时代对具体特定时代思想的研究要在不同时代找到连接点,只有立足在与具体时代切实对接的切入口上才有价值可言,舍此,其具体研究的意义将无法附丽。

[①] 本文为2014年国家社科基金重大项目"文化强国视域下的传承和弘扬中华传统美德研究"(批准号:14ZDA010)系列成果之一。

一

在思考诸子学转型的现实途径时，必须明确何谓转型的问题。一般而言，所谓诸子学转型，是对诸子学研究定式、评价标准、价值追求、兴趣情节、主观心理、研究方法等研究现状，运转模型和相关观念的根本性转变；这是一个动态的过程，具有持续长久性的特点；它是主动求新求变的过程，是一个创新的实践过程。

为什么要转型？这是不得不思考的一个现实问题，如果没有这一问题的明确答案，转型无疑成为空话。诸子学研究在世界汉学舞台上可谓源远流长，详细梳理不是这里的主旨。简单而言，转型已是一个无法回避的客观问题。前一段时间，学界已经提出需要确立新的十三经，这无疑是对原有《十三经》反思的结果。众所周知，《十三经》不过65万字，对此的注解达三亿字左右，为原文的四五百倍。《十三经》的形成有一个过程。"经"在古代文献中突出位置的形成，当始于《礼记·经解》，而不在先秦。《诗》《书》《礼》《乐》《易》《春秋》最早确立为"六经"（俗称为六艺），六艺中的《乐经》很早就亡佚了，《汉书·艺文志》中已无此书的记载。汉代以《诗》《书》《礼》《易》《春秋》为"五经"，立于学官。后来经书的内涵不断扩大。在《后汉书·赵典传》和《三国志·秦宓传》中可以找到"七经"的表述，但内容不详。宋代晁公武说唐文宗开成年间，在国子学刻石，将五经中的《春秋》改为春秋三传，再加上《周礼》《礼记》《论语》《孝经》《尔雅》为"十二经"。南宋理学家朱熹提倡《孟子》《论语》和《礼记》中的《中庸》《大学》合为"四书"，于是本为子部书的《孟子》也升格为经书的一部分，合称"十三经"。明代李元阳刻十三经注疏，十三经之名完全确定。清朝乾隆镌刻《十三经》经文于石，1815年学者阮元刻《十三经注疏》，从此，《十三经》在儒学典籍中的地位更加巩固。

　　显然，《十三经》是十三部儒家经书的合称，是儒学的核心文献，十三经的观念滥觞于南宋（1127—1279）中后期，《十三经》的整体性概念成熟于明朝（1368—1644），以万历十二年（1584）神宗颁布诏令钦定《十三经注疏》为完全确立的标志；是从汉武帝（前156—前87在位）确立五经博士开始，学术潮流与政治权力联结，不断调整儒家经书名目。学术上的标准取决于某一时代主流学术思潮对典籍的偏好；政治上的标准则与帝王朝廷的尊奉、博士官制度、科举制度有着不可分割的联系。儒学是中国从汉武帝到清朝（1644—1911）结束的官方意识形态、主流学术思想，其提倡的价值观念、道德伦理是千百年来华人社会日常生活的普遍指导原则。《十三经》是儒学的核心经学，它们不仅成为研究的直接对象，也是不同时代各派儒学理论与相应的社会、人生主张及实践得以成立的根基所在。自西汉以来，经书被确立为国家经典，宋代以来又被定为科举用书，成为读书人之必读书目。故其地位崇高，影响巨大①。

　　先秦是诸子百家同时登台合唱的时代，是百花齐放而活力无限的黄金年代，对此司马谈《论六家要指》有总结：

---

　　① 参考《四库全书总目》卷一《经部总叙》："经禀圣裁，垂型万世，删定之旨，如日中天。无所容其赞述，所论次者，诂经之说而已。自汉京以后垂二千年，儒者沿波，学凡六变。其初专门授受，递禀师承，非唯诂训相传，莫敢同异，即篇章字句，亦恪守所闻，其学笃实谨严，及其弊也拘。……要其归宿，则不过汉学宋学两家互为胜负。夫汉学具有根柢，讲学者以浅陋轻之，不足服汉儒也。宋学具有精微，读书者以空疏薄之，亦不足服宋儒也。消融门户之见而各取所长，则私心祛而公理出，公理出而经义明矣。盖经者非他，即天下之公理而已。"

> 夫阴阳、儒、墨、名、法、道德，此务为治者也，直所从言之异路，有省不省耳。尝窃观阴阳之术，大祥而众忌讳，使人拘而多所畏；然其序四时之大顺，不可失也。儒者博而寡要，劳而少功，是以其事难尽从；然其序君臣父子之礼，列夫妇长幼之别，不可易也。墨者俭而难遵，是以其事不可遍循；然其疆本节用，不可废也。法家严而少恩；然其正君臣上下之分，不可改矣。名家使人俭而善失真；然其正名实，不可不察也。道家使人精神专一，动合无形，赡足万物。其为术也，因阴阳之大顺，采儒墨之善，撮名法之要，与时迁移，应物变化，立俗施事，无所不宜，指约而易操，事少而功多。儒者则不然。以为人主天下之仪表也，主倡而臣和，主先而臣随。如此则主劳而臣逸。至于大道之要，去健羡，绌聪明，释此而任术。①

审视历史，《十三经》对中国思想、社会的影响之大不言而喻。但它局限于儒家思想的集结，无视于其他诸子思想客观存在的事实，这与西汉王朝"罢黜百家，独尊儒术"②的学术与政治合一的实际选择分不开。在中国历史上，这样结果的出现，不是偶然的，而是经过实践的选择。汉朝建立后，由于废除了秦的禁书政策，战国各学派的思想逐渐恢复，尤以儒家及道家两派为要。汉初实行的是"与民休息，无为而治"的道家思想，在七国之乱平定后，汉朝中央政府空前强

---

① 司马迁《史记》，北京中华书局1982年版，第3288~3289页。
② 《汉书·武帝纪》："赞曰：汉承百王之弊，高祖拨乱反正，文景务在养民，至于稽古礼文之事，犹多阙焉。孝武初立，卓然罢黜百家，表章《六经》。"（班固《汉书》，北京中华书局1962年版，第212页。）"表章《六经》"实际是"独尊儒术"，因为《六经》以外没有得到"表章"；应该可以做出这样的推测。

大，为了巩固自己的地位，急切需要大一统的思想标准；汉武帝即位后，权臣卫绾、田蚡和窦婴等主张尊崇儒术，贬抑法家，同主张道家思想的窦太后展开政治斗争，建元二年（前139），窦太后一度得胜；建元六年（前135），窦太后去世，支持儒家的官员重新得势。在这样的情况下，汉武帝于元光元年（前134）征召天下儒生入长安策问。其中董仲舒提出"《春秋》大一统者，天地之常经，古今之通谊也。今师异道，人异论，百家殊方，指意不同，是以上亡以持一统；法制数变，下不知所守。臣愚以为诸不在六艺之科孔子之术者，皆绝其道，勿使并进。邪辟之说灭息，然后统纪可一而法度可明，民知所从矣"（《汉书·董仲舒传》），这当是班固"罢黜百家，表章《六经》"的依据①。董仲舒的这一建议，得到汉武帝的默认，因而在全国的思想及仕进上采用儒家的观点，并大量任用儒生为官②。

毋庸置疑，汉代的举措是在先秦诸子百家中偏爱儒家而确定儒家为一统的思想标准。此时的儒家思想已与先秦原始的儒家思想存在一定的差距，因为它吸收了道家、法家、名家等其他诸子的思想③，不过，在形式上仅推重儒家，无疑是极为偏颇的。其他思想即使存在，

---

① 《汉书·董仲舒传》："及董仲舒对册，推明孔氏，抑黜百家。"
② 李全华在《史记疑案》（湖南大学出版社2011年版）中提出："儒术独尊，百家罢绌，始于元帝"，而不是汉武帝，这与《汉书·元帝纪》"赞曰……少而好儒，及即位，征用儒生，委之以政，贡、薛、韦、匡迭为宰相。而上牵制文义，优游不断，孝宣之业衰焉"的记载相一致。
③ 参考"所谓'儒学的法家化'，其意义不是单纯地指日益肯定刑法在维持社会秩序方面的作用。远在先秦时代，荀子在《王制》和《正论》两篇已给刑法在儒家的政治系统中安排了相当重要的位置。汉初儒学的法家化，其最具特色的表现乃在于君臣观念的根本改变。汉儒抛弃了孟子的'君轻'论、荀子的'从道不从君'论，而代之以法家的'尊君轻臣'论。"（《反智论与中国政治传统》，余英时《中国思想传统的现代诠释》，江苏人民出版社1995年版，第92页）。

也无法获得自己的名分。这无疑是诸子学研究转型的重大理由和依据之一。

二

儒家思想是中国古代文化的骄傲，但中国古代文化不仅仅是儒家，儒家不过是诸子百家众多繁星中的一个星座，这是以上分析的诸子学转型的理由之一。

在世界文明史的长河里，中国思想对海外的影响是有目共睹的事实，所以，中国古代思想不仅是中国文明的财富，同时也必然是世界文明宝库中的当然财产。在这个意义上，中国古代思想研究是世界文明史研究的组成部分。在世界文明史的长河中，中国古代思想作为研究的对象是共同的，但研究主体是随着民族的界限而分限的。换言之，每个民族具有自己独特的中国思想的研究，中国也不例外，这种研究只能在独特中找到位置，而永远也不可能是唯一的。在这样的思维层面，就要求每个民族的中国古代思想研究必须依归世界文明史研究这个舞台来加以审视和衡量，这是针对同一研究主题而进行具体研究之必须。要特别引为重视的是，在这一点上中国同样没有例外。也就是说，中国知识人在对中国古代思想进行研究时，必须及时了解世界汉学研究的现状，从而进行反思，这样才利于推进古代思想研究本身的深入。正是在这个维度上，我们的研究迄今未能找到科学而合理的准星，或者说处于夜郎自大、孤芳自赏的境地，这是致命的。

具体而言，可以日本汉学研究为例。必须承认，日本的汉学研究水准是非常值得我们重视的，尤其是它的实证研究，就是西方也无法与之媲美。

（一）对义利的认识

儒家对义利的看法，在历史上一直占有绝对支配的位置。说起儒家的义利，最先使人想到的就是孔子的"君子喻于义，小人喻于利"（《论语·里仁》）。对孔子的君子和小人，虽然存在从人格上还是从社会地位上进行理解的分歧，但我认为恐怕不能仅仅从道德上来理解它们，而当从社会分层上来加以理解。换言之，孔子的君子和小人代表的是两个社会阶层的人，他们具有不同的社会地位。君子持有高的社会地位，它们可以用"义"来进行表述；小人居于较低的社会地位，对它们只能用"利"来加以概括。在这个表述中，孔子的立场无疑站在君子这边，这是非常明显的，他推重的是"义"，这符合他的整体思想。在《论语》里，记载孔子谈利益的论述非常少，"子罕言利"（《论语·子罕》）。孔子认为"放于利而行，多怨"（《论语·里仁》），顺从利益的欲望而行为的话，必然招来怨恨；所以，孔子不仅把"见利思义"（《论语·宪问》）作为"成人"①的条件之一，而且把"见得思义"（《论语·季氏》）作为君子"九思"②的因素之一；成人、君子显然不是一般阶层的人，他们在利益、获得面前，共同的行为选择是"思义"；其实，这里的"利"和"得"所要表达的意思无疑是相同的，利益在一定的意义上也是一种获得。

以上是孔子关于利益的整体运思，不得不说的是，孔子无疑对立了义利即道德与利益的关系，把道德专属于君子即统治阶级，而把利益专属于小人即劳动阶级。其实，小人并不是利益的享受者，而是利

---

① 《论语·宪问》："今之成人者何必然？见利思义，见危授命，久要不忘平生之言，亦可以为成人矣。"

② 《论语·季氏》："君子有九思：视思明，听思聪，色思温，貌思恭，言思忠，事思敬，疑思问，忿思难，见得思义。"

益的生产者；统治者才是利益真正的享受者，他们绝对不是不食人间烟火的神。所以，在形式上，君子是道德的代表；实质上，他们才是利益的获取者和享受者。小人在形式上是利益的代表，实质上却成为利益的剥夺者。这一现象的产生在于儒家思想的本质是"官本位"的学说，并非平民的学说。这一现象西方学者的表述非常经典，即"在法家与儒家学说的冲突中，人们非常清楚地看到，儒家作为由家庭向外递减的道德义务的概念，实际上成为有权有势的家族的集体自私的辩护"①，换言之，儒家的仁义是真正实现利益的工具，具有迷人性。孔子迷人的表述，到孟子的时候得以真正的揭露，这就是："然则治天下独可耕且为与？有大人之事，有小人之事。且一人之身而百工之所为备，如必自为而后用之，是率天下而路也。故曰或劳心，或劳力。劳心者治人，劳力者治于人；治于人者食人，治人者食于人；天下之通义也。"（《孟子·滕文公上》）

其实，儒家思想的本质在孔子那里就有明显的线索，关键是我们没有本着文献去做客观的思考，而是臆想先行来为儒家思想辩护。儒家思想的形式和实质上存在矛盾，这就使其脱离生活而无法成为人们实用的指南，日本实业家涩泽荣一对此的揭示值得我们重视：

> 朱子派的儒教主义，被在维新之前掌握着文教大权的林家一派的学说赋予了浓厚的色彩。他们把被统治阶级的农工商阶层人置于道德的规范之外，同时农工商阶级也觉得自己没有去受道义约束的必要。林家学派的宗师朱子，只是一个大学者，是口说实践躬行仁义道德，而并不躬亲履行的人物。因此，林家的学风也产生了说和行的区别，即儒者是讲

---

① ［英］葛瑞汉著、张海晏译《论道者：中国古代哲学论辩》，《天人分途》，中国社会科学出版社2003年版，第335页。

述圣人学说的，而俗人则是应实地履行者，其结果是，孔孟所说的民，即被统治阶级者，只是奉命而行，驯致成了只要不懈怠一村一区课役的惯例就足够了的卑屈劣根性，仁义道德是统治者的事，百姓只要耕种政府所给与的田地，商人只要能拨动算盘珠，就是尽到了责任，这种结果成了习惯，自然就缺乏爱国家、重道德的观念。①

由于形式的表达与实际相背离，从强调道德开始的结果却是道德的缺乏，而统治者仅是民众创造的利益的占有者和享受者，而不是国家利益的代表者，而最后缺乏国家的真正积淀。可见，儒家的"官本位"思想仅仅是给统治者贴标签，而不是告诉统治者如何才是统治者的道理。

日本在吸收儒家思想的过程中，就避免了这种虚假的对立利益与道德的做法，美国学者的总结可以参考：

> 在日本人的哲学中，肉体不是罪恶。享受可能的肉体快乐不是犯罪。精神与肉体不是宇宙中对立的两大势力，这种信条逻辑上导致一个结论，即世界并非善与恶的战场……事实上，日本人始终拒绝把恶的问题看作人生观。他们相信人有两种灵魂，但却不是善的冲动与恶的冲动之间的斗争，而是"温和的"灵魂和"粗暴的"灵魂（即"和魂"与"荒魂"），每个人、每个民族的生涯中都既有"温和"的时候，也有必须"粗暴"的时候。并没有注定一个灵魂要进地狱，另一个则要上天堂。这两个灵魂都是必须的，并且在

---

① [日]涩泽荣一著、王中江译《论语与算盘——人生·道德·财富》，《实业与士道》，中国青年出版社1996年版，第173~174页。

不同场合都是善的。①

(二) 关于仁的理解

其实仁义是联系的，这里把它们分开来例证，只是为了强调它们在儒家思想中的重要性，并没有要细分仁义概念的意思。"仁"的概念虽然不是孔子首创，但仁学的建立无疑是孔子的功劳。仁的内容是爱人，但最主要的内容是孝悌，"君子务本，本立而道生。孝弟也者，其为仁之本与"（《论语·学而》）、"弟子，入则孝，出则弟，谨而信，泛爱众，而亲仁"（《论语·学而》），就是具体的佐证。孝悌都是基于血缘层面的规范要求，可见儒家仁学的本质所在。而仁实现的途径，在孔子那里也是通过君子的楷模行为来带动民众，从而使整个社会充满仁德，即"君子笃于亲，则民兴于仁"（《论语·泰伯》）；对此的可能性问题，我们一般的研究很少花时间来进行质疑，而是把它作为君子的一个品行来加以肯定性的量定。在孔子看来，对有志向而具备仁德的人而言，为了成就仁德，牺牲自己的生命在所不辞，"志士仁人，无求生以害仁，有杀身以成仁"（《论语·卫灵公》），就是最好的说明。孔子的这一运思为后来的孟子所坚持，即为人所熟知的"鱼，我所欲也。熊掌，亦我所欲也。二者不可得兼，舍鱼而取熊掌者也。生，亦我所欲也。义，亦我所欲也。二者不可得兼，舍生而取义者也。生亦我所欲，所欲有甚于生者，故不为苟得也。死亦我所恶，所恶有甚于死者，故患有所不辟也。如使人之所欲莫甚于生，则凡可以得生者，何不用也！使人之所恶莫甚于死者，则凡可以辟患者，何不为也！"（《孟子·告子上》）

---

① ［美］露丝·本尼迪克特著、吕万和等译《菊与刀·人情的世界》，北京商务印书馆1990年版，第131页。

日本的文化和文字都是从中国引进的，但是，他们没有照搬中国的模式。美国思想家露丝·本尼迪克特的研究值得重视：

> 七世纪以来，日本一再从中国引进伦理体系，"忠"、"孝"原来都是汉文。但是，中国人并没有把这些道德看成是无条件的。在中国，忠孝是有条件的，忠孝之上还有更高的道德，那就是"仁"……中国的伦理学把"仁"作为检验一切人际关系的试金石。中国伦理学的这一前提，日本从未接受。伟大的日本学者朝河贯一在论及中世纪两国的这种差异时写到："在日本，这些观点显然与天皇制不相容，所以，即使作为学术理论，也从未全盘接受过。"事实上，"仁"在日本是被排斥在伦理体系之外的德目，丧失了它在中国伦理体系中所具有的崇高地位。在日本，"仁"被读成"jin"（仍用中文的汉字）。"行仁"或"行仁义"，即使身居高位也不是必须具备的道德了。由于"仁"被彻底排斥在日本人伦理体系之外，致使"仁"形成具有"法律范围以外之事"的含意。比如提倡为慈善事业捐款、对犯人施以赦免等等。但它显然是分外的事，不是必需如此。①

在日本人的视野里，"仁"是不切合实际的，"在中国的学问中，尤其是一千年左右以前时，宋代的学者也经历了像现在这样的情形。但由于他们倡导仁义道德的时候，没有考虑按照这种顺序去发展，完全陷入了空论，认为利欲之心是可以去掉的。可是发展到顶点，就使个人消沉，国家也因而衰弱。结果到宋末年受到元的进攻，祸乱不断，最终被元所取代，这是宋的悲剧。由此可知，仅仅空理空论的仁义，

---

① 《菊与刀·报恩于万一》，第82~83页。

也挫伤了国家元气,减弱了物质生产力,最后走向了亡国。因此,必须认识到,仁义道德搞不好也会导致亡国。"①

也就是说,日本人认为中国人把一切道德归之于出自仁爱之心的做法完全是不切合实际的。因此,"日本人……先确立义务准则,最后才要求人们全心全意,为履行义务而倾注全部心灵和精力"②。这正是仁的爱人的不明确性,或者说模糊性,这模糊性就无法使仁对人产生有效的实际触动,故日本选择"孝"作为人际关系的纽结,"孝道在日本就成了必须履行的义务,甚至包括宽宥父母的恶行或无德。只有在与天皇的义务冲突时可以废除孝道,此外,无论父母是否值得尊敬,是否破坏自己的幸福,都不能不奉行孝道"③;孝不像仁那样具有虚无性,它有明确的规定,"日本的'孝道'只是局限在直接接触的家庭内部。充其量只包括父亲、祖父,以及伯父、伯祖父及其后裔,其含意就是在这个集团中,每个人应当确定与自己的辈分、性别、年龄相适应的地位"④,这种"相适应的地位"事务的训练和培育,养成了厚实的角色意识,这是支撑日本等级社会的各种职分得到完美履行的基础。

三

以上是在世界汉学研究视野上的诸子学转型的理由诉诸。显然,

---

① [日]涩泽荣一著、王中江译《论语与算盘——人生·道德·财富》,《仁义与富贵》,第75~76页。
② 《菊与刀·道德的困境》,第148~149页。
③ 《菊与刀·报恩于万一》,第84页。
④ 《菊与刀·各得其所,各安其分》,第37页。

止步于此是于事无补的。今天的诸子学研究，一个不得不思考和审察的问题是，联系海外受过中国思想影响地区的现实，来衡量和评价中国古代具体思想的价值，没有这个视野，再多的中国古代思想研究也是闭门造车式的研究，中国的现代化建设无法在这样的研究中及时吸收到古代文化的营养，这就是这里要解决的问题。

在世界汉学研究的舞台上，日本的汉学界在20世纪20年代左右出现的一批研究专家，以重视实证而著名，诸如武内义雄作为新实证主义研究的代表，其中国思想研究开创了从文献概念出发来加以比较从而推定文献的真伪并进行价值量定的研究，在日本汉学界产生了深远的影响；他的研究不仅是方法上的创新，而且大量利用一手资料。他先后来中国10数次，进行古代文化古迹的实地考察和走访调查，收集掌握了丰富的一手资料，有些资料显然是我们自己没有的；而一些有价值的绝好的古本，我们自己没有，在日本一些资料库诸如大阪大学的怀德堂里却保存了古本，今天《儒藏》中的《论语》专集，其中日本正平版（1364）何晏《论语集解》是传世《论语》中最早、最完整的单集解本，也是汉魏古注的集成之作，就是采用怀德堂里的古本。

日本在唐代从中国引进文字和古代文献，经朝鲜半岛到日本，他们引进的中国古代文献，并不限于儒家思想，也有《庄子》等道家的；他们对中国思想的了解和研究是从学习中国文字开始的，现代日语里，使用的汉字还有近3000个；虽然是汉字，但日语的读音不是汉字的读音，他们赋予其假名；他们在听到日语假名时，最先进入脑海的是相应的汉字；假名是按日语规则在文字中起作用的，这是日语的规则，是他们的逻辑思维，他们学习中国古代思想也是这么进行的。因此，这种非常扎实的学风在日本的京都大学、东北大学保持至今，他们今天训练学生仍采用这种扎实的方法。从一开始起，他们对中国思想的接受没有任何的偏见和偏爱，至于相应的思想学派在中国的待遇他们虽然清楚，但从来没有照搬到日本成为日本接受中国思想的当然的规则。可以说，他们是在综合思想研究中，吸收他们认为对日本有用的东西，诸如上面分析的抛弃"仁"而选择"孝道"为最为重要的原则的实践，就是最好的说明。可以说，日本采用中国的文字和引进中国古代文献，自然是出于对中国文化的爱好，以及在地理位置上便利优势的助成，这是日本情感选择的结果。

日本受中国文化的影响是客观的，但对此的评价显然是比较困难的事情，尤其是量化的考量。不过，我们可以通过一些资料进行一定程度上的思考。现在都时兴用人均收入来排定国家的具体位置，从而说明具体的问题。这里也想从这俗套的路径切入。例如在联合国公布的 2012 年人均 GDP 排名中，日本排 15 位，人均 GDP 是 46838 美元，每小时的平均收入是 43 美元；中国排 92 位，人均 GDP 是 6070 美元，每小时的平均收入没有资料。以前的一些儒家思想研究，往往会拿亚洲四小龙即台湾、韩国、香港、新加坡来说话，认为它们都是受儒家文化的影响，从而强调儒家思想在现代化实践中的价值。我认为这显然是站不住脚的，因为它们接受中国的思想不仅仅是儒家，当然，我没有详细的研究，故这里也不想以此为对象来说明问题，而以日本为对象来解释。

日本现在成为世界经济强国是否与中国儒家思想存在必然的联系？这是需要仔细分析的问题。日本文化与中国文化的联系是必然的，但我们无法说儒家对日本人有什么特别的意义。这是一。日本近代的飞速发展，可以说是日本理性选择的结果，这次他们选择的不是中国文化，而是西方文明。在日本近代化的过程中，日本思想巨擘福泽谕吉（1835—1901）是举足轻重的人物。他所处的时代，外国列强已在日本口岸通商，日本产生雇佣外国人的现象。当时，"日本往何处去"是一些知识人始终思考的一个问题，福泽也不例外，他的答案是："日本人当前的唯一义务就是保卫国体。保卫国体就是不丧失国家的政权。要不丧失政权，就不得不提高人民的智力，其具体的方法固然很多，但是，在智力发生的道路上，首先在于摆脱古习的迷惑，吸取西洋的文明精神。"① 他这里的"古习"，实际上就是儒家人伦道德在时代发展中表现出来的软弱无力②，因为他认为道德的最大作用在个人德性的提高，其影响在耳濡目染，无论是影响的范围还是其力度都是非常有限的。所以，要在世界舞台上立住脚，日本就得学习西方文明精神。值得注意的是，这里不是简单的"文明"，而是"文明精神"，也就是内在的文明；他认为："半开化的国家在汲取外国文明时，当然要取舍适宜，但文明有见之于外的事物和存之于内的精神的两个区别。外在的文明易取，内在的文明难求。谋求一国的文明，应该先难后易……所谓见之于外的文明的事物，是指衣服、饮食、器械、居室以至于政令、法律等耳所能闻见的事物……那么，究

---

① ［日］福泽谕吉《文明论之概略·以西方文明为目的》，东京岩波书店1985年版，第48页。

② 参考福泽谕吉的总结来搁笔："说起来，我的教育主张是着重于自然原则，而以数、理两方面为其根本，人间万事凡是具体的经营都拟从这数、理二字推断之……自古以来东方和西方彼此相对，而察其进步之先后快慢，两者的确有很大的差别。不论东方或是西方，都有道德方面的教育，也有经济方面的议论，文化武备各有短长。但从国事总体来看，说道富国强兵、绝大多数人享有最大幸福的情况，则东方国家必居于西方国家之下。国势如果真取决于国民教育，则东西两方的教育法必然有所差别。因此拿东方的儒教主义和西方的文明主义相比，那么东方所缺少的有两点：即有形的数理学和无形的独立心……往近处说，只要有今天所谓的立国；往远处想，只要有人类，那么可以说人间万事绝不能离开数理，也不能撇开独立。然而，这种极其重要的道理在我们日本国内却遭到轻视。这样下去，当前不会使我国做到真正开放而与西方列强并驾齐驱。我深信这完全是汉学教育之过。"（［日］福泽谕吉著、马斌译《福泽谕吉自传》，北京商务印书馆1980年版，第179~180页。）

竟文明的精神是什么呢？这就是人民的气质……现在虽暂且把它称作国民的气质，但就时而言，又可称作时势；就人而言，则可称作人心；就国家而言，可称作国俗或国论，这就是所谓文明的精神。使欧亚两洲的趋向相差悬殊的就是这个文明的精神。因此，文明的精神，也可以称为一国的人心风俗……现在我们所主张的以欧洲文明为目的，意思也是为了涵育这种文明的精神。"①

在福泽的心目中，"国体"是一个国家的生命，所以，建设国体就是育成一个国家的生命，但国体营养的源泉是"西方文明精神"，他认为这是使欧亚两洲相差悬殊的根源，无疑，他抛弃了中国古代文化在近代化道路上的积极作用，而适时地引进了西方文明，可以说这是文化的转型。导致日本这样选择自然不是毫无依据的，因为他们认为中国儒家的思想过于强调个人的修养，为学问而学问，学问与实际脱节，日本学者涩泽荣一的总结非常精当。他说："修养必须达到什么程度，这是没有界限的，但必须注意的是切勿陷入空理空论。修养不是理论，应在实际中去做，所以必须同实际保持密切的联系……理论与实际、学问与事业如果不同时发展，国家就不能真正兴盛。不管一方如何发达，而另一方如果不与之相结合，这个国家就不能进入世界强国之林。不能只满足于事实，也不能唯理论是从，必须是两者能结合，密切联系，在这种情况下，作为国家即是文明富强，作为人则成为完全的人格者。上述情形的例证很多，就汉学来说，孔孟的儒教在中国最受尊重，称之为经学或者实学，这和诗人墨客用以游戏人间的文学，则完全是另外一件事。对儒学研究最深，而且使之发展的是中国宋末的朱子。当然，朱子非常博学，而且热心讲学。不过他所处的时代，即宋朝末期，政治颓废，兵力微弱，丝毫没有实学的效力。

---

① ［日］福泽谕吉著、马斌译《福泽谕吉自传》，北京商务印书馆1980年版，第29~32页。

也就是说，学问尽管非常发达，但政务极为混乱。换言之，即学问与实际完全隔绝了。总之，儒家的经学到了宋代尽管有了大大的振兴，但并没有把它运用到实际中。"① 日本的成功就在于克服了这一弊端，"然而在日本却利用了被弄成空理空文死学的宋朝的儒教，而发挥了实学的效验。最善于利用的是德川家康。元龟、天正之际，日本号称二十八天下，国事乱如麻，诸侯都只热心军备。可是家康却十分明智，了解到只靠武备是不能作为治国平天下之策的。他以大力灌注于文事方面，采用了在中国作为死学空文的朱子儒学。首先聘请了藤原惺窝②，继之又任用了林罗山③，完全把学问运用到实际中，也就是说，使理论同实际相配合、相接近。"④ 正是在这个点上，我们必须思考，在儒家文化一统的中国，在研究古代思想时，不得不与世界舞台上同受中国古代文化影响的海外国家和地区的现实情况相比。这是转型的又一理由。

四

现在想把注意的视角转向西方，看看西方对中国古代文化的反映和评价。

---

① ［日］涩泽荣一著、王中江译《论语与算盘——人生·道德·财富》，《人格与修养》，第128~129页。

② 藤原惺窝（1561—1619），日本安土、桃山至江户前期的儒学家，日本近古朱子学之祖。

③ 林罗山（1583—1657）日本江户初期的儒学家，致力于朱子学的普及。

④ ［日］涩泽荣一著、王中江译《论语与算盘——人生·道德·财富》，《人格与修养》，第129页。

众所周知，现在是西方价值中心，中国的英语教育、量化的评定机制全部西方化。我们现在一切行为追求实际上都以西方为标准，包括前几年出现的中国有无哲学的讨论，实际上也是以西方为标准而形成的问题。另一方面，我们的教育也呈现西方化的特色，比如我们的英语教育从学前就开始了，大学毕业后的硕士、博士生入学考试，英语是必考的科目，入学后自然也是必学的课程。可是对中国语教育的重视程度，远远无法与英语相比。现在中国语课程的开设没有成为全部本科院校的必修要求，更不要说研究生阶段了。不学习汉语就无法保证汉语的水准，有的985高校的硕士研究生不会书写大写的数字。为什么重视英语而轻视自己国语的学习？而在美国，英语考试是一切入学考试（不分专业，就是医学院的考试，写作也是必考的内容）的必然内容，包括研究生的入学考试。这说明什么，难道不值得我们思考吗？西方人重视我们道家的思想，但为什么西方人重视道家哲学这一点没有引起我们足够的重视，而始终行进在儒家思想一统的轨道上，在地球村的境遇中，没有感觉到我们的文化研究需要变革的急迫性。

20世纪80年代末联合国教科文组织公布，老子《道德经》的外文翻译本已达250多种，仅次于《圣经》而居第二位，显然，道家思想在西方世界的影响要远远超过儒家思想，因此，有学者称此现象是"墙内开花墙外香"。在20世纪末、21世纪初，西方人就提出了"21世纪将是道家哲学的世纪"的警世性预言，完全可以说，西方人重视道家的程度远远超过我们自己。英国汉学家J. J. Clarke在最新的《西方之道：道家思想的西方转型》中认为，"迹象显示，在西方，我们最终已开始从那些带有偏见的空想中苏醒过来。一个明显的态度的变化已在最近数十年占有了位置，它不仅影响对道家的态度，而且影响对整个中国的态度，以及影响对亚洲其他伟大文明和信念体系的态度。在广义上，在过去的世纪，我们已经见证了一个转型，它是从欧洲中心的态度和价值享有世界统治地位的一个帝国时代、向对西方强力和理念存有深远挑战之一的转型。"① 道家思想对西方人的影响不是局部的、微观的，而是广域的，宇宙学、政治学、炼金术、伦理学、教育学等方面，他们认为道教是世界性的宗教；这种影响不仅仅限制在学术的层面，而且渗透到人们日常的生活之中，诸如瑜伽、风水等，受到他们的极大重视，"在不同的视点上，在跨越大众和学术关心的聚焦的中心，我们也能确认一个跨越学术和知识的全范围的兴趣，这已经在奇妙的途径上严肃地思考道家，它与早期由对佛教和印度教热情而来的许多尊敬相媲美，在此得到驱动的不是太多的历史学的要求，而是东方理念作为面对和说明某个关键当代问题方法的开发"②。这里直接把道家、道教的影响与佛教、印度教相提并论。

我们虽以西方价值为中心，但在对自己文化的认同度上就偏偏无视西方的动向，这显然是互相矛盾的。正如上面揭示的那样，西方人对道家思想的浓厚兴趣不在于历史方面，而是将道家思想与现实世界的问题紧密联系，诸如三大危机都能在道家思想中找到答案。换言之，道家思想本身具有的内在魅力，吸引了西方人。再看我们儒家思想一统的现实，一切研究都偏于儒家，近年来虽然对道家思想研究显示相当的重视，但仍然是不够的。这样的结果，一方面是道家思想本有的问题没有得到重视，其相应的思想资源也没有得到总结，诸如司马谈在《论六家要指》中总结的"道家无为，又曰无不为……其术以虚无为本，以因循为用"的"因循"的思想，这是在实践哲学视野里道家之所以为道家的标志性概念之一，可是，这一概念至今仍未

---

① J. J. Clarke: *The Tao of the West: Western Transformations of Taoist Thought*. Routledge 11 New Fetter Laane, London EC4P 4EE, 2000, p. 2.

② Ibid., p. 4.

得到应有的重视①,这无疑对古代文化资源的激活是一种犯罪。

五

古代思想研究的现实检点,也迫切呼吁诸子学研究的转型。

上面谈的道家的"因循"的问题,长期以来没有得到重视的结果,实际上给古代文化资源的有效利用形成了实际的阻障,造成了资源的浪费,也断送了"因循"为现代化建设服务的诸多机会,我们目前居民规范意识薄弱的现实,不能不说与忽视"因循"的古代资源的总结和分析,以及割裂创新与因循的关系这一做法存在关联,也与《辞海》《辞源》臆想地把"因循"与"守旧"相连接的武断做法分不开。

以上仅是问题的一个方面,就是在儒家思想的研究中,也严重存在一叶障目的情况。这里就拿"忧患"来做例子。忧患是个老话题,可以说它与中国知识人存在特殊的关系,往往把具有忧患意识作为知识人的优良品德之一,本文对此不做评论。这里想强调的是我们特别重视忧患,就是迄今的一些研究选题仍有关于忧患的内容,认为这是优良的传统。问题是儒家重视的不仅仅是忧患,还有与此相连的危机意识,而危机意识迄今都没有成为我们聚焦的问题,仍在文化因素的圈外,这是非常遗憾的事情,也是我们的问题所在。

我国古代的忧患意识,最早可以在《诗经》里找到。"忧"在《诗经》里出现75次左右,其中"忧心"约25次,"心之忧"约24

---

① 参照许建良《为"因循"翻案》,《新世纪的哲学与中国——中国哲学大会(2004)文集》上卷《传统与现代》,中国社会科学出版社2005年版,第575~585页。

次,"我心忧伤"约4次,"心忧"约3次,"心忧伤"4次,"无思百忧"约3次。一个不可否认的事实是,《诗经》对"忧"的解释侧重在"心",这说明"忧"是一种心的活动;《诗经》里没有出现"患",实际上,"忧"与"患"在字形上都与心联系,说明都是心理活动,《说文解字》的"患,忧也",就是这样来解释的,它们往往可以互释。在动词的层面上,表示担忧、忧虑;在名词的意义上,则表示忧患、祸患。忧患意识就是由对忧患、祸患认识而积淀起来的心理情感,往往表现为忧愁之感。对《诗经》中的忧患意识,先哲都有深刻感悟,《汉书·艺文志》认为"大儒孙卿及楚臣屈原,离谗忧国,皆作赋以风,咸有恻隐古诗之义";清刘熙载《艺概·诗概》也认为"大雅之变,具忧世之怀,小雅之变,多忧生之意"①。这些就是有力的佐证。

  忧患的运思在孔子那里也能找到,"不患人之不己知,患不知人也"(《论语·学而》)、"人无远虑,必有近忧"(《论语·卫灵公》),"忧"和"患"是分开的,这里没有成为一个概念。就孔子而言,"忧"和"患"的意思就是忧虑。对孔子而言,"丘也闻有国有家者,不患贫而患不均,不患寡而患不安。盖均无贫,和无寡,安无倾"(《论语·季氏》)最为主要。换言之,贫穷和寡少是不用担心的,关键是在贫穷和寡少的境遇里作到均平,这样大家就能和安。也就是说,孔子明显表现出不关心发展生产的倾向,而运思如何在贫寡的境遇下快乐生活,"贤哉,回也!一箪食,一瓢饮,在陋巷,人不堪其忧,回也不改其乐。贤哉,回也!"(《论语·雍也》)就是具体说明。在贫寡的境遇里能保持快乐心态的话,就能忘却忧愁和忧虑,即"叶公问孔子于子路,子路不对。子曰:'女奚不曰,其为人

---

① 刘熙载著、薛正兴点校《刘熙载文集》,《艺概》卷二《诗概》,江苏古籍出版社2000年版,第93页。

也,发愤忘食,乐以忘忧,不知老之将至云尔。'"(《论语·述而》)所以,对儒家孔子而言,贫寡等关联物质生活方面的东西是不担忧的,"君子谋道不谋食。耕也,馁在其中矣;学也,禄在其中矣。君子忧道不忧贫"(《论语·卫灵公》)、"德之不修,学之不讲,闻义不能徙,不善不能改,是吾忧也"(《论语·述而》),道义是他唯一担忧的内容。

忧患作为一个概念,在孟子①、荀子那里就能找到。总的说来,孟子把忧患作为人生命活力的根源②,荀子则把忧患与国家的安危紧密相连,国家安定不仅君主快乐,而且没有忧民,国家危险就没有快乐的君主;这样的话,社会治理就成为首要的任务,在实行社会的治理中远离忧愁、获得快乐③。《易大传》中忧患有两个用例,诸如《系辞下》"易之为书也不可远,为道也屡迁。变动不居,周流六虚。

---

① 《孟子》有1个用例,《荀子》有4个相同意义上的用例。
② 《孟子·告子下》:"舜发于畎亩之中,傅说举于版筑之间,胶鬲举于鱼盐之中,管夷吾举于士,孙叔敖举于海,百里奚举于市。故天将降大任于斯人也,必先苦其心志,劳其筋骨,饿其体肤,空乏其身,行拂乱其所为,所以动心忍性,曾益其所不能。人恒过,然后能改;困于心,衡于虑,而后作;征于色,发于声,而后喻。入则无法家拂士、出则无敌国外患者,国恒亡。然后知生于忧患,而死于安乐也。"
③ 《荀子·王霸》:"国危则无乐君,国安则无忧民。乱则国危,治则国安。今君人者急逐乐而缓治国,岂不过甚矣哉!譬之是由好声色而恬无耳目也,岂不哀哉!夫人之情,目欲綦色,耳欲綦声,口欲綦味,鼻欲綦臭,心欲綦佚。此五綦者,人情之所必不免也。养五綦者有具,无其具则五綦者不可得而致也。万乘之国,可谓广大、富厚矣,加有治辨、强固之道焉,若是,则恬愉无患难矣,然后养五綦之具具也。故百乐者生于治国者也,忧患者生于乱国者也,急逐乐而缓治国者,非知乐者也。故明君者必将先治其国,然后百乐得其中;暗君必将急逐乐而缓治国,故忧患不可胜校也,必至于身死国亡然后止也,岂不哀哉!"(王先谦《荀子集解》,北京中华书局1988年版,第210~211页。)

上下无常，刚柔相易，不可为典要，唯变所适。其出入以度，外内使知惧，又明于忧患与故"①。可以说，《周易》本身就是忧患意识的写照。不仅如此，在忧患的行程里，《易大传》强调"君子以思患而预防之"(《象传下·既济》)，这可以说就是我们习惯认定的并引以为傲的"忧患"情节，孔颖达的总结也非常精彩："若无忧患，何思何虑，不须营作。今既作《周易》，故知有忧患也。身既患忧，须垂法以示后，以防忧患之事。"② 对《易大传》的忧患意识，徐复观也认为，周在取代殷以后，表现出来的不是趾高气扬的气象，而是忧患意识③。

儒家重视忧患的运思可以说是前后一贯的，这在新出土的文献中

---

① 楼宇烈校释《王弼集校释》，北京中华书局1980年版，第569~570页。

② 《周易正义》，阮元校刻《十三经注疏》，北京中华书局1980年版，第89页中。

③ 徐复观对忧患意识是这样界定的："忧患意识，不同于作为原始宗教动机的恐怖、绝望。一般人常常是在恐怖绝望中感到自己过分地渺小，而放弃自己的责任，一凭外在的神为自己作决定。在凭外在的神为自己作决定后的行动，对人的自身来说，是脱离了自己的意志主动、理智引道的行动；这种行动是没有道德评价可言，因为这实际是在观念的幽暗世界中的行动。由卜辞所描绘的'殷人尚鬼'的生活，正是这种生活。'忧患'与恐怖、绝望的最大不同之点，在于忧患心理的形成，乃是从当事者对吉凶成败的深思熟考而来的远见；在这种远见中，主要发现了吉凶成败与当事者行为的密切关系，及当事者在行为上所应负的责任。忧患正是由这种责任感来的要以己力突破困难而尚未突破时的心理状态。所以忧患意识，乃人类精神开始直接对事物发生责任感的表现，也即是精神上开始有了人的自觉的表现。"《周初宗教中人文精神的跃动》，徐复观《中国人性论史》，生活·读书·新知三联书店2001年版，第18~19页。

也可得到证明,即"凡忧患之事欲任,乐事欲后"①,体现出对积极担当忧患事务、尽力谦让快乐事务的强调。这与《易大传》体现的精神是一致的,与《诗经·小雅·无将大车》的"无思百忧,只自疧兮"所体现的思想本质存在相异的一面,这也是需要引起注意的。

历来对儒家忧患的研究基本都停止于此,其实,这是浅尝辄止的行为。具体理由是,儒家思想家在强调忧患的同时,推重与此相连的危机意识的培育。"危"在词语学上,小篆字形上面是人,中间是山崖,下面是腿骨节形。表示人站在很高的山崖上,本义是在高处而畏惧;在动词的层面,是恐惧、忧惧的意义;在名词的角度,是危机、危亡、危险等困境及其根源的意思。必须注意的是,反映"危"的动词层面意思的概念还有"惧"②,《说文解字》曰:"危,在高而惧也。"对危机、危亡、危险等困境及其根源等的认识,以及忧惧危机来临和避免、应对危机的心理和能力的综合整合,就是我们所说的危机意识;在危机侵袭来临时,危机意识可以驱动人们采取立即行动以避免造成灾难,脱离危险境地;对人而言,它是一种真实的力量。

在孔子那里,虽然"危"在动词层面的用例没有典型的表现,但他对"惧"显示出相当的重视,诸如"必也临事而惧,好谋而成者也"(《论语·述而》),就是佐证。不仅如此,而且"忧"、"惧"对应使用,"知者不惑,仁者不忧,勇者不惧"(《论语·子罕》)、"司马牛问君子。子曰:'君子不忧不惧。'曰:'不忧不惧,斯谓之君子已乎?'子曰:'内省不疚,夫何忧何惧?'"(《论语·颜渊》)

---

① 李零《郭店楚简校读记·性》,中国人民大学出版社2007年版,第139页。

② 《周易·系辞下》:"易之兴也,其当殷之末世,周之盛德邪?当文王与纣之事邪?是故,其辞危。危者使平,易者使倾。其道甚大,百物不废,惧以终始,其要无咎,此之谓易之道也。"(楼宇烈校释《王弼集校释》,第573页。)这里的"危"和"惧"就是在相同的意义上使用的。

"惧"有惧怕、危惧的意思。孔子的这一运思,为荀子所继承和发展,"若驭朴马,若养赤子,若食馁人,故因其惧也,而改其过;因其忧也,而辨其故;因其喜也,而入其道;因其怒也,而除其怨:曲得所谓焉"(《荀子·臣道》),这里惧、忧对应而用;不仅如此,荀子还直接使用了"恐惧"这一概念,诸如"身不能,知恐惧而求能者,如是者强;身不能,不知恐惧而求能者,安唯便僻左右亲比己者之用,如是者危削,綦之而亡"(《荀子·王霸》)。

荀子的最大贡献是惧、危连用,"鲁哀公问于孔子曰:寡人生于深宫之中,长于妇人之手,寡人未尝知哀也,未尝知忧也,未尝知劳也,未尝知惧也,未尝知危也……孔子曰:君入庙门而右,登自胙阶,仰视榱栋,俯见几筵,其器存,其人亡,君以此思哀,则哀将焉而不至矣!君昧爽而栉冠,平明而听朝,一物不应,乱之端也,君以此思忧,则忧将焉而不至矣!君平明而听朝,日昃而退,诸侯之子孙必有在君之末庭者,君以思劳,则劳将焉而不至矣!君出鲁之四门以望鲁四郊,亡国之虚则必有数盖焉,君以此思惧,则惧将焉而不至矣!且丘闻之:君者舟也,庶人者水也。水则载舟,水则覆舟;君以此思危,则危将焉而不至矣。"(《荀子·哀公》)在危机意识方面,荀子推重的是居安思危,即"知者之举事也,满则虑嗛,平则虑险,安则虑危,曲重其豫,犹恐及其祸,是以百举而不陷也"(《荀子·仲尼》),就是说明。在危的具体对象方面,荀子主要关注国家社稷的安危,"不利而利之,不如利而后利之之利也;不爱而用之,不如爱而后用之之功也。利而后利之,不如利而不利者之利也;爱而后用之,不如爱而不用者之功也。利而不利也,爱而不用也者,取天下矣。利而后利之,爱而后用之者,保社稷也。不利而利之,不爱而用之者,危国家也"(《荀子·富国》);"国者,天下之制利用也;人主者,天下之利执也。得道以持之,则大安也,大荣也,积美之源也。不得道以持之,则大危也,大累也,有之不如无之,及其綦也,索为匹夫不可得也，齐湣、宋献是也。故人主，天下之利执也，然而不能自安也，安之者必将道也"（《荀子·王霸》），就是具体的佐证。荀子的运思为后来的《易大传》所继承，综观《周易》，"危"字大约出现13次，"惧"约出现6次；动名词的用法都有①，显示的也是居安思危的倾向，"君子安而不忘危，存而不忘亡，治而不忘乱，是以身安而国家可保也。易曰：其亡其亡，系于苞桑"（《系辞下》），身处安逸的境遇，但不忘危险的来临；现实虽持有许多，却不忘失去它们的可能；生活秩序虽整治井然，却不忘祸乱的降临；正因为始终能够保持这样的心境和行为之方，所以，始终能够处在安稳、安逸的境遇之中，如果人人都能这样，国家的繁荣也就没有问题。此外，还强调修炼适应危惧境遇的心理，如"洊雷，震。君子以恐惧修省"（《象传下·震》），经常给自己设置恐惧、危险的境遇，来进行实际的反省和修炼。这是值得肯定的。

反观世界文明以及21世纪的现实，可以清楚地看到，民族的强大和持续繁荣与一个民族危机意识的有无存在紧密联系，西方、日本等一般都不强调忧患意识，但强调危机意识，与我们形成正相反的状态。由于我们在古代文化资源的开发利用上，迄今以具有丰富的忧患意识而骄傲，而无视忧患后面的根本性的文化因素——危机意识在民族性格培育中的巨大作用，而这样的忧患，仅仅是一种苦恼，这在《广雅》"患，苦也"的界定中就可以得到解答，而对民族的奋发毫无积极的价值而言，也不能真正形成对国家的忧患、担忧，因为局限

---

① 也存在名词动用的情况。《周易·文言·乾》："君子进德修业。忠信，所以进德也。修辞立其诚，所以居业也。知至至之可与几也，知终终之可与存义也。是故居上位而不骄，在下位而不忧。故乾乾，因其时而惕，虽危而无咎矣。"（楼宇烈校释《王弼集校释》，第214~215页。）这里是身处危险的意思。

在个人的心理活动。这可以作为涩泽荣一"在中国,尽管有上流社会,有下层社会,但却不存在成为社会中坚的中流社会。识见、人格都非常卓越的人物虽然不能说少,但从国民整体来观察时,个人主义、利己主义却很突出,缺乏国家观念。由于缺乏真正的忧国之心,一个国家而不存在中流社会,国民全体缺乏国家观念,可以说这是中国现今最大的缺点"[1] 评价的原因。这就是儒家研究现实促使转型的理由。

总之,从上面切入的儒家古典经学地位的确立、日本在借鉴儒家思想中巧妙地避免了利益与道德对立和重视孝而不认可仁的实际、日本现代化的发展是选择"西方文明精神"而有效克服儒家思想中理论与实际脱离现象的结果、西方对道家重视与我们对道家相对轻视而导致的对因循文化资源的浪费、儒家思想研究本身的浅尝辄止而导致的重视忧患而无视与此紧密相连的危机意识思想的总结,可以清楚地看到,我们要在世界舞台上有效占有我们的份额,必须尽快转型,这不是形式的转变,而是思想认识的革命。

(原载于《诸子学刊》第十三辑。作者单位:东南大学哲学与科学系)

---

[1] [日] 涩泽荣一著、王中江译《论语与算盘——人生·道德·财富》,《算盘与权利》,第164页。

漫谈总结时代的诸子学

强中华

自华东师范大学方勇先生提出"新子学"后,学界展开了广泛而深入的探讨,有的学者极力赞赏之,有的学者则提出了一些疑问。其中,最主要的争论有两点:

第一,"子学"之"子"的内涵和外延如何界定?方先生提出,"新子学"之"子"与经、史、子、集四类分科之"子"并不等同,而主要指先秦汉魏六朝时代的诸子,"子学"则是有关先秦汉魏六朝诸子的学问。有的学者指出,"子"的范围还应该进一步扩展至后代的诸子。从学理上来讲,"子"的范围确实很广泛,汉魏六朝以后的诸子似乎都应该包括在当今子学研究范围之内。不过,就研究工作的实际展开来看,如果研究对象过于宽泛,其操作性似乎又显得不够强。另外,先秦汉魏诸子特别是先秦诸子,无疑是后代子学的源头活水。因此,姑且把"新子学"之"子"界定在先秦汉魏六朝诸子范围之内,不失为一个可以让学界接受的权宜选择。

其次,"新子学"之"新"究竟新在何处?学者们已经提出,如果"新子学"之"新"是一个时间概念,指新时代的子学,那么这个时代的上限和下限又在何处?如果"新子学"之"新"指的是学术性质之新,那么它与传统的旧子学又存在哪些区别?其"新"表现在哪些方面?

　　以上问题,要在短时间内讨论出一个学界普遍认同的结论恐非易事。面临这样的理论困境,关于"新子学"的相关问题固然需要学界继续深入讨论下去,但这并不影响诸子研究工作的同时展开。为了减少理解上的分歧,本文选取了一个较为模糊的表述,即总结时代的子学。为什么称为总结时代的子学?第一,正如方勇先生所言,"新子学"本来就是旧子学的逻辑延伸,当今子学必须站在前人肩膀上才能取得更大成就。而从整体上来说,以前的子学确实已经取得了较为丰硕的成果,因此,对前代子学做出全面总结,并在此基础上进一步深化发展子学的时机已经成熟。第二,从本质上讲,人类社会的发展最终取决于人类智慧的发展,而人类智慧的发展乃是一个绵延不断的历史进程。当今世界,人类智慧要得到进一步提高,就必须继承自有人类文明以来业已形成的优秀思维成果。不过,随着时代的变迁,人类本来已经取得的某些思维成果完全有可能尘封于历史之中,不为今人所知。在这些被遗忘的智慧中,诸子的智慧无疑乃是其中非常重要的内容。因此,为了人类自身更好的发展,我们有必要重拾那些尘封多年的诸子智慧。第三,当今世界已经形成一大批从事诸子学研究的专业或业余人才。上至博导教授,下至博士、硕士,乃至一般的研究者,从事诸子研究的学者、学生可谓济济天下,这正为子学总结时代的到来提供了人才保障。第四,当今世界,特别是当今中国,社会稳定、国泰民安、信息畅通、思想开放,这无疑为诸子学的总结式研究提供了前所未有的便利条件。总之,全面、深入研究子学、总结子学的条件已经成熟。

　　总结时代的子学如何展开?它包括哪些方面的研究工作?

一、研究资料的汇总

　　研究资料的整理无疑是任何学术研究最为基础、最为重要的工作。就诸子学研究资料而言，前人已经取得了较大成就。总结时代的诸子学如何汇总研究资料？从时代上讲，新中国成立以来的研究资料相对容易收集整理，而民国及民国以前的研究资料的汇总工作难度要大得多。因此，当前诸子学资料的汇总应该如方勇先生所说，主要集中于民国及民国以前的资料。就研究资料的内容而言，既包括每个子的各种版本、各个时代有关诸子的研究著作，又包括研究、评点文章。在诸子学资料的汇总整理方面，中华书局《新编诸子集成》《新编诸子集成续编》，四川人民出版社《诸子集成补编》《诸子集成新编》《诸子集成续编》等丛书，收集历代诸子著作非常丰富。台湾严灵峰先生《无求备斋诸子集成》系列，相继影印海内外所藏诸子著作千余种。目前，方勇先生又设计了《子藏》这一网罗古今诸子著作的宏伟工程。该工程预计整理收录历代子学著作5000部，打造出一座取之不尽、用之不竭的子学研究资料宝库。其中，《子藏·庄子卷》已经于2011年出版，它是目前收录有关《庄子》文献最全最精的一部高文大典。2014年上半年，以方先生为核心的研究团队又汇聚出版了《列子》《鹖子》《关尹子》《文子》《鹖冠子》《子华子》《慎子》《韩非子》等十一位元诸子的丰富资料，可谓功劳卓著。《子藏》工作的最终完成，必将为今后的子学研究提供空前便利的条件。

　　需要特别注意的是，在子学资料汇总整理方面，除了关注古往今来的诸子版本、研究著作外，还必须关注那些散见于别集、总集、笔记、丛书、类书等各种类型图书中的单篇文章，甚至只言片语。因为古人在评点历史人物或著作时，并不一定像我们今人，动辄长篇大论、皇皇巨著，相反，他们的评点有时非常简洁，但同时又可能非常经典，因此在学术史上具有非常重要的价值。如果这些资料不被收录，或者收录不周，整理汇总出来的诸子学资料恐怕就存在许多遗憾。

二、学术史的研究

每一部诸子元典形成之后，它就必然成为一部开放的文本，后人在阐释、接受它时，不仅使元典获得了新生命，而且后人的阐释与接受本身就是一个再思想的过程，因此，研究诸子学术史乃是诸子学的必有之义。在研究资料汇总工作已经取得巨大成就的前提下，研究学术史就必然更加具有底气。这方面，方勇先生的《庄子学史》可谓学界典范。该著洋洋洒洒近二百万字，对先秦至民国的庄子学术史进行了详尽而深入的梳理与总结。有关其他诸子的学术史也已经或正在被学界关注，如熊铁基先生等的《中国庄学史》及《中国老学史》、郑杰文先生的《中国墨学通史》、唐明贵先生的《论语学史》、王其俊先生主编的《中国孟学史》、周淑萍女士的《两宋孟学研究》、刘瑾辉先生的《清代孟子学研究》、李峻岫先生的《汉唐孟子学述论》、耿振东先生的《管子研究史》（战国至宋代）、台湾学人陈秋虹的《清代荀学研究》以及田富美的《清代荀子学研究》等都是其中的代表。

需要注意的是，学术通史或者学术断代史固然非常重要，但限于体例，学术通史甚至学术断代史完全有可能难以对历史上的研究成果都做到全面、细致、深入的研究，因而学术通史或学术断代史有时不免在某些方面表现出大而全、全而空的弱点。所以，总结时代的诸子学又必须同时关注学术史中的个案。目前，学术史中的个案研究也正在成为学术界的研究热点，并取得了一些成就。比如，杨立华先生的《郭象〈庄子注〉研究》、张量先生的《赵岐〈孟子章句〉研究》、葛莱博士的《焦循〈孟子正义〉研究》（博士论文）等论著都对个案做出了较为深入的研究。当然，由于学术史中的个案相对孤立，如果只研究个案，又不可能对诸子在历史长河的影响做出系统考察，因此，个案研究又必须与学术通史或学术断代史配合进行。

三、对元典本身的研究

学术发展至今，对诸子元典，特别是元典思想的研究无疑取得了一系列重大成就，但这并绝不意味所有的问题业已解决。总结时代的诸子学仍然呼唤对诸子元典进行全面、客观、深入的研究。

比如，关于孟子和荀子人性论的研究，一般认为，性善说与性恶说水火不容，但如果仔细分析，就会发现事实并非如此。

试看孟子，他明明白白地告诉人们，"人之所以异于禽兽者几希"（《孟子·离娄下》），"口之于味也，目之于色也，耳之于声也，鼻之于臭也，四肢之于安佚也，性也，有命焉，君子不谓性也。仁之于父子也，义之于君臣也，礼之于宾主也，知之于贤者也，圣人之于天道也，命也，有性焉，君子不谓命也"（《孟子·尽心下》）。"恻隐之心，仁之端也；羞恶之心，义之端也；辞让之心，礼之端也；是非之心，智之端也。人之有是四端也，犹其有四体也。"（《孟子·公孙丑上》）可见孟子认识到，人类与动物在很多方面都是类似的，不同的地方其实很少。而且人类身上这种强大的、类似于动物的感官欲求，亦如"恻隐之心"、"是非之心"、"羞恶之心"、"辞让之心"这些微弱的端倪一样，都是与生俱来的属性。只不过孟子并不把与生俱来的感官欲求称为人性，而是仅仅把人之天生属性中异于禽兽的那一部分微弱端倪称为人性。可见，就人之天生属性而言，孟子也承认感性欲望强于善端，这显然与荀子是一致的。我们常常强调，孟子的人性论主张人自成其善，这当然是正确的，可是如果过于强调这一点，这又与孟子的实际思想并不吻合。孟子不也说过吗："人之有道也，饱食、暖衣、逸居而无教，则近于禽兽。"（《孟子·滕文公上》）显然，孟子清醒地认识到，人要成就现实的善心善行，必须同时接受来自外部的教化与规训；反之，若无后天教化与规训，人虽然先天具有善的端倪，这些端倪也不会自然而然得到彰显与扩充。这些认识显然又与荀子极为一致，只不过荀子强调得多些罢了。

至于荀子，他说："凡禹之所以为禹者，以其为仁义法正也。然则仁义法正有可知可能之理，然而涂之人也，皆有可以知仁义法正之质，皆有可以能仁义法正之具，然则其可以为禹明矣。今以仁义法正为固无可知可能之理邪？然则唯禹不知仁义法正，不能仁义法正也。将使涂之人固无可以知仁义法正之质，而固无可以能仁义法正之具邪？然则涂之人也，且内不可以知父子之义，外不可以知君臣之正。不然。今涂之人者，皆内可以知父子之义，外可以知君臣之正，然则其可以知之质，可以能之具，其在涂之人明矣。今使涂之人者以其可以知之质，可以能之具，本夫仁义法正之可知之理，可能之具，然则其可以为禹明矣。今使涂之人伏术为学，专心一志，思索孰察，加日县久，积善而不息，则通于神明，参于天地矣。故圣人者，人之所积而致矣。曰：'圣可积而致，然而皆不可积，何也？'曰：可以而不可使也。故小人可以为君子而不肯为君子，君子可以为小人而不肯为小人。小人、君子者，未尝不可以相为也，然而不相为者，可以而不可使也。故涂之人可以为禹则然，涂之人能为禹，未必然也。虽不能为禹，无害可以为禹。"（《荀子·性恶》）荀子承认每个人都具有"皆有可以知仁义法正之质，皆有可以能仁义法正之具"，这"质"这"具"通过"伏术为学，专心一志，思索孰察，加日县久，积善而不息"则可成就现实之善。根据荀子的表述不难看出,"皆有可以知仁义法正之质,皆有可以能仁义法正之具"乃是人天生具有的潜质。按照荀子"生之所以然者谓之性"的界定,"皆有可以知仁义法正之质,皆有可以能仁义法正之具"理应纳入"性"的范畴,可是以上这段文字自始至终没有出现一个"性"字,可见,荀子虽然承认人天生具有"皆有可以知仁义法正之质,皆有可以能仁义法正之具"的潜质,但他并不把这种潜质纳入"性"的范畴,这就与其对"性"的定义发生了冲突①。同时,"皆有可以知仁义法正之质,皆有可以能仁义法正之具"与孟子所谓人人都具有可以成为尧舜之善端有何区别?荀子在《王制》篇中也说:"水火有气而无生,草木有生而无知,禽兽有知而无义,人有气、有生、有知,亦且有义,故最为天下贵也。力不若牛,走不若马,而牛马为用,何也?曰:人能群,彼不能群也。人何以能群?曰:分。分何以能行?曰:义。"人之"有义"、"能群"、能"分",是否意味着荀子实际上承认了人具有成善的潜质?冯友兰先生认为,荀子所谓"皆有可以知仁义法正之质,皆有可以能仁义法正之具","乃就人之聪明才力方面说,非谓人原有道德的性质也","孟子言之人异于禽兽者,在人有是非之

---

① 张岱年先生说:"不以一偏的概念范畴统赅总全"乃是"哲学之圆满的系统"必备的特征之一。"如果一全体包括若干相异之部分,则不可以其中某一部分之特性为全体之本性。亦即,如两类现象相异甚为显著,则不当将一类消归于另一类,亦即不以适用于一部分经验之概念范畴为解释一切经验之根本范畴。"(李存山编《张岱年选集》,吉林人民出版社2005年版,第60页。)根据这一标准,孟子不把人天生具有的感官欲望纳入"性"的范畴,荀子不把人天生具有的"皆有可以知仁义法正之质,皆有可以能仁义法正之具"纳入"性"的范畴,显然都不符合"不以一偏的概念范畴统赅总全"的原则。

心等善端。荀子则以为人之所以异于禽兽者，在于人之有优秀的聪明才力"①。冯先生的解释似乎道出了荀子与孟子的区别，可是，《性恶》篇明明说："夫人虽有性质美而心辩知，必将求贤师而事之，择良友而友之。"细细体味"虽有性质美而心辩知"这一表述，可以推测出荀子的心态，面临对手的步步驳难，他似乎对自己的性恶说也有了某种程度的修正，不得不对人天然具有向善潜质的说法表示部分认同。如果事实如此，荀子"皆有可以知仁义法正之质，皆有可以能仁义法正之具"的说法则正是孟子所谓善端。

在成就现实之善的过程中，荀子比孟子更强调来自外部的教化，这是学界早已达成的共识。不过，如果我们过度强调这一点，而否认荀子同时也特别强调行为主体必须充分发挥主观能动性，争取实现自我向善，这与荀子的原初思想并不吻合。其实荀子如同孟子一样，非常重视自我克制、自我反省、自我积累。略举《荀子》书中数例："君子博学而日参省乎己，则知明而行无过矣。"（《劝学》）"今使涂之人伏术为学，专心一志，思索孰察，加日县久，积善而不息，则通于神明，参于天地矣。"（《性恶》）"故人知谨注错，慎习俗，大积靡，则为君子矣；纵性情而不足问学，则为小人矣。"（《儒效》）"心虑而能为之动谓之伪。虑积焉、能习焉而后成谓之伪。""欲虽不可尽，可以近尽也；欲虽不可去，求可节也。所欲虽不可尽，求者犹近尽；欲虽不可去，所求不得，虑者欲节求也。"（《正名》）"欲恶取舍之权：见其可欲也，则必前后虑其可恶也者；见其可利也，则必前后虑其可害也者；而兼权之，孰计之，然后定其欲恶取舍。"（《不苟》）

通过上文分析可见，孟荀二人对人之潜能的理解几乎相同：都认识到人天生具有趋善与趋恶两种潜质，且后者强于前者；都认识到人

---

① 冯友兰《中国哲学史》（上册），华东师范大学出版社2000年版，第50页。

要成就现实之善，就必须既接受来自外部的教化与规训，同时又必须充分发挥行为主体自身的能动性。此二者之大同。孟荀人性论的区别仅仅在于两点：一是对"人性"的定义不同，孟子把天生具有的趋善潜质定义为人性，而荀子认为天生具有的趋恶潜质才是"人之性"，人之所以为人，不在"人之性"，而在人之"伪"。二是二者对主观能动性与外在教化的强调程度不一样，孟子对前者强调得相对多些，荀子对后者强调得相对多些。

四、诸子学的现代转化

无论时代如何变化，不管是社会还是个人，都需要以一定的思想作为指路明灯。前人的思维成果往往成为后人思维的起点或行动的指南。对于一般的阅读者乃至一些社会组织而言，要对前代诸子的思维成果做出全面而深入的研究，几乎是不可能的。因此，从事专业研究的学者有必要在深入研究元典思想基础之上，提炼出一系列简洁而精要，且符合时代需求的诸子智慧，甚至应该根据目前的时代需要，对诸子元典做出既符合元典应有之义，又适合当下需求的创造性阐释[1]。只有如此，诸子的智慧才不会沦为一种恍若隔世的历史知识，

---

[1] 关于如何实现古代思想的现代转化，学界多有讨论，笔者最为认同的是傅伟勋先生的"创造的解释学"。傅先生的创造的解释学分为五个层次：第一，"原作者（或思想家）实际上说了什么？"第二，"原作者真正意味什么？"第三，"原作者可能说什么？"第四，"原作者本来应该说什么？"第五，"作为创造的解释家，我应该说什么？"傅伟勋《从西方哲学到禅佛教》，生活·读书·新知三联书社 1989 年版，第 51~52 页。潘德荣《文字·诠释·传统——中国诠释传统的现代转化》，上海译文出版社 2003 年版，第 138~156 页。

而是在古今对话中成长为推动当今时代进步的新智慧、新能量。

五、诸子学的普及

历史上的诸子都具有强烈的现实关怀精神，总结时代的诸子学无疑也应继承和发扬这种精神。现实关怀的表现之一是要关注普通民众的精神需要，故此，总结时代的诸子学必须注意诸子学的普及工作。当今，有关诸子学的普及读本可谓汗牛充栋，但其中泥沙俱下，鱼目混珠，真正由精熟诸子学的专家学者亲自执笔的普及读物并非主流。如果诸子学的普及读物谬种流传，必然祸及民众，影响他们对诸子真实面貌的了解，不利于他们的精神重构。因此，我们呼吁诸子学的行家里手要接地气，及时编写出一系列经得起考验的诸子普及读物。在编写这些读物时，必须注意以下几个问题：第一要兼顾全本与选本、原文与翻译的关系。作为一般接受者，由于时间、地点、精力、文化水准等限制，那种高文大典式的案头读物往往让他们望而生畏，不愿亲近、无力接近。因此，在编写普及读物时，一方面要照顾到元典的完整性，编写一些通俗易懂的全本全译；另一方面又要编写一些反映诸子思想精华的选本选译，以供不同层次的阅读者根据自身情况自由选择。第二，诸子学的普及一定要注意形式灵活多样。比如，除了传统的纸质读物外，有必要开发一些音像制品，通过MP3、MP4、电视、网络、电影等各种传播媒介，实现诸子学的广泛传播，以便普通民众更加方便地了解诸子、接受诸子。

总之，总结诸子学的时代已经来临，但这一总结重任仍在途中，它正呼吁着更多有识之士参与到这一宏伟而又艰巨的文化工程之中。

（原载于《诸子学刊》第十三辑。作者单位：西华师范大学）

传统子学精神与"新子学"的责任和使命[①]

唐旭东

"新子学",顾名思义,其称"子学",表明其与传统子学的继承性;其"新",表明其当代性和创新性。作为一种新的学术和思想行为体系,它应是对传统子学的扬弃和发展。故而,"新子学"应以学术为基础,以经世致用为目的,以践行精神为支柱,为强国复兴大业贡献自己的才智和力量。

一、传统子学的经济之志

从根本上说,传统诸子尤其先秦诸子皆经济之士。刘勰《文心雕龙·诸子》:"诸子者,入道见志之书。"方铭认为:"诸子著作,是以表现诸子各自不同的'志',即诸子个人或其学派对自然、社会、人生的观点为其目的的著作。"[②] 诸子百家都是从经世致用的目

[①] 本文为本人所参与上海大学邵炳军教授主持的上海市本级学科建设项目"先秦文系年注析与传统文化流变研究"(项目编号:A.13010212001)的阶段性成果。

[②] 方铭《中国文学史(先秦秦汉卷)》,长春出版社2013年版,第145~146页。

的出发，著书立说，甚至奔波于各国之间，宣传其主张，并借以实现个人建功立业的理想。

　　传统儒家的经国济世之志及其在漫长的专制社会历史过程中发挥的作用是众所周知的。墨家、法家、农家、纵横家等就治国理念、治国之术提出各自的理论和主张，其经世致用的目的是显而易见的。包括兵家以儒家的一些理念为基础，针对战争的现实需要提出的关于战争的理论、原则和战术方法，其目的也不是为了穷兵黩武，而主要是战胜敌人、保国安民，自然也属于经世济用范畴。

　　道家是否为经世之学或许尚有争议，其实道家之学亦为经世致用之学，这一点班固《汉书·艺文志》早已明确指出："道家者流，盖出于史官。历记成败存亡祸福古今之道，然后知秉要执本，清虚以自守，卑弱以自持，此君人南面之术也。"一般来说，"道家可以分为黄老道家与庄子道家两派，这两派的观点既有联系，又互相区别。概括而言，黄老之学，是所谓'南面之术'，站在君主本位，重法术，是强调君主以道德方式去统治人民。"① 黄老道家的典型代表著作是《黄帝四经》和《老子》。"《黄帝四经》四篇，其主要内容是出于为君主统治术总结经验的目的，因此，其思想以致治术为中心。……倡导文武并用，刑德兼行的道法、法术思想。"② 可知《黄帝四经》为经世致用之作。《老子》编排杂乱无章③，导致很多人不识庐山真面目，将其视为言道德之书，同时亦将老子视为隐逸之士。其实且不说

---

　　① 方铭《中国文学史（先秦秦汉卷）》，长春出版社2013年版，第117页。

　　② 同上，第119页。

　　③ 至于其原因，董京泉教授认为可能的原因有二：1. 老子在出关的时候本没想写书流传，被关令尹喜强要求写书，随想随写，成一杂乱无章的急就章。2. 传世竹简散乱以后重新编排的结果。信息来自2013年10月16日董京泉教授于周口师范学院所作的学术报告。

历史和现实中许多人将《老子》中阐述的思想原则和方法用于治国用兵等现实政治军事等领域，就《老子》文本内容本身而言，《老子》言道德，讲修身，论治国，显然不只是一场梦呓式的自言自语，而是为了经世致用。董京泉教授《老子道德经新编》将传世《老子》按思想内容重新分编为道论、德论、修身论、治国论四部分①，基本厘清了老子的思想体系：治国才是其根本目的，谈论治国理论方法和主张的内容是其核心内容。修身——修养真纯质朴的道德是以道治国的前提和基础。道论和德论是修身论和治国论的理论论证。正如余三定指出的："道论、德论、修身论、治国论是构成老子哲学思想体系的基本内容"，"老子的整个思想体系可以说是以'道'为形而上的根本依据，以自然无为为纲纪，以依道修身为中介，以治国安民为归宿的理论大厦。"②所论精当地点明了《老子》一书各方面内容之间的相互关系，突显了《老子》道家思想经世致用的本质。其他像《文子》《鹖冠子》《管子》皆为发扬黄老大意之作③。

至于庄子，一生贫苦傲岸，苦苦保持精神和人格的独立，使之不被现实社会所玷污扭曲，似非经济之学。但庄子之学实际上也可以分为道德论、修心养生论、处世论和治国论几个方面。方铭认为："庄子学说，其中心在于教道人们认识社会现实的丑恶，学会在现实中保护自己。"④庄子以道的本真和自然论证人的精神人格自由的天经地义和万物的齐一和平等，从而教人们在乱世中修心、养生保命，保持精神和人格的独立，避免社会给人带来的扭曲和戕害。为了达到这一

---

① 董京泉《老子道德经新编》，中国人民大学出版社2012年版。
② 余三定《经典诠释的新尝试——评〈老子道德经新编〉》，《光明日报》2009年3月17日第9版。
③ 方铭《中国文学史（先秦秦汉卷）》，第122~123页。
④ 方铭《中国文学史（先秦秦汉卷）》，第125页。

点，也需要帝王能够实行无为之治。所以，庄子的思想包含了天道、修身、处世和治国诸多方面。但"与黄老之立足于君主不同，庄子的出发点在于普通的个人，是教导普通民众如何处世，如何躲避君主政治的迫害"，"其思想深处，包含着对现实社会的深刻批判，对民众的受奴役、受迫害地位的深刻同情；倡导绝对自由，一切平等，自然无为，正是庄子对抗'有为'社会罪恶的方式"①。可见，庄子正是一位具有高度悲悯情怀的思想家。他著书立说，开门授徒，奔走各地，无非也是想兜售自己的主张，实现教导民众躲避社会的扭曲和戕害的用世目的。可见庄子并非一位真正的出世者，而是一位具有悲世悯人情怀的智者。而杨朱、庄子和列子的思想正是一脉相承的思想体系，表现出很多共性和继承性②。

总的来说，传统子学尤其先秦诸子百家，虽然在用世入世的程度上有差别，但在入世用世、经世致用的目的上却是一致的。他们怀着强烈的使命感和责任感，对天下、社会、人生、民生等诸多问题进行了广泛深入的思考，然后著书立说，开门授徒，甚至不辞辛劳，奔走

---

① 方铭《中国文学史（先秦秦汉卷）》，第127页。
② 同上书，第123~129页。实际上根据"拔一毛而利天下而不为"把杨朱的思想理解为极端自私自利的观点是片面的。正如方铭所言：杨朱的真正意思是："有人损一毫利天下，则有人以天下奉一身。如果人人不损一毫，则人人不得以天下为利。每个人都有权力发挥自己的智慧，保护自己的利益不受侵犯，所谓'智之所贵，存我为贵'。人人存我，则君主不能侵犯人民，人民有与君主相平等的捍卫自己利益的权力。"（第123页）杨朱想要表达的正是对君主和权力侵害民众利益的不合理现象的不满，并提出自己构想的解决方案，他提出这些主张并著书立说宣传这些主张，其目的正是为天下人出主意，而不是"拔一毛而利天下而不为"，他这话是对民众说的，而不是说他自己。由此可见，杨朱并非自私自利者，而是一位具有独立自由的人格和悲世悯人情怀的学者，从这个角度上说，他本人还是要积极入世的，他提出并宣扬这些思想主张，正是经世济用精神的表现。

于各国各地之间，期望自己的思想能够为国计民生发挥积极的作用。这些学说无一例外，皆为经世致用之学。

二、传统诸子的文化精神

传统诸子之所以普遍具有经世致用的目的性，主要是因为他们普遍具有悲世悯人的情怀，卓然不群的人格精神和建功垂世的价值观。为了使自己的思想和主张能够真正实现经世致用的社会价值而具有现实意义，他们普遍具有义无反顾的践行精神。

（一）悲世悯人的情怀

传统诸子尤其先秦诸子对现实社会和国计民生有着普遍的关注。他们具有敏锐的眼光，发现当下国内国际政治、经济、军事等涉及国计民生各个方面的重大问题，纵览历史的经验教训，全面思考天道人事的关系，以"究天人之际，通古今之变，成一家之言"的勇气、魄力、才识和气度提出自己认为切实可行的理论和主张。虽然他们对待天与鬼神的态度有所不同，但其现实针对性是非常明显的。儒家看到礼崩乐坏、天下动乱的现实，悲悯于礼制的崩坏和政治秩序的混乱，提出恢复周礼的主张和再造"东周"的理想。法家也痛感于社会的失序，只不过他们开出的药方不是温柔敦厚、雍容和谐的礼乐教化，而是靠严刑峻法和暴力来维护社会的秩序。而黄老道家则痛心于苛政、虐政扰民、害民的社会现实提出君主应该行无为之政。墨家则痛感于社会的自私和为了私利而相互攻伐的现实，提出"兼爱"、"非攻"等理论主张。兵家则痛感于春秋以来列国相互攻伐而且"春秋无义战"的现实，悲悯于军人的惨重伤亡和百姓遭受涂炭的灾难，提出了战争的一系列原则和战略战术，以图制止非正义的战争，并在抗击外敌的战争中克敌制胜，保国安民。

相对于各家的"上层"路线，杨朱、庄子一派则痛感于在昏上乱相的统治下，列国相互攻伐，民不聊生，人格和精神被扭曲戕害的现实，提出了一系列关于加强道德人格修养，超脱名缰利锁，在乱世中苟全性命、保持精神人格的独立和自由等为人、处世的策略和方法，并对这些策略和方法进行了哲理的探讨和论证。他们的思想、理论和方法表现为对中下层人的现实痛苦的关注，彰显的仍是一种热切的悲世悯人情怀。

（二）强烈的责任感

传统诸子尤其先秦诸子，就其身份而言，大都是有一定身份的衣食无忧的士人。在政权的庇佑之下，他们如果抛开世事，完全可以过着饱食终日、怡然自乐的逍遥闲静生活。但他们视国计民生为己任，想方设法，或者奔走游说，或者开门办学，著书立说，劳心劳力，百折不悔，为自己选择一条艰难曲折的荆棘之路而且义无反顾、顽强不息地走下去。即使最终在有限生命的尽头，他们还著书立说，流传后世，希望自己的思想和主张在将来的社会有所作用，至少对后人有所教育和启迪。面对相同的社会和民生现实，相对于长沮桀溺之流的躬耕避世、聊自逍遥的退隐之士，他们是一群有着强烈的责任感、使命意识和事业心的勇敢者和担当者。

（三）义无反顾的践行精神

传统诸子不但以悲世悯人的情怀关注社会和人生的现实，关注社会和人生的生活苦难和精神困境，从各自不同的角度提出了"突围"的方法，而且他们都以自己的实际行动践行自己的主张，虽遭艰难困苦，甚至杀身成仁，而百折不回，义无反顾。这种践行精神足令百代景仰。孔子周游列国，干谒七十二君，且不说被围于匡、厄于陈蔡这样的严重困境，亦不说那屡遭挫折，对理想的憧憬、怀疑、坚持，这种精神的磨砺，就当时舟车之劳顿，路途之颠簸，风餐露宿，饥啼号寒，这样的艰辛自非常人所能忍受与坚持。商鞅变法，不可能不知道得罪太子的后果，但为了新法的贯彻执行，他选择了坚持。吴起在楚国变法，得罪了当权的贵族和官僚，他对此并非不知，但并没有退缩避让。法家人士的悲剧结局，首先是死于对理想和事业的坚持和践行。农家学者放弃自身的优越生活条件，宁愿亲执耒耜，胼手胝足，耕而后食，服小人之劳。墨家学者同样如此，墨子不但提出兼爱、非攻的主张，而且亲身践行，并曾不远千里，历尽奔波之苦到楚国阻止楚王伐宋。庄子则安贫乐道，在艰难困苦中坚守那份自由与逍遥。而且先秦诸子大都有开门授徒、游历干谒、推广自己的思想主张的经历。他们的主张是否合于时宜且不说，就他们那种身历百艰而不悔的精神足令后人闻而动容。

（四）卓荦不群的人格精神

人要有所成就，必然或多或少要有点个性和人格精神。没有个性的人物，势难有所建树。传统诸子都是个性鲜明的人物，他们不但在思想上继承传统而与时俱进，表现出鲜明的特色，就是在人格精神方面也表现得卓荦不群。他们不会在意世俗，不会因为世俗的眼光和评价而改变。他们了解自己的思想价值，对于君上，他们也敢于"说大人则藐之"，自信能够以自己的思想主张和人格征服那些高高在上的王公贵族。就是宁愿远离政治，远离统治者，宁愿"曳尾于塗中"的庄子，在王公贵族面前也表现出强烈的自信，鲜明的傲气和捍卫人格和精神独立与自由的铮铮傲骨。

应该说，这些方面是传统诸子文化精神的主要方面，是他们留给后人的宝贵精神财富，值得后人深入学习继承，发扬光大。

三、"新子学"的责任和使命

当代"新子学"既称"子学",则必然要继承传统子学的思想和精神品格,既称"新",则必然要在继承的基础上创新,要体现出适应当代需要的新变。因而,当代"新子学"应以学术为根本,以经国济世为目的,在强国复兴的大业中发挥应有的历史作用。

(一) 传统子学文献的搜集整理

这是学习和继承传统子学思想和文化精神的最重要的基础和前提。这项工作已经受到学界和国家相关部门的高度重视,《子藏》具有里程碑的重要意义。方勇老师正率领他的科研团队为此浩繁的巨大工程勤恳工作,做着兢兢业业的努力,并已取得了阶段性的成果。全国从事子学学习与研究的学者应该共襄盛举,各尽己能以助成此千秋大业。

(二) 传统诸子学术思想和文学之美的继续深入学习和研究

传统诸子学术思想的学习和研究工作实际上远未完成。以《子藏》的宏大工程为契机,充分利用《子藏》的成果,在尽可能全面拥有文献资料的基础上深入研读文献。要以元典文献为根本,准确理解和继承传统诸子的思想和文化精神,防止旧说的误导,纠正已有成说中的错误或者片面认识,我们还有很多工作要做。

(三) 整理传统子学思想和文化精神中适应当代需要的内容,为当代政治、经济、军事、文化等各方面的建设工作建言献策。

传统子学的文化精神最根本的就是其悲世悯人的情怀、心怀国计民生的责任感和义无反顾的践行精神。这是"新子学"和当代子学学者最应该学习、继承和发扬的。"新子学"不能也不应该仅仅是案头的学术和学者们茶余饭后的聊资,而应该是深入实践到国计民生中,为建立和谐、富强的社会发挥重要作用的实际行动和伟大力量。先秦诸子留给我们的绝不仅仅是他们的著作,还有他们为了实现自己的思想方略所进行的艰苦实践以及在这个过程中体现出来的百折不挠甚至杀身成仁的精神。

(四)"新子学"应该成为学术创新的领军和楷模

传统子学一直以创新学术为鲜明特色。传统子学学者一般学识广泛,在广泛学习继承的基础上,着眼于当代社会政治、经济、军事、文化和社会生活的需要和紧迫问题进行广泛而深入的思考,为当时的国计民生提出建设性的意见、主张和方略。"新子学"也应该学习传统子学的这种文化精神,围绕当代社会政治、经济、军事、文化和社会生活的需要和紧迫问题进行广泛而深入的思考,为当代的国计民生提出建设性的意见和方略,并义无反顾地践行之。

(五)"新子学"应该发挥播种机、宣传队的作用

传统诸子大都开门授徒,甚至到处游说,宣传自己的思想和主张。受此启发,"新子学"应该而且可以做如下方面的工作:

1. 推动"新子学"学科的建设,以期在高校乃至中小学以专门学科的方式和途径实行和加强传统子学与"新子学"思想文化的教育。

2. 充分利用当代各种传媒管道和体系,以老百姓喜闻乐见的节目形式扩大和加强传统子学和"新子学"思想文化在民众中的宣传教育。

3. 与地方的学术和文化团体的合作,这是一条重要途径。如周

口市国学促进会定期举办的传统文化讲坛就是一个专门针对社会民众进行宣讲教育的社会团体。宣讲者往往是对传统文化有着深切爱好并且乐于志愿工作的学者。通过跟这样的文化团体合作，很容易将传统子学和"新子学"的思想文化精神成果传递和融入普通百姓心中。他们又会以自己的方式把自己的体会和心得在日常交流中传递到家人、亲戚和朋友当中去。这对当代文明社会建设的意义是非常重大的。

总的来说，我的主张是"新子学"应以学术为基础，以经世致用为目的，以践行精神为支柱，以强烈的使命感和责任感继承和创新学术，建言献策，教化民众，为强国复兴大业贡献自己的才智和力量。

（原载于《诸子学刊》第十三辑。作者单位：河南周口师范学院文学院）

"新子学"承载回应时代问题的神圣使命[①]
——以老子"天下观"意蕴与普世价值为例

谢清果

引言 "天下有道"的深切寻思

"新子学"之新，其实就是继承创新之意。具体说来，就是继承了先秦子学的时代意识，积极探索"礼崩乐坏"时代下的社会出路问题。究其实质，诸子百家都是力求回归于正道，只不过实现目标的路径设计各异。当代的中国社会和世界都面临着完善社会治理和世界治理的一系列问题，而解决问题的根本还得从旧观念中超脱出来，以新的思想观点和方法来处理发展过程中的问题。而新思想观念的推出并不是凭空产生的，它一定是继承传统，因应时代问题而开拓创新的结晶。当代中国社会发展越发让我们意识到，中华优秀传统文化是中华伟大复兴的重要基石，也是扩大文化软实力的重要资源。以"天下观"为例，它是中华文明秩序原理所在，虽然曾在近代西方文明

[①] 本文为厦门大学哲学社会科学繁荣计划项目"中国话语权研究"之子课题"提升中国文化话语权的路径研究"（项目号：0101Y07200）阶段成果之一。

的冲击下衰弱了，但其合理内核在当代，尤其是当人类走向后现代的时候，就越发显得其内蕴的"天下一家"观念的宝贵。继承和创新天下观当是世界走向和谐有序的不可或缺的思想资源，也是中国对世界最大的贡献。本文着重以老子《道德经》中的"天下"观为例，探索天下观指道下的社会治理及其世界治理的系统智慧，以期推动像"新子学"思潮一样的"中国再造"运动，以复兴我们的文化自信。

《辞源》："天下，旧说地在天之下，故称大地为天下。古籍中以家、国、天下连称，指积家成国，积国成天下，故三代统一诸国，称有天下；由统一分裂，称失天下。所说天下，指全中国。统一天下，即统一全中国。《书·大禹谟》：'奄有四海，为天下君。'"[1]《汉语大词典》"天下"一则称古时多指中国范围内的全部土地；全国。二则指全世界[2]。

"天下"观念在中国古籍中据有重要地位，保有"天下"的情怀成为中国传统士人的独特精神气质和高尚情操。"天下"自古至今既有中心与边缘的国家想象，又有推己及人的超越国家之上的责任担当，因此在当代扬弃"天下"观的意涵，发扬我中华大国"天下一家"的理念，将"和谐社会"、"和谐世界"向全球传播，这不但是我国增强文化软实力的必然要求，也是世界走向文明和谐的时代呼唤。正是在这样的时代背景下，我们重新审思中国古典文献中的"天下"观念，以期高扬中华文化的世界话语权，促进世界更开放，更自由，更民主，更公平，更和平，更发展，更和谐……"'天下观'既是中国古代的地理观、世界观，也是中国古代的文化观、价值观。从中华'天下观'的形成及其内容来看，崇尚礼、德、仁等价值观念是其文化核心。它体现了在高度发达的农业文明熏陶下的中

---

[1]《辞源》合订本，商务印书馆1988年版，第370页。
[2]《汉语大词典》缩印本，汉语大词典出版社1997年版，第1333页。

国先人对自己文化所产生的高度自信。由高度发达的农业文明孕育的中华伦理政治文化，注重伦理道德的社会规范，主张君主推行德治仁政的王道理想。由于中国传统伦理政治文化特质的规范，几千年来中国追求的是文化立国、建设礼仪之邦的政治文化理念。'观乎人文，以化成天下'，历代统治者都把文化的化育作用摆到突出位置，文化成为建立和维护天下秩序的重要支柱。"[1]

学界认为"天下观"中国在商周之际就已经成形了[2]，并由以自我为中心的直观"天下"观，逐渐转化到以"普天之下"为中心的大一统观念这一具有政治伦理意蕴的"天下"观。天下观具有德及天下的追求，但在实践过程中却有专制主义之虞。因此，中国历代有"天下为天下人之天下"与"天下为帝王一家之天下"的民主与专制之争。当然这也说明中华文化中存有普世价值的因素，只是这种因素在封建专制体制下没有得到充分的阐扬，而大多停留在精英士人的理想中，最多是希望能够有时制约帝王以天下为念，进行以民为本的施政。不过，"天下观"内涵着"天下一家"和"王者无外"的思想，并蕴藏了"天下大同"的理想旨趣，是毋庸置疑的。

当今天下依然混乱，"阿拉伯之春"成为"阿拉伯之冬"，以美国为首的西方世界为谋求国家利益而无情地制造了伊拉克等多国内乱。我们越来越清楚地看到，西方的世界秩序观念的狭隘与偏见，正日益成为世界动荡的观念之源。对中西两种文化都有深刻反思的杜维明教授指出："现代西方文化一方面创造了很多价值，但同时也把人类带到了不仅是自我毁灭，而且可能把经过亿万年才逐渐发展出来的

---

[1] 杜永吉《"天下观"视野中的中国战略文化传统》，《淮阴师范学院学报》，2006年第1期。

[2] 李宪堂《"天下观"的逻辑起点与历史生成》，《学术月刊》，2012年第10期。

有利于人类生存的生化环境亦同归于尽。"又说："现代西方文明完全以动力决荡天下，以达尔文的进化论和浮士德精神的无限的扩张、无限的发展、无限的争夺这种心态作为主道，必须重新反思。"①

观念的问题，还需要观念去纠正。有鉴于此，探索中国在秦专制体制形成之前的春秋战国时期士人对"天下"的想象与设想，有助于在当代阐发中国"天下"观优越于西方"国家"观的普世价值。道家在先秦具有举足轻重的地位，且其"天下"具有优超于儒家等其他诸子百家的超越人类中心主义的普世价值，这一点在《道德经》尤为突出。《道德经》（王弼本）中有31章共61次提到"天下"，这在仅五千余言的文本中所占的分量不可谓不重。

在《道德经》中，"天下"包涵有"万物"、"百姓"、"国家"、"世界""天地之间"、"人世间、社会上"等语义群，大多泛指一切事物。且英语世界常将它翻译成"the World""the Empire""Under heaven"②。

《道德经》的"天下"，相当部分是在谈论"天下"与"道"的关系。既然天、地、人三才俱是道的儿女，那么人世间所在即是"天下"。从发生学角度而言，是道之所生，亦受道所支配。老子曰："有物混成，先天地生。寂兮寥兮，独立不改，周行而不殆，可以为天下母。"（《道德经》二十五章，以下仅列章名）他强调了道先于天地所存在，并担任"天下母"的角度。正因如此，道"不可得而亲，不可得而疏，不可得而利，不可得而害，不可得而贵，不可得而贱，故为天下贵"（五十六章）；同时，道又是天下万物所必须，"万物莫不尊道而贵德"（五十一章），正是因为"古之所以贵此道者何？不

---

① 《杜维明学术文化随笔》，中国青年出版社1999年版，第133页。
② 肖志兵《亚瑟·韦利英译〈道德经〉的文化解读以"天下"一词为例》，《湖南第一师范学报》，2008年第1期。

曰：求以得，有罪以免邪？故为天下贵"（六十二章）。

只不过，天有天道，地有地道，人有人道。而人道则应法天，法地，进而法道之自然。老子期盼"天下王"能够知道，用道，守道，如此天下方可太平。他警告世人："天下有道，却走马以粪。天下无道，戎马生于郊。"（四十六章）人世的欢笑与失意从根本上讲，在于是否顺"道"而行。

一、"天下王"与"王天下"的政治理想

道在老子的视域中，既在历时性上是天下之母（始），又在共时性是天下万物内在的推动者，因此它无所不在，无时不有。换句话说，道的呈现是以"天下"为空间，即无以弗届的一切地方，都"唯道是从"，都是"天网恢恢，疏而不失"。那么在这样的空间里，老子看来也应当有个有道的主宰者来带领天下百姓"尊道贵德"，从而社会进入"太上，下知有之"的和谐理想的治理状态。这个人老子称为"天下王"。"天下王"以安天下为己任，遵循"清静为天下正"（四十五章）的行事法则，坚持"以道莅天下，其鬼不神"（六十章）的"以正治邦"的治理之法。在处理国与国之间的关系时，奉行"大国者下流，天下之交，天下之牝"（六十一章）。老子在肯定国有大小强弱之别的现实基础上，认为大小国的责任和姿态也有所不同，即"大国以下小国，则取小国。小国以下大国，则取大国"（六十一章），就是说，大国谦下对待小国，则小国归附，小国谦卑对待大国，则得到大国的庇护，这只就国自身而言，不过，大小国问题，老子鲜明地强调"大者宜为下"，就是说大国负有更大的责任，更应主动谦下待小国，如此才是国际和谐之源。小国如其不然，忘乎所以来扰乱秩序，则老子也鲜明地认为"为奇者，吾得执而杀之，

孰敢"（七十四章）。只不过，即便在此情境下，老子依然强调不用轻易用兵，因为用兵"稀有不伤其手"，就是杀一万，自损八千，是件悲哀的事。

（一）天下王的作派

道是整体性，因此道治社会（天下）自然也是"大制不割"的，亦即天下一家，天下一体，无内无外，共用天下太平的福利。老子作为史官，深知治理一个国家尚且如此艰难，何况是治天下。不过，道（理）之所在，势当为之。因此，他也为能够带领全天下百姓过上幸福美满的生活，设想了一位具有特别素养的"天下王"，以担此重任。《道德经》有云："弱之胜强，柔之胜刚，天下莫不知，莫能行。是以圣人云，受国之垢，是谓社稷主；受国不祥，是为天下王。"（七十八章）老子于此强调"社稷主"、"天下王"当具有非凡的品格，那就是能够行常人所不能行的，持守能够胜刚强的柔弱，因为在老子看来，"守柔曰强"。"天下王"一定是个能够自知知人、自胜胜人，且能强行并富有远大理想目标的强者。这样的强者即有着最柔弱的心，那就是保有巨大的自我牺牲精神，即"受国之垢"、"受国不祥"，无论是天灾还是人祸，他都能担当。因为"圣人无常心，以百姓心为心。……圣人在天下歙歙，为天下浑其心。圣人皆孩之。"（四十九章）圣人无己故而心系天下百姓，且无分别地对待百姓，如同对待自己的孩子一般，即具有"慈"的秉性。

或许正是老子意识到作为"天下王"的难处，才千方百计地多角度塑造"天下王"当具有这些品格修养。

（二）贵身爱身的作为与寄托天下的担当

老子称："贵以身为天下，若可寄天下。爱以身为天下，若可托天下。"（十三章）寄托天下之人当是"天下王"，那么天下王要有什么样的品格呢？老子明确提出"贵以身为天下"、"爱以身为天下"的要求。问题是这两句话是要表达将自身奉献给天下，还是将自身的重要性置于天下之上？似乎两层意义都有，那是不是矛盾而不可调和呢？对此，冯友兰先生认为："'贵以身为天下'者，即以身为贵于天下，即'不以天下大利，易其胫一毛'，'轻物重生'之义也。"①在重要性上而言，似乎身比天下重，因为"修之于身，其德乃真"，而"真"又是老子的核心价值，非修身之真，自然无以"为天下"之真。高亨则认为："'贵'者，意所尚也，'爱'者，情所属也。'以身为天下'者，视其身为天下人也……是无身矣，是无我矣，是无私矣；方可以天下寄托之。"② 其中，贵身是贵真，而无身是无私，贵真方可无私，贵身方可无身。爱自身之身，可爱天下之身。这一点与孔子"己欲立而立人，己欲达而达人"思想是一致的。所以说，寄托天下的人一定是珍爱生命且能为天下奉献生命的人，一定能将有限的生命与无限的大道统一起来，将个人与社会统一起来。

(三)"为天下式"以安天下

圣人既然成为寄托天下的人，那么自然赋有安顿天下的责任。安天下自然得有通行的模式或标准。于是，老子提出"圣人抱一，为天下式"（二十二章）的思想。也就是说，老子认为最根本的就是圣人责无旁贷地充当天下的楷模。傅奕本《老子》有言"圣人之在天下，……百姓皆注其耳目"，圣人君临天下，成为百姓瞩目的人。圣人的一言一行都被百姓视为效法的对象。正因如此，老子强调"圣人处无为之事，行不言之教"（二章），"不言之教，无为之益，天下希及之"（四十三章）。圣人谨言慎行，就是担心自己没有做到众人

---

① 冯友兰《中国哲学史》，商务印书馆 1934 年版，第 177 页。
② 高亨《重订老子正诂》，北京古籍出版社 1957 年版，第 30~31 页。

表率，有负百姓的期望。

《老子》书中二十二、二十八、六十五章共五处提到"式"。据考证，"式"即"栻"，是一种通过天时来判断吉凶的工具，有时也称"天时"。《周礼》曰："太史抱天时，与太师同车。"郑司家云："大出师，则太史主抱式以知天时，主吉凶。"《汉书·王莽传》曰："天文郎案栻于前。"《史记·日者列传》亦言："今夫卜者，必法天地，象四时……分策定卦，旋式正棋，然后言天地之利害，事之成败。"《索隐》云："按式即栻也，旋，转也。栻之形，上圆象天，下方法地，用之则转天纲，加地之辰，故云旋式。"任继愈认为《老子》二十八章"为天下式"说的是：甘当太史用的"式"，才可以"常德不离"；而二十二章中的"圣人抱一为天下式"是说，如果有了"道"作为标准（"抱一"，一即道），就可以像史官抱式"定日月，分衡度"那样明确地处理世界上许多复杂纷乱的现象而不致迷失方向①。

何谓"天下式"？在老子看来就是"抱一"（帛书本为"执一"）。王弼注："一，少之极也。"② 当有"大道至简"之意。执政当以简单而不繁琐为要义，"少则得，多则惑"。"抱一"，通常理解为"抱道"。道是圣人一切言行举止的终极依据，正是模范地遵循了道，圣人才成为"天下王"。不过，"抱一"之说过于抽象。于是该章接着说，"不自见故明；不自是故彰；不自伐故有功；不自矜故长；夫唯不争，故天下莫能与之争。"有道的天下王能够做到如上"四不"。正是通过"四不"的调适，体现出圣人"行于大道，唯施是畏"（五十三章）的行为方式，如此，他才成为无以匹敌的天下

---

① 转引自谢清果《先秦两汉道家科技思想研究》，东方出版社2007年版，第354页。

② 楼宇烈校释《王弼集校释》，中华书局1980年版，第56页。

王。否则，如果陷于"四自"，则为道所弃："自见者不明，自是者不彰，自伐者无功，自矜者不长。其在道也，曰：余食赘形。物或恶之，故有道者不处。"（二十四章）

其实，"抱一"的精神要旨当在于道是一体的，不可分割，无以分别，无以名状，不可强求。因此，老子对圣人治世提出"楷式"一说："古之善为道者，非以明民，将以愚之。民之难治，以其智多。故以智治国，国之贼。不以智治国，国之福。知此两者，亦稽式。常知稽式，是谓玄德。玄德深矣，远矣，与物反矣，然后乃至大顺。"（六十五章）本章鲜明地提出，治世不可任智，智有所穷，力有所穷。以智治国，必有所蔽。因此，老子认为当以"愚"（愚朴，混沌）处之。他苦心孤诣地提出，当把握"以智治国"与"以愚治国"的分野，这就是施政者的"楷式"（法式，准则），因为如此作为，正是玄德的体现，而玄德是契合于道的，如此天下大顺，百姓康乐。

当然，我们深知，要抱一，当知"二"，于二中求一。在二中求得平衡，便是通向"一"的道路。于是老子说："知其雄，守其雌，为天下溪。为天下溪，常德不离，复归于婴儿。知其白，守其黑，为天下式。为天下式，常德不忒，复归于无极。知其荣，守其辱，为天下谷。为天下谷，常德乃足，复归于朴。朴散则为器，圣人用之则为官长。故大制不割。"（二十八章）知雄守雌、知白守黑、知荣守辱，其实都是"天下式"，是阴阳两方面在不同情况下的呈现，其共同的策略都是知与守，即理论与实践的统一。圣人正是在抱一即形象——婴儿、无极、朴的状态下"知器而守朴"而成为官长的。要言之，圣人把握住"大制不割"即"执大象，天下往。往而不害，安平泰"（三十五章）这一原则，最终功成名就。正是如此，《道德经》三十五章有言"侯王得一以为天下贞"。贞者，正也。得一，即获得"道"的正当性，亦即"以正治国"之谓。从本质上讲，得一也好，抱一也罢，乃是人法天，法地，法道，法自然的结果，从根本上"惩忿制欲"，以定于道。如此"不欲以静，天下将自定"（三十七章）。

（四）"天下王"的殷鉴

比照儒家的忠恕之道，抱一即"唯道是从"是"忠"，而"不敢"即"唯施是畏"则是"恕"。上文谈了"忠"的方面，这里着重探讨"恕"道。

老子语重心长地说道："重为轻根，静为躁君。是以圣人终日行不离轻重。虽有荣观，燕处超然。奈何万乘之主，而以身轻天下？轻则失本，躁则失君。"（二十六章）这里，老子警示侯王们当持守"重"与"静"，以克服动摇国本，失去行动的理性主宰，而使自己陷于危险之境。为了做到这一点，老子强调要终日约束自己，不要让自己的言行落于轻浮之中，尤其不要为身处的优势环境所困，当以"超然"之心境处之，不为有国所累。韩非注："制在己曰重，重则能使轻。"老子十分关注"欲"的问题，认为做到婴儿般无知无欲是高境界，但在实践中，时有"欲"的引诱，必当以静制之。韩非注："躁者多欲，唯静足以制之。"这也正是老子强调真修及身的意义所在，避免因拥有天下而失去了身。有天下者，奉献于天下者，老子曰："孰能有余以奉天下，唯有道者。"（七十七章）

老子所以强调作为"圣人"、"天下王"之类的领道者要有"畏"的修为，乃是深知世人常会犯的错误就在于"乐与饵，过客止"（三十五章）。音乐与美食之类的外在诱惑常常使英雄气短，于是老子提出了如下要求："使我介然有知，行于大道，唯施是畏。"有道的圣人行事，要本着介然之知，实指"明白四达"的智慧，以慎独的要求来行大道，亦即对施（行为，一说邪，违道）保有敬畏之心。老子进而从反面批判无道的君王："大道甚夷，而人好径。朝甚除，田甚芜，仓甚虚。服文采，带利剑，厌饮食，财货有余。是谓盗夸。非道也哉！"（五十三章）那些只懂得自我享乐，而不顾百姓死活的君王，好比"盗夸"（强盗头子），是害道败德，也是必然要失败的。

"畏"的另一个表述就是"不敢"。老子思想中的"不敢"与世人心中的"不敢"有本质的区别。世人的不敢是基于欲望与对惩罚的恐惧；而圣人的不敢是基于"自然"。老子在谈治国时说："常使民无知无欲，使夫智者不敢为也。为无为，则无不治。"（三章）认为治国的关键在于治理"智者"，即那些妄图取天下而为的人，他们尚智取巧，有时甚至沦落为"不得其死"的"强梁者"。那些妄图扰乱社会的"智者"被治理，就没有"有为"，从而得以进入无为而治之境。因此，无为之治其实是在治理"胆大妄为"中实现的。这里的"不敢为"是"智者"为社会规范所震慑而不敢胡作非为。而圣人所不然，"圣人欲不欲，不贵难得之货。学不学，复众人之所过，以辅万物之自然而不敢为"（六十四章）。圣人的"不敢为"是自觉自动地"辅万物之自然"，他以自然为最高指标，把自己的作为调适到与万物和谐相处的境地。甚至，老子以"不敢为天下先"（六十七章）为行动指南。圣人以天下为念，服务于天下，但"圣人处无为之事，行不言之教，万物作焉而不辞，生而不有，为而不恃，功成而弗居。夫唯弗居，是以不去"。圣人的作为是无为，教化是"不言"，对待责任是"不辞"，对待功劳是"不有"、"不恃"、"弗居"，这正是"不敢为天下先"的精神内涵所在。正因为圣人秉持"不敢为天下先"的精神，才永远"圣人处上而民不重，处前而民不害，是以天下乐推而不厌。以其不争，故天下莫能与之争"（六十六章）。既然无人可与之争，那他就成为天下之先了。"不敢为天下先，故能成器长。"（六十七章）可见，在老子看来，"不敢为"才是真正的作为；不敢先，才最终成为"天下先"。

值得注意的是，"不敢为"精神也贯彻在军事领域。老子说："用兵有言，吾不敢为主而为客，不敢进寸而退尺。……祸莫大于轻敌。轻敌几丧吾宝，故抗兵相加，哀者胜矣。"（六十九章）军事斗争也应当以静制动，不可大意冒进，并胸怀天下百姓疾苦，始终不"为主"发动不义之战，更不会"进寸"侵占别人。正因如此，老子总结出一个法则"勇于敢则杀，勇于不敢则活"（七十三章）。在老子看来，"勇于不敢"比"勇于敢"要难得多，也重要得多。"勇于不敢"体现的正是"敬畏"的心态，即"唯施是畏"，才有可能"活"。否则，将使自身陷于不利之境。

二、"取天下"与"天下往"的辩证法

"天下"既是地理观念，也是文化观念，世界观念。人，尤其是有社会担当意识的君子、圣人，乃至天下王，他们作为个体与"天下"是什么样的关系？说到底无非是两种：一种是天下为我所用，天下是"我"的天下，故其行为范式是"取天下"；另一种是"我"为天下服务，天下是天下人的天下，"我"不过是为天下服务。老子说："譬道之在天下，犹川谷之于江海。"（三十二章）道藏于天下，当然也在人身上，人只有自觉地归于道，才能因道性永恒，"死而不亡"，而获得人生价值的永恒。

（一）天下神器，不可为也

老子敬告世人："将欲取天下而为之，吾见其不得已。天下神器，不可为也，为者败之，执者失之。"（二十九章）在老子心中，天下是神圣的，其奥秘非人力可窥，如果人类想凭一己之智妄图取之，妄图为之，那只能以失败告终。本章和四十八章中的"取"字，

刘笑敢经考证认为："'取'特指非常容易，无须动用武力而强夺硬取的情况。"① 那为何二十九章中老子对"取天下"是持"弗得已"（帛书本），即得不到之意，而在四十八章中又提出"取天下常以无事，及其有事，不足以取天下"的观点？表面上前者是天下不可取，后者则说天下可取；其实，前者是以"为"（即有事）来"取天下"，而后者是以"无为"即"无事"来"取天下"。如此便明了。苏辙注："圣人之有天下，非取之也，万物归之，不得已而受之，其治天下，非为之也，因万物之自然，非除其害尔。若欲取而为之，则不可得矣。"

对待天下，当怀有敬畏之心、慈悲之心。因此，天下王才以"无事"莅临天下。有事则扰民，无事则民自富。故老子说"以道佐人主者，不以兵强天下，其事好还"（三十章）。人主以"道"为最高准则，道无为，人无事。事之极当是兵，因此，无事当不可穷兵黩武。不恃兵，因为兵是不祥之器，且用兵无法达到心服口服，往往是今天己施于人，明天人施于己，故曰"好还"，永不安宁。老子提出："以无事取天下。"（五十七章）接着举例阐述了在"有事"的情况下社会的混乱状况："天下多忌讳，而民弥贫；民多利器，国家滋昏；人多伎巧，奇物滋起；法令滋彰，盗贼多有。"其一，忌讳者，乃是君王以一己之私，给百姓的生活带来滋扰，例如黄色的服饰百姓不可用，等等；其二，百姓崇尚武力，妄动干戈，国家昏乱；其三，人们崇尚投机取巧，则各类怪物层出不穷；其三，国家徒赖严刑峻法，非但社会不能安定，反而盗贼越多，所谓上有政策，下有对策。这也是老子为什么反对以智治国，而追求以愚治国的道理所在。

---

① 刘笑敢《老子古今》，中国社会科学出版社2006年版，第485页。

(二) 执大象，天下往

老子在三十五章提出"执大象，天下往"的论点。天下在有道之主的心，并且贯彻于"爱民治国"（十章）的无为实践中，故而"往而不害，安平太"（三十五章）。换言之，在"道"光辉形象的指引下，圣人身道合一，赢得天下百姓归往，在圣人的庇护下平安泰和。河上公注曰："圣人守大道，则天下万民移心归往之也。"这种思想与中国一贯推行"修文德以来之"的处理国际关系的原则相一致。当然，"天下往"也可如林希逸所理解的那样："大象者，无象之象也。天下往者，执此以往，行之天下也。"人能弘道，非道弘人。圣人作为传道者，有责任走天下，将道传递给天下百姓。在当代，以天下为怀的世界主义精神也需要传播，也要努力取得世界的认同。中国历来将维护世界和平发展作为自身三大任务之一，而实现这个任务则需要向世界说明中国，向世界光明正大地输出具有世界主义的天下观，这也是世界人民的根本需要所在。

老子所期盼的世界是和平安宁的，是远离战争的。不过，他所处的时代却恰恰是战争频发的时代，因此他也不回避战争，而是批判战争的罪恶："师之所处，荆棘生焉。大军之后，必有凶年"（三十章）；"夫佳兵者，不祥之器"（三十一章）。并且奉行积极防御性战略，例如他实事求是地强调"国之利器不可以示人"（三十六章），追求"虽有甲兵无所陈之"的"小国寡民"（八十一章）社会理想。老子还从反面直言以武力征服天下的企图必将失败："夫乐杀人者，则不可得志于天下矣。"（三十一章）对于违背"道"的最极端的情况——"乐杀人"，老子从历史教训中得出"不可得志于天下"的结论。"天下王"是得志于天下之人，他奉行"圣人不积，既以为人，己愈有；既以与人，己愈多"（八十一章）的作派，而不是"以兵强天下"。

因此，天下的和平安宁，不是通过战争实现的。秦二世而亡便是明证。天下的幸福快乐，一定是世界人民怀有广泛深沉的"天下一家亲"观念，将慈、俭、不敢为天下先三宝奉为行为圭臬。老子自白："我有三宝，持而保之：一曰慈，二曰俭，三曰不敢为天下先。慈，故能勇；俭，故能广；不敢为天下先，故能成器长。"慈是天下王固有的品格，因为"夫慈以战则胜，以守则固。天将救之以慈卫之"（六十七章）；慈是天下王克服一切困难作有益于天下之事的精神原动力，此正所谓"得道多助"；"俭"是一种自治力，扩而言之，"曲则全，枉则直，洼则盈，敝则新，少则得，多则惑"（二十二章）。曲、枉、洼、敝、少与"俭"在精神实质上是共通的，那就是面对一切挑战，能够以处下、谦虚、不争、柔弱的姿态，以"笑到最后"的勇气挥洒自我的定力。"不敢为天下先"可指当成功的时候，受万众拥戴的时候，如何不得意忘形，所具有的精神修养。对此，老子明确提出"功遂身退"的劝告，始终把"功成事遂，百姓皆谓：我自然"作为最高境界。《道德经》七十七章有言："是以圣人为而不恃，功成而不处，其不欲见贤。"圣人秉承"天之道，利而不害"（八十一章）的精神，做到"为而不争"。

三、以天下观天下：对待"天下"的基本方式

"天下"的观念是优越于"国家"的观念，这一方面是因为超出国家的尺度问题就需要在天下尺度中去理解，另一方面，是因为国家不能以国家尺度对自身的合法性进行充分的辩护，而必须在天下尺度中获得合法性。西方常以国家来衡量世界，于是国家利益至上，就常常会侵害他国利益。而中国的天下观念则是以世界来衡量世界，是站在世界的角度来等待自己的国家，是世界利益至上。老子所倡导的

"以天下观天下",其实质就是"以世界衡量世界"。如此,以人类的公共利益来观察每个国家或地区的利益,这样全人类都将获得利益最大化①。

中国文化精神的内核在于修身与治国,然而,此二者又是放在"天下"观念之下,也就是说修身不是为一己之身,而是为天下苍生;治国不为一国之国,而是为天下之国。因此,中国文化内涵着自我超越的空间,以此处理人与人的关系,国与国的关系,人与自然的关系,人与社会的关系,都可以迎刃而解。下面以《道德经》五十四章为核心来阐述老子"天下观":

> 善建者不拔,善抱者不脱,子孙以祭祀不辍。修之于身,其德乃真;修之于家,其德乃馀;修之于乡,其德乃长。修之于国,其德乃丰。修之于天下,其德乃普。故以身观身,以家观家,以乡观乡,以国观国,以天下观天下。吾何以知天下然哉?以此。

本章的核心思想还在于第一句,明确天下要和平安宁,要永续发展,关键在于"善建不拔"、"善抱不脱",而"建"的对象是"德",老子有"建德若偷"(四十一章)一说;"抱"的对象是"朴",老子曰:"见素抱朴。"(十九章)朴者,本来面目,喻无私利染污之境。从两次世界大战的人类空前浩劫,我们不难明白,正是有些国家以一己之私欲,将自己国家(某些利益集团)的私欲强加于他国,从而给世界带来毁灭性打击。人类要想"子孙以祭祀不辍",亦即和平共处,就必须有共同的理念,那就是"出于公心而为公而思的思想"。

---

① 赵汀阳《天下体系——世界制度哲学道论》,江苏教育出版社2005年版,第46~49页。

基于此,"老子的'以身观身……以邦观邦,以天下观天下'的思想原则是最高明的博弈论思维,也是最好的知识论。……追求自己的利益是正常的,而以自己的利益为尺度去思考问题是不负责任的。……思想就是为别人去想,为所有人去思,这样才能够说是思想。……由于思想无外,永远把他人的利益考虑在内"①。

老子既是理想主义者,又是现实主义者。他以天下为怀,同时也以个人为基,将两者美妙地统一起来。许啸天注曰:"修是实行的意思。人不但是能明白天道便算了,一定要先在自己身上实行出来。自身一举一动,能够体贴天理人情做去,这才是真的能够明白天道。所以说其德乃真。"② 德是心中的格局,老子认为德当不断地推而广之,由身而家,而乡,而邦,而天下,如此德性乃余、长、丰、普。不过值得注意的是,老子的五修说,虽与儒家的"修齐治平"有共同之处,但其理趣有别。老子以修身为本,而以"治天下"为"余事",是无心而自然地效用而已;儒家也以修身为本,而以"平天下"为"极致",是积极为之的结果。河上公注:"以修身之身观不修道之身,……以修道之家观不修道之家;以修道之乡观不修道之乡也;……以修道之主观不修道之主也。"③ 儒家修身以齐家、治国、平天下为己任,克己为人,因此更多体现为"教化"。道家则更多认为修身至无为,天下乃大治,这是因为道家认为,当以身作则为重,而他人则可在"观"的情况下,自觉主动去修身,如此,天下之身可修。换句话说,他人看到有道之人因修身而真,保身全真,于是自

---

① 赵汀阳《天下体系——世界制度哲学道论》,江苏教育出版社2005年版,第29~30页。
② 许啸天《老子》,中国书店1988年版,第272页。
③ 王卡点校《老子道德经河上公章句》,中华书局1993年版,第208页。

觉去仿效，而不是由他人去教化。天下之安定，乃是天下人共为之的结果；而以一人去"为天下"，则必然"为者败之，执者失之"（二十九章）。这本身正是"天德"的力量。王淮解曰："言由一人之言行，可以观（知）其人之德；由一家之家风，可以观（知）其家长之德；由一乡之乡俗，可以观（知）其乡正之德；由一国之国情，可以观（知）其国君之德；同理，由天下之民风物情即可观（知）天下之德。"①

刘笑敢认同高亨引《管子·牧民》"以家为乡，乡不可为也。以乡为邦，邦不可为也。以邦为天下，天下不可为也"来解《老》。他认为，"老子这里批评的可能也是以下观上，即以局部的情况观察、理解全局的形势，或从局部的利益出发管理、操纵大局等等。用哲学的语言来说，老子所主张的可能就是以特定的范围观察、解决特定范围内的问题，反对混淆问题的范围而造成混乱。"② 诚然如斯。老子提醒世人不以自己的看法与观点去代替他人的看法与观点，更不能以一己之身来观（范围）一家、一乡、一邦以至天下。身、乡、邦、天下都有其自身的法则，当重视其差异性。

宋常星曰："圣人观天下众人之身，如自己之一身……唯知天下之身，不知自有其身……观天下之家，不异于自己之家……不敢以天下为己有，观天下于大公也。"③ 于是，有学者解曰："言以无私为治，其义是也。"④ 其实，如果以天下来观邦（国）、乡、家、身，则有可能忽视邦乡家身的特殊性。因此，关键还是在于把握"天下

---

① 王淮《老子探义》，台湾商务印书馆1969年版，第218页。
② 刘笑敢《老子古今》，第534页。
③ 宋常星《道德经讲义》，《老子集成》（第九卷），宗教文化出版社2011年版，第238页。
④ 《老子白话句解》，香港文光出版社1991年版，第315页。

为公"这一根本原则。既不以上观下,也不以下观上,而是同类相观,如此可同气相求。当然,老子也提示世人,"观"当是以道观之,方可超越贵贱、大小、贫富等一切差异。王蒙注"以天下观天下"曰:"我能够习养大道于天下,乃可以观察与判断天下。"① 不同境界和德性的人看到的是不同的东西。胸怀天下的人,德性博及世界,如此方可谈"天下"。牟钟鉴注此句曰:"以天下的面目认识天下。"② 这与庄子"有真人而有真知"的意义是共通的,真知能真行,真行有真知。

总而言之,"以天下观天下"强调的是天下公理人心。王弼注曰:"以天下百姓心,观天下之道也。"③ 老子的天下观是建构"和谐社会"和"和谐世界"不容回避的思想资源,是中国传统思想中可以作为普世价值贡献给世界的重要内容。我们当抱以不妄自菲薄的心态去传播我们的普世价值,如此才能增强中华文化在国际上的话语权。

(原载于《诸子学刊》第十三辑。作者单位:厦门大学新闻传播学院)

---

① 王蒙《老子的帮助》,华夏出版社2009年版,第224页。
② 牟钟鉴《老子新说》,金城出版社2009年版,第172页。
③ 楼宇烈校释《王弼集校释》,第144页。

再论"新子学"与中华文化之重构

汤漳平

仅仅时隔两年,海内外学者再度齐聚浦江之滨,共同探讨有关"新子学"研究中的学术理论问题,反映出自"新子学"这一概念提出后,在学术界所引发的强烈反响。我以为,"新子学"不仅仅是一种口号,或是一种学术观点,"新子学"应当是当代中国一种重要的学术思潮。我国正处于社会大转型的时代,这样的时代需要有科学的理论来引导和进行阐释,这特别需要学术理论界对相关问题、对社会现状进行深入的探讨与研究,从而提出切实可行的思路来引领社会发展的进程。"新子学"正是在这样的历史背景下所作出的一种思考和回答,我寄希望于它能够在当今中华文化的重构中起到特别重要的作用。

在上一届学术研讨会上,笔者提交了《论"新子学"与中华文化之重构》一文,侧重谈了经历百年来社会大变迁之后,目前中华文化需要进行重构。而本文则希望借此机会,探讨如何通过复兴"新子学",重新建构中华文化,提升中华文化软实力的问题。

一、"子学"复兴是时代的必然抉择

关于"子学"复兴的重要性,在《"新子学"论集》一书中,有许多学者都发表了很好的意见。林其锬先生从"子学"的原创精神、求实精神、争鸣精神、会通精神、开创精神等诸方面,提出应当承继诸子的优良传统来构建"新子学"学科。陈鼓应先生则在为该书所作序言中明确提出"子学兴替关乎中国思想变革",并从中国两千多年的社会发展历程,联系今日两岸的社会状况,指出了弘扬先秦诸子百家思想中的人文精神在当今时代所具有的特别重要的意义。当然,方勇先生的系列论述,更是从其内涵上深入阐述了"新子学"构想与全面复兴诸子学的现实意义与历史必然性。时代的巨变要求有新的思想、新的学术理论来引领社会向正常健康的方向发展。"新子学"正是在这样的历史背景下提出并引起了大家共同的关注。

那么,为什么说"子学"复兴是时代的必然选择呢?我们有必要一起回顾一下历史。虽然今天人们一致承认,两千多年前的"子学"时代是中华文化史上最光辉的时期。然而,在漫长的历史进程中,"子学"却经历了十分坎坷的发展道路。秦王朝虽然是因法家理论而兴盛的,但它统一六国后却下了一道严厉的"焚书令":"天下敢有藏《诗》、《书》、百家语者,悉诣守尉杂烧之。"并上演了"焚书坑儒"的丑剧。汉兴,黄老之学一度勃起。但至西汉中期,武帝听从董仲舒的意见而"罢黜百家,独尊儒术",使诸子百家之学从此成为异端。即使到魏晋时期,玄学曾一度为士人所喜爱,但官方提倡的依旧是经学和儒学。其后两千年间,历经了众多王朝的兴替,经学、儒学一直是钦定的"官学"内容,儒家学说也由子学上升到经学的尊位。尤其是宋明理学兴起至清的近千年间,历代王朝更以经学为正道，以之作为科举取士的依据，而以诸子学为异端，这是子学最受排斥的时期。

儒家也是先秦诸子中的一家，它对于中华文化传承的作用是不可磨灭的，孔孟学说中有许多民主性的精华，对于今天的中华文化重构仍有其重要价值。但因其以官学的正统自居，故自孟、荀始，儒家学者便将其余诸子各家斥为异端邪说。《孟子·滕文公下》大骂杨、墨学派"无父无君"，《荀子·非十二子》则骂遍先秦诸子各学派，连儒学中的子思、孟轲、子张、子夏、子游也难以幸免。在文化专制的压力下，诸子之学由是式微，如最早的三家显学之一的墨学，汉以后就逐渐湮灭无闻。道家一则因道教兴起，将老庄作为其经典而得以保存；二则因历代文人大多出仕为儒，归隐则道，因此相对而言，无论在宗教还是社会生活里，道家还是有其一定的社会影响力，只是人们所关注的已经不是老子思想中最为重要的有关社会治理方面的内容。法家则因历代统治者实行阳儒阴法的统治术，其香火倒也不曾中断过。

当然，专制思想的压制是不可能持久的。明代中后期，随着社会经济的空前发展，市民阶层逐渐兴起，社会思潮开始发生变化，"思想解放"之风渐渐萌发，那时的士人已经敢于议论朝政，表达不同意见，在学术领域中标新立异者也大有人在。李卓吾遗世独立，以异端自居，公开反对"以孔子之是非为是非"。他所撰《焚书》《续焚书》，直斥封建礼教，倡导个性解放与思想自由。他的许多观点来自对子学的传承，如谓"庶人非下，侯王非高"，是"致一之理"（《李氏丛书·老子解下篇》）。这种倡导人类平等的思想，是对封建等级制的批判，而他的"至道无为、至治无声、至教无言"的说法，显然也是源于道家学说。汪本钶在《续藏书》序中谓："先生一生无书不读。"李贽著作中有《老子解》一卷、《庄子解》三卷、《墨子批选》二卷，皆为儒学之外的子书。李贽有众多弟子，他在南京时，南都士人"靡然向之。登坛说法,倾动大江南北";至北通州,"燕冀人士望风礼拜尤甚"(沈铁《李卓吾传》)。姚瓒在《近事丛残》中也说,李贽学说深受时人拥戴,"儒释从之者几千万人。其学以解脱直截为宗,少年高旷豪举之士,多乐慕之。后学如狂,不但儒教溃防,即释宗绳检,亦多所清弃"。笔者所读明人笔记小说,其中即多有追求个性解放,遗世独立者在。

至晚明,士人批评时政,集会结社,东林、复社、几社,皆为文士集会之处。他们相互间既切磋学问,又评议朝政,且与在朝的官员及市井民众相互关联,形成朝野互动的格局。上述种种,均显示出社会政治局面的新变。也正是在这种气氛中,士人的思想观点开始发生变化,他们对经学、理学产生怀疑,而对诸子之学发生很大兴趣。尤其是在经历了明清鼎革、国破家亡的惨剧之后,痛定思痛,得以存留下来的一批学者对传统的学术进行反思和批判,黄宗羲作《明儒学案》《宋元学案》等学术史著作,并注重研究历史上的成败得失,严厉批判封建时代的君权思想,成为我国最早的启蒙思想家。顾炎武倡导经世致用,批判宋明理学和陆王心学的空疏学风,开创有清一代朴学的根基。王夫之在《周易外传》等著作中,批判宋明理学的"存天理,灭人欲",作有《老子衍》《庄子通》《庄子解》等子学著作。他博览群书,以为经子平等,倡导革新。而傅山则力倡诸子之学,开清代诸子学研究之先河。到清中期,学人继清初学者之绪,朴学大兴,学人以子证经,在一定程度上冲破清王朝以子学为异端的枷锁。

晚清至民国时期,随着西学东渐,经学难以与西方思潮相对接,于是有识之士想到了子学的传统,开始探索以子学应对西学之路,从而有了晚清诸子学的复兴。其后,"五四"新文化运动的兴起和反孔思潮的传播,旧有的"以经学为中心"的学术体系土崩瓦解,子学顺势而起,成为士人研究的热点和传播创新思想的理论依据。严复、胡适、章太炎等,均致力于倡导子学的复兴,胡适在《中国哲学史》

中就认为:"非儒学派的恢复是绝对需要的,因为在这些学派中可望找到移植西方哲学和科学最佳成果的合适土壤。"① 章太炎从清末始便大力倡导复兴诸子学,他著有多部研究诸子的著作,并到处宣传、演讲。严复特别关注《老》《庄》学说,并以西方的自由平等思想来比较老庄学说中所追求的自由。章太炎尤其关注荀子、老子、庄子之学,尊子而贬孔,并大倡国学,著有《国学概论》《国故论衡》等。他所著《老子评语》中,便联系西方的进化论,认为老庄学说与西方的达尔文、孟德斯鸠、斯宾塞相通。他认为,老子无为论具有民主的内涵,而庄子内篇的思想则包含有现代自由主义的"听民自由"的观念。这是章氏以西方思想对中国传统文化所作的现代阐析。

由于传统的经学独尊观念在新文化运动中受到强烈冲击,几近破灭,由此迎来了民国时期子学的复兴。有人将这一时期也称为"新子学"复兴的时期,这也是有道理的,因为自 20 世纪初起,子学已经堂而皇之地成为学者们热心研究的对象。民国时期,经子地位平等,不分轩轾地均在学者们的关注研究之列,并由此取得数量可观的研究成果②。民国时期的子学研究热潮,是我国学术界对诸子学现代转型所作的初步尝试。

历观我国长达数千年的文化史,学界一致认同,先秦的子学时代和 20 世纪的民国时期是中华文化最活跃、最有创造力的时代。相对宽松自由的社会环境,是形成文化繁荣的客观条件。历史已经证明,在经学独尊,子学遭受排挤,甚至被视为异端的时代,社会思想文化便陷于僵化乃至倒退;而在社会环境相对宽松,子学思潮较为活跃的

---

① 《胡适学术文集·中国哲学史》,中华书局 1991 年版。
② 可参阅张涅《略述民国时期的新子学研究》、陈志平《诸子学的现代转型——民国诸子学的启示》,《新子学论集》,学苑出版社 2014 年版,第 667~692、693~714 页。

时期（如春秋战国、西汉前期、魏晋时期），文化创造力便得到弘扬与发展。即使在一些文化学术领域，情况也是如此。中唐时期，韩愈和柳宗元发起"古文运动"，虽其锋芒指向形式主义的骈文和佛道思想的盛行，以恢复儒学道统为己任，但他们也都得益于吸取诸子学说的精华和异彩纷呈的表达手法。韩派学者就认为圣人的《六经》以及诸子百家之文，皆为"创意造言，皆不相师"（李翱《答朱载言书》）。韩愈在《送孟东野序》中，提到"凡物不得其平则鸣"时，列举了伊、周、孔、孟，同时也列举了杨、墨、老、庄等不同流派的诸子学人。至于柳宗元，其"议论证古今，出入经史百家"（韩愈《柳子厚墓志铭》）。当然，由文体革新所引发的"古文运动"，其后也形成那一时代的一种社会思潮。

我们今日倡导"新子学"，正是从中华文化发展的历史进行思考和选择的。毫无疑义，优秀的文化传统应当由一代代人认真加以继承，这也是中国思想史和哲学史经常提到的"接着讲"。我在上一篇文章中曾经谈到，当今确有许多人是真心关注中华文化的命运的，提出了重构中华文化的种种思路，是一种新时期的文化自觉。但正确的道路选择是第一位的。如有的学者提出要恢复经学和儒学，作为中华文化的核心，以为这才是弘扬传统文化，然而历史教训已经表明，此路不通。把已经被历史证明是错误的路让今人接着走，这种做法只能让多数人远离传统文化。

令人欣慰的是在"新子学"提出之后的两年多来，我们的国家、社会对复兴中华优秀传统文化的认识，已经和几年前有了很大的变化。这种变化表现在两个方面：

一是作为国家层面，大力推动对于中华优秀传统文化的弘扬与传承。虽然在十七届六中全会的决议中已经明确提出了这个问题并形成决议，但当时的整个社会状况令人深感忧虑，大家更多关心的是会不会再出现意料不到的问题，对于决议能否得到实行，社会能否健康发展深感忧心。然而，仅仅过了三年多时间，我国的社会生活便发生了令人瞩目的明显变化：反腐的深入开展，各种改革方案的强力推出和实施，都令人深感欣慰。也许再过几十年，当我们回顾这段历史时，才会更加深刻地理解十八大以来所发生和正在进行的这一场变革所具有的重大意义和历史作用。也只有在这样的时代背景下，弘扬中华优秀传统文化才具备了可能性。

二是目前中国确实处于思想最活跃的时期。打开网络、博客、微信，不同学派、各种思想都在激烈地交锋，甚至一些偶发的事件也会在这些媒体上引发阵阵涟漪。这是社会的进步，因为各种声音的发出，评判事件的是非善恶，执政当局也正可借此了解民意、民情，从而为科学决策提供参考。然而我们是否可因此说，真正的百家争鸣局面已经形成了呢？回答是否定的。因为，上述种种不过是潜在于民间的一些议论表达方式，类似于古代民众聚集于"乡校"以议国政一样（《左传》襄公三十一年），它和真正的战国时代的处士横议、百家争鸣相去甚远。

我很赞同大家对于战国时代出现"百家争鸣"局面所作的分析，所谓子学应当具有"鲜明的思想性，独立之人格和思想，自由的批评与争鸣以及具有深度的创造性"[1]。大家总是说"五四"时期是继战国时代之后的又一次"百家争鸣"，其特点也同样在于此。当时的各种不同学派代表人物，也是希望能够在推翻帝制、建立共和国之后，为国家"再造文明"出谋划策。

当代中国经过新时期以来的改革开放，正以崭新的面貌屹立于世界之林。然而在思想文化领域做得好不好，直接影响到国家形象与软实力的提升。因此，如何进一步繁荣哲学社会科学，充分调动从事文化思想领域各方面人士的积极性，是一个非常重要的问题。

---

[1] 张永祥《反者道之动》，《"新子学"论集》，第82页。

二、子学复兴在提升我国软实力方面具有重要意义

这些年来，随着中国经济实力的增强，提升中华文化软实力的问题成了大家议论的焦点。

何谓国家软实力，简单地说就是一个国家的文化实力及其影响力。数千年来古代中国有着很强的软实力，对内具有强烈的民族认同，它以共同的中华文化为基础，有完整的制度文化、教育体制；对外则具有很强的影响力和辐射力，东方文化圈的形成便是以中华文化对周边国家的辐射而形成的。

然而近代以来，随着"天朝"的衰落，西方崛起，其在资本主义文明基础上形成的制度、理念、价值观，成为各国争相效仿的对象，而反观我国，旧有的观念被冲垮，新的理念未形成，经济上又长期处于贫困落后的状况，自然形不成文化的软实力。

改革开放以来，我国冲破了一系列束缚社会经济发展的条条框框，以惊人的速度崛起，这才逐渐引发世界的关注。然而在发展经济的同时，文化建设方面并没有很好地跟进，出现了信仰危机、人心涣散、道德沦丧、腐败盛行等不良的品行与恶行。它表明社会文明的控制力出现了问题，如果不重视文化软实力的建设，所取得的经济成果也难以保持，社会也将再度遭遇困境与危机。

为什么一个有五千年文明的古国，在现代经济腾飞之时，却出现了文明的危机？这是值得世人共同关注的问题。有鉴于此，笔者这些年来一直呼吁要尽快重构中华文化，以避免出现更严重的危机局面。拿什么来重构？最关键的要从弘扬优秀传统文化做起，因为它是中华民族之根、之魂。过去对中华传统文化的全盘否定，一次次的过激行动，已经使中华文化这棵参天大树伤筋动骨，因此我们必须从头做

起，巩固其根基，繁荣其枝干，由此才能开出绚烂之花。

"新子学"构想，适时提供了重构中华文化的新思路。重构中华文化，也就是把中华文化在历史长河中所积淀的优秀传统加以弘扬。这其中需要鉴别和整理，何为优秀文化，何为糟粕？要经过认真梳理，将中华文化中的精华融入当代社会。

人们常惊讶于古代先贤的博大精深，他们能用最简短、最凝炼的语言，将深刻的道理明白揭示于人。《老子》一书，不过五千言，然而书中所阐述的深刻哲理，影响了人类二千多年的文明史，对于中华民族的深层次的人格构建，更是难以用几句话来完全概括。柳宗元《送薛存义序》，聊聊二百余字，把官民关系讲得一清二楚，可成为所有当权者的必读教材。他指出官吏是"民之役"，即民众的仆役，而不可以"役民"，即奴役民众。他抨击当时的官吏们"受其值，怠其事，天下皆然。岂唯怠之，又从而盗之"的腐败之风。然而，现实中，"民莫敢肆其怒与黜罚者，何哉？势不同也。势不同而理同，如吾民何！"他站在民众的立场上指斥贪官庸吏，文章的深刻程度抵得上厚厚的一本《行政学》。而且他把"势"这一概念提出来，指出问题的根源是"势不同也"，即当权者掌握生杀大权而民众居于下位，没有罢黜官员的权力，由是而引发人们的深刻思考。柳宗元所处的时代固然无法解决这个难题，而当代社会是否能建立起有效的监督与约束机制，让权力真正被关进笼子里呢？这至今依然是摆在我们面前的重大课题。一宗宗触目惊心的贪腐大案，说明这个制度还很不健全。当然现在的反腐，是执政者的重头戏，深得人心，但我更期待的是能否尽快地建立起让官员不能腐、不敢腐、不想腐的机制。一位老学者曾直言导致国民党最终溃败的原因，主要是官场腐败，而现在的问题更麻烦，上行下效的腐败之风已经漫延全社会，我们面临的重大问题是如何改变全社会的腐败之风。

我们的国家怎么了？一面是高速增长的经济实力，一面又是层出不穷的乱象丛生。直观我们的教育、法律环境、制度建设、管理能力、国民心态、国民形象等，这些软实力范畴的文化力、对外影响力、对外形象，是否与文明大国的形象相匹配？中华民族精神和凝聚力以及来自文化传统持久的一种对国民的影响力是否强大？都是我们亟待探讨和解决的课题。

作为从事学术理论工作多年的老者，我的最大愿望，就是在有生之年能够看到中国学术出现蓬勃发展的崭新局面。王国维在《宋元戏曲考序》中，曾这样指出："凡一代有一代之文学，楚之骚、汉之赋、六代之骈语、唐之诗、宋之词、元之曲，皆所谓一代之文学，而后世莫能继焉者也。"中国学术史又何尝不是如此。从先秦时代的经子之学到汉代儒学、魏晋玄学、宋明理学、清代朴学，如果没有这一代一代的学术传承与发展创新，中华学术传统早就不复存在了。

然而，今日之所以出现中国人的信仰危机，出现文化软实力方面的底气不足，究其原因有二：一是将所谓信仰神化为对领袖的个人崇拜，文革中的"三忠于"、"四无限"是其顶点。文革结束之后，当领袖走下神坛，人们发现，信仰已经消亡。二是将信仰等同于政治信念，当一种政治理念在现实中遭遇挫折，人们便以为再无可以信仰的东西，于是信仰危机随之产生，不知所从。社会产生无序现象，人们的行为失去约束的依据，道德底线似乎也不复存在。当今社会的种种弊端，莫不与此相关。

一个民族之所以能够自立于世界民族之林，并不仅仅因为实力强大，更重要的是它所具有的持久的文化延续，有民族文化的共同认同，也即价值观的存在，这应当是民族信仰的最深层的内容。中华民族五千年的文明史，形成了本民族世代传承的价值观，这应当是民族精神的集中表现，例如古代的"忠、孝、仁、义、礼、智、信"，"四维"（礼、义、廉、耻），"八德"（忠、孝、仁、爱、信、义、和、平）等，这些虽被认为是儒家所提倡的理念，然而儒家学说也是承继着古代王道之学，长期代表中华传统文化的价值观念。即使它曾经被封建统治者作了有利于其统治的解释，但其中也有大量是涉及民众间的人际关系的内容。过去将其完全与腐朽没落的封建思想联系在一起加以批判，其实是过激的行为，因为它集中代表的是人之所以为人需要遵守的道德准则。我们可以批评封建统治者的言行不一，可以批评封建统治者对相关内容的曲解，但不应认为这些就是封建道德，因为其中就蕴含着深刻的内涵，如"耻，乃人禽之别也"。儒家的一些道德观，至今仍在海外华人中被奉为信条。道家和墨家的理论体系中，也都有大量的人文精神、道德及伦理的阐述。中华传统文化的许多思想理念，过去一个时期在研究中总会被贴上阶级的标签，而只要贴上"封建地主阶级"的标签，便自然对其进行严厉批判，于是乎作为古代思想智慧的结晶也一并被抛弃，这才是造成今日信仰空白、道德沦丧的根源。2012年十八大报告中，首次以十二个词二十四个字来概括今日社会主义核心价值观，其中就吸取了中华传统文化的精华与当今世界公认的现代文明的因素，因而更能为民众所接受。

"新子学"之所以自提倡之日起马上受到学术界的好评与关注，正是因其根植于中华传统文化的沃土之中，而又坦然面向当今世界，与西方的学术思想交流与对话，这种不固守一隅的开放精神正适应了当今社会发展的需要，因而可以成为今日学术界理论研究的一面旗帜，也是学术理论创新的一个典范。而在我们的学术理论报刊上，能有多少这样有分量的文章呢？报刊不能说少，改革开放以来，期刊由文革中的20份发展到目前的上万份了，其中社会科学类期刊以一半计算，应也有五千种，数量不可谓少，然而千刊一面的现象，让人不能不深感遗憾。坦率地讲，许多发表的文章不过是文化垃圾。为什么会形成这种状况，确实应当思考。难道中国人缺乏智慧了吗？思想解放的口号喊了三十年，但在思想意识形态的研究中却有着许多不可逾越的禁区，限制着作者和编者的创造性，形成了被称为犬儒主义的学术风气,宁左勿右、阐释学依然是今日的显学,这种状况如果得不到改变,所谓创造精神就只是一句空话。只有当这些杂志和报纸都成为学术理论创新管道的时候,我们才能说出现了真正的百家争鸣的局面。只有管道畅通,人人畅所欲言,民族精神、民族创造力才能得到充分发扬。当然,这里还有一点是极其重要的,即如何调整相关政策,使大家敢于创新,敢于发表真实的意见。

还有一个问题,就是文风的问题,早在唐代,韩愈就主张文章写作"唯陈言之务去"(《与李翊书》),我党在延安整风时期也曾严厉批评了教条主义、党八股的文风,然而这些年来此风大长,甚至动辄以势压人,这实在是恶劣风气。为什么一些主管道的重要理论报刊的文章,不见学理,只有说教,越来越被人诟病。马克思主义原是一种科学的理论,然而为什么在一些人口中就成为教条,成为打击别的不同见解的棍子?中央一直要求主流媒体应当贴近民生,反映民众的心声和诉求,唯其如此,政通人和,生动活泼的局面才会真正形成。

三、以"新子学"推动和促进中华文化的伟大复兴

子学时代所产生的各种学说,是我们祖先精神智慧的结晶,也是世界文化轴心时代中华民族对人类社会所作的杰出贡献。以子学时代为起点,吸收二千多年中华文化传统的精华,在新的历史条件下,构建"新子学"的学术理论体系,是一项宏伟的系统工程,如同许抗生先生所说的,是一项十分艰巨的工作。

我十分钦佩方勇先生和他的团队所具有的勇气和担当。虽然在项目启动时,我曾经有着不少顾虑和担心。但是,经过他们几年来的努力,我看到基础工程的建设已经扎实地在推进,以先秦诸子为主的古代典籍整理和成果已一批批地完成并呈现在我们的面前,而相关义理

的阐释也在同步地进行中。有这样好的内外条件和基础，加上海内外众多学者的共同关注，我相信这项宏伟的工程将能顺利完成，并为中华文化的复兴提供有益的理论创新成果。

当然，如何科学、准确地对历代的传世作品做出评价和新的阐释，是一项十分重要但又是很不容易做好的工作。例如对法家的评价问题，毫无疑义，作为先秦诸子中的一家，法家也具有特别重要的地位，它对中国历史和文化作出过重大贡献，并产生了一批杰出的人物，但对其集大成者韩非子如何评价，我觉得要反思。我很赞同郭沫若在《十批判书》中所说，韩非是一位"极权主义者"（《韩非子的批判》），"完全是一种法西斯式的理论"（《后记》），而二千多年前的司马迁在《史记》中也用"韩子引绳墨、切事情、明是非，其极惨礉少恩"加以评论。我以为从对待民众的角度而言，韩非的理论根本不把人当人，只是当成"可使由之"、与牲畜毫无二致、供任意驱使的农奴而已，一切权力都要高度集中于帝王一人身上。而对文化方面，他更是走极端，还是秦始皇文化专制政策理论的制定者。韩非的理论虽为秦国的统一立下大功，却在两千多年中国封建集权社会中起到十分恶劣的作用和影响。然而我所见到的国内评论者，多对其所谓历史进步意义大谈特谈，而对封建集权理论和文化专制主义在中国历史上的危害或鲜有提及，或轻描淡写。郭沫若对韩非、秦始皇的批判，对儒家的赞扬，其后果是被"百代都行秦政法，《十批》不是好文章"的一句诗给彻底否定。郭氏尤其在此后的批林批孔中被整得惶惶不可终日。今日的评论者至今依然沿袭过去的观点是不应该的，我们应当站在人民的立场上，而不是站在封建独裁者的一边。建国初，我们的文学史中对历代文学作品的评论以"人民性"作为褒贬的标准，然而后来"人民性"、"人道主义"受到批判，而代之以阶级性为标准，于是动辄对古代作家划阶级成分，乱贴标签。直到新时期以来才重新用"人民性"作为对古代文学的评价标准。在哲学界，对传统思想的阶级属性、历代思想家的阶级划分也莫不如此。因此，今天我们特别要防止对所评论的人物及其作品褒贬任声、抑扬过实的情况。这些问题我想也许是多余的话，大家都应该是注意得到的。

三百多年前，参加抗清斗争失败的王夫之担心中华传统文脉中断，在深山中整理古代文化经典，写下"六经责我开生面，七尺从天乞活埋"的对联，表达他对这一信念的坚守不移。我们这一代学人，一定能够不负时代的厚望，在弘扬传统文化中不断创新，开拓出中华学术的新生面。

（原载于《中州学刊》2015 年第 12 期。作者单位：闽南师范大学文学院）

新诸子学与中华文化复兴

[新加坡] 严寿澂

一、中国学术渊源与经子之别

余杭章太炎先生曰:"老聃、仲尼而上,学皆在官。老聃、仲尼而下,学皆在家人。"① 可谓一语道破中国学术演进的关键。庞俊阐释道:"古代学术擅之贵族,编户齐民固无得而奸焉。自仲尼受业于老聃,征藏之策得以下布。退而设教,遂有三千之化,则学术自此兴。故曰'老聃、仲尼而下,学皆在家人'也。"② 按:所谓仲尼受业于老聃,是否果真如此,兹姑不论。而孔子将古代贵族所独擅的学术传布于民间,则是不争的事实。

上古中国,乃是一个贵族封建的社会,上层是各级贵族,下层是编户齐民,二者界限分明,不可逾越。学术则为贵族国家所垄断,平

---

① 《国故论衡·原经》,庞俊、郭诚永疏证《国故论衡疏证》下册,北京中华书局2011年版,第397页。按:此书分三卷,中、下二卷《疏证》为庞俊所作,上卷则为郭诚永续作。

② 同上。

民不得与焉，此即古代的王官学。其内容大致可分六类：诗、书、礼、乐、易、春秋，是乃所谓六艺。后世孔门以此设教，称其书为六经①。

东周以降，此贵族封建之制逐渐崩坏，官学亦因而衰替。孔子创办私家学校，将古代王官之学传授于任何愿学者（"有教无类"），民间私学于是代兴。自此以后，如章太炎所谓，"竹帛下庶人"，"民以昭苏，不为徒役。九流自此作，世卿自此堕，朝命不擅成于肉食，国史不聚歼于故府"。孔子之所以"贤于尧舜"者，以此②。易言之，原为贵族所独擅的古代学术，经孔子之手而下降于民间，社会因而丕变，贵族专权终结，编户齐民知识大开，从奴役中得解放，国史亦因流传于民间而不致湮灭，牖民保种，功莫大焉。

百家言兴起，原有的王官学并未歇绝。如钱宾四所指出，战国时期，王官学与百家言并立于学官，一掌于史官，一掌于博士官③。博士官战国时始设，史官则源远流长，可谓起于华夏文化的黎明期。中国文字起源甚早，故文献记载亦甚早。辅佐部落酋长、掌管文件档案之人，便是所谓史官。如柳翼谋所谓，"史之初兴，由文字以记载，故世称初造文字之仓颉、沮诵为黄帝之史"；"凡民众之需要，皆恃部落酋长左右疏附者之聪明睿智以启之，而后凡百事为，乃有所率循而不紊，民之所仰，职有所专。由是官必有史，而吾国之有史官，乃

---

① 参看吕思勉《先秦学术概论》，云南人民出版社2005年版，第54~55页。
② 章太炎《检论·订孔上》，《章太炎全集》（三），上海人民出版社1984年版，第424页。
③ 钱穆《两汉博士家法考》，载《两汉经学今古文平议》，台北东大图书公司1989年版，第168页。

特殊于他族"。因此,"经籍论文字历数之用,皆重在施政教民"①。按:此点甚为重要,欲了解中国学术渊源及文化特质,必须于此留意。

《周礼·释史》有曰:"史掌官书以赞治。"柳翼谋即此指出:"此为吾史专有之义。由赞治而有官书,由官书而有国史,视他国之史起于诗人学者,得之传闻、述其轶事者不同。世谓吾民族富于政治性,观吾史之特详政治及史之起原,可以知其故矣。"② 政治组织诸部门各有其史,"职有所专",其所执掌者即是"征藏之策"(按:章实斋所谓六经皆史,当以此意会之)。此类征藏之策,经由孔子而下布于民间,促进了民间学术的发展。至战国之世,便形成了诸子百家争鸣之局。昔人所谓诸子出于王官,其着眼处正在于此③。

至于所谓经,如黄寿祺所指出,"其初并非明指六艺,盖谓织之

---

① 柳诒徵《国史要义》,台湾中华书局1984年版,影印正中书局原刊本,第1~2页。

② 柳诒徵《国史要义》,第2页。

③ 按:《汉书·艺文志》谓诸子皆出于王官,《淮南子·要略》则以为起于救时之弊。胡适之作《诸子不出于王官论》(列入所著《中国哲学史大纲(上)》附录),力诋《汉志》之非,张舜徽亦赞同其说(见所著《汉书艺文志通释》,《张舜徽集·广校雠略汉书艺文志通释》,华中师范大学出版社2004年版,第346~347页)。吕诚之对此则有甚为通达之论,曰:"章太炎谓'九流皆出王官,及其发舒,王官所弗能与;官人守要,而九流究宣其义',其说实最持平。《荀子》云:'父子相传,以持王公,是故三代虽亡,治法犹存,是官人百吏之所以取禄秩也。'此即所谓守要。究宣其义者,遭直世变,本其所学,以求其病原,拟立方剂,见闻既较前人为恢廓,心思自较前人为发皇,故其所据之原理虽同,而其旁通发挥,则非前人所能望见也。"(《先秦学术概论》,第16页。)刘咸炘《推十书·中书》有《本官》一篇,亦阐发此义,有云:"本官,言其所从出也;救弊,言其所由成也。"见黄曙辉编校《刘咸炘学术论集·哲学编》上册,广西师范大学出版社2010年版,第53页。

从丝。……故章太炎先生《国故论衡·中卷·文学总略》云：'经者，编丝缀属之称，异于百名以下用版者，亦犹浮屠书称修多罗。修多罗者，直译为线，译义为经。盖彼以贝叶成书，故用线连贯也；此以竹简成书，亦编丝缀属也。'"如章实斋《文史通义·内篇·解经上》所谓，经之名虽昉于此，其意不过是"经纬、经纪云尔，未尝明指《诗》《书》六艺为经也"。孔子之时，"犹不名经"，迨至孔门弟子始有"六经之名"①。

以王官学之六艺为常道，自孔门始。然而如吕诚之所谓，"孔子因以设教。则又别有其义"。"孔子所传之义，不必尽与古义合，而不能谓其物不本之于古。其物虽本之于古，而孔子自别有其义。儒家所重者，孔子之义，非自古相传之义也。此两义各不相妨。"②蒙文通亦持类似见解，以为"六经为古代之文献，为后贤之教典。周秦间学术思想最为发达，谓之胚胎孕育于此古文献则可，谓之悉萃于此古文献则非也。孔子、孟、荀之思想可谓于此古文献有关，而孔子、孟、荀之所成就则非此古文献所能包罗含摄。"③按：二先生之论最为明通。《汉书·艺文志》不以儒家入"六艺"类，厥因当即在此。

就此意义而言，儒家之经学与其他诸子之学，并无本质上的不同，皆为"就现象加以研求，发明公理者"。然而"经之与子，亦自有其不同之处"。孔子自谓"述而不作"，其所传之经书，"虽亦发挥己见，顾皆以旧书为蓝本。故在诸家中，儒家之六经，与前此之古书，关系最大"。章太炎云："经多陈事实，诸子多明义理（此就大略言之，经中《周易》亦明义理，诸子中管、荀亦陈事实，然诸子

---

① 黄寿祺《群经要略》，华东师范大学出版社 2000 年版，第 1~2 页。
② 吕思勉《先秦学术概论》，第 54~55、71 页。
③ 蒙文通《论经学遗稿三篇·丙篇》，载《经史抉原》，巴蜀书社 1995 年版，第 150 页。

专言事实，不及义理者绝少）。……故贾、马不能理诸子，郭象、张湛不能治经。"实为的论①。

此义既明，便可知：强以诸子与经学截然两分，甚或矛戟相向，实乃谬见。今日倡"新子学"者，宜袪除此弊。

二、中华固有思想与文化之特点

六经乃古代文献，为史官所传承，而史官则是"王佐"（部落酋长的辅佐或顾问），故经籍所重，在施政教民。中国上古时代，亦重神教；儒家重礼，重礼则必重祭祀（《左传》成公十三年三月刘康公曰："国之大事，在祀与戎"）。然而据《尚书·吕刑》，西周时穆王即有"乃命重黎绝地天通，罔有降格"之语②；《国语·楚语》所载观射父语，更是对此大加发挥③。《尚书·皋陶谟》有曰："天聪明自我民聪明，天明威自我民明威"；孔子甚重礼，但"不语怪力乱神"（《论语·述而》）。故柳翼谋曰："最古之礼，专重祭祀。历世演进，则兼括凡百事为。宗、史合一之时已然，至周而益重人事。"

---

① 吕思勉《经子解题》，华东师范大学出版社1995年版，第1~2页。按：太炎此语，见于《与章行严论墨学》第二书，原载《华国月刊》第四期，今收入马勇编《章太炎书信集》，河北人民出版社2003年版，第787页，可参看。

② 曾运乾《尚书正读》释曰："格，格人。降格，言天降格人也。……此欲惩苗民家为巫史之风，故言'罔有降格'也。"华东师范大学出版社2011年版，第294页。

③ 观射父曰："古者民神不杂。……民是以能有忠信，神是以能有明德。……及少皞之衰也，九黎乱德，民神杂糅，不可方物。……颛顼受之，乃命南正重司天以属神，命火正黎司地以属民，使复旧常，无相侵渎，是谓绝地天通。"

又谓："古史起于神话，吾国何独不然。惟礼官兼通天人，而又总摄国政，知神话之无裨人事，乃有史例以定范围。""搜神述异"之事，虽"周宣王时之《春秋》"，以及"左丘明之所传，《山海经》之所载"，"往往而有"，"而鲁之《春秋》不此之务，惟礼为归"。原为"司天之官"的宗与史，遂演进为"治人之官"①。

中国古代学术，正是奠定于此等"治人之官"，可称之为"史官文化"。所重在人事，不在神教（因此上古神话保存极少，《史记·五帝本纪·赞》所谓"百家言黄帝，其文不雅驯，荐绅先生难言之"，正是指此而言。故此类神话，《史记》大都剔除）；而其所重的人事，不在个人的得救或解脱，而在"施政教民"，亦即在百姓的福祉（所谓百姓，即指社会大群，乃由诸多个人所构成，并非抽象的"人民"、"国家"、"群众"之类），此即所谓王道。王道的根本则是孟子所谓"养生丧死无憾"②，而养生丧死无憾，必须落实到具体之人人。可见此固有文化绝不反对个人福祉③，同时因注重社会大群，也不主张"个人主义"。

"养生送死"（亦即"养生丧死"），实为人生必不可少者。吕诚之对此有透彻的说明："人之生，不能无以为养；又生者不能无死，死者长已矣，而生者不可无以送之；故养生送死四字，为人所不能免，余皆可有可无，视时与地而异有用与否焉者也。然则维养生送死无憾六字，为真实不欺有益之语，其他皆聊以治一时之病者耳。"以此为准绳，便可说"若以全社会之文化论，中国确有较欧洲、印度为高者"。因为"欧、印先哲之论，非不精深微妙，然太玄远而不

---

① 柳诒徵《国史要义》，第6、7~8页。
② 孟子曰："养生丧死无憾，王道之始也。"见《孟子·梁惠王上》。
③ 若做不到"数口之家可以无饥"，"颁白者不负戴于道路"，"七十者衣帛食肉"等等（见《孟子·梁惠王上》），又岂有"王道"之可言？

切于人生",亦即不少是可有可无之物,并非真实不欺而不可或缺者①。

  中华固有思想所注重的,是当前的世界,现实的人生。玄远的哲思,微妙的理论,历史上并非全无,然而不数传之后,即告后继乏人,先秦名家、佛教唯识宗即为其例。刘鉴泉对此深有理解,认为以"中国哲学"说诸子,并不妥当。"'哲学'二字传自日本,西方本义原为爱智,其内容原理之学,今其境界益狭,止以宇宙本体论及认识论为主,……华夏之学虽亦论究宇宙而不追问其本体之实在,远则古道家、儒家,近则宋、明儒者,其论宇宙,皆归之自然一元,自西人观之,不过素朴之实在论耳。""近于西人之追问宇宙原动"者,惟有《庄子·则阳》所谓"季真之莫为,接子之或使","而庄子则以为两偏无当"。至于"认识之原","更为中人所未究,虽传佛教,亦不深求于此"。但是"中人于人生社会之原理则讲之甚详,精透之言多为西人所不及"。差异之故,"在于态度之根本不同,西之学重于求知万物,中人则重于应对万物"。"中学以人为中心,故多浑合,每一宗旨贯于人生及政治生计一切问题,……西人非不究人生,然其于人生亦视为一物而欲知其究竟,故其问题为人生何为,人从何处来,人从何处去,皆在人外求之,中国则承认宇宙自然,故亦承生为自然,不复逆追以问生何为,而但顺下以讲何以生,何以善生"(按:如此剖析,颇为有见。以"应对万物"与"求知万物"论中西学术之异,最为切当)。正因重于应对万物,故中国固有思想大都通达而不执一。其言宇宙,"皆主一元,无主多元者"。因此,"凡唯心、唯物、自由、定命诸说在西方视为不可调和者,中人皆无所争执"。鉴泉于是将中国学术分为二大类:"一曰人道,二曰群理。人

---

① 吕思勉《中国政治思想史十讲》,《吕思勉遗文集》下册,华东师范大学出版社1997年版,第78页。

道论为人之术而究及宇宙，群理则止及治群之术而泛及政事。"①

华夏之学，所重既在于人道与群理，所以华人社会不执著于宗教。如吕诚之所指出："中国社会，迷信宗教，是不甚深的。此由孔教盛行，我人之所祈求，都在人间而不在别一世界之故。因此，教会之在中国，不能有很大的威权。因此，我们不以宗教问题和异族异国，起无谓的争执。此实中国文化的一个优点。"而且"宗教因其性质固定之故，往往成为进化的障碍。若与之争斗，则又招致无谓的牺牲，欧洲的已事，即其殷鉴"②。诚之先生更指出：古代中国的宗教，皆为地域性，"祖先不必说了，就是其余的神，也是限于一个很小的范围内"。诸部落所崇拜的神，各别而不相干。而且在一个社会之内，"似乎贵族平民各有其所崇拜的对象，彼此各不相干。因此在上者要想借宗教之力以感化人民甚难，却也没有干涉人民的信仰，以致激变之事"。宗教既是地方性，故列国间"彼此互不相干涉，亦没有争教的事"。须知"宗教信仰多包含在生活习惯之中，君子行礼不求变俗，就是不干涉信仰的自由"。各地生活习惯不同，宗教自然也不同，为何"硬要统一"？"这实在是中国最合理的一件事"③。而对于

---

① 刘咸炘《子疏定本·子疏先讲·附录》，收入黄曙辉编校《刘咸炘学术论集·子学编》上册，第15～16页。

② 吕思勉《吕著中国通史》，华东师范大学出版社1992年版，第306页。按：英国哲学家 A. C. Grayling 认为，宗教一词，包罗甚广，就其根本性质而言，其显例乃是犹太教、基督教、伊斯兰教，以及所谓印度教（19世纪英国殖民当局以此共名给予印度固有宗教）的种种面相。所谓宗教，不同于哲学，亦不同于迷信。孔教或儒家，其要旨不在信仰与崇拜神只，不在遵信神谕，因此不是宗教，而是哲学。又，中国人不是宗教性的民族，但颇为迷信。不笃信宗教的华人为地球上人数最多之族群，可见所谓对上帝的信仰乃是植入人脑之硬件云云，全属謷说。见所著 The God Argument: The Case Against Religion and for Humanism (New York: Bloomburg, 2013), pp. 16～17。

③ 吕思勉《中国政治思想史十讲》，第63页。

如此合理的一件事，今日不少无多知识的所谓知识分子，却视为中国文化之不足，因而大力鼓吹需要一神论宗教（即中国之耶教化）以作矫正。殊不知此乃肇乱之道，近日非洲各地的惨剧，可为明鉴①。

以诚之之见，中国文化"真实不欺，切实可行，胜于他国文化之处"，在于以"人对人之关系为首要"，"人对物之关系次之"，"以养生送死无憾六字为言治最高之境，而不以天国净土等无可证验之说诳惑人"。就"解决人生问题之方法"而言，则以"解决社会问题"为主，"而不偏重于个人之修养"②。然而诚之先生亦深知，"文化不能无偏弊"，既有所偏，时节因缘不同，便有宜有不宜③。西方工业革命以来，百余年间，中国文化的弊端渐次显现。

中华文化重在应对万物，对世界各种事物的态度，往往是只问其用，而不深入探求所以然之故。先秦惠施，对于"天地所以不陷不坠，风雨雷霆之故"之类问题，兴趣盎然。而庄子以为，"由天地之道观惠施之能，其犹一蚊一虻之劳者也，其于物也何庸"，此乃"穷响以声，形与影竞走也。悲夫"（见《庄子·天下》）。现代西方的强盛，始于工业革命，而工艺技术的长足进步，则出自不问实用的纯

---

① 近例之一：中非共和国成千上万的穆斯林为逃避基督教民兵的烧杀劫掠而涌入邻近诸国，造成人道危机。见2014年2月7日《华盛顿邮报》。按：此类情景从不见于中国历史。美国基督新教徒、宗教学家Judith A. Berling根据其在台湾的生活经验撰成一书，题为 A Pilgrim in Chinese Culture: Negotiating Religious Diversity (Eugene, Oregon: Wipf and Stock Publishers, 1997)，认为中国文化具有宗教宽容性，神只众多，不以真理为单一形式，故各教各派能并行不悖，相安无事，足为宗教多元和谐的典型。

② 吕思勉《中国政治思想史十讲》，第79页。

③ 吕思勉《柳树人〈中韩文化〉叙》，《吕思勉遗文集》上册，第454页。

科学探究。这一"求知万物"的传统,源远流长,肇端于古希腊哲人。"历物之意"、"遍为万物说"如惠施者,在中国乃异数,在古希腊则为常态。庄、惠二人见解之异,正可见中、西二传统根本态度之别。

1919年12月,陈寅恪在哈佛大学与挚友吴雨僧(宓)纵论中、西、印文化异同,以为中国古人所擅长者乃"政治及实践伦理学"(按:此即前述刘鉴泉所谓重于应对万物),"惟重实用,不究虚理,其长处短处均在此"。"长处即修齐治平之旨;短处即实事之利害得失,观察过明,而乏精深远大之思"。故当时留学生,"皆学工程实业","其希慕富贵,不肯用力学问",与昔日"士子群习八股,以得功名富贵",用意并无不同。殊"不知实业以科学为根本,不揣其本,而治其末,充其极,只成下等之工匠。境遇学理,略有变迁,则其技不复能用。所谓最实用者,乃适成为最不实用"①(按:今日中国留学生之聪颖者,群趋于金融一途,仍是此一路数)。中国近世经济、技术诸方面大为落后于西方,偏重"应对万物"的态度,当为主因之一。今日欲求文化复兴,"求知万物"的精神必须提倡。

三、"新子学"典范
—— 基于"后设于哲学"之立场的章太炎

吕诚之以为,先秦以来,中国学术之发展,可分七期:先秦诸子百家之学,两汉儒学,魏晋玄学,南北朝、隋、唐之佛学,宋明理

---

① 《吴宓日记》所载,引自吴学昭《吴宓与陈寅恪》,清华大学出版社1992年版,第9页。

学，清代汉学，近代新学。其中惟先秦学术纯为自创，其余或承袭古人，或受诸域外①。所言颇当。

先秦诸子以后，宋代开启的新儒学成就最大。如陈寅恪所谓，"中国自秦以后，讫于今日，其思想之演变历程，至繁至久。要之，只为一大事因缘，即新儒学之产生，及其传衍而已。"宋代新儒家之所以多有思想上的创获，原因在于"一方面吸收输入外来之学说，一方面不忘本来民族之地位"②。清末以降，西方流行的思想、学说，大都输入中国，信者甚众，且不少笃信者思以其道易天下，鼓吹不遗余力。然而就思想创获而言，难以望先秦诸子项背。黄山谷有句云："随人作计终后人，自成一家始逼真。"③ 近代西学输入，国人眼界大开，学术环境丕变，理应有文化复兴之盛。然而新学著作虽夥颐沉沉，真有价值者毕竟寥寥。其根本原因，正在于随人作计而不知自立。拾人唾余，认贼作父，自然难以自成一家。

近代学者中，章太炎泛滥众流，出入百家，同时又坚持本民族地位，依自不依他④，绝不攀附援引，逐队随人。其早年所作《诸子学略说》，推崇先秦诸子，有云："推迹古初，承受师法，各为独立，无援引攀附之事。虽同在一家，犹且矜己自贵，不相通融。"⑤ 其一生讲学立说，虽时有变化，但"依自不依他"的立场，则终身以之，不稍动摇。最所反对者，乃在入主出奴，不知自立。作于辛亥革命前

---

① 吕思勉《先秦学术概论》，第2页。
② 陈寅恪《冯友兰中国哲学史下册审查报告》，《金明馆丛稿二编》，上海古籍出版社1982年版，第250~252页。
③ 黄庭坚《以右军书数种赠丘十四》，《山谷诗外集补》卷二。
④ 其《答铁铮》书谓"支那德教，虽各殊途，而根原所在，悉归于一，曰依自不依他耳"。原载《太炎文录初编·别录》，卷二，引自傅杰编校《章太炎学术史论集》，云南人民出版社2008年版，第111页。
⑤ 引自上书，第216页。

二年（1909）的《与人书》说道，当时留学东洋、西洋的学生分别结党，"常相竞争"；游学欧美者，较之游学日本者，"其智识弗如远甚"，因其"排东过甚"，乃"远西台隶之学"也。至于日本人之短，则在处处"规仿泰西，无一语能自建立，不得为著作"。然而不得为著作，不等于不得为师（按：太炎意谓：日本乃东亚现代化的先驱，了解西方较中国先行一步，足可为师。然而这只是初步，更进一步，则必须能自建立）。今日中国，"处处规仿泰西，无一语能自建立"，与日本人同病。中国"九流之学"，"秦汉晋宋之文"，既精既美，原因在于"由古人所已建立者，递精之至于无伦，递美之至于无上"，此即所谓"能自建立"。又申述说：

> 盖宇宙文化之国，能自建立者有三：中国、印度、希腊而已。罗马、日耳曼人虽有所建立，而不能无借于他。其余皆窃取他人故物，而剪裁颠倒之者也。今希腊已在沉滞之境，印度于六七年中，始能自省。中国文化衰微，非如希腊、印度前日之甚也。勉自靖献，则光辉日新。若徒慕他人，由此已矣。仆所以鄙夷日本者，欲使人无蹈日本之过耳。

当时世界语流行于上海学界，太炎对此大加讥讽：所谓世界语，"但以欧洲为世界耳"。五十年前，国人称中国为天下，今人皆知其可笑。"彼欧洲人以欧洲为世界，与此何异？"此乃"知吾党之非，而不悟他人之妄"，是谓"不知类"①。

传统中国以儒家圣人为"凡有血气者，莫不尊亲"（见《中庸》），今人多不以为然，甚或觉其可笑。六十年前，以苏联所信奉

---

① 章太炎《与人书》，引自《章太炎书信集》，第 266~267 页。

之教条为"放之四海而皆准";今日则以美国主流观念为"普世价值";可谓厥妄惟均。致误之由,乃在混淆总相与别相。太炎以严复、沈曾植为例,说道:"严复既译《名学》,道出上海,敷座讲演,好以《论》《孟》诸书证成其说。"沈曾植闻而笑之,以为严复所言,乃"《四书题镜》之流"。"严复又译《社会通诠》",此书虽名"通诠","实乃远西一往之论",对于中国的历史与习惯本有隔阂,而严氏多引此书以"裁断事情"。故曰:"知别相而不知总相者,沈曾植也;知总相而不知别相者,严复也。"① 陆象山有言:东海西海圣人,此心同,此理同。太炎以为,此乃仅就总相而言,其实不过三项:"以直心正趋真如,以深心乐集善行,以大悲心拔一切众生苦。"(以今语言之,即是探求真理,实践道德,救助社会;惟此三项为"普世"之价值)其余皆为"别愿",各各不同②。

　　太炎心目中的中华文化复兴,在思想方面,是发扬先秦诸子之学,"递精之至于无伦";在文学方面,则是发扬秦汉晋宋之文,"递美之至于无上"。然而须知,太炎对于西方学说,现代知识,绝不是深闭固拒,一概不取。如其弟子庞石帚(俊)所指出,太炎除经史、诸子、朴学等以外,又治佛藏,"涉猎《华严》《法华》《涅槃》诸经,及因系上海,乃专修相宗诸书";"既而亡命日本,因得广览希腊、德意志哲人之书,又从印度学士躬习梵文,咨问印土诸宗学说,于是欧陆哲理,梵方绝业,并得餍而饫之。盖至是而新知旧学,融合无间,左右逢源,灼然见文化之根本,知圣哲之忧患,返观九流,而闳意眇指,觌于一旦"③。细读太炎相关著作,可见此处所言的是实

---

① 章太炎《菿汉微言》,《章氏丛书》本,第50页上。
② 同上书,第42页下、49页上。
③ 庞俊《章先生学术述略》,收入《章太炎学术史论集》,《附录三》,第490页。

情,决非弟子阿谀之辞。

太炎先生特立独行,一空依傍,其学术之最得力处,端在"依自不依他"五字。太炎以为:"孔氏而前,或有尊天敬鬼之说(墨子虽生孔子后,其所守乃古道德)。孔氏而后,儒、道、名、法,变易万端,原其根极,惟依自不依他一语。"所谓依自不依他,简而言之,便是;"自贵其心,不以鬼神为奥主。"① 鬼神尚且不可为"奥主",更何况政治或意识形态的权威了。因此,对于任何思想、学说,不论出自何人,皆须予以评判。其所以去取者,正如戴景贤教授所指出:"全由智解,而非立根于'信'。"智解则来自"智证",释氏于此最擅胜场,其义"最全"。唯识之学所以多可取者,厥因在此。总之,太炎之抉择立场,"系以'通识'为主";其通识,则是"以人类心性之所能与所趋"为基础。虽有"五无"、"四惑"诸论②,但绝不是虚无主义者。其立论背后,"实有一核心之价值倾向;此一倾向,仍有其近儒之处"。如其《建立宗教论》所说,"大乘有断法执而不尽断我执,以度脱众生之念,即我执中一事,特不执一己为我,而以众生为我"。戴教授解释说:"简择以'度脱众生之念'即为'不尽断我执',而不复深辨释氏之义中是否尚有更上之层次,即是依此所自取之观点而为说。"总之,"凡其所欲建构之论,要点皆在于'辨旨而去、取',而非'立旨以设教'";其议论乃基于"'后设于哲学'之立场","而非一特殊之'哲学立场'"。至于其"论断之主轴","则依然以'全性、命之理'为依归"③。按:戴教

---

① 章太炎《诸子学略说》,引自傅杰编校《章太炎学术史论集》,云南人民出版社2008年版,第111、114页。

② 按:太炎有《五无论》《四惑论》诸篇,收入《太炎文录初编·别录》卷三。

③ 戴景贤《明清学术思想史论集》,香港中文大学出版社2012年版,第294~295页。

授之论，至为精辟，远胜近日以研治太炎思想而知名者。

　　自立一宗，固须依自不依他，然而绝不可执著。太炎有曰："中土浑天之说，起于汉时，尚知地如卵黄。大智如佛，而说华藏世界各有形相，其于四洲，亦不说地为大圆。"而一类"笃信沙门"，却说佛遍知一切，其所以"不说地圆者"，乃因"地本非圆"也。这类沙门"执箸之见"，竟至于此，不由令人感叹①。中国人有一大优点，即"徇通而少执着，学术、宗教，善斯受之，故终无涉血之争"。惟独墨子，"主兼爱、尚同、尊天、明鬼"；若不从教令，拒绝"尚同"，一人持一义，则"在所必诛"。其所谓非攻，也只是对遵从"天志"（"同义"）者而言。"苟与天志异者，必伐之，大戬之。"普通的战事，起因不外是争夺土地、财货之类，"胜负既决，祸亦不延"。"而为宗教战争者，或亘数百年而不已。"主张"天志"、"尚同"的墨学，"实与天方、基督同科"，幸而不用于世，否则"十字军之祸，夙见于禹域矣"②。

　　太炎以为，秉钧者对于学术，应让各家各派往复辩论，自由竞争，切不可以国家权力定于一尊（"不排异己"），若"不知其说而提倡一类之学，鼓舞泰甚，虽善道亦以滋败"。理由是：任何学说，一旦"鼓舞泰甚"，必致"伪托者多"。即便无多伪托者，而"琴瑟专一，失其调均，亦未有不立弊者"（以今日习用语言之，"无学术市场之竞争"也）。以世人所称"黄老致治"而言，若标榜号召，必使"保身持禄，无所短长之人，亦连汇而至"，岂有不败之理？至于汉初曹参、文帝"用黄老致治者，以其未尝题名号召也"③。又指出："中国学术，自下倡之则益善，自上建之则日衰。凡朝廷所闿置，足

---

　① 章太炎《菿汉微言》，《章氏丛书》本，第13页上。
　② 同上书，第42页上。
　③ 同上书，第70页下~71页上。

以干禄，学之则皮傅而止。"原因是"不研精穷根本者"，乃人之常情。"故科举行千年，中间典章盛于唐，理学起于宋，天元、四元兴宋、元间，小学、经训昉于清世"，凡此皆非朝廷所建，岂有官吏之督奖？正因"恶朝廷所建益深，故其自为益进也"①。

太炎更主张，应当为学术本身而治学，诸科平等，无有高下。其言曰：

> 学术无大小，所贵在成条贯。制割大理，不过二途：一曰求是，再曰致用。下谂动物植物，上至求证真如，皆求是耳。人心好真，制器在理，此则求是致用互相为矣。生有涯而知无涯，是以不求徧物，立其大者，立其小者，皆可也。此如四民分业，不必兼务，而亦不可相非。若以其所好，訾议其所不知，是为中德，乃凶德之首矣。精力过人，自可兼业。
>
> 不学稼者，仲尼之职业也；因是欲求人人不为稼，可乎？勤四体，分五谷，荷蓧丈人之职业也；因是欲人人为稼，可乎？吏、农、商、冶，展转相资，必欲一人万能，孰所不可。自政俗观之，九两六职，平等平等；自学术观之，诸科博士，平等平等，但于一科之中，则有高下耳。②

这两段话，可归纳为五点：

1. 天下学术，大致不过求是与致用二类，二者无有高下，"虽致

---

① 章太炎《与王鹤鸣书》，《章氏丛书》本《太炎文录初编》，卷二，第8页。

② 章太炎《菿汉微言》，《章氏丛书》本，第45页。

用不足尚，虽无用不足卑"①。

2. 诸种职业，皆为社会所需，一体平等，不可驱人人于一途；诸科学术亦然。即以求是而言，研究动植物与所谓求证真如，亦为平等。

3. 人生有涯，知识无涯。无人能遍知万物，兼营百业。立其大者与立其小者，各有价值，不可相非。

4. 然而一科之中，则有高下之殊。判别标准有二：一为"条贯"，即综核名实；二为"制割"，即自作裁断，不依傍外在权威。

5. "人心好真，制器在理。"亦即求真求是本是出于心性之自然，而欲求致用之精，必须讲求纯科学之理；同时致用之需亦能促进纯理之追求；二者互相为用。

综上所述，可见太炎思想超卓，一方面坚持本民族之立场，依自不依他；一方面则以人类心性之能力与趋势为基础，强调求是之可贵，以补救中华文化固有之不足，允为"新子学"楷模。

结语：中华文化复兴之道
——依自不依他，求是致用相资

今日欲复兴中华学术与文化，必须上接先秦，重开百家争鸣之新局。依鄙见，其要点有二项，即依自不依他，求是致用相资。请试释之于下。

所谓依自不依他，其含义有两个层次。一是立足于本民族的历史文化，切忌将凿枘不入的外来思想学说视为无上正等正法，加诸本国

---

① 章太炎《与工鹤鸣书》，第7页上。

文化之上。其弊小则郢书燕说，以理限事，妨碍学术发展①；大则以本国为外来学说试验场，祸害不可胜言，一部中国近代史，足为见证。二是前述章太炎所谓"自贵其心，不以鬼神为奥主"；亦即牟宗三所谓"主体性"与"内在道德性"②。

太炎先生去世前三年，昭告其弟子曰："夫国于天地，必有与立，所不与他国同者，历史也，语言文字也。二者国之特性，不可失坠者也。……尊信国史，保全中国语言文字，此余之志也。弟辈能承余志，斯无愧矣。"③ 这段话正是"依自不依他"第一个层次的极好概括（按：国史是否须一概尊信，不稍怀疑，大可商榷。然而就大体言，国史自当尊信，其原因在于中国史官文化之源远流长）。而今日不少所谓学者，论及中国历史文化、思想学术时，喜以西方学说及成例作比附，更有甚者，于中国语言文字造诣本浅，理解文言的能力亦颇有限，却满口流沫，大发宏论。试问：此等煌煌大著，足信乎？抑不足信乎？余英时教授因此声言："我可以负责地说一句：20世纪以来，中国学人有关中国学术的著作，其最有价值的都是最少以西方

---

① 胡适《说儒》一文，正是以理限事的例证。胡氏以为，儒乃殷民族的"教士"，奉"殷礼"为宗教，具有"亡国遗民的柔逊的人生观"，并有"五百年必有王者兴"的预言，孔子则被当时人看作应此而生。孔子的大贡献，在于化柔懦之儒为刚毅之儒。见《胡适文存》四集，台北远东图书公司1953年重印本，第82页。按：胡氏此说的依据，在希伯来民族的弥赛亚（Messiah）观念。然而问题是：犹太民族有此观念，为何殷民族一定亦有，证据何在？"五百年必有王者兴"一语，出自《孟子》，又如何得知，孔子以前即有此预言？而且亡国遗民为何必定柔逊，而不能志在复仇？（饱受挫折者铤而走险之例，史不绝书）形成此等谬误的原因，正在于将西人学说视为无上正等正法，强行加于本国史之上。

② 牟宗三《中国哲学的特质》，台湾学生书局1994年版，第5页。

③ 诸祖耿《记本师章公自述治学之功夫及志向》，引自《章太炎学术史论集》，《附录二》，第487页。

观念作比附的。如果治中国史者先有外国框框，则势必不能体会中国史籍的'本意'而是把它当作报纸一样的翻检，从字面上找自己所需要的东西（你们千万不要误信有些浅人的话，以为'本意'是找不到的，理由在此无法详说）。……其实今天中文世界里的有些'新见解'，戳穿了不过是捡来一两个外国新名词在那里乱翻花样，不但在中国书中缺乏根据，而且也不合西方原文的脉络。"① 按：快人快语，所言极是。果欲学术文化之复兴，此弊必须祛除。

  例证之一：所谓幽暗意识与民主传统。美国张灏教授以为，西方受到基督教对人性幽暗面（所谓原罪）观照的影响，故而有分权、制衡等观念。儒家强调性善（故幽暗意识不强），期盼道德卓越者担任政治领袖，故而无民主传统。此一见解是否合于西方原文的脉络，兹姑不论（在此须指出：民主起原于希腊，而不是原罪意识强烈的希伯来；基督教在西方盛行二千年，为何千数百年间，欧洲并未有民主制度，而且除西北欧一隅之外，欧洲大部分笃信耶教的地区，直至20世纪前半期，尚排斥民主制度②？张教授对此，未作解释）。须知所谓民主制度，其成形本是一个复杂的历史过程，其中一个重要因素是始于小国寡民。而中国自秦始皇统一，抟成如此庞大的帝国，统治如此众多的人民，试问在当时的交通与技术条件下，即使人人秉持"原罪"观念，有可能实行全国性投票，建立民主制度吗？更须知帝制时代的官僚制度，创始于秦，主要设计者为主张性恶的法家，其背后的理念正是分权、制衡等观念。治中国政治制度史者，可谓尽人皆

---

① 余英时《怎样读中国书》，《余英时文集》第八卷《文化评论与中国情怀（下）》，广西师范大学出版社2006年版，第326页。

② 20世纪前半期，大多数欧洲国家抛弃自由民主制度，拥抱威权甚或极端主义的国家形态。见 Mark Mazower, *Dark Continent: Europe's Twentieth Century* (New York: Vintage Books, 1998), pp. 3~40。

知。而张氏不知也,呜呼!

例证之二:所谓宪政需要"国父"。近有某学界闻人,鼓吹此说,甚嚣尘上。世上行宪之国多矣,大多似未曾有所谓国父;而尊崇"国父"之地,亦未必行宪政。二者为何有必然之关系?此君议论滔滔,对此却语焉不详。柳翼谋有云:"中国之有政党,殆自宋神宗时之新旧两党始。其后两党反复互争政权,讫北宋被灭于金始已。"又曰:"上下数千年,惟北宋卓然有政党。"① 吕诚之对此说道:"要形成政党,宋朝是最好不过的时代。因为新旧两党,一个是代表国家所要求于人民的,一个是代表人民所要求于国家的。倘使当时的新旧党,能互相承认敌党的主张,使有发表政见的余地;加以相当的采纳,以节制自己举动的过度;宪政的规模,早已确立起来了。现代人议论宋朝史事的很多,连这都没有见到,还算能引用学理,以批评史实么?"② 按:所论甚为精湛。那位学界闻人,自诩深通西学,其见识与此相较,瞠乎后矣。

近八十年前,诚之先生"颇致慨于现代的论政者,更无梁启超、严复、章炳麟其人",说道:

> 现代的政治学家,对于书本上的知识,是比前人进步了。单是译译书,介绍介绍新学说,那原无所不可。然而他们偏要议论实际的政治,朝闻一说,夕即欲见诸施行。真有"子路有闻,未之能行,惟恐有闻"的气概。然而天下事,有如此容易的么?听见一种办法,书本上说得如何如何好,施行起来,可以有如何如何的效验,我们照样施

---

① 柳诒徵《中国文化史》,上海古籍出版社2001年版,第582~583、591页。

② 吕思勉《中国政治思想史十讲》,第92页。

行，就一定可以得这效验的么？人不是铁；学到了打铁的方法来打铁，只要你真正学过，是没有不见效的，因铁是无生命的，根本上无甚变化；驾驭那一块铁的手段，决不至于不能驾驭这一块铁。一种树就难说些了，养马更难说了，何况治人呢？且如民治主义，岂不是很好的，然而在中国，要推行民治主义，到底目前的急务，在于限制政府的权力，还在于摧抑豪强，用民政策，从前难道没人说过，没人试行过，为什么不能见效？我们现在要行，我们所行的，和昔人同异如何？联邦的组织，怎么不想施之于蒙藏，反想施之于内地？①

按：百年一弹指间，今日所谓公共知识分子，其论治论学，大都依然如此。究其原因，在于依他起见，以理限事。对治之方，则在发扬先秦诸子精神，如太炎所谓，矜己自贵，不为援引攀附之事。

"依自不依他"的第二层次则是自力道德，不以鬼神为依归，与耶、回等一神教大异其趣。此乃二三千年历史使然。无残酷的宗教战争，诸教诸神各有其功能，百姓各取所需，彼此相安无事，是为宗教宽容和谐之极致。陈寅恪近百年前即已指出：中国人重实用，不拘泥于宗教之末节，"任诸教之并行，而大度宽容（tolerance），不加束缚，不事排挤，故从无有如欧洲以宗教牵入政治。千年来，虐杀教徒，残毒倾挤，甚至血战百年不息，涂炭生灵。至于今日，各教各派，仍互相仇视，几欲尽铲除异己而后快。此与中国人之素习相反。今夫耶教不祀祖，又诸多行事，均与中国之礼俗文化相悖。耶教若专行于中国，则中国之精神亡。且他教尽可容耶教，而耶教（尤以基督新教为甚）决不能容他教（谓佛、回、道及儒［儒虽非教，然此

---

① 吕思勉《中国政治思想史十讲》，第 91~92 页。

处之意,谓不入教之人,耶教皆不容之,不问其信教与否耳。])。必至牵入政治,则中国之统一愈难,而召亡益速。"① 按:所论至为精辟,将"召亡"易为"肇乱",则绝对适用于今日。其中"中国之精神亡"一语,最须留意。一国之精神亡,则必至随人脚跟,仰人鼻息,所成就者,不过是太炎所谓"远西台隶之学",永不能自立于天壤间。"依自不依他"之所以必须提倡者,以此。

中华文化有一重大缺陷,即太过实用,以致妨碍了纯科学的发展。有识之士,如章太炎、陈寅恪,皆对此有深切认识。太炎对于所谓通经致用,绝不赞同,以为汉代所谓经术致用,显然"不如法吏";"学者将以实事求是,有用与否,固不暇计";经术"诚欲致用,不如掾史识形名者多矣"。又曰:"学者在辨名实,知情伪,虽致用不足尚,虽无用不足卑。古之学者,学为君也;今之学者,学为匠也。为君者,南面之术,观世文质而已矣;为匠者,必有规矩绳墨,模形惟肖。审谛如帝,用弥天地,而不求是,则绝之。韩非说:'炳烛尚贤,治则治矣,非其书意。'仆谓学者宜以自省。"②

太炎这段话,大可玩味,有至理存焉。所谓学为君,正是依自不依他;学为匠,则是随人脚跟,依样画葫芦,亦即前述陈寅恪所说"不揣其本,而治其末,充其极,只成下等之工匠"。所引韩非"炳烛尚贤"云云③,更是一绝佳比喻,以见求是之学,本不以致用为鹄的,若因此而有大用,则是不期之遇,非其本意。纯科学研究之真谛,可谓尽于此数语中了。故曰:依自不依他,求是致用相资,乃中

---

① 《吴宓日记》所载,引自《吴宓与陈寅恪》,第12页。
② 章太炎《与王鹤鸣书》,第7页。
③ 《韩非子·外储说左上》载:"郢人有遗燕相国书者,夜书,火不明,因谓持烛者曰'举烛',而误书'举烛'。举烛,非书意也,燕相国受书而说之,曰:'举烛者,尚明也;尚明也者,举贤而任之。'燕相白王,王大悦,国以治。治则治矣,非书意也。今世学者,多似此类。"

华文化复兴必由之道;而太炎先生者,实为前驱。今日提倡"新子学",当于此取法。

(原载于《诸子学刊》第十三辑。作者单位:新加坡南洋理工大学国立教育学院)

实现中华民族伟大复兴的"新子学"之"关注现实"的思考

耿振东

实现中华民族伟大复兴是近代以来亿万中国人共同的理想追求,也是凝聚亿万中国人建设有中国特色社会主义的精神动力。民族复兴梦想的实现,需要政治、经济、科技、军事、教育、文化等各方面力量的提升。其中,文化的作用尤其不能忽视。党的十八大报告指出:"文化是民族的血脉,是人民的精神家园。全面建成小康社会,实现中华民族伟大复兴,必须推动社会主义文化大发展大繁荣,兴起社会主义文化建设新高潮,提高国家文化软实力,发挥文化引领风尚、教育人民、服务社会、推动发展的作用。"它深刻地揭示了在实现中华民族伟大复兴的过程中,文化建设所占据的重要地位和可能发挥的巨大作用。正是在这个意义上,我们看到以方勇教授为领衔的旨在"为民族文化复兴提供助力"(《再论"新子学"》)的"新子学"及他这几年不辞劳苦的学术实践,具有重大的理论价值和较强的现实意义。它是倡导者内心深沉的民族关怀的体现,是高度的民族文化自觉、民族文化自信的表征。

方勇教授在《光明日报》先后发表的《"新子学"构想》(2012年10月22日)、《再论"新子学"》(2013年9月9日)两篇文章,对"新子学"的产生、"新子学"的内涵、"新子学"面对西学如何建立自己的学术体系、"新子学"是国学发展的历史必然、"新子学"发展的时代应对策略五个方面问题作了深入细致的分析论述。他提出"新子学"是对"多元、开放、关注现实"的"子学精神"的"提炼"(《再论"新子学"》),"新子学""是在扬弃经学一元思维和大力高扬子学多元思维的前提下,对世界和人的本质的重新理解","'新子学'将承载'国学'真脉,促进传统思想资源的创造性转化"(《"新子学"构想》),笔者认为,可以作为"新子学"发展的纲领性指导思想;"今后'国学'不再是一枝独秀的孤景,而将上演百家合鸣的交响"(《再论"新子学"》),笔者认为,它为中国传统学术的健康发展指明了方向。

  在这里,仅就"新子学"如何"关注现实""为民族文化复兴提供助力"这个问题谈几点个人的思考。

  "夫阴阳、儒、墨、名、法、道德,此务为治者也。"(司马谈《论六家要指》)司马谈的这句话指出了学术与现实治道之间密不可分的联系。先秦诸子百家,没有为学术而学术的纯粹学术研究者。阴阳家"序四时之大顺",儒家"序君臣父子之礼,列夫妇长幼之别",墨家"强本节用",法家"尊主卑臣,明分职不得相逾越",名家"控名责实,参伍不失",道家"与时迁移,应物变化,立俗施事",皆是缘拯救时弊有感而发,皆是积极参与谋划国家治道之术的表现(司马谈《论六家要指》)。孔子"知其不可而为之",周游列国宣传"为政以德";墨子赴火蹈刃、死不旋踵,力倡"兼爱""非攻";老子韬光养晦,建议"治大国若烹小鲜";韩非甘冒"吴起支解而商君车裂"的亡身之祸,坚持"立法术,设度数,所以利民萌便众庶之道"。他们"关注现实"的学术品格被之后历代学术研究者继承、发扬。董仲舒研究《春秋公羊传》,从中阐发出"大一统"思想,帮助汉武帝实施"罢黜百家,独尊儒术"的文化政策,为自西汉以来的历代封建王朝奠定了思想统治的理论基础。王安石研究《周礼》,

从中阐发出"政事所以理财,理财乃所谓义"、"一部《周礼》,理财居其半"的思想,帮助神宗进行变法革新,缓解了神宗朝政积贫积弱的紧张局面。康有为研究今古文经学,从中阐发出古文经为刘歆为王莽篡汉而伪造的新学的思想观点,同时以"通三统"、"张三世"的今文学说为基础,形成其变法维新的理论学说,开始了轰轰烈烈的戊戌变法运动。可以说,一部子学史就是学术与现实治道互为基础、互为动因、相互促进、相互服务的历史。

春秋以前,学术掌握在贵族"王官"手中。无论是记史、祭祀、卜筮、制定法令、历法,还是制礼作乐等一系列治道活动,都是由身在统治者阶层、体现统治者意志的"王官"们完成的。这一系列治道活动,实际上就是当时的学术活动。春秋以降,王官失位,学术下移,王官学术一变为士学术。从表面上看,它们是两种不同的学术,而从实质上讲,王官学术与士学术并没有本质的区别。从产生渊源上看,王官学术孕育了以诸子百家为代表的士学术。这正如《汉书·艺文志》所言:"儒家者流,盖出于司徒之官","道家者流,盖出于史官","阴阳家者流,盖出于羲和之官","法家者流,盖出于理官","名家者流,盖出于礼官","墨家者流,盖出于清庙之守","纵横家者流,盖出于行人之官","杂家者流,盖出于议官","农家者流,盖出于农稷之官","小说家者流,盖出于稗官"。从最终的服务对象上看,无论是王官学术,还是士学术,都毫无例外地服务于现实统治。战国时齐国稷下学宫,可以说是战国诸子百家争鸣的缩影。郭沫若认为:"齐国在威、宣两代,还承继着春秋末年养士的风习,曾成为一时学者荟萃的中心,周、秦诸子的盛况是在这儿(注:指稷下学宫)形成了一个最高峰的。"(《十批判书》)据《史记》,当时稷下学宫养士"数百千人"(《田敬仲完世家》),他们"期会于稷下"(《史记集解·田敬仲完世家》引刘向《别录》),相互切磋思想,开展辩论争鸣,其学术活动丝毫没有离开治道这个中心。关于这一点，司马迁说得很清楚："自驺衍与齐之稷下先生，如淳于髡、慎到、环渊、接子、田骈、驺奭之徒，各著书言治乱之事，以干世主，岂可胜道哉！"

　　自汉武帝实施"罢黜百家，独尊儒术"的文化政策，儒家思想成为历代封建统治的主宰思想，儒家学术成为众多学术流派中独领风骚的显学。在这种政治背景下，在朝为官的上上下下各级官吏，多是深谙儒家学术的学者。由于儒家学术为中国封建社会提供了一套完整的信仰体系、价值标准，整个封建社会的各种活动便围绕儒家立身处世的原则展开。这样，以儒家为代表的学术思想与以专制君权为中心的封建体制开始相互支撑、相互促进。这一政治、学术合二为一的格局随着隋唐以来开科取士，儒家经典在科举考试中所占地位加重而越来越明显。它所导致的结果是，精通儒学的学者多是官员，官员又大多精通儒学；学者的学术主张不离治道应用，官员的治道主张又多是对自身学术研究的实践。

　　1905年科举制度废除，斩断了以儒学为业的学者的晋身之阶；1915年新文化运动兴起，以儒学为主体的传统子学已不再具有神圣不可动摇的地位。人们深感子学不足以救国救民，于是仰慕并学习西方的政治学说、经济理论、军事技术、教育体制，并开始为在中国实现西方自由、平等、民主、科学的社会理想而拼搏奋斗。传统的子学，由于失去了作为治道的用武之地，当然也就失去了昔日对其矻矻以求的多数学者的信赖与拥护。此时，很少有人再回到中国的子学中寻求治国平天下的思想武器，即便有，也难以抵挡西方学术狂飙突进式的冲决和立竿见影的治道实效性的诱惑。从这个时候到新中国建立的三十多年里，尽管报刊创办、著作出版如雨后春笋，数量多得惊人，也不乏真知灼见，而且关心民瘼、关注社会发展，甚至借助子学思想为当时统治者献计献策的作品多如牛毛，但真正被执政者采用的东西却很少很少。中华民族历史发展中突然的社会巨变，使现实治道主动和传统子学分道扬镳，传统子学无奈地与现实治道告别。

新中国成立特别是改革开放以后，随着中国工业化建设速度的加快和中西交流对话的不断展开，人们愈加认识到民族文化的重大价值。"当今世界正处在大发展大变革大调整时期……文化在综合国力竞争中的地位和作用更加凸显，……文化越来越成为民族凝聚力和创造力的重要源泉、越来越成为综合国力竞争的重要因素、越来越成为经济社会发展的重要支撑，丰富精神文化生活越来越成为我国人民的热切愿望。"（《中共中央关于深化文化体制改革推动社会主义文化大发展大繁荣若干重大问题的决定》）固然，传统子学不可能再像过去那样作为"帝王师"、"社稷图"出现，但作为亿万中国人的精神之根，它却是"中华文化最具创造力的部分，是个体智慧创造性地吸收王官之学的思想精华后，对宇宙、社会、人生的深邃思考和睿智回答，是在哲学、美学、政治、经济、军事、教育、技术等诸多领域多维度、多层次的深入展开。"（方勇《"新子学"构想》）它在凝聚民族力量、增强民族自信方面却发挥着无可替代的作用。

方勇教授说："诸子学作为中华传统思想文化的主体，必然是未来思想文化的重要组成部分，是促进中国重新崛起成为世界中坚的有生力量之一。中国学派构建之际，'新子学'正应运而生！"（《"新子学"构想》）他从传统的子学现象中提炼出"多元、开放、关注现实"的"新子学"精神，并将以此"推动中华民族文化的健康发展"（《再论"新子学"》），这种以民族复兴为己任的自觉的文化担当意识令人敬佩。那么，"新子学"应怎样发展才能体现其"关注现实"的精神最终"为民族文化复兴提供助力"呢？在这里，我仅就想到的两点作以下陈述。

一、"新子学"研究者在专业领域发展繁荣"新子学"的同时，应将"新子学"纳入大众文化普及的范围，也就是说，他们应自觉担负起文化普及的重任。

"新子学"研究者多是学院化的知识分子，他们在自己研究领域内创造的知识是前人无法相比的。但是，他们创造的这些知识仅仅是一种专业化的、技术化的知识，而不是一种公共性的知识。他们掌握着大量的知识资源，多数情况下是将其变成了自己私有的文化资产，而没有与大众共享。如果"新子学"完全朝着专业化、技术化的方向发展下去，不将它"对宇宙、社会、人生的深邃思考和睿智回答"融入大众的知识视野，化为大众的公共文化生活，围绕"新子学"的一系列学术活动便不能真正体现"新子学""关注现实"的精神宗旨，从子学中提炼出来的"关注现实"的"新子学"精神也就成为空洞的口号。

从文化学的角度讲，凡是称之为文化的东西都有一个受众域大小的问题，越是受众域大、越是被大众接受掌握了的文化，就越能体现文化的普世价值，越容易发挥其教育认知功能、凝聚功能，因而也就越能够发挥文化的软实力，从而转化为民族伟大复兴的坚强动力。所以，为了顺利实现"新子学""为民族文化复兴提供助力"，必须将"新子学"纳入大众公共文化普及的范围。也就是说，"新子学"研究者在身为专业知识分子的同时，要身体力行地扮演公共知识分子的角色，将自己的研究成果转化为大众可以接受消化的文化形式，积极向大众传播。事实上，"新子学"文化普及的重任，也只能由"新子学"研究领域的专家来担当，因为这一领域的专家占据着"新子学"方面最雄厚的文化资本，是其他专业的任何人无法相比的；他们代表着"新子学"研究领域的权威，因而也就更容易牢牢把握"新子学"传播的话语权。

然而，一方面由于现代知识体制建构的愈趋细腻、学科之间越来越壁垒森严，大众文化的公共空间日益萎缩；另一方面由于大众公共闲暇时间的增加和大众文化消费能力的提高，大众文化消费的市场却在渐次扩大。二者的矛盾运动，使社会上出现了大量以出版业、报业、休闲杂志、影视业、演艺业、网络为载体的文化消费产品。这样一个文化消费急剧扩张的时代，滋生出一批借助于媒体频频亮相的知识分子。媒体知识分子虽然也是在传播大众公共文化，但他们遵循的是市场逻辑，走的是市场化道路。一旦"新子学"文化传播路径被媒体知识分子把持，他们很快会被大众误认为掌握了"新子学"精义的权威、专家，"新子学"将在"一个煽情的演员手势、一种矫揉造作的舞台造型、一连串博取掌声的夸张修辞"[①]中扭曲、变形、异化。在商品化、市场化的动机操纵下，"新子学"极有可能会丧失"对宇宙、社会、人生的深邃思考和睿智回答"（《"新子学"构想》）的文化功用。

二、"新子学"研究者要整理那些代表人类文明发展大势的古典精义，让现代文化建立在自己民族文化的基础之上。

经济全球化、信息网络化，各国政治性对话的经常开展，带来不同地域、不同民族、不同国家之间文化的交流与碰撞。改革开放不仅带给中华民族发展壮大的大好时机，也使中华民族固有的文化遭受外来文化的挑战与践踏。改革开放使中国文化无论在物质层面还是在精神层面，都亦步亦趋西方现代文化。失去了民族文化，一个国家就失去了生存的灵魂。怎样对待这场不可避免的文化冲突，怎样在这场中西文化的交锋中，使中华民族对自己的文化充满自信，这是旨在"为民族文化复兴提供助力"的"新子学"必须严肃面对的一个问题。

要解决这一问题，必须做好"新子学"与西方现代文化的对接。所谓对接，就是在子学为代表的中国文化中充分挖掘具有西方现代文化意识的思想，对其加以阐释、传播，引导中华文化自觉、自然地朝

[①] 许纪霖《中国知识分子十论》，复旦大学出版社2011年版，第54页。

着现代文化的方向发展，纠正国人以为一切现代文化皆非国人自造的错觉，力避让西方文化取代中国文化。具体来说，"新子学"研究者要挖掘、阐释、传播中国传统文化中体现西方现代文化倾向的科学、民主、法治、市场这些核心观念。中国的传统文化不乏科学的思维与科技的创新。早在两千多年前，《周髀算经》《黄帝内经》中的数学与医学，《墨经》中的几何学、光学，《山海经》中的地理学，《左传》《淮南子》中的天文历法，就已达到相当高的水准。东汉张衡创造候风地动仪，用以测定地震方位。魏晋刘徽首创割圆求周法，对圆周率进行测算。唐代僧一行运用"复矩图"测定北极高度。宋代则有指南针、火药的发明。明代出现了四位科学家：李时珍、徐光启、宋应星、徐弘祖，其著作《本草纲目》《农政全书》《天工开物》《徐霞客游记》所取得的科技成就，在当时均领先于世界。现代的民主制度以民有、民享、民治为内容，其精义在于人民享有参政议政的权利。中国封建专制的政治架构，使民主体制没有发展起来，但"新子学"中却不乏民本的思想。先秦时期的《管子》说："霸王之所始也，以人为本。"（《管子·霸言》）《孟子》说："乐民之乐"、"忧民之忧。"（《孟子·梁惠王下》）《荀子》说："君者，舟也；庶人者，水也。水则载舟，水则覆舟。"（《荀子·王制》）汉代贾谊说："夫民，万古之本也，不可欺。"（《新书·大政上》）唐太宗说："若百姓所不欲，必能顺其情也。"（《贞观政要·俭约》）北宋的程颢、程颐说："为政之道，以顺民心为本，以厚民生为本，以安而不扰为本。"（《二程文集》卷五）明末清初的黄宗羲说："天下为主，君为客。"（《明夷待访录·原君》）王夫之说："君以民为基……无民而君不立。"（《周易外传》卷二）这些丰富的民本思想已表现出民主的萌芽，只要适当地对它们加以引导，就能实现民本与民主的对接。中国的法治思想产生很早。两千多年前，《管子》第一个提出"以法治国"的理念（《管子·明法》）。战国时期的商鞅、申不害、慎到也都强调以法治国，韩非则集法家思想之大成，并提出法、术、势相结合的法治理论。中华民族历史上产生了多部法典，如战国的《法经》、汉代的《九章律》、隋代的《开皇律》、唐代的《永徽律疏》、宋代的《宋刑统》、明代的《大明律》、清代的《大清律》。虽然现代化法治体制由于受到人治思想的影响在古代没有建立起来，但传统文化中的法治理论还是很丰富的。现代化的经济体制是市场经济，它主张通过自由价格机制实现对市场资源的配置。而有关市场及市场经济的论述，在我国古代早就出现了。《管子》一书曾明确提出"市者，货之准也"的命题（《管子·乘马》）。这说明两千多年前，我们的祖先已认识到了商品的价格由市场决定并通过货币来表现的市场规律。明代丘浚也认为，商品的价格是在市场交换中自然形成的，"市者，商贾之事。""民自为市，则物之良恶，钱之多少，易以通融准折取舍。"如果政府对市场强行干涉，就会阻碍经济的正常运行，最终有弊而无利，"官与民为市，物必以其良，价必有定数，又有私心诡计百出其间，而欲行之有利而无弊，难矣。"（《大学衍义补·山泽之利上》）由此可见，古代的中国已有了市场经济的有关论述。鉴于中国文化博大精深的现实，只要"新子学"研究者充分挖掘其中的现代观念，并加以合理的引导，在自己文化基础上建立一种与西方文化颉颃的现代文化是完全可能的。

然而，建筑在工业文明基础上的现代文化有其致命的缺陷。人类对能源的无限制开采，使自然资源面临枯竭、环境污染日益严重，导致国与国之间冲突加剧、矛盾加深，由之引起世界的动荡不安。交通、网络的飞速发展，使世界日益变成地球村，而人与人之间的情感却日益疏远。对人生价值意义的衡量，一变为对金钱攫取的多少，除了金钱，在价值的天平上再也看不到其他的砝码。面对现代文化的不足，"新子学"研究者要积极挖掘、阐释、传播传统文化中可弥补现代文化缺失的思想要素，借此建立起引导现代文化健康发展的思想体系。这不仅仅是"新子学""关注现实"的表现，更重要的，它是只有"新子学"研究者才能担当胜任。中国传统文化中，有哪些可以弥补现代文化的缺失呢？在这里，试举两个例子。比如，在人与外在世界的关系上，中国文化重视"天人合一"。《孟子》说："尽其心者，知其性也，知其性则知天也。"（《孟子·尽心上》）认为人性天赋，性、天相通。《庄子》说："天地与我并生，而万物与我为一。"（《庄子·齐物论》）汉代董仲舒说："以类合之，天人一也。"（《春秋繁露·阴阳义》）"天人合一"强调人与自然一体，强调人与自然协调。自然界可以被认识，可以被利用，但人只有在遵循自然规律的前提下才能创造自己幸福的生存空间。任何违背规律的征服自然、开采自然，只能破坏人与自然这个共同生存的空间，最终因对方的残缺而使自身受到伤害。贵和尚中，也是中国文化的优良传统。早在西周时期，周太史史伯就提出"和实生物，同则不继"的观点（《国语·郑语》）。《荀子》也说："万物各得其和以生。"（《荀子·天论》）"和"，不是盲从附和，不是不分是非，而是求同存异，共生共长。"中"，指事物的度，即不偏不倚，既不过度，又非不及。《中庸》说："中也者，天下之大本也；和也者，天下之达道也。"（《中庸》）如果从政治学的高度分析、传播贵和尚中的思想，对于维护世界和平意义重大。由此可见，传播、弘扬子学固有的文化优势，弥补、医治现代文化的痼疾，是"关注现实"、"为民族文化复兴提供助力"的"新子学"研究者义不容辞的责任。

（原载于《诸子学刊》第十三辑。作者单位：山西省社会科学院文学研究所）

"新子学"的本体建构及其对
华夏文化焦虑的对治

周 鹏

一、中国哲学从何处登场

中国哲学登场,其实有一个从何处登场的问题。这个问题上新儒家是先行者。1958年元旦,牟宗三、张君劢、徐复观、唐君毅四位先生联名发表了《为中国文化敬告世界人士宣言》,认为中国文化的真脉在孔、孟、程、朱、陆、王一路传下来的心性学中,复兴传统,亦即复兴这种包涵圣贤骨血的心性学。这一路学术,在海外与港台的学坛很快占据了主导地位,在大陆的国学热未兴起之前,新儒家对国学的传承与弘扬,起到了存亡继绝的作用。

到了21世纪,我们往回看却发现,以新儒家(包括现在大陆的新经学学派)来担任国学复兴的先锋,似乎有某种先天不足:首先,历代儒家无论如何兼容并包,其立论的出发点与落脚点始终是政治性,在古代的一元社会,政治性或许可以笼罩群言,但在当代,生活的丰富复杂绝非单一的政治性可以囊括;其次,由于封建帝制与小农村社的社会运行机制的制约,与之长期挂钩的儒学不免带上了极大的保守性,这一点与当代社会的开放氛围不相符合,且并非短期内可以根本转变；第三，儒家学说旨在安邦济民，此岸性极强的理论张力很难满足现代人探索"六合之外"的强烈愿望。因此我认为，新儒家学说经过发展，可以成为当代中国政治建设的指南、稳定社会伦理的基石，但若论及全面回应时代提出的各种理论难题，对治当今华夏的多重文化焦虑，就未免力不从心了。要完成这个任务，传统国学必须双水分流。

2012年4月，在上海召开的由华东师范大学先秦诸子研究中心举办的"先秦诸子暨《子藏》学术研讨会"上，方勇教授提出了"全面复兴诸子学"的口号。不久，方先生在《光明日报》国学版连续发表《"新子学"构想》与《再论"新子学"》两篇文章，又于《探索与争鸣》发表《"新子学"申论》一文。在这"'新子学'三论"中，方先生回顾了子学的历史，梳理了子学的现状，并指出，要在新的历史条件下回应时代的新课题，就必须以整个诸子百家，而不是儒学一家来作为国学的主轴。他认为，到了今天，"经学时代重回到了子学时代，儒学又复归为子学之一"（《再论"新子学"》），所以，"'新子学'的发展亦是我们时代的要求和选择"（同上）。关于什么是"新子学"，方先生提出，"新子学"的概念，具有一般意义和深层意义两个不同的层面：从一般意义上说，"'新子学'主要是相对于'旧子学'而言的。它一是要结合历史经验与当下学术理念，在正确界定'子学'范畴的前提下，对诸子学资料进行全面的收集和整理，将无规则散见于各类序跋、笔记、劄记、史籍、文集之中的有关资料，予以辨别整合，聚沙成丘；二是要依据现代学术规范，对原有的诸子文本进行更为深入的辑佚、钩沉、辑评、校勘、整合、注释和研究；三是要在上述基础上，阐发出诸子各家各派的精义，梳理出清晰的诸子学发展脉络，从而更好地推动'百家争鸣'学术局面的出现。"（《再论"新子学"》）而就深层意义而言，"'新子学'是对'子学现象'的正视，更是对'子学精神'的提炼。所谓'子学现象',就是指从晚周'诸子百家'到清末民初'新文化运动'时期,其间每有出现的多元性、整体性的学术文化发展现象。这种现象的生命力,主要表现为学者崇尚人格独立、精神自由,学派之间平等对话、相互争鸣。各家论说虽然不同,但都能直面现实以深究学理,不尚一统而贵多元共生,是谓'子学精神'。"(同上)从以上论述,我们可以看出,"新子学"与"新儒学"的主要价值分歧,是在国学到底是一家独大,还是百家争鸣,是单向封闭的金字塔结构,还是交互动态的多元开放结构。方先生认为,"在'新国学'的结构中,各种学术之间多元、平等、互为主体,没有谁统摄谁,谁要依附谁的问题。……今后的'国学'不再是一枝独秀的孤景,而将上演百家合鸣的交响。"(同上)

至于如何面对西学,方先生也给出了自己的看法,他说:"近代以来,中国的学术发展一直在追求世界性。在这过程中,中国性的要求是隐退的,我们在别人的理论和语言中讨论自己,学术常常成了凌空的浮辞。必须看到,西化是现代中国学术的特殊命运,是不得不套上的魔咒。要进入现代世界,就必须先要把这个魔咒捆在自己身上,直到最后解开它。所谓中国性的诉求,就是思考怎么解开这个魔咒,也就是如何找到中国学术的问题和话语方式。"(同上)所以,"我们宁愿对学界一向所呼吁的中西结合保持冷静态度。中西结合虽则是一个良好的愿望,其结果却往往导致不中不西的囫囵之学。……我们的工作重心还在中国性的探索上,在中国学术的正本清源上。'新子学'并未限定某一种最终结果,但是我们的方向在这里,逐级地深入,慢慢地积累。"(同上)

应该说,方先生这一系列看法与展望是精彩的、睿智的,体现了一位多年从事本土学问研究的学者的功底与大气。中国哲学,终于在当代找到了它最适合登场的平台。

二、"新子学"的"理一分殊"

但是，仔细分析"新子学"理念，却发现这个杰出的构想里有一个细微的疏忽。我们知道，除了先秦和西汉初期之外，历代子学都是附翼在经学的旗帜下而发展的。正如方先生所说："进入帝制时代后，子学传统绵延不断，这种精神在正统观念的压制下仍然不绝如缕。"（《再论"新子学"》）这种"不绝如缕"的学术现状就造成整个诸子学两千年来一直处于一种散兵游勇的状态，而不是一个具有成熟理论体系的系统。在方先生看来，"新子学"应该是一部百家合鸣的交响，但我们知道，任何一个交响乐队都有一名乐队指挥，指挥虽不参与乐队的演奏，却对乐队的演奏起着整体协调的作用，如果没有指挥，吹万不同就会变成各自为政。"新子学"相对于"新儒学"的优长，在于其能像流水一样随物赋形的多元性，但这股子学之水如果没有一线贯穿的理念为引导，依旧如战国时代那样恣纵不羁，"新子学"就很难像它展望的那样成为国学之主流、承载国学之真脉了。我们无法想象，一群在学术观点上相互拆台、互不认账的学者，能够在面对西学时百川共到海，激出自己的巨浪来。

南宋大儒朱熹有一个"理一分殊"的提法。"理一"是体，"分殊"是用，"理一"与"分殊"亦即"体用一源、显微无间"的关系。我认为，以"分殊"取胜的"新子学"亦必须尽快建立自己的"理一"之"体"，才能在强手如林的当代中国学坛站稳脚跟，也就是说，"新子学"必须尽快建立自己独立的本体论。

关于如何建立"新子学"的本体论，目前学界已有学者提供了宝贵的意见。复旦大学李若晖先生在《熔经铸子:"新子学"的根与魂》[①]一文中认为,应该回到自由经学,并以此为基础重构子学,当代新子学的建立,必须与经学相结合,并引司马迁的先例,认为"太史公正是熔经铸子,才能'拾遗补艺,成一家之言,厥协六经异传,整齐百家杂语'"。这诚然是一条不错的建议,正如李先生所说,"先秦至汉初之经说本与子学一体,也是活泼泼的自由思想",今日"熔经铸子",正是子学发展的题中之义。不过,在"熔经铸子"之前,首先在诸子学内部,我们是不是也能找到类似经学义理的"根与魂"呢?如果能将此"根与魂"充分提炼出来,以此指导"新子学"的发展,于"新子学"是不是更具有原汁原味的理论兼容性呢?

《庄子·天下》云:"天下之治方术者多矣,皆以其有为不可加矣。古之所谓道术者,果恶乎在?曰:无乎不在。曰:神何由降?明何由出?圣有所生,王有所成,皆原于一。"此为庄子之学,以大道之"一"为体。

《荀子·解蔽》云:"凡人之患,蔽于一曲,而暗于大理。治则复经,两疑则惑矣。天下无二道,圣人无两心。……故为蔽:欲为蔽,恶为蔽,始为蔽,终为蔽,远为蔽,近为蔽,博为蔽,浅为蔽,古为蔽,今为蔽。凡万物异则莫不相为蔽,此心术之公患也。"此为荀子之学,以"心术"之廓然无蔽为体。

《吕氏春秋·序意》云:"盖闻古之清世,是法天地。凡十二纪者,所以纪治乱存亡也,所以知寿夭吉凶也。上揆之天,下验之地,中审之人,若此则是非可不可无所遁矣。"此为吕不韦之杂学,以天地运行之常经大法为体。

[①] 《诸子学现代转型高端研讨会会议论文集》,华东师范大学先秦诸子研究中心,2014年4月。

《汉书·艺文志·诸子总序》云："诸子十家，其可观者九家而已。……方今去圣久远，道术缺废，无所更索，彼九家者，不犹愈于野乎？若能修六艺之术，而观此九家之言，舍短取长，则可以通万方之略矣。"此为后汉班孟坚之史学，诸子皆以儒家之六艺为体矣。

由此可见，诸子学的本体论正如诸子学本身一样，是复合多元的，我们不能期望从诸子学文本中随意拈出一两个范畴，以此来统摄整个诸子学，但是，是不是可以试着分析不同的诸子学本体论之间的关系，在此基础上建构一个多维度、多层次的诸子学本体论呢？这正如联合国，虽不对各个主权国家的内部事务做实质性的干涉，却是各个主权国家磋商共同事务的国际平台。今日建构"新子学"的复合本体论，其意义正有类于此。

三、三位一体的"新子学"本体论

诸子学虽然多元共生，但诸子立论所据之本体却有限，概括起来，不出以下三类：

首先是以《庄子》为代表的道家本体论。众所周知，庄周学派是一个极端重视个体内在生命之圆满的群体，这个学派将本来最需要付诸对象化实践的天下大治视为自己一身之内能量流通顺畅的结果。《应帝王》篇云："汝游心于淡，合气于漠，顺物自然而无容私焉，而天下治矣。"又云："明王之治：功盖天下而似不自己，化贷万物而民弗恃；有莫举名，使物自喜；立乎不测，而游于无有者也。"《在宥》篇云："我为汝遂于大明之上矣，至彼至阳之原也；为汝入于窈冥之门矣，至彼至阴之原也。天地有官，阴阳有藏，慎守汝身，物将自壮。我守其一以处其和，故我修身千二百岁矣，吾形未常衰。"又云："汝徒处无为而物自化。堕尔形体，黜尔聪明；伦与物忘，大同乎涬溟；解心释神，莫然无魂；万物云云，各复其根；各复其根而不知，浑浑沌沌，终身不离；若彼知之，乃是离之，无问其名，无窥其情，物固自生。"类似的说法在《庄子》及整个道家思想中比比皆是，《淮南子》对此表现得更明显：

> 泰古二皇，得道之柄，立于中央。神与化游，以抚四方。是故能天运地滞，转轮而无废，水流而不止，与万物终始。风兴云蒸，事无不应；雷声雨降，并应无穷。鬼出电入，龙兴鸾集，钧旋毂转，周而复匝，已雕已琢，还反于朴。无为为之而合于道，无为言之而通乎德，恬愉无矜而得于和，有万不同而便于性。神托于秋豪之末，而大宇宙之总。其德优天地而和阴阳，节四时而调五行。呴谕覆育，万物群生，润于草木，浸于金石。禽兽硕大，豪毛润泽，羽翼奋也，角觡生也。兽胎不殰，鸟卵不殈。父无丧子之忧，兄无哭弟之哀。童子不孤，妇人不孀，虹蜺不出，贼星不行。含德之所致也。（《原道训》）

盖道家将人生之道与天地之道视为不可分割的整体，牵一发而动全身，我只需理顺在自己身内运行的天地之道，亦即在实时参与天下的治理。这种思维是否偏颇，此处不论，但因为这种思路的存在，道家的本体论必然直接根植于宇宙生命系统的源头，正如《庄子·天下》所说："圣有所生，王有所成，皆原于一。"这种源于"道（一）"的本体论，发掘出了子学的源头活水。"新子学"建立了"道（一）本论"，就可以随时对任何学术资源做正本清源的工作，从而长久保持鲜活的生命力。

再看以《孟子》《荀子》为代表的儒家本体论。《四书章句集注》收录了宋人杨时论《孟子》的话，云：

《孟子》一书，只是要正人心，教人存心养性，收其放心。至论仁、义、礼、智，则以恻隐、善恶、辞让、是非之心为之端。论邪说之害，则曰："生于其心，害于其政。"论事君，则曰："格君心之非"，"一正君而国定"。千变万化，只说从心上来。人能正心，则事无足为者矣。《大学》之修身、齐家、治国、平天下，其本只是正心、诚意而已。心得其正，然后知性之善。故孟子遇人便道性善。欧阳永叔却言"圣人之教人，性非所先"，可谓误矣。人性上不可添一物，尧舜所以为万世法，亦是率性而已。所谓率性，循天理是也。外边用计用数，假饶立得功业，只是人欲之私。与圣贤作处，天地悬隔。(《孟子序说》)

可见，在儒家学者看来，孟子之学，以"心"为本，后世陆王以佛道推盛心学，亦莫不奉孟子为不祧之宗。《荀子》与《孟子》类似，立说亦本"心"，观其《解蔽》篇可见，只是荀子极重后天之"礼"对先天之"心"的规范作用，《修身》篇云："凡用血气、志意、知虑，由礼则治通，不由礼则勃乱提僈；食饮、衣服、居处、动静，由礼则和节，不由礼则触陷生疾；容貌、态度、进退、趋行，由礼则雅，不由礼则夷固、僻违、庸众而野。"这种对外在之"礼"极端重视的态度，引起后世儒者相当程度的不满。王阳明曰："荀子性恶之说，是从流弊上说来，也未可尽说他不是，只是见得未精耳。"(《传习录》)马一浮亦批评荀子乃"执修而废性"。正因为荀子这种"以外正内"的思想倾向，建国后的论荀者便径直将荀子当成"唯物主义者"了。要之，原始儒家无论孟子还是荀子，皆主心知而立本体。"新子学"建立了"心（知）本论"，就可以对人的主体性做深入的发掘，开启人对宇宙生命的觉悟意识，并以此为出发点，接通禅宗及大乘佛学，从而做到传说中的"彻上彻下"。

诸子学中还有另外一派，它们不追求形而上的超越感，也不对自家心性做穷微极妙的探究，既不悟"道"，亦不明"心"，径直师法天地运行之常经，我们将这种本体论称之为"天本论"。钟泰先生云："载籍之旧，无过《尚书》。……舜之命九官十二牧也，曰：'钦哉，惟时亮天工。'皋陶之陈谟也，曰：'无旷庶官。天工人其代之。天叙有典，敕我五典五惇哉。天秩有礼，自我五礼有庸哉。'又曰：'天命有德，五服五章哉。天讨有罪，五刑五用哉。'（并《皋陶谟》）工曰天工，而典礼命讨，一推其源于天。此后世法天、畏天诸说之由来也。"[①] 可见"天本论"主要来自经学系统。正如方勇先生所说："商周以来的传统知识系统，实可分为两大部分：一为王官之学，它是以周公为代表的西周文化精英，承上古知识系统并加以创造发明的礼乐祭祀文化，经后人加工整理所形成的谱系较为完备的'六经'系统；一为诸子之学，它是以老子、孔子等为代表的诸子百家汲取王官之学的思想精华，并结合新的时代因素独立创造出来的子学系统。"（《"新子学"构想》）子学系统既受了六经系统的思想浸润，六经中的"天本论"亦不能不渗入子学。在这方面最典型的是《墨子》。《墨子·天志上》云："我有天志，譬若轮人之有规，匠人之有矩，轮匠执其规矩，以度天下之方圜，曰：'中者是也，不中者非也。'今天下之士君子之书，不可胜载，言语不可尽计，上说诸侯，下说列士，其于仁义则大相远也。何以知之？曰我得天下之明法以度之。"《天志下》篇云："故子墨子置天志，以为仪法。非独子墨子以天之志为法也，于先王之书大夏之道之然：'帝谓文王，予怀而明德，毋大声以色，毋长夏以革，不识不知，顺帝之则。'此诰文王之以天志为法也，而顺帝之则也。且今天下之士君子，中实将欲为仁

---

① 钟泰《中国哲学史·上古之思想·本天》，东方出版社 2008 年版。

义，求为上士，上欲中圣王之道，下欲中国家百姓之利者，当天之志，而不可不察也。天之志者，义之经也。"按，在子学系统的其他著述中，这种视"天"为人格神的纯粹的"天本论"已是被摒弃了的。《荀子·天论》云："天行有常，不为尧存，不为桀亡。应之以治则吉，应之以乱则凶。"视天为纯粹物理之存在。《庄子·天运》云："天其运乎？地其处乎？日月其争于所乎？孰主张是？孰维纲是？孰居无事而推行是？意者其有机缄而不得已邪？意者其运转而不能自止邪？云者为雨乎？雨者为云乎？孰隆施是？孰居无事淫乐而劝是？"对"天"持以一种富有艺术情怀的怀疑态度。更不必说在《老子》中，"天"只是"四大"之一（《老子》六十九章），必须去"法道"，做了"道"的下位概念。在子学系统中，天地运行的具体节律也已逐渐被认识。《庄子·天运》云："天有六极五常，帝王顺之则治，逆之则凶。九洛之事，治成德备，监照下土，天下戴之，此谓上皇。"《吕氏春秋·圜道》云："天道圜，地道方，圣王法之，所以立上下。何以说天道之圜也？精气一上一下，圜周复杂，无所稽留，故曰天道圜。何以说地道之方也？万物殊类殊形，皆有分职，不能相为，故曰地道方。主执圜，臣处方，方圜不易，其国乃昌。"《管子·宙合》云："夫天地一险一易，若鼓之有桴擿，挡则击，言苟有唱之，必有和之，和之不差，因以尽天地之道。"要之，子学系统中，除《墨子》外，无一不把"天"原本的人格神地位作了虚化的处理。这种虚化了的"天本论"，产生于子学，后渗透到国学（尤其是儒学）的方方面面，经过历史积淀，又成为中华民族根深蒂固的集体无意识；它与"道（一）本论"、"心（知）本论"一起，构成中华学术本体的三个侧面，对建构"新子学"的"历史意识"、"全息思维"，将起到不可替代的作用。

综上，我们可以对"新子学"的本体建构做这样的概括：以流通性而言，谓之"道（一）本论"，以认知性而言，谓之"心（知）

本论"，以全息性而言，谓之"天本论"，一个本体，三重功能，这就是"新子学"三位一体的复合本体论。

其实，类似的对学术本体的建构，中国学术史上一直在进行，尤其到了宋明时期，理（心）学家们以不同的思致，对中华的学术本体做过不同的整合，只是在儒家独尊的压力下，许多想法不得不遭到扭曲。比如，"心（知）本论"是儒家本有的资源，后经佛教刺激，在宋明时期被充分发掘出来，但宋儒为尊道统故，生怕与禅宗和佛教有什么牵连，在处理这一问题时不得不小心翼翼、欲言又止。这一现状在晚明时期才得到彻底的改观，仅从会通本体的意义上，我们完全可以认为，晚明思想达到了历代思想的最高峰。"新子学"既以整齐百家思想、引领国学潮流为己任，就不应该将视野仅仅局限在先秦诸子的原典上，而是要充分利用历代学者尤其是宋明理学家对中华学术的综合成果。正如方勇先生所提倡的那样，"'新子学'要努力以新的视野去审视古代传统，重新定位子学之为学术主流，去寻觅经学观念笼罩下被遮蔽的东西。"（《再论"新子学"》）这的确是"新子学"研究当下最值得努力的方向，这种工作可以清理出国学史的真实面貌，能"发潜德之幽光"。

四、"新子学"本体论对华夏文化焦虑的对治

"新子学"三位一体的本体论亦必须对西学做出回应。方勇先生在《再论"新子学"》中说："西化是现代中国学术的特殊命运，是不得不套上的魔咒。要进入现代世界，就必须先要把这个魔咒捆在自己身上，直到最后解开它。所谓中国性的诉求，就是思考怎么解开这个魔咒，也就是如何找到中国学术的问题和话语方式。……'新子学'不提倡所谓中西融合的随意性研究，'新子学'希望以家族相似

的原则处理传统学术与其他学术体系的关系。……所谓家族相似,就是在中国复合多元的学术中找到与其近似的资源,尝试引入其视角,从而开阔自身的理解。"这种对待西学的审慎态度无疑是相当明智的。李若晖先生亦指出:"在重构中国古代哲学的进程中,我们要有耐心,要细致地推敲揣摩古代哲人的言说,寻绎与复活其固有方法论,并以之建构显性的中国哲学逻辑方法论体系。……西方哲学在此仅仅只是方法论的参照,而不能直接进入中国哲学体系,其逻辑方法不能,其具体知识内容更不能——于是西方哲学便仅为助产士,而非造物主。"(《"新子学"与中华文明之未来》)的确,由于主客二分与主客一如的基本思维方式的不同,西方哲学的许多提法不能直接套用在对国学的阐释上,整个西方哲学对于国学的研究只能起到一种思想体系的辅助作用。不过,如果我们换一个角度来看,是不是可以让"新子学"在立足自己独立的本体论的前提下,主动地去消化和改造西方思想呢?

近代以来,由于东方文明的沉沦,延续世界文明史的重任,主要是由以古希腊文明为底蕴的西方文明来承担的。在天人对立、主客二分的思维的趋动下,一方面,这个文明无所顾忌地开拓着人类认识世界的视野,丰富着人类改造世界的工具本体,改善着人类整体的生活质量,另一方面,这个儿童气质的文明又造成了整个世界自然与人文环境的双重破坏,正如马克思所说:"一切坚固的东西都烟消云散了。"当这个文明完成自己的原始积累之后,便立即开始了其向东侵伐的征程。

西方文明向东方传播,走了南北两条不同的道路[①]。

南方一路源于地中海北岸、阿尔卑斯山南麓,其核心是古希腊崇

---

① 西学东渐,严格来说,还有第三条路线,亦即由日本辗转传入华夏的"东传西学"。"东传西学"本文暂且不论。

尚肉体享受（科学技术无非是在延伸肉体享受的范围）、人性自由的酒神精神（尼采语）。这一路文明从明末开始东传，经过清朝三百年的停滞，到晚清方得通过海上霸权而大举入侵。这一路文明的东传，首先是科技，其次是政体，最后是裹挟了前二者的文化。我们可以仿"南传佛教"、"北传佛教"的说法，将这一路西方文化称为"南传西学"。

北边一路由德意志发端，途经俄国的十月革命，在20世纪初从中国北部的陆路绕行进来，这是理性而理想的、至今在华夏大地仍居主流意识形态地位的共产主义、社会主义。这一路文明，明显带有尼采所说的"日神精神"的特征。我们将这路西方文明称为"北传西学"①。

中国人对这两路西学有着截然不同的接受过程。"南传西学"发展得早、根底深厚，从19世纪下半叶到现在，一直是自由知识分子的一个梦。"北传西学"产生得晚，实际效用只限于俄国，但传播快、影响广，最终在20世纪中叶，占据了除港澳台之外的整个华夏大地。而"南传西学"的余威，只能暂时到中国东南隅的一个小岛上去发扬了。

近现代以来的种种人文争论与党派矛盾，一个层面，是我们接不接受西学的问题，另一层面，就是接受"南传西学"还是"北传西学"的问题。

最早的西学引进者往往认为，"南传西学"是最佳选择，既能富国强兵，又能政治民主，还能人性解放，何乐而不为呢？但这条充满酒神精神的南方之路并没有太早地在华夏全面展开，我们首先踏上的，是一条充满日神精神的北方之路。从今天看来，这条北方之路也

---

① 北传西学，就其本质来说，是一种扬弃了人格神崇拜的基督精神，本文对此亦暂不展开。

只是一个过渡,从1949年算起,三十年后,进入80年代,"南传西学"的大潮重新冲到中国的海岸,我们像是《庄子·秋水》中的河伯,望洋惊叹,不知所从。这时,"北传西学"的日神精神尚没有失去制衡作用,南边的酒神精神仅仅停留在文本层面,其表现是学术界与文艺界对西方自由主义思潮的趋之若鹜,一般民众并没受太大触动;而80年代末的政治顿挫,更使这风情万种的酒神精神放慢其入侵的脚步,只在90年代的流行乐、好莱坞大片中,不安地躁动着。

进入21世纪,随着全面加入WTO,彻底融入喧嚣的世界已经势在必行,等待了三百多年的南传西学,终于从表层渗入了灵魂。于是华夏大地,声色大开,充满诱惑的世相扑面而来,保守而躁动的国人应接不暇,从百姓到官员都忙得不亦乐乎。

在这个时候,从德意志经俄国传来的那点日神精神,就显得捉襟见肘了。酒神精神在西方受基督教传统的制约,故能阴平阳泌,两得其宜。但在没有宗教传统,准宗教的儒学又已被久废的华夏大地,单靠一种业已僵硬的日神精神,真的能维持社会情绪的动态平衡吗?今日的社会乱相背后,其实是难以释怀的文化焦虑。

我认为,中国社会之所以出现当前这样的文化焦虑,就其根本来说,是东西方文化两种完全不同的思维方式导致的。无论是"南传西学"还是"北传西学",无论是酒神精神还是日神精神,都是天人对立、主客二分的思维体系下的产物,而中国人的集体无意识经历了几千年天人合一、心物一体的思维的浸润,两者很难融合为一个完整的文化心理结构,这恐怕就是当下社会文化乱相最深层、最根本的原因。

但我们并不悲观。对于"南传西学"中的自然人性论(酒神精神),中华传统并非没有对治的良方。屈子的楚骚精神,庄子的逍遥精神,李白的狂者气象,不是比西方现代派更加自由奔放、潇洒空灵吗?为什么要走西方人的老路,沉溺在肉体私欲的泥潭中,久久不愿出离呢？至于业已僵化的"北传西学"，其中也有可以滋养"新子学"的源头活水。马克思主义"人的本质力量的对象化"、"自然的人化"、"人化的自然"的种种提法，"新子学"的"道本论"系统完全可以吸纳进来，作为中西沟通的一座桥梁（马克思主义能落户华夏大地，长期居于主流意识形态地位，其历史因缘也许正在此）。而曾经红极一时的唯物史观，我们未尝不能用"新子学"的"天本论"，创造性地把它转换成本土传统的"天道史观"；其社会实践论，亦可以"新子学"的"心（知）本论"，为其注入"知行合一"的精微内涵，反过来，亦为传统的"知行合一"观注入宏阔的历史感。

除了马克思主义，西方现代派的哲学也是"新子学"的天然同盟。胡塞尔的内时间意识、柏格森的绵延论、海德格尔的"Dasein"，我们是不是都可以用"新子学""道（一）本论"中的"体用一源，显微无间"来"执古之道，以御今之有"，让这种西方思维变得更加浑灏流转呢？这样一来，中华的古道也就被赋予了鲜明的现代性。扩大点说，不局限于子学，黑格尔的绝对精神、尼采的永恒轮回、叔本华的生命意志，我们能不能启用很少涉入学坛的大乘佛学来改造之，让它们更加气象博大呢？

当然，这种东西学术资源的混搭，不能违背"新子学"处理异质学术资源时的"家族相似"原则。不过，这些西学资源在使用过程中一旦找到了与本土资源的契合点，就一定能够成为"新子学"丰富肌体的一部分。今天的日常语言中，不是时常渗透着丰富的印度佛学思想吗？只是百姓早已对此"日用而不知"了。

与一千多年前消化佛学一样，今天的"新子学"也必将渐渐消化西学、改造西学，使之成为中华文明发展的强大助力。这将是一个长期的历史过程，要付出好几代人艰辛卓绝的努力。在这个不断冲突与整合的过程中，华夏学人必将渐渐消释其面对西学时的文化焦虑，从被动地接受，到理性地拣择，再到主动去改造之，直到中西二学完美合璧。

  一方面整齐世传,一方面消化西学,左提右挈,这是天道赋予"新子学"的神圣使命。庄子云:"是之谓两行。"(《齐物论》)

  (原载于《诸子学刊》第十三辑。作者单位:华东师范大学中文系)

寻找中国文化真正发源起点

郝 雨

最近赴厦门大学讲学，其中的一个题目讲的是：《"新子学"与中华文化整体传承》。一开始发布海报的时候，我把题目写成《"新子学"与中华文化全面复兴》，而很快就意识到这样的题目太大，所以讲的时候就改过来了。但是其实我当时主要是为了强调"全面"二字。因为"新子学"的最重要的价值的确就在于更加全面整体地关注传统文化传承与复兴。

"新子学"提出，是发生在2012年的一个重大文化事件。去年10月22日，《光明日报》以整版篇幅发表了著名庄子学家方勇教授的文章《"新子学"构想》，立刻引起国内外文化学界的广泛关注。10月27日，华东师范大学召开研讨会，就此主题进一步深入讨论，《中国社会科学报》、《文汇读书周报》等各大媒体纷纷进行报道，更加推动了这一崭新提法的学术影响。2013年4月，上海又召开"新子学国际学术研讨会"，研究在进一步深入和发展。

其实，"新子学"的概念，并不是针对"旧子学"而言，或者说，根本就没有什么"旧子学"一说。如果一定要为"新子学"找到一个挑战对象，应该说，或多或少或明或暗地就是针对"新儒学"而提出的。而且，这样一个看似只属于古代文学、古代哲学以及古代思想史领域的课题，并不仅仅是一个古代文化的研究范畴。它也为我们的现代文化研究者提供了全新的学术基点和拓展了新的方向。

  为什么这么说呢？概括而言，子学产生于文明勃兴的"轴心时代"，是以老子、孔子等为代表的诸子百家汲取王官之学精华，结合时代新因素创造出来的新学术。自诞生以来，子学曾经以其强大的生命活力，建构了中国文化最繁荣的历史阶段。但是，长期以来，我们对中国传统文化的理解，一直陷入了一个巨大的误区。那就是，认为只有儒学才是中华文化的核心构成，甚至是中国传统文化的唯一代表性思想。而且一直把这样的结构看成是理所当然。"新子学"的提出，直接涉及到了我们今天的文化传承的真正源头与主体性的问题。中华民族文化的伟大复兴，是仅仅复兴儒学，还是要找到民族文化的百家之源？尤其是对于现代文化研究者来说，当年的新文化运动，否定独尊千年的儒学，到底有没有错？而当今中国的现代文化进程，其根本的历史渊源和文化依据又到底在哪里？

  所以，"新子学"之"新"，就是要把我们对传统文化的研究由原来的以儒学为中国文化单一核心，转变回归到诸子百家。也就是把中国文化的源头回溯到诸子百家时期。这样的一个定位，我想，对于复兴中国传统文化、民族文化来说是更准确的。因为诸子百家才是中国文化真正发源的起点。当时是百家争鸣、百家共存的一个局面，只不过是汉以后，由于统治阶级的需要、政治的需要，开始独尊儒术。百家学说被人为地"罢黜"了，争鸣的局面被封建专制的统治者强制地扼杀了。诸子百家的局面在先秦时代是中国传统文化最繁荣、最强盛的一个历史阶段。也就是在百家共鸣的时代当中，中国文化的真正源头产生了。今天，我们在 21 世纪新的历史基点上，我们应该真正意识到中国文化真正的源头在百家而并不仅仅是儒家一家。对于复兴中国文化这样一个命题来说，我们就找到了更真实、更原本的一个起始点。这种对于中国民族文化源头的认知是更有科学性的。

而且，更重要的是，这样的一种文化研究的思路，同时也给五四新文化运动找到了一个合理的逻辑前提和解释。大家知道五四新文化运动是一场思想解放运动，当时最鲜明的旗帜就是打倒孔家店，就是要反对儒家为核心的传统文化、封建文化，就是要反传统。但是，我们现在有些学者认为，现代以来中国传统文化的断裂是由两次历史事件造成的，一次是五四新文化运动，一次是"文革"。而这种传统文化的断裂就是由于我们把儒家给否定了、给打倒推翻了。所以，有人从上世纪八九十年代就开始倡导新儒学，认为把儒学接续起来才能继承中国的传统文化。但是，如果说当年反儒家思想、尤其是打倒孔家店是做错了，那就必将涉及对于五四新文化运动的历史评价问题。也就是说，开启了中国文化现代化历史进程的新文化运动，是不是一开始就把路走错了？这就是问题。本质上看，新文化运动就是我们中国的文艺复兴，使整个中国文化进入了现代化，我们的社会体制也随之改变了。但是新儒学这一派就强调一切现代的信任危机、道德滑坡、人文精神的式微都是由于我们把传统文化丢掉了。所以我们必须复兴传统文化。而复兴民族文化，按照他们的常规思路就是复兴以儒家文化为核心的传统文化。这就无形之中陷入了一种传统与现代到底孰是孰非的悖论。而现在把"新子学"的概念提出来之后，这个问题就不存在了。因为我们要复兴和继承传统文化，应该继承的是百家时代的一种繁荣的、全面的中国传统文化。而为什么五四时代要打倒孔家店、要反儒家？就是因为一旦把一个民族的文化由百家局限到一家，由一家统治思想领域几千年，那肯定会造成民族文化的萎缩。

文化是需要活力的，活力是需要竞争和多元的。所以五四新文化运动站在这样一个角度来看，就没有问题了。那时的所谓反儒家，反的是由于传统的专制体制而造成的独尊一家的文化局面，所以以反儒家为主要目标的五四新文化运动，就是把以儒家为核心的传统思想推翻，根本改变思想专制的大一统文化局面，从而进入以人为本的文化现代化。这就有了合理的解释了。所以儒家不应该是我们中华民族文化的唯一，而恰恰因为曾经被人为地将其独尊，导致了后世中国民族文化的衰败。最典型的就是鸦片战争之后在列强面前的屡屡战败，这个原因就是文化的衰落。独尊一家既然是造成了我们民族文化衰败的根本原因，那么，新文化运动中断了儒家为核心的专制性的文化，就是文化历史的大势所趋。因此，我们今天的复兴，要复兴的不再是儒家一家。当然儒家也是百家中的一家，关键是它不能独尊，不能作为唯一。那么我们现在就要在新子学的旗号下寻找到中国文化的真正源头，我们要重启百家争鸣的文化局面。这两种观点的对立带来的矛盾也就可以基本上解决了。

（原载于《深圳特区报》2013年7月23日第C03版。作者单位：上海大学影视学院）

"新子学"与"新儒学"之辨

郝 雨

在此前发表的《寻找中国文化真正发源起点》(《深圳特区报》2013年7月23日)一文中,我就谈道:其实,"新子学"的概念,并不是针对"旧子学"而言,或者说,根本就没有什么"旧子学"一说。如果一定要为"新子学"找到一个挑战对象,应该说,或多或少或明或暗地就是针对"新儒学"而提出的。

所谓新子学概念的提出并不是相对于旧子学而言,也就是说,我们不是首先把旧子学做一个界定,并对旧子学有一个新的超越而提出来的。那么,新子学所针对的是新儒学,又是怎么一回事呢?这就需要对新子学和新儒学的概念做一个深度的剖析。这里,首先需要明确的一个要点,新子学和新儒学二者在总的文化方向上是一致的:都是要振兴民族文化,传承民族文化,复兴中华文化。其根本区别在于:新儒学对儒家思想的基本判断是认为在中国文化的发展当中,儒学、儒家始终是处于核心的、贯穿的、主体的以及主导的地位。他们首先认定,儒家有史以来就是处在中华文化的核心部位。而在这一根本点上,新子学和新儒学的严格区别就在于,它不认为只有儒家、只有儒学才是中华文化的核心构成,诸子百家才是中华文化的真正源头。

其实,新儒学对于中华文化的核心认定,对儒家的价值判断,潜在的暗藏着一种逻辑，那就是儒家思想的核心地位是天然合法的，是必然的，是历史的自然的形成。把通常我们认为的儒家思想贯穿了几千年的中华文化的这样一种状态合法化，这样的一个过程和走势是理所当然的。问题就在于，事实真的是如此吗？

回顾一下儒学一统天下的局面是怎样形成的：汉代董仲舒罢黜百家，独尊儒术。很显然这是人为造成的。这种人为是由于我们当时这样一种占据特殊政治地位的文化人，为了适应当时封建统治的需要。因为到了汉代，大一统的封建的国度建立起来之后，普天之下莫非王土，率土之滨莫非王臣。要用一人之力控制整个国家，这样的一种控制不仅仅体现在权力上、政治上、经济上、体制上，而且要深入到人的思想。所以思想上的高度专制就是这样开始的。而这样的一种倡导，又符合了历朝历代统治者的需求，所以这样的一种倡导就不断地被强化和接收，于是儒家一统天下的局面就一直延续下来。历史虽然如此，但这样真的是合法的吗，合理的吗，是历史必然如此吗？这就是问题。所以新子学概念的提出，就让我们明白了儒学一统天下本身就值得怀疑，因为它并不是历史自然形成的，其中有非常强烈的人为因素。那么，既然是人为的，到了几千年之后，我们还要继续如此发展下去吗。所以"新子学"的"新"就是力图寻找到中华文化的真正源头，让我们的国人认识到我们需要传承的文化内涵到底是什么。

问题在于，新儒学这样的一种既成的观念，也就是认为儒学应该是我们传统文化的核心。尤其是到了"文革"以后，改革开放，进入了市场经济，而市场经济快速的推进又导致了精神的滑坡、道德的沦丧。现在假馒头、假奶粉、毒酒等问题屡屡发生，很多人归结为新文化运动、"文革"对于传统文化的两次断裂。所以这些人提倡复兴传统文化，用传统文化来抵御市场经济对于人心和道德的侵蚀，而他们认为核心就是儒家思想。为了继承和振兴传统文化，首先就要倡导儒学。所以在他们的主张当中，要把儒学振兴起来。

几千年来，儒学的确就贯穿在民族文化的发展当中，但是它并不是天然合法的。振兴中国的民族文化，并不能以振兴儒学作为核心倡导，源头应该在子学，诸子百家才是中国文化的真正源头和繁荣标志。

另外，当今世界处于全球化时代，新媒体的高速发展，整个世界正在成为"地球村"。文化的发展更不可能是单一的，我国几千年文化发展的教训就是几千年来一直独尊一家。其实诸子百家的每一家都充满智慧，都有自己的哲学思想。而百家被这种一元文化扼杀的现象都说明这一独尊的错误，必须要强调多元。

不得不说，我国古代能够实行独尊一家是有其原因的，汉代能"罢黜百家"是因为当时传播技术相对落后，生产方式也非常低下，人的交往和对媒介的依赖不是很强。小国寡民的农耕生产方式要独尊一家并在思想上控制还是容易做到的，而且当时文化的普及率不高，思想也不是很活跃，所以强调独尊是能够做到的。但是，在网络传播时代、自媒体时代，人们早已习惯自由发表、自由讨论、自由表达，想要用一种思想、一种声音来取代众声是不可能的。所以文化必然是多元的，而多元的时代必然需要多元的思想、多元的大师，诸子时代的文化状态就正是我们今天的镜鉴和参照，也为我们提供了今后文化大繁荣、大发展的新思路。总之，在全球化下，试图通过复兴一种文化传统而复兴整个传统文化是不可能的，所以在当下找到一种适应全球化和当今社会的文化传统则必须回归百家。只有回归到这种多元状态，中华文化才能真正迎来复兴。

（原载于《诸子学刊》第十辑。作者单位：上海大学影视学院）

"新子学"与现代文化：融入与对接

郝 雨

"新子学"的现代发现、倡导与构建，无疑是中国文化史上的一件大事。自2012年10月以来，《光明日报》《文汇报》《中国社会科学报》《文汇读书周报》《文学报》《深圳特区报》等各大媒体连发专版，连刊数文，大力倡导"新子学"的研究以及"子学精神"的构建，上海等地陆续召开大型学术研讨会，"新子学"概念及相关学说得到各路专家充分肯定和积极响应。在此基础上，《诸子学刊》《探索与争鸣》《河北学刊》《中州学刊》等学术杂志也开辟专栏，发表了许多更加具有学术深度的论文，积极推动新子学的学术进展。这样的一场颇具声势的学术思潮，又在现代媒体传播与推波助澜之下，越来越广为人知，越来越深入人心。有学者认为，这将引发21世纪中国的新一轮文艺复兴。

一

在西方，人类历史上的最辉煌的文艺复兴时期，首先是由于发现了古希腊、古罗马时代的大批文化瑰宝，从而激发了西方世界对于现代文明重新繁荣发达的向往，一场以复古为旗帜和目标的现代文化运动带来西方社会的全面革新和鼎盛。那么，"新子学"对于我国传统文化源头的发现，对于诸子百家文化思想价值的重新解读和全面认定，是否也能发挥对中国新世纪文艺复兴的助力与推进作用？！

对于"新子学"的重要价值，正如其倡导者方勇教授所言："新子学"将承载"国学"真脉，促进传统思想资源的创造性转化。而在当今社会，我们倡导子学复兴、诸子会通，主张"新子学"，努力使之成为"国学"新的中坚力量，非为发思古之幽情，更不是要回到思想僵化、权威严厉的"经学时代"，而是要继承充满原创性、多元性的"子学精神"，以发展的眼光梳理过去与现在，从而更好地勾连起未来[1]。回首百余年前，中国文化欲求新生，曾主张"西体中用"，甚至"全盘西化"，从而打开国门，"别求新声于异邦"[2]。这虽然对于中国文化的现代化注入了巨大活力，但是，一个世纪以来中国社会发展的实践，也越来越被证明文化的引进和西化，并非包医百病的灵丹妙药。尤其市场化以来，许多西方观念在中国市场经济以及整个大环境中水土不服，无法完全适应。中国文化的健康发展已受到严重阻碍。道德滑坡，诚信丧失，社会冲突不断，恶性事件频发。社会已现"霍布斯丛林"之危机。所谓"霍布斯丛林"，是社会学家托马斯·霍布斯设想的"原始状态"，在这种想象的状态下，每个人的生活都是"孤独、肮脏、残忍的"。由此生出的"丛林法则"则是：弱肉强食。在丛林法则下，没有道德，没有怜悯，没有互助，有的只是冷冰冰的食物链。所有人都不关心别人，都不惜牺牲别人让自己生存。社会矛盾容易陷入所谓"一切人对一切人的战争"[3]。可想而知，一旦社会真的走向这样的地步，人类将陷入前所未有的灾难。从最近的国际形势来看，有些国家发生的全社会性动荡和撕裂，美国的枪击案频发，人肉炸弹恐怖袭击……都格外促使我们不能不增强这样的危机意识尤其是，我国的经济体制变革带动了整个社会结构变革。

新的社会阶层的诞生和严重分化、社会运行机制转轨、利益多元化及社会成员观念剧变，社会关系空前复杂，社会矛盾冲突也显现出日益激烈的趋势。人与人之间甚至充斥暴戾之气。城管打小贩，病人杀医生，幼儿园虐童，伯母挖孩子眼球，研究生毒死室友，公共场合疯狂砍人，公交车上纵火……马路争吵便把婴儿车里的小孩摔死。老人路上摔倒"扶不扶"，这么极其简单的问题居然成了困扰国人的大问题。"老吾老，以及人之老，幼吾幼，以及人之幼"（《孟子·梁惠王上》）这样曾经是家喻户晓、妇孺皆知的道理在今天竟然被社会所淡忘。这样的社会之病，无疑都是文化之病。也就是说，当这些社会问题屡屡发生，而且一些重大恶性事件不断增加的时候，如果不能从根本上解决问题，如果只能头痛医头、脚痛医脚，这些问题依然还会改头换面，或者以另外的形态重新发生，甚至造成巨大的和严重的社会混乱。而所谓的从根本上解决，当然就是以优秀文化铸造民族精神，强大民族之魂。

因此，以文化拯救社会，让文化更好发展，使文化成为社会之魂，稳定之根，实在已成为当务之急。而中国文化的未来发展，必须接续传统，必须植根于中国传统文化的土壤之中。这也应该是无可置疑的至理。然而近年来，中国文化界对于文化的方向多有迷惘，"断裂"论指责五四时期对传统文化的毁坏，欲复兴儒学以复归传统；而"西化"论又认为新文化运动反儒学正是中国现代文化不可缺的开端。其实，"新子学"的提出，完全可以避免这两者的矛盾。因为，传统文化并非只有儒学一家。新文化运动斩断了独尊一家的专制传统，如今复兴传统文化，必溯百家之源。

本人曾经这样论述这一问题：所谓新子学，就是要把我们对传统文化的研究由原来的以儒学为中国文化单一核心，转变回归到诸子百家。也就是把中国文化的源头回溯到诸子百家时期。这样的一个定位，我想，对于复兴中国传统文化、民族文化来说是更准确的。因为诸子百家才是中国文化真正发源的起点。当时是百家争鸣、百家共存的一个局面，只不过是汉以后，由于统治阶级的需要、政治的需要，开始独尊儒术。百家学说被人为地罢黜了，争鸣的局面被扼杀了。诸子百家的局面在先秦时代是中国传统文化最繁荣、最强盛的一个历史阶段。也就是在百家共鸣的时代当中，中国文化的真正源头产生了。今天，我们在21世纪新的历史基点上，我们应该真正意识到中国文化真正的源头在百家而并不仅仅是儒家一家。对于复兴中国文化这样一个命题来说，我们就找到了更真实、更原本的一个起始点。这种对于中国民族文化源头的认知是更有科学性的[4]。

所以，"新子学"首先强调的就是对于传统文化的整体传承。我们只有全面传承诸子百家之整体智慧，才能重振华夏文化真正繁荣强盛之雄风！那么，这里的一个极其重要的原则问题，就是不能再重复曾经的罢黜百家、独尊其一的历史老路。因为，历史已经告诉我们，长期在思想文化上的一家独尊，其后果一定是文化的僵化和腐朽。

二

近年以来，习近平总书记在各种会议和公开场合都特别强调，一个国家综合实力最核心的还是文化软实力，这事关精气神的凝聚，我们要坚定理论自信、道路自信、制度自信，最根本的还要加一个文化自信。而毫无疑问，我们民族真正的文化自信，必须建立在对于文化源头的全面对接之上。正如方勇教授在《"新子学"构想》中一开始所说：这也正是新子学建设的初衷和主旨：清末以来，子学更是参与到社会变革的激流中，化身为传统文化转型的主力军。尤其是它通过"五西"以来与"西学"之间起承转合的变化发展，早已经使自身成为"国学"发展的主导力量。如今，"新子学"对其进行全面继承与发展，亦将应势成为"国学"的新主体。而"新子学"主导下的"国学"也将继续凭借子学开放、包容、发展的特点，实现其自身的跨越式发展，我们也将重新树立民族文化自信心，更加坦然地面对"西学"。面对"西学"，我们必将以更为开放的心态，使中国传统思想文化与西方科学理念得到完美结合，并转生为当今社会的精神智慧之源，最终发展出民族性与世界性兼备的新国学[1]。

另外，当今世界处于全球化时代，新媒体高速发展，信息交流无限便利，遥远的空间瞬息变得近在咫尺，整个世界成为了小小的"地球村"。各种文化交融碰撞，每一个国家和民族文化的发展更不可能是单一的。而在我国，几千年文化发展曾一度衰落的教训就是一家独尊。那么，在全球化时代，在通讯科技与新媒体高速发展的背景下，文化也只能是多元的。我国汉代之所以能够罢黜百家，独尊儒术，一个重要条件就是因为传播技术落后，生产方式也非常低下，人的交往和对媒介的依赖不是很强，而且当时文化的普及率不高，思想也不是很活跃，独尊儒家相对容易。但是现在，在网络传播非常发达，信息技术发展充分的条件下，人们已经拥有了相对自由的表达和交流空间。在这样的媒介新环境中，未来文化的发展一定是多元的。当初的远古时代，我们民族文化的繁荣，就正是由于百家争鸣的局面。所以，"新子学"，就是要把我们对传统文化的研究由原来的以儒学为中国文化单一核心，转变回归到诸子百家。先秦诸子百家的时代是中国传统文化最繁荣、最强盛的历史阶段之一。在百家共鸣的时代，中国文化的真正源头产生了。只是在汉以后，统治阶级开始独尊儒术，百家争鸣的局面随之被扼杀。今天，我们应该意识到中国文化真正的源头在百家而并不仅仅是儒家。"新子学"并不只是要更深入地研究诸子百家的文本含义，并不仅仅是回到故纸堆里去挖掘老祖宗的学术观点以及陈旧学说，而是特别强调它对当下的思想文化启迪与参照意义。

总而言之，"新子学"的倡导，给我们提供了在当下的现代文化环境中，我们民族文化繁荣振兴的一个重要镜鉴，也应该是当今我们的现代文化发展的总起点。所以，我们必须建立起如同当年百家争鸣繁荣局面的一个新时代。其实，遥想当年，诸子百家的每一家都是充满智慧的，也都有自己的独特思想。而百家被一元文化扼杀的后果足以说明独尊的危害。因此，我们未来的文化发展，必须要多元，必须要百家。唯如此，我们的民族文化，才能永远充满活力。这就是"新子学"构建的最为重大的现代文化意义。

三

那么，让现代接续传统，让传统融入现代，让现代文化有根，让真正的传统文化，尤其是百家争鸣的传统文化精神在现代得到发扬。就是我们未来的目标。希望我们的现代文化学者更多关注这一新的文化动向，积极参与新子学的讨论，打破学科森严壁垒，打通古今学术通道，现代文化研究不再言必称西方。让全球化和新媒体语境下的中国文化发展，在子学精神的全面助力之下，进入崭新时代，开创辉煌未来。

可以预见，"新子学"作为一面新的文化旗帜，必将在整个文化学界更大规模地激越起复兴民族传统文化的时代潮流。而且，这样一个看似只属于古代思想史领域的课题，并不仅仅是一个古代文化的研究范畴。她也为我们的现代文化研究者提供了全新的学术基点和方向、旗帜。子学在现代学术格局和学科分类中，虽然只是属于古代文学与古代文化的一个研究领域，但是，"新子学"的提出，却显然并不仅仅是古代文化研究者的本学科专业课题，实际上是在当今的全球化、新媒体时代，为整个文化学界提出的一个共同主题。明确了今天的文化传承的真正源头与主体性。她回答了：中华民族文化的伟大复兴，是仅仅复兴儒学，还是要找到民族文化的百家之源？尤其是对于现代文化研究者来说，当年的新文化运动，否定独尊千年的儒学，到底有没有错？而当今中国的现代文化进程，其根本的历史渊源和文化依据又到底在哪里？

我们的文化研究，不能总是把古代与现代完全割裂，壁垒森严，互不交通。"新子学"的话题一定要把古代与现代打通，建立起通畅的古今文化对话。从而以更加开阔的历史文化眼光，寻求文化研究的新的逻辑起点和思维脉络。

总之，我们完全有理由认为，新子学提出，必然会引起整个文化界对于我们民族文化发展问题，新一轮重新思考和深入研究，其中更为突出的问题有以下几个，这就是本文的基本结论：第一，把我们对传统文化的研究由原来的以儒学为中国文化单一核心，转变回归到诸子百家。也就是把中国文化的源头回溯到诸子百家时期。这样定位，对复兴传统文化是更准确的。第二，这样的文化研究思路同时也给五四新文化运动找到了一个更加合理的逻辑的起点和解释。以往一直有学者认为，现代以来中国传统文化的断裂，主要是由于五四新文化运动，把儒家彻底否定、打倒、推翻了。新子学告诉我们，儒家不应该是我们中华民族文化的唯一，他只能是百家之中的一家，而恰恰因为我们历史上人为地将其独尊，才导致了后世中国民族文化的衰败。我们现在就要在新子学的旗号下寻找到中国文化的真正源头，真正的百家之源。第三，全球化时代，尤其是全媒体时代，文化专制，文化垄断，都是行不通的，都是死路一条。文化只能是多元共存，在竞争与互补中共同发展的。今天，新子学的提出，就是要在新的世纪、新的时代、新的文化生态环境中，重建百家争鸣的文化新局面。

参考文献：

［1］方勇．"新子学"构想［N］．光明日报，2012-10-23（14）．

［2］鲁迅．摩罗诗力说［M］//鲁迅全集·坟．北京：人民出版社，1991：65.

［3］霍布斯．利维坦［M］．黎思复，黎廷弼，译．北京：商务印书馆，1936：64-65.

［4］郝雨．"新子学"对现代文化的意义［N］．文汇报，2012-12-17（C）．

（原载于《集美大学学报》2016年第3期。作者单位：上海大学影视学院）

以诸子思想之源建构企业文化之魂
——"新子学"精神与商道文化的对接与融合

郑 作

一、秦诸子思想与经济之道的互融互通

周平王东迁后,"周室衰微,诸侯强并弱"[1]42,天下共主的形势名存实亡。宗法分封制的诸侯相继称王争霸,诸侯国之间倚强凌弱、兼并攻伐时有发生,杀人如麻的残暴战争成为社会的常态。"《春秋》之中,弑君三十六,亡国五十二,诸侯奔走不得保其社稷者不可胜数"[1]834,而战国时期与春秋相比,其社会乱局、生灵惨烈的程度有过之无不及。面对周王朝礼乐秩序的全面崩溃和社会危机的不断加深,文士们深切体会到生命的无常和生活的无奈,转而对天地大德、国家兴亡、精神自由、生命价值等问题进行深入系统化的探索。

他们多以天下安危为己任,纷纷兴办私学、著书立说,对未来的社会原型进行周密的预案设计,"诸子皆不依傍、不苟且,重独得之秘,立原创之见,创导精神上的独立与自由","对宇宙、社会、人生的深邃思考与睿智回答"[2]。这些各种预案设计,构成同时代多元多样并行的时代特征。他们互相辩驳、互相抵异,又互为参渗和吸收,从而形成了儒、墨、道、法、名、阴阳等诸多思想流派"百家

争鸣"的空前局面。

诸子学术思想，大而化之是围绕安邦定国、匡政利民的思想来展开的，其主要目的是为宗法分封制下诸侯及统治阶级提供施政方略，并在争霸中取胜。进而借助中央集权的君主专制政体，使自己的学说进一步推广，最终获得天下的认同。也正是每个诸侯国都想在竞争中胜出，百家争鸣的形式才有用武之地。其后的中华大地，大多时期处于统一状态。汉武帝罢黜百家、独尊儒术，把儒家定为一尊，从而奠定了两千年来儒家的法统地位。所以，就学术思想而言，我们回溯到先秦诸子思想流派中去摄取经济之道，是最为丰富和鲜活的。

诸子施政安民的思想自然离不开经济，"经济"一词来源于希腊语，我国东晋后才正式出现，"足下沉识淹长，思综通练，起而明之，足以经济"[3]。在先秦语境中的经济，往往不是独立出现的，与利、义、富、欲、费、功等等结合起来使用，有经邦济国、经世济民之意，其中蕴含着丰富的人文思想和社会内涵。如"利"字从禾从刀，说明这个字是从农业生产造出的，农业是经济之本。"利"的观念在《易经》中用得很广泛，《易经》卦辞、爻辞中，"元、亨、利、贞"四个字最多，"利"不但用于物质生产，并且用于婚姻、祭祀、政治、征伐等事，以后的思想家逐渐把"利"这个观念主要用于指物质生产等经济活动。"义以生利"[4]；儒家"君子喻于义，小人喻于利"[5]着重从利、富与义的关系上来表明；墨家认为"兼相爱，交相利"[6]100、"有力者疾以助人，有财者勉以分人"[6]63、"诸加费不加于民利者，圣王弗为"[6]156，不仅阐述了费、利、功的相互关系，也对圣王的消费观提出了新要求，"民之从利也，如水之走下，于四方无择也"[7]，管子把人们利益驱动的经济行为和目的表露无遗。这些内容都隐含着经济治理的概念，不能等同于现代经济学中的经济。实际上以上诸子思想中的经济是个大文化概念，包含经世济民、经世致用的意思。

现代经济学中的经济是建立在西方分科解释性的经济学或管理学之上的经济。两者之间既有异曲同工之妙，但也不能简单地进行比附。如"管子"在齐国施行的士、农、工、商"四民分业定居"措施，既是避免各阶层无序流动、稳定社会结构、强化国家管理的政治方略，又是提高四民实际技能、发挥区块优势的经济措施。"四民"是国家的基石①，对促进齐国城市经济的繁荣和工商业的进一步发展起到了很大的作用。如果按照现代经济学的概念来套，可以牵引出政治经济学、区域经济学、军事经济学、手工业经济学、农业经济学等专业学科。现在我国经济能够保持30年快速持续的发展，除了吸收西方科学技术以外，与我们的文化优势具有密切的关系，这个文化优势越来越被世界所重视。

先秦诸子中具体到从事"经济"工作的人，是指那些文能安邦兴业、武能御侮却敌的大能人，如管仲、范蠡、李斯等等。这种在先秦特定历史条件下的思维方式和话语风格，所形成的思想智慧和文化精神，实际上与现代商业经济管理理念并不矛盾。企业家作为企业这个经济组织的带头人，既是企业文化的缔造者，又是最具权威的推动者和推广者。无论在企业的战略安排、竞争策略制订、制度设计，还是奖罚措施的实施、团队培训，都体现了企业家的管理意志和理念追求。

二、现代商道文化与先秦诸子思想的互融互通

习近平主席在访欧时阐述："没有文明的继承与发展，没有文化的弘扬与繁荣，就没有中国梦的实现。"[8]中国梦的实现就是要人民

---

① 《国语·齐语》中也有这种说法。

富裕和国家富强,说到底就是要把企业搞好,而企业的竞争归根结底就是企业文化的竞争。我们企业的文化力量从哪里来?不是要去学所谓的快速发财之术,而是要切切实实地把先秦诸子的思想智慧以经济领域的视角表达出来,给予必要的"系统化"和"学术化",再用以助推企业的发展。按照方勇教授"新子学"学术体系中,将"扎根传统文化沃土,以独立的姿态坦然面对西学""承载'国学'真脉,促进传统思想资源的创造性转化"[2]的指导思想,我们要构建中国特色的现代商道文化也需要跨时代、跨领域、跨专业学科,把文化、经济和管理三个层面相融于一体,创新性地给予整理与发展。至于到底能够发展运用到何种程度,则完全取决于运用者本身的文化素养和知识水平。譬如"五水共治"中的"绿水青山就是金山银山"理念,就是要避免人为破坏的"顺其自然,天人合一"思想,说的是天道规律不可违;企业经营管理中的"诚信经营与风险管控"理念,在古人那里就是立业先立人、立人先立德的"德本财末"思想和趋利避害的"逢凶化吉"思想。当然,现代管理文化与先秦诸子思想之间的关系是涵盖与被涵盖关系,前者往往更注重于有形的管理工具和具体的管理手段,而后者是涉及管理本质和精髓的思想,以此可以修身、理家、立企、治国。

如果把"新子学"比喻成一片崭新的天空的话,那么现代商道文化下的经济思想和管理哲学就是那片充满生机的森林。钟永圣教授在《中国经典经济学》中所说"理事相应,有其事必有其理"[9]3"数理相应,有其数必有其理"[9]4"学究天人之际,理称精妙之极"[9]6的经济管理智慧,才能构成我们中国企业所特有的管理文化。它是一种汲取中华文化精华后,用来指导企业经营之道、管理之法和竞争之策的体悟与心法;它甚至存在于企业具体的经营管理之上,是经济理论的理论、管理思想的思想和竞争智慧的智慧。说得直白一点,就是开掘了中华民族传统文化因子里面与生俱来的那部分原生智慧。中国传统商道文化与西方现代管理学相比,最大的区别就是有形与无形的区别。就像希腊神话中的安泰汲取大地母亲的力量一样,我们的民族企业就能力大无比,战无不胜。"一位哲学家曾经作过这样的比喻:政治是骨骼,经济是血肉,文化是灵魂"[10]。习近平主席对文化这种软实力作用有个很好的表述:"文化的力量,或者我们称之为构成综合竞争力的文化软实力,总是'润物细无声'地融入经济力量、政治力量、社会力量之中,成为经济发展的'助推器'、政治文明的'导航灯'、社会和谐的'粘合剂'。"[11]

近几年,国学热在企业界持续升温,我相信大多数企业家不是为了附庸风雅,而是希望从国学中去汲取智慧和力量。马云的互联网商业帝国已到了登峰造极的地步,他的成功可能有一万个理由,但深层次的原因有两个:英语和太极。悟道修太极近十年,他把太极的虚静用在企业管理上。他说:"我静下来,公司就会静下来。"[12]这是一种极高的管理智慧,也是浅显的道理。伴随着金钱、荣誉、地位飙升的必然是烦恼、惶惑、压力和亚健康的接踵而至,这时他有一法宝——"闭关"入定。他创导的企业文化是"虚事实做,实事虚做",我理解这是和合阴阳的做法,将来凡是有发展空间的业务,要沉到底踏踏实实地去努力做好;现在发展得很好的业务,不能安于守成,要顺势不断地拓展空间。他读老子的《道德经》,读到深处一拍大腿叫道:啊呀,这哪是我在读老子,明明是老子在读我!——马云的话就是诸子思想与现代商道文化最好的注解。马云的英语和太极这两昆仑,是铸就其商业帝国的基石,也暗合了"坦然面对西学""承载'国学'真脉""扎根传统文化沃土""促进传统思想资源的创造性转化"[2]的求真务实的"新子学"精神。

三、"子商"与"新子学"概念的对接与融合

一方水土养一方人，我们的传统文化特性决定着我们企业的特质。就文化本身而言，东西文化、民族文化本没有好坏和优劣之分，但是在历史条件下，往往会有阶段性的强弱之分。源于西方三次工业文明浪潮下所激发的生产力是空前的，机械化、流水线、信息化大大加快了世界经济的进程。回顾改革开放30年，我们在经济和管理方面唯西方马首是瞻，也确实得到了许多现代化、规范化的企业管理经验。但也不可否认，在学习和借鉴过程中，过犹不及、囫囵吞枣、东施效颦的情况也普遍存在，因不服水土而产生的负面效应也非常明显。次贷危机、欧债危机、环境危机中所暴露出来的西方制度性缺陷和文化短板也已经坦露无遗。另一方面，我国经济在狂奔30年后的今天，留下的资源和环境问题，除了不得不在经济结构、发展模式上进行调整与修复以外，我们还必须在文化层面上来进行反思。究竟我们要学习人家的是什么？要学习和继承本家的是什么？做到胸中有数，才能坦然地参与全球化竞争，并在竞争中取胜。

郑伯康先生受"新子学"思想的启发，把融合了先秦诸子思想的本土经营管理思想称为"子商"商道文化。显然"子商"涵盖了"儒商"，我们可以把儒家的"仁爱"思想转化为企业伦理文化，把道家的"无为"思想企业管理的自然法则，把法家的"法、术、势"思想汲取为企业的制度化管理，把"兵家"的攻守之谋运用到取到企业的竞争中。当然，企业的管理是个动态的发展过程，先秦诸子中无论哪家哪派如果静态的、刻板的去仿效，都容易走偏，我们要做的就是要形成动态的、系统的解决方案。

其实，"子商"也好，"新子学"也罢，作为一种文化概念，或

者是一种文化符号，也可以看作一种文化潮流。概念，在西方看来是对特征的独特组合而形成的"知识单元"，而我国称之为反映对象的本质属性的"思维形式"，这是中西文化差异形成的。方勇教授命名的"新子学"，是区别于"旧国学"那种突出儒学和经学为核心的国学，他创导的国学具有多元、开放和结合新时代创造性转化为核心精神的"子学精神"。同样，"子商"所创导的商道文化也要打破分科式的、为管理而管理的一元思维。

商道文化是对企业组织这种独特本质的"知识单元"和"思维形式"，虽然这两者是可以统一的，但我们的文化特质决定着我们更偏重于后者。在本人看来，"知识单元"是就事论事，而"思维形式"是就事论道、或者是由技入道。只要方向对路，学习态度端正，不顾此失彼，就能够学到真善美的东西。企业家以自己视角来学习诸子思想，或者有选择性地以自己接地气的阅历特长来学习诸子中的一部分，都是非常有益的。对于学习，企业家有企业家的优势，可以避免专家学者局限于对概念的分析，以自己的体验来深化认识。

"子商"所倡导的新商道文化要很好地继承开放、包容、发展的"子学特点"和原创性、多元化的"子学精神"，更要学习"以发展的眼光梳理过去与现在，从而更好地勾连未来"的"新子学"精神。以吸收这两种精神，来构成兼容并蓄、善学善成、勇于创新的"子商"精神，将它赋予于企业，企业就有了创新动力；赋予于商道，商道就有了创新灵魂；赋予于企业家，则给企业家输送了生生不息的血液，增添了逢山开路遇河搭桥的能力。

在这里，我之所以不从诸子思想精华中——对接，来阐述具体运用的"知识单元"，主要是系于经济管理相对于诸子思想是太小了，以大取小非我所长。但我相信"以诸子思想之源构建企业文化之魂"的"子商"新商道文化是一个非常有意义的命题，我也相信会有越来越多的专家学者参与研究，从而成为"新子学"学术体系中最具活力的一个分支。果真如此，我们的企业家和企业团队一定能够上得百家之天气而生，下禀百业之地气而长，则百业兴盛可期，国家兴盛有望。

参考文献：

［1］司马迁，撰．裴骃集，解．司马贞，索隐．张守节，正义．史记［M］．缩印本．北京：中华书局，1997．

［2］方勇．"新子学"构想［N］．光明日报，2012-10-22（14）．

［3］房玄龄，等．晋书［M］．北京：中华书局，1974：2044．

［4］陈桐生，译注．国语［M］．北京：中华书局，2013：285．

［5］杨树达．论语疏证［M］．上海：上海古籍出版社，2013：105．

［6］周才珠，齐瑞端，译注．墨子全译［M］．贵阳：贵州人民出版社，2008．

［7］张小木．管子解说［M］．北京：华夏出版社，2009：460．

［8］习近平．出席第三届核安全峰会并访问欧洲四国和联合国教科文组织总部、欧盟总部时的演讲［M］．北京：人民出版社，2014．

［9］钟永圣．中国经典经济学：对中国本土经济学关于自然、人生和财富的本质及其关系的贯通式总结［M］．北京：中国财政经济出版社，2011．

［10］习近平．干在实处走在前列推进浙江新发展的思考与实践［M］．北京：中共中央党校出版社，2013：293．

［11］习近平．之江新语［M］．杭州：浙江人民出版社，2007：149．

［12］正和岛．企业大佬"对抗"身体：逼着自己锻炼我静下来公司就会静下来［DB/OL］．（2016-04-14）［2016-05-20］．http：//newseed.pedaily.cn/201604/201604141324340.shtml.27

（原载于《集美大学学报》2016年第3期。作者单位：上海光华学院）

重建当代知识分子的"子学"精神

逄增玉

"新子学"提出以后,我想到几个问题,跟大家一起探讨,也是一个学习的过程。

第一,我觉得"新子学"的提出很有必要。在中西方历史上曾经有过文化轴心时代,当时西方的古希腊、中东、亚洲的印度和中国,都出现了一些影响人类思想史和历史发展的思想大师,思想价值非常大,可以说照亮了人类文明的天空。中国从晚周到先秦的诸子百家,就是可与文化轴心时代恒河流域、两河流域和爱琴海希腊岛屿的思想家媲美的人物,那时可谓灿若群星。他们的思想光芒不仅影响了中国和亚洲,也影响了世界,欧洲中世纪前后的很多思想家都受过中国哲学思想的浸润。但是大家知道,从汉代以后,在先秦其实也是"子学"的儒家思想越来越占有重要的位置,甚至上升到了经学地位,诸子百家的思想、诸子精神在历史的长河中逐渐萎落。现在提出"新子学"研究,我想这里面有两个板块:一个板块是做国学研究的学者对其进行义理学研究,重新梳理诸子学的各种思想学说,是其所是,非其所非,还原包括儒学在内的子学的原貌和光辉,复现历史的荣光,把子学纳入整体的国学中,并且作为国学的重要内容,打破认为儒学就是国学的认识和偏见;第二个就是我们在学术研究中经常引用的周作人说过的一句话，叫作"道义事功化"。所谓事功化，就是把"子学"的思想传统继承和发扬光大，使其深入当代的学术、思想、道德与生活，为建构社会的价值观和人们的思想行为发挥积极作用。前面的一部分我觉得是学者们需要做的；我们作为搞学术研究的人，更多是考虑怎么把义理道义化、事功化。新的诸子学研究在学术上提出伟大建树的同时，怎么样能对当代社会人心、道德、行为规范、思想价值体系建设提出很好的参与方式和解决方法，是题中应有之义。

我们知道，中国的精神文化，包括诸子的精神思想，以及那种思想价值造就的知识分子的思想面貌和人格精神，在中国历史上是不断递减的。在诸子时代，不仅是每个伟大思想家都有独特的思想追求、价值观的建构，而且人格上也是完整和特立独行的，有所谓的先秦侠义精神——为思想、理想而生活和活动，不论是孔子、墨子还是老子，他们都有自己独特的价值体系和独特的行为道德规范。随着儒学成为经学在中国思想史上地位的越来越高，诸子思想则变得越来越弱，诸子的精神越来越少。特别是少数民族入主中原，带来的冲击非常大。我注意到，越是少数民族这些注重"华夷之辨"的当政者，越注重提倡儒学和非难"子学"，并且把儒学窄化为以尊卑服从为核心的意识形态——大家知道，马克思在《德意志意识形态》里对统治阶级的意识形态是批判和否定的。最典型的就是清代，来自东北的满族贵族入主中原以后，把儒学抬到了很高的地位。他们的目的第一是排除"华夷之辨"，使自己的统治有历史的合理性，更加稳固；第二是通过儒学倡导尊卑理念，让大家服从。我觉得"子学"的思想传统和文化精神就被遮蔽了。

当然不只是异族统治者，中国本土的封建统治者也从政治上不断扼杀"子学"精神。从秦始皇的焚书坑儒、汉代武帝时期的独尊儒术，直到宋明时期的理学弘扬，先秦诸子的"子学"思想和价值越来越稀薄。蒙古大军灭亡南宋时对中国人和文化的屠戮,更是彻底的毁坏,不论儒学还是"子学",尽在荡涤之列。有人考证日本从什么时候开始瞧不起中国,叫中国为支那,说大概是宋以后。他们认为"崖山之后,已无中国"嘛——南宋灭亡的时候,大臣抱着皇帝跳海在崖山自杀,"十万军民齐蹈海"。那是先秦诸子的侠义和道义精神的最后一次展示。从那以后,这样的现象不能说都没有了,但是我们感觉到这样的中国精神越来越少了。

如上所述,现在我们提倡"子学",其实我们还是想把义理事功化,第一个就是重建中国的思想,包括价值体系和哲学的道德观,不完全是经学,也不完全是儒学,而应该是完整的诸子思想体系和诸子思想价值观。建立先秦时代的"子学"精神,就是要建立独特的、有自由和担当精神的文化和心理结构,以及比较完整的人格结构。其次就是将"新子学"转化为中国学,转化为思想文化体系里的基因,以及建构包括中国知识分子的精神结构和人格结构。我觉得这也很重要。第三,"子学"的弘扬除了义理学的研究,作为一种学术传统的传承,在事功化建设方面能否对我们当下的生活发生一些影响?在对文学生活、对作家的生活以外,能不能对大众的生活,对我们百姓的精神生活、道德生活、思想价值的建设起到一定的作用?这也是我们研究现当代的学者比较关注的问题。

最后我再补充一句,说"五四"断裂了传统文化,我是不承认的。比如鲁迅,他在道义上攻击的是儒学,但是在他的小说里我们看到他对诸子学说还是肯定的,比如对墨子。他的历史小说,对"子学"的东西肯定很多,他的那些所谓批判和否定儒家礼教吃人的小说,如果你往深层看,可能代表人物并非儒家。我写过一篇谈鲁迅著名小说《祝福》里鲁四老爷形象的文章,那个形象其实并非儒家思想的代表。而五四新文化运动后整理国学并做出很大贡献的,恰恰是鲁迅、胡适那一批人。所以我们轻易不要说"五四"把传统文化断裂了，其实它想断裂的是等级制和尊卑服从的思想，是现代中国至今也没有解决的独立之精神、自由之思想如何再生的问题。不论鲁迅还是其他思想家和现代作家，他们作为真正了解国学的人，可能希望发掘和继承的恰恰是"子学"的东西，包括佛学的精神。这一点希望我们研究各学科的学者慎思明辨和发掘弘扬。

（原载于《名作欣赏》2015年第1期。作者单位：中国传媒大学对外汉语教育学院）

"新子学":如何与当代生活对接

葛红兵

我是研究现当代文学的,博士期间研究"五四"文学。现代以降,我们对待古代传统有几种方案,一种是早一些的像梁启超等,他们曾经想过托古改制,那时候出现了《孔子改制考》等。但是等到胡适、鲁迅出现的时候,对这些方案就觉得不耐烦了,所以出现了"革命"的方案。"革命"的方案一直到上世纪70年代末至80年代,都还是主要思路。文化的革命最后导致阶级的革命,这条思路也成了中国现代文化的一个源头,如今,则也是一个传统。

今天我们的话题又是另外一个提法,希望接上一个更始源性的源头,比如"子学"的源头。但是我认为,这个话题的核心是与当代生活的融入和对接。这种对接的想法在世界范围内也有过一些案例。在东亚的文化版图上,有些案例是反面的,比如说日本、韩国,他们主张去汉化,像日本,从脱离汉医、脱离汉字开始,开始了新的现代化。在新加坡,我们也看到过上世纪80年代掀起过一个"新儒学"运动,政府规定小学生都要读儒学课程,不及格就不能升学,等等,但后来受到抵制,这个运动是失败了。总的来说,利用中国传统文化内生性的现代性资源,去做民族文化新的现代性改造,这个在国内我们还没有经验,在东亚的范围内也没有完整的国家性的经验、民族性的经验。直觉上讲，台湾保留了更多的传统文化，甚至我们去日本的时候看到日本也保留了一些似乎是宋以前的文化资源，但这只是直觉。迄今为止我们实际上缺乏两个方面的梳理，一个是实证践行的梳理，一个是理论性的梳理。这次"新子学"的研讨，我觉得是个非常有意思的事情，它给我们带来几个方面的触动。我想提这样几点：

第一，我感觉对于"子学"的研究，尤其是新型的研究，即如何开始以与当下融入和对接为视角的、跟当下生活接壤的研究和阐述可能还是刚刚开始。首先是"元典"的整理，这个任务是非常重的。比如方勇教授做《子藏》，我觉得这其实是一个非常大的基础性的工作；而阐释，是更大的工作。我在新加坡工作的时候，曾经带着学生一个字一个字地抠《论语》，发现我们传统的解释，有很多都解释得很牵强。比如我们曾经抠了《论语》中出现的十三次"身体"的"身"，它有的时候是指自己，有的时候又是指实体的"身"，有的时候又是指虚体的"身"，与英文中的"I"相对应。但是，我们传统的解释，没有意识到这些区别。比如"唯小人与女子尤难养也"，如果"女子"是说"女人"的话，可能不符合当时的观点，那么到底是指什么？这些方面的整体研究，我是非常期待的。

第二，中国这种始源性的"子学"思想，公元3世纪之前，非常发达，但是，后来被压抑了，再后来呢？后世一直很尊崇，但它也是一个没有充分现代化的思想。这是我的看法。

第三，在当代生活当中，如何践行中国传统的思想和伦理？这几年我自己的人生就经历了这么一个变化。最初的时候是学鲁迅，是个非常愤怒的青年；这几年又开始读佛经多一点，喜欢穿汉服。但是如何在精神伦理上践行这种传统，把儒释道融合起来？"子学"对当代生活的融入和践行，我觉得重要的就是这样几个方面，比如政治践行，我们传统的精神资源仁爱和民本就可以放在政治践行这个层面；还有个体的道德践行，比如我们的"仁义礼智信"当中的"信"

"义",就是道德践行;还有一种是社会践行,比如传统的大同思想、天人合一的思想等。今天,城市雾霾问题,都跟人类对自然过度的掠夺有关。怎么去改变这种现状,我觉得"新子学"的研究有很大的意义。

(原载于《名作欣赏》2015年第1期。作者单位:上海大学文创中心)

对"新子学"三个层面的思考

郜元宝

"新子学"这个提法很有意思,但我以前很少关注,毕竟术业有专攻。在此我略谈一点不成熟的想法。

"新子学"的含义可能有两个,其一是"新的子学",其二是"新子之学"。"新的子学"是要把过去历朝历代的"子学"研究根据今人新发现的材料和新建立的方法论推向一个新的高度,比如现在许多学者对于老、庄、孔、孟、墨子、韩非子、管子等先秦称得上"子"的各家的继续研究,就属于"新的子学"。这个意义上的"新的子学"当然也会求"新",但基本上还是继承历朝历代"子学"研究的传统,是这个传统的进一步延伸。

其二是"新子之学",意思是我们已经出现了或应该出现或即使尚未出现但应该呼唤出现"百家争鸣"时候那样的众多的"子",这些"新子"各以其学说布告天下,就是"新子之学",简称"新子学"。这个意义上的"新子之学"当然比上面讲的第一层要更加强调创新精神,但也并非毫无根据地提倡"创新",因为"子"的称呼其实并不局限于先秦的诸子百家,后世版本目录学上之所以有"经史子集"的说法,就是承认先秦之后,还是有"子"的,有"子",就必然有"子书"。中国的"子书"时代到何时结束?有人说魏晋六朝是"子书"的黄昏时期，这个目前似乎也没有定论。称"子"的时代比"子书"时代更加漫长，在"轴心时代"结束之后，历朝历代都有"子"。比如"二程"，人们就称他们是"程子"；朱熹，人称朱子；张载，人称张子。那么称"子"的时代又是何时结束的呢？好像还无人做过专门研究，大概宋以后就很少了吧？苏轼自称"苏子"，并不是在"诸子百家"的意义上说的。

倒是"五四"以后，偶尔有人自称或称呼别人为"子"，比如有人就称"新儒家"代表人物之一熊十力为"熊子"。但这毕竟是少数现象，像陈独秀、蔡元培、王国维、鲁迅、胡适、陈寅恪这一大批学者都不再称"子"。毛泽东封鲁迅为现代中国的"圣人"，也有许多人称鲁迅为"鲁老夫子"，但我还没见过有，谁称鲁迅为"鲁子"或"周子"。不是有人说胡适也有圣人气象吗？但"胡子"的说法似乎也没有见到熟悉现代文学的人都知道，鲁迅早就说过不要做"乌烟瘴气的鸟导师"，他的姿态是破坏性、批评性而首先不是建构性的，他的自我定位是"中间物"，而且他也喜欢就事论事地批评，而不喜欢体系的构建，更从来没有想到要面对整个宇宙人生说话。他在破坏和批评的同时，客观上也建构了一个新的传统，但这样的贡献能否比附为古代的"子"，则又甚可怀疑。总之"五四"以后，除了哲学界还有一些人想建立无所不包的体系，其他人都基本放弃了，"通人"逐渐让位于"专家"，这是公认的事实。"子"都是要"拔地通天"的，如此说来，专家时代是不会有"子"的，也就谈不上"新子之学"。

但后来也有很多人，比如在上世纪年代以李泽厚先生为代表，到了晚年就似乎有意识地要建构自己的体系和学说，有"子"的姿态。但他到了建立体系的时候，影响已经很小了。他实际发生影响的是最初不讲体系的专题研究。这就是我想到的"新子之学"的可议之处。尤其当下知识分子的状况，学术研究的气象是不是到了"轴心时代"

那样都可以"成一家之言",我看是很值得怀疑的。

但"新的子学"是无可怀疑的。任何时代都会对过去的"子学"提出一些新说法。但我想方勇教授提出"新子学"可能不会满足于这一"新的子学"层面。"新的子学"很容易成为一个纯粹学术操作,难以波及整个社会。方勇教授希望出现的,应该是"新子之学"吧?至少,如果没有"新子之学",也要有"新子之学"的期望。如果是这后一点,我当然举双手赞成。

说到各种意义上的"子学"对一般社会思想的影响,应该搞清楚:中国社会的一般思想流动,是从精英阶层的"子学"自上而下影响下层社会,还是其他的形式?我们一直讲"轴心时代",这个概念大家当然都接受得很快乐,先秦诸子时代基本上塑造了后来的文化性格。可是"五四"以后我们发现,新的学问方式展开以后,这个判断好像并不能站得住脚。真正称得上中国文化思想根源的也许正如鲁迅先生所说的是"道教","中国根柢全在道教"。道教产生是在东汉以后,虽然它吸取了"子学"时代的黄老之术,也吸取了儒家、佛家的思想,把中国文化一切都道教化,可是它已经失去了"子学"时代的精神。这一点从历史的流变来讲,我们应该正确估计轴心时代的诸子思想,思考它塑造中国文化的实际效果,尤其他们的重要性后来为什么会被道教所取代。如果"新子学"的研究能深入到这一层,可能就延伸到方勇教授说的第三个方面。我觉得第三个方面更重要,就是"新的子学时代的精神"。

这三层不一样。第一层"新的子学"属于纯学术操作,不必怀疑,也不必寄予太大的期待;第二层"新子之学",我觉得我们还不配。而这两个意义上的"新子学"都很难延展到一般社会文化中去。唯有第三个层面,"新的子学时代的精神",恐怕是我们最珍视的。有了"子学"时代的精神,我们研究的问题就不会仅限于"子学"。为什么提到"子学"很多人都不太理解?因为中国文化不仅仅是轴心时代"子学"塑造的，但轴心时代的"子学"精神非常可贵，也就是后来陈寅恪所讲的"独立之精神，自由之思想"。这应该是中国读书人在精英文化层一直保留下来的，即使在道教的汪洋大海中也一直绵延不绝。

前段时间我在复旦大学参加"多元宗教背景下的文学"讨论会，我发现从他们的角度来讲，一切都是宗教。中国文化是被佛教、道教、各种普化宗教、民间信仰塑造的，这里面根本就没有"子学"的位置。从不同的角度去看问题，会有不同的兴趣点。但有一点是大家都承认的，那就是在先秦，诸子的思想自由和所达到的学术高度永远是我们所景仰的。不管面对怎样的新命题，"子学"精神永远是我们中华民作族最宝贵的遗产，在这一点上无论如何强调和呼吁都不过分。

（原载于《名作欣赏》2015年第1期。作者单位：复旦大学中文系）

"第三极文化"体现的"新子学"精神

王 斐

针对当代世界文化格局和中国文化发展现状，2009年12月，北京师范大学资深教授黄会林在"北京文艺论坛"上首次提出了"第三极文化"的战略性构想。简言之，"第三极文化"是相对于欧洲文化和美国文化而言的中国文化，这一概念是对东西文化两极论的反思和修正，是应转型期中国社会发展的需要，寻求文化自觉和文化自信的一种努力。

2012年4月，由华东师范大学先秦诸子研究中心举办的"先秦诸子暨《子藏》学术研讨会"上，提出了"全面复兴诸子学"的口号。2012年10月22日，《光明日报》国学版刊登了华东师范大学先秦诸子研究中心方勇教授的《"新子学"构想》一文。文中系统论述了诸子学的产生、发展及其富于创造性、开放性、充满生命力的特征，并对子学与西学的关系、子学在国学中的地位等问题提出了不同于以往的看法。

"新子学"和"第三极"文化的构想，都是一经提出便引起了学术界的广泛关注。对两种构想进行深入解读后，会发现二者之间密不可分的关联。应该说，"新子学"的源头与"第三极"文化的源头是同样的，"新子学"的潮流与"第三极"文化的潮流也是相同的。

"第三极文化"体现着"新子学"精神,在新时代焕发着强大的生命力,在中华民族文化伟大复兴中起着促进作用。

首先需要明确什么是"新子学",它与"子学"有什么异同。"子学"或"诸子学",一是指先秦汉魏诸子百家学术,二是指历代学者研究诸子著作、思想的学问,包括对诸子著作的校勘、训诂、辨伪、辑佚和考古新发现之子书的整理与研究。这一点近代研究诸子学最着力、成果与影响甚大的学者之一章太炎说过:"所谓诸子学者,非专限于周秦,后代诸子亦得列入,而必以周、秦为主。"[1]

自先秦以来,一直到"五四"之后,"子学"不断在新的社会条件下迸发出强劲的活力。这一切证明了,子学的活力在于它的思想载体与其理念自身所具有的生生不息的开放性特征。中国学术在两千年漫长的嬗变中,"子学"和"经学"虽然泾渭分明,文化性质和学术品格迥异,但是二者共同构成洋洋大观的中国哲学史,体现了对立的统一。它们共同构成中华文化的两翼,为东方文明的薪火相传奠定了深厚的思想基础。方勇教授认为:"新子学"是相对于传统子学而言。"新子学"是子学自身发展的必然产物,也是在把握其发展的必然规律与时机后,对它所做的进一步开掘。"新子学"并非传统目录学经史子集之子学,而是思想史上诸子百家之子。方勇教授提出的"新子学"是结合历史经验与当下新理念,加强诸子学资料的收集整理,将散落在序跋、目录、笔记、史籍、文集等不同地方的资料,辨别整合、聚沙成塔;同时,深入开展诸子文本的整理工作,包括对原有诸子校勘、注释、辑佚、辑评等的进一步梳理;最终,以这些丰富的历史材料为基础,缀合成完整的诸子学演进链条,清理出清晰的诸子学发展脉络。"新子学"从客观历史出发,在辩证之下对其进行继承发展,以促进其更好地完成现代化转型,实现合乎历史发展规律的新进化。[2]"第三极文化"体现的"新子学"精神主要有三点:

一、民族文化的生命力和创新精神

我们知道"第三极"文化重在传播自己的文化并与其他文化融通,认为中国文化应成为世界文化第三极。然而,我们应该传承并传播什么呢?黄会林教授说过:"我们传播的中国文化,是要在中国文化自身系统内部去梳理总结、继承发扬它最突出、最有特性、最有代表性的内容,这些内容构成文化的一个极,这个极应该是几千年来中国文化发展过程中逐步形成、确立、巩固,并为人们认同、自觉遵守、代代相传的核心价值和基于这些核心价值所生成和建构的民族文化精神。"[3]

同时,黄会林教授认为我们的民族文化精神主要是指中华民族在蔚为大观的开放发展中为民族求解放、求发展的精神。这种精神将形成一股活水,促进中华文明的不断创新,只有不断创新的文化才能成为强健的文化,也只有强健的和开放的文化,才能影响其他文化,并为世界文明做出应有的贡献。中国的民族文化具有很强的生命力。从方勇教授提出的"新子学"中我们可以看出比起经学来,子学的生命力更突出,比经学更开放包容,所以可以延续传统文化的生命力,可以进行重新的梳理加以运用,这一点正是第三极文化提出的我们民族文化的创新精神。

子学开始于春秋与战国之际的百家争鸣中,它开放发展、蔚为大观,使我们民族文化的精神形成一股活水。子学根植于中国文化土壤,其学术理念、思维方式等皆与民族文化精神、语文生态密切相关。方勇教授认为,子学系统,代表了中华文化最具创造力的部分。"新子学"是子学自身发展的历史性产物,同时,也是结合当前社会现实,对子学研究所作出的主动发展。子学自产生以来,凭借其开放性、生命力与进化势头，形成了不断诠释旧子学原典、吸收经学文本精华和创造"新子学"原典的传统，并在历史进程中，始终保持着学术与社会现实的良性互动，进而促成其自身的不断发展。子学不仅在过去发挥了重要作用，在当下也具有普遍的价值和意义，具有新的生命力。"新子学"自觉认知此点，从客观历史出发，在辩证之下对其进行继承发展，以促进其更好地完成现代化转型，实现合乎历史发展规律的新进化。

总而言之，"第三极文化"旨在继承发扬中国文化中最具民族性的精髓，重新树立民族文化自信心。诸子的先进思想显示出丰富的内涵和强大生命力。在国势昌盛、经济文化繁荣的当今，"新子学"精神所体现的，汲取外来文化精华，推动中华民族文化空前大发展大繁荣，促进中华民族文化更加富有活力和创造性，是十分必要的。以上内容固然是构成我们"民族魂"的主要部分，今天依然可以发挥作用，但是只是"第三极"文化内涵的一个部分，还有重要的一部分就是当今的文化。

二、传统文化的传承性与当今文化的现代性相结合

如果追问中国文化的潜力何在？不得不说，这与我们文化的源头——子学紧密相接。在礼崩乐坏的春秋战国时代子学兴起，就是民族文化自觉地在寻找一种变革、一种转型。"新子学"的源头与"第三极"文化的源头是同样的，"新子学"的潮流与"第三极"文化的潮流也是相同的。"第三极"文化是在世界文化的大背景下来关照中国文化，不仅体现传统文化的传承性又有当今文化的现代性。"第三极"文化强调民族精神中的普遍价值，强调文化传承的价值。正因为从未中断过这种追求，所以我们的民族文化一直传承到今天。

"第三极"文化的内涵除了包括传统文化也包括当今文化，当今文化的精神内核是在传统文化的基础上：包容并蓄、不断发展，创化日新、生生不已。也就是"第三极"文化所说的"当今文化的现代性"。随着我们民族文化的发展，许多传统文化精髓得到了新的诠释。只有这样我们民族文化才可以在现代世界文化发展的总趋势中发挥特殊重要的作用。

以儒家为例，儒家文明建构的以血缘、家庭然后扩及到天下社会的伦理体系，契合人类最直接的情感和心理需要，具有普适性。孔子的义利观，重义轻利，义超越利，精神价值高于物质价值，作为一种普遍的道德原则而具有了普遍意义。当今人们对物的依赖性越来越强，一味强调个人利益的满足，忽视整体利益和社会整体发展的现实下，儒家的义利观作为价值核心为社会树立了价值取向。当下诚信危机是一个全球性、世界性的大问题。诚信的缺乏给整个社会带来深远的负面影响。而儒家的"诚者天之道"，"诚"被理解为"天道"，乃是天赋予人的"本性"。对只追求商品价值、市场价值，忽视道德价值的行为是一剂良药。儒家讲求的天人合一境界强调的是人与自然、人与社会的和谐统一。是构建社会主义和谐社会的思想的重要基础和渊源。儒家和谐思想在构建和谐社会的诸多领域方面，又具有具体而重大的现实意义。

以道家为例，道家的政治智慧、生活智慧与思辨智慧、生态智慧真可谓常新常用，常用常新。道家的宇宙人生观，对于人事的思考不限于人类社会，而是放眼于整个宇宙，可以很好地解决当代人与人之间、人与自然之间的关系。道家哲学强调人以自然为师，并提出人向自然回归，消除人与自然的对立。与现代文明强调人类征服、改造自然的价值取向相反，在人与自然的关系上，所缺乏的正是这种人与自然和谐相融的"天人合一"的精神，很有现实价值和意义。除了儒道两家之外，墨家、名家、法家、农家、医家、兵家、杂家等诸子学派，对于当代社会来说，同样也是思想和智慧的宝藏。

三、中国文化的大品格是在困难中寻求自己的文化出路

中国文化在以往，曾遭遇过大大小小的危机，但是我们的文化品格就是在困难中寻求自己的文化出路，构成一种历史不败精神，构成了源远流长的文化传统。在礼崩乐坏的春秋战国时代子学兴起，就是在寻找一种文化变革，一种文化转型，这是对历史发声，也是对民族未来的走向发声。从 1840 年至 1919 年五四运动，面对严重的民族危机和深重的民族灾难，中国大批知识分子如饥似渴地向西方国家寻找救国救民的真理。由于中西文化客观上存在着的势差决定了中国文化的现代化必然与向西方学习相伴随。他们历经艰难，上下求索，掀起一轮又一轮的了解西方、学习西方的热潮。为学习西方、寻求救亡的道路产生了重要影响，使得"向西方学习"这一命题开始成为近代中国思想界一股进步的潮流。虽然他们历尽艰辛，但是愈挫愈奋。新中国成立后，经历了走"苏联走过的道路"到"走自己的路"，寻找我们自己的文化生命力，寻找我们自己的文化出路。最后得出结论：学西方不能生吞活剥，要走符合我们自己的路，最后找到马克思主义必须结合中国实际的道路。改革开放以来，建立社会主义市场经济体质，我国综合国力显著增强，对国际社会的贡献和影响越来越大，极大地影响世界经济增长格局。随之而来我国的国际地位不断提高，国际交往也日益频繁，大量西方文化进入，所面临的各个方面的诸多社会矛盾也日益突出，因而迫切需要切实可行的理论支撑，系统探讨如何解决当前所面临的各种社会矛盾的理论和策略。可以说时代需要"第三极"文化理论，该理论具有十分重大的理论意义和现实意义。

改革开放以来，中国在经济上和政治上都取得了巨大的成功，但

是可惜中国文化在世界，对大多数人来说仍然是个迷，而且至今没有登上世界主流文化舞台。中华文明是一个世界性的研究课题。世界对中华文明的了解，从古到今大体经历过如下事件：古代主要是通过丝绸之路、茶马古道或海路三个间接渠道。汉代的张骞出使西域，以及后来的法显与唐代玄奘两位法师，他们是中国人主动向外介绍中华文明的代表性人物。欧洲人对中华文明的了解，主要是通过意大利人马可·波罗写的游记。明代初期郑和的七下西洋，是中国政府第一次派遣规模庞大的力量向域外宣扬中华文明。17、18世纪中国经典传入欧洲后，导致世界第一次从哲学伦理思想方面较为系统深入地了解中华文明。自唐代以来的西方传教士，如利玛窦等，他们的经历让西方人开始真正了解中国，也同时为中国打开了面向世界的窗子。

一百多年前，当西方文明崛起为世界范围的主流文明时，出现了一种现象，即一切皆以西方文明为评价范本，其他文明慢慢失去了话语权，似乎注定要走向消亡，就如同美洲大陆的印第安文明那样，中国文化也遭遇到了同样的命运。一百年后，当中国在21世纪的第一个十年崛起为世界第二大经济体之时，世界，尤其是西方世界，再一次对中华文明的顽强生命力惊诧不已。然而直到此时，他们仍然还没有读懂博大精深的中华文明。

方勇教授认为："新子学"是我国改革开放逐步推进、国家实力持续提升、全球化意识不断增强的大背景之下，是"子学"与当下社会现实强力交融，律动出全新的生命形态。体现了国学的核心价值，传承了国学真脉。认为中国学术既不必屈从于西学，亦不必视之为洪水猛兽，而应根植于中国历史文化的丰厚沃土，坦然面对西学的纷繁景象。子学研究尤其需要本着这一精神，继续凭借子学开放、包容、发展的特点，实现其自身的跨越式发展，也将重新树立民族文化自信心，面对"西学"，必将以更为开放的心态，在深入开掘自身内涵的过程中，不忘取西学之所长，补自身之不足，将西学作为可以攻错的他山之石。使中国传统思想文化与西方科学理念得到完美结合，并转生为当今社会的精神智慧之源，最终发展出民族性与世界性兼备的新国学。

"第三极"文化倡导走自己的路，必须一方面是传承中国传统文化，一方面是牢牢把握当今现代文化，同时又不拒绝向世界学习，这样就有了我们自己的发展。这也是秉承了费孝通的"各美其美，美人之美，美美与共，天下大同。"于是，"第三极文化"在当今世界文化格局的大背景下应运而生，在梳理、总结、继承和发扬中国文化中最为突出、最具特色、最有代表性的内容基础上，把中国文化放在世界文化的背景下加以观照。与所有其他文化或相互影响、相互冲突或相互吸收、相互借鉴，共同构成丰富多彩的人类文化图景。"第三极"文化认为吸收欧美文化特长是为自己所用，但一定要有自己的文化个性。面对内在和外在的困难：内在我们有自己的痼疾，外在有西方对我们的挤压，我们有着先进的思想和先进的制度，因此我们要突围，要寻求我们民族自己的文化出路。我们的民族文化有自己的文化品格、文化源流、文化个性和文化精神。展现出我们民族文化的不可替代和不可战胜性。

综上所述，时代需要具有蓬勃生命力的"第三极"文化理论，"第三极文化"中蕴含、体现着"新子学"精神，为新时代面临的问题做出对宇宙、社会、人生、审美的深邃思考和睿智回答。我们期待"第三极文化"在哲学、美学、政治、经济、军事、教育、技术等诸多领域多维度、多层次的深入展开。

参考文献：

[1] 章炳麟.论诸子学［A］.章太炎选集［C］.上海：上海人民出版社，1981.354.

[2] 方勇."新子学"构想［N］.光明日报，2012-10-22（14）.

［3］黄会林、高永亮．"第三极文化"的命题、内涵及目标［J］．山西大学学报（哲学社会科学版），2011，（06）．

（原载于《艺术百家》2013年第7期。作者单位：北京师范大学艺术传媒学院）

重建我们的信仰体系，子学何为？[①]

宋洪兵

当前中国盛行"国学热"，传统文化呈现复兴趋势。究其原委，当然因为其对于今日之社会仍具价值。由此，探讨传统思想文化的当代价值成为中国学界关注的一个焦点话题。细绎各种研究传统文化当代价值的文章及著作，所论"当代价值"的思路不外乎几种：其一，对接型。这种思路着力于梳理传统思想与当代社会正在提倡的现代理念不相冲突，完全可以实现传统与现代的对接。其二，现实需求型。这种思路突出强调传统思想对于解决当代社会面临的诸多现实难题所具有的现实功能。其三，互补型。这种思路主张西方的现代性是未完成的现代性，而现代性危机的出现使得中国的传统思想获得了新的价值。应该说，上述三种思路在当今学界具有很大的代表性，同时他们的观点在一定程度上亦有相当的合理性。本文拟在反思上述研究思路的基础上，探讨当代中国重建信仰体系的过程中，作为国学重要组成部分的子学所具有的理论价值与现实功能。

[①] 本文系中国人民大学科学研究基金"明德青年学者计划"资助项目"韩非子思想的当代价值研究"（编号：13XNJ012）阶段性成果。

一、国学当代价值研究的三种思路

20世纪二三十年代，中国思想界曾有一股反孔、反儒学、反传统的思潮。在盛行国学热的今天，前贤激烈反孔、反儒学已经显得不合时宜，与传统和解，实现中华民族传统文化的伟大复兴，成为当下知识界的主流话语。尽管如此，在动辄言传统思想、儒家思想当代价值之今日，陈独秀、陈序经当年的铿锵追问仍然值得我们重视，因为他们曾经的追问至今仍未得到提倡儒家思想当代价值的学者的正面回应。

1919年5月4日，陈独秀针对北京《顺天时报》在此前发表的《孔教研究之必要》一文，在《每周评论》发表署名"只眼"的文章，以为商榷。他认为，"我们反对孔教，并不是反对孔子个人，也不是说他在古代社会无价值。不过因他不能支配现代人心，适合现代潮流，还有一班人硬要拿他出来压迫现代人心，抵抗现代潮流，成了我们社会进化的最大障碍。《顺天》记者既然承认孔教在法律上、政治上、经济上都和现代社会人心不合，不知道我们还要尊崇孔教的理由在那里？"又说："除了君臣父子夫妇之道及其他关于一般道德之说明，孔子的精神真相真意究竟是什么？"①

陈独秀的追问被梁漱溟誉为"锋利逼问"，他在解读陈独秀此篇文章时进一步将其清晰化、明了化："孔子的话不外一种当时社会打算而说的，和一种泛常讲道德的话；前一种只适用于当时社会，不合于现代社会，既不必提；而后一种如教人信实、教人仁爱、教人勤俭之类，则无论那地方的道德家谁都会说，何必孔子？于此之外孔子的

---

① 陈独秀《孔教研究》，《每周评论》1919年5月4日。

真精神，特别价值究竟在那点？"梁漱溟还称赞陈独秀将旧派先生逼问得张口结舌，"实在说不上话来"①。

20世纪30年代，深受陈独秀、胡适等人思想影响的陈序经进而提倡"全盘西化论"。1933年12月29日晚，陈序经在中山大学礼堂发表题为《中国文化之出路》的学术演讲，主张"全盘西化"，而其致思理由，则与陈独秀的追问逻辑一脉相承，他说："从理论方面说来，西洋文化，是现代的一种趋势。在西洋文化里面，也可以找到中国的好处；反之，在中国的文化里未能找出西洋的好处。精神方面，孔子所说的仁义道德，未必高过柏拉图的正义公道。"又谓："从比较上看来，中国的道德，不及西洋；为的是中国的道德家本身不好。中国人无论公德私德都不好。教育亦的确落后。法律的观念薄弱。一国之本的宪法，素来也不很讲究。哲学也不及西洋的思想，如柏拉图哲学之有系统。"②

现在暂时撇开陈独秀、陈序经具体的学术观点诸如激烈的反孔、反儒学以及"全盘西化"等言论不谈，单就二人对儒学当代价值的追问做一些方法论的反思。依据二人的思路，欲探讨某种古代观念的当代价值，必须与现代社会的诸种观念价值相比较，尤其与西方民主科学等观念相比较，如果相对于西方的民主科学观念，古代观念具有某种无可替代的特殊价值，那么我们就可以说这种古代观念在现代社会具有当代价值，相反，则不能轻易标榜所谓当代价值。这种思路对于我们今日探讨国学的当代价值仍有很大的启发性。

今日要谈国学包括儒家、道家甚至法家的当代价值，必须首先在逻辑上回答几个基本问题：（1）当代社会的价值观念领域缺不缺国

---

① 梁漱溟《东西方文化及其哲学》，商务印书馆2005年版，第208页。
② 陈序经《中国文化之出路》，《民国日报》（广州）1934年1月15日。

学提倡的价值观念？如果我们现代社会根本不缺诸如此类的观念，那么国学的特别价值何在？这也正是梁漱溟根据陈独秀的言论所总结出来的基本逻辑："教人信实、教人仁爱、教人勤俭之类，则无论那地方的道德家谁都会说，何必孔子？于此之外孔子的真精神，特别价值究竟在那点？"（2）当代社会的种种现实问题，是否能够从某种观念也可以具体为国学的提倡就能得以解决？譬如，当代社会出现的公德意识缺失、政治腐败等现实问题，是否可以从儒家的"以德治国"的观念提倡得以解决？对上述两个问题的回答，是论证国学"当代价值"究竟何在的基本前提。

就第一个问题而言，国学的很多观念其实已经广泛盛行于当代社会。譬如，就儒家而言，当代社会的各个领域所盛行的，恰恰不是儒家式道德观念的缺乏，而是诸如拾金不昧、见义勇为、勤俭节约、助人为乐、廉洁奉公等道德说教的泛滥！如此一来，有关儒家思想当代价值的"对接型"思路就会存在很大漏洞。在"对接型"思路中，学者们误将"辅助性历史资源"或来自历史理念的"支援意识"作为一种"当代价值"。姑且不论儒家的民本观念是否与现代民主相冲突的问题，学界仍莫衷一是，难有定论；即便假定儒家的民本思想与现代民主理念是根本一致的（有学者称之为"准现代性"），那么依照陈独秀、陈序经的有关当代价值的逻辑思路分析，儒家的民本观念也顶多能为现代中国的民主化进程提供历史记忆而已，其与源自西方的民主理念相比，无论在理论完善性与制度可行性层面，均无法呈现优越的独特价值。由此，我们势必会问：在民主理念昌明之今日，儒家民本观念的当代价值何在？毕竟，"准现代性"终究是参照"现代性"而言的，在"现代性"已经不再陌生的当今中国，儒家民本观念除却"辅助性的历史资源"这一价值之外，是否具有"当代价值"就很成问题。就法家而言，也有不少学者坚持这样的观点：当代中国追求"以法治国"，欲实现"法治"，故本着"古为今用"的原则，法家的"法治"可以提供思想借鉴。这是一种空洞、肤浅的观点。道理很简单,因为在民主法治观念已经深入人心的当代中国,如果单从"法律"的角度来理解韩非子之"法"同时又无法说清其"法治"思想到底能够为现代"法治"提供什么智慧,那就缺乏说服力。这正如在已经熟练掌握如何制造轻便、高效的电脑技术的当代社会,人们还非常矫情地说20世纪五六十年代的电脑制造技术能为当代电脑制造技术的发展提供思想资源一样,无法令人接受。

承继第一个问题的逻辑,回答第二个问题时人们应该理智地意识到,当代社会出现的种种现实问题,迫切需要的是各种现实措施的落实,而非某种观念的简单提倡。那种以为提倡某种观念就能很好解决现实问题的思路,实则具有"文化决定论"的倾向,也即林毓生所批评的"借思想、文化以解决问题的方法"①。观念层面所期待的对现实问题的解决途径,与真正面对现实问题所需要的有效途径之间,实际存在着巨大的差异。以儒家"以德治国"观念为例,有学者提出儒家的德治有助于解决当代中国的腐败问题。其实,了解中国现实的人们都清楚,高尚道德的提倡,在当代中国并不缺乏。当代中国意识形态的正当性肇始于共产党人的光明磊落与无私奉献,奠基于鲜明的人民性。但是,我们正是在这样的社会条件下出现了现实问题。由此,我们势必会问:依照社会主义意识形态及共产党人的高尚伦理都无法彻底解决的现实问题,儒家的政治理念到底对于解决当代的诸多困境又有多大作为呢?说到底,当代社会之所以公德缺失、政治腐败,关键不在于教育领域的价值提倡,不在于个人内在的道德修养,而在于现实社会中各种利益与权力之间盘根错节的关系。如何理清这种关系,必须依靠制度建设与外部监督。就此而论,依照现实问题而"对症治病"开出的"需求型"思路,是无法解决现实问题的,儒家

---

① 林毓生《中国传统的创造性转化》,三联书店1988年版,第174页。

思想的"当代价值"在此也不合逻辑。

互补型思路，立足于中西文化各自优长之比较，通过发掘中国学术固有之文化特征，旨在确立起文化自信。若能证成中国固有文化确乎存有优于西方文化之长处，当今加以大力提倡，则不仅于当今国人之生活有当代价值，而且于整个人类文明之进步与发展亦有助益。应该说，这种研究思路值得充分肯定，但是实施难度实在太大。原因在于，一方面，对于研究者的学识要求很高，不仅需要中西贯通，而且更需超越主观的价值偏好，真正寻出中国文化的精华而非糟粕贡献给人类；另一方面，面对中国文化对西方文化所具有的"纠偏"或"补充"特质，现代的西方文明是否愿意接受和承认，也是一个大难题。当然，这种思路的要点最终还是着眼于中国现实本身，西方文明承认与否倒是一个次要的问题。如果真能在国学中发掘出真正有益于当代中国的思想资源，倒不失为一种值得尝试的研究方法和思路。不过，这种思路还可能存在一个致命的弱点，即：完成现代性的现代西方社会对于前现代思想资源的"稀缺"和"好奇"，并不能简单视为中国文化的优点，尤其不能简单将之视为当代中国在完成现代性过程中需要保留的东西（也可能是当代中国需要克服的弊端，比如儒家意义上的伦理关系道向的处事方式）。

鄙意以为，若论"当代价值"，或许当年费孝通的社会调查思路更有启发性，从了解"中国社会究竟是什么"的问题意识出发，做更多实证性的调查研究[①]。从社会学、政治学及心理学的角度详细考察中国社会的实际情况，探讨近代以来中国的民主化进程为何如此曲折坎坷的观念背景及社会土壤，在洞悉阻碍中国民主化的诸种症结基础上进而推动中国历史的发展，或许才是真正的"当代价值"。然

---

① 费孝通《个人·群体·社会》，《乡土中国·生育制度》，北京大学出版社 1998 年版，第 326~327 页。

而，在现代学科体制之下，这种学术诉求已然超越了人文学科所能承载的研究功能。鉴此，将国学的当代价值重点放在人文素养和思想观念层面，尽量与现实的具体问题保持一定距离，也即余英时所说的"下行路线"，或许是一个有益的尝试。本文即在信仰重建层面以及观念价值层面，超越信仰与理性二元对立的思路，探讨国学尤其子学的当代价值。

二、中国信仰体系的三重面相

在西方哲学史上，信仰往往与非理性联结在一起。从柏拉图对理性与非理性的区分并将信仰归结为非理性领域开始，以至康德"理性不能证明信仰"的命题，都将信仰与理性对立起来。真正理性的人，首先应该意识到，理性并非万能，理性与信仰的边界由此形成。当理性不及时，信仰的功能就得以呈现，尤其关涉人类终极关怀及人生意义时，信仰之作用，理性无法替代。世界总是充满了偶然性及不确定性，如何在这样的世界上寻求一整套可以说服自己从而让自己淡定从容生活的理论体系，这是人类不可或缺的本能需求。信仰之突出特质，就在于热切而深层的情感灌注，在于深信不疑，甚至甘于为此而献出自己宝贵的生命。一个拥有信仰的人，往往怀着一种纯洁的信念，虔诚地躬行实践，一方面在身心层面获得人生意义之满足而不再盲目与茫然，尤其在关涉生死问题时能够平静对待而不致惶恐甚至呼天抢地；另一方面在人际层面又会秉持信仰而实现自律，从而能够在社会和谐方面实现他律所不能及的功能。

理性与信仰之二元对立思路及各有畛域之划分，使得人们在生活场域多将信仰归结为放弃理性反思的宗教信仰。例如，《简明不列颠大百科全书》（第八卷）就将信仰定义为："在无充分的理智认识足以保证一个命题为真实的情况下，就对它予以接受或同意的一种心理状态。"① 伴随科学的进步以及工具理性的高度发达，信仰的领地逐渐被理性所侵蚀，这就是马克斯·韦伯所说的"持续千年的世界除魅"。理智化及理性化的增进，使得人们拥有这样的一种认识："只要人们想知道，他任何时候都能够知道；从原则上说，再也没有什么神秘莫测、无法计算的力量在起作用，人们可以通过计算掌握一切。"同时，韦伯也满怀悲情地意识到，这种伴随科技不断"进步"的生活观念，已经使得人生的内在意义处于不断"前进"与"攀登"之中。进步无限，人生的意义又在何处？人生艰难为一死，当死亡来临时，现代人如何消解死亡带来的恐惧与不安？"亚伯拉罕或古代的农人'年寿已高，有享尽天年之感'，这是因为他处在生命的有机循环之中，在他临终之时，他的生命由自身的性质所定，已为他提供了所能提供的一切，也因为他再没有更多的困惑希望去解答，所以他能感到此生足矣。而一个文明人，置身于被知识、思想和问题不断丰富的文明之中，只会感到'活得累'，却不可能'有享尽天年之感'。对于精神生活无休止生产出的一切，他只能捕捉到最细微的一点，而且都是些临时货色，并非终极产品。所以在他看来，死亡便成了没有意义的现象。既然死亡没有意义，这样的文明生活也就没了意义，因为正是文明的生活，通过它的无意义的'进步性'，宣告了死亡的无意义。这些思想在托尔斯泰的晚期小说中随处可见，形成了他的艺术基调。"② 生命意义之惑因真诚信仰缺失而成为现代人的宿命。

如何让充分理性化的现代人重新寻回信仰，不乏学者怀着悲悯之情开始艰难的理论探索。继韦伯之后，在 20 世纪 70 年代的北美大

---

① 《简明不列颠大百科全书》，中国大百科全书出版社 1986 年版，第 659 页。

② 马克斯·韦伯《学术与政治》，三联书店 1998 年版，第 29~30 页。

陆，一位精研法哲学的美国学者在人类理性的园地里辛勤地挖掘信仰的种子，他就是伯尔曼（Berman, Harold J.）。他于1971年在美国波士顿大学做了一系列的公开学术演讲，最后结集出版，即著名的《法律与宗教》。该书的一句名言，对于关注法治的人士来说已是耳熟能详："法律必须被信仰，否则它将形同虚设。"[①] 法律，在法律世俗主义及法实证主义者眼里，往往被视为一种维持秩序的工具，归结为工具理性的范畴，即使自然法理论体系，实则也是古希腊哲学理性思维的结果，并不蕴涵深切的情感及非理性因素。伯尔曼的理论思路，即是要超越理性与信仰、主观与客观的对立二分，从而恢复法律所固有的信仰特质。他提出信仰包涵宗教信仰与法律信仰两个层面，法律欲获得完整的神圣性与权威性，仅仅依靠赏罚无法实现，必须关照并真正契合人们追求公平、公正、正义的法律情感："权利与义务的观念，公正审判的要求，对适用法律前后矛盾的反感，受平等对待的愿望，忠实于法律及其相关事物的强烈情感，对于非法行为的痛恨，等等。这种对于任何法律秩序都是必不可少的情感，不可能由纯粹的功利主义伦理学中得到充分的滋养。这类情感的存在，有赖于人们对它们自身所固有的终极正义性的信仰。"[②] 唯有具备上述法律情感，才可能真正形成一种守法传统。他说："正如心理学研究现在已经证明的那样，确保遵从规则的因素如信任、公正、可靠性和归属感，远较强制力更为重要。法律只在受到信任，并且因而并不要求强力制裁的时候，才是有效的；依法统治者无须处处都仰赖员警。……真正能阻止犯罪的乃是守法的传统。这种传统又植根于一种深切而热烈的信念之中。那就是，法律不仅是世俗政策的工具，而且还是生活

[①] 伯尔曼《法律与宗教》，梁治平译，三联书店1991年版，第28页。
[②] 同上书，第39页。

终极目的和意义的一部分。"① 显然，在伯尔曼看来，信仰，并不仅仅局限在宗教领域，亦不完全排斥人之理性。凡是人类对于某种价值或境界倾注深切而执著之情感，并在实际生活中矢志不渝地加以践行，此种状态亦可视为一种信仰。

按照上述对信仰关涉深切而执著之情感的理解，结合中国文化的特质，不难看出，信仰除了宗教信仰、法律信仰之外，其实还具有另外一个层次的信仰，即：境界信仰。所谓境界信仰，就是对于某种至高境界倾注无限情感，并借此来克服人生之不确定感，从而确立起人生之意义与方向。冯友兰曾将人生境界分为四个层次：自然境界（本着习惯与本能之生活）、功利境界（动机利己之生活）、道德境界（动机利他之生活）与天地境界（不仅关注人类社会且更多关注宇宙且具有超道德价值之生活）②。四种境界，均不排除人之理性（正如韦伯所说，遵循习惯与本能生活的野蛮人对自己工具的了解是现代人无法相比的），但在最高境界即天地境界层面，又往往超越理性，具有某种信仰之特质。与法律信仰一样，境界信仰，并不排斥理性，甚至必须仰赖理性推理。儒家之成仁成德的圣人境界与道家虚静无为的真人境界，其实均离不开人的理性。孔子之"七十随心所欲不逾矩"依赖人生阅历、孟子之尽心知性知天离不开恻隐之心的经验感知及推己及人的说理，老子之"致虚极、守静笃"亦是史官对人类历史长视距的反思结果，庄子之"心斋"与在生死面前"安时处顺"的洒脱更不脱理性反思之特质。

表面上看，中国文化的境界言说，似乎与古希腊将宗教变为哲学的思路具有相似之处，将道德奠基于人类自身之理性分析，而非彼岸

---

① 伯尔曼《法律与宗教》，梁治平译，三联书店1991年版，第43页。
② 冯友兰《新原人》，《三松堂全集》第4卷，河南人民出版社2001年版，第551~554页。

之神只，从而导致一种超越生死之神秘体验，确立起淡定从容的生活态度。柏拉图曾认为哲学家能够在这个世界上幸福生活，即使当死亡来临时，也会平静对待，因为他相信"在另一个世界上也能得到同样的幸福生活"①。显然，作为古希腊的理性主义者，柏拉图的"另一个世界"只能是一种境界层面的世界，而非宗教意义上的天国或来世。

问题在于，理性对待人生及生死问题，如果缺乏一种持久的信念及执著的情感灌注，就很难维持一种稳定性。对此，伯尔曼曾以批评古希腊的世俗化过程而对完全理性化的人生表示质疑，他说："柏拉图之后，我们已不需要神只们来告诉我们什么是德行；我们可以凭借自己的智力去发现它。所以至少，我们说，希腊哲学世俗化同时也是理性的神化。"他进而指出这种对道德的纯粹理智的或纯粹哲学的分析所面临的困境："这种探求本身由于仅仅依靠理性，因此它不可避免地会阻碍它所倡导的德行的实现。理智获得了满足，但是情感则被有意地置于一边，而这种情感却是我们采取任何决定性行动的根基。"（《法律与宗教》，第53~54页）道理固然如此，但如果无法真诚地践行，缺乏情感投入，单纯的理性分析就会演变为智力游戏，并不能真正决定人们的实际行动，亦不能在终极层面及人生意义维度给予人们安身立命之感。理性反思，不能取代情感认同与真切投入，此种情感认同与投入，往往带有非理性之色彩，构成人类信仰不可或缺之一部分。毕竟人类不仅仅是理性之灵，而且更是情感之所寓。

中国文化之主流面相，在于关注现世生活。这一特征，也曾经在一种理性化的思路之下被加以审视，李泽厚曾以基于经验论的"实用理性"来定性。例如，他在分析孔子的"礼"时认为："既把整套'礼'的血缘实质规定为'孝悌'，又把'孝悌'建筑在日常亲子之

---

① 柏拉图《理想国》中译本，商务印书馆1986年版，第250页。

爱上，这就把'礼'以及'仪'从外在的规范约束解说成人心的内在要求，把原来的僵硬的强制规定，提升为生活的自觉理念，把一种宗教性神秘性的东西变而为人情日用之常，从而使伦理规范与心理欲求溶为一体。'礼'由于取得这种心理学的内在依据而人性化，因为上述心理原则正是具体化了的人性意识。由'神'的准绳命令变而为人的内在欲求和自觉意识，由服从于神变而为服从于人、服从于自己，这一转变在中国古代思想史上具有划时代的意义。"①

对照伯尔曼对古希腊将宗教哲学化、道德理性化的批评，李泽厚对孔子思想的"理性化"处理，也受到了汪晖的批评。一方面，汪晖认为孔子之"礼是从原始祭祀和军事征伐等仪式中发展起来的，它所包含的人情物理与天帝、鬼神的观念并不相悖"，另一方面，他也如伯尔曼一样，强调了作为规则的礼所应该蕴涵的情感："在周制衰败的过程中，孔子力图阐明周制的规范和神圣性的内在根源，并以'仁'为中心力图恢复能够促成大人沟通的品质和信念：德、诚、敬、仁、义等等。在孔子的道德世界中，唯有获得这些品质、情感和信念，礼乐才真正构成礼乐。这些在孔子这里被归纳在礼乐论范畴中的概念与巫之传统有着紧密的关联。"②

这里提出了一个事关中国文化特征的理论问题，即向来被视为理性化的中国文化主流（儒家、道家）里面是否亦蕴涵着深切而执著的情感？孔子践行礼乐时的全身心投入已难以用纯理性的思维来对待，自不必论。孟子难以言说之"浩然之气"所蕴涵的神秘色彩，面对生死时能够做到"舍生取义，杀身成仁"，亦非无限情感灌注所能做到。老子之"道"只可意会不可言传的特质，无不具有玄妙神

---

① 李泽厚《中国古代思想史》，人民出版社1985年版，第20~21页。
② 汪晖《现代中国思想的兴起》第一部上卷，三联书店2004年版，第126~129页。

秘之倾向："上士闻道，勤而行之；中士闻道，若存若亡；下士闻道，大笑之。不笑不足以为道。"庄子思想中随处可见之巫术遗留，《养生主》篇记载庖丁解牛，技近于道之巅峰状态时，脚踏"桑林之舞"，实则上古巫师之舞。上述特质均超越理性，带有某种非理性的色彩，只有从情感层面的深切服膺及个人愉悦体验，才能得到合理说明。中国文化之至高境界，之所以能够上升为"信仰"层面，与其介于理性与非理性之间的特质密切相关，也正是对至高境界带有某种非理性色彩的情感，才引领无数仁人志士超越生死以及古代士大夫阶层的从容生活。理性与情感，共同构建了境界的内在文化基因。

至此，当把"信仰"定义为对某种价值或境界拥有深切而执著的情感灌注时，就可以区分出三个层次的信仰：宗教信仰、境界信仰和法律信仰。宗教信仰通过外在的神灵谱系确立神圣性及权威性，以此来寻求安身立命；境界信仰通过一套理念及境界的阐释来获得内心的宁静，确立起安身立命的根基；法律信仰对法律所蕴涵的公平、公正及正义怀有深切而热烈的情感。上述三种信仰构成了一个完整的信仰体系。在宗教信仰、境界信仰及法律信仰三者之间，前二者事关幸福，后者事关公正。公正应以幸福为目的，但真正全社会幸福感的提升，离不开公正的制度及和谐的社会氛围。缺乏公正氛围的社会，宗教信仰及境界信仰固然可以给特定的社会个体带来幸福感，然而这种幸福感亦是以逃避现实为代价的自我麻醉。真正良好的社会，必须在守法传统及规则意识的基础之上，形成普遍的法律信仰，唯有如此，宗教及境界方能最大限度地发挥其正面功能，从而实现三种信仰的良性共振，人们也才可能真正过上幸福满足、宁静淡定的生活。宗教信仰及境界信仰，均是特定人群在特定人生阶段面临人生意义及生死问题时可以提供的理论体系，在其未遇到人生困惑及面临生死困境时，未必为人生所必须。法律信仰，事关无往而不在的生存环境及日常生活，当为人生不可或缺之一部分。

古代中国，我们的先辈曾拥有宗教信仰和境界信仰。隶属于当今"国学"（"国学"是近代相对于西学提出的概念，意为中国固有之学，包括经史子集及"小学"）范畴的佛教、道教为古人提供了宗教信仰，包括阎罗天子、城隍庙王、土地菩萨的阴间系统及由玉皇上帝等各种神怪构成的神仙系统；境界信仰则更多源自儒家及道家学说。然而中国古代自秦汉以降，并未形成一个守法传统。这与崇尚境界、强调教化的儒家思想存在某种内在关联。无论是孔子的"道之以政，齐之以刑，民免而无耻"，抑或陆贾的"法愈滋而奸愈炽"，还是贾谊的"夫礼者禁于将然之前，而法者禁于已然之后"，都强调礼乐教化之优位性，总是期待通过柔性教化来培养完善人格，而对"法"怀有深刻的戒心乃至偏见。故而，中国古代，教化思想高度发达，法治观念相对淡薄，并未形成一个"守法"传统，更谈不上所谓"法律信仰"。

追求大道而不屑于刑政之观念，深刻影响着古代中国的政治文化。王充在《论衡·程材》中将通晓经、史的儒生喻为"牛刀"，而将熟悉法律的文吏比作"鸡刀"。他说："牛刀可以割鸡，鸡刀难以屠牛。刺绣之师能缝帷裳，纳缕之工不能织锦。儒生能为文吏之事，文吏不能立儒生之学。文吏之能，诚劣不及；儒生之不习实优而不为。"虽然儒生能做文吏之事，但因儒生有更高追求，因此不屑于去探讨低水准的律令规则。宋代司马光认为："夫天下之事有难决者，以先王之道揆之。若权衡之于轻重，规矩之于方圆，锱铢毫忽不可欺矣。是以人君务明先王之道而不习律令，知本根既植，则枝叶必茂故也。"（《司马文正公集》卷二十七《上体要疏》）在古代士大夫阶层看来，只要把握住了高阶的先王之道，低阶的律令规则问题自然迎刃而解。由此，中国文化形成了如下特质：一方面，格外强调高标准的道德境界；另一方面，对于专注于道德底线的律令规则体系又存有轻视之意，不屑为之。重道德轻规则的文化后果，直接导致中国人陶醉于道德高调的同时总是忽略作为道德底线的规则体系的建设。道德高调弥漫之时，久假不归，掩盖的却是没有道德底线的尴尬现实。"守法"传统的缺失，直接导致规则意识的淡薄，这或多或少可以解释当代中国引进西方法律体系之后法律体系与社会生活相脱节的现象，因为我们自古以来就缺乏对法律的深切而执著的情感。当然，此专就儒家思想占据主流意识形态的汉代以降的中国历史而言，如果把眼光放在战国及秦代的政治实践之中，其实不难发现，彼时之中国实亦存在以法家为主道的法治传统，其间并不缺乏规则意识以及法律信仰。古代法家与法律信仰之间的内在关联，值得关注（后文将详细论及）。如何移风易俗着力培养"守法"传统，最终确立起"法律信仰"，实为当前中国面临的严峻而紧迫的时代问题。

三、国学在重建信仰体系中的角色和功能

当代中国多少人拥有信仰？官方给出的模糊资料约为一亿。然而，根据2007年2月7日《中国日报》英文版的统计，当代中国大约有三亿人有宗教信仰，是官方统计的三倍（《宗教信仰者三倍于估计》Religious believers thrice the estimate）。也就是说，尚有十亿人没有宗教信仰。中国文化崇尚境界的特质决定了中国很难形成一种类似西方社会普遍信仰基督教那样统一的宗教信仰。在唯物论的教育体系之中，宗教往往被视为马克思意义上的"精神鸦片"而加以批判。问题在于，当理性到了极致之时，我们如何面对那些理性所不能及的事情？同时，近代以来对传统儒家及道家文化的不断批判，人们对于国学的认同感日益疏离，境界信仰也逐渐淡出人们的生活场域。而形成鲜明对比的是，政治领域大力弘扬的高尚道德，因无法真正具备打动人心的情感特质，势必陷入空洞说教的尴尬境地。绝大多数人缺乏

宗教信仰，导致人们无所敬畏；境界信仰日益萎缩，导致人们无所追求而活在当下，忙碌、盲目而又茫然；政治领域的道德教化沦为空洞口号，导致人格分裂的同时又呈现出普遍的道德冷感。这幅当代中国的真实文化图景，蕴涵着媚权与拜金现象的必然逻辑，主导人们生存利益的例外规则（"潜规则"）大行其道，国民亦逐渐呈现暴戾、焦虑与浮躁的心态，而在此心态背后，又饱含着人们渴望并实现公平、公正以及有尊严的生活的深切情感。尤其步入老龄化社会，无数秉持唯物与无神的老人们，如何平静地对待即将来临的死亡从而真正安享晚年，而不是战战兢兢、充满焦虑与恐惧地接近人生终点，越来越成为一个普遍性的社会问题。某种程度上可以说，上述问题都与信仰体系之建构有关。那么，当此之时，国学何为？鄙意以为，国学可以在宗教信仰、境界信仰、法律信仰层面给出诸多有益的启迪，可以为当代信仰体系的重构做出贡献。

首先，国学可以在宗教信仰层面有所作为。道教追求长生不死、羽化成仙之信仰，实则蕴涵丰富的养生观念，例如当代中国一些群体尝试道教之"辟谷"，逐渐成为一种养生时尚；道教之神仙谱系及阴间谱系，能够使虔诚信徒产生敬畏之心，自律自戒。佛教虽源自印度，然在中国得到了长足发展并实现了本土化，其善恶福报观念、轮回观念、解除贪嗔痴之欲念而寻求"大自在"之极乐境界等观念，对于真诚信奉者来说，人生意义及终极关怀问题都可以得到很好的解决。当代中国，诸多明星皈依佛门，有钱有闲阶层手戴佛珠，辽宁海城大悲寺严格按照佛陀戒律修行之事成为新闻关注热点，也在印证一个基本事实：佛教对于中国的特定人群具有相当吸引力。一个虔诚的道教或佛教信仰者，会生活在自己的信仰世界，体会到宗教信仰带来的宁静与欢喜，人生之烦恼及茫然随之消遁。即使是死亡，亦可以坦然面对。然而，由于宗教信仰需要将自我完全付诸一个外在的神圣权威，而外在神圣权威是否真实存在的问题，势必困扰很多徘徊在宗教信仰大门之外的人，尤其对于长期生活在崇尚境界文化的中国人而言，更是难于接受。因此，道教也好，佛教也罢，或者其他外来宗教如基督教、伊斯兰教等，都无法成为当代中国人的全民宗教，只有少数群体会选择宗教信仰，也只有少数群体选择道教、佛教。佛教在当代传播存在一个饶有趣味的现象，在某些寺院安养院为居士提供临终关怀服务，在"南无阿弥陀佛"的佛号助念声中，不断有往生领道小组负责人利用温度计测试将亡者几个身体部位的温度，借此确定其灵魂往生轮回的位置①。科学仪器及现代传媒正在日益介入宗教传播，亦算与时俱进，增强说服力，影响更多受众。最近颇为流行的日本作家江本胜的《水知道答案》，通过高倍显微镜拍摄122张水在不同语境下的结晶照片，当在正能量的意念及环境中时，水结晶呈现规则美感；相反，则水结晶照片非常难看。这种万物有灵论的思路难免启人遐思，所以有笃信中国文化的学者据此"科学实验"来论证佛教"相由心生，境随心转"的理念。

其次，国学可以在境界信仰层面有所作为。正如前文所说，绝大多数中国人其实都具有无神论的倾向，尤其那些受过高等教育的知识阶层和白领，更是理性得难以把自己交给虚无的宗教权威。一个缺乏宗教信仰的群体，并不等于没有信仰的需求，因为人生意义以及事关生死之终极关怀，是每一个人在其一生之中的某个特定时段都会或多或少遇到的问题。如此，儒家及道家依靠讲道理来提升人生境界，并且寻找到一种自我说服的理论体系从而确立起安身立命的信仰，成为一个非常重要的选项。

儒家思想体系本质上关注社会治理或现代意义上的"政治思想"

---

① 参阅中国人民大学哲学院本科生吕中正2011年的"大学生创新实验计划"报告《佛教参与社会服务新机制的调查研究——以佛教安养院为中心》。

范畴，然而这并不排斥人生智慧之思考，甚至其社会治理之理想，恰好立足于人格之完善。所以，儒家之政治理想与人格修养乃是一体之两面，不可分割。近代以来，儒学脱离制度依托而成为"游魂"，但其人生境界之理论阐释却可以通过"下行路线"进入人伦日用，为那些缺乏宗教信仰的人群提供信仰资源。

譬如，在生死问题层面，儒家就能使某一部分人群安身立命，淡定面对死亡的来临。儒家认为，人生应该是有信念的有意义的人生，在充满不确定性的实际生活中（"命"），要确立起自己的价值体系从而坚定地以此指道生活，通过不断修身，最终完美践行自己的人生信念，此即所谓"立命"（《孟子·尽心上》）。儒家从应然的角度提出了人应该如何活着、怎样的人生才有意义的问题。如果一个人笃信儒家境界，真的就能做到孟子所说的"杀身成仁"、"舍生取义"。之所以能够做到这样，那就是内心充满着更高的价值期待及境界追求，并且愿意以生命为代价来加以成全。对于这部分群体来说，生理意义的生死问题已不再是困扰，伦理层面或境界层面的价值问题才是最为重要的。如此，即使面对死亡，也会坦然接受，而不会充满恐惧与不安。傅伟勋曾以黑泽明的电影《活下去》主人翁渡边为例，说明崇高的信念对于超越死亡空间获得人生意义的重要性。渡边自知患有绝症（胃癌），只有四个月时间的生命，刚开始他听从一位作家的话，认为"人的责任就是享受人生"，于是到处寻欢作乐，花天酒地。然而纵情享乐给他带来的除了空虚之外，并未解决他所面临的生死问题。最后，他在一位活泼开朗的女同事的启发下，立志要把一块荒废之地变为一个全新的儿童公园。在公园落成剪彩那天，他坐在观众席上，并在那里平静安详地离开人世[①]。怀着一种崇高信念，造福

---

① 傅伟勋《死亡的尊严与生命的尊严》，北京大学出版社2006年版，第44~49页。

社会，积极行善，确乎能够克服生死大限的焦虑与恐惧。这也正是儒家所极力倡导的人生价值观。

儒家的境界信仰还体现在"孔颜乐处"。《论语·述而》载："子曰：'饭疏食，饮水，曲肱而枕之，乐亦在其中矣。不义而富且贵，于我如浮云。'"《论语·雍也》载孔子称赞颜回说："贤哉，回也！一箪食，一瓢饮，在陋巷。人不堪其忧，回也不改其乐。贤哉，回也！"如果有人愿意秉持儒家安贫乐道、达观自信的处世态度与人生境界，现实生活中的烦恼、痛苦与怨恨都会因此而减少甚至消失。当然，这样的人生，未必能够让绝大多数人去践行，只能由一少部分人自主选择。毕竟怀着深切而执著的情感认同儒家并切身实践的君子或贤人，确乎凤毛麟角，放眼中国历史，看到的更多是汲汲于功名利禄的"伪儒"、"陋儒"或"假道学"。

道家的境界信仰可能最适合缺乏宗教信仰的当代中国人，因为道家对于人之自然生命及生活品质思考最为深入。众所周知，道家始终关注政治之清静无为与人生境界之超然淡泊。道家强调"贵身"，尊重自然生命，主张生命的本质在于幸福地走完生命历程。在道家看来，由生而死，是一个自然过程，面对生死，应像对待春夏秋冬演变一样自然，不管喜欢不喜欢，愿意不愿意，人终有一死这个基本事实都不会因为个人情感而有所改变，"死生，命也"（《庄子·大宗师》）。死亡，作为自然生命的有机组成部分，并非恐惧、痛苦的代名词，而是一种自由、休息，"大块载我以形，劳我以生，佚我以老，息我以死"（同上）；人们只有勘破生死，自然生活，不为欲望所主宰，不被名利所诱惑，才真正符合生命的本质，快乐欣然地生活，"死生亦大矣，而不得与之变"（《庄子·德充符》）。人有死生，天地有覆坠，人力无法控制。然而，人能尽量避免与死生、覆坠一起浮沉变化，更不能因为死生、覆坠而丧失内心的宁静。心没有湮没于各种变化与分别，变得恬静而平和。真正体道、得道之人，不仅不会对终将到来的死亡心怀畏惧，而且超越生死界限而达至"道"的境界（不以心捐道），将生命完全视为一种自然而然的过程，一切都坦然对待，真正实现了境界的自由："古之真人，不知说生，不知恶死。"（《庄子·大宗师》）道家赋予死亡以自然意义，在于告诉世人，如果一个人面对死亡时都能淡定，他的当下生活还会因名利而产生痛苦、纠结、烦恼、焦虑、憎恨、嫉妒等负面情绪吗？试想，当一个人纠结于名利场时，忽然得知自己身患绝症即将离开人世，他当前追求的名利还有什么意义呢？！唯有知死，方能知生。这是道家尤其庄子告诉我们的人生智慧。

秉持道家理念，真的可以给人带来生活的安宁和幸福吗？真的能够超越死亡的恐惧吗？傅伟勋曾经给人们介绍过一对美国夫妇斯各特·聂尔玲（Scott Nearing）和海伦·聂尔玲（Helen Nearing）的传奇故事。夫妇二人不信仰宗教，笃信中国道家自然无为的人生理念。他们过着一种回归自然的世外桃源生活，为了健康和长寿，始终积极乐观地思考，保持一颗善良之心，坚持户外体操和深呼吸，不吸烟，不喝酒，不吸毒，不饮茶或咖啡，吃简朴的食物，如吃素、无糖无盐又少肥，55%不炒不煮，避免医药、医生以及医院。斯各特由此活到了一百岁。在他一百岁生日之前一个月，他决定自主选择绝食，最后有尊严地离开了人世，平静安详，甚至带有一种深沉的幸福感觉。他们相信："死亡只是一个过渡，不是生命的终结，它是两个生命领域之间的出口和入口。"① 很自然地，这种观念，让人想起庄子对待死亡的态度："察其始而本无生，非徒无生也而本无形，非徒无形也而本无气。杂乎芒芴之间，变而有气，气变而有形，形变而有生，今又变而之死，是相与为春秋冬夏四时行也。"（《庄子·至乐》）当然，斯各特自主选择结束自己生命的做法，虽然有所谓"让生命成熟，然

---

① 傅伟勋《死亡的尊严与生命的尊严》，第54页。

后让它落下"的道家智慧,但是与道家"可以保身,可以全生,可以养亲,可以尽年"(《庄子·养生主》)的"尽年"(过满自己的自然生命)观念还是有所出入的。

　　道家还原了人生最本质的状态,那就是人应该快乐幸福地生活,深刻把握了人们渴望过一种无忧无虑、轻松自在生活的心理,直至今日,依然能够打动人心。因为,道家理论以客观事实为依据,以冷静说理的方式,把当代中国人长期忽略(生活方式层面)而又充满渴望(主观动机层面)的生命关怀问题,揭示了出来。接受道家理论,不需要交出自己的理性,只需想明白人生道理,然后不断坚持、不断强化这个正确的生活态度,最终形成一种习惯和信仰,从而可以淡定从容地面对人生各种困惑,包括对死亡的恐惧。对于知识分子群体、白领阶层、政府公务员等相对高知的群体而言,道家的境界信仰是一种最佳的信仰模式。

　　最后,国学可以在法律信仰层面有所贡献。毋庸置疑,作为先秦时期的一个重要思想流派,法家同样也是国学的有机组成部分。可以毫不夸张地讲,中国固有文化的复兴,儒释道固然重要,法家亦不能缺席。问题在于,自古及今,名声极坏的法家如何对当代建构"法律信仰"有所贡献呢?这就需要正本清源,重新认识法家,发掘法家之真精神。法家之精神,一言以蔽之曰:"规则信仰"或"制度信仰"。

　　众所周知,自汉儒将法家与秦朝二世而亡之兴亡教训连为一体始,古人斥责法家"严而少恩"、"可用于一时之计而不可长用也",将其定性为暴政工具,今人更在延续古人暴政工具基础上又批判法家提倡"君主专制统治",认定其"法治"并非近代民主"法治",前者为君主专制统治的工具,后者乃是宪政框架下对政府公权力之限制以及对人民权利、自由之保障。鄙意以为,上述两种思路,要么带有儒家意识形态的道德傲慢,要么带有现代民主政体的进步偏执,都没有真正触及法家思想的真正精神。换言之，儒法对立或基于线性社会进化论的政体思路，都无法客观理性地评价法家。从学理上讲，法家并不主张君主可以任意行使权力之"专制"，同时亦不排斥权利，甚至规则之内的自由，亦为法家题中应有之意。如果超越上述两种明显带有偏见或成见的评价，就会发现，法家之"法治"乃是一套社会规则体系及其实现方法，涉及规则属性、规则制订、规则执行以及规则运行环境等诸多方面的探讨。所谓"规则体系"，体现在社会治理层面，就成为"制度"或"规则"，体现在日常生活领域，就成为林林总总的行为规范及交往礼仪①。法家之"法"并非单纯现代西方意义上的"law"，其蕴涵的规则意识，远比现代意义的"法"更为宽泛。法家诸子是政治学家而非现代意义上的法学家。因此，与其说法家主张"法律信仰"，莫若说其强调"规则信仰"或"制度信仰"更为贴切。事实上，法家之"规则信仰"或"制度信仰"并不排斥伯尔曼意义上的"法律信仰"，因为二者均强调公平、正义，并且都对这些价值怀有深切而执著的情感。

　　法家对于"法"的执著超乎想象，已然上升为信仰层面。《韩非子·内储说上》记载卫嗣君以左氏一座城池换一个胥靡的故事："卫嗣君之时，有胥靡逃之魏，因为襄王之后治病，卫嗣君闻之，使人请以五十金（铜）买之，五反而魏王不予，乃以左氏易之。群臣左右谏曰：'夫以一都买胥靡可乎？'王曰：'非子之所知也。夫治无小而乱无大，法不立而诛不必，虽有十左氏无益也。法立而诛必，虽失十左氏无害也。'"胥靡本为地位低贱的劳役之人，如果以工具理性来衡量，其与左氏一座城池之间的价值评估，悬殊实在太大，根本没有可比性。绝大多数崇尚工具理性的人，都不会做出卫嗣君那样的非理

---

① 宋洪兵《论法家"法治"学说的定性问题》，《哲学研究》，2012年第11期。

性行为。然而，卫嗣君之所以做出这个决定，就在于他心中对"法"及其治国价值的信仰，深信只有言出必践，才能真正确立公信力，治国根基才有保障。这里貌似只有维持君主统治的实际需求，殊不知作为法家之理想代言人，卫嗣君的所作所为，正体现了法家对于公平、正义的执著追求。

《韩非子·外储说左下》记载一个"以罪受罚，下不怨上"的事例：孔子相卫时，弟子子皋作为狱吏，曾经惩罚过一个人，施以刖刑（砍去脚）。后来，有人诽谤孔子欲犯上作乱，卫君欲将孔子抓起来。孔子及子皋众弟子纷纷避难，紧急之时，曾遭受子皋施以刖刑的看门人将他们引到地下室，从而逃过追捕。子皋不解，询问受刑之人为何危难之时施以援手而不趁机报复，受刑之人回答大意是：我之所以遭受断足惩罚，那是咎由自取，理应受罚。您宅心仁厚，在判决之时，数次不忍，虽最终秉公执法，然我心悦诚服，甘愿受罚。可以想象，如果受刑之人内心缺乏对于公平、公正、正义规则的真心敬畏与情感认同，就很难理解他解救"仇人"的举动。类似案例，在先秦法家的著作中俯拾皆是，不胜枚举。《韩非子·外储说左下》阐述"外举不避仇"的案例，同样也在彰显法家对于公正的信仰："解狐荐其雠于简主以为相，其雠以为且幸释己也，乃因往拜谢，狐乃引弓送而射之，曰：'夫荐汝公也，以汝能当之也。夫雠汝，吾私怨也，不以私怨汝之故拥汝于吾君。故私怨不入公门。'"解狐不计前嫌，推荐自己的仇人给赵简主为相国。其仇人感激之馀，欲前往拜谢，不料却被解狐用箭给射跑了。理由就在于：举荐你不是因为我和你之间的私怨不复存在，而是因为你有能力，我有责任与义务向国君推荐有能力之人，不能因为私怨而影响公家之事。如此大公无私之举，只能从"信仰"及情感层面来解释。

人们对于法家思想之认识，往往停留于充分趋利避害之人性而定赏罚，认定法家思想体系中人们之所以遵守规矩，其原因在于一种利害权衡，而非心悦诚服的认同。其实，这是一种片面的认识。法家强调人们"守法"，实则始于惩罚之利益权衡，终于公正情感之确立。"以刑去刑"的法家理想，必然伴随"守法"传统之形成，以及"规则信仰"之确立。

法家给今人带来的启迪，在于如何确立守法传统及规则信仰的问题。欲在一个规则意识缺乏的社会环境里规则主道的制度体系确立并切实运转，其难度可想而知。规则体系的创立实则为移风易俗的过程，意味着对此前各种行为的约束与限制，必然给某些群体带来不便，甚至利益损失。同时，其阻力不仅来自既得利益集团的抵制，更来自民众因不理解而产生的排斥情绪。《韩非子·奸劫弑臣》曾描述商鞅变法之前秦国的社会状态："民习故俗之有罪可以得免、无功可以得尊显也"，显然，有罪不罚，无功受赏，这是缺乏规则意识。如何克服这种现状？"商君说秦孝公以变法易俗而明公道，赏告奸，困末作而利本事。"如果去掉赏告奸、重农抑商等具有特定时代语境的措施，单纯从逻辑上讲，由上而下主导的变法易俗或移风易俗，是一个缺乏规则意识的社会环境形成"守法"传统的必然逻辑起点。如何解决在此过程中既得利益集团的抵触与民众的不合作？法家认为一旦确立起一个正确的目标，就要有足够的政治勇气加以推行，此时不必太在意社会的不适应。"于是犯之者其诛重而必，告之者其赏厚而信，故奸莫得而被刑者众，民疾怨而众过日闻。孝公不听，遂行商君之法，民后知有罪之必诛，而私奸者众也，故民莫犯，其刑无所加。是以国治而兵强，地广而主尊。"这就需要执政者的决心与毅力，即使遇到阻力，也要加以推行，在此过程中切实让百姓感受到移风易俗所带来的利益和好处。久而久之，原有强制推行的措施在民众那里产生的不适感逐渐消失，一种新的社会风俗由此形成。《韩非子·忠孝》记载禹决江河、子产开亩树桑，其执行过程中民众皆不理解，亦不合作："昔禹决江浚河而民聚瓦石，子产开亩树桑郑人谤誉。"但最终结果证明这些措施都是对百姓有利的。当然,法家如此主张的前提在于:执政者所倡导的价值必须真正有利于民众而非假民众之名而行私利之实。规则意识的确立以及"守法"传统的形成,关键还在于什么样的"法",这个"法"应切实观照民众福祉而非一家一姓一党一派的利益。

如何彰显执政者移风易俗的决心与毅力?按照法家的思路,就在于铁面无私、刚正不阿,即使亲人犯法违规,亦不姑息。韩非子及其前辈之所以给汉儒留下一个"残害至亲,伤恩薄厚"的"残暴"印象,根源就在于他们极端重视规则的权威性,其目的在于通过规则的引道实现天下大治,最终有利于民众。《韩非子·外储说右上》借晋文公与狐偃的对话表达法家为何"严而少恩"的深层缘由,晋文公问:"刑罚之极安至?"狐偃对曰:"不辟亲贵,法行所爱。"施行刑罚的最高境界,就是在自己最亲近的人违法犯规时铁面无私、依法办事,其目的就在于"明法之信"。如果一个人就连自己最亲近的人犯法都不徇私枉法,那么谁还能怀疑他维持公正的决心和信念呢?人们自然真正从内心相信规则体现的是非、善恶观念。

法家认为,整个社会规则意识确立起来的充分条件,执政者还必须设计一个制度给正直清廉一个机会。在法家思想体系之中,例外规则或潜规则破坏既有正当规则之公平性,从而导致人们为了自己切身利益不敢清白与不愿清白。欲使人们自觉遵守规则,必须打击潜规则,防范例外规则的蔓延和泛滥,其突破口在于政治领域,在于执政官员之贪腐行为得到有效抑制。倘若政治氛围为之清明,官员敢于清白、乐于清白,以清白廉洁而获取应得之俸禄,政治公信力由此确立,社会整体风气就能随之好转,规则意识以及守法意识才会真正形成。

法家上述主张,皆为当代中国之写照。潜规则泛滥,人们媚权拜金的同时,各种权力寻租应运而生。不按既定规则办事的社会氛围,使得人们凡事皆寄希望于熟人关系。有求于人的过程，伴随着大量人格扭曲及尊严尽失的现象。欲克服这种畸形社会状态，唯有确立规则，鼓励人们过简单而有尊严的生活，并且制度也切实能够满足人们这种过简单而有尊严生活的愿望。如此，社会规则意识及"守法"传统之形成不远矣。

某种意义上说，规则信仰适合当代中国绝大多数人群。因为绝大多数中国人都希望我们的社会越来越公平、公正，都渴望过一种简单而有尊严的生活。这种情感之深切及愿望之热烈，往往以负面的嘲讽甚至批评的形式在网络上弥漫开来。这是规则信仰赖以产生的社会基础及情感条件。规则信仰最终能否在社会层面形成，不在于人们是否选择规则信仰，它必须以政治制度及社会氛围之切实改良为前提，唯有形成制度主导下的良性社会氛围，人们才会对规则、制度及法律产生亲近感及认同感。也就是说，规则信仰之确立，需要满足人们追求公平、正义的愿望为前提。

国学可以为当代中国的信仰体系重建提供思想资源。但这并非唯一资源。未来中国的信仰体系，必然呈现多元化之特质。多元化信仰体系之建构，社会需要更加开放和包容的心态，彼此尊重各自信仰。不过，可以确定的一个事实是：国学在此过程中必然有所作为，并且其作用与功能日趋重要，这点并不会因少数坚持现代价值之反传统斗士之批判而有所改变。

当然，信仰必须自主选择，只能引导，不能强制安排。因此，政治最好的选择，就是为信仰创造良好的社会氛围，而不必主导信仰。因为虔诚之信仰会存在一定缺陷，尤其当其与大规模的社会运动与政治实践相结合时，负面因素更不可忽视。正如马克斯·韦伯在阐述"信念伦理"（Gesinnungsethik）的特征时曾指出的，恪守信念伦理的行为，并不必然会产生善的结果，有时甚至会导致罪恶的后果。此时，行为者往往会将罪责归结为这个世界，归结为人们的愚蠢，或者归结为命运。"信念伦理的信徒所能意识到'责任',仅仅是去盯住信念之火,例如反对社会制度不公正的抗议之火,不要让它熄灭。他的行动目标,从可能的后果看毫无理性可言,就是使火焰不停地燃烧。"由此,马克斯·韦伯在社会治理层面更强调"责任伦理"(Verantwortungsetthik)的重要性[①]。一旦执政者确定某种政治信仰并加以强制推行,其后果不堪设想。殷鉴不远,吾辈当谨记。

(原载于《诸子学刊》第十三辑。作者单位:中国人民大学国学院)

---

① 马克斯·韦伯《学术与政治》,第107~108页。

"新子学"理论支持社会主义核心价值观刍议

杨林水

引 言

近十年来,华东师范大学先秦诸子研究中心在探寻诸子学术思想历史演变、创造性提炼两千年思想文化精髓的过程中,善于长远布局谋划、学科汇聚和技术集成,大量应用现代信息技术,文史哲"三管"齐下,倚重基础研究又不纠结于一家之言一时之说,于纷繁复杂的诸子现象中探得"子学精神",学术研究由此达到了融会贯通、厚积薄发的境界。《庄子学史》以及《子藏》系列等学术研究成果相继问世,《诸子学刊》和历届国际学术研讨会业已成为子学复兴、百家争鸣的一大阵地。该中心在开辟学术界新气象的同时,十年磨一剑,以"前无古人、后无来者"的英雄气概舍身求真理,抢占系统学术理论研究制高点,意图科学概括两千年思想文化演变之大"道",并将此大"道"与现实社会对接,顺应真理的时代进化,使其引道现代意识形态发展,源于历史、融通古今的"新子学"理论由此横空出世。

"'新子学'是从子学传统中提炼出来的整体性新理念。'新子学'的'子学精神'主张多元并立，在主道'国学'构建与发展时，将整合现有的各类学术文化。它给'国学'带来的不是简单的内容上的囊括，而是结构性的革新。多元、开放、创新、务实，本是诸子百家之学先天具有的精神特征，是富于生命力的思想资源，经过整合提升转化，必能为民族文化复兴提供助力，成为'新国学'的主导！"华东师大先秦诸子研究中心主任方勇教授在《再论"新子学"》一文中如此论"道"。

"新子学"理论如同沙场战旗猎猎，引领着思想文化的前进方向。近五年来，华东师范大学先秦诸子研究中心主办的"先秦诸子暨《子藏》学术研讨会"、"'新子学'国际学术研讨会"、"诸子学现代转型高端研讨会"欢声雷动，应者云集。与会的国内外专家学者对于"构建'新子学'系统学术理论"和"全面复兴诸子学"达成广泛共识。《光明日报》先后刊发《"新子学"构想》《"新子学"大观》《再论"新子学"》三篇重要文章，在理论和新闻的高度又为"新子学"呐喊助阵。2014年4月12日至13日由华东师大主办的"诸子学现代转型高端研讨会暨《子藏》第二批图书新闻发布会"再次高举"新子学"理论旗帜，又取得了理想的社会效应和学术研究成果，近百名专家学者向研讨会递交了近80篇学术论文。2015年4月17日至19日，华东师范大学举办第二届"新子学"国际学术研讨会，来自海内外120余名诸子学专家学者围绕"新子学"理念，就诸子学国家治理思想展开深入探讨，并对其现代价值作出正面阐述。

一、国民教育理论创新滞后使核心价值观几度迷失

"以'六经'为髓，儒学为骨，经、史、子、集为肌肤"是旧国

学的理论依据，这种千年不变的基础理论反映了统治阶级泥古不变、专制独裁的思想，虽然这种基础理论在特定时代维护了政权稳固、思想统一，对汉赋、魏晋玄学、唐诗、宋词、元曲、明清小说等文艺种类的形成与发展有过辅助作用，但它从根本上排斥社会进化的思想和人心思变的诉求，到了封建王朝的末期它最终成为一种腐朽、反动的国民教育理论。20世纪初，西学渐盛，一些近代学者试图以西方的思维方式和学术理论来解释重构国学，这种新瓶装旧酒的做法依旧忽视最具生命力的子学现象与子学精神，没有挖掘并丰富国学的深层内涵，也没有推动国学系统学术理论的改革与重构。没有与时俱进的旧国学理论，自然无法引导国民教育的重大变革，乃至出现了盲目灌输西学理论、生搬硬抄洋学的现象，所以旧国学理论也无法支撑近代社会核心价值观。新中国成立后，在极左的国民教育理论指道之下，思想文化上的"破旧立新"也可谓登峰造极，核心价值观再次迷失方向。

改革开放初期开展的有关真理标准问题大讨论，逐步确立了"以经济建设为中心"等建设有中国特色社会主义理论在国民教育中的主要地位，这些理论一度支撑了"把我国建设成为富强、民主、文明的社会主义国家"这一主流价值观。近二十年来，我国的国民教育理论创新步伐明显落后于经济社会的快速发展。由于缺乏新理论支撑，学术研究的方式方法创新不足，思想文化求变乱变有余，主流引导缺位，导致公民唯利是图、个人至上意识泛滥，社会上拜金主义、权钱交易思想日盛，"四风"（形式主义、官僚主义、享乐主义和奢靡之风）久治不愈，两种足以将整个国家民族摧毁的价值观——拜金主义、权钱交易价值观占领了意识形态的许多阵地。

拜金主义、权钱交易这两种价值观必然导致这样一个逻辑：有钱好办事，甚至可以购买权力；有权更好，因为有权力者可以办有钱人办不到的事情，有权就等于有了一切。所以为了金钱，为了权力，可以不择手段。这种自私自利思想通过潜移默化直接导致官场腐败蔓延，商界违法行为层出不穷，社会公德、职业道德沦丧。这种西方发达国家曾经的社会"阵痛"不应在国内广泛复制，应该通过"新子学"（新国学）理论等国民教育理论创新与应用，大张旗鼓地开展新文化运动，通过各种教学途径让国民广泛吸收中外优秀思想文化的"营养"，以实际行动回应执政党有关思想文化领域实施全面深化改革的号召，大力培育社会主义核心价值观等主流思想，抢占意识形态的绝大多数阵地，淘汰拜金主义、权钱交易等腐朽反动的价值观。

二、"新子学"为社会主义核心价值观提供理论支援

"新子学"的理论构建填补了20世纪以来国内原创性、可持续性国民教育理论尤其是文史哲教学理论的空缺，是对清华大学中国管理研究中心等单位提出的"国学体系"理论（以经学和儒学为主干、以子学为枝脉的"国学之树"体系）的最新一次纠正，是人文科学研究领域的一次重大理论创新。"新子学"是当今国民教育改革和倡导社会主义核心价值观的最新理论依据，对于推进上层建筑改革和社会进步具有深远和重要的现实意义。

历史上的几次重大学术理论构建和应用，都大力支持了当时主流价值观的形成与发展，引导了当时的思想文化变革和社会进步。唐宋盛行的"今文"（即骈文）张扬奢靡浮夸之风，脱离实际应用。韩愈、柳宗元倡导的"古文运动"，主张文章必须"载道"、"志道"、"明道"。在此新理论指道下创作的唐宋散文让人耳目一新，名为清新朴实、更接近生活的"古文"，上承秦汉散文，一改六朝浮靡文风，实为文艺界一次务实创新的思想大解放，极大地释放了当时社会文化生产力，在推动形成当时社会新思潮的同时，也在我国文学史上

树立了一大里程碑。14世纪中叶在意大利兴起的欧洲文艺复兴运动，也是源于莎士比亚、但丁、达·芬奇等人提出的"以人为中心"的学术理论，否定"以神为中心"的理论，反对愚昧迷信的神学思想。他们通过文艺创作来宣传人文精神，积极倡导个性解放和人身自由。"五·四"新文化运动，高举"民主、科学"的理论旗帜，对"腐朽了的儒家文化"乃至旧国学进行了一次大革命，从思想、文化领域激发了国民的爱国救国热情，"反帝反封建"、"古为今用，洋为中用"等价值观迅速成为主流思想，也为后续的政治层面的"五·四"运动奠定了思想基础。

以华东师大先秦诸子研究中心方勇教授为代表的一大批专家学者，近十年来凭借批判、求真的科学精神，运用辩证唯物主义、历史唯物主义的观点继承和发展"诸子学"，大力推动"诸子学"现代化转型，实现合乎历史发展规律的新进化。在实施基础工程即做好有关先秦子书古籍的整理、读懂子书的同时，又对子学思想展开深入研究，并概括提炼了子学精神即"多元、开放、创新、务实"，以子学精神为核心的"新子学"理论应运而生。

方勇教授在《再论"新子学"》一文中提出："'新子学'是对'子学现象'的正视，更是对'子学精神'的提炼。所谓'子学现象'，就是指从晚周'诸子百家'到清末民初'新文化运动'时期，其间每有出现的多元性、整体性的学术文化发展现象。这种现象的生命力，主要表现为学者崇尚人格独立、精神自由，学派之间平等对话、相互争鸣。各家论说虽然不同，但都能直面现实以深究学理，不尚一统而贵多元共生，是谓'子学精神'。"

"新子学"从子学的实际出发把握民族的思维模式、认知途径和表达方式，摆脱了对西学知识体系的依傍，建立了具有中华民族特点的概念、范畴，初步形成了一个理论体系。目前，相关专家学者正从现代社会的需要出发，重新阐释子学思想，抛弃其过时的东西，发扬和发展其优良的思想,丰富"新子学"的科学内涵,完善符合当代社会所需要的"新子学"理论体系。

笔者认为,"新子学"在学术研究、国民教育和思想文化发展三个层次的理论主张形成了它的核心内容,即"多元、开放、创新、务实"的"子学精神",其理论框架由此而构成。在学术研究上,"新子学"主张多元、包容、开放,对于子学与经学、儒学的融合发展研究,对于国学与西学的相互促进研究,都应该遵循"多元并立、百家合鸣"的原则,相互吸收先贤研究之精髓,厘清国学发展脉络;在国民教育上,"新子学"主张德教、创新、务实,倡议"成德之教"即重"术"之实用,更重"道"之教化;在思想文化发展上,"新子学"主张自由、多元、和谐,尊重"原创之见",倡导精神上的独立与自由,倡导"和为贵",以天下安危为己任。

"新子学"是对两千年来人文科学研究领域优秀成果的创造性提炼与高度概括,与当今倡导的新思想——社会主义核心价值观在思想渊源上一脉相承,两者都以传承和弘扬中华民族优秀思想文化为目的。"新子学"既是系统学术理论,也是国民教育新理论,可以为倡导社会主义核心价值观提供强大的理论支援。

核心价值观在国家、社会和公民三个层面的思想主张(富强、民主、文明、和谐;自由、平等、公正、法治;爱国、敬业、诚信、友善),基本上采纳了仁义礼智信、和为贵、法治、兼爱、非攻、五德等诸子思想的亮点与精华。

儒家以"礼乐仁义"、"德治仁政"为要义,主张以"仁"为本,积极入世,在现实世界中寻求理想,"朝闻道,夕死可矣";墨家的"兼爱非攻"主张友善,倡导节俭尚贤,刻苦自砺;道家认为"道存则国存,道亡则国亡",在坚守国家大"道"的同时,提倡精神自由,于纷繁世界之外"清虚自守"、"澡雪精神";法家的"小信成则大信立,故明主积于信。赏罚不信,则禁令不行"思想,主张法治与诚信、变法图强。这些诸子思想主张，代表了诸子百家的主要思想，在过去它们曾不断催生人们的新思维，鼓舞激励着历代仁人志士；在当代它们已经成为社会主义核心价值观的思想"基石"。作为理论创新的"新子学"，以"子学精神"为纲，以诸子的主要思想主张融合归纳为目，纲举目张，从而举起思想文化复兴的大旗，从基础理论方面支持和引导国家的价值目标、社会的价值取向和公民的价值准则。

"新子学"提出的"多元、开放、创新、务实"这一核心理论，突破了旧国学的思想局限，提炼了孔子、孟子、董仲舒、朱熹等历代先贤有关治学布道、治国安邦的理论阐述，不仅有利于建设多元、包容、开放的学术生态，有利于国民教育改革趋向德教、创新、务实，也有助于发展自由、多元、和谐的思想文化，使中华主体思想文化朝着民主、自由、有序、统一的方向发展。一言以蔽之，"新子学"理论是护佑社会主义核心价值观的理论基础，可以为倡导"民主、文明、和谐、自由、平等、法治"等主流思想提供强大的理论支撑。

上海社会科学院林其锬研究员、韩国金白铉教授主张当今东方人要继承充满原创性、多元性的"子学精神"，尤其是拯世救俗的求实精神，也是从"新子学"理论支持引导东方主流思想的历史高度发出的一种呼喊。

小　结

当今中国，犹如一头睡醒的东方大狮。为了在重大历史发展机遇中让实现中华民族伟大复兴的梦想照进现实，执政党以史为鉴，在治国理政方面广泛应用科学理论，吸收古代圣贤有关治国安邦的思想精髓包括先秦诸子的思想主张，以开展群众路线教育实践活动和全面深化改革为抓手，掀起了上层建筑、经济建设和社会发展的改革创新高潮，以百家争鸣为代表的思想文化复兴浪潮已然显现。继往开来的"新子学"理应担当主道当代国学发展、推动国民教育理论改革、培育先进文化、支持社会主义核心价值观的历史重任，为实现"中国梦"作出重大理论贡献！为此，完善"新子学"理论体系并丰富其科学内涵是一项相当重要和紧迫的工作，期待广大人文科学工作者的积极参与，期待国家宣传、文化、教育等部门的高度重视和大力支持。

（原载于《诸子学刊》第十三辑。作者单位：浙江省嵊州市广播电视总台）

构建"新子学"时代新的女性话语体系

张勇耀

方勇教授提出"新子学"的概念并将其进一步深化和推广,这对于解决当代人的精神文化困境来说,是一剂良方。但我们也发现,传统的"子学"研究中有着女性话语的天然缺失,如何构建女性话语体系"新子学",可以说至关重要。我想从以下三个方面来探讨这个问题。

一、传统"子学"研究中女性话语体系的缺失和对女性观认识的偏差

传统"子学"思想体系属于男性话语体系,其"君子"话语体系就是一个明证。无论《论语》的"君子坦荡荡"、"君子固穷"、"君子喻于义",还是《荀子》的"君子执之心如结"、"君子敬其在己者,不慕其在天者",抑或《老子》的"君子有造命之学"、"君子之交淡如水",它的话语中心都指向男性。这一方面是因为特定的社会结构和文化背景,使女性的生活范围更多局限于家庭和田间地头;另一方面从尧舜禹开始,"修齐治平"的思想观念更多是对男性

提出的要求，因此男性著书立说，留下了很多珍贵的思想史料。而在当代的子学研究中，处于思想体系上层建筑的，依然以男性居多。男性解读下的"子学"价值体系，对于广大女性的接受和领悟来说，无疑存在隔膜。这就造成了两个缺失：一是先秦话语体系中女性话语的缺失，二是子学研究中当代女性话语的缺失。

  在传统"子学"男性话语体系视域下，常会有人得出女性在古代不受重视甚至被歧视、压迫的结论。如《论语》中"唯女子与小人为难养也"，把女子和小人放在一起，显示孔子对女性的不尊重甚至歧视；到《孟子》，所谓"女子之嫁也，母命之，往送之门，戒之曰：'往之女家，必敬必戒，无违夫子！'以顺为正者，妾妇之道也"，成为"三从四德"的理论依据，似乎毫无回旋余地。荀子不但说"夫妇有别"，而且提出"姚冶之容，郑、卫之音，使人之心淫"，《荀子·解蔽》还认为"桀蔽于妹喜斯观，而不知关龙逢，以惑其心而乱其行；纣蔽于妲己飞廉，而不知微子启，以惑其心而乱其行……此其所以丧九牧之地而虚宗庙之国也"。此处所谓妹喜和妲己使夏商亡国，就是典型的红颜祸水论。再到法家，韩非子大谈"耽于女乐，不顾国政，则亡国之祸也"（《韩非子·十过》），"凡人臣之所道成奸者有八术：一曰在同床"，"女子用国，刑余用事者，可亡也"。在韩非笔下，女子实比洪水猛兽更甚，既见识短浅又工于心计，既常怀妒忌又心狠手辣，实无一处可取。

  以传统"子学"男性话语体系解释或研究"子学"，必然会把"子学"研究引向一个比较危险的方向，它们在某种程度上遮蔽了当代女性对于子学非常优秀的思想文化的价值认同，同时又会对不读先秦诸子的普通女性产生一些不良影响，从而使先秦诸子思想的光芒无法渗透到当代女性的认知结构中去，而这对于激活、传播先秦诸子精神的"新子学"课题的研究发展，至少是不全面的。

  所以，对先秦子学中女性观的研究亟需纠偏，要打破男性话语体系，从当代女性视域构建"新子学"女性话语体系。具体而言，一是要纠正一味声讨的态度，二是要纠正缺乏心理成熟度较高的优秀女性解读的局面。由于性别的原因，女性天生偏于感性，偏于对现有生活方式的接受和习惯，偏于形象思维，对理性的文字有着天然的抵触，对抽象思考有着先天的不足。

然而面对人类最初的思想文化珍宝——"子学"的发掘和研究中，如果缺失了女性的声音以及女性话语体系，这样的"子学"研究无疑是不全面的；在向大众传播的过程中，没有经过女性生命意识的内化，没有将这些人类共通的思想和情怀转化为女性视域，没有当代女性所参与的话语构建，也依然是不够全面的。所以，以当代女性的视域，从女性话语体系研究解读先秦诸子的思想要义，提炼其中的思想精华并传播于当世与后世，这对"新子学"研究具有积极的意义和价值。

二、"新子学"女性话语体系构建及其意义

"新子学"的内涵中非常重要的一点，就是发掘那些被历代研究者忽略的子学精神和价值体系。而重新梳理和认知先秦诸子话语体系中女性话语，从而构建"新子学"女性话语体系，便是这一内涵中非常重要的一项。

我们可以回到历史现场，对传统"子学"女性话语体系做一个历史分析。从历史角度来看，"子学"女性话语体系是相对缺失的，缺失的原因在于男女学习内容和社会分工的不同。

先秦时期，虽然贵族女子和男子同样享受教育，女子在八岁以后同样在临水而居的"辟雍"或"泮宫"中集体学习，但与男子所学的"六艺"不同，女子所学的大多是礼仪、桑麻等实用的生活技巧，

偶有一些优秀的女子能通过家庭教育获得一些文化知识和思想启蒙，但总体上能够独成体系地提出某种可以在当世和后世都产生较大影响的著述，可以说非常之难。也就是说，当时以家庭为主要活动范围、以劳动为主要生活内容的女性，其实并没有参与到这些思想文化体系的话语构建中来，所以其中女性观点、女性话语的缺失，就是必然的。而且，就算有过一些卓越女性，有过一些有价值的论述，在后世编订者以一定理论框架所进行的反复遴选中，也很难得以流传。

另一方面，那些优秀的男性思想者著书立说，其中除了作者的自我勉励，更多是对当时先学"小学"，后学"大学"的有着"修齐治平"之志向并将成为国之栋梁的后学男性的勉励和要求。他们所道出的大多是人类共通的哲理和情怀。

但"子学"女性话语体系则相对缺失，其实从历史来看，先秦女性也有一定的话语体系，探赜发微，必然对"子学"话语体系产生一定的影响。

中国历史上曾经出现过数不清的伟大女性。一条比较明确的线索是：学宫制度加上家学，使一些卓越的贵族女子在成长过程中吸收了较多优秀思想和人格的养分，她们一旦走入社会，少年时代曾经受过的教育就会如布袋中的锥子，渐渐露出属于她们的锋芒。而这些女子能够显露锋芒的时候，常常是她们嫁为人妇，成为"夫人"的时候。由于贵族身份，她们所嫁之人也常常是与之门当户对的仕宦之子。她们的才学智慧，就常常通过相夫教子来实现。西汉刘向的《列女传》，便是这类优秀女性的事迹汇编，所记载的优秀女性基本都出自先秦。

一位有见识的夫人，常常会成为辅佐丈夫的重要力量，特别是在遇到特殊事件时更显示出其重要作用。《左传》庄公四年记载了一位名叫邓曼的夫人，楚武王将伐随，入告夫人邓曼曰："余心荡。"临出兵感觉心慌不安，是不吉的征兆，这仗还要不要打？夫人邓曼叹了口气说："王禄尽矣。盈而荡，天之道也。先君其知之矣，故临武事，将发大命，而荡王心焉。若师徒无亏，王薨于行，国之福也。"听了这番话，"王遂行，卒于樠木之下"。而带来的结果是，随国与楚国结盟，楚国不战而屈人之兵。这样一位深明大义的夫人，在历史上留下了光彩照人的一页。

到战国后期，这类女性就更多。秦国的宣太后，齐国的君王后，赵国的赵威后，都是能够参与政治大事的优秀女性的典型。秦国的宣太后是秦昭王的母亲，昭王年幼即位，宣太后以太后之位主政。宣太后以母后之尊，牺牲色相与义渠王私通，然后设计将之杀害，一举灭亡了秦国的西部大患义渠，使秦国可以一心东向，再无后顾之忧。赵威后是赵孝成王的母亲，赵孝成王即位时尚年轻，国家大事便由母亲赵威后代理。赵威后重视民生，体恤百姓，因而威信大增。《战国策》记载：齐王建派遣使者问候赵威后，还没有打开书信，赵威后问使者："岁亦无恙耶？民亦无恙耶？王亦无恙耶？"使者有点不高兴，说："臣奉使使威后，今不问王，而先问岁与民，岂先贱而后尊贵者乎？"赵威后回答说："不然。苟无岁，何以有民？苟无民，何以有君？故有舍本而问末者耶？"这些见识，即使在两千多年后的今天，依然有着积极的意义。让长安君入齐为质一事，则更表现了一位深明大义的母亲如何在国家大计与爱子之情之间做出选择。齐国的君王后是齐王田建的生母，史载其非常贤德，与秦国交往谨慎，与诸侯讲求诚信，因此田建继位四十多年齐国未经受战争。

在王室的女性如此，作为大臣的"夫人"们，又当如何？齐湣王的侍臣王孙贾在跟随齐湣王逃亡的时候，齐湣王被淖齿骗出去杀害了。王孙贾找不到国王，回到家却劈头挨了母亲的一顿骂："汝朝出而晚来，则吾倚门而望；汝暮出而不还，则吾倚闾而望。汝今事王，王走，汝不知其处，汝尚何归焉！"母亲的愤怒，终于激起了侍臣王孙贾的斗志。"王孙贾乃入市中呼曰：'淖齿乱齐国，杀湣王。欲与我诛之者袒右！'市人从者四百人，与攻淖齿，杀之。"这位战国母亲，生逢乱世，她的词典里便有着比别的时代的母亲更加丰富的辞汇——除了"爱"，还有"忠"；除了"家"，还有"国"；除了"亲情"，还有"道义"；除了"温暖"，还有"责任"。再比如赵国赵奢的夫人，赵括的母亲，当赵王准备派赵括接替廉颇为将指挥长平之战时，她说："括不可使将。"她还给赵王上了一封书，说赵括与父亲心地有很大的不同，希望赵王不要派他领兵。王曰："母置之，吾已决矣。"阻止不成，赵括的母亲表现了最后的智慧。她对赵王说："王终遣之，即有如不称，妾得无随坐乎？"您一定要派他领兵，如果他有不称职的情况，我能不受株连吗？"王许诺。"结局则被赵括的母亲不幸言中了。

这些"夫人"们的智慧和见识，可以说历经两千年依然光彩照人。《左传》《战国策》虽为男性所写，但他们在记述影响历史的重大事件时，也并没有完全忽略和湮没女性的光辉，而是在其中表达了他们由衷的敬意。

这些优秀女性无疑增强了"子学"中的女性话语体系。谁说"君子终日乾乾"、"君子进德修业"、"君子以自强不息"、"君子坦荡荡"、"君子执之心如结"、"君子敬其在己者"、"君子有造命之学"这些话语只能是对男性说的，而不包括女性？谁说孔子的修身态度、治学方法、教育思想只是对男性产生影响，而不能被女性吸收和运用？谁说老子的"上善若水"、"天长地久"反映的不是天地人生的共通哲学思考而只是对男性的启迪？

所以，"新子学"女性话语体系构建就是要发掘和提炼传统诸子学说中积极的女性观并得到广泛传播。

从当代女性视域来说，无论先秦典籍还是传统的"子学"中，对女性表示尊重、爱护、同情的文字非常之多。

如先秦典籍《诗经》和《周易》中就有大量这样的文字。《诗经》对女性的歌吟非常之多，无论是"摽有梅，其实七兮。求我庶士，迨其吉兮"的少女怀春，还是"女曰观乎？士曰既且。且往观乎"的天真可爱；无论是"髧彼两髦，实维我仪。之死矢靡它"的信誓旦旦，还是"女曰鸡鸣，士曰昧旦"的夫妇对话，都让我们看到了女性生命深处的真实率性、自由美好。而其中的许多闺怨诗、弃妇诗，则表达了对于女性不幸命运的同情。许穆夫人的《载驰》，更多表达了对"大夫君子"的斥责。那首"谁谓雀无角？何以穿我屋？谁谓女无家？何以速我狱？虽速我狱，室家不足"的《行露》，则更是保留了民间女子的尊严和愤怒。这就是积极的女性观，充满了赞美、尊重、同情。《周易》中同样有这样的思想体现。天地、阴阳本即是自然规律，大地"厚德载物"的母性，本身就是对女性的赞美。在"女性观"中，它虽然强调女子矜持柔顺、内敛隐忍，但仍然给予女性特有的发展空间。比如"家人"卦的"利女贞"，即倡导女性在家庭中要坚持德性，保有真正的德性。《易》还主张，特定情况尤其是不利处境下，女子要有主见，不屈于淫威。

在传统"子学"中，诸子在当时的时代格局之下，并没有对女性提出"修齐治平"的要求；而在诸子著作中，对于女性的论述其实非常之少。无论是《论语》还是《孟子》，在当时"乃生女子，载寝之地，载衣之裼，载弄之瓦。无非无仪，唯酒食是议，无父母诒罹"的社会环境下，不大规模地提出女性应该恪守的规范和道德体系，其实已经表明了这些先进的思想家们所要探讨的是治国平天下的发展大计，而非儿女情长的人生小节。许多时候，忽略反而是出于保护和尊重。更何况，先秦诸子特别是儒家对于"孝"的提倡，本身就是对做了母亲的女性地位的尊重。《孟子》中，"齐人有一妻一妾"的故事，也让我们看到了女性生命意识的觉醒和对男性世界的女性观照。

仔细阅读《老子》，会发现道家的一贯主张是"阴阳并重"。老子赞美"柔",赞美"水",并使用"牝"、"雌"、"母"等阴性辞汇来喻"道",对女性的品格和精神抱有由衷的欣赏之情。诸如"道生一,一生二,二生三,三生万物。万物负阴而抱阳,冲气以为和"这样的句子,本身就包含着男女两性的价值同等重要的意思。另外如"生而不有,为而不恃,长而不宰"等内容,更是歌颂了母亲生而不有的博大宽容;而"天下之至柔,驰骋天下之至坚"等句,又表达了老子对女性柔韧品格的赞赏。

因此,构建"新子学"背景下先秦诸子研究的女性话语体系,不必纠结于偶见于字句中的"女性观",而应积极提炼先秦思想中共通的哲学价值和人文思考。特别是当今时代的女性已非先秦两汉的女性,更非宋元明清的女性,都有着独立自主的思想意识和与男性同等的社会地位。应当以一种先进的历史观超越绑缚在女性身上的无形绳索,吸取中国最早也是最优秀的精神文化资源,在当代语境中重新构建属于女性的话语体系,这无疑能够让当代女性更加智慧、更加理性地参与国家社会事务、文化思想发展,从而在"新子学"的研究和大众传播中起到积极的作用。

三、"新子学"女性话语体系传播及对当代女性的影响

当代女性的生活状况和思想状况如何?仅就生活在城市的本科学历以上的知识女性或职场女性而言,"无知无觉"者仍是大多数。这种"无知无觉",表现在个人生命意识的淡薄,对时间流逝的残酷和自我价值的实现没有紧迫感。所以如何将"新子学"女性话语体系,特别是先秦诸子思想中积极的生命意识和价值观,推广到大众女性当中,成为当代女性精神结构中的重要组成部分,可以说非常重要。

因为性别本身的原因，女性天生细腻、敏感，对同样的语句可能会生发出男性想象不到的独特理解，基于此，女性独特的生命意识对先秦诸子思想也会有独特体味。比如前几年很火的于丹讲述的《论语》，虽然其中的很多观点都属于让专家学者不屑的"歪解"，但她所做的大众传播的效果却是极其成功的。于丹的成功之处，就在于她能够以一个女性的视角，把艰涩深奥的古典智慧，通过深入浅出的话语转换，一变而为当代语境下的当代话语。比如她说："《论语》终极传递的是一种态度，是一种朴素的、温暖的生活态度。孔夫子正是以此来影响他的弟子。""朴素"、"温暖"这样的辞汇，就是典型的女性视角。且不谈于丹解读的学术含量，只这种女性参与解读和传播先秦典籍中的思想和智慧的勇气，便是可嘉可敬的。从这个意义上来说，我们并不一定要急于指责于丹的专业水准过低，而是期望专业水准更高的更多"刘丹"、"王丹"出现；我们更希望出现一种女性对先秦典籍解读的"百家争鸣"，或者女性构建当代思想体系的"百家争鸣"局面，这于社会文化的繁荣，是有百利而无一害的。

当然在女性解读和传播子学精神的过程中，女性本身所拥有的知识水准、文化视野和思想高度，也是极其重要的。历史上就有反面的案例，有两位优秀的女性颇让我们感觉纠结。一是班固的女儿班昭，一是唐代的宋若华。这两位史传其名且有思想著述的优秀女性，前者写了《女诫》，后者写了《女论语》。她们无疑都是子学精神的传承者和传播者，而且能够在以绝大多数男性创造思想经典的时代完成了自己的思想著述，的确非常不易，也非常令人可敬。然而从她们所著述的内容来看，她们显然是在把先秦文化中拴在女性身上的绳索，梳理好头绪并重重加固，力求使后世的女子都在这绳索中不越规矩。当然这也和儒家文化在当时的经学化有极大关系，并不全是她们自身的问题。《女诫》中说："有善莫名，有恶莫辞，忍辱含垢，常若畏惧"，"侮夫不节，谴呵从之；忿怒不止，楚挞从之"，特别是"妇德、妇言、妇功",更为宋明之际的"贞节观"提供了理论依据。而《女论语》中的"行莫回头,语莫掀唇。坐莫动膝,立莫摇裙。喜莫大笑,怒莫高声",显然更为具体。陈东原先生在《中国妇女生活史》中指出,班昭如此优秀,她的女儿就不会这么优秀了,因为她的理论首先戕害的就是她自己的女儿。这也许就是后世女子再难出思想家的原因之一。

所以,当代女性解读子学,如何从中提炼优秀的思想文化,益于当世也益于后世,既需要非常宽广的视野,更需要非常谨慎的态度。只要有着广博学识并有较高思想层面,且有着强大的历史责任感的优秀女性,从当代女性视域出发,以女性话语体系参与到"子学"解读和传播中来,"新子学"就一定会生发出更为温暖灿烂的光辉。相信这也是我们共同的期待。

(原载于《诸子学刊》第十三辑。作者单位:《名作欣赏》杂志社)

"新子学"理论建构的现状与反思

曾建华

"新子学"是继新儒学、新国学、新经学、新墨学、新道学等国学思潮之后的又一新学术思潮。如今,历时半年的"新子学"已渗透到涵括文史哲等诸领域的整个学界。因此,对"新子学"当前阶段的理论建构进行必要的梳理和总结,进一步探索"新子学"之发展趋势,便显得尤为重要。本文一者介绍"新子学"及其发展状况,二者揭示"新子学"所面临的困境并提出突围的方法,以求抛砖引玉之功。

一、"新子学"理念的提出及其初步建构 (2012年10月—2013年4月)

2012年10月22日,方勇先生在《光明日报》国学版发表《"新子学"构想》,明确提出了"新子学"理念。方先生在文中指出,"新子学"的提出,并非一时兴起,而是长久思考酝酿的结果,是对"先秦诸子暨《子藏》学术研讨会"中"全面复兴先秦诸子"这一学术诉求所作的全景式观照,是力图在"新子学"视域下,全面回答诸如诸子之学的复兴及其在中华文化全面复兴这一历史使命中所应承担的时代责任等问题的一次大胆"构想"。

方勇先生所谓的"新子学",是以传统学术资源的现代诠释为基本方法,不断从元典中摄取创生性、开放性、多元性和对话性的学术思想,逐步破除被封闭、专制的经学思想所主道的旧国学理念,从而为"加快传统思想资源的创造性转化,实现民族文化的新变革、新发展",最终为中国之崛起提供思想资源的大型学术文化工程。

方勇先生的"构想"将子学从传统的经、史、子、集的既定格局中解脱出来,更将子学研究拓展到学术史、思想史的高度,为今后的子学研究指明了新的方向。而"新子学"也势将承载"国学"之真脉,实现新时代背景下的国学复兴与文化建设。然方勇先生这一宏大的"构想"始终着重于子学文献的搜集整理,未能深入到子学发生、演化及其文化创生的本质层面,因而难以从根本的知识层面超越传统子学,也就无法全面建构"新子学"之合法性与必然性,更无法从本质上区分新旧子学之渊薮,确定"新子学"的本体使命。从这一层面上说,方先生以"构想"命篇,并不完全出于自谦,更是一种严谨的学术态度和精确的话语表达。《"新子学"构想》的真正魅力在于继所谓新儒学、新国学、新经学等各种"新"现象之后,为中国学术再度开启了一扇交互之门,也为学界志士仁人共同营建一个全新的学术理念找到了方向。

为促成"新子学"理论的建构,2012年10月27日,华东师范大学先秦诸子研究中心首次主办"'新子学'学术研讨会"。王锺陵、徐志啸、陈引驰、刘康德、郝雨、陈致等30多位学者参加会议并发表精彩演说。他们从不同的专业角度肯定了"新子学"的学术价值,丰富了"新子学"的理论内涵,极大地扩大了"新子学"的影响。

数日后,《文汇读书周报》(2012年11月2日版)以"专版"刊载《"新子学"笔谈》。卿希泰、谭家健、王锺陵、邓国光、陈引驰等学界名家围绕"新子学"理论的具体建构及其未来发展，分别从当今时代的文化需求、"新子学"的定位与拓展、"新子学"的学术使命及其实现、"新子学"的普世价值及其学术史意义等方面声援和发展了方勇先生的"'新子学'构想"。

四川大学宗教研究所所长卿希泰认为，子学诞生于时代的巨变，是时代转型期的思想结晶，是各种社会矛盾与人生问题在意识层面的系统反映，因此各个转型期出现的新思想都可以被纳入到（新）子学的体系中来。这就从思想层面对"新子学"的外延做了一定的拓展。最后，卿先生给予"新子学"巨大的时代价值以肯定。

中国社科院文学所研究员谭家健则给"新子学"的构建提了三点虽不十分成熟但却极具启发性的建议。谭先生认为，"新子学"理论建设，首先要明确研究的范围和对象，要在严格区分诸子学与方技的基础之上，进一步明确"新子学"与自成体系的释家、道家和小说家之关系；其次要处理好"新子学"与西学的关系，明确"新子学"具体的实现方式，而不仅仅是停留于"中体西用"的嫁接层面；再次，要正确界定"新子学"的国学地位，确定"新子学"是否有能力主导国学。总体上，谭先生对"新子学"的态度是既支持其发展，又坚持着一个学者对"未成熟"理论的质疑，这或许代表了当前学界许多学者对"新子学"所持有的普遍心态。

苏州大学文学院教授王锺陵认为，"新子学"要成其为"新"则必须建立起中国学术的核心价值。而要建立其核心价值，则必须通过四个方面的努力，其一，要对作为国学元典的先秦典籍有新的解读方式和阐释标准，用王先生的话说便是要"对着讲"而不是"接着讲"，也就是说要以中西对话的方式去解读先秦典籍；其二，要全面革新子学研究方法，在文本原意阐释的基础上作出合理的自我阐发；其三，要对经典形成正确的接受心态——即要敬畏经典，不能为了某种或商业或娱乐的功利目的随意歪曲经典；其四，要充分发挥当代大众传媒的积极作用，尽量避免其消极影响。

澳门大学教授、澳门中国哲学会会长邓国光从全球文化脉络的宏观、发展层面阐释了"新子学"提出的合理性与必然性。邓先生认为：在集部，有新文学；在经部，有新经学；在史部，有新史学。而作为中华思想文化中最具原创性与活跃性的子学自然应当应运而生，发出"新子学"的声音。而"新子学"也当不辱使命，"过滤芜杂的伪饰，醇化子学的本质，重建中国学术话语，激活思想，发愤人心，重振灵魂，积极解决新时代的深层次困扰，而期向未来生活世界的整体幸福"，并最终调节世界文明格局，促进人类的和谐共处。

上海大学影视学院教授郝雨认为"新子学"反映了当今文化传承的真正源头与主体性，其构建不仅仅是古代文化研究者所需面对的课题，也是全部文化学科在全球化、新媒体时代的今天应当共同承担的主题。因此，"作为一面新的文化旗帜，'新子学'必将在整个文化界更大规模地激起复兴民族传统文化的时代潮流"，为整个现代文化研究者提供全新的学术基点、方向和方法。

复旦大学中文系教授陈引驰从当今多元、冲突的思想文化背景出发，肯定了"新子学"理念的合理性及其提出的时宜性。

华东师范大学图书馆古籍部主任、教授吴平提出"诸子禅"的概念，将禅宗纳入到"新子学"的体系中来。这不仅拓展了"新子学"的内涵，更促进了禅学思想的当代诠释。

同年12月，郝雨、王鸿生、葛红兵、杨剑龙、刘绪源、李有亮等现代文化学者齐聚上海大学，参与了上海大学举办的"现代文化学者如何认识和评价'新子学'"的主题研讨会，从现代学科的不同领域对"新子学"的文化内涵作了进一步的探讨和阐发。

此外，郝雨先生《"新子学"对现代文化的意义》、陆永品先生（中国社科院文学研究所研究员）《〈"新子学"构想〉体现时代精神》、孙以昭先生（安徽大学文学院教授）《时代召唤"新子学"》

以及刁生虎先生（中国传媒大学文学院副教授）《"新子学"研究需做到四个统一》等文陆续发表，给予"新子学"理论建构以宝贵的建议和启示。限于篇幅，兹不一一细述。

二、"新子学"理论的全面建构和初步形成
（2013年4—7月）

2013年4月12日至14日，由华东师范大学先秦诸子研究中心承办的"'新子学'国际学术研讨会"成功召开。来自中国大陆、港澳台地区以及新加坡、日本、韩国等国的130多位诸子学研究专家出席了会议。与会学者围绕"新子学"及相关古代文学前沿问题，从各自的研究领域分别对"新子学"之本质如何建构、何为"新子学"的当下使命、"新子学"如何面对"经"与"子"之关系、"新子学"能否主导国学、"新子学"所面临的困境以及"新子学"的未来图景等问题进行了深入探讨，形成近百篇论文，促使"新子学"从"构想"（或者说"口号"）到"命题"再到"理念"的飞跃，初步实现了"新子学"理论的建构。

原中华书局总编、清华大学教授傅璇琮首先在大会中指出，"新子学"既要追本溯源、继承传统，全面完善子学研究体系，厘清"新子学"整体发生演化的轨迹，又要继往开来、创新学术，在扎根民族文化的同时放眼世界。北京大学中文系教授张双棣认为"新子学"应在诸子学全面复兴的基础上，兼收并蓄，统合各家，为中华民族的复兴贡献力量和智慧。北京大学哲学系教授许抗生对方勇先生的"新子学"构想表示认同，提出"新子学"应以厚基础、重创见、开新貌的"三步走"策略，实现多元化的理论建构。三位先生，基本代表了老一辈学者扎实、厚重的学术风格，但也不可避免地暴露了当前古代文学研究缺乏创设性理论思想的痼疾。

与之相对的则是一些较为激进的青年学者的观点,华东师范大学中文系博士玄华的发言更将本次会议引向了高潮。他首先从整个学术史与文化史的广阔视域揭示了"新子学"的"新"内涵和本质属性,继而全面指出了经学思维主导下的传统哲学与子学思维主导下的"新子学"这两种学术生态截然不同的宇宙观、知识观、学术进化方式及其最终引发的学术文化伦理与社会影响的差异。玄华博士还首次将"新子学"理论置于后现代文化视域之中进行全方位观照,从而提出以"新子学"重新发现经学、重新发现子学、重新发现传统学术发展的客观面貌、重新整合当下学术资源、真正揭示学术进化的直接途径与最新方式,最终建构一个以他者存在为根本前提的新型社会文化伦理的全新"构想"。

玄华博士的发言引发了与会专家广泛的分歧和热议。中国人民大学国学院教授韩星就从经学与子学的关系层面首先提出"商榷"。韩先生认为造成中国几千年专制的因素中确有经学的成分,但是,经学对于中华民族精神品质的塑造之功也不容小觑。他进一步指出,我们今天的道德堕落和各种"乱象"不仅不是由于经学的影响,恰恰是经学的衰落及中心理念和思想的缺乏所致。就此层面而言,我们不但不能否定经学,反而应当重建经学的"权威"。随之,中国社科院文学研究所研究员陈静也提出了质疑和批评。她认为,此前的"新子学"口号多于行动,只有命题假设而没有实质性的理论内容,只有概念式的移植,缺少理念价值的建构,所以她对"新子学"的未来表示忧虑。

然而,韩国国立江陵原州大学校哲学科教授金白铉却对"新子学"充满信心与热情,他盛赞玄华博士的"'新子学'哲学"是中国子学思想与当代后现代理论的适时融合,是反思于当代各种文化乱象后的一次系统的思想梳理,不仅能帮助我们重新探索被西方文明异化的东方,也可以帮助我们重新发现被儒教文化排斥、压抑的"基层文化"。因此,金先生认为"新子学"将开拓"新学问的视野",给当代中国学术发展带来广阔的空间和蓬勃的生机。

针对在场专家的质疑与肯定,玄华博士进一步重申了"新子学"的理论内涵,严格区分了作为"新哲学"出场的"新子学"与作为"学术文化工程"出场的"新子学"这两种学术形态,重点阐释了"新子学"消解中心、多元对话的学术思维与导向,具体阐明了"新子学"哲学介入学术文化发展的基本方式,以及在"新子学"视域下传统经学的转型等问题,初步实现了"新子学"理论框架的构建。

此外,本次会议还深入探讨了诸如:"新子学"究竟是"新之子学"还是"新子之学";"新子学"学科的建设与"新子学"精神的传播;"新子学"与传统士人精神的重建、"新子学"视域下具体文化现象的阐释等问题。有关会议的具体情况还可参阅崔志博《"新子学"大观——上海"'新子学'国际学术研讨会"侧记》(《光明日报》,2013年5月13日第15版)以及刁生虎、王晓萌二先生专文《弘扬子学精神,复兴文化传统——"新子学"国际学术研讨会综述》,故笔者在此不再一一赘述。

三、"新子学"理论建构的困境与突围

任何新事物的产生和成长都是需要经过冲破旧有的体制与观念,逐步实现自我建构,从而发生积极影响的较长过程。作为学术界新事物的"新子学"要获得自我的合法地位,就必须面对困境寻求突围。

(一) 困　境

从当前有关"新子学"的研究我们可以发现其理论建构面临着诸多困境,大致体现在以下三个方面:

1. 当前学界的认知误区

学界误区体现为两个方面,一方面是将"新"看成一种"时髦"的学术思潮,将"新子学"比附于当前所流行的新文学、新史学、新经学、新儒学、新法家(学)、新墨家(学)等时新产物,并试图以此为参照建构"新子学"的理论体系。事实上"新子学"应是建构于诸子思想之上,并赖以融通中西学术的新哲学和新学术理念。正如华北电力大学思想政治理论课教学部教授王威威在《"新子学"概念系统的建构》中指出的那样:"新子学的建构在重视子学的多元性的同时也应重视子学作为一个整体的相互融合和统一的一面。"而我们的"新子学"是超越于任何单一学科或领域的系统文化工程,是指导学术转型,实现社会进步的全新思想。

学界另一方面的误区是将"新子学"的"新"与传统的"旧子学(诸子学)"相对,从而简单地理解"新子学"即是当代的"子学",即"新之子学",并由此推论,"诸子"从清末就开始"新"起来了。事实上"新子学"的"新"主要体现在学术思维、学术方法以及由此建构起来的全新的思想内质。这一点福建师范大学文学院教授欧明俊在《"新子学"界说之我见》中已有所认识,他提出"新子学"在著作模式、著述体例上也要有新东西,要有语言上的创新;"新子学"不能只满足于个人著述,应注重新创学派,开创学术新局面;"新子学"研究要有全球意识,追求国际大视野、大格局、大气象、大境界。

总而言之,"新子学"不是对旧子学的单方面承继抑或转变,而是在旧子学已有研究的基础上,顺应学术开放对话的大趋势,充分合理地利用当今世界各个领域的知识文化成果，实现中国当代学术的整合与重建。

2. "新子学"核心理论的缺席

自方勇先生《"新子学"构想》一文刊发以来，学界对"新子学"多报以欣赏的态度，其中不乏著文回应者。"'新子学'学术研讨会"及"'新子学'国际学术研讨会"的召开，更涌现出一系列具有启示性的论文和学说。除傅璇琮、张双棣等上文提及的学界前辈的重要发言以及高华平、玄华诸先生针对"新子学"理论的宏观性论文外，尚有许多从各自研究领域出发且极具启发性的专题性论文，比如韩星《新国学的内在结构探析——以新经学、新子学为主》、郭梨华《庄子学跃进"新子学"的变与不变》、谢清果《还原，重构与超越——"新子学"视域下的传统文化传播战略思考》、张雷《新闻人要做"新子学"的推动者》以及笔者拙文《"新子学"的本质与使命——从子学与士之关系展开》等。当然还有部分学者从现实生活出发，各自提出了"新子学"的"畅想"，如汤漳平《"新子学"与中华文化之重构》、李若晖《"新子学"与中华文明之未来》、杨林水《"新子学"应如何进一步走向全球》、吴勇《以诸子的精神面对现实——"新子学"的任务浅议》、郑伯康《"子商"构想》等。

这些论文和发言无疑对"新子学"理论的建构具有不可或缺的作用，但是除了玄华博士、韩星教授及金白铉教授等少数学者外，其余学者多未能从理论层面超出方勇先生的"构想"框架，而且直接回避了何谓"新子学"理论以及如何建构"新子学"这一核心命题，导致了"新子学"核心理论的缺席。

3. "新子学"理论价值的"新"使命仍不明确

尽管与会学者大多提及了"新子学"的当代发展问题，却很少对"新子学"之"新"使命做出明确阐释。诚然，"新子学"的建构需对子学的发生、发展、成熟的完整过程进行必要的梳理，但是其更要分解和重构旧子学（诸子学）、全面融入当代世界的学术体系，从而建立一个融通开放的新学术体系，促进世界学术的整体建构和发展。

（二）突　围

要突破"新子学"理论建构所遭遇的重重的困境，需从三方面着力。

首先必须建立中国学术的话语体系。我们应借助传统学术资源的进一步整合充分吸收诸如天地、阴阳、道理、仁义、礼法、心性、虚静、情欲、理气、无为、形名、名实、知行、有无、道器、体用、本末、法术、时势等核心理念与西方哲学中的各种学术话语建构一套立足本土又融汇当代西方前沿理论的独立学术话语体系。方勇先生在《"新子学"申论》一文中曾指出："新子学"是理解中国传统学术的全新视角，其探索的是一个新的学术思想图景，是用新的视野去审视古代传统，重新定位子学之为学术主流，是要找寻经学笼罩下被遮蔽的东西；同时用批判的视角去看待现代的学科体系，重新划定研究对象和研究思路，要补上学科框架下被剪裁掉的东西。"新子学"还要充实国学概念，赋予其实质的内涵，以发掘中国学术曲折多元的历史真实，推进具有中国气派的现代学术的生长。此即"新子学"之所以为"新子学"①。要融合西方首先要自我发现，充分去蔽。而要建构新的学术话语体系更重要的就是要吸收"异端"思想。纵观整个中国学术史，每一类学术话语体系的新变和成熟都与新的思想文化质素的融入密切相关，比如佛学的广泛传播引发了魏晋南北朝学术思想的多元展开，开启了隋唐以来以经学为主导的学术的新变，并作为"异端"成为宋明理学与心学得以开展的重要力量和构成元素。至于

---

① 方勇《"新子学"申论》，《探索与争鸣》2013年7月，第74页。

后来的西学东渐，则直接促成了传统学术与现代学术的分野。因此，"新子学"理论的建构势必在重新梳理国学典籍的基础之上，不断吸收外来思想，形成中西合流，直面当下之新学术。正如方勇先生所指出，"必须看到，西化是现代中国学术的命运，是不得不套上的魔咒。要进入到现代世界，就必须先要把这个魔咒捆在自己身上，直到最后解开它。所谓中国性的诉求，就是思考怎么解开这个魔咒，也就是如何找到中国学术的问题和话语方式。"①

其次，必须真正实现学术理念的更新。方勇先生认为："'新子学'希望开阔视野，深入研究，开掘中国学术表象后的真实。……'新子学'不同于过去子学的一点，在于其严格的学术意识，希冀在现代学术的标准下来整理学术历史，发掘思想真意。"② 方勇先生意识到现代学术的多元性、自觉性和独立性即"新子学"所要寻求的现代"学术意识"。但是学术意识的生成有赖于学术理念的更新，因为学术理念才是学术创新的内在动力，只有实现理念的新变才能真正推动学术的发展。那么如何才能实现当代学术理念的生成呢？无外乎两个方面，一方面，我们要从传统资源中获得创生的动力，同时又必须摆脱传统学术思想的束缚。比如四部之学尤其是经、子之学是中国学术得以发展的源泉与动力，但是我们决不能固守这一学术传统，而应走向哲学、诗学、美学、科学等现代学术界域，以"新子学"摆脱对传统知识材料的依赖，整合和重构古今学术思想，引领社会科学文化的发展。另一方面，我们还必须以独立、开放的心态去直面不断创生的外来知识，不断超越现代主义与后现代主义思潮笼罩下的学术的固有局限，改变当下不合理的学术形态，最终通过学术的方式化解个体存在与技术理性之间的矛盾，创造一个以学术建构自我、刊定社

---

① 方勇《"新子学"申论》，《探索与争鸣》2013 年 7 月，第 77 页。
② 同上，第 75 页。

会进程并影响整个世界的新时代。

再次，必须以当代知识分子的价值建构作为"新子学"理论的核心使命。

我们应通过对四部文人的个案比较和群体性分析，把握中国士人传统宇宙观的形成及其制约生命自由的根源，寻求中国士人精神建构、转型与重构的历史契机，再加以后现代哲学理论的观照，从而既有效克服中国传统学术思想的不利因素，又积极地避免后现代主义过度消解权威所带来的精神疲敝，真正实现当代知识分子精神世界的价值重构。"新子学"所提炼出的"子学精神"，是在扬弃经学一元思维和大力高扬子学多元思维的前提下，对世界和人的本质的重新理解，它是子学的真正觉醒和子学本质的全新呈现，将为未来学术文化的走向提供选项①。当代世界充斥着后现代理论所带来的虚无主义，既有价值上的虚无所造成的痛苦，也有存在上的虚无所产生的绝望。与此同时，许多思想新锐，敢于在思想之路上探寻的学者也都遭遇着学术上的虚无。学者的生存状态令人堪忧，高校教育的现状也使人忧心忡忡，博士生跳楼，教授自杀或过劳死等事件屡见报端，高校凶杀案件也时有发生，而近来的复旦投毒案更将高校教育的弊端推到了舆论的风口浪尖。尽管这一切都只是特例，却足以暴露虚无主义侵蚀下，个人价值感的丧失，责任感的弱化以及道德感的衰退所造成的种种心理失衡现象。因此"新子学"必须直面当代思想的痼疾，提供解救的良方，重塑当代知识分子的价值世界，充分确立个体生命存在的合理性。

总之，经学主导下的学术思维，遵循的是一系列杂乱无章的现象排列，从而导致中国学术整体呈现出琐碎、无序、僵化、割裂的形态，缺乏自我创生的活力。尽管当代学界"儒学一统"的局面早已

---

① 方勇《再论"新子学"》，《光明日报》2013年9月9日。

不复存在，但是在古代文学研究领域，却仍然固守着一种封闭而单一的"文学性"抑或"思想性"研究，以至于将许多优秀的作品淡出于"文学"的视域。与之相对，哲学、历史又各执一端，将中国传统学术人为地切割成了一个看似系统实则凌乱错纠的学术构架中。"新子学"强调"学术的还原"，提倡多元的视域和整体性的研究方法，并将学术与时代气运、知识精神、个体价值等关联起来，对当前先天不足，后天发育不良的困境中的中国学术无疑是一剂涵养滋润的良药。

纵观数千年的中国学术史，除百家争鸣外，中国极少出现类似于西方学术的巨大思潮和运动，更缺乏系统的原创性学术成果，而"中心论"与"专制主义"为核心的经学思维下的士人传统，则造就了一种上行下效、君君臣臣、父父子子的闭合伦理模式，形成了一整套僵化保守、自私虚伪的民族人格精神，一种试图通过自我克制而进入超越境界的道德诉求以及一门自私冷漠、忽视个体生命的处世哲学。因此，"新子学"正是要以直面问题的姿态，从复杂的学术现象研究中抽象出一套具有当代诠释意义的理论体系，建构一个开放、延展、多元、互存的学术生态系统，实现对士人精神的重新发现，寻求以学术改变世界的全新方式。

结　语

"新子学"是当前学界正在建构的一种新的中国化的学术思想与方法体系。自2010年方勇先生提出"新子学'构想'"以来，"新子学"已经从最初的个人"构想"逐渐发展为一种广为学界所知的学术理念，并初步形成了"新子学"的理论思想和方法体系。与此同时，由于"新子学"核心理论的缺席，这一学术遭遇了外界较多的质疑。因此,当前"新子学"理论建构的主要任务在于明确"新子学"理论的核心内容,确立"新子学"理论建构的主要目标,建构中国学术话语体系,实现中国学术理论的更新,重构当代知识分子的价值世界。

(原载于《诸子学刊》第十三辑。作者单位:三亚学院人文学院)

后现代语境中的知识建构
——试论"新子学"的境遇与未来

曾建华

引 言

自方勇先生提出"'新子学'构想"已近三年,在各种质疑与观望的态度中,"新子学"已从最初的"构想"逐渐成长为一种具备全新理论内质的学术思想。"新子学"就是要"把握现代学术的自觉意识,以开放的心灵面对传统,以沉潜的姿态面对现实,以复合多元的研究,寻找通贯古今的中国智慧",在一个复合多元的时代构建复合多元的学术,"不争宗,不争派,以求返归(学术)自身"[①]。本文试图围绕后现代语境中的知识建构这一核心命题,全面分析"新子学"的境遇及未来。

---

① 方勇《"新子学"申论》,《探索与争鸣》,2013年第7期,第77页。

一、当代知识界与"新子学"

世事人文，遭时代变，故一代有一代之问题，亦一代有一代之学术。自清末迄于今日，学术凡三变，一为以西学改造中学的维新致用之学（鸦片战争至新中国成立），一为以马、列、毛思想为指导的社会主义之学（改革开放前的新中国），一为理论界全面西化的人文主义之学（20世纪八九十年代迄今）。所谓人文主义之学，是指20世纪90年代以来知识界普遍盛行的一股西方人文主义精神。它迫切要求重新确立知识者的角色，建构知识者的精神家园，并在现实世界中寻找自己的位置。而与此同时，西方后现代虚无主义思潮不断向学界渗透，促使正在寻求独立、重返中心的中国知识界不得不转向中国文化传统寻求摆脱精神危机的能源。缘此种种，倡导国学的声音甚嚣尘上。一时间，上至大学教授、国家政要，下及贩夫刍荛、愤青"细民"，莫不交口品议"国学"。于是易中天品《三国》，于丹讲《论语》，王立群读《史记》，各类"大师"也登上各种"大讲坛"和"文化娱乐"节目，得到媒体和大众的热捧。然而这一现象并非偶然，正如枯竭的心灵急切渴望慰藉的汤药，焦虑的时代同样渴求知识的灵魂。它既是众声喧哗的时代之音，也是知识者感应时代之变，寻求知识建构，实现知识价值的直接表达，是知识领域的分野、社会意识的多元与尚未成熟的知识诉求共同构成的特殊文化心理。在这一文化心理的作用下，知识界明显呈现出两种态势，要么坚守传统，要么锐意标新。前者我们可称之为知识"守旧"派，而后者则姑且名之为知识"标新"派。

（一） 知识"守旧"派主导下的学术传统

知识"守旧"派的学术特征具体表现为两个方面：一是以经典文本作为知识材料，追求知识材料的"原始"性；二是注重对知识材料的进一步整理和完善，有意识地排斥宏观、化约的理论建构，以"知识贵族"的高傲姿态睥睨通俗的知识普及与传播。这种保守态度由来已久，而以现代史料派为主流的古典学界尤其如此。傅斯年曾在《历史语言研究所工作之旨要》（1928年）一文中明确提出"要把历史学语言学建设得和生物学地质学等同样"①，直到1943年，仍坚称要"纯就史料以探史实"，"史料有之，则可因勾稽有此知识，史料所无，则不敢臆测，亦不敢比附成式"（傅斯年《史料与史学》发刊词）②。当时的傅斯年显然受到方兴未艾的欧美"新史学"思想的影响，而其主要目的是要用史料学的方法来统合"新史学"，并借机批判以章炳麟为首的"国故"派权威对待新材料的冷漠、"守旧"态度。但"史料派"后学只知墨守祖师爷的成规，大多没能继承傅斯年先生科学史观及方法论思想的精髓，最终只知道寻找材料，不懂得读书思考，果真成了材料的"奴仆"，因此也没能逃脱遭遇当代国内"新史学"派批评的命运③。从求实的层面看，重视材料固然是学术

---

① 《中央研究院历史语言研究所集刊》，第一本第一分，1928年10月。
② 傅斯年《历史语言研究所工作之旨要》，欧阳哲生主编《傅斯年全集》第3卷，第12、335页。
③ 桑兵对傅斯年学派有过较为深入的研究，也有公允的认识："人们似乎也倾向于将理论与事实分离甚至对立，觉得事实不如雄辩有力，总希望用雄辩压倒事实。而'史学只是史料学'，在一定意义上也是所谓'理论'，所以同样遭遇总有部分道理：甚至徒子徒孙之手，便有了印版而已的尴尬。不过流弊毕竟不同于本意，批评前人，同时也是对自己见识功力的检验。"《傅斯年"史学只是史料学"再析》，《近代史研究》2007年第5期，第41页。

应该葆有的精神,但是从知识的创生看,这种单纯注重外缘材料的积累,而忽视时代精神和主体价值介入的学术范式,势必令学者迷失知识建构的根本目的——构建真理价值的世界和情感想象的世界,最终变革当下的世界、指导未来的世界。知识本身便具有理性的激情和丰富的想象空间,故不能就事论事地屈服于知识的材料。即便是史学也不纯粹是事实的收集,或在历史现象中寻找规律。被誉为"近代史学之父"的德国著名史学家兰克也不得不承认,历史的动力乃是"理念"(Ideas)或"精神实质"(spiritual substances),而在"理念"和"精神实质"之上还有"上帝"。每个时代的重要制度和伟大人物都应表现那个时代的"理念"和"精神",并使之客观化为"积极的价值"(positive values)。正所谓"每一个时代都直接与上帝觌面",而"上帝"是不可能直接呈现于知识材料之中的,它依赖于理性、情感、观念、体制等多元知识的复合共生。即便是知识本身也绝非单一的事象,而是蕴含着丰富的价值、意义和精神观念形式。因此知识的世界便是观念的世界,只要是观念的世界,就必须遵从"理念"与"精神"的原则,而这一原则只有通过对"全部人生的透视"才能实现[①]。这正是司马迁为何允许《史记》撰写存在想象、夸张甚至虚构事实的根源所在。因为情感的真实与事件的真实并不违背,而是共同抵达真理的世界,那便是"究天人之际,通古今之变"所成的"一家之言"(司马迁语)。这是知识者通过对天道、义理的传承性阐释逐渐建立起来,或是直接从人性中抽离出来的对道义的执著,是文化基因或某种集体无意识共同作用而形成的知识传统。它依赖于知识材料的积累,同时又必须超脱知识材料本身。但是,在相当长的历史时期,知识体系的封闭性和知识接受的局限性造就了知识材料的

[①] 转引自余英时《〈历史与思想〉自序》,《厄言自纪》,北京大学出版社2012年版,第44页。

权威性，从而使知识的传播带上了某种神圣属性，遂令知识者成为某种知识材料的"附庸"，从某种程度上，造成了整个学术传统的封闭与自守，极大地损害了学术自我发展的可能性。

（二）知识标"新"派粉墨登场的当代学界

20世纪90年代末，中国进入所谓"后新时期"，整个知识领域普遍出现了知识的市场化，审美的泛俗化和文化价值的多元化三大思潮。这意味着以西方为参照体系的现代性建构的破产，也宣告了以宏大叙事为凭借的知识者的死亡。（分别见张颐武《现代性的终结：一个无法回避的课题》，北京《战略与管理》，1994年第4期；陈晓明等《后现代：文化的扩张与错位》，《上海文学》，1994年第3期；张法等《从"现代性"到"中华性"》，《文艺争鸣》，1994年第2期。[①]）知识标"新"派正是在这样一个特殊的历史转点中群雄并起。

与恪守传统的知识者截然不同，标"新"派无不以锐意求"新"为潮流，以至于各家各派皆自命为"新"。如"新经学"[②]、"新道

[①] 转引自许纪霖《公共知识分子如何可能》，《中国知识分子十论》，复旦大学出版社2004年版，第45页。

[②] 当代的"新经学"是以"辩证唯物主义和历史唯物主义为指导思想"，强调对经学文献整理，对经学历史进行研究，对旧经学观的否定，对经学文献价值进行辨析的一种学术思想（党跃武《新经学浅论》）。从某种程度上说，"新经学"还只是一个尚未形成概念的口号，目前也颇受诟病。

(教)学"①、"新墨学(家)"② 等。在"新"思潮的推动下,各种"新"学思想和主张皆得到不同程度的宣扬,一度出现"新国学"③的热潮。同样,与持续将近百年的现代"新儒学(含现代新理学、现代新心学、现代新气学)"④、"新法家(学)"⑤ 也截然不同,当代"新"学多呈现为一种口号式的宣扬和标榜,或多或少地显露出某种渴望主道学术文化的理想和激情。而其所宣扬的"新"理念则大多流于对某些传统经典的比附式"翻新"和概念式演绎,因此尚未在学界泛起波澜便已归于寂灭了,比如频频遭遇质疑的"新墨

---

① "新道学",既不是流派,也不是理念和概念,准确说来只能说是一种复兴道教与道家文化的理想而已。可参胡孚琛《新道学文化的综合创新之道和普世价值》。

② 1997年,学者张斌锋、张晓芒发表《新墨学如何可能》一文,最先提出以文化"建本"和知识"创新"为核心的"新墨学"概念,倡导对传统墨学作创造性的"新"诠释。由于两位学者"人微言轻",虽得到了少数学者撰文回应,却未有实质性的"新"成果以支撑其"新墨学"理念,故一度遭遇质疑之声,且很快淹没在众声喧哗的"新"口号里。

③ 王富仁《"新国学"论纲》(上):"'新国学'不是一种学术研究的方法论,不是一个学术研究的指导方向,也不是一个新的学术流派和学术团体的旗帜和口号,而只是有关中国学术的观念。它是在我们固有的'国学'这个学术概念的基础上提出来的,是使它适应已经变化了的中国学术现状而对之作出的新的定义。"王富仁所提倡的"新国学"观念,旨在梳理和思考现当代学术文化,试图打通古今学术之分野,促成学术文化的交融和发展。

④ 20世纪20年代产生的以接续儒家"道统"为己任,力图用儒家学说融合、会通西学以谋求文化现代化的一个思想流派。为区别先秦儒学、宋明儒学,史称"新儒学"或"现代新儒学"。其代表人物有梁漱溟、张君劢、冯友兰、贺麟、熊十力等。

⑤ 所谓的"新法学",是自晚清至20世纪30年代中期出现的"新法家"所标举的学术理念。其提倡重新审视先秦法家,要求以法家思想拯救中国之危局,运用当时世界的民主法制观念重新审视法家的"法治"思想。

学"。诚然，提出一种新的观念或一个新的概念，甚至推动一个新的思潮都非难事，但要形成一个新的知识界域或学术流派则绝非易事。明确的知识界域、可操作的知识方法、开拓性的知识结构以及由此形成的全新价值系统才是衡量新、旧知识的内在尺度，否则所谓的"复兴"与"创新"，充其量不过是对某一思想或材料的重新发现和进一步应用而已。作为当代新儒学最富影响力的学者，余英时先生曾在1990年8月的一次研讨会上提出，要重建现代中国的价值系统必须具备两个条件：第一是恢复民间社会的动力，在政治力量之外有比较独立的社会力量；第二是知识者必须改变反传统的极端态度，并修正实证主义的观点，否则便不可能对传统文化价值有同情的了解①。二十多年过去了，价值系统重建的工作仍在继续，而价值世界的分裂倾向却日益加剧。实践再一次告诉我们，"新"的价值系统很难依靠某种人为的"重建"得以实现，任何一家之学都不能解决多元世界所面临的复杂问题。

（三）"新子学"的境遇

与各派"新"学截然相判的是，"新子学"竭力反对"一家独尊"，倡导以多元对话的学术理念实现传统文化的复兴和学术范式的建构。"新子学"明确提出，以古今文化资源的全面整合和创造性诠释为手段，以学术的"返本开新"和多元发展为基本模式，力求消除各家之学在观念上的对立性和封闭性，促成学术的对话与互通，并以积极的姿态直面当代学术的种种问题：比如断裂的知识传统将如何接续？面对知识的分野，知识者将如何自处？如何在琐碎、虚无的后现代文化废墟上建构精神的家园？如何在纷繁复杂的时代焦虑中建构

---

① 余英时《中国思想传统及其现代变迁》，广西师范大学出版社2004年版，第39页。

现代中国的价值系统？通过各界学者将近三年的探索，我们认为"新子学"理论的构建已经具备了相当的基础。一方面，对经典文本的实证研究所取得的丰厚成果，足以为"新子学"由外缘转向内核，由微观转向宏观的理论建构奠定夯实的基础。另一方面，人文学科知识在经历了漫长的分野甚至分裂后，已各自进化出精密的学术系统，它们并非断裂、孤立、单元的知识，而是围绕政治—人生这一核心价值，共生于多元、延绵的现代知识结构中。因此，"新子学"足以在已有知识体系上建构起结构优化、理论多元和综合开放的知识共同体。

二、当代知识者与"新子学"

如果说传统士人是诸子学的构建者和践行者，那么当代知识者便是"新子学"的建构主体，并且直接预示着"新子学"的未来走向。但这并不是说，有什么样的知识者，就会产生什么样的"新子学"。正如传统子学与士人之间具有相互塑造的作用一样，当代知识者与"新子学"同样具有彼此对话、诠释和塑造的主体交互空间。因此，如何理解、确定当代知识者的价值归属，将是"新子学"理论建构的核心所在。

（一）当代知识者的身份归属与文化特征

中国当代知识者既承续着士人传统，同时又吸收了全球化、现代化的知识内容，是全球现代化进程中逐渐形成的新型知识主体。从文化知识的角度，我们可以将其大致分为学院知识者与媒介知识者两类。学院知识者主要是指以学术研究为职业，依附于知识体制而生存的一类技术型知识者，其身份属性通常为专家、学者或大学教员。由于这一知识群体不仅拥有良好的教育背景和文化修养，同时还有着强烈的普世情怀与批判精神，他们与传统士人既存在文化上的一贯性——即对道统的承传性，又存在着体制上的断裂性——即对政统的疏离性，因此他们理所当然地成为当代知识者的主流（本文讨论的知识者主要指这一群体而言）。而处于知识体系边缘的媒介知识者则正好相反，他们未必有专深的知识素养和道德情怀，而是依托媒体获得声望，并以此谋求个人利益和发展的知识群体，其身份属性主要是记者、编辑、艺人、作家以及某些活跃于媒体的草根领袖、"民意代表"和政府官员①。

但是，随着消费文化的盛行，学院知识者与媒介知识者的边界日趋模糊，各类学术明星、专家学者也纷纷活跃在大众媒体之上。于是知识者所应具有的独立性和超越性进一步瓦解，日益呈现出既清高又世俗的矛盾性，不断向福柯所批评的"有机知识分子"转化。比如，在尚未触及自身根本利益的前提下，他们通常都会表现出民粹主义的倾向，将底层民众的道德感和正义感抽象地加以美化，但一谈及具体的民众，他们又表现出极端的鄙视和不信任，认为他们无法表达自己、代表自己，而需要自己来为民众伸张正义，发出声音。这一点在当代"民意代表"和草根领袖身上表现得尤其突出②。

更为吊诡的是，当媒介知识者"自甘堕落"，与作为消费者的广

---

① 在西方，媒介知识分子是一个颇受争议的群体，正如布迪厄所言："他们要求电视为他们扬名，而在过去，只有终身的，而且往往总是默默无名的研究和工作才能使他们获得盛誉。……而这些人既无批判意识，也无专业才能和道德信念，却爱在现时的一切问题上表态，因此几乎总是与现存秩序合拍。"见［法］皮埃尔·布迪厄、［美］汉斯·哈克《自由交流》，桂裕芳译，北京三联书店1996年版，第51页。

② 许纪霖《公共知识分子如何可能》，见《中国知识分子十论》，复旦大学出版社，2004年版，第60页。

大民众打成一片的同时，学院知识者却不断遭遇来自内心深处的困惑和虚无。廉思主编《工蜂：大学青年教师生存实录》便以大量案例揭示了高校"青椒"们内心深处的种种矛盾与苦闷；而中国社会科学院文学所研究员蒋寅《走出报销恶梦，再谈科研经费》[①] 以及汤明磊博士《博士：学术塔尖上的"悬浮族"》[②] 等文章，则真切反映了身处不同阶层的学院知识者心灵深处的无力与空乏。随着有关知识者的讨论在网上进一步展开，诸如"知识民工"、"知识搬运工"等流行词汇的不断出现，更让自命清高的知识者陷入了自我消解的虚无境地。

总之，矛盾与虚无正在构成当代知识者重要的文化特征。从历史渊源看，这是自古至今知识者始终无法摆脱政治附庸命运所使然；而从现实层面看，则是知识者自我建构的主观诉求与知识世界不断消解的客观现实之间的错位所造成。换言之，这是"后学"思潮不断消解知识权力的必然结果。

（二）"后学"思潮与知识权力的消解

笔者所谓"后学"思潮是指20世纪90年代以来深受西方后现代主义文化理论影响的当代学术思潮。至于"后现代主义"，则是指20世纪五六十年代兴起于西方社会的一种新型文化理论，是晚期资本主义和媒介资本主义、后工业化资本主义和多国化资本主义的产物[③]。从某种程度上说，后现代主义是现代主义的延续和反叛，其本

---

① 《文汇报》2014年12月26日。

② http://www.360doc.com/content/14/0116/10/175820_345651944.shtml。

③ 参杰姆逊著、唐小兵译《后现代主义与文化理论》，北京大学出版社，2005年版，第141~146页。

质特征是从价值的建构走向价值的消解，具体表现为文化去魅、去逻各斯（理性和规则）、反中心、反本质、反一元论、反形而上学、反体制性和整体性等基本特征①。而后现代文化乃是文化工业生产与文化商品消费产业化的结果，并由此构成了非延续性、多元性和解构性的后现代文化语境。在后现代文化语境中，一切的阐释都不具有传统意义上的权威性和真理性，知识表现为一种无法穷尽的意义循环。

随着后现代思潮的不断渗透，严肃的学者们深感不安，他们认为"后现代论者们正在将本已迷失方向的中国文化推上绝路。而他们要消解的，恰恰是中国根本匮乏而又迫切需要的东西"②。这种不安的出现并不难理解，因为随着文化资本对知识领域的进一步渗透，作为人类精神文化媒介的"知识"也逐渐沦为一种有待消费的商品。这使以"传道、授业、解惑"自居，以立心、立命、继绝学、开太平自命的传统知识者，遭遇了前所未有的危机和失落。他们不愿看到几代学人努力建构起来的"现代性"即将沦为游荡于前现代与后现代之间的"幽灵"。但是，后现代思潮并不会因为某些知识者的抗拒而停止，正如英国思想家鲍曼所认为的那样，在现代社会中作为"立法者"的知识者掌握着一整套客观、中立、有序的元话语陈述和规则，具有知识仲裁的权威性。但是随着知识一体化的不断解体和分化，这套整体性元话语体系也将丧失其普遍的有效性。整个社会不断走向多元化，知识体系也日益分崩和断裂，原本统一的知识场不复存在，取而代之的是一系列彼此孤立的知识共同体，它们各自规定自己

---

① 参张清华《认同或抗拒——关于后现代主义在中国的思考》，《文学评论》2005年第2期，第138~147页。

② 陈晓明《后现代主义》，河南大学出版社2004年版，第2页。

的知识范式，宣示着自己的知识传统，彼此之间甚至是不可通约的存在①。

因此，身处后现代知识语境中的知识者日益分化为两大阵营：一边代表着传统知识理念，他们尚未自觉到角色的变更，也无视人文社科领域的日益边缘和没落，竭力扮演传统意义上的知识仲裁者，不自觉地回避大众知识传播的现实意义。而另一阵营的知识者则欣然接受时代赋予的"新角色"，他们满足于对已有知识的通俗化解读和平面化传播，对自身知识体系学理层面上的反思却无多少兴致。许多所谓"学术明星"现象都是当代知识领域值得深思的问题。对此，笔者更赞同一种公允理性的认识："知识分子虽不可能再奢望启蒙时代的偶像地位，但面对于丹这样必然且已然受到大众热捧与追随的现象，他们也实在无须大嚷大骂，用娱乐的武器对抗娱乐文化。保持适当的缄默与冷静的思考，尽可能地发表严谨的知识表述与价值判断，或许仍是知识分子群体作为社会'文化平衡器'的存在意义。"②

（三）"新子学"视阈下的知识建构

如果我们对知识者的历史境遇稍作回顾，便会发现，当代知识者所遭遇的后现代困境并非单纯的后现代文化现象，而是一个普遍的历史事实。在整个中国历史的进程中，知识者的自我消解并不少见，比如，汉代便有"通人恶烦，羞学章句"③ 的批判之声。作为东汉知识

---

① 转引自许纪霖《知识分子死亡了吗》，见《中国知识分子十论》，复旦大学出版社2004年版，第19页。

② 杨早《评价于丹：学术规范还是传播法则》，《清华大学学报（哲学社会科学版）》，2008年第1期，第114页。

③ 姚振宗《汉书艺文志拾补》卷一，民国《师石山房丛书》本。

界的"反动派"王充乃将文章之儒视为"陆沉之士"①,学识渊博、以赋名家的扬雄也宣称"雕虫篆刻,壮夫不为"②,晋代葛洪称儒生是"知古不知今"、见识浅陋且不辨邪正的"守道"的"凡夫"③,唐代诗人杨炯在诗中直言"宁为百夫长,胜作一书生"(《从军行》),清黄景仁更愤言"十有九人堪白眼,百无一用是书生"(《杂感》)。这种现象,用朱熹的话说乃是"道术分裂"的表现,实为"学者之大病"④,常出现于历史变革期或文化转型期。比如宋元代变之际,便普遍出现了"儒者皆隶役"⑤,"小夫贱隶,亦以儒者为嗤诋"⑥的现象;明清之际的陆王末流和顾、李学派都把知识看做毒药。余英时先生将这种儒学的"异端"视作极端的德性论和功利论所引起的反智识主义(anti-intellectualism)⑦。事实上,当一种知识发展成熟后,便会自然而然走向其对立面,由此循环不已,曲折

---

① 王充《论衡·谢短》:"夫知古不知今,谓之陆沉,然则儒生,所谓陆沉者也。"
② 司马光《法言集注·纂图分门类题五臣注扬子法言》卷二,《文渊阁四库全书》本,台湾商务印书馆1986年版。
③ 葛洪《抱朴子·审举》:"而凡夫浅识,不辨邪正,谓守道者为陆沉,以履径者为知变。"
④ 宋朱熹《答项平父书》:"近世学者务反求者,便已博观为外驰;务博观者又以内省谓隘狭。左右佩剑,各主一偏,而道术分裂,不可复合。此学者之大病也。"《朱文正公文集》卷五十四,《四部丛刊初编》缩本。
⑤ 《元史·高智耀传》:"皇子窝端镇西凉,儒者皆隶役。"又谓:"时淮、蜀士遭俘虏者,皆没为奴。"
⑥ 《青阳集·贡泰父文集序》,影印《文渊阁四库全书》本。
⑦ 余英时认为:反智识主义又可分为两个主要方面:一是反书本知识、反理论知识,或谓其无用,或谓其造成求"道"的障碍;另一个方面则是由于轻视或敌视知识遂而反知识者……这两个方面的反智识主义今天都以崭新的现代面貌支配着中国的知识界。(《中国思想传统及其现代变迁》,广西师范大学出版社2004年版。)

进化。

　　"新子学"遵循知识发展的客观，否认知识之间的对立和断裂，强调知识因为彼此的差异而实现相互的确立与共存。正如以胡适、傅斯年为代表的知识者便以西方的新自由主义思想[①]来实现传统政治史学的建构；以张东荪、张君劢为代表的知识者则多以具有古典自由主义色彩的社会民主主义思想[②]重估传统儒家知识体系的价值；而杜威、罗素、拉斯基等西方思想家则借助中国近代知识者，实现了东西文化的深层对话，形成了延续至今的现代自由主义知识传统[③]。在"新子学"的视域下，一切知识都是彼此确立而非相互消解的平等存在。这就从根本上否定了知识者对自我知识传统消解的可能性，取而代之的是固有知识传统面对新的知识参照体系而主动发生的价值重构。

　　总之，知识的建构必以传统知识体系的局部解构为前提，同时还需以外来知识作为全新的对话体系，重新发现传统知识的丰富性和深刻性。因此，"新子学"既不诞生于传统的经学或子学，也不依附于任何形式的西学，它是当代知识者直面后现代困境的一次全新实践。正如玄华所言："我们所面对的就是这样一个特殊的'后现代中国'，因此继承于传统的'新经学'、'新儒学'等不足以解决中国下半身——社会现实的后现代之忧，而纯粹的西方后现代理念无法回应中国上半身——学术文化的前现代之困。唯有发掘于中国固有的'诸子学现象'、又面向世界的'新子学'，才能整体性地予以治疗。"[④]

---

　　① 从英国的约翰·密尔、格林到罗尔斯为代表的一个自由主义传统。
　　② 主要是从休谟、亚当·斯密到麦迪森、哈耶克等为代表的古典自由主义传统。
　　③ 许纪霖《中国知识分子十论自序》，第13页。
　　④ 玄华《关于"新子学"几个基本问题的再思考》，《江淮论坛》，2013年第5期，第109页。

三、"新子学"的确立与走向

(一) 传统知识脉络上的"新子学"

中国文化的原初思维特征在于追求混融同一的本质性,自觉地将个体纳诸天地宇宙之中,视其为整体世界的构成元素,彰显宏观的本原意识。《荀子》谓:"天地者,生之本也;先祖者,类之本也。"但凡知"本",便能找到一切问题的答案,故陆象山谓:"学苟知本,六经皆我注脚。"① 一部中国学术史,可归结为"辨章学术,考镜源流"② 八字。而一切传统学问无外乎两方面的诉求:为天理、为人事。为天理者,即阐明圣人旨意,大抵训诂、义理之学,如戴震《题惠定宇先生授经图》谓:"故训明则古经明,古经明则贤人圣人之理义明。"③ 为人事者,即服务于时事民生,此人伦日用之学,所谓"道不在乎他,只在日用人伦事物之间④"(《与陈正仲》)。天理(道)、人事看似矛盾,实则互为表里、相辅相成,合为圣人之学,其目的乃是要解决信仰和行为上的问题。因此"古人未尝离事而言理"⑤,换言之,天理、人事尽管有道、器之别,却统一于人的知识生活,皆是知识者实现价值建构的必然途径。由此观之,经学、理学、史学皆一学,皆知识之一学,都是知识者改造世界的法术。正如

---

① 陆九渊《象山先生全集》卷三十四,《四部丛刊》景明嘉靖本。
② 刘锦藻《清续文献通考》卷二百五十九《经籍考三》,民国景《十通》本。
③ 戴震《戴东原集》卷十一,《四部丛刊》景经韵楼本。
④ 陈淳《北溪大全集》卷三十四,《文渊阁四库全书》本。
⑤ 章学诚《文史通义·内篇一》,民国嘉业堂《章氏遗书》本。

《隋书·经籍志》所言："夫仁义礼智，所以治国也，方技数术，所以治身也；诸子为经籍之鼓吹，文章乃政化之黼黻，皆为治之具也。"顾炎武提出"明道"、"救世"并用，希望通过知识者的自我改造，实现重建世界秩序的理想①。黄宗羲认为"教学者必先穷经"，"读书不多无以证斯理之变化"②，则是要通过对知识材料内在脉络的梳理以确立价值世界合理性的学术理想。

在"新子学"的视域下，文化思想史上一切返本求新、探源开流式的复古、维新之学，皆属建构于现实世界之上，又面向知识传统的"新"学。开唐宋两朝文化之盛的古文运动，促成文化现代化转型的"五四"运动以及我们的"新子学"无不如此。然而，与古文运动、"五四"运动等"新"学不同的是，"新子学"既不因循传统的知识体系，也不亦步亦趋于西学的脚步，而是在后现代文化语境中，重新发现传统知识与当代知识的多元性与整体性、通约性与差异性、时代性与历史性，进而推动全部知识的后现代转化。

（二）现代学术进路中的"新子学"

自汉武帝"独尊儒术"以来，儒学几乎占据了整个知识世界，成为学者探寻一切问题的根本。而宋、明两代儒者更将道问、德性之学做得极为细致透辟，由"道本"所生的种种问题都得到了近乎极

---

① 《又稚圭先生画像记王璱》："君子之仕也，非以私市也。东坡苏氏所谓苟可尊主庇民，则忘身为之是也。君子之有言，非以衒异也，亭林顾氏所谓以明道救世者是也。"闵尔昌《碑传集补》卷三十八，民国十二年（1923）刊本。

② 《黄梨洲先生事略》："先生谓明人讲学，袭语录之糟粕，不以《六经》为根柢，教学者必先穷经而求事实于诸史。又谓，读书不多无以证斯理之变化。多而不求诸心，则为俗学。"李元度《国朝先正事略》卷二十七，清同治刻本。

致的阐发。所谓"牛毛茧丝，无不辨析，真能发先儒之所未发。……其弥近理而乱真者终是指他不出。明儒于毫厘之际，使无遁影。"① 以至于清代学者只能另辟蹊径，专事朴学②。但儒学强调天、道的一贯性，因此在时代问题前往往显得苍白无力。身历巨变的清末学者汪士铎对此有过一番略显尖刻的批评：

> 儒者得志者少，而不得志多，故宗孔子者多宗其言仁言礼，而略其经世之说……道德之不行于三代之季，犹富强之必当行于今。故败孔子之道者，宋儒也；辅孔子之道者，申、韩、孙、吴也。③

随着儒学的逐渐解体，一个多元、开放、延展的新的知识界域逐渐在儒学体系内孕育成形。如康有为《孔子改制考》所言："虽极力推挹孔子，然既谓孔子之创学派与诸子创学派，同一动机，同一目的，同一手段，则已夷孔子于诸子之列。所谓'别黑白定一尊'之观念全然解放，道人以比较的研究。"④ 很明显，康有为已经有意识地将孔子之学时代化、子学化。随即，梁启超扬其波澜，以《清代学术概论》《中国近三百年学术史》等著作将中国学术引向全新的阶段。随着各界学人的纷纷加入，传统儒学体系彻底瓦解，由此宣告了一个"新"学时代的到来。

然而，知识的衍化随着政治、经济体制的变革而不断深化和复杂

---

① 黄宗羲《明儒学案凡例》，《文渊阁四库全书》本。
② 通常学界认为清代学者之所以重返训诂、考证的老路，乃是思想上的限制，实则也是学术自身发展使然。
③ 《汪梅翁乙丙日记》卷二，文海书社影印本，第74页。
④ 梁启超《清代学术概论》，台北中华书局1960年版，第58页。

化，现代主义的"新"学不仅不能应对当代知识者所面临的后现代困境，同时也无法摆脱以西学附会经典或以经典配拟外说的传统"格义"之路。因此，"新子学"理念正是在这样的学术进路中产生，其宗旨便是要构建现代主义学术与后现代主义现实之间的知识桥梁。

（三）未来的"新子学"

"新子学"宗旨既已明确，需要进一步探讨的就是其现实的操作性问题。由于传统学界通常认为学术研究与意识形态存在着根本的区别（学术研究注重个案分析，注重对具体现象的深层透视和把握；而意识形态则更多是一种化约的、整体的认知），因此，有意无意地将意识形态排斥在学术研究之外。但事实上，两者虽有区别却并不对立，乃是知识进路中的不同阶段。当某一传统学科的个案研究足够丰富时，其化约、整体的意识形态建构便有了现实的可操作性。换言之，学术研究和意识形态可以分别作为方法和目的，共存于知识的阐释与传播中。

这里需要面对一个难题，那就是作为常识而存在的"元话语"，"只能在一个发展缓慢的（传统）社会中发挥合法性功能……而当今世界变化之快……谁也不能拥有对常识的最终解释权，一切只能取决于公共领域中公众之间的理性讨论……公众的交往理性是比个人常识更可靠的东西。"[①] 简言之，当代社会并不缺乏知识，却极度缺乏知识的有效传播。人类学家 Philip Bagby 便指出："今天散在无数种专门性刊物中的历史论文，如果没有人把它们的结论综合起来，加以融

---

① 许纪霖《公共知识分子如何可能》，见《中国知识分子十论》，第57页。

会贯通，那么这些论文便只能是历史研究，而不配叫做史学。"① 我们可以将这一观点推而广之，直到整个学界。因此，未来的"新子学"将尽量避免重复繁琐的文献整理、细枝末节的材料完善以及毫无结果的考索训释，而主张系统知识的全面梳理和学术成果的广泛传播。作为"新子学"建构主体的当代知识者，更应自觉从传统的知识体系中解放出来，重新确立自己的角色，让学术研究直面广阔的社会忧患与时代危机，以学理的方式应对普遍存在的问题，以精深的学术思考取代浮躁的宣讲与空洞的说教，在提升学术品质的同时，也极力避免将学术变成哗众取宠的工具。

总之，未来的"新子学"应力图将架空现实的学术回归到伦常日用中来，将碎片化的专题性研究统合到时代问题中来，将学术研究与当代生活创造性地结合起来。只有以切实的行道之学取代虚无的书斋之学，才能让学术恢复生机；只有用典范性的当代经典充实传统学术，才能让学术重塑威严、推陈出新；只有让学术面对当下的真切存在，才能使学术避免僵化和空蹈的危机。

（原载于《诸子学刊》第十三辑。作者单位：三亚学院人文学院）

---

① 转引自余英时《史学、史家与时代》，广西师范大学出版社 2004 年版，第 90 页。

现代学术视野下"新子学"的困境与出路[①]

何浙丹

"新子学"是近年来传统学术界提出的一项新话题。在其概念产生之初,诸多现代文化研究者曾给予较多关注,并表示出对其衔接古今、打通中西的期待。但不久之后,来自相关领域的声音稍有沉寂。这种先热后冷的现象在一定程度上暴露出相关概念存在的问题,在某种意义上,也是其自身发展惯性中带来的深层次学理问题。

应该说,作为一个新兴的概念,"新子学"目前正处于困境与出路并存的状态。如果从现代学术的基本要求看,它可以进一步明确自身的内涵与构成,同时提升自身学术理念与方法论的创新,并及时调整部分理念以更好地应对当前的诸多社会课题。它在现阶段所呈现出来的一些特点,虽然可能使其在此后的发展中陷入一定的困境,但同时也是其发展的契机,可以创生出新的生长点与可能性。

[①] 本文系教育部人文社科研究青年基金项目《先秦老学研究》(15YJCZH008)、上海市哲学社会科学规划青年课题《先秦老学研究》(2015EWY001)、上海财经大学校立社科项目《先秦老学研究》(2014110882)、上海财经大学基本科研业务费项目之青年教师预研究项目《诸子学现代转型研究》(201510125)的阶段性研究成果。

一、对自身认知的暧昧

总体上，"新子学"强调其自身是在继承传统子学的基础上发展而来，但关键是目前对传统子学的内涵界定尚未取得共识。

方勇先生在《"新子学"构想》中强调："所谓子学之'子'并非传统目录学'经、史、子、集'之'子'，而应是思想史'诸子百家'之'子'。"① 思想史上的"诸子百家"范畴一般与冯友兰提出的"子学时代"相对应，冯友兰在《中国哲学史》中将中国思想史分为"子学时代"、"经学时代"等，前者从孔子至淮南子，后者自董仲舒到康有为。方先生对该观点是加以继承的，《"新子学"构想》便称引其"在中国哲学史各时期中，哲学家派别之众，其所讨论问题之多，范围之广，及其研究兴趣之浓厚，气象之蓬勃，皆以子学时代为第一"的观点。此后《再论"新子学"》又再次提及冯友兰"子学时代"概念，指晚清为"经学时代之结束"，强调"经学时代重回到了子学时代"②。应该说，方先生对子学范畴的界定是在继承冯友兰观点的基础上又加以拓展，将两汉时期的思想家都囊括在内。但对于两汉之后的哲人是否为"诸子"则不置可否。比如《"新子学"构想》中只是提到说："魏晋以后，在诠释、发挥和吸收经学文本与子学文本并自我解构的基础上，……诸子学不断汲取外来学说，又陆续产生了以何晏、王弼、周敦颐、二程、朱熹、陆九渊、王守仁等人学说为代表的诸代子学（或准子学）著作。"这里模糊地使用了"准子学"这个说法，但至于哪些属于"准子学"著作，以及它和子

---

① 方勇《"新子学"构想》，《光明日报》2012 年 10 月 22 日 14 版。
② 方勇《再论"新子学"》，《光明日报》2013 年 9 月 9 日 15 版。

学之间的区别和界限是什么，均未明确。即使到《再论"新子学"》中，也只是表示："'子学精神'即是大变革大转型时代所孕育的精神，晚周三百年的思想冒险，充分展示了它典重与恣肆并举的多面性。……'新子学'就是要继承这一传统，发扬多元并立的'子学精神'，以面对时代的诸多课题。"相关论述也依然强调"晚周三百年"，涉及魏晋及之后学术时，依然不置可否。对子学范畴界定的暧昧，牵涉到"新子学"之"子"的不明确。

当然，"新子学"作为一个公共的学术课题，它也同时向所有学术研究者开放。因此，其他学者对其内涵的解构与建构，均是其内在的构成部分，本文也一并予以考察。

欧明俊先生在讨论相关问题时曾对"子学"给出较为直接的界定。他认为："凡著书立说自成一家之言者，除经学外，统称子书，研究子书的学问称为'子学'或'诸子百家之学'或'诸子之学'或'诸子学'。"① 在此基础之上又对子学作出广义与狭义的区分。自广义说，其称引章太炎《诸子学略说》"所谓诸子学者，非专限于周秦，后代诸家亦得列入，而必以周秦为主"的看法，指两汉以后思想家著作以及研究诸子著作者皆可归入子学；自狭义而言，则称引梁启超"汉以后无子书"的观点，指先秦诸子百家学术。但对"新子学"之"子"到底是采用广义还是狭义之说，也未给出明确看法。不过，从《"新子学"界说之我见》一文的基本思路来看，欧先生也是倡导以所谓中华固有学术为前提，魏晋以后中国佛学、近代结合西方思想的中国新学术是不包含在他所讨论的范畴中的。

---

① 欧明俊《"新子学"界说之我见》，《诸子学刊》第九辑，上海古籍出版社2013年版，第9~16页。

相比较而言，玄华对"子学"观念的界定更具有颠覆性①。他首先是继承了李学勤先生等对冯友兰"子学时代"、"经学时代"先后次序的质疑，强调"经学"先于"子学"，并认为"经学"起源甚早，而"子学"是对它的否定与消解，且两汉到晚清是两者相争的时代，最后"子学"不断发展，"经学"日益消散；其次在内容构成上，他认为"子学"自身具有开放性，先秦诸子、魏晋玄学、宋明理学及其相关流派等皆是其组成部分。更为重要的是，他认为魏晋以后的中国佛学、晚清民国的中国"西学"（或称"新说"），乃至"五四"以后马克思主义中国化的新思想及相关流派等，皆是"子学"在各自时期将中国传统学术与西学相结合发展出的新内容，均是"子学"的构成部分。

如果说玄华的看法打破了学界对"经"、"子"的常规认知，那么高华平先生的"子"论则更为天马行空。他认为"子学"就是独立平等的思想创作研究之学："当下我们'新子学'的'子'，固然是以往中国思想史上的'为学'诸子，但更应该指当代具有独立人格精神的知识分子。这里强调的不是学科分类意义上的一种界定，即不管是从事文科、理科或自然科学的学者，都应该是'新子学'之一'子'。……在当代从事诸子学研究者固然是'新子学'之一'子'，……从事政治、经济、法律、文学、历史、文化，乃至于科学哲学、科学史、科学伦理等属于自然科学或部分属于自然科学的学者，只要他们的研究与思想史有关，就也应该是'新子学'中之一'子'，而且他们很可能是为数众多和更为重要的'诸子'。"②

---

① 玄华《"新子学"：子学思维觉醒下的新哲学与系统性学术文化工程》，《诸子学刊》第九辑，第81~94页。

② 高华平《"新子学"之我见》，《江淮论坛》2014年第1期，第54~58页。

在高先生看来，"新子学"的"子"为独立平等的思想者个体，他们所从事的能充分体现作者独立平等的学术就是"新子学"。以此出发，它的内容不仅包含了传统"子学"，也包含了对"西学"的消化。高先生所谓"西学"，包含东汉传入的佛教、近代以及当下也在不断传入的西方学术。在此，"新子学"与它们的关系是："我们构建的'新子学'不应该成为与'西学'相对应的关系，更不是相对立的关系。在某个'新诸子'之一'子'的学术思想中，'西学'可以与他坚守的'中学'观点相对应甚至相对立；但在作为整体的'新子学'中，'西学'应该已经融汇于其中，并已成为它的一部分或它的血肉。从这个意义上讲，'新子学'之'新'，就在于它乃是一种不中不西、亦中亦西的学术。"[1] 即"新子学"是当下"新诸子"消融传统学术乃至西学的一种会通。

由上可知，在"子学"的构成问题上，以方勇为代表的，是将"子学"视作中华固有文化的产物，它有着产生与完成的时代，这个时代的下限是先秦或两汉；而欧明俊的广义"子学"论，则将时间下限延伸至晚清；玄华则认为"子学"不存在一个所谓完成的时代，因为它本身从来就是一个未完成品；高华平则将"子学"理解为独立平等的思想创造与研究。以此为基础，对"新子学"基本构成的认知便各不相同。

总体而言，"新子学"之"新"本就内在地包含了重新定位"子学"这一本质诉求，"新"不在于一味地割裂过去继而推出一个全新的事物，也不是仅仅将历史滞留于过去而不再走入当下，而是带着历史的生命感融入当下，继续存在。因而"新子学"并非仅仅立足于当下之学术，它同样是带着历史的生命感走入当下，是历史与当下互

---

[1] 高华平《"新子学"之我见》，《江淮论坛》2014年第1期，第54~58页。

为一体之学问。以此来重新审视"新子学"的基本构成，就不至于使得传统学术的发展进入历史断裂的困境。在此，"新子学"自身的构成需要考虑更加多维的关系，在古今、中西的相遇中获得新的学术视野，甚至在一定程度上，"破坏性"的延伸是其自身发展的深层次需要。当然，这种延展也不应该是无底线的扩容，以致取消了自身的边界。

二、在徘徊中的方法论创新

方勇先生认为"子学"研究，乃至整个中国传统学术研究都存在一个盲目崇拜西学并以之为金科玉律的大背景。无论是近代以来受西方"赛先生"的影响而倡导以"科学方法整理国故"，还是受西学人文精神刺激而由"考据"走向"义理"，中国传统学术已经脱离它固有的格局，而照搬西方的学术理念，结果是逐渐丧失自身的理论自觉，沦为西学的"附庸"。"新子学"正是在这样的背景之下发端，自觉认识到中国学术的特殊性，因而"从客观历史出发，在辩证之下对其进行继承发展，以促进其更好地完成现代化转型，实现合乎历史发展规律的新进化"（《"新子学"构想》），即在强调扎根于中国文化土壤的同时又不排斥西学的影响，实现两者的辩证，以促成其全球化背景下的现代转型。

在具体的研究方法层面，《"新子学"构想》认为："我们结合历史经验与当下新理念，加强诸子学资料的收集整理，将散落在序跋、目录、笔记、史籍、文集等不同地方的资料，辨别整合、聚沙成塔；同时，深入开展诸子文本的整理工作，包括对原有诸子校勘、注释、辑佚、辑评等的进一步梳理；最终，则以这些丰富的历史材料为基础，缀合成完整的诸子学演进链条，清理出清晰的诸子学发展脉络。"同时,"站在'新子学'的立场上来看,迷失在西学丛林里难以自拔的自由主义既不可取,一味沉溺于'以中国解释中国'的保守思维同样不足为训。……唯有摆脱二元对立、非此即彼的固定思维模式,才更为接近文化多元发展的立场。……中国学术既不必屈从于西学,亦不必视之为洪水猛兽,而应根植于中国历史文化的丰厚沃土,坦然面对西学的纷繁景象。子学研究尤其需要本着这一精神,在深入开掘自身内涵的过程中,不忘取西学之所长,补自身之不足,将西学作为可以攻错的他山之石。"

此后的《"新子学"申论》在涉及相关问题时,又继承冯友兰"照着讲"与"接着讲"的说法,"所谓照着讲就是要真实的领会古人,探其精神,理清其脉络,而不是随意讲解,任意切割。对于现代学术的研究成果积极借鉴,也要客观分析,认真吸取。所谓接着讲就是保持学术的时代性品质,认真观察社会,思考未来,把学术研究真正问题化,着重讨论根基性的问题,把中国古人的真实洞见引申出来"①。且在涉及对西学的态度时,认为"'新子学'的研究者不拒绝西学,如果把其他的学问比作眼镜,我们也尝试戴戴不同的眼镜。但是'新子学'不是提倡所谓中西融合的随意性的研究,'新子学'希望以家族相似的原则处理传统学术与其他学术体系的关系。所谓家族相似,就是在中国复合多元的学术中找到与其近似的资源,尝试引入其视角,从而开阔自身的理解"②。

可见,方勇先生所提的"新子学"方法论,主要继承传统"子学"的研究方法,包括对子学资料进行收集、整理,然后加以校注、研究,最后阐发诸子精义,梳理出子学发展脉络。其基本理念大致停

---

① 方勇《"新子学"申论》,《探索与争鸣》2013年第7期,第73~77页。

② 同上。

留在"中学为体,西学为用"的传统观念上。

王锺陵先生则在主张敬畏经典,尊重原意的前提下,对冯友兰的"照着讲"、"接着讲"有所修正。他强调:"不是'接着讲',而是'对着讲'。中国思想文化的发展应该是在全球化中发挥自己的优长。那种仅仅接着在漫长的专制制度下形成的传统话语所说的话,很可能产生继续为旧事物、旧现象服务的效果;并且,传统文化也必须在与西方话语的对话中,在解决现实困境的作用中,来鉴别其价值。因此,我们需要'对着说',针对西方的话题,对照中西两种话语,在对话中求深入、求新意。"① 至于如何在"子学"研究实现"对着讲",从而讲出新意,王先生认为需要建立一种新的诠释学:"当代人研究子学,研究传统学术,可以借鉴新理论方法,如用西方的阐释学来重新解释诸子思想,用传播学来研究子学的传播,用接受学来研究其接受,还可以借鉴其他学科的理论方法,努力理论方法上的'新'。"②

此外,刘韶军先生也认为"新子学"的一个重要理念就是"在忠实于'旧子学'留存文本的基础上对其中的丰富内容做出科学的阐释",同时称引了美籍华人学者傅伟勋的"创造的诠释学"方法,指"新子学"阐释也应有五层次,即"实谓层次"、"意谓层次"、"蕴谓层次"、"当谓层次"、"必谓层次"③。赖贤宗先生也对傅伟勋"创造的诠释学"及其诠释五层次加以论述,并对相近的劳思光"基源问题研究法"加以详论,认为这些诠释学方法已在中国学术中被

---

① 王锺陵《建立中国学术的核心价值》,见《"新子学"笔谈》,《文汇读书周报》2012年11月2日12版。
② 同上。
③ 刘韶军《论"新子学"的内涵、理念与构架》,《江淮论坛》2014年第1期,第59~64页。

广泛运用,"新子学"也应将其作为自身的基本方法之一①。

除此之外,玄华则认为"新子学"研究方法上所要采用的最直接的方式是文本研究与生产(《"新子学":子学思维觉醒下的新哲学与系统性学术文化工程》)。他认为文本的生产与研究才是"子学"最基本的发展方式。比如"子学"的诞生就源于对"经学"文本的解构和自身"子学"文本的生产。唐宋以后以"古文运动"为标志所形成的"文体革命",近代以"白话文运动"为标志所形成的文本"语言变革",均是从文本变革的体裁与语言维度,进一步促进"子学"文本的改造与生产,从而直接促成近代"子学"转型的发生。当下研究者若自觉意识到这个层面,就可以借助新环境,再次实现"子学"文本的全面解放,实现"新子学"大发展。

从总体上看,"新子学"目前所提倡的方法论,如被大多"新子学"论者视为基本方法的文献整理、考据、训诂、辞章、义理等皆是传统"子学"乃至整个中国传统学术固有的基本方法。"诠释学"虽一直是"新子学"倡导者们最为热衷的研究方法,但其基本理念仍大致停留在"中学为体,西学为用"的传统观念上,而实际上西学作为中国学术共生的参照系,若仅仅将其作为一种工具,以之去理解中国传统学术,就只能是变相地遗忘或缩减它。因为传统的学术不是我们以对象化的思维方式就能带出它的全部。当下的我们,并非是要傲慢地以自身为中心对历史传统进行重写,而是要重新去发现它,那就不能削足适履以之为对象,而只能将它完整地、客观地从历史帷幕后带出。

---

① 赖贤宗《"新子学"的方法论之反思——基源问题研究法与创造的诠释学的知识建构过程》,《诸子学刊》第九辑,第95~112页。

三、面对时代课题的异声

方勇先生《"新子学"构想》强调"新子学"所处的当下是一个多元并存的时代。随着全球化的不断深入,已经不是以西方文明为中心的时代。此后《"新子学"申论》又强调"当今世界已经不再是古典中国的'天下'",而"新子学"命题的提出则是顺应时代多元性的产物。

玄华在强调时代多元格局的基础上,认为当下中国社会正处于前现代、现代、后现代相杂合交错的阶段:"当我们学术界在面对传统文化与当下文化的鸿沟而思维尚停留在现代性阶段,意图用经学的形而上思维与体系一统天下时,社会早已将我们抛在身后,大踏步地走入了后现代阶段。也就是说,我们当下所面对的社会是,学术文化还停留在前现代阶段、正努力着进入现代性阶段,但最底层的物质基础与社会构成已身在后现代世界中。"①

那么"新子学"面对如此纷繁复杂的当下社会现实,又是如何应对的?方勇先生明确指出,"新子学"主张以返归自身的方式来处理多元世界中不同学术与文化之间的张力,"面对现代学术中世界性与中国性的冲突,'新子学'的主要构想是以返归自身为方向,借助厘清古代资源,追寻古人智慧,化解学术研究中的内在冲突。所谓返归自身,就是要平心静气面对古人,回到古代复合多元的语境中,把眼光收回到对原始典籍的精深研究上,追寻中国学术的基本特质",与此同时,也认识到"今日我们已经完全置身于复杂多元的广阔世

---

① 玄华《关于"新子学"几个基本问题的再思考》,《江淮论坛》2013年第5期,第104~109页。

界中，势必要去理解与我们完全不同的异己者"（《再论"新子学"》）。这一求同存异的思维模式是中国传统固有的观念，本质上是从"己"出发，以己之同情去理解异己者，最终求同存异。这也为目前大多数"新子学"倡导者所接受。

对此，玄华则认为传统的"求诸己"、"反归自身"等方法无法实现真正的和谐共存。他说："从表面上看，以自我反思为基本方法的伦理观似乎足以为法，实则不然。其实质是一种潜藏的自我中心主义，……这种我与他人地位的内在不对等必然导致伦理上的帝国主义，最后沦落为他人即地狱的境地。……在他者被排斥在外之下所进行的追求完满纯粹的自我反思，必然是无根之水、无本之木，同时也是永远飘浮在空中、无落足点的虚幻之羽。"（《"新子学"：子学思维觉醒下的新哲学与系统性学术文化工程》）在此基础上，他强调在"我"与"他者"之间，以"他者"为前提，才能真正确立"我"的存在。此后又将相关理念进一步发展为"自我否定"论："对于每个个体而言，不存在脱离社会而纯粹孤立的本质，是在面对他者中获得自己的确立。同时，也以此进行着自我否定式的发展。它永远在多元而丰富多彩的世界中，在永不停息的自我否定式发展中。"（《关于"新子学"几个基本问题的再思考》）

从上可知，"新子学"在面对当下多元时代的诸多课题时，内部理念存在着一定的冲突。相比较而言，目前主流看法主张反归自身，然后去理解异己者。但实际上，这种理念的有效性依然值得商榷。在玄华的论述中，它甚至作为"经学思维"的一种表象而被加以批判。同时"新子学"主张自身的基本内核是思想性学术，对于思想系统建构与研究之外的文化学术，则皆排斥其外。这种带着"纯粹主义"的思维，也与传统诸子学的博杂相违背。若再以此纯粹且近乎单薄的"己身"为中心与起点，再以相"近似"之法去寻求和理解当下如此多元复杂的文化学术和社会现实，难免显得无力与被动。

更为重要的是，"新子学"作为历史与当下互为一体之学术，立足于当下的现代性社会中，更需警惕对现代性边界的重视。现代性又在何种意义上成就了"新子学"？作为生长在当下时代之中的"新子学"要审视它，首先必须获得对现代性的溢出能力，因为"子学"的发展与历史之间的关系已经不是简单的镜像与对应关系，而是相互的改变。由此"新子学"作为一项时代工程，才能更有效地应对当下的诸多课题。

小　结

"新子学"作为一项时代课题，它是在当下特定的历史语境中生成的，故其并非依赖某种传统的或者西方的理念所能简单处理。它与历史之间的关系已变得更加多维，不再是简单的传统的延伸，或者是西学的折射，它们之间的关系是相互摄取影响和改变。或许当务之急不是如何去应对这些问题，而是看清问题到底在哪里。正如法国哲学家梅洛·庞蒂曾说过：矛盾始终存在着，反思的目的不是消除矛盾，而是使之存在。那么就"新子学"而言，以上的种种困境与尴尬是它自身生成过程中的裂隙，也是它自身发展过程中不可避免的学理问题。而我们的质疑与困惑并非否定它的存在，也并非能有效解决它的种种问题，而是使之更清晰地呈现出它内部的缝隙与矛盾，从而真正实现它的价值。

（原载于《诸子学刊》第十三辑。作者单位：同济大学人文学院）

"新子学"与学术"新传统"建设

孙少华

民国以来"古史辨派"的"子学"研究,沿袭了清乾嘉学派的朴学传统,对子部典籍的文献清理、材料辨析、文字校勘与注释,还是有相当成就的。1950年代以后,随着中国大陆高校学科不断细化,文史学科重点关注文献整理,对诸子思想层面的关注,成为哲学研究者的事情。直到目前,文献整理与哲学思想研究,一直是诸子研究的两大工具。对诸子较为深入、综合的文史研究,尤其是能将诸子研究转换为现代成果、服务于现实社会的成果,还较为缺乏。再加上现代主义的冲击,单纯的固守旧疆,似乎很难打开诸子学研究的新思路。

根据21世纪学术发展的形势与要求,很有必要创建一种新的研究范式与学术传统,以适应时代、社会发展对学术研究的特殊要求。笔者曾就21世纪学术"新传统"的建立问题,有所论述[1]。就子学的思想渊源与发展流变来说,"新传统"的建立可能相对容易开展。结合西方最新研究成果与海外汉学的成就,我们完全有可能创建一种既能体现子学研究的固有传统,又能有所创新,既能融贯中西,同时又具有中国特色、符合现代社会要求与思想实际的"新传统"。

"新子学"之提出,可谓与胡适的"新文学"、饶宗颐的"新经学"、梁启超的"新史学"互为犄角,成为创建中国古代学术研究

"新传统"不可或缺的部分。本文拟从新与旧、破与立、学与用三个矛盾关系入手,尝试分析"新子学"与"新传统"建设的可能性、路径与方向问题。

一、新与旧:"新子学"研究之可能性

先秦两汉诸子具有"尚新"的学术传统以及悠久的"新学"思想渊源[2]。后来的儒家继承了这种学术思想,乃至影响到现代。在汉代,今文为"旧学",古文为"新学",二者斗争激烈。汉魏六朝以后出现的一系列以"新"为名的著作,也体现了这一思路。从宋代以朱熹等为代表的"新儒学"到现当代以牟宗三、唐君毅等为代表的"新儒家",从刘义庆的《世说新语》到民国时期易鼐(宗夔)的《新世说》,从王莽的"新"政权到清王朝的"维新变法",从韩愈的文学复古运动到明代茶陵派、前后七子与复社、几社的文学复古,甚至到五四新文化运动、新文学运动、新学术运动,都体现了儒家学者对"新传统"的政治与学术思考。

历代新王朝的建立,大都伴随着当时的学者学术创新与政治变革的尝试。这体现了他们对创建其所处的时代之"新秩序"的积极思考与探索。就汉代诸子而言,陆贾《新语》、贾谊《新书》、刘向《新序》、扬雄《剧秦美新》、桓谭《新论》,直到王莽建立"新"朝,这种"尚新"思潮,其实体现了他们对创建一种不同于先秦诸子之学术体系、属于汉王朝之"新"思想的学术追求与探索。叔孙通制定礼仪,贾谊"改正朔,易服色制度,定官名,兴礼乐",董仲舒"罢黜百家",刘向反邹衍"五行相胜"说,刘歆创制《三统历谱》,则代表了汉代诸子对"旧知识体系"的改造或颠覆。

汉代诸子"新传统"的建立,有其特殊的学术思考。扬雄、刘

歆、桓谭、王莽以古文经学相号召，争立博士，实际上是争取学术上的政治地位，并非简单地反对今文经学一统天下的旧秩序。非但如此，他们好古文，其实有着更高的学术理想。刘歆等人好《左传》，是因为"歆以为左丘明好恶与圣人同，亲见夫子"，显然是将古文经学视作亲承孔子的学术正统。这是汉代诸子的一个重要的学术认识。其他情况，如扬雄仿《论语》作《法言》，是自比于孔子；桓谭著《新论》，以为其书"何异《春秋》褒贬"，也是自比孔子；桓谭著《新论》，仿陆贾《新语》、刘向《新序》，认为陆贾、刘向之作与孔子《春秋》之精神是一贯的。汉代诸子对"真孔子"、"真儒家"的追求，实际上体现了对"新传统"的探索。更进一步，汉代诸子自比于孔子，显然有着创立道统的学术考量。这是一种对更高理想、更高追求的学术思考。

汉代诸子好古文，但未尝废今文。落实到"新"与"旧"的关系上，汉代诸子新传统的建立，离不开对"新"、"旧"矛盾的恰当、正确处理。先秦两汉诸子以来的一大传统就是不断平衡"新"与"旧"的矛盾关系，即在"继承"的基础上建立"新传统"。汉代诸子在学术诉求上分今、古文，但在解决社会实际问题与思想观念问题时并未将今、古文彻底分开。如《汉书·五行志》解释异象时都是今、古文并用的。若完全颠覆"旧传统"，而"新传统"又一时建立不起来，很容易引起社会思想之混乱。

古、今学术之辩证关系与平衡，是一个历来争论不休的老话题和新问题。在"新"与"旧"之关系的处理上，汉代学者如陆贾之流的思考较为清醒。他们主张，正确处理"旧"与"新"的关系，尽量保持"旧学"与"新知"的平衡，对于社会政治至关重要。陆贾《新语》云："善言古者合之于今，能述远者考之于近。"单纯地强调厚今薄古，是片面的；但"道近不必出于久远，取其致要而有成"[3](P31、47)，盲目地厚古薄今也是不正确的。古与今，远与近，永远是相辅相成的矛盾统一体。

也就是说，一种新体系的建立与研究，需要认真对待旧与新、古与今、远与近的关系。这是历代学者都会遇到的问题。子学研究提出"新子学"概念，符合中国的历史传统及古代诸子思想的文化传统。从思想渊源上说，"新子学"研究具有一定可行性。

中华文化精神之所以历经几千年而绵延不绝，主要是在中国古代哲人学说中蕴含着对宇宙、人生、社会的普遍性认知，可以为不同时代提供相同或相近的思想指导。尽管这些学说有着鲜明的时代烙印或历史局限，但后代学者不乏智慧将其与同时代的要求相衔接，创造出属于自己时代、为所属时代服务的意识形态。即使在21世纪，我们仍有可能找到现代社会与古代诸子思想的结合点。就诸子所提倡的具有普遍意义的"道"而言，这应该是共通的，是历代都需要的。

汉代诸子认为，社会的良性运行需要基本的"道"，也就是对基本"秩序"的维护。陆贾《新语》开篇讲《道基》，就是讲顺应自然的天道，本质落实在孔子之学的"仁义"上面。具体而言，即顺应自然，遵循天地规律，制定君臣、父子、长幼之序，为民众提供充裕的生活基础和安定和平的生活保障，刑罚与礼义并施，王道与霸道同行，以学术（"五经"、"六艺"）承天统地而教化人民使得风俗醇厚，最终实现"君子握道而治，据德而行，席仁而坐，杖义而强"的目的。这里所讲的道理，非常浅显明白，并且是任何时代都无法完全抛弃的。

同样，诸子对个人道德修养的高度要求，仍具有其时代意义。梁启超在继承中国传统思想，并将其与西方文明结合之后，充分认识到"在人的改造方面是以道德为先，认为'惟德最难'"，所以他"延续了清中叶以来的经世传统，企图解决'兼内外'的核心议题，亦即结合内在道德、知识的追求与外在事功上的成就"[4](P181)。如此，梁启超意图打通个人道德、知识学习与其对经世致用的意义之途。这种思想显然主要来自于儒家,但已经具有了近代思想意义。

由此不难看出,诸子思想有很多有益于当代社会管理、个人修养的精髓。"新子学"完全可以在关注诸子典籍之基本意义的同时,将其思想中的精华提炼出来,以启示当下。

二、破与立:"新子学"研究的创新性思考

"创新",实乃饱受争议之词,但这并不能阻挡任何一个新时代学术对"创新"的渴望与探索。

诸子学的创新研究,不可能完全抛弃"旧传统"的一切研究体系自立门户或重起炉灶,而应在继承"旧传统"的优秀成果的基础上,取其精华,去其糟粕,为我所用。对于这一点,曾将西学与儒学联系起来进行研究的梁启超有着较为清醒的认识:"学者求新知识,固属要事,然于当前陈腐之事物,决不可轻看而吐弃之。"[5] 所以,在考虑古今、中西结合及其与中国传统文化的关系时,绝不能将问题简单化,亦不可将问题盲目复杂化。

子学研究的"创新",需要"继承"基础上的超越,也就是要在"旧传统"的基础上建立一个适应历史发展和社会需求的"新传统"。这就需要破除诸子思想中已经不适合现代社会的消极成分,找到诸子思想与现代学术的有益结合点。也就是说,应当承认,传统的诸子学是进一步开展"新子学"研究的宝贵遗产,但并非意味着只能固守前贤所遗留下来的研究思想与方法。子学要在新时代焕发新生命,须有新突破。

就经世致用的效果而言,在先秦两汉诸子学说中,单纯的任何一家学派都很难成为包治百病的良药。即使汉武帝接受了"独尊儒术"的政策,但也只是给予儒家以较高的政治地位,并非将其他学派彻底

摒弃。在不同的情况下，汉人会采用不同的学说去解决问题，所以王应麟《通鉴答问》说"罢黜百家，名然而实否"。他举例说："张汤、杜周，深文次骨，申韩之言，未尝不言也；边通学短长为长史，主父偃学从横为相，而巫蛊之祸成于江充，张、苏之言未尝不用也。"[6](P686、682)这种情况说明，汉代社会中的思想是多元的，并非儒家一家独大，而是存在诸子各家思想相互融合、交互并用的局面。刘向、刘歆、扬雄、桓谭号称儒家，但在其学说中无处不有法家、道家、名家、阴阳家的影子。在这里，汉人自觉融合、吸收其他学派的合理成分，为其所用，其中必然包含"破"的因素，即此"融合"与"吸收"中具有摒弃不合理成分的自觉。

先秦两汉诸子典籍经常存在材料类同的现象。这并非相互传抄的结果，而恰恰是诸子百家资源共享、同时著录共同感兴趣的话题的真实反映，社会环境相同，思想源泉相同，所以他们当然自以为是本学派之思想，而在后人看来则是吸收其他学派思想之结果。他们的"立"，是建立在对其他学派"破"的基础之上的。

"破"与"立"，是一个辩证统一体。"破"，实际上意味着"立"，意味着"突破"、"创新"和"创造"。只有"破"而没有"立"的反传统主义，那是要不得的。"五四"以来的反传统思想，包括"古史辨派"的"疑古"思潮，在"破"的方面有余，在"立"的方面则很不足。"新子学"的一个重要任务，不在于"破"，而在于"立"，也就是要在创造、创建"新传统"方面下功夫。

何其芳将"创新"归纳为三个"突破"：突破个人水平、突破同时代人水平、突破前人水平。这三个"突破"，并无高低阶段之分。后两者的任何一个突破，都是突破自我的表现。要创建不同于诸子学"旧传统"的新的学术传统，首先需要有超越前人的学术勇气，无论是在思想上，还是在方法论上。在21世纪的新形势下，我们具有全新的学术理念与哲学基础，也有西方新颖的学术理论、思想观念，完全有能力、有条件比前人站得更高、走得更远。在充分吸取前辈诸子学研究经验的基础上，我们可以尝试打破、改造诸子学的"旧传统"，创建属于 21 世纪的子学"新传统"。

从内容与方法上看，"新子学"创新的可能性，可归纳为如下几个方面：

其一，传统选题的深化与突破。从文学角度研究诸子，似乎除了引《诗》、《书》，就无路可走。但这种五十年前的研究思路，不能到今天还在不断重复。我们应不断深化诸子研究，在以往文献清理较为充分的基础上，进一步探索古文献背后的文学、文化、哲学思想，并将其尽可能地理论化、体系化。如陆贾《新语》中的引《诗》，都紧随在对忠、义、礼的议论之后，这实际上不是在单纯地引《诗》，而具有解《诗》、说《诗》的意指。对于诸子典籍，完全可以进行深度的文学研究。在此基础之上，我们还有可能走得更远，即从理论层面总结诸子学的产生与发展规律，将诸子学研究理论化、体系化。同一学派的诸子同中有异，不同学派的诸子则异中有同。如何将诸子思想中具有规律性的价值总结出来，是一个重要的理论命题。

其二，传统方法的改善与突破。先秦两汉诸子具有明显的门派划分与衍化意识，《庄子·天下》、《荀子·非十二子》与《史记·太史公自序》已经有了较明确的学派划分观念。尤其是汉代"独尊儒术"之后，经学、史学与子学有着明确的文本区别意识。这提示我们，研究诸子学术，除了关注文本文字，还要关注文本性质的差异。同一个材料，在经、史、子部中被截取、记录、使用直至解读的方式、结论是完全不用的；在子部的不同著作中，雷同材料的载录角度的差异，会带来不同的结论；甚至在同一家学派中，不同对象、在不同时间或地点记载的同一件事，其解读结论也未必完全一致。再具体说来，子部正文所体现的文本世界，给读者带来一定的阅读体验；正文之下的注文，却可能因为创造了与正文文本相近或相反的文本世界，而给读者带来更新的阅读体会。结合注文文本，反观正文作者、注者、编纂者、续编者的学术思想，无疑是一种有益的学术尝试。因此，我们在重新整理子部典籍时，不能仅仅关注文本中"死"的文字，而应将自己的学术思想贯彻在注释、校勘中，从而使得整个文本"活起来"。如果仅仅满足于古籍整理的数量，而抛弃了对学术研究、学术理想的追求，那就不仅仅是个人学术的重复问题。

其三，传统观念的更新与突破。诸子学研究须避免简单的范畴研究，以及避免单纯的文献整理。21世纪十几年来，诸子学研究出现了一大批校释、注疏的成果，无疑大大推动了该领域研究的新进展。但也值得指出，在科学技术如此发达、文献检索如此便捷、资料获取渠道如此多元的今天，除了传统的校释、注疏工作，还需要一大批专家从事更为深入的思想、哲学、文学、历史、文化层面的诸子学研究。我们需要传统的校勘、注疏大家，但尤需要更为全面的思想家、哲学家、文史专家。黄宗羲、顾炎武、王夫之等无一不是义理、考据、辞章兼备的大学者。我们的研究既要避免重复前人，更要警惕重复自己。这就要求我们观念必须更新，思想必须改进，方法必须更替。除了传统的义理、考据与辞章之学，还需要借鉴世界各国现代学术研究成果，以便使我们的"新子学"研究能及时与世界学术研究接轨，以世界的眼光开创"新子学"研究，取得世界性学术成果。

三、学与用："新子学"创建"新传统"的方向

进入21世纪之后，世界学术环境发生了重大变化，毋庸说千年以前，即使是百年之前的研究方法，可能已不能完全适应日新月异的时代变化与学术要求。如何唤醒两千年以前的诸子精神为当下服务，从而创建属于新时代的"新子学"的学术"新传统"，就成为我们所

必须面对的问题。

中国古代文人尤其是儒家学者的一大传统，是提倡"入世"，主张"经世致用"，故先秦两汉以来的诸子无不具此人文情怀。即使是看似"出世"的道家与黄老之学，也时刻受到主流思想的影响，或者为历代统治者所利用，成为管理国家与社会的思想工具；或者冒用遁世之名，成为事实上的"假隐士"、"真入世"。即使是那些如庄子一样的"真隐士"，也并非毫无"入世"之心。庄子那些夸大其词的对畸形残废、丑陋怪异、无用之物的描述，未尝不是他对人间世事的另类体验与关注。

如何将子书中具有普遍性价值的思想挖掘出来，成为指导人们建立现代社会正确人生观、世界观的有益工具，是我们思考与研究的方向。从当下的思想实际看，对人文社会科学的价值不能忽视，对古代学者包括诸子百家的精神遗产亦不能抛弃。

子书中一些有益于道德人心的思想，可谓历久弥新，至今仍具有深刻警示意义。如陆贾《新语》说："尧以仁义为巢，舜以稷、契为杖，故高而益安，动而益固。"[3](P51)陆贾分析，"秦以刑罚为巢"，"以李斯、赵高为杖"，故有"覆巢破卵之患"与"顿仆跌伤之祸"。这是非常惨重的历史教训。联系到现实社会，这涉及"功德"与"私德"的矛盾及其处理问题，关系到个人与社会的和谐统一问题。梁启超非常重视传统文化中"自省"的重要性，提出了"非学道之人，不足以任大事"的认识，这并非迂腐，实乃大智慧。除了政治信仰与宗教信仰的约束，以汉语为母语的个体有必要汲取中国传统文化中的精髓，因为这是我们的"文化脐带"，对我们具有永久的精神与道德滋养之功用。

子书思想中有与世界文化接轨的精神财富，值得我们开发出来，以有益于世界文明。陈鼓应说："从中西哲学的对比来看，先秦诸子在世界文化史上的特异之处，就是人文意识的自觉尤其早，而思考尤为圆通。从产生的时间上来说，中国的人文精神要比西方人的人文精神早很多。"[7]他从先秦诸子身上发现的"中国的人文精神早于西方"的结论，是非常有价值的文化发现，是值得我们进一步思考与探索的方向。我们这样做，并非一叶障目不见森林，更不是夜郎自大或阿Q的"精神胜利法"。这是一个有跨文化价值的研究选题，即可以将相同历史时期的西方文明与先秦两汉诸子的学术思想进行对比，从而考察全球视野中的世界文明的进程，总结人类文明发生、发展的历史脚步与精神成就。这就是"学以致用"。

以中国传统文化为主，会通中西，建立21世纪中国传统文化的"新传统"，是一项长期而艰巨的任务。严复、梁启超以来的学者在结合中西、回归中国传统方面作了不懈奋斗与努力，后来的唐君毅、牟宗三等新儒家亦积极继承严、梁之精神，会通中西文化，"企图将传统精神资源与西方的自由民主思想和资本主义结合起来，以建立一个新文明"[4](P212)。毫无疑问，这种尝试是具有积极意义的，但毋庸讳言，其中也存在种种弊端。无论如何，具有世界视野，无疑是正确的。陈鼓应所说的"子学兴替关乎中国思想变革"，就是站在世界文明的立场上的言说。"新子学"研究需要有这种人文情怀与历史责任感——将"新子学"的研究成果，为推动中国成为真正的文化大国、思想大国而服务。

从文学角度而言，子书中有丰富的文学、文论史料，值得我们进一步挖掘。例如，汉魏六朝的文论著作很多，但诸子著作中的评论类资料同样不少。如桓谭《新论》就保存了很多可以与刘勰《文心雕龙》可相互印证的文论资料。尤其是《道赋篇》，其中很多文论思想不仅具有鲜明的时代特征，而且可以用来解决很多文学史问题。笔者曾就《道赋篇》所提及的"不及丽文"、"短书"、"能读千赋则善赋"等问题进行考察，发现其与《文心雕龙》的记载非常吻合，但也有可以纠正《文心雕龙》误说之处。桓谭《新论》中的有些资料还具有很高的文化价值，可以解决汉魏六朝神仙思想中的一些问题。如《新论·辨惑》称："天下神人五：一曰神仙，二曰隐沦，三曰使鬼物，四曰先知，五曰铸凝。"[8](P53)隐沦即隐形。这在刘伶《酒德颂》、《世语》和颜延之《五君咏》中都有记载，与魏晋南北朝时期的服饵、饮酒文化有莫大关系。这种资料可弥补史书与文学记载之缺陷，为研究古代文学史、文化史、思想史提供有益借鉴。

"学以致用"，不是一句空话，需要子学研究工作者付出更多的精力去探索，去开拓。就"新子学"而言，这个任务尤其重要。

首先，"新子学"的提出，是一个适应时代发展的新命题，但"新传统"的建立，则任重而道远。最重要的是，在子学复兴的今天，要取得子学研究的新成就，需要甘于寂寞、沉潜钻研的勇气，需要有一批踏踏实实从事诸子学研究的青年学者，需要不断培养喜爱诸子研究、将来能投身于诸子研究的后备力量。这需要有关方面的大力支持，也需要子学研究者的集体智慧和力量。

其次，"新子学"的提出，意味着更多的挑战和责任。子学研究现在看似较为兴盛，但也存在难以为继的尴尬。校勘、注释之类的文献整理工作有尽时，但擅长义理、辞章之学的青年学者尚未成长起来，这就需要加强引导和培养具有中西视野的年轻力量转向子书研究。在这方面，我们需要加强与海外汉学的沟通、交流与学习，积极输送外语好的青年学者外出短期学习与工作，考察国外子学研究的现状、成绩与经验，以保障"新子学"研究长期、稳定的发展，为"新子学"研究更上一层楼奠定基础。

总之，"新子学"顺应时代要求，提出了新的子学研究理念与方法，为开拓子学研究的新局面提供了新思路。在未来的子学研究中，"新子学"可以承担更多的责任——为创造21世纪中国"新子学"研究"新传统"，乃至为创造中国古代学术研究"新传统"，开创新学路，树立新典范。

参考文献：

[1] 孙少华．新世纪十年来先唐文学研究的若干问题［J］．文学遗产，2013（2）．

[2] 孙少华．西汉诸子的"尚新"传统与"新"学渊源［J］．文学评论，2012（2）．

[3] 王利器．新语校注［M］．北京：中华书局，1986．

[4] 黄克武．近代中国的思潮与人物［M］．北京：九州出版社，2013．

[5] 梁启超．机埃的格言［N］．清议报，1901-12-21．

[6] 王应麟．通鉴答问［A］．景印文渊阁四库全书［M］．台北：商务印书馆，2000．

[7] 陈鼓应．子学兴替关乎中国思想变革——《"新子学"论集序》［A］．"新子学"论集［C］．北京：学苑出版社，2014．

[8] 朱谦之．新辑本桓谭新论［M］．北京：中华书局，2009．

（原载于《河北学刊》2015年05期。作者单位：中国社会科学院文学研究所）

"新子学"与跨学科多学科学术研究

孙以昭

一

最早介绍评论先秦各家学派思想的著作是《庄子·天下》,有"百家"之泛称,至《汉书·艺文志》之《诸子略》以后,"诸子学"的内涵逐渐扩大,晋以后诸子学的研究对象又有所扩大、增益,包括了后代的著名思想家在内。《隋书·经籍志序》引南齐王俭《七志》"二曰《诸子志》,纪今古诸子",《隋书·经籍志》还把兵、天文、历数、医方等也列于子部,也就是将《汉书·艺文志》中之《诸子》《兵书》《数术》《方伎》之"略",合而叙之,《汉书·艺文志》中之九流十家,即儒、墨、道、阴阳、法、名、墨、纵横、杂、农、小说,这九流十家,再加上兵、天文、历数、医方,共 14 种。这就是诸子百家即亦"旧子学"的范围。清《四库全书》的子部类目过于庞杂,连艺术、谱录等也包含在内,尚须予以厘清。

由此而论,可知子学的范围,已逐渐扩大,已较广泛,已经涉及军事、天文、历数与医学多种学科了。再加上古人于学无所不窥,见闻广博之至,因而古代思想家的子学著作包蕴甚广,其中论述的问题，涉及诸多学科，《庄子》和《墨子》尤为特出。《庄子》一书，不但是以文学写哲学，而且它的很多哲学观点是用养生学阐发的。由于它具有超前意识，其论述中又具有数学、物理学和生物学以及其他学科的成分。《墨子》中自然科学的成分更多更深，不但有力学、光学、数学，而且还有机械制造学。概言之，旧子学本身就是跨学科、多学科的作品。

二

那么"新子学""新"在何处？民国时期有关著作能否称为"新子学"呢？

"新子学"的"新"，应该是全方位的"新"，而不是某一方面的"新"。就是说，要做到"三新一全"：观念新、视角新、方法新、资料全。观念新主要是指不但在思想观念上把子学视为与经学、史学、文学同等重要，而且要充分认识到子学是我国传统文化中，最具创造性、鲜活力，而又对自然、社会与人生最具深邃思辨和睿智应对的部分，它最具生命力和现实价值。视角新，是指诸子百家之作，本身就包容宏富，其内容涉及多种学科，而"新子学"则更应利用当前的思想高度与科技水准来进行观察、剖析与研究。方法新，是指开展研究固然不能离开传统的训诂与义理两个层面，使之尽量贴近文本原意，但同时还要加强理论探索与参照，面对西学，加以吸纳比照，还要进行跨学科、多学科的综合性大文化研究。不但要吸纳与社会科学邻近学科的学者，还要有自然科学相关学者参与，进行通力合作，才能真正弄清一些尚未弄清的问题。

理论方面主要是我国古代的文论，也还要参照马列文论和吸纳西方文论，这对深入探究"新子学"，无疑具有重要的参照和借鉴意义。我国古代文论极为丰富，《典论·论文》为作家论，《文章流别论》为文体论，《文心雕龙》为文学理论，《诗品》为诗歌理论以及声律论，这些作品都出现于3世纪至6世纪的三百年间，这些丰富的文学理论遗产是同时期的西方所不能比拟的，其中《文心雕龙》尤为重要。今人贾文昭等编有《古代文论类编》《近代文论类编》，搜集尚称完备，亦颇便参考。史论主要有唐刘知几的《史通》，清章学诚的《文史通义》，还有宋郑樵《通志》中的"二十略"。《史通》中提出史学、史才、史识，《文史通义》以考索与义理并重，注重目的性，反对空谈。《通志》虽为上古至宋之通史，但其中《二十略》为作者用力之作，虽亦有袭用《通典》之处，其中氏族、六书、七音、都邑、昆虫草木五略，则系作者新创，为旧史所无，有的具有理论价值。

马列文论，主要有马克思、恩格斯之《德意志意识形态》、恩格斯之《费尔巴哈与德国古典哲学的终结》《自然辩证法》《反杜林论》、高尔基《论文学》、卢森堡《论文学》、梅林《论文学》等。西方文论亦颇多，包括哲学、文学、艺术等方面，重要的有柏拉图、亚里士多德、黑格尔、莱辛、歌德、伏尔泰、托尔斯泰、海德格尔等人及其有关论述，他们之中有些人如托尔斯泰、海德格尔等对中国的学问特别是《老子》甚感兴趣，受有很大影响，并加以学习与借鉴。在理论参照方法运用方面，我们与西方亦各有所长。西方长期流行"天人二分"理论，而"天人合一"则是我国传统文化中最有价值的思想理念之一。在避免大自然生态平衡惨遭破坏和人类横遭"惩罚"与"报复"方面，"天人合一"说远胜于"天人二分"说，但对于阻碍科学发展的神学目的论而言，"天人二分"说也自有其一定的进步性。在方法运用方面，我们不但有由来甚久的训诂注释与义理研究两个层面，还有传统的辩证思维，习惯于用变化论、矛盾论和中和论来分析事物和一切，而且也要吸纳西方尤其是欧美的思维方法，即运用逻辑思维来分析事物和一切。这种思维方法也就是分析思维，即在思考问题时，不像辩证思维那样追求折衷与和谐，而是从一个整体中把事物分离开来，对其本质特征进行逻辑分析。这两种思维方式各有特点，也有所偏颇，前者过于注重同一，后者过于注重差异，综合而用，则臻于完善。

资料全是指不但要将子学著作和研究子学的著作搜罗殆尽，而且要将集部中的有关子学的著作与资料一并收录，并且要将镶嵌与散落在史籍、类书、序跋、笔记、札记中的有关重要思想与资料，予以辑佚、辑评、校勘和注释，而且还要有选择地甄别收录天文、历数、医方等门类的资料。因此"新子学"这项学术工程，至为浩繁艰巨，更为庞杂艰辛，喻为披沙拣金、聚金为丘，绝不过分。还须指出的是，既然称为"新子学"，就不仅要以上述"三新一全"之标准与要求写出新的研究子学的著作，也应该写出新的子学著作，主要用现代语体文写，也可以用文言文写。从而使得"新子学"既还原了往昔子学著作的思想风貌和语言风格，又展示了当代的思想认识水准、价值取向和文化风采，为社会提供有益的参考系数，而这些都必须进行跨学科和多学科的大文化研究。

至于民国时期的子学著作，窃以为不能称为"新子学"。如前所述，"新子学"应有种种要求与标准，应该自成体系，决不能因其著作中有新意，即视为"新子学"。因为学术总是随着时代而前进发展的，后之视前，今之比古，总会有新意展现，但是我们最多只能说某些子学著作已然具有了"新子学"的成分与因素，而不能认为它就是"新子学"了；否则现在提出"新子学"，还有何意义？众多学者就"新子学"问题所发表的真知灼见，岂非无的放矢，徒劳无益？！就此而论，我认为不仅晚清民国以来的不少子学著作具有"新子学"的成分与因素，如严复之《老子评点》联系到的西方的进化论，唐敬杲之《墨子》，说墨翟"最多科学实验之精神"，就是宋明著作中也不乏新解，如宋林希逸《庄子口义》的援儒入庄，兼容禅宗哲理；明清之际王夫之《老子衍》《庄子通》，由不赞成"强儒以合道，则诬儒；强道以合释，则诬道"，进而"乃废诸家，以衍其意"、"以通吾心"、"以通君子之道"。而写得有似今人著作的，则是20世纪30年代初出版的郎擎霄之《庄子学案》，他在"凡例"中即声称"以科学方法，就庄子学说为有系统之研究"，其章节之名目几乎与今人所著无异，如第八章庄子之经济思想，分欲念、生产论、价值论、分配论、消费论五节；第九章庄子之心理学，分论身心之关系、论性、论精神、普通心理学、社会心理学、变态心理学、动物心理学九节，令人耳目一新。改革开放以来的不少子学研究著作，更是与方勇教授所提倡的"新子学"靠得很近，但是我们不能止步不前，还要更上一层楼，作进一步全新的研究。因为，时代与社会不断进步，科学技术突飞猛进，思想观念不断更新，子学资料尚须全面搜集，深入开掘，有待形成继承发展创新的子学新体系。因此，就总体而言，"新子学"将比《子藏》学术工程更加复杂、更为艰巨，必须得到整个学术界（包括自然科学界）的合作支持，才能深入开展，获得成功。另外，写出新的子学著作同样极为重要，因为新的子学研究著作，可以展示当代学者学术水准，而新的子学著作，则可以显露当代哲人的思想深度与艺术风采，也只有如此，才能使"新子学"成为完璧，从而垂范后世，鉴戒当今！

三

　　基于以上所述，这里试就庄子其人其书举例阐述"新子学"的跨学科、多学科大文化研究。

　　先从传统的训诂与义理两个层面谈起。语言文字是思想的载体，如果不把古人的语言文字弄懂，那又何从明白古人的思想真谛？戴震早已批评过宋学（理学）那种空疏狂禅的学风，他于是主张从文字训诂入手，提出了著名公式："由字以通其词，由词以通其道。"（《戴东原集·与是仲明论学书》）庄子曾在《齐物论》中从怎样消除彼此对立状态的角度提出了"道枢"的范畴："是亦彼也，彼亦是也，彼亦一是非，此亦一是非，果且有彼是乎哉？果且无彼是乎哉？彼是莫得其偶，谓之道枢。枢始得其环中，以应无穷。"然后又从为什么要消除彼此对立状态，提出了"天钧"和"天倪"的范畴（文长不录）。什么叫"道枢"？唐成玄英在《南华真经注疏》中说："偶，对；枢，要也。"于是将道枢释为道的关键。那什么叫"天钧"？什么叫"天倪"呢？历来解庄者，多把"钧"解为"均"，"倪"解为"分"，即把"天钧"解释为"天然的平均"，把"天倪"解释为"天然的分际"，这与上面解释"道枢"相类似，意思虽无大错，但令人费解，同样未得庄子的真意。《说文解字》："枢，户枢也。"清段玉裁注："户所以转运开闭之机也。""枢"，即转轴，是圆的，过去老式的门就靠它开闭。正因为如此，所以庄子用它喻道。陆德明《经典释文·庄子音义》引崔譔《庄子注》，把"钧"释为"陶钧"，《史记·鲁仲连邹阳列传》裴骃《集解》引《汉书音义》曰："陶家名模下圆转者为钧。"那么，"钧"应释为"轮"，"天钧"也就是"天轮"之义。至于"天倪"，《经典释文·庄子音义》引班固说，即"天研"。《说文解字》："研，䃺也。""䃺"乃"磨"之本字。那么，"天倪"也就是"天磨"了。（详见拙文《庄子哲学的基本倾向及其积极因素》，载拙著《庄子散论》，安徽大学出版社1997年版。）这样解释才是庄子的本意所在，庄子具有极大的智慧，他善于深入细致地观察一切事物，他看到轮子等圆形的物体在进行圆周运动不停地旋转时，没有什么起始和终点，于是把它上升到理论高度。庄子正是运用这些形象化的比喻来表达哲学范畴，把"道"比喻成围绕中心旋转的轴子、轮子或磨盘,进行着始终如圆环之运行,无法弄清它的起始和边际的圆周运动;也只有立足于圆环的中心,取消了起点和终点的区别,才可以取消一切对立和差别,才可以应对一切关于是非、彼此、美丑、成毁的辩论,这也是《周易》"体圆用神"之义,从而极为高明地阐述了他的相对主义认识论。另外,庄子如此富于想象地表达哲学范畴,也使得范畴形象化,充分显示了他高超的文学艺术水准。

非但如此,《庄子·齐物论》中的相对主义认识论,与当代物理学中赫赫有名的相对论也有某些相通之处。爱因斯坦的相对论揭示了空间和时间的辩证关系,从而加深了人们对物质和运动的认识,概言之,其理论是建立在运动的相对性和光速的不变原理上,认为时间和空间都是在不断地变化的,并随着运动速度不同而改变着。庄子不但用不停旋转的圆周运动来取消是非、美丑、成毁与久暂的区别,并且还把时间和空间说成是不断地变化的,"无动而不变,无时而不移"(《秋水》);还把事物说成是不断地变化的,并且是可以转化的,"万物皆种也,以不同形相禅",这就更加令人惊异和赞叹了[①]!

庄子哲学中有不少养生学的内容,这是由于就实质而言庄子哲学原本就是人生哲学的缘故。在写法上除了运用文学手法而外,它的有关论述是用养生学阐发的。如《养生主》中的"缘督以为经","督"有中虚之义,它既是哲学范畴,指对外奉行中虚之道,又为医学养生学名词,"督"是指人体内顺脊而上的中脉。王先谦《庄子集解》引李桢云:"人身唯脊居中,督脉并脊而上,故训中。"王夫之《庄子解》对此阐释得更加清楚:"身前之中脉曰任,身后之中脉曰督。督者,居静而不倚于左右,有脉之位而无形质者也。缘督者,以

[①] 详见拙文《试论庄子的超前意识》,载《诸子学刊》第三辑,上海古籍出版社 2009 年版。

清微纤妙之气，循虚而行，止于所不可行，而行自顺，以适得其中。"显然，这里的"缘督"，实际上即是后世养生家所讲的"周天功"中的通"小周天"，这是养生功、气功中最基本的"通三关"功法。它能沟通"任"、"督"，心肾相交，水火既济，使精气充实，对于祛病延年大有好处。据经络理论，人身有正经十二条，奇经八条，先打通任、督二脉，其他六脉，乃至十二条正经都能随之而通。可见，"督"本为医学和养生学名词，庄子已掌握了小周天功法；由于"督"有中、虚之义，又由于小周天是先行督脉而再行任脉，遂以"督"概指"督"、"任"两脉，因此庄子加以应用，使其兼有医学、养生学名词和哲学范畴两重意思，既指个人养生之术，也指对外应世之方，内外两方面意思都有。"缘督以为经"的全部含义是：对内常行通"督"、"任"的小周天功法，以作为养生之术；对外奉行中虚之道，以作为应世之方，这就巧妙地将养生学和哲学结合起来了。

再如《大宗师》中的"坐忘"，也是讲修养的方法与步骤，所谓最后达到的"堕肢体，黜聪明，离形去知，同于大通"，和大道混通为一，实际上是静功修炼中的最高境界，即无知无识，一切全无，浑浑噩噩之意；但又把它与"忘礼乐"、"忘仁义"联系起来，而且是在上面"意而子见许由"一节中论述把实行"仁义"，明辨是非，看成是禁锢思想的桎梏，犹如受了"墨刑"、"劓刑"一样之后，这就又把论述养生学与阐发哲学观点、批评儒家思想结合了起来。这种有关哲学思想用养生学阐发，把哲学养生学化，形成亦哲学亦养生学的情况，从而使得庄子哲学具有更大的包容性和一定的实践性，这应该说是庄子哲学的不朽价值所在①。

在先秦诸子中，庄子对于天人关系的认识与阐述最为全面与深刻，有以下几段重要的话：其一是"知天之所为，知人之所为者至

---

① 详见拙作《庄子哲学与养生学》，载拙著《庄子散论》。

矣"、"畸人者,畸于人而侔于天"(《大宗师》),这是说人们洞察事理之极,是既要了解人,也要了解自然;即使不合乎世俗的"畸人",也要齐同应合于自然。其二是,"天而不人"(《列御寇》),这是说要取法自然,而不要取法人事。这些都是讲人要了解自然,因顺自然。其三是,"天与人不相胜"(《大宗师》),"不以人入天"(《徐无鬼》),则是进一步指出人不要与自然争胜、对立,不要以人事干预自然,不要以人事毁灭自然。其四是,"以天为师"(《则阳》),"法天贵真"(《渔父》),"以天为宗"(《天下》),这里强调归结为人要尊重自然、效法自然,以自然为宗主。

再来看看恩格斯在《自然辩证法·劳动在从猿到人转变过程中的作用》一文中所讲的极为深刻、发人深省的话,文长节引如下:

> 我们不要过于陶醉于我们对自然界的胜利。对于每一次这样的胜利,自然界都报复了我们。……因此我们必须时时记住:我们统治自然界,决不像统治者统治异族一样,决不像站在自然界以外的人一样,相反地,我们连同我们的肉、血和头脑都是属于自然界,存在于自然界的;我们对于自然界的整个统治,是在于我们比其他动物强,能够认识和正确运用自然规律。

两相对照,庄子在两千多年前竟有如此深刻而正确的认识,具有如此非凡的超前意识,真是具有极大的智慧,真是太伟大,真是太不可思议了!他的这种了解自然、因顺自然,同自然和谐平衡的主张,不仅难能可贵,而且对于减少现时的危机和免除未来的灾难,还颇有现实的价值取向。

我们必须充分认识到,人类是自然界长期历史发展中的产物,它本身应该就是自然界的一部分。但是,人类却未能真正认识到这二者之间的相关一体性，因而往往把自己处于与自然界对立的地位，以致使人类与自然界的关系不断恶化。如过快地发展工业，过多地进行核试验，过量地开采森林与地下水等，其结果是导致自然界生态平衡遭到严重破坏，北极上空臭氧层变薄，空洞加大，气温反常，火山频发等怪异现象。我国多年来出现土地荒漠化、水土流失、江河断流、洪水泛滥、地面下陷等严重恶果，黄河长时间断流和长江特大洪水同时出现，应该是出于同一原因。

为了改善人类和自然界的关系，人类必须彻底改变自己的思维方法与活动方式，那就是对自然界不能一味索取，一味干扰，更不能采取掠夺甚而竭泽而渔的手段，而应重视自然界本身的固有规律，与自然界和谐相处，你奉献自然界越多，就会受到自然界更大更多的赠予而不是"报复"与"惩罚"。近年来，我们也采取了不少有益的措施，如退耕还湖、退耕还林、大面积植树造林和退牧还草等。数年前温家宝同志在一次讲话中指出，人们的思想要从控制自然转化为管理自然，十八大李克强同志更是把"生态文明建设"纳入全国的"五大建设"之中，这是国家领道人自觉运用科学发展观实现中华民族伟大复兴的典型范例，这一重大思想转变，实在令人欢欣鼓舞，必将谋利于当今，造福于后世。这几年，"雾霾"笼罩我国广大地区，京津冀、珠三角、长三角地区空气污染情况严重，而且呈连片发展态势，去年更为严重。当然这与工业发展过快，环境保护措施未能先行或跟上，以及家庭汽车过快发展和尾气治理不力有关。最近，李克强同志又召开国务院常务会议做专题研究，以形成政府、企业和全民的合力，来整治大气污染，提升全民的环保意识，使人们认识到空气污染是最大的民生问题，以期能还我以蓝天白云的良好生态环境！

庄子的超前意识，还表现在《逍遥游》中提出的关于"无极之外，复无极也"这一宇宙无限大的思想。今本《庄子·逍遥游》中无此二句，此据闻一多先生《庄子校释》补。今本《逍遥游》中

"汤之问棘也是已"下缺"汤问棘曰：'上下四方有极乎？'棘曰：'无极之外，复无极也'"二十一字。闻氏据唐僧神清《北山录》所引补，僧慧宝注曰："语在《庄子》，与《列子》小异。"引文"棘"作"革"，按"棘"、"革"二字古声通用。《列子·汤问》正作"革"。《列子》所引，意思与《庄子》同，但文字远不如《庄子》的干净利落。另外，今本《庄子》杂篇《则阳》中也有类似句意，可作旁证："……君曰：'噫！其虚言与？'（戴晋人）曰：'臣请为君实之。君以为四方上下有穷乎？'君曰：'无穷。'"应该说庄子这种宇宙无限大的思想，是很了不起的见解，是一大贡献。它比同时代邹衍大九州小九州的说法要高明得多，即使用现代科学去衡量，也是完全正确的。

另外，庄子在《应帝王》《天地》篇中提出的关于"浑沌"的理论，以及在《养生主》《人间世》《德充符》等篇中提出的关于体悟道体的直觉思维方式，也颇具开启价值，在今天仍有其正确性，并与现代自然科学暗合。

现代哲学的发展表明，人们所重视的理性主义并未能真正穷尽对人类思维现象的研究，而被弃如敝屣的直觉思维却具有广阔的研究领域。哲学家柏尔尼就提出了在当今西方颇有影响的"意会认识论"，初步揭示了没有语言参与下的意会思维现象和意会思维特征。而当代物理学中相对论的出现和基本粒子理论的形成，更表明了经验科学时代盛行的实证主义思维方式已不能完全适应时代的需求，物理学大师爱因斯坦和海森伯都主张要以新的思维方式去取代实证主义，他们所提倡的新的思维方式都有整体、模糊和意会的特点，而与庄子的思维方法接近、相通和暗合。日本著名物理学家，1949年度诺贝尔物理学奖获得者汤川秀树在其所著《创造力与直觉——一个物理学家对东西方的考察》①一书中则对庄子的"浑沌"说甚表惊异,予以充分肯定。汤川认为"他(按指庄子——引者)竟然有一些想法在一定意义上和今天像我这样的人的想法相似,这也是有趣的和出人意料的",并进而认为:"浑沌"也与德国的海森伯教授所思考存在于基本粒子后面的东西叫做"Vrmateril"("原物")的差不多,它可能是化为一切种类的基本粒子背后的还未分化的某种东西②。这就通过对东西方文化的深入的对比研究,肯定了庄子上述理论的认识价值和开启性。它充分说明庄子的这种完整的、系统的直觉思维方式,不仅对我国古代的哲学和艺术产生过重要影响,就是对现今的哲学和美学甚至科学也很有启示意义③。

四

总括以上所论,可以得出以下几点看法:

一、古代子学,博大精深,其内容涉及诸多方面、诸多学科。而其本身又是诸多不同学派的著作;今天的"新子学",则不仅是回归本原,更须进一步发展,要深入研究古代子学中的精义,为解决现实社会的民生和思想、精神等重大问题,提供可信的参考系数,那么,进行跨学科、多学科的综合性大文化研究,当然势在必行。另外,也还要写出新的子学著作。

二、从深层看,上古学术,正如庄子在《天下》篇中所说,本

---

① 周林东译《创造力与直觉——一个物理学家对东西方的考察》,复旦大学出版社 1987 年版。
② 同上书,第 48~51 页。
③ 详见拙文《试论庄子的超前意识》。

来就是一个"无乎不在"的整体，古人研究的最高学问，就是探讨宇宙和人生本原的大问题。到了春秋战国时期，"天下大乱，圣贤不明，道德不一"，各种学术才从大道中分离出来，"道术将为天下裂"，学术遂由"合"而"分"，以后这种情况一直在延续。时至清末民初，又从西方引进了学术分类、分科的观念，使得学术走向"专科化"，并且越分越细。应该说，学术的分裂与学科的分细，也是一个应该肯定的很大的进步，否则也就不会使科技迅猛发展，在信息化、数字化、太空探测等方面获得如此惊人的成就。但是学术和科学过于"专科化"、"细密化"，随之也带来知识狭窄、观念封闭、思维单一，于传统文化茫然，文理难以融通等弊端。窃以为，现在学术已经到了由分而合和亦分亦合的阶段，这决非简单的回归，而是在更高阶段上的升华。当前的教育大计，应注意到固然要继续培养高精尖的专门人才，也要培养文理兼通的通识之士，两相配合互补，才能攀登更高的科学巅峰。

三、"新子学"的提出，高瞻远瞩，有统领诸家学派、各门学术的气势。实际上多年来不断涌现的"新儒家"、"新道家"、"新墨家"、"新法家"之类，也无不在其笼罩、涵盖之下，在"新子学"的旗帜下，不但可以进一步进行某一子学流派的专门研究，也可进行整体子学的综合性研究；既可进行单一学科的微观探寻，也可进行跨学科和多学科的宏观把握，从而逐步做到分合有序，小大并进，蔚为大观，取得前所未有超越先贤的成就。当然，还有两个条件也是非常需要和必备的，一是研究者必须具备独立的人格和自由的精神，不受外界的任何干扰和影响；二是需要有关部门的支持、整合、贯通和协同，我相信在新的大好形势下，也是完全可以做到的！

（原载于《河北学刊》2015年第5期。作者单位：安徽大学文学院）

"新子学"与跨学科学术研究鸟瞰

[韩国] 姜声调

绪 言

所谓"诸子学",亦简称为"子学"。近几年来,华东师范大学多次举办"新子学"的学术活动,讨论了一些建构学术体系的问题,接着要讨论的是"新子学"转型发展的问题。在古今、东西对话的前提下,论转型发展应该顾及人员构成、对象结构等问题,刘韶军在《论"新子学"的内涵、理念与构架》一文中说:"就'新子学'而言,前面已经说明了它的新在于学科体系新、时代观念新、学术知识体系以及学术研究方法新,而所要面对的研究对象、所要涉及的文献资料及其内容则是传统的、旧的东西。以新对旧,这就决定了'新子学'的第一个理念是要以新的价值观、方法等对旧的东西进行全新的解读、阐释。"①刘氏说得甚好,认为随着变化,以新代旧,其"新"就必须合乎跨时代的理念、范畴、方法等学术思想体系,才能

---

① 见刘韶军《论"新子学"的内涵、理念与构架》,原载于《"新子学"国际学术研讨会"会议论文集(一)》,华东师范大学先秦诸子研究中心2013年4月,第48页。

体现"新子学"的内涵。而尝试再造"新",必须有一明确的学术理念,然后进行阐扬,以其合理性而得到学者的接受与再发挥。而"新子学"与跨学科学术研究意味着转型发展,转型则必须借助跨学科学术研究,经过一段整合不同学科的道路。现在正是最佳时机,不得犹豫不决,应该小心翼翼地进行这项事业。

本论文以"'新子学'与跨学科学术研究"为研究范围,全力搜集相关资料,归纳重组,作一分析研究。论文大约分为三部分:一是"新子学"与跨学科学术研究,二是关于"新子学"与跨学科学术研究的反思,三是"新子学"与跨学科学术研究鸟瞰等方面。希望透过三层次的探究过程,对该问题做出相对客观、合理的论述,并有助解决若干问题。

一、"新子学"与跨学科学术研究举隅

有关"新子学"面向跨学科学术研究的问题,若我们追寻其发展过程,就可以发现一连串包括从历史渊源到跨学科际的接受,再到奠定基础的情形。无疑地,我们应该先考察各代学术流变的趋势,才能跟随留下的脚印。

首先,是其跨学科学术研究的历史渊源。依我所知,跨学科的"子学"研究恐是源于《韩非子》的《解老》《喻老》二篇,以法家观点发挥阐释老子之说,即《解老》以义释《老》,《喻老》以事解《老》[1]。

接着,是宋代之前跨学科际的接受。这一阶段应从先秦以后下及

---

[1] 罗焌在《诸子学述》第八章《历代之诸子学》一文中说:"惟《韩非子》《解老》、《喻老》二篇,殆研究诸子之最初而最精者乎?"(岳麓书社1995年版,第81页。)

秦汉、魏晋南北朝、隋唐五代，即秦汉时代在《吕氏春秋》、刘安《淮南子》、董仲舒《春秋繁露》与贾谊的政论文，以及诸儒解《经》中引诸子学说用以说《经》；魏晋南北朝时代在嵇康《养生论》、阮籍《通老论》与《达庄论》、陶渊明《桃花源记》，以及葛洪《抱朴子》、刘勰《文心雕龙》中，持玄学风气，吸取养分，援用发挥；隋唐五代在李白、杜甫、李贺等的诗作，以及韩愈《读荀子》与《圬者王承福传》、柳宗元《黔之驴》《捕蛇者说》《种树郭橐驼传》等文中，承佛、老或儒，思想的论驳，皆有可观。而古文运动后，承其遗风，继述古义，杂抄子书，牵引学术，却斥诸子，流于杂学，相参异闻，相称持论。

再接着，宋代是奠定基础的时期。宋代以儒为主，杂以道、佛，提升层次，扩展思维，营造一种跨学科学术研究的条件环境。关于这一条件环境，主要依靠提升（层次）扩展（思维）与思想会通两大方面的因素，并以此推动了跨学科学术研究的发展。宋人对诸子学思想的接受及发挥相当可观。就提升（层次）扩展（思维）而言，由于先秦诸子学往往缺乏一完整的哲学体系，而因循该问题，后学一代代墨守地阐释发挥其义理思想，至宋，有赖于好议论、重思辨、举大义的新风气，一时就出现了疑古改造的倾向。趁此时机，学者们开始尝试建构其义理思想体系，即以儒家为中心，并与道家、佛家结合，建立一种新时代思想学术。为此，儒学逐渐地吸纳了道家、佛学中的理论层次与思维方法，从而使宋学大力促进提升层次、扩展思维，体现了一代学术思想的特征[①]。由思想会通而言，是与"提升扩展"一

---

① 此则可参看方勇《庄子学史》（第二册）《第一章宋元庄学概说》（人民出版社2008年版，第3~24页）与姜声调《宋人对〈庄子·养生主〉首段的探究》（《诸子学刊》第七辑，上海古籍出版社2012年版，第158页）二文中的叙述。

环扯得上关系，拟以儒解道、以道解儒、以佛解道等方式互相融合，推陈出新，相得益彰，乃呈现出了阐发各家义理思想的特征。所以笔者在《跨学科的庄子学》一文中归纳出其意义，并说到了"宋代出现有别于传统儒学的新儒学（理学或称道学），它承袭孔孟儒家，还纳入道家、佛家而融合，便显示出'宋学'这一时代特色。新儒学为弥补传统儒学缺少哲理意味之处，取以疑古议论、伦类思辨为门径作一演绎推理，并为建构其体系吸取儒、道、佛三家的理论层次与思维方法，从而得到融合发展"①。如此，宋人大大缓和了各家学说之间抵触冲击的尖锐矛盾，进而奠定了跨学科学术研究的基础，使之形成像大有天地似的发挥空间，提供后学展翅飞翔发展的机会。此则笔者的《跨学科的庄子学》一文写得甚为具体客观，如：

> 宋人深受当时代学术趋势的洗礼，经过好疑古、善思辨、举大义，从"庖丁解牛"寓言演绎出一新跨时代意味的文章。他们援引其篇文该段，用来比喻求证的手法，发挥了多方学科的意义。即除了求证"牛以鼻听"之事外，还有赞语、谈技、改观、处世、会通、批评、得意及比喻不当等方面。而其涉及到的学科有人文学、社会学、艺术学、中医学、自然科学与机械工程学等领域，并以此可证实宋人发挥"庖丁解牛"寓言具有一些跨学科意义。②

然而，面向"新子学"跨学科学术研究还需要一些条件环境搭配，就承袭宋人示范的众多成果，加上现代学术所要求科际整合的表现，

---

① 见《中国语文论丛》第60辑，首尔中国语文研究会2013年12月，第158页。

② 同上书，第160页。

即从文科、理科调和与抽象、具体兼顾，体现定量化、科学化、系统化等规范化的过程。至此要举例的是，台湾学者陈满铭从《易经》《老子》与《文心雕龙》下及历代文艺理论中总结出"辞章章法学"，其理论体系用以"多↔二↔一（〇）"螺旋结构、四大规律、四个章法族系来概括。该理论重在篇章内容的逻辑结构，顾及由字而句、由句而节、由节而段、由段而篇的内容组织，经由篇章结构的分析，掌握全篇之条例，理清其秩序、变化、联贯、统一的变化脉络，而概括其内容与形式，体现篇章关系所表达的主要内涵①。当然，我们持着开放的心态去接纳上述一些意义非凡、价值宝贵的研究成果，同时也要考虑到每一本子书是古人一生所累积的学识经验与人格涵养的总和，其含义深刻奥妙，涉及多方，无所不包，较为全面。后来的研究者可以不限于范围去接受其著作，自然地发挥到多方面的学科领域，而对此，宋人给后人提供了重要的范例。

二、关于"新子学"与跨学科学术研究的反思

"新子学"走进跨学科研究的阶段，必须经过规范化、科学化、具体化、多元化、普及化的过程，才会被学术界以及群众接受。西学影响到目前，研究"新子学"的专家、学者们往往把其逻辑架构硬套笼罩于"子学"上来发挥，却不从中土祖宗们曾试过的范例中寻

---

① 陈满铭在《篇章结构学》一文说："经由篇章结构的分析，以掌握全篇之条例，理清其秩序、变化、联贯、统一的脉络，而概括其内容与形式，融合真、善、美为一。"（万卷楼图书股份有限公司2005年版，第10~17页。）又参考郑颐寿《陈满铭创建篇章辞章学·代序》一文，收入仇小屏等编《陈满铭与辞章章法学·陈满铭与辞章章法学术思想论集》，台北文津出版社2007年版，第6~8页。

求线索与答案，因而不能让从业者都得到十分满意的结果。当然，如今"子学"再起，号称为"新子学"之名，回顾过去研究过程及其成果，反复思虑，继而进一步展望其未来发展的前程，才能使之开启一新学术研究的门路。然则跨学科研究"新子学"如何规划其发展进程，大约可归纳为本段一开始列举的五种方面，兹分述如下：

（一）"新子学"的规范化

有关"中国学"规范化的问题，学术界早已有一定的探论，1979年台湾黄俊杰在《思想史方法论的两个侧面》一文中说："如何就吾国学问之传统抟成一谛当可行之思想史方法论？此实为吾人今日所面临之问题，亦为吾人所应努力以赴之挑战。"① 笔者留台期间撰写硕士论文，其中初步尝试建构了庄子思想体系，认为"围绕着真理的认知、思维的方法、真理的传达、安命的归结等四条血脉，逐渐以极深入的义理观念开展其思想体系。这是……思想中首要厘清的问题，也是研究其思想体系的先决条件"②。同样，方勇教授在《"新子学"构想》一文中提出整体性的看法，说："当子学的历史发展得以完整呈现后，其固有概念则自然而然地冲破以往陈见的束缚，重新确立起兼具历史客观性与现时创新性的概念。这本身也符合我国主要学术概念源于自身学术传统的诉求。子学根植于中国文化土壤，其学术理念、思维方式等皆与民族文化精神、语文生态密切相关。对相关学术概念、范畴和体系的建构，本应从中国学术自身的发展的实践中

---

① 引自韦政通编《中国思想史方法论文选集·代序》，台北水牛出版社1987年版，第1页。
② 见姜声调《庄子内七篇之宇宙观研究》第四章《庄子宇宙思想之反省》，台北东吴大学中文研究所硕士学位论文1995年，第81~99页。

总结、概括、提炼而来。'新子学'即是此理念的实践。"① 这篇与相关"新子学"的若干篇论文收入《诸子学刊》第八辑"'新子学'论坛"专栏,如徐国源《关于"新子学"的几点思考》、李似珍《"新子学"的学术针对性、时代意义思考》、李有亮《重返中国传统文化最佳生态现场——对"新子学"的一点理解》、孙以昭《时代召唤"新子学"》、陆永品《"'新子学'构想"体现时代精神》、郝雨《"新子学"对现代文化的意义》、谭家健《对"'新子学'构想"的建议》、陈引驰《多元时代的文化传承与选择》等。之后,在2013年4月,华东师范大学先秦诸子研究中心举办"'新子学'国际学术研讨会",数十位专家学者发表相关论文,并指出现阶段倡导"新子学"发展的面面观点,如傅璇琮《继往开来,创新学术——在上海"新子学"国际学术研讨会上的发言》、许抗生《谈谈关于建立当代"新子学"的几点想法》、张永祥《反者道之动:从子学走向"新子学"》、玄华《"新子学":子学思维觉醒下的新哲学与系统性学术文化工程》、欧明俊《"新子学"解说之我见》、王威威《"新子学"概念系统的建构》、刘韶军的《论"新子学"的内涵、理念与构架》、高华平《关于"新子学"之我见》、蒋门马《关于弘扬"新子学"的建议》、李桂生《诸子形态的流变及诸子范围的界定》、林其锬《略论先秦诸子传统与"新子学"学科建设》、孙以昭《时代召唤"新子学"》、王锺陵《建立中国学术的核心价值》、汤君《从"旧子学"看"新子学"》、金白铉《21世纪新子学与新道学的研究课题》、吴勇《以诸子的精神面对现实——"新子学"的任务浅议》、

---

① 见方勇《"新子学"构想》,原载于2012年10月22日《光明日报》"国学"版,后收入《诸子学刊》第八辑,上海古籍出版社2013年版,第363页。

王昀、谢清果《还原，重构与超越》等①。如此，众家在论文中探讨关于建立"新子学"的名义、范围、理论、方法与发展方向等诸问题，谋求其方，探悉答案，可说是各有一定的参考价值与意义，论文俱在，兹不赘述。

（二）"新子学"的科学化

"子学"是人文学科的学术研究领域，原属于累积的经验知识。所谓"累积"一词，就有一种过时陈旧之感。不过，"子学"与"新子学"不同，"新子学"指向"温故知新"，非但要继承"子学"，仍要创新"子学"。而其创新非得与现代发展动因结合在一起，指的是科学知识。科学知识属于非累积的发展知识，要把过去的抛弃，推陈出新，日新月异。无论旧有的、现有的，都要一律不变地放弃，旧的不要，要学新的，一而再，再而三，常以求新，没完没了。所以黄锦鋐师曾说："大家都知道今天是知识爆发的时代，知识可以分为经验的知识和发展的知识，经验的知识是人文的知识，是累积的知识，但一累积在一般人看起来就有陈旧之感；而发展的知识是非累积的，科技的发展日新月异，……发展的知识是要把过去的扬弃，所以在科技上要学新的不要旧的，我们可以迎头赶上；在人文上却不能放弃旧有的，新诗要看，《诗经》也要读，要从根救起，因此在人文上的负担特别重，一般人看来乃有守旧的感觉。"② "子学"与"新子学"不能一概而论，其原因在此，故不得随意并论之。"新子学"要走的路凹凸不平，曲折拐弯，艰辛遥远，因而要有一系列的规划理想蓝

---

① 诸篇原载于华东师范大学先秦诸子研究中心《"'新子学'国际学术研讨会"会议论文集（一）》。

② 见黄锦鋐师《科际整合下的文学发展》，《文化复兴月刊》1979年第12卷第10期，第63页。

图、安排细节过程、着手从事研究，能使之迎接该学术的盛况，独具一格地立足于学科领域。那么，我们如何营造这一局面，对此张永祥在《反者道之动：从子学走向"新子学"》一文中说："人文学科是一种务虚的学科，关注的不是纯粹的知识，而是追求知识的意义，核心是人的问题，即关注人的生存及其意义、人的价值及其实现。……'新子学'大文化的理论诉求不但是针对人类陷入方向迷局中的一种反思，也是对确立文化发展新方向的一种努力和探索。大文化之大，首先是指文化之文早已不是《诗》《书》《礼》《乐》的单纯内涵，而是涵盖了大子学的全部内容；其次是调动一切人文社科与自然科学的研究手段，以子学研究为出发点，以不同文化间的交流与对话为参照，发扬子学精神，打破方向迷局，融东西方文化为一炉，开中国文化发展的生面。"① 张氏说得很有道理，但未有举例提示其具体的方法，总觉有憾。我们应该尽量利用已累积到目前的人类所获得的科研成果，借助人文、社会、自然科学的知识来解决"新子学"学术研究的问题。譬如《老子》四十章"天下万物生于有，有生于无"②两句，是关于宇宙大自然之"道"创生一切事物之前，它从本体面转变到作用面（即"无"专靠于质变现象转化为"有"），"无"、"有"均是"道"的别名代称。所谓"质变（Qualitative Change）"，是指从一种质态向另一种质态的转变，属于物理学名词。又如《庄子·至乐》"种有几，……青宁生程，程生马，马生人，人又反入于机"一段，是关于生命的变化规律，"经过从'几（即化机）'到各种事物再回到'机（化机）'，就像这样一连串的变化，可说是一种'突变'而'衍化'的生命变化现象。即由'几'返回到'几（机）'的循环。……实靠着介于自然界（抽象—质变）到现象界

---

① 见《"'新子学'国际学术研讨会"会议论文集（一）》，第17页。
② 见陈鼓应《老子注译及评介》，北京中华书局1993年版，第223页。

(具体—突变）转生变化的道理。"① 所谓"突变（Mutations）"，是指细胞中的遗传基因发生的改变，属于生物学名词。就此，我们从可行的范围内选用科学知识去进行该学术研究，终究会做出一种客观合理的发挥来。

（三）"新子学"的具体化

过去的"子学"研究往往有着一种抽象含糊的成分，并停留于不可转变为具体一面的感觉，但是，有赖于科技发展的成果，我们将会把抽象成分变化为具体的，而揭露其神秘面纱。要不然，"子学"要脱胎换骨地追求转型而走标榜"新子学"的路线，旧态依然，难免模糊，犹如虚幻，白费心血，并未能达到一定的预期目标。尤其人文学科过分地强调或凭借抽象一面，就流于神秘，凭空而想，难以揣测（看不见、听不闻、摸不着），究竟是不足以真相大白的。所以玄华在《"新子学"：子学思维觉醒下的新哲学与系统性学术文化工程》一文中，认为：

> "新子学"主导下的学术理念以自觉思维与精神为核

---

① 见姜声调《庄子思想中的特殊教育观》（上），《国文天地》第28卷第6期，万卷楼图书股份有限公司2012年版，第66~69页。"新子学"的科学化只是发掘文本而已，如黄锦鈜师《科际整合下的文学发展》："文学要有感情，但感情太多会泛滥，因此也需要理智，……文学除了要感情与理智调和外还要有科学精神，就是要合乎逻辑，《庄子》里有几句话，我觉得非常好，他说：大鹏飞到几万里高空，'天之苍苍，其正色邪？其远而无所至极邪？其视下也，亦若是则已矣'。我们说天是蓝色的，但天的本色是蓝的吗？我们不知道，因太远了我们看不到，只看到蓝天，大鹏飞到几万里高空望下来也是一样苍苍。这几句话非常科学，是合乎逻辑的，这是科学的基础。"《文化复兴月刊》1979年第12卷第10期，第65页。

心，对万物的思考已进入后现代主义阶段。它摒弃人为对本质的先验决定，强调对现象本身的还原与分析，对事物采用内在性、发生性的探索。一切本身都是多元的，事物间是一个互涉本身的关系，没有已死的过去本源，也没有僵化固定的未来终点。一切都是在不断的解构与建构，又重新解构与建构中发生。……天然发展的子学与天然进化的人相互成就、互为实现，"发展的子学"的根本发展力量源于人及其一切，源于子学本身——来自于它们本身既历史具体的，又变革开放的，无固定、不抽象的发展性。子学本身呈现出固有的开放性，始终是一个开放的形态，甚至不拘泥于子学本身。它没有固定的内容，甚至范式。而在具体层面，他把握了学术多中心、散须根的真实面貌和文本生命变革的具体进化形态，更近学术的实际面貌与文化学术的本性。[①]

而谈到"具体化"，还要思考一点，就是人文学科设有虚幻与真实的问题。过分地要求"具体化"，实则意味着注重现象，让人感知，看似真实，却是虚幻的。人文学科常以伏笔在文字上埋设一些藏而不显的意思，由此上当重视关注表面的意思，而轻视忽略背后的目的，乃造成虚幻代替真实的现象。好比黄锦铉师曾说过一段浅显易懂的道理：

> 《伊索寓言》中有个故事是说有只狗咬了一根骨头，过桥的时候看到水中也有一只狗牙咬了一根骨头，于是这只狗就要去抢水中那只狗的骨头，牠嘴一张，咬在嘴里的骨头就

[①] 见《"'新子学'国际学术研讨会"会议论文集（一）》，第24~25页。

丢了。这故事初看是告诉我们人不要贪心，如果再深一层去想——透过形象去认识文学的内涵，则我们知道水里那只狗的骨头我们眼睛看得见，但嘴里自己咬的骨头看不见，看得见的东西是虚幻的，我们人生是迷惘的，只看得见"看得见"的东西，这"看得见"的东西是虚幻的，"看不见"的东西才是真实的；但我们却去追求虚幻的，真实的东西都丢掉了，所以我们这样去看文学觉得文学感动人，不仅只是说不要贪心而已。①

然而人文学科须走一"具体化"的路线，走险高坡，山重水复，还是要赶上当今时代的趋势，应付学术研究的要求，因其立足于"新子学"的现况下更当如此。"新子学"追求"具体化"，是应对"抽象化"的概念，而"具体化"包括辨别"虚幻"与"真实"现象，考虑到这一点才能推进一步其跨学科学术研究的问题。

（四）"新子学"的多元化

在"新子学"的跨学科学术研究上，"多元化"无疑是一种极其重要的关键，是因为它要走进跨学科的道路，所以亦需反映当今时代学术的发展趋向，否则就称不上"新"、"跨"二字，就会让人有名实不符、不切实际、不过如此的感觉。关于"新子学"的多元化，李有亮在《重返中国传统文化最佳生态现场——对"新子学"的一点理解》一文中说："对'新子学'的理解，第二个层面是从传统文化的现代转化意义上，谈谈对今天构建多元文化生态的一些担忧。任何重返传统的努力无一不是指向'此时此刻'的迫切需要的。回到

---

① 见黄锦鋐师《科际整合下的文学发展》，《文化复兴月刊》1979 年第 12 卷第 10 期，第 64 页。

中国传统文化最佳生态现场,一方面是为了给今天多元化的精神需求提供更加丰富、开放的思想文化资源,使不同的价值取向在一个相对合理的限度内都能与传统有序对接;另一方面,也是为了破解今人一切以'西'为尊、盲目沉迷于大众消费文化的精神魔咒,建设一种在东西文化主题互动式的平等对话关系前提下,以及本土文化多元共生、各取所求基础上的现代文化生态。"①他说到"新子学"要建构多元化的最佳生态,一方面是如何在相对合理性的范围内进行古今对话,与传统相接,另一方面则是如何在相对客观性的条件下进行东西

---

① 见李有亮《重返中国传统文化最佳生态现场——对"新子学"的一点理解》,《诸子学刊》第八辑,第386~388页。此则根据传统文化多元的结构形态为内部张力,他说:"一种良好文化生态的形成,取决于多元文化结构形态之间的内部张力。这种张力,就是一种思想价值取向上的对峙或紧张关系。这种对峙与紧张恰是文化生态充满生机与活力的动力源。……孔子说:'君子和而不同,小人同而不和。'(《论语·子路》)而我们常常是把'和'与'同'相混淆了。有子也说过:'知和而和,不以礼节之,亦不可行也。'(《论语·学而》)而我们今天为了讲'和',连基本的礼仪、规矩也都丢弃了。和谐是需要在正视矛盾、直面张力的前提下,从机制体制上进行改革创新才可能实现的,而非一味回避冲突、抹平差异、压制矛盾、消除张力。……进一步讲,多元文化之间的张力,是由于各种不同的文化思想的价值取向具有分化性、裂变性。这种思想上的分裂局面对于百家争鸣的良性文化生态的形成是至关重要的,因为在它的内部产生推动力的,是一个既处于不断变化之中、又有着自动守冲机制的复合式张力结构。在这一张力结构中,有不同思想派别、不同主张之间的对立性或差异性,也有不同思想自身内部的矛盾性、悖理性,这就形成了文化思想的多元共存和交互影响的生态格局,对于一个时代、一种社会文明的创建提供了鲜活的精神质素。"(同上书,第385~386页。)

对话，与现代相应①。为实现"新子学"的多元化，必须与跨学科学术研究结合在一起，而确定其学科范围的问题，所以方勇在《"新子学"构想》一文中说："子学系统则代表了中华文化最具创造力的部分，是个体智慧创造性地吸收王官之学的思想精华后，对宇宙、社会、人生的深邃思考和睿智回答，是在哲学、美学、政治、经济、军事、教育、技术等诸多领域多维度、多层次的深入展开。"② 固然他说中了"子学"是古人传授其学识、经验、修养的精华，涉及全面，深入内涵，所以将它接受发挥，其领域就像是开阔天空，不可限度的了。同时，方勇又说："'新子学'是子学自身发展的必然产物，也是我们在把握其发展的必然规律与时机后，对他所做的进一步开掘。在此阶段，我们重新反思并明确子学的本质与其历史面貌。所谓子学的'子'并非传统目录学'经、史、子、集'的'子'，而应是思想史'诸子百家'之'子'。具体内容上，则应严格区分诸子与方技，前者侧重思想，后者重在技巧，故天文演算、术数、艺术、谱录均不在子学之列。"③ 在奠定基础上，他主张界定学科领域或范围，

---

① 徐国源在《关于"新子学"的几点思考》一文中说："当代'新子学'研究和传播，应该注意四个问题：一是要'回归元典'。……二是要'重估价值'。……三是要展开'创造转化'。历史都具有当代性，'新子学'之'新'，其实也包括了当代学者重新认识和发掘先秦子学的'潜'意识、'正能量'。所谓'创造'，就是要充分阐发子学元典中潜藏的当代价值，使优秀文化发扬光大；所谓'转化'，我以为必须借助'古今对话'、'中外对话'等途径，使'经典'生发出现代意义，为目下社会文明、公共文明建设所用。"（《诸子学刊》第八辑，第 377 页。）

② 见方勇《"新子学"构想》，《诸子学刊》第八辑，第 362 页。

③ 同上书，第 363 页。

自有一定的道理①，但是，他自己也肯定"子学"是多维度、多层次展开的，既要说范围无限定，就要说无限定，不许出尔反尔，最好不可有区分排列。故李似珍在《"新子学"的学术针对性、时代意义思考》一文中批驳说："具体落实'新子学'，会遇到许多的问题，……方教授在文章中提出了有关天文、数学等自然科学部分，不进入子学范围。我认为从论著收集范围的划界角度讲是应该这样做的，但从思考范围的涉及而言则不必限定得过于狭窄。其实西方人的学术里面，哲学、宗教和科学是分不开的几块，他们讲宇宙观和本体论，认为是与人分不开的方面。这种思想观点值得我们重视。在中国历史上，人们也曾有过这方面的关注，如戴震是清代重要的经学家、思想家，也是《四库全书·子部·算学类》编撰的负责人，他经过了解，确定了中国传统数学中的十本代表作（其中有《九章算术》《周髀算经》等）。在此基础上，他自己还写了一本相关的算学书，因为他觉得通过阅读这些著作，学到了有关的思维方法，所以据此而悟出了其中的道理。这里就有子学原创的学术基础方面的贡献。同样的启示也可以追溯到天文学、医学等方面。西方人讲广义的文化，包括了自然科学

---

① 对此，高华平在《关于"新子学"之我见》一文中说："依我理解，方勇先生是要在《汉志》划分'诸子'与术数、方技等诸'略'界线的基础上，进一步明确'子学'的学科范围，将天文演算、术数方技、艺术谱录等排除在'子学'之外。因为我们当下的社会已是一个社会分工越来越明确、学科划分越来越清晰的时代，将侧重于价值理性领域的人文科学与'侧重'于工具理性领域的自然科学领域加以区分，清理出二者的边界，这既是现代学术发展的必然结果，也是现代学术发展的现实需要，有其合理性。"（《"'新子学'国际学术研讨会"会议论文集（一）》，第70页。）

等内容，我们现在想深入地探讨子学，可能还是要拓宽视野、打开思路。"① 我也十分同意李氏的看法，"新子学"指向跨学科学术研究一定要将其领域、范围多元化，不宜界定狭窄，不限为度，大大开放，使其能充分发挥特色。

（五）"新子学"的普及化

从跨学科学术研究角度说，"新子学"的普及化可有文学化、大众化（世俗化）两种方面，所谓"文学化"是指"子学"有关学术思想转化为文艺的学问，如宋人对《庄子》一书的文学化，以苏轼为其代表人物②；所谓"大众化"是指"子学"简朴无华地翻译为朴实的学问，如今人对"子学"群书的简明化，是针对儿童、大众撰著的专家学者。严格说来，"新子学"的普及化专指大众化（世俗化）方面。关于"新子学"的普及化，玄华在《"新子学"：子学思维觉醒下的新哲学与系统性学术文化工程》中说："学术普及化是学术文本不断解放与社会化大生产的必然要求，不仅符合学术大众、开放的本质，也符合其进化的本质。它不是简单的翻译和普及，而是意味着学术文本结构和再造发展。……学术开放、变革、大众的本质已

---

① 见李似珍《"新子学"的学术针对性、时代意义思考》，《诸子学刊》第八辑，上海古籍出版社2013年版，第382~383页。"诸子学"原来不分学科，就与李氏的看法相合，如李桂生《诸子形态的流变及诸子范围的界定》一文说："'诸子'有广义与狭义之分。广义之'诸子'除了《汉志》所指'诸子'之外，还包括医药、术数、方技、房中、卜筮、历法、占梦、神仙、佛家、杂艺术等。狭义之'诸子'，则基本指《汉志》和魏晋目录书所称之'诸子'。"（《"'新子学'国际学术研讨会"会议论文集（一）》，第93页。）

② 此则参考姜声调《苏轼的庄子学》（台北文津出版社1999年版，第2、224~228页）与《跨学科的庄子学研究》（《中国语文论丛》，第135~136页）。

经从根本上决定了其进化方式必然是一种社会化大生产的方式。同时，学术变革的最直接途径——文本变革，也是在大众参与文本写作中才能发挥其至大的效果。"① 当然，最理想的普及化是身为核心当事者——大众直接介入参与写作，才得出适合接受者胃口的结果来，并能使之发挥极其有用的效果。玄华又说："'新子学'则从诸子相对成立出发，获得了与列维纳斯'他者'理论相类似的新哲学理论：他者才是自我确立的根本所在，诸如儒家之所谓儒家，是相对于道家、法家等其他诸子而言，……也就是说他者才是自我的依据，只有为他者负责，才能最终确立自我的存在。……'新子学'则告知我们应在子学伦理下，面对他者。由此，我们将把自己落实在大众之中，而不是在大众之外。我们的天职在于服务大众，而非教化大众。当社会伦理由原来的经学引道、教化，转变为对他者负责与服务时，我们固有的'士'自然而然地将转型为现代公共的知识分子。同时，'新子学'也将为国家进一步和平发展提供更多理论支援。"② 无论是"子学"也好，"新子学"也好，面向的是除了少数知识分子以外，还有社会大众，因而能否再造让他们乐意接受的土壤，可说是最重要的任务，也是能否普及化的关键。而从事研究者与大众接连地互动共求"新子学"的普及化，即劝大众从策划、进行、收获的过程主动地介入参与，并以其心得落实于"新子学"。进言之，"新子学"与大众互连相接，合而为一，共同推行普及化的进程，自然而然地解决大众与知识阶层相背离的问题。然则彼此会心服口服地接受结果，心满意足地分享成果，乃同心协力地道向成功的普及化发展。

如上所述，"新子学"与跨学科学术研究要有一定的进程，如规

---

① 见玄华《"新子学"：子学思维觉醒下的新哲学与系统性学术文化工程》，《"'新子学'国际学术研讨会"会议论文集（一）》，第26页。

② 同上书，第26~27页。

范化、科学化、具体化、多元化、普及化等。即规范化是指过去与现在相接互应地体现具有中国传统的学术研究体系；科学化是指人文学知识借助于各种科学知识解决学术研究的问题；具体化是指抽象的学术思想成分转变为具体并辨识"虚幻"与"真实"；多元化是指相对客观合理的范围条件下将把古今与传统相接、东西与现代相应；普及化是指研究者与大众共同参与从事文学化、大众化两方面的事情，并以此落实于"新子学"而分享。

三、"新子学"与跨学科学术研究鸟瞰

所谓"新子学"，是拟以古今与东西为背景相对合理客观地进行一连不断的对话，建构一完整的学术思想体系，一新面貌而转型，展开一种不同于过去"子学"的研究活动。关于"新子学"问题，方勇在《"新子学"构想》一文中说："在当今社会，我们倡导子学复兴、诸子会通，主张'新子学'，努力使之成为'国学'新的中坚力量，非为发思古之幽情，更不是要回到思想僵化、权威严厉的'经学时代'，而是要继承充满原创性、多元性的'子学精神'，以发展的眼光梳理过去与现在，从而更好地勾连起未来。产生于'轴心时代'的诸子之学后来都是当下之学，自会聚诸子思想的诸子文本诞生伊始，诸子学就意味着对当时社会现实的积极参与。而后人对诸子文本的不断创作、诠释、结构与重建，亦是为了积极应对每一具体历史阶段之现实。子学如同鲜活的生命体，不断发展、演变，生成了一代又一代的新子学。我们创导'新子学'，正是对诸子思想的重新解读和扬弃，也是借重我们自身的智慧与认识对传统思想的重新寻找和

再创造。"① 他认为"新子学"要继承充满"原创性"、"多元性"的"子学精神",肯定是一代代首要重视的。而其"多元性"将足以使"新子学"学术研究带有生机,富有色彩的精神。基于此,才能"梳理过去与现在",汇合东学与西学,进而一路迈向未来。值得注意的是,"多元性"面貌,正适合于跨学科学术研究,可将"子学"接受发挥得淋漓尽致。再说,跨学科学术研究是要紧密地与"新子学"相配的重要一环,也是彼此结合在一起发挥其功效的关系。所以刘韶军在《论"新子学"的内涵、理念与构架》一文中说:"现在研究'旧子学'存留文献的学者都会出身于不同的学科,如哲学学科、历史学科、文学学科、宗教学科、法学学科、外语学科、教育学或心理学学科,甚至是医学、天文、数学学科等科技学科,因此学者们对于'新子学'的核心理念会有所不同。如果忽略了学科上的差别,而来寻求最有普遍意义的理念,那么这个问题还是可以探讨的。也许只有这样来思考,才能形成能为不同学科的学者所共同理解和接受的关于'新子学'的某种普遍性理念。"② 说的正是。"多元化"是在前提开放的意识形态下,各处于承认学科间差异的立场,相让互补,容纳彼此,就不难跨越学科接受不同学科领域的知识。更何况,"子学"自有博大精深的含义,从不同学科、人员来自由活跃地接受发挥,真传精神,发扬光大,便是符合"新子学"所求学科建立与学术研究的理念。对其理念,刘韶军又说:"'新子学'的第二个理念,是在'新子学'的研究中,要把不同学科整合、贯通起来,尽量消除各个学科的相对局限性。……要把'新子学'规划得符合科学而没有漏洞和弊端,就要在如何整合、贯通不同学科的问题上仔细思索,并形

---

① 见方勇《"新子学"构想》,《诸子学刊》第八辑,第367页。
② 见刘韶军《论"新子学"的内涵、理念与构架》,《"'新子学'国际学术研讨会"会议论文集(一)》,第47~48页。

成一套行之有效的方案和方法，保证处于不同学科的研究者能够在一个协同的体系中共同研究，取长补短，互通资讯，随时交流等。……'新子学'的第三个理念，是在忠实于'旧子学'留存文本的基础上对其中的丰富内容做出科学的阐释。"① 从刘氏看法说来，"多元化"是要考虑各学科的相对局限性问题，尝试在不同学科间进行共同研究，科际整合，贯串为一，加之科学知识能阐释出"新子学"的丰富内涵。的确，但是他所谓"新子学"，仅限于"多元化"问题上，仍未顾及"普及化"问题。"多元化"就自然地涉及"普及化"，其成功必须归结于"普及化"，先行后随，互补相成，是一种接连发展的进程。而"普及化"的进程是从专业研究者与大众相连来主道，即前者专门从事"新子学"，是服务于学术研究的，称为文学化；后者互动参与"新子学"，是服务于朴实有用的，称为大众化。"文学化"始于唐宋二代，是过分提倡"文以明道"、"文以载道"所造成的反效果，借助一种当时社会的大众化趋势，以及疑古改造、融会贯通的学术倾向，乃促使文人学者加入，经由诠释与发挥而丰富其意涵。后经明清至近现代，文人雅士们把"子学"有意地改造援用，创出新意，都是明显地受到唐宋"文学化"的影响。"文学化"，其实也包括了当代学者重新认识与发掘"新子学"普及化的意识、能量。除此之外，专论"大众化"就以学术大众、一般大众为对象，从专业性、世俗性两方面进行，不仅符合学术发展的本质，也符合学术开放的本质，能使之服务于学术界及社会大众。特别面对一般社会大众的"大众化"，一定要考虑调整人员结构的问题，鼓励一般大众积极地介入参与"大众化"的过程，将学者与大众相结合，并齐心协力地共创出大众化文本来，才能实现顾名思义的"普及化"。值得

---

① 见刘韶军《论"新子学"的内涵、理念与构架》，《"'新子学'国际学术研讨会"会议论文集（一）》，第48~49页。

注意的是，"多元化"、"普及化"是跨学科学术研究的基础，并给它起了一定的作用。而且"新子学"在"多元化"、"普及化"的基础上要进行跨学科学术研究，因而不得不重视这两项的进程。另外，我们要到过去的学术成果中去发掘跨学科学术研究的成果，可惜至今很少有人去尝试发掘一些相关证据，实在是不可思议。此则笔者在《跨学科的庄子学研究》一文中认为："宋人深受当时代学术趋势的洗礼，经过好疑古、善思辨、举大义，从'庖丁解牛'寓言演绎出一新跨时代意味的文章。他们援引其文，用来比喻求证的手法，发挥了多方学科的意义。即除了求证'牛以鼻听'之事外，还有赞语、谈技、改观、处世、会通、批评、得意及比喻不当等方面。而其涉及的学科有人文学、社会学、艺术学、中医学、自然科学与机械工程学等领域，并以此可证实宋人发挥'庖丁解牛'寓言具有一些跨学科意义"[1]。

综观以上所论，"新子学"与跨学科学术研究要从规范化、科学化、具体化、多元化、普及化等过程进行，其中以多元化、普及化为重点进行细节性的文学化与大众化，才能达到预期的功效。此外，应从前人的学术成果中寻找一些相关范例，接受而解构，建构而发挥，

---

[1] 见姜声调《跨学科的庄子学研究》，《中国语文论丛》第60辑，第160页。举类似看法为例，如孙以昭《时代召唤"新子学"》："时代召唤着'新子学'的产生，对此孙氏有几点腠说刍议：一、要明确界定'新子学'的研究对象与范围。……二、开展研究固然不能离开传统的训诂与义理两个层面，使之尽量贴近文本原意，同时也要面对西学，加以比较吸纳，还要进行多学科的综合性大文化研究。子学博大精深，其思想及问题涉及诸多学科，尤其在庄学研究和墨学研究上更是如此。《墨子》中有力学、光学、几何学和机器制造学，《庄子》中不但有大量的养生学，还有生物学、物理学和地理学，这些都需要我们吸纳相关学科的专家、学者参加，进行通力合作，才能真正弄清一些问题。"（《诸子学刊》第八辑，第391~392页。）

才能全面深入地开展跨学科的"新子学"学术研究。

结　语

"新子学"与跨学科学术研究是一种应对时代的要求，到现在我们已论到建构"新子学"学术思想体系的问题，奠定基础，理念备至，接着要探讨如何将它向现代社会转型的问题。从其转型到高端，须经一定的学术研究进程，把不同学科整合、贯通起来，并解除其间的相对局限性。为此，在"新子学"与跨学科学术研究上要有一种反思，才能正视存在的问题，不外是一些"新子学"学术研究转型进程的问题，如有"新子学"的规范化、科学化、具体化、多元化、普及化等。而针对"新子学"与跨学科学术研究，应以多元化、普及化为重要进程，再把普及化分成文学化与大众化，并形成一种行之有效的方案推行之。不止于此，我们从唐宋到近现代的前人所遗留学术成果中去发掘一些相关证据，并拿来当作跨学科学术研究的范例，加上进行一种解构与建构的文本工作，能使"新子学"进入跨学科学术研究行列中，使多方领域都能接受之。

总之，"新子学"与跨学科学术研究是一个相涉互动的关系，正视着时代趋势的变化与要求，进行古今与东西对话、解构与建构工作，将把学界与大众相结合，才会实现跨学科的"新子学"学术研究。

（原载于《诸子学刊》第十三辑。作者单位：韩国圆光大学校教育研究生院）

在韩国如何推广"新子学"

[韩国] 姜声调

绪 言

所谓"新子学",又称"新诸子学",常与"旧子学"、"诸子学"、"诸子百家学"相对称名,指的是与古今、东西结合,结构重构,以新代旧,以完成研究规范化的新学术体系。虽然其研究规范化的历史并不长,可是已经利用最短的时间,集中投入众多人员与对象,提早完成一种奠定基础的任务了。"新子学"研究在方勇教授的推动下已有一定的进展,走上轨道,进一步的规划可以考虑在跨学科整合下走向高端转型之路。去年方勇教授来韩国参加国际研讨会时,我陪同方教授与一些与会人士参观成均馆,那时他顺便问我韩国"新子学"研究的情况,并当场给我提示了一项作业:在韩国如何推广"新子学"研究。我认为这个题目的撰写,一可有助于推广韩国的"新子学"研究,二可引导韩国"新子学"及其相关研究,三可为韩国的"人文学"研究提供理论方法,四可提供给韩国的"人文学"研究自我调整的机会。由此,我欣然接受这一论题的撰写工作。

本论文以"在韩国如何推广'新子学'研究"为主题,探讨了韩国"诸子学"研究举隅、"新子学"研究在韩国的定位、"新子学"研究在韩国的发展趋势以及在韩国推广"新子学"研究的方案等四个方面。希望透过这些探讨过程，使相关问题能得到相对客观合理的回应。

一、韩国"诸子学"研究举隅

关于诸子学的研究，在韩国学术界大体上是偏重于儒、道二家学术思想展开的，从传韩到高丽时代再到近现代为断代的大环节，就其发展可从传韩来源、开展变化、转型面貌等大方向来作一概括总结。其中，所谓转型面貌一环正是属于近现代的。而时至现代，诸子学以古今或东西为重点转型面貌，其始赖于西学建立学术体系，以方法论为主进行研究，一研究就一个多世纪，从中产生了重大问题，造成了忽略文本的陋习风潮。再说，过于讲究方法论，就研究成果而言类型多样，却难免有偏离文本精神的矛盾。这是韩国学术界面临的根本性问题，也是比任何问题都迫切需要提前解决的。若有解决了断，则赶紧要面对次要的问题。

就此，对韩国诸子学的研究情形作一客观的了解与评估，实则为下述二点：一则为回顾韩国诸子学研究的情形，一则为展望将来韩国诸子学研究的发展。这二点是必不可缺的过程，有助于探讨其转型面貌。这一情形，笔者曾在《韩国"庄学研究"之简介》一文中对其回顾与展望写得甚为清楚："前者包括其成果、反省。所谓成果，是指断代分期以新面貌、研究领域（范围、主题）逐渐扩大、研究人员日益增加等趋势而言；所谓反省，是指研究题目及其内容的重复、研究能力的劣势、研究品质的偏低、研究交流的不足等问题而言。而后者则针对回顾中所提之反省问题，即对于研究成果不客观的四种原因，尽一切努力来面对改进，再接再厉，促使它走上研究的正常轨道。进而我们一定要做到研究资料完备、研究能力加强、研究角度调整、研究视野扩大、研究交流常例化等工作，这些都是研究的基本条件，也是推动其稳固发展的动力。"① 虽然这一引文限于韩国庄子学所言，可是其情形代表着目前韩国诸子学的现况，大同小异，别无差异。为改善这些情形，学术界不仅要知其然，而且要知其所以然，检讨得失，反省深思，并积极地想尽办法、采取行动去改善局面，促使它走进研究的正常化阶段。还有一点，为诸子学研究赶得上时代的变化趋势，必须采取非常手段。所谓非常手段，不外是一种研究成果信息化及其跨国交流。韩国诸子学的研究进入一新变化的阶段，专靠于实现成果信息化的跨国交流。刚好笔者曾对这一点提过意见，说道："研究成果的交流是只靠早期留台、留日的学者，或借着一些学术交流活动所进行的，所以其成果带来一种不客观的地方。称得起研究成果的交流也许是等待韩中建交后，多数韩籍留学生已有上网跨国下载学术资料的可能，以及国际间频繁地进行学术交流的活动，给它带来空前未有的生机。"② 的确，研究成果及其跨国交流对诸子学研究有一定的作用，并能以此顺利推动，转型发展，迈向未来。

如上所述，韩国诸子学的研究有着悠久发展的历史，其重点可以从传韩来源、开展变化、转型面貌等三项来作一概括总结。时至今日，韩国诸子学研究走进一条墨守方法论之路，偏离文本，华而不实，已到自我检讨反省的时候了。

---

① 姜声调《韩国"庄学研究"之简介》，《书目季刊》第四十三卷第一期，台北学生书局2007年6月，第90页。

② 同上，第87页。

二、"新子学"在韩国的定位

2012年4月,在中国上海召开的由华东师范大学先秦诸子研究中心举办的"先秦诸子暨《子藏》学术研讨会"上,主办单位的方勇教授宣言,说:"我们提出了'全面复兴诸子学'的口号。然而诸子学如何全面复兴,及其在中华民族文化伟大复兴中应承担什么样的责任,仍值得探究。在此,我想以'新子学'来概括对这些问题的思考。'新子学'概念的提出,根植于我们正在运作的《子藏》项目,是其转向子学义理研究领域合乎逻辑的自然延伸,更是建立在我们深观中西文化发展演变消息之后,对子学研究未来发展方向的慎重选择和前瞻性思考。"① 就此,方勇教授提出了"新子学"概念。同年10月22日,他在《光明日报》国学版发表了《"新子学"构想》一文,从中论述了有关"新子学"的整体性看法:"当子学的历史发展得以完整呈现后,其固有概念则自然而然地冲破以往陈见的束缚,重新确立起兼具历史客观性与现时创新性的概念。这本身也符合我国主要学术概念源于自身学术传统的诉求。子学根植于中国文化土壤,其学术理念、思维方式等皆与民族文化精神、语文生态密切相关。对相关学术概念、范畴和体系的建构,本应从中国学术自身的发展的实践中总结、概括、提炼而来。'新子学'即是此理念的实践。"同上书,第363页。之后,他于2013、2014年两度举办与"新子学"相关的学术研讨会,先后讨论了如何建构其学术体系及诸子学转型的问题。所谓"新子学",等于"新诸子学",是刚建构出来的新学术体

---

① 方勇主编《诸子学刊》第八辑,上海古籍出版社2013年版,第361页。

系。它基于"诸子学",并承载吸收中国学(即以"经、史、子、集"为主题的中国传统学术文化)真脉、养分,进行古今与东西对话,科际整合,多元创新,将成为中国学术文化的主体。所以方勇教授在《"新子学"构想》中"'新子学'将承载'国学'真脉,促进传统思想资源的创造性转化"小题下说:"随着近代学术的日益发展,子学实际上已逐渐成为'国学'的主道,……清末以来,子学更是参与到社会变革的激流中,化身为传统文化转型的主力军。尤其是他通过'五四'以来与'西学'之间起承转合的发展早已经使自身成为'国学'发展的主导力量。如今,'新子学'对其进行全面继承与发展,亦将应势成为'国学'的新主体。"[①]

韩国学者参加"新子学"学术活动,应该始于2013年4月接受华东师范大学先秦诸子研究中心的邀请,在"'新子学'国际学术研讨会"上发表了相关论文。如韩国江陵大学金白铉以《21世纪新子学与新道学的研究课题》为题目探讨了"新子学"的课题,说:"20世纪研究东方哲学的人也大体说用西方哲学,尤其是用现代主义哲学的方法与范畴来研究东方哲学,因而大部分人遗漏或歪曲了东方哲学的精髓。……吾人认为找到21世纪新儒学的出路是比较困难的。方勇教授也说:'整个经学的学术思维根本上深受权威主义影响,不免具有封闭和固化的特征,这就使经学在一定程度上具有了形式僵化、思想创新不足、理念转展相对乏力的病症。'(《"新子学"构想》)因此,当今东方人要继承充满原创性、多元性的'子学精神'。"[②]他认为东方学者墨守西方哲学(即现代主义哲学)体系,漏掉或歪

---

① 方勇主编《诸子学刊》第八辑,上海古籍出版社2013年版,第366页。

② 方勇主编《诸子学刊》第九辑,上海古籍出版社2013年版,第258~259页。

曲了东方哲学的精髓，故"当今东方人要继承充满原创性、多元性的'子学精神'"，以避免这一问题。韩国圆光大学姜声调以《跨学科的庄子学研究》为题目提出"跨学科研究"的问题，说："《庄子·养生主》篇'庖丁解牛'寓言以文本义理思想为其重点，标示着多重专项意思的内容，如基于现代学科概念可归纳为人文学、社会学、艺术学、中医学、自然科学与机械工程学等科间领域。宋人趁着学术思想一新转变的好机会敢于疑古意、举大义，对该寓言尝试作一些空前未有过的发挥，跨学科际整合尽于多方领域间，为后人提供了不少援引发挥的范例，大显身手，意义深远，价值连城。"[1] 此则不仅限于《庄子》一书，还涉及诸子群书。宋人常以疑古、思辨、议论、分析作一演绎，并大大发挥诸子群书中的多层含义，充分显示出其时代的学术文化特色。其结果奠定了学科间学术整合发展的基础，使之形成像大有天地似的发挥空间，将能提供"新子学"走进跨学科学术研究的机会。

2014年4月，韩国学者又受邀参加"'诸子学'现代转型高端研讨会"并发表论文，如圆光大学姜声调以《"新子学"与跨学科学术研究鸟瞰》为题，提出"关于'新子学'学术研究转型进程的问题，应该可以从规范化、科学化、具体化、多元化、普及化等过程来思考，其中以多元化、普及化为重点进行细节性的文学化与大众化，期能达到预期的功效。进而还要从前人的学术成果中寻找一些相关范例，接受而后解构，建构进而发挥，从而全面深入地开展跨学科的'新子学'学术研究"[2] 的看法。"诸子学"转型为"新子学"，必须经过一段科际整合的进程，进而借助于跨学科学术研究，才能面貌一新地追求现代性的发展到高端。为此，"新子学"应以规范化、科学

---

[1] 《中国语文论丛》第六十辑，首尔中国语文研究会，第159~160页。
[2] 《中国学报》第七十辑，首尔韩国中国学会，第422页。

化、具体化、多元化、普及化为过程，并以有关前人的学术成果为范例，才能进行并实现恰如其名的学术研究。

以上可见，韩国一些学者已走进研究"新子学"之路，但"新子学"对整个韩国学界来说还不是热门科研论题，其学术体系可说尚处于接受起步的阶段。

三、"新子学"研究在韩国的发展趋势

韩国学者参加华东师范大学先秦诸子研究中心所举办的"'新子学'国际学术研讨会"发表的论文转载于韩国国内学术刊物上，已有若干篇。而为"新子学"学术体系介绍给韩国学界，有的是中方学者在中国发表的相关论文收入于韩国国内学术刊物上，有的是邀请中方学者来韩参加国际学术研讨会发表的相关论文刊登于国内学术刊物上。前者有金白铉的《21世纪新子学与新道学的研究课题》①与姜声调的《跨学科的庄子学研究》②《"新子学"与跨学科学术研究鸟瞰》③等论文；后者有方勇的《"新子学"构想》④《再论"新子学"》⑤《"新子学"申论》⑥与汤漳平的《"新子学"与中华文化之

---

① 原载于华东师范大学先秦诸子研究中心编《"新子学"国际学术研讨会会议论文集》，2013年4月，后转载于《神明文化研究》第三辑。

② 原载于华东师范大学先秦诸子研究中心编《"新子学"国际学术研讨会会议论文集》，2013年4月，后转载于《中国语文论丛》第六十辑。

③ 原载于华东师范大学先秦诸子研究中心编《诸子学现代转型高端研讨会会议论文集》，2014年4月，后转载于《中国学报》第七十辑。

④ 《光明日报》2012年10月22日国学版。

⑤ 《光明日报》2013年9月9日国学版。

⑥ 《探索与争鸣》2013年第7期。

重构》①、高卫华的《中国"新子学"研究的现状与问题》② 等五篇论文，均收入《神明文化研究》第三辑③，还有方勇的《21世纪"新子学"与〈子藏〉》一文在"第二次神明文化国际学术大会"上发表了，兹将刊登于《神明文化研究》。以上诸篇，是现阶段在韩国问世的"新子学"相关论文，从这些论文可以略知其学术体系、理论重点、发展方向、转型高端的进程。影响所及，最近在韩国中国学界对"新子学"逐渐产生一种超过好奇心的关心，并日益增加，推展顺利，这一新体系已经渗透到中国文学界、思想界。虽然，当前只有少数从事研究者去接受并发挥该学术思想体系，并将把它推行到相关学科领域，务求扩散其研究热气到韩国学术界，如中国学界、汉文学界、韩国学界等。笔者与金白铉教授务求把中国学术界参会发表过的论文再拿到国内学界发表或著名学术刊物上登载，为的是让更多的国内学界有关学术大众引起共鸣，同时也使"新子学"影响到更广大的范围。"新子学"研究热气，是带动韩国国内相关学术思想界迎接转向变化的好机会，同时也会促使该研究本身稳固地立足于韩国文化生态之中。

　　回顾当前韩国学术界，随着时代潮流要盲目地赶上注重速度与效率的趋势，力求科研成果的增加，不顾内容，乱写成篇，计数为最，难免流于相对忽略品质的学术风气。遗憾的是，这样的学术风气对于研究者产生不良的影响：不能彻底掌握原材料、无法正本清源，进而营造一些以研究方法论为法门的学术风潮，能使之利用处理到顺手成

---

① 华东师范大学先秦诸子研究中心编《"新子学"国际学术研讨会会议论文集》，2013年4月。

② 《新疆经济报》第6版，2013年4月17日。

③ 金白铉等编《神明文化研究》第三辑，首尔神明文化研究所2014年7月。

章罢了。久而久之，这一风潮导致了一种不良的学术氛围与趋势，不少从事研究者不理智地迷惑沉醉于其中，恶习重演，真的是一件悲哀的事情。其恶劣的程度，难以形容，让人担忧。因此韩国中国学界要有反省与检讨。危机就是良机，趁这一机会找出一套解决之道，一扫重形式的风潮，改善轻学术的氛围，将使韩国国内相关学术界得到良性发展。另外，最近韩国大力提倡复兴"人文学"，其热气已扩散到大半个范围、阶层（即包括学术界、教育界、产业界与一般大众间），拟以注重灵活地应付时代要求的交叉应用。目前学界缺乏跨学科去创新的动力，仍然停留于为了人文学而人文学的阶段。对前述问题要有克服方案，主要是靠着内部的自觉努力与外部的推动影响做到的，内外并重，互补成全，能使之走向一种更为成熟的学术阶段。由此，韩国国内相关学界应该借助于"新子学"研究成果，把其成果做为有效的方法之一，试作面对，努力改进，这可说是一种具有参考性价值的选择。最近在韩国学界出现了一种学术效果，情形有所好转，即重视文本，及时提出"回归原典"的主张，实则为服务于该古典研究及其教育所需。而韩国学界认为正确地掌握原始资料才是中国学研究及其教育的第一步，这无疑是对几十年来偏重于研究方法论之后果的反思结果。

如上所述，在韩国的"新子学"研究活动不虚此行，接受发挥，渐趋得势，以此扎根于学术大众的心中，才能规划确定其未来的研究环境与发展方向。

四、在韩国推广"新子学"研究的方案

在韩如何推广"新子学"研究，这一问题是现阶段必须进一步思考的学术方向，除了尽全力思考一些推广方案之外，也应该对该学

术体系要有一定的回应。为此，有必要探论在韩国如何去推广"新子学"，一则为初步找出有效方案，一则为实际提出操作方法。

（一）初步的有效方案

在韩国推广"新子学"研究，需要合乎本土学术环境的方案，应该逐渐地展开，才能得到一定的功效。其初步的有效方案，大约可以有更积极地引进"新子学"学术体系、与国内相关学界多分享"新子学"研究成果、促进"新子学"研究阵营与国内学术界紧密联系、再找适当人选的国内学者加入"新子学"研究阵营等四种，分述则如下：

其一，更积极地引进"新子学"学术体系。近几年来，"新子学"刚刚成立，它是一种重新建构的学术体系，也是一种学术发展的新方向。自2013年至今，中国学界已数次讨论了建构该学术体系及其研究规范化的问题，接着有必要讨论转型发展到高端的问题。截至目前，除了中国之外，"新子学"学术体系仍未有广泛地流传到外国学界作进一步研究和讨论。而最近韩国一些学者加入到"新子学"研究阵营，参加研讨会并发表论文，同时也把其研讨会的成果（即包括韩国及中国学者的论文）带到韩国学界予以介绍了。在这一基础上，我们要积极地引进"新子学"学术体系，使它根植于学界之余，带给相关学术脱胎换骨的机会，激发引路，推陈出新，总是会有助于相互发展。

其二，与相关韩国学界多分享"新子学"研究成果。虽然"新子学"研究的时间有限，可是其成果比想象中更为丰硕。在建构过程中，"新子学"对其名义、范围、概念、理论、方法等体系做出一套客观化的工作来，因而其研究的规范化与发展方向有一定的名目，并赖于这些工作奠定了转型到高端的基础。然则韩国学界去搜集也好，或者中国学界来提供也好，要想尽办法接纳其成果，经过一段研究分析与翻译过程，提供给相关学术大众参考之。如此，就能把"新子学"的学术成果分享到学界，一边提供认识的机会，一边获得推广的机会，一举两得，收获加倍。

其三，促进"新子学"研究阵营与韩国学术界紧密联系。联系本身是起始点，可以成为推广"新子学"研究的纽带。无论"新子学"研究阵营是属于中国籍或韩国籍学者，必须先与韩国国内学术界紧密地联系合作，加大对其研究的推广，才能达到一定程度的预期效果。而其联系以"新子学"研究为媒介，将把两国学术界结合在一起，并进行人员、对象信息的交流。透过联系，双方可以把握相关的研究方向、趋势，进一步规划"新子学"研究的事宜。我认为联系范围不可限于韩国中国学界，还应扩大到汉文学界、韩国学界等领域，顾及客观合理的现实状况，有一定的实质性意义。

其四，再找适当人选的韩国学者加入"新子学"研究阵营。"新子学"号刚起航时，韩国召集四位学者，加上台湾推荐一位学者，一共五位韩籍学者前往上海华东师范大学参加了学术活动，并加入了该学术研究阵营。而只有笔者与金白铉教授二人在"新子学"议题上发了一些论文，寥寥无几，影响有限，这是不得不承认的事实。因此，"新子学"会议的主办单位一定要花心费力地再找适当人选的韩国学者投身于"新子学"研究行列，与此同时主动地提供一切相关学术研究信息。不止于此，邀请适当人选去参加"新子学"学术活动，要让他们感受到自己是"新子学"研究阵营的一分子。这样，"新子学"研究才容易落实于韩国学术界，其推广事宜也自然会顺利地进行。

以上观之，在韩推广"新子学"研究一定照着初步的有效方案进行事宜，然后进一步地考虑其后续的操作方案，循序前行，踏实稳当，就会获得事半功倍的成功。

(二) 实际的操作方案

迈出第一步，第二步开始就会越走越顺利、实际一点。在韩国推广"新子学"研究刚好按这样程序进行，步步前进，耕耘播种，总有结实收获的一天。其实际的操作方案，大约可以有与韩国学术界的活动结合在一起发展、影响指引相关学术界研究的新方向、与相关学界合作进行研究讨论的活动、"新子学"落实于学术大众间等四种，分述则如下：

其一，与韩国学术界的活动结合在一起发展。为在韩推广"新子学"研究，其研究阵营与学术界的活动结合在一起，适应环境，追求发展，是不可缺少的过程。借用中国一句话，就叫"入境问俗"。想与异国文化打交道，提前了解其文化生态，是一定要做到的事前准备事宜。关于"新子学"研究，要知道韩国有哪些研究单位、学术大会、开会频次等情形，进而想办法一步步地推广其学术体系及研究。有时积极地参与学术发表的活动，有时消极地分得平台借题发挥。两条路都是主动与对头的学术界活动结合在一起进行的，这显然对"新子学"研究的推广工作有积极的作用。

其二，影响指引韩国相关学术界研究的新方向。从古以来，韩国一直置身于中国文化圈域中，长期受到大量的影响，涉及面广，无所不及，当然诸子学也包括在内。而经过这些影响过程，韩国文化又自行发展，独树一格，一路往下发展到近现代。所谓近现代，是属于过渡期。然而这一时期面临着过去传统与现代科技的承接问题，就大体上依赖于西方学术体系，墨守成规地追求变化而发展，没想到了一定进程时发觉自身遭遇的问题。正是如此，面貌一新的"新子学"将影响指引相关学术界研究的新方向，接受咨询，导向变化，促使发展，扮演出"走山上路问过来人"的角色来。

其三，与相关韩国学界合作进行研究讨论的活动。"新子学"研讨会的主办单位应采取主动，与韩国相关学界紧密联系，互相结合，共同规划，推动合作研究的事宜。该活动的参与大约可有"新子学"研究阵营来参加韩国研讨会、韩国相关学界去参加"新子学"研讨会两种方式，互访为则，定期交流，会使其研究的推广获得有效性结果。另外，双方策划一种"新子学"演讲会，一问一答，发表提问，足以提供进一步认识的机会。相信这些方式是有意义的"新子学"研究推广活动。

其四，使"新子学"落实于韩国学术大众间。推广"新子学"，其归结是始于教育方面兼及研究方面，要把相关学术体系分享到韩国国内学术大众的范围。从教育方面说，韩国教育界基于新界定的诸子学、《子藏》所收资料、新诠释的意思安排相关教育课程，进行一种符合时代趋势要求的教育。从研究方面说，韩国教育界基于规范化的"新子学"体系，进行一种重视"文本"、解构重构、以新代旧、温故知新的研究。"新子学"研究阵营参考前述看法，做出整体规划，以规划周到的安排，落实于韩国国内学术大众间。还有一点，该学术体系与这几年在韩国热门的"人文学"研究结合在一起进行推广工作，会获得一种相对客观满意的成绩。若这样，该学术体系分享到学术大众间，才算是圆满的推广成功。

如此，"新子学"研究阵营可以在韩国相关学术界提前了解研究所需的当地生态环境，营造推广的初步方案，接着采取实际的操作方案，其推广事宜会达到成功告终的地步。

结　语

在韩国如何推广"新子学"研究，是一项颇有挑战性的课题。为了探论这一课题，本文首先从韩国"诸子学"研究的概貌说到了一些根源性、当面性问题，而后以韩国"新子学"研究的定位、发展趋势为论点简单扼要地介绍了一些相关问题。据此，对于韩国的"新子学"研究找出一些推广方案，应该是从初步的有效方案、实际的操作方案两个层次进行的。即初步的有效方案可以更积极地引进"新子学"学术体系、与相关韩国学界多分享"新子学"研究成果、"新子学"研究阵营与学术界紧密联系、再找适当人选加入"新子学"研究阵营等；实际的操作方案则可有"新子学"研究与韩国学术界的活动结合在一起发展、影响指引相关学术界研究的新方向、与相关学界合作进行研究讨论的活动、"新子学"落实于学术大众间等。按照这些方案，在韩推广"新子学"研究的事宜，个人认为它无碍地适应于当地学术生态环境，一定会受到韩国相关学术大众的欢迎。

总之，在韩推广"新子学"研究一事要避免过于急躁的心态，规划过程，按步骤进行，若能如此将可获得一定的成果，走出一条成功之路。正处于跨国交流时代的"新子学"研究，在韩国能否顺利地推广到学术大众间，其关键在于"不去强攻而智取"的心态与策略。

（原载于《诸子学刊》第十三辑。作者单位：韩国圆光大学校教育大学院）

"新子学"学科定位与杂家精神

林其锬

提出建构"新子学"学科,是因应时代的需要,也是子学历史发展的必然。构建一门新学科,是一个复杂的系统工程,其中首要的就是学科的定位问题。提出"新子学"学科建设,首先得明确"新子学"学科的性质、研究对象、基本内容、基本任务、基本研究方法以及学科的基本构架。以上这些问题,在方勇教授《"新子学"构想》发表以后,不少学者已经发表了许多很好的见解,提出了不少好的建议,笔者不才,拟在大家讨论基础上,也贡献一些浅见,以就教于同仁方家。

一、关于"新子学"学科定位问题

欲准确定位"新子学"学科,首先就得弄清"新子学"的内涵。何谓"子"?何谓"学"?又何谓"新"?乍一看似乎乃一般通识,不难理解;但一深入推敲,却又觉得不那么简单。对其内涵如果不予以准确界定,就会直接影响到学科定位。

首先是"子"的内涵问题。"子"在汉语中是多义词,其中涉及人事者，在古代除子嗣、封爵、嗣君、姓之外，主要是对男子的通称、尊称和美称。南朝皇甫侃疏《论语·学而》"子曰"时就说，子是"有德之称，古者称师为子也"。《谷梁传》宣公十年："其曰子，尊之也。"据此本义，有德之人，堪为人师者都可尊称为"子"，而他们撰写的著作，或者他人为其编撰的言论、文集，即可以其姓名命书，这也就是"子书"了。如《老子》、《孟子》、《商君书》、《韩非子》等。依此类推，在历史发展的长河中，涌现出来的有德之人堪为人师而著书立说者多矣，那么他们是否都可入"诸子"之列？他们的著作是否都可称为"子书"而入"新子学"学科研究之列？当然不是。

其次是"学"的内涵问题。子学之"学"它的内涵应该如何界定？我们一般将其界定为"学术"。乍一看，似也不成问题。实际是："学"与"术"固然有联系，但严格地说是有区别的。严复在《原富·按语》中就说："盖学与术异，学有考自然之理，立必然之例；术为据既知之理，求可成之功。学主知，术主行。"[①] 就是说：只有"考自然之理，立必然之例"者才称得上"学"。可是，在相当长的时间，由于片面强调理论联系实际，在重实际轻理论的思想指道下，"学"与"术"相混不分，统称"学术"，二者界限不清，往往轻"学"重"术"，更有甚者乃以"术"代"学"。所以，厘清"学"与"术"的概念，对"新子学"研究对象、重点乃至文献分类归属都有实际意义。

再次关于"新"的问题。"新"是相对"旧"而言，大家都是同意的。但是，作为"新子学"之"新"又该如何界定？"新"与"旧"的界限又在哪里？这又涉及"新子学"学科建构的视野、学科的边际以及研究方法与学科基本架构等诸多问题。所以也不能不细加

---

① 严复《原富·按语》，商务印书馆 1991 年版，第 348 页。

考究。

以上三个方面的问题，归纳起来就是"新子学"的定义和"新子学"学科定位问题。

"诸子学"自春秋战国百家蜂起、九流驰术，迄今已有2500多年了，若以《庄子·天下》为子论开端，后来评论诸子的论述时有间出，如《荀子·非十二子》、《尸子·广泽》、《吕氏春秋·要略》、司马迁《史记》之孟、荀、老、庄、申、韩、管、晏诸《列传》、班固《汉书·艺文志》、葛洪《抱朴子·百家》等皆是。但是，以上子论或评骘诸家得失，或考其流派，也只能说是"各照偶隙，鲜观衢路；或臧否当时之才，或诠品前修之文，或泛举雅俗之旨，或撮题篇章之意"，"并未能振叶以寻根，观澜而索源"（刘勰《文心雕龙·原道》）。对于什么是"子"？什么是"子书"？都未能给予明确的定义和深刻的阐述。

魏晋南北朝时期，是我国文化发展历史上又一个转折的时期。"汉末以降，中国政治混乱，国家衰颓。"有人称："汉末至隋代之前为中国的'黑暗时代'，同时也是中国的'启蒙时代'。因为这一时期的精英之士如哲学家、诗人、艺术家基于逃避苦难之要求，在思想上勇于创新，在精神的自由解放中获得了'人的发现'，或人的自觉，从而使这一时期的思想获得了深刻、鲜明的哲学意蕴。因此，'汉魏之际，中国学术起甚大变化。'"[①] 所以中国现代许多学科的萌芽可溯源于此时，子学也不例外。

南朝萧梁时期的思想家兼文论家刘勰早年撰著的《文心雕龙·诸子》和晚年撰著的《刘子·九流》对先秦迄于秦汉的子评、子论作了总结，对"子"、"子书"给予了比较明确的定义，对"子学"

---

① 汤一介、孙尚扬《魏晋玄学论稿·道读》，载汤用彤《魏晋玄学论稿》，上海古籍出版社2005年版，第3页。

的性质、诸子流派特点、得失以及子史分期、子学内部结构体系都作了简要概述,因而可视为诸子学学科的萌芽。

刘勰身处魏晋南北朝末期社会由分裂走向统一、学术思想由"析同为异"走向"合异为同"的历史巨变时期,他出生在有浓厚天师道氛围影响下的低级军官家庭,早年父亲战死,家境贫寒,青年时期只得依附佛门在定林寺帮助抄写、整理佛经生活。但他胸怀大志,抱负甚高。他充分利用佛寺大量藏书的条件,饱读佛家经典、诸子百家、诗赋杂文。我们从《文心雕龙》对先秦到六朝六百多位各界人物、四百多种经典、文献、作品进行深入研究并加以品评,从《刘子》"互引典文,旁取事据",征引、承袭中古以前的古籍竟达百种以上的实际情况,可以看出他读书用力之勤,知识涉猎之广,学问造诣之深。但他志不在文,而在于政,追求的人生目标是"摛文必在纬军国,负重必在任栋梁,穷则独善以垂文,达则奉时以骋绩"。所以正如子学家孙德谦所言:"彦和于论文之中兼衡诸子,虽所言不无弊短,而能识其源流得失,则此书以《雕龙》标目,可知彦和盖窃比邹奭,将以自名一子矣。"(孙德谦《诸子通考》卷二《文心雕龙·诸子》)他志不在文而在政,故不走儒生之路。而立之年,为救日趋虚无浮诡的社会不良文风的时弊,而撰《文心雕龙》;晚年仕途失意之时,又效法孔子"不得位而行道",以实现"独善以垂文"的人生目标,通过立言,写"入道见志"之书《刘子》。

刘勰著述的原则是"囿别区分,原始以表末,释名以章义,选文以定篇,敷理以举统"(《文心雕龙·原道》)。他给"子"、"子书"的定义是:

> 诸子者,入道见志之书。(《文心雕龙·诸子》)
> 博明万事为子,适辨一理为论。(《文心雕龙·诸子》)
> 然繁辞虽积,而本体易总:述道言治,枝条五经。

(《文心雕龙·诸子》)

九流之学……同其妙理,俱会治道。(《刘子·九流》)

综合以上对"子"、"子书"、"子学"的"释名章义",我们可以看到刘勰对"子"、"子书"、"子学"的内涵界定:首先要"博明万事",亦即《诸子·赞》中所说的"辩雕万物,智周宇宙",研究和阐发的是广博天、地、人万物之理,而不是一枝一节个别事物的学问,这是就研究的广度涉及知识面的外延予以界定的。其次"入道"、"述道"、"妙理",这是从研究的深度定义。研究要深入事物的本质,阐释的道理要达到深刻精微的程度,而不是肤浅、一般的知识传递和综述。第三,"见志",就是要体现研究者、作者的独立创意和独到见解,"或敘经典,或明政术",都要有自己独立的思想和主张,真正成一家之言。第四,"言治"、"治道",亦即诸子学问无论从哪个角度切入,都必须与治道相关,而不是无的放矢,归根结底,是要为拯世救溺服务。所谓治道,自然包括天、地、人,亦即治国、治世与治心。按照刘勰对"子"、"子书"、"子学"内涵的界定,"子"的概念似与古之通儒、今之思想家相近;"子书"、"子学"则是阐述道义、表达意志,亦即研究治心、治国、治世重大课题,广而深地阐释事物原理,并有独立见解和主张、成一家之言的著作和学问。章太炎曾说过:"学说在开人心智,文辞在动人之感情。虽亦互有出入,而大致不能逾此。"(《论语言文字之学》)又说:"原理惬心,永远不变;一支一节的,过了时就不中用。"(《论诸子的大概》)[①]

诸子的出现和诸子学的产生与形成,经历了漫长的历史过程。按照刘勰的看法,"子"的肇始可以追溯至上古,而"子书"的出现则

---

① 均见《章太炎演讲集》,上海人民出版社2011年版,第21、87页。

在春秋战国。他说"昔风后、力牧、伊尹，咸其流也。篇述者，盖上古遗语，而战代所记者也。至鬻熊知道，而文王谘询，馀文遗事，录为《鬻子》，子目肇始，莫先于兹。"风后，黄帝臣；力牧，黄帝相；伊尹，商汤相；鬻熊，周文王时人。《汉书·艺文志》兵家有《风后》十三篇，《力牧》十五篇，又道家《力牧》二十二篇；《伊尹》五十一篇，又小说家《伊尹说》二十七篇，皆注云"依托也"。故刘勰云："盖上古遗语，而战代所记者也。"即子在前而其书则后出，乃后人辑遗语成书而已。至于《鬻子》，《汉书·艺文志》有道家《鬻子》二十二篇，注"名熊，为周师，自文王以下问焉"，刘勰也称"至鬻熊知道，而文王谘询，馀文遗事，录为《鬻子》，子目肇始，莫先于兹"（《文心雕龙·诸子》），说明鬻子其人在前，而其书也是后人所录辑而成。但是以"子"作为书名则是从《鬻子》开端的。至于子书著述最早的当属老子："及伯阳识礼，而仲尼访问，爰序《道德》，以冠百氏。"（《文心雕龙·诸子》）"冠百氏"者，乃百家之首，极言老子李耳（字伯阳）《道德》之卓越也。刘勰还认为：在子书出现初期，是没有"经""子"之分的。他说："鬻唯文友，李实孔师；圣、贤并世，而经、子异流矣。"（《文心雕龙·诸子》）圣、贤生活于同时代，后来经、子才分流。近人江瑔在其《读子卮言》中也说："是可见孔孟之学，虽远过于诸子，而在当时（林按：指先秦时期）各鸣其所学，亦诸子之一也。况《六经》为古人教人之具而传之于道家，非孔子之作。"① 历史事实也表明，"经"之提法虽始于《庄子·天运》："丘治《诗》、《书》、《礼》、《乐》、《易》、《春秋》六经，自以为久矣。"这里的"六经"即是江瑔所说的"古人教人之具"亦即史料，只是孔子"治"（整理、研究）的对象，并非儒家的著作。而将其作为儒家经典，是在汉武帝实行

---

① 《读子卮言》卷一第六章，华东师范大学出版社2012年版，第39页。

"罢黜百家，独尊儒术"政策后，于元朔五年（前124）设太学、置五经博士时，才把《诗》《书》《礼》《易》《春秋》作为"五经"的。后来又不断递增，将辅翼五经的传、记以及记载孔孟言行的《论语》《孟子》等都尊为"经"；东汉时"六经"增加《论语》为"七经"；唐初以《易》《书》《诗》《周礼》《仪礼》《礼记》《左传》《孝经》《论语》为"九经"；唐文宗时以《周易》《尚书》《毛诗》《三礼》及《论语》《孝经》《尔雅》刻石称"十二经"；宋绍熙年间又将《孟子》列入经部称"十三经"；宋时还有在"十三经"基础上再增加《大戴记》为经称"十四经"的。可见："经"与"子"之分流，是来自外部因素，即儒学成了官学之后，才逐步加强的。所以就学术实质而言，"经"、"子"是没有必要分开的。由于经学居于官学特殊地位，子学环境受到压抑，自然失去了先秦时期那种"六经泥蟠，百家飙骇"的自由争鸣态势。但思想是不能垄断、禁绝的，子学虽遭贬抑，甚至被视作"异端"，却仍随社会前进而在不断发展，不过其形态则有所变化。刘勰指出："逮汉成留思，子政雠校，于是《七略》芬菲，九流鳞萃，杀青所编，百有八十余家矣。迄至魏晋，作者间出，谰言兼存，璀语必录，类聚而求，亦充箱照轸矣。"（《文心雕龙·诸子》）当然发展中纯粹与蹖驳并存，玉石与泥沙俱下。其形态大致可分四种：一是仍然自开户牖，越世高谈，这自然被视作异端，甚至惨遭迫害；二是"承流支附"，以诠释经典、元典的形式，用"六经注我"的方法，寄寓自己的思想和主张；三是"综核众理，猎集众语"用古说今寄托新思想新主张；四是遁入民间，以宗教面目出现，创作经书表达自己的见解和主张。这种形态变异，诸如"南朝儒生采取《老》、《庄》，创造新经学"（范文澜《中国经学史的演变》），宋、明儒者援佛入儒创造"理学"、"心学"，"其言颇杂禅理"（江藩《宋学渊源记》）。宗教家创造《太平经》，以及近现代吸收西学涌出新子家等都是；在表述方式上也由子向子、集合流方向转变，子、集合流，"家家有制，人人有集"（《金楼子·立言》）成了普遍现象。因此，我们在规范"新子学"研究对象时，对这些变化是不能不考虑的。

那么，区别于旧子学的"新子学"之"新"，究竟又"新"在哪里？概括地说，主要新在如下五个方面：

（一）新视野

构建"新子学"学科首先要解放思想，突破旧子学的思维模式；只有在思维模式上改革创新、与时俱进，子学才能长盛不衰。所谓新视野，就是要确立时代的时空观，即立足21世纪面对"全球化"、"地球村"的中华民族和中华文化发展的整体，考察子学的历史发展和承担的使命，全面规划构建"新子学"学科。文化是民族的凝聚剂、和合力，民族是文化的共同体。中华民族是以华夏族为骨干，吸收、融合众多民族，像滚雪球一样，经过漫长的历史发展而到今天包容了56个民族在内的多元一体的伟大民族。中华文化绵延数千年，独立发展而不曾中断过，这是在世界2000多个民族中所仅有的。今天不仅在大陆有13亿多人口，在港、澳、台有3000多万人，而且还有超过5000万的华侨和华人遍布世界五大洲。中华文化是中华民族以汉族为骨干的所有成员共同创造的，诸子学（还经于子，包括儒学在内）是中华文化的理性积淀，也是中华文化的载体。所以既要考察它的历史积累过程，又要立足当今中国，面向世界，以此作为规划"新子学"学科的纵横坐标，这样方能准确把握"新子学"学科研究的对象、内容、任务、方法，乃至"新子学"学科构架。

（二）新使命

"述道言治"，这是子学的本质，任何历史时期涌现出来的"子"和"子书"，都是当时的特达"英才"，为因应当时社会的发展、历史使命而产生的。所以孙德谦在《诸子通考·序》开篇就说:"夫诸子为专家之业,其人皆思以拯世,其言则无悖于经教,读其书要在尚论其世,又贵乎所处之时,而求其用。"我们今天所在之世正是"全球化"、"地球村"之世,所处之时也正是中国在崛起,中华民族要复兴之时,因此,民族要自觉,理论要自觉,文化也要自觉。"新子学"学科承负的历史使命,就是要在研究、梳理诸子百家在历史发展长河中,发现沉淀在河底的金子,或者如丹纳在《艺术哲学》中所说的,作为民族文化"全部结构的支柱"的"太古时代的花岗石"[①],实现古今转化,使民族精神命脉得以延续,并且改变近代以来由于特殊的历史际遇而造成的对西方文化体系的过分依傍,重新构建中华文化体系,培养和弘扬核心价值观,使之融入社会生活,有效整合社会意识,推动社会体系正常运转、社会秩序有效维持。

(三) 新内容

"新子学"研究的对象和内容,其边际何在?传统子学一般将其界限在"九流",所以子学也称"九流之学",甚至还局限在先秦诸子。如果新时代时空观能够确立,就要突破"先秦九流"界限,纵向要贯穿古今,横向要打破九流乃至汉族。前文已说过,子学发展,不同历史时期表现形态是有变化的,但又是绵延不断的。随着中华民族的不断壮大,中华文化不断发展,先秦时期形成的"九流",虽然是中华文化的主干,但不能包括全部,比如后起的道、佛,还有少数民族合乎"子"及"子书"标准的思想家典籍,是否也应该置于"新子学"视野之中?像藏族创立了藏传佛教格鲁派即黄教的宗喀巴(法名罗桑札巴),他在14世纪初年撰著的《菩提道次第广论》(写

[①] 丹纳著、傅雷译《艺术哲学》,人民文学出版社1963年版,第351页。

于1401年），该书"揭示了宇宙万有生灭的自然规律，以及芸芸众生的生死、幸福、苦难、意识动因、精神体能，真善美、假丑恶的社会现象和哲学内涵"，"发前人所未发，论前人所未论"[①]。宗喀巴不仅有《菩提道次第广论》《密宗道次第广论》等著作，还创建了拉萨的甘丹寺。他的八大弟子中就有第一世班禅克珠杰、第一世达赖喇嘛根敦朱巴，以及创建了拉萨哲蚌寺的嘉央却杰。像这样的思想家、改革家，对中华民族（藏族是其重要成员）文化作出卓越贡献并有重大影响的人物和著作是不应被排除在"新子学"之外的，虽然过去为旧子学所漠视，我们对其也欠了解。举一反三，诸如此类其他少数民族以及汉族"九流"之外的思想家，笔者以为都应放在"新子学"视野之中。既然立足当代中国，立足中华民族，不能再像以往常那样，以汉族取代中华民族，不自觉地蹈大汉族主义的旧辙。当然这是一个极为艰巨的任务，但绝不能因为我们的无知和困难而将其置之度外。所以"新子学"研究对象、内容边际的定位也是新、旧子学区别的关键。

（四）新方法

诸子研究，前贤们（特别是清末民初）已经积累了很多经验，我们应该加以继承。但是，随着任务的变化，技术的进步（比如电脑的广泛使用），方法也需要更新。在20世纪80年代，学术界曾经出现"方法热"，著名学者王元化主张社会科学应该采取"综合研究法"，即打破文、史、哲、经隔阂，甚至也可以打通社会科学与自然科学的界限（即所谓"杂交"），进行综合研究。笔者以为：这种"综合研究法"比较切近子学的特点，不仅要打破西学分学科界限，

---

① 曲甘·完玛多杰《"菩提之道，明心之道"——读〈菩提道次第广论〉》，载《菩提道次第广论》，青海民族出版社2007年版，第2~3页。

也要打破"九流十家"的门户，要以人（子）为本位（一人著作有可列为数家的），从中华文化整体着眼，综合考究潜藏于诸子中的民族文化类型特点，民族特有的思维、表述、行为方式，以及价值体系中的核心价值理念，及其在历史长河中的演变，重视古今转化、中西比较，发掘民族文化的源头活水，并将其与现实社会文化活水沟通，这样方能完成"新子学"学科的使命。

（五）新构架

新视野、新使命、新内容、新方法，最终要体现在"新子学"学科的构架上。规划学科构架是一个比较复杂的系统工程，既要继承传统符合子学特点，又需参考现代学科建设经验予以考虑，比如在学科架构里设子论、子学、子史，再加诸子文献学等。

二、杂家精神与"新子学"学科建设

在诸子百家中，杂家虽为"九流"之一，但由于古人囿于学派门户之见，特别是儒学成了官学，长期占主流意识形态的状况下，杂家更被视为"往往杂取九流百家之说，引类援事，随篇为证，皆会粹而成之，不能有所发明，不足预诸子立言之列"（宋·黄震《黄氏日钞》）。《四库全书》子部类目，将杂家置于术数、艺术、谱录之后，分为杂学、杂考、杂说、杂品、杂纂、杂编六类，实际上已经不把杂家作为九流之一与其他八家并列，而将其排出九流。所以究竟应该如何评价杂家、认识杂家、发现杂家的真正价值及其历史作用，是需要我们细加考究的。

"杂"就其本义而言，实有二义：一是集聚、糅同。《玉篇》："杂，糅也、同也、厕也、最也。"又："杂"也同"襍"。《类篇》：

"襍,集也。"《广韵》:"集,就也,成也,聚也,同也。"所以江瑔说:"杂"之义为"集"、为"合"、为"聚"、为"会",杂家即集合诸家而不偏于一说,故以"杂"为名,此其义也。(《读子卮言》第十五章)。二是杂碎。扬子《方言》:"杂,碎也。"《易·系辞》:"其称名也杂而不越。"《疏》:"辞理杂碎不相乖越。"杂家著作实有两种,即刘勰在《刘子·九流》中所说:一是"触类取与,不拘一绪";二是"芜秽蔓衍,无所系心"。所以不能一概而论。

20世纪40年代,冯友兰和张可为有《原杂家》之作。他们认为:杂家"是应秦汉统一局面之需要,以战国末期'道术统一'为主要的理论根据,实际企图综合各家之一派思想,在秦汉时代成为主潮"。"他们以为求真理的最好的办法,是从各家的学说,取其所'长',舍其所'短',取其所'见',去其所'蔽',折衷拼凑起来,集众'偏'以成'全'。""他们主张道术是'一',应该'一',其'一'之并不是否定各家只馀其一,而是折衷各家使成为'一'。凡企图把不同或相反的学说,折衷调和,而使之统一的,都是杂家的态度,都是杂家的精神。"由于中国学术一般都着重社会、人生实际问题,在先秦着重形而上的先是有道家,继之有受道家影响的《易传》。道家较各家较着重带根本性的问题,"故杂家有许多地方都采取了道家的观点",但是"杂家不是道家,也不是任何一家"。"道术统一"思想源于《庄子·天下》,道家主张"纯一"、"无为","认为方术不能统一,又不想去统一它",而杂家则主张"舍短取长"、"熔天下方术于一炉",认为"欲天下之治者,必求方术之统一。统一方术的方法为'齐万不同'"①。笔者以为冯、张二氏对杂家的评价是中肯的。如果我们客观地考察历史上杂家思潮产生和优秀杂家代

---

① 所引均见冯友兰《中国哲学史》附录《原杂家》,商务印书馆1976年版,第457~476页。

表作产生的历史条件,就会发现:它们都是在社会由分裂走向统一,学术思潮由"析同为异"到"合异为同"的转折时出现的,杂家所起的特殊作用是其他各家所不能代替的。

综观中国历史,可以看到社会大转折、文化大融合的时期莫过于先秦、魏晋南北朝和近现代。

第一次:先秦时期春秋战国时代

这一时期铁器生产工具开始普及,生产关系发生大变动,原来的"井田制"出现了"民不肯尽力于公田"的现象。周边东夷、南蛮、西戎、北狄等少数民族逐步融入华夏民族,特别是长江文明与黄河文明,亦即所谓"巫文化"与"史文化"的交流、碰撞,形成了"七国力政,俊乂蜂起"、"六经泥蟠,百家飙骇"(《文心雕龙》)的局面。经过三四百年的动荡、分化、迁徙、融合发展,特别在经济上由于邗沟和鸿沟的开凿,长江、淮河、黄河流域三大经济区域连成一片,形成一体,相互联系和依赖加强了,因此社会出现了统一要求。与社会由分到合的客观要求相适应,在文化上出现原道之心,兼儒墨、合名法,博综诸家之长以为一、由"析同为异"到"合异为同"的形势,"杂家精神"、"思想统一"思潮也随之产生。其代表作就是《吕氏春秋》。它"上揆之天,下验之地,中审之人"(《吕氏春秋·序意》),"假人之长,以补其短"(《吕氏春秋·用众》),"齐万不同,愚智工拙,皆尽力竭能,如出乎一穴"(《吕氏春秋·不二》)。继之在汉初出现的《淮南鸿烈》也是一样,也是为因应社会需要,"用老庄的天道观去消除各家学说的界限和对立,将诸子的思想调和贯通起来,以达到'统天下,理万物'的目的"[①]。由此可见:秦汉

[①] 牟钟鉴《〈吕氏春秋〉与〈淮南子〉思想研究》,齐鲁出版社1987年版,第107页。

时期的杂家代表作《吕氏春秋》与《淮南鸿烈》，就是因应社会统一的客观情势而产生的，它们也的确对推进社会发展起了积极作用。

第二次：魏晋南北朝时期

东汉以后，贵族政治腐败，经学僵化，社会分裂，魏、蜀、吴三国鼎立，西晋短期统一但随着北方少数民族匈奴、鲜卑、羯、氐、羌等入主中原，形成南北对峙局面，汉武帝实行的"罢黜百家，独尊儒术"逐步建立起来以正名、定分、三纲、五常为主要内容，作为维系社会价值体系、精神支柱和管理制度神器的"名教"，发生了严重的危机。加之佛教东传，佛经翻译渐多，佛教社会影响扩大，发生了中外文化的交流与碰撞，因而社会又由合到分，学术也由同到异，儒、佛、道争鸣激烈。为寻找新理论，重建社会新价值体系，调谐社会秩序，以名教与自然之辨为核心内容的玄学也就应运而起："魏之初霸，术兼名法，傅嘏、王粲，校练名理，迄至正始，务欲立文；何晏之徒，始盛玄论，聃周当路，与尼父争途矣。"（《文心雕龙·论说》）玄学之兴，始于以儒家"正名"和法家"循名责实"的名理学，由"名教"到"名法"，进一步上推到"无为"，所以玄学是脱变于名学与易学，既是源自老、庄，也是儒学之蜕变。社会经过近300年的动荡、分裂，由于大量中原人民南迁江南，南方经济得以开拓发展，加之北方进入中原的少数民族逐渐汉化，社会又出现了要求统一的趋势，与之相适应，学术思想再次涌现"析同为异"到"合异为同"的"杂家精神"，其特点是通过儒道会通、佛学玄化的途径进行整合："泊于梁代，兹风（按：指玄学）复阐，《庄》、《老》、《周易》谓之三玄。武皇（按：指萧衍）、简文（按：指萧纲），躬身讲论。"（《颜氏家训·勉学》）"暨梁武之世，三教（按：指儒、佛、道）连衡，五乘（按：指佛家人乘、天乘、声闻乘、缘觉乘、菩萨乘，也就是乘著五戒、十善、四谛、十二因缘、六度等五种教法而获得善果）并驾。"（《广弘明集·法琳〈对傅奕废佛僧表〉》）梁武帝也撰《会三教诗》："穷源无二圣，测善非三英。"揭橥三教同源说。说明此时儒道会通、佛学玄化已成社会风气。《刘子》便是因应这一思潮而产生的杂家代表作。日本古代学者说："《刘子》刘勰所作，取镕《淮南》，自铸其奇。"①此书曾被清代著名藏书家、校勘家黄丕烈赞为"魏晋子书第一"，中国文心雕龙学会创会会长张光年（光未然）也认为："《刘子》和《文心雕龙》，同是南北朝历史巨变时代产生的有重大历史价值、学术价值的奇书。"②《刘子》"综核众理，发于独虑；猎集群语，成于一己"③。它泛论治国修身之要，杂以九流之说，是"总结了诸子的学术和思想，来用古说今"之书④。《刘子》产生的背景同《吕氏春秋》《淮南子》极其相似，所不同者是前二书皆权势者"聚客而作"，属集体著述，所以体系庞大，"踳驳不一"，内容庞杂；而后者则是个人私著，简要精炼，全书仅29030字，却蕴含了丰富思想内容，如因时而变的社会历史观和与时竟驰的人生观、从农本出发的富民经济思想、从民本出发的清明政治思想、"知人"、"适才"、"均任"的人才管理思想、文质并重"各像勋德，应时之变"的文艺思想，以及清神防欲、惜时崇学、履信慎独等积极向上、健康的道德修养理念等等。张光年特别肯定它的"因时制宜的变法论"和"献贤受上赏，蔽贤蒙显戮"的主张，"是站在时代潮流前面的勇士"，"都是有针对性的，是不避嫌疑、不计

---

① 播磨清绚《刘子序》，载林其锬《刘子集校合编》，华东师范大学出版社2012年版，第833页。
② 张光年《关于〈刘子〉——在中国文心雕龙学会第二届年会上的讲话》，载《刘子集校合编》，同前引，第1165页。
③ [日]平安感愿《刘子序》，载《刘子集校合编》，同前引，第834页。
④ 王重民《中国目录学史论丛》，中华书局1964年版，第99页。

后果的，是勇士的语言。"① 《刘子·九流》在继承司马谈《论六家要指》和班固《汉书·艺文志·诸子略》思想的基础上，比较客观、精确地评价了道、儒、阴阳、名、法、墨、纵横、杂、农九家的得失，而且着重点放在"皆同妙理，俱会治道，迹虽有殊，归趣无异"的会通上，同时还在总体上概括了子学的基本构架："道者玄化为本，儒者德教为宗，九流之中，二化为最。"正如美国华人学者杜维明所说："这即肯定了中国文化的'九流'结构。"（见文化中国网）或者如赵吉惠教授所说："就是对以儒、道为主体结构的中国多元文化的古典表达。"② 这是刘勰对子学的历史贡献。此外，在《刘子·九流》中，"圣贤并世，诸子分流"，表明古本无"经"，后来才有"经"、"子"之分；中古以前子史分期并指明子书形态向子论，文集转化等等，都是他的独到创新见解，对子学建构都具有重要意义。

由于《刘子》一书比较充分地反映了当时社会发展的趋势，适应了社会由分到合走向统一的历史要求，因此在隋唐广为传播影响很大，上自唐太宗、武后，下至一般读书人，乃至高僧大德都给予重视。唐太宗于贞观二十二年，为教育太子李治（高宗）撰《帝范》"所以披镜前踪，博览史籍，聚其要言，以为近诫"（《帝范·序》），书中就多处承袭、征引《刘子》，明显抄袭的就达22处，甚至连一些章名，诸如《诫盈》《赏罚》《阅武》等也与《刘子》雷同。武则天莅位，为教育臣子，亦仿太宗"情隆抚字，心欲助成"，"撰修身之训"，乃"游心策府"，"缀叙所闻以为《臣轨》一部"，"为事上之轨模，作臣下之绳准"。书中亦承袭、征引《刘子》。其他

---

① 张光年《关于〈刘子〉——在中国文心雕龙学会第二届年会上的讲话》，载《刘子集校合编》，同前引，第1166~1167页。

② 《论儒道互补的中国文化主体结构与格局》，载《陕西师范大学学报》哲学版，1994年第4期。

如成书于隋的虞世南《北堂书钞》、释道宣《广弘明集》、唐之释湛然《辅行记》、释道世《法苑珠林》也多数征引。释慧琳《一切经音义》还两处明确著录《刘子》及其作者刘勰。《刘子》盛行于唐,成了当时社会上"有现实意义的著作"、"读书人的一般理论读物"(王重民语),并远播边陲、国外。从已发现的敦煌、西域隋、唐的写本《刘子》残卷就有九种,著录《刘子》的小类书写本就有五种,唐时传到日本的《刘子》版本就有三种之多,甚至在新疆和阗伊斯兰贵族古墓中也发现有唐写本《刘子》残卷,足见《刘子》在唐代影响之大。《刘子》儒道互补,相容百家的思想,实际为盛唐的"崇道、尊儒、礼佛"、建构社会稳定和谐的指道思想提供了理论支持,也为"贞观之治"的社会管理和道德理念提供了思想资源。由此也可见杂家精神在建构统一、稳定社会中的积极作用。

第三次:近现代

18世纪,随着欧洲资本主义的发展,开始了征服世界的"全球化",列强以其坚船利炮在1840年打开了中国国门,中国逐渐沦为殖民地半殖民地社会,西方文化也随着枪炮和商品洪流强势涌入,中国社会又发生了分裂、动荡,中华民族遭遇了空前危机。由于落后而挨打,救亡压倒一切,中国的精英也着力向西方寻找出路,"现代化等于西化"的理念为许多人所接受。中西文化大碰撞、各种思潮登台争鸣激烈,又有"众义蜂起""百家飙骇"之势。但这与先秦诸子"自开户牖"、"越世高谈"迥异:一是在西方霸道文化强势主道背景之下;二是大多作为外来思潮的二传手出现。这一次异质文化的接触、碰撞、交流、融合的规模是空前的,因此对中华文化的冲击、更新、提升也是前所未有的。经过百多年的酝酿,中华文化汲取西学特别是科学技术,实现传统的现代转轨取得了巨大进步,但也出现宾主易位、过度依傍西方文化体系的问题,因而逐渐失去了民族文化的话语权。随着国家的独立、经济的发展、社会的进步，又到了中国要崛起、中华民族复兴的关头了。2014年2月24日，习近平在主持政治局学习时强调："培养和弘扬社会主义核心价值观必须立足中华优秀传统文化"，"博大精深的中华优秀传统文化是我们在世界激荡中站稳脚跟的根基，中华文化源远流长，积淀着中华民族最深沉的精神追求，代表着中华民族独特的精神标识，为中华民族生生不息、发展壮大提供了丰厚滋养"，"不忘本来才能开辟未来，善于继承才能更好创新"，"要坚持古为今用、推陈出新，有鉴别地对待，有扬弃地继承"，"要讲清楚中华优秀传统文化历史渊源、发展脉络、基本走向，要讲清楚中华文化的独特创造、价值理念、鲜明特色，增强文化自信和价值观自信"，"要处理好继承和创新性发展的关系，重点做好创造性转化和创新性发展"（《文汇报》2014年2月26日头版）。这一讲话精神对建构"新子学"学科具有指道意义。子学是中华文化理性积淀的载体，建构"新子学"学科正处于全球化、多元化、中外文化空前规模的大交流、大碰撞、大融合的时代，如何立足中华优秀传统文化，通过研究、弄清渊源，理清发展脉络、基本走向，继承精华，实现创造性转化、创新发展，重构中华文化新体系，也需要杂家精神，即取镕诸家之长、舍弃诸家之短（这里的诸家自然也包括外来文化在内），这才能担当和完成"新子学"的建构和历史使命。

（原载于《中州学刊》2015年第12期。作者单位：上海社会科学院）

"新子学"与杂家

张双棣

昨天看了林其锬先生的文章,他在文章的最后呼吁大家,在继承优良传统,发掘中国文化资源,吸收世界先进文明,构建中华现代文化体系中,应该重视和发掘过去长期不被重视的杂家文化思想资源。对于他的这种看法,于我心有戚戚焉。去年会上,我谈到先秦诸子与杂家的问题,所以想就这个问题再说几句。

我们研究诸子学,大多比较关注儒、墨、道、法等,对于杂家,大家关注得比较少。我觉得,杂家在诸子各家中,更具有开放性和多元性以及服务于现实的特点,它批判性地兼采各家之长,兼收并蓄,融会贯通,形成相似于各家又有别于各家的独特的思想体系。

春秋战国时期,各家思想相互交锋,相互辩难,形成百家争鸣的局面。在交锋与辩难的过程中,各家自有分化,儒分为八,墨离为三,各家之间又互有渗透。吸收他家以为己有,早见端倪,以后逐渐成为一种趋势。杂家的形成,就是这种趋势的必然结果。当然,也是社会变革的一种需要。

《汉书·艺文志》是这样描述杂家的:"杂家者流,盖出于议官,兼儒墨,合名法,知国体之有此,见王治之无不贯,此其所长也。"杂家的特点是,兼顾儒墨,融合名法,知道国家政体、王者政治必须将各家融会贯通。班固对杂家的论述是全面恰当的，丝毫没有贬损之意。治理国家，不能专守一家之说，而必须取各家之长，融会贯通，才能称得起是王者之治。杂家政治家，正是符合这一标准的。

有人没有理解班固对杂家的说明，对杂家产生错误的理解，以为"杂"是杂凑的意思，以为杂家是杂凑各家思想拼合而成，没有自己独立的体系。这种看法在学术界和思想界长期占据着主道地位，从而使杂家研究长期处于不被重视的境地。只在20世纪八九十年代以后，杂家研究才开始引起人们的注意，出现了一些研究专著，但是与其他各家的研究比较起来，仍然显得薄弱。

我们以杂家的代表作《吕氏春秋》为例，看看杂家的特点和杂家研究的意义。

在《吕氏春秋》中，可以清楚地看到，他的思想体系是非常系统的，甚至是其他诸子著作所不能比拟的。汉代高诱极其推崇这部著作，曾为它作过注解。在《吕氏春秋序》中，他说此书"大出诸子之右"。这部书的思想虽大都取自各家，但不是简单的抄取，而是有所取舍，并将所取融入自己的体系之中，有机地构筑成自己的思想大厦。《吕氏春秋·用众》有一个很好的比喻："天下无粹白之狐，而有粹白之裘，取之众白也。"正好说明杂家的由来和体制。

《吕氏春秋》是吸收各家思想之后所形成的自己的完整的思想体系。它吸收了老子、庄子的道家思想，也吸收了儒家子思、孟子、荀子的思想，还有墨子、孙子、韩非子、管子的思想。我在《吕氏春秋译注》的前言中曾经说过，《吕氏春秋》是以道家思想为基础、以儒家思想为主道并融合各家之长的一部自成体系的著作，是一套有纲领、有规划、可实施的治国方略。

《吕氏春秋》吸收或融合各家思想是自觉的、公开的、批判性的、有所扬弃的，是紧密结合当时政治、军事斗争现实的。

《吕氏春秋》吸纳道家的思想，并作为它的哲学基础。汉代高诱

《吕氏春秋序》说："此书所尚，以道德为标的，以无为为纲纪。"《吕氏春秋》吸纳了道家的"道"，不过他认为道不是虚无，而是"一"，即"太一"，或即"精气"，这种精气是构成天地万物的最基本物质。《吕氏春秋》也吸纳了老子的"无为"思想，并限定在君道方面，他提出君道无为、臣道有为的主张。君道无为是前提，只有君道无为，才能做到臣道有为。对于老子的某些思想，吕氏认为与时代发展相左的，则弃而不采。比如老子提倡小国寡民，这与当时秦帝国统一天下而形成的大帝国，完全不相适应。吕不韦是要为统一的大帝国制定治国方略，如何能够采用小国寡民的思想？所以他必然将其舍弃。吕不韦作为统一大帝国的宰相，大帝国的管理者，他的态度是积极的，向前看的，因此对于道家的某些带有消极色彩的东西，他也只能弃而不取。

《吕氏春秋》大量吸纳了儒家的思想。儒家的核心思想是仁，《吕氏春秋》也讲到仁，《爱类》说："仁也者，仁乎其类者也。"儒家把孝弟看作仁德根本，有子说："孝弟也者，其为仁之本与。"《吕氏春秋》也很重视孝道，《孝行》说："夫孝，三皇五帝之本务，而万事之纪也。"《吕氏春秋》受孟子民本思想的影响很深，它强调民众是国家安危存亡的根本和关键。它说："主之本在于宗庙，宗庙之本在于民。"又说："人主有能以民为务者，则天下归之矣。"同时，《吕氏春秋》还吸纳了儒家关于教育、音乐教化等思想，在《三夏纪》中突出阐述了教育和音乐对治国的重要作用。

《吕氏春秋》也很重视法家思想，法家思想在秦国一直处于独尊的地位，吕不韦的门客中就有法家的代表人物李斯。但吕不韦对于法家思想多有改造或批判。法家强调法的重要，强调耕战的意义，把它作为治国的根本，同时强调法、术、势综合运用。法家不重视德化，不重视贤人。《吕氏春秋》则强调德治为本，赏罚只是辅助手段，同时特别强调用贤，认为求贤用贤是实现君道无为的重要条件。《吕氏春秋》也吸纳了法家法后王的思想，主张与时俱进，随时变法。

《吕氏春秋》吸收了墨家的节葬思想，主张薄葬，但否定了他的非攻思想，鲜明地提出自己的义兵说。这是根据当时秦国政治、军事斗争需要而采取的做法。主张节葬是为国家积累财富；反对偃兵，是因为秦国正在以军事手段推进统一六国的斗争。吕不韦认为，秦国统一六国的战争是拯救人民于水火之中，是义兵，是不能停止的。

《吕氏春秋》广泛吸纳各家有用的东西，即使是方技类的内容，也兼而采之。比如它有专讲农业耕作种植技术的篇章。

《吕氏春秋》以后的杂家著作，都遵循包容、兼收并蓄、服务于现实的传统。我们甚至看到，儒家独尊以后，中国思想文化的发展，也都或多或少地体现出这种杂家风格。

"新子学"，即当今形势下的诸子学，或者说即诸子学在新形势下的发展。我们现在讨论"新子学"，应该充分借鉴杂家吸纳百家的做法，本着积极的、公开的、宽容的态度，对待古今中外的各种思想学说，择其善者而从之，其不善者而舍之。

一、建立"新子学"，首先要彻底了解传统子学的内涵与真谛，厘清每一子产生和发展的历史脉络，从而为"新子学"的建立奠定基础。正如吕不韦召集天下各国智略之士，其中自然包括各个学派的人士，以是集思广益，作为完成《吕氏春秋》的第一步。

二、建立"新子学"，要积极地研究当今世界各种思想文化，不管是西学还是东学，不能有畏缩感、自卑感，也不能有傲慢和轻视的态度，我们要建设的是强国思想文化的基础建筑，应该有这种不卑不亢的自信。正如吕不韦要规划秦统一大帝国的治国方略，正是本着这种精神，去吸纳各国各家的思想，去采撷各家成熟的成果，而为己所用。

三、建立"新子学"，要将传统与现代、外域与本土有机地融合，传统要为现代服务，外域要为本土服务，也就是说，要从传统与外域的思想文化中吸取营养和智慧，为当今社会的政治文化注入活力。正如吕不韦从前代和当代、从秦国和六国的思想文化中汲取可用的成分那样。

四、建立"新子学"，要特别着眼于创新，不能墨守成规。时代是发展的，社会是进步的，我们的思想文化建设不能只停留在一个层面上，必须与时俱进，有所创新。创新，是思想文化建设的生命，也是学术进步的生命。《吕氏春秋》政治思想体系的建立，就是吕不韦创新思想的产物。

我们说"新子学"的建立要借鉴杂家的做法，并不是因袭杂家。首先，还是诸子多元的、独立的发展，在诸子独立的发展过程中，借鉴杂家的宽容的、兼收并蓄的做法。诸子多元的发展应该是"新子学"首要工作。在诸子多元发展的基础上，会产生统合的需求，这时会产生新的杂家。

(原载于《诸子学刊》第十三辑。作者单位：北京大学中文系)

熔经铸子："新子学"的根与魂

李若晖

一

《四库全书总目》卷一《经部总叙》开篇有云："经禀圣裁，垂型万世。"① 以经为中华传统文明之核心。然斯义显晦曲折，随时俯仰，曷胜叹哉。

检《白虎通义·五经》："经所以有五何？经，常也。有五常之道，故曰五经。"② 《文心雕龙·宗经》："经也者，恒久之至道，不刊之鸿教也。"③ 以经为大道之所在，此固汉唐经学之通义。

至于诸子之学，冯友兰《中国哲学史》分中国哲学史为两大阶段，即子学时代与经学时代。"上古时代哲学之发达，由于当时思想

---

① 永瑢等《四库全书总目》上册，中华书局1965年版，第1页。
② 班固《白虎通义》下册，陈立疏证本，中华书局1994年版，第447页。
③ 刘勰《文心雕龙》上册，范文澜注本，人民文学出版社1958年版，第21页。

言论之自由；而其思想言论之所以能自由，则因当时为一大解放时代，一大过渡时代也。"① 反之，经学时代则始于"董仲舒之主张行，而子学时代终；董仲舒之学说立，而经学时代始。盖阴阳五行家言之与儒家合，至董仲舒而得一有系统的表现。自此以后，孔子变而为神，儒家变而为儒教。"② 其实，即便在先秦时期，诸子也与经学息息相关。王葆玹指出："中国有一俗见长期流行，即以为五经纯为儒家经书，经学为儒家所独有。"实则"五经在秦代以前，乃是各家学派共同尊奉的典籍"。③ 章太炎《国故论衡》卷下《原儒》言"儒有三科：关达、类、私之名。"达名为儒，"是诸名籍，道、墨、刑法、阴阳、神仙之伦，旁有杂家所记，列传所录，一谓之儒，明其皆公族"。后世所谓儒家，实后起之私名。"今独以传经为儒，以私名则异，以达名、类名则偏。要之题号由古今异，儒犹道矣。儒之名于古通为术士，于今专为师氏之守。道之名于古通为德行道艺，于今专为老聃之徒。道家之名不以题方技者，嫌与老氏捆也。传经者复称儒，即与私名之儒殽乱。"④ 经子关系，诚如《汉书》卷三十《艺文志》二《诸子略》序所言："《易》曰，天下同归而殊途，一致而百虑。今异家者，各推所长，穷知究虑，以明其指。虽有弊端，合其要归，亦六经之支与流裔。使其人遭明王圣主，得其所折中，亦股肱之材已。"⑤ 即便由子学著述的主要文体"论"来看，刘宁认为："秦汉

---

① 冯友兰《中国哲学史》，载冯友兰《三松堂全集》，第二卷，河南人民出版社2001年版，第268页。
② 同上书，第269~270页。
③ 王葆玹《今古文经学新论》增订本，中国社会科学出版社2004年版，第11~14页。
④ 章太炎《国故论衡》，庞俊、郭诚永疏证本，中华书局2008年版，第481~490页。
⑤ 班固《汉书》第6册，中华书局1962年版，第1746页。

以下所形成的子学'论著',在体制上,受到《荀子》的深刻影响,形塑中国式思想'论著'之基本体式的,既非玄远的形上之思,亦非复杂而深刻的逻辑思辨,而是经验化的,以'述说'和'辨析'为主的荀子之文。这对于理解汉语思想的表达传统,显然是极值得思考的。"①"论"之一体与经密迩相关,《文心雕龙·论说》所谓"圣哲彝训曰经,述经叙理曰论"② 是也。

二

惜乎"经学自唐以至宋,已陵夷衰微矣"③,实不足以达道。于是文士蜂起,倡言"文以明道"。如柳宗元《柳河东集》卷三十四《答韦中立论师道书》:"始吾幼且少,为文章,以辞为工。及长,乃知文者以明道,是故不苟为炳炳烺烺,务采色、夸声音而以为能也。"④

原其初,文章与文集之起,即与子学相陵替。章学诚《文史通义·文集》曰:"自治学分途,百家风起,周秦诸子之学,不胜纷纷,识者已病道术之裂矣。然专门传家之业,未尝欲以文名,苟足显其业,而可以传授于其徒,则其说亦遂止于是,而未尝有参差庞杂之文也。两汉文章渐富,为著作之始衰。然贾生奏议,编入《新书》;相如词赋,但记篇目:皆成一家之言,与诸子未甚相远,初未尝有汇

---

① 刘宁《汉语思想的文体形式》,华东师范大学出版社2012年版,第37页。
② 刘勰《文心雕龙》上册,范文澜注本,第326页。
③ 皮锡瑞《经学历史》,周予同注释本,中华书局2004年版,第156页。
④ 柳宗元《柳河东集》下册,上海人民出版社1974年版,第542页。

次诸体，衰焉而为文集者也。自东京已降，讫乎建安、黄初之间，文章繁矣。然范陈二史所次文士诸传，识其文笔，皆云所著诗、赋、碑、箴、颂、诔若干篇，而不云文集若干卷，则文集之实已具，而文集之名犹未立也。自挚虞创为《文章流别》，学者便之，于是别聚古人之作，标为别集，则文集之名，实仿自晋代。而后世应酬牵率之作，决科俳优之文，亦泛滥横裂，而争附别集之名，是诚刘《略》所不能收，班《志》所无可附。而所为之文，亦矜情饰貌，矛盾参差，非复专门名家之语无旁出也。夫治学分而诸子出，公私之交也；言行殊而文集兴，诚伪之判也。"①

然汉魏风气，固以子胜于文。余嘉锡《古书通例》卷二《明体例》论"汉魏以后诸子"有云："周秦以及西汉初年诸子，……其平生随时随事所作之文词，即是著述，未闻有自薄其文词，以为无关学术，而别谋所以自传之道者也。自汉武帝以后，惟六艺经传得立博士，其著作之文儒，则弟子门徒，不见一人，身死之后，莫有绍传。故其时诸家著述，有篇目可考者，如东方朔、徐乐、庄安等，乃全类后世在文集。然九流之学，尚未尽亡，朔等或出杂家，或出纵横，考其文词，可以知之，故犹得自成一子。自是以后，诸子百家，日以益衰。而儒家之徒，亦流而为章句记诵。其发而为文词，乃独出于沉思翰藻。而不复能为一家之言。一二魁儒硕学，乃薄文词为不足为，而亟亟焉思以著述自见矣。……东汉以后，文章之士，耻其学术不逮古人，莫不笃志著述，欲以自成一家。流风所渐，魏晋尤甚。曹子建之在建安，一时独步。然其《与杨德祖书》云：'吾虽德薄，位为藩侯，犹庶几戮力上国，流惠下民，建永世之业，留金石之功。岂徒以翰墨为勋绩，辞赋为君子哉？若吾志未果，吾道不行，则将采庶官之

---

① 章学诚《文史通义》上册，叶瑛校注本，中华书局1994年版，第296~297页。

实录，辩时俗之得失，定仁义之衷，成一家之言。虽未能藏之于名山，将以传之于同好。非要之皓首，岂今日之论乎？'植年四十一而薨，竟不至于皓首，故其所志不就。然观其言，知其不以能翰墨、工辞赋自满也。魏文帝《与吴质书》云：'伟长著《中论》二十余篇，成一家之言。辞义典雅，足传于后，此子为不朽矣。'又《典论·论文》云：'融等已逝，唯干著论，成一家言。'（此上所引并见《文选》）于建安七子中独盛推徐干者，以其辞赋之外，能自成著作也。此足见当时之重诸子而薄文章矣。又《与王朗书》云：'生有七尺在形，死惟一棺之土，惟立德扬名，可以不朽。其次莫如著篇籍，故论撰所著《典论》、诗赋，盖百余篇。'（《魏志·文帝纪》注引）以储君之尊，擅诗赋之美，而犹自撰书论。至明帝乃诏三公，以为'先帝昔著《典论》，不朽之格言，其刊石立于庙门在外。'（亦见《魏志·文纪》注）然不闻并刊诗赋，其重视子书可知矣。……魏桓范《世要论·序作篇》曰：'夫著作书论者，乃欲阐弘大道，述明圣教，推演事义，尽极情类，记事贬非，以为法式。当时可行，后世可修。且古者富贵而名贱，废灭不可胜记。惟篇论俶傥之人为不朽耳。夫奋名于百代之前，而流誉于千载之后，以其览之者有益，闻之者有觉故也。岂徒转相放效，名作书论，浮辞谈说，而无损益哉？而世俗在人，不解作体，而务泛溢之言，不存有益之义，非也。故作者不尚其辞丽，而贵其存道也。不好其巧慧，而恶其伤义也。故夫小辩破道，狂简之徒，斐然成文，皆圣人之所疾矣，观范之持论，盖谓著书者以明道为尚，不以能文为高。东汉以后，文词渐趋华藻，虽所作诸子，亦皆辞丽巧慧，故范以为小辩破道。然而当时文士，其学本无专门传受，强欲著书以图不朽。谈道初无异致，而行文正其所长。故虽欲于文章之外别作子书，而卒不免文胜其质，转不如西汉人之即以文章为著作，尚去周秦不远也。"①

　　唐人则将文章靡丽之风归罪于齐梁浮艳，进而标举汉魏风骨。如陈子昂《陈子昂集》卷一《修竹篇序》有云："文章道弊，五百年矣！汉魏风骨，晋宋莫传，然而文献有可征者。仆尝暇时观齐梁间诗，彩丽竞繁，而兴寄都绝，每以永叹，思古人，常恐逶迤颓靡，风雅不作，以耿耿也。"②《新唐书》卷一〇七《陈子昂列传》："唐兴，文章承徐庾馀风，天下祖尚，子昂始变雅正。"③ 齐梁文风的特征即是讲究形式，文体骈俪，流连抒情，而轻论道经邦。《周书》卷四一《庾信列传》："子山之文，发源于宋末，盛行于梁季。其体以淫放为本，其词以轻险为宗。故能夸目侈于红紫，荡心逾于郑卫。"④ 殷璠《河岳英灵集》卷首《集论》亦曰："孔圣删诗，非代议所及。自汉魏至于晋宋，高唱者十有余人，然观其乐府，犹有小失。齐梁陈隋，下品实繁，专事拘忌，弥损厥道。"⑤ 于是文士慨然以弘道自任。韩柳之外，如《全唐文》卷三八八独孤及《唐故殿中侍御史赠考功郎中萧府君文章集录序》："君子修其词，立其诚，生以比兴宏道，殁以述作垂裕，此之谓不朽。"⑥《全唐文》卷五二二梁肃《祭独孤常州文》又录独孤氏语曰："文章可以假道，道德可以长保，华而不实，君子所丑。"⑦

---

① 余嘉锡《古书通例》，上海古籍出版社1985年版，第67~73页。
② 陈子昂《陈子昂集》，中华书局1960年版，第15页。
③ 欧阳修、宋祁《新唐书》第13册，中华书局1975年版，第4078页。
④ 令狐德棻等《周书》第3册，中华书局1971年版，第744页。
⑤ 殷璠《河岳英灵集》，王克让注本，巴蜀书社2006年版，第4页。
⑥ 董诰主编《全唐文》第4册，中华书局1983年版，第3941页。
⑦ 同上书第6册，第5306页。

三

考《河南程氏遗书》卷六《二程语录》六："今之学者，歧而为三：能文者谓之文士，谈经者泥为讲师，惟知道者乃儒学也。"① 又卷十八《伊川先生语》四："古之学者一，今之学者三，异端不与焉。一曰文章之学，二曰训诂之学，三曰儒者之学。欲趋道，舍儒者之学不可。"② 同卷又曰："今之学者有三弊：一溺于文章，二牵于训诂，三惑于异端。苟无此三者，将何归？必趋于道矣。"③ 所谓三学，亦即后世所谓考据、辞章、义理三学。其中"训诂之学"，即"牵于训诂"，对应于"谈经者泥为讲师"，指汉唐经学而言，是经学考据，已不足以阐道。"文章之学"，是"溺于文章"，相应于"能文者谓之文士"，乃唐宋古文之谓，则文学辞章，实无能于载道。义理之学，歧而为二，一为异端，近辟释道二氏，远拒诸子百家④；一为儒学，斯趋于道。

---

① 程颢、程颐《河南程氏遗书》第 1 册，载程颢、程颐《二程集》，中华书局 1981 年版，第 95 页。

② 同上，第 187 页。

③ 同上。

④ 熊赐履《学统》即以老子、庄子、杨子、墨子、告子、道家、释氏为异统。且曰："自开辟来，历羲农以迄姬孔，宇宙间惟有儒尔。老氏出，而异学始作俑焉。杨朱、庄周、列御寇之徒首先和之，不数传而汗漫若洪水矣，不可以止塞矣！……其为说也，愈变愈弊，愈差愈远，如为长生，为方药，为阴谋，为刑名惨刻，为纵横捭阖，为符咒幻术，为放荡，为清谭，为禅宗寂灭。大率皆无之一言为之鹄而荡其波也。其于吾儒也，或窜入其中，或驾出其上，或峙为三教，或混为一家。而老氏遂为万世异端之鼻祖矣！"熊赐履《学统》下册，商务印书馆 1937 年，第 578~579 页。

程子此语关系甚大。其以经学与文章皆无与至道，而谓义理之学方可进道。于义理之学中，又驱逐异端，举凡二氏诸子，概加摈斥，独以儒学为正统。于是宋明理学起，而经学儒学离。其最著者为《宋史》，既沿历代正史体例，以经学传授作《儒林列传》，而独以理学诸人为《道学列传》，其序实隐括道统而成。

鹏翔无疆，恨气之阻，殊不知其身轻灵独恃翼之展，其翼则以气流扇动获力以托举翱翔。儒学无经学固可逞智快意，其弊则所谓"情识而肆，玄虚而荡"。刘宗周《证学杂解》二五曰："嗣后辨说日繁，支离转甚，浸流而为词章训诂。于是阳明子起而救之以良知，一时唤醒沉迷，如长夜之旦，则吾道之又一觉也。今天下争言良知矣。及其弊也，猖狂者参之以情识，而一是皆良；超洁者荡之以玄虚，而夷良于贼：亦用知者之过也。"①

四

明清之际，傅山倡言"经子平等"，《霜红龛集》卷三十八《杂记》三："经子之争亦末矣。只因儒者知六经之名，遂以为子不如经之尊，习见之鄙可见。"② 开诸子与儒学并尊之始。至晚清，西学东渐，儒学拙于应物，学者乃以诸子对应西学。如邓实所言："呜呼！西学入华，宿儒瞠目，而考其实际，多与诸子相符。于是而周秦学派遂兴，吹秦灰之已死，扬祖国之耿光，亚洲古学复兴，非其时邪？……吾即《荀子》之《非十二子篇》观之，则周末诸子之学，

---

① 刘宗周《证学杂解》，载吴光主编《刘宗周全集》第2册，浙江古籍出版社2007年版，第278页。
② 傅山《霜红龛集》下册，山西人民出版社1985年版，第1066页。

其与希腊诸贤，且若合符节。是故它嚣、魏牟之纵情性、安恣睢，即希腊伊壁鸠鲁之乐生学派也。陈仲、史䲡之忍情性、綦豁利跂，即希腊安得臣之倡什匿克学派也。墨翟、宋钘之上功用、大险约而慢差等，即希腊芝诺之倡斯多噶学派也。惠施、邓析之好治怪说、玩琦辞，即希腊古初之有诡辩学派，其后亚里士多德以成其名学也。……夫以诸子之学而与西来之学其相因缘而并兴者，是盖有故焉。一则，诸子之书，其所含之义理，于西人心理、伦理、名学、社会、历史、政法，一切声光化电之学，无所不包。任举其一端，而皆有冥合之处，互观参考，而所得良多。"① 当时陈黻宸即视诸子与西学为儒学两大敌："况于今日，时势所趋，而百家诸子之见排于汉初者，今日骎骎乎有中兴之象，则皆与我经为敌者也。环海通道，学术之自彼方至者，新义迥出，雄视古今，则又皆我经所未道者也。"② 两敌联手，儒学正统遂倾。至于经学，如周予同所言："经是可以让国内最少数的学者去研究，好像医学者检查粪便，化学者化验尿素一样；但是绝不可以让国内大多数的民众，更其是青年的学生去崇拜。"③

五

近代经学沉沦，子学复兴，但复兴后的子学弃经学而附哲学，于是中国传统义理之学的固有格局与内在脉络被打散。

---

① 邓实《古学复兴论》，载《景印国粹学报旧刊全集》第3册，台湾商务印书馆1974年版，第1008~1012页。

② 陈黻宸《经术大同说》，载陈德溥编《陈黻宸集》上册，中华书局1995年版，第539页。

③ 周予同《僵尸的出祟》，载朱维铮编《周予同经学史论著选集》，上海人民出版社1983年版，第603页。

原其实，先秦至汉初之经说本与子学一体，也是活泼泼的自由思想。汉王朝以秦制律令体系，驯化经说，建构经学，再以之一统思想。① 近年叶国良倡言："经学的生命力是否旺盛，端看是否有新体系出现，易言之，须有适用于我们这个时代的创新之作，才能维系经学的生命力，这方面还是有待努力的。"②

如何回到自由经学，并以此为基础重构子学？汉初司马迁可以为我们提供参考。《汉书》卷六十二《司马迁传》赞："司马迁据《左氏》、《国语》，采《世本》、《战国策》，述《楚汉春秋》，接其后事，讫于天汉。其言秦汉，详矣。至于采经摭传，分散数家之事，甚多疏略，或有抵牾。亦其涉猎者广博，贯穿经传，驰骋古今，上下数千载间，斯以勤矣。又其是非颇缪于圣人，论大道则先黄老而后六经，序游侠则退处士而进奸雄，述货殖则崇势力而羞贫贱，此其所蔽也。然自刘向、扬雄博极群书，皆称迁有良史之材，服其善序事理，辨而不华，质而不俚，其文直，其事核，不虚美，不隐恶，故谓之实录。"③ 太史公正是熔经铸子，才能"拾遗补艺，成一家之言，厥协六经异传，整齐百家杂语"④。钱大昕《潜研堂文集》卷二十四《史记志疑序》论曰："太史公修《史记》以继《春秋》，成一家言。其述作依乎经，其议论兼乎子，班氏父子因其例而损益之，遂为史家之宗。"⑤

因此，当代"新子学"的建立，必须与经学相结合，以中华文

---

① 参李若晖《燔诗书明法令——略论秦制的经学影响》，载《当代儒学研究》第15期，2013年12月，第29~65页。

② 叶国良《杨新勋〈经学蠡测〉序》，载杨新勋《经学蠡测》，凤凰出版社2012年版，《序》，第2页。

③ 班固《汉书》第9册，第2737~2738页。

④ 司马迁《史记》第10册，中华书局1959年，第3319~3320页。

⑤ 钱大昕《潜研堂文集》第9册，载陈文和主编《嘉定钱大昕全集》，江苏古籍出版社1997年版，第380页。

化的大本大源为根基，立足于中华文化自身，面对中华文化的根本问题，重铸中华之魂，此即当代"新子学"之魂魄所归！

（原载于《诸子学刊》第十三辑。作者单位：复旦大学哲学系）

探索前期中国的精神和观念
——"新子学"刍议

刘思禾

"新子学"是方勇所提出的学术理念,旨在推进诸子学的现代发展[1]。学术界对"新子学"的概念、范围、方法等展开了热烈的讨论,显示出这一话题所蕴含的时代价值。每个变革时代都需要对传统做一番重构工作,今天更是如此。如何发掘古代思想资源,适应新时代发展要求,做一番脱胎换骨的点化,这是艰巨而又令人兴奋的工作。"新子学"在学者的共同探讨下已初具轮廓,显示出勃勃生机。笔者阅读了相关的研究成果,略有心得,不揣谫陋,今就子学的基本定位、现代学术界对子学理解的偏差和经子关系三个问题作一些思考,希望借此促进"新子学"的健康发展。

一、子学是中国前期思想的主要线索

学术界对子学的界定有狭义和广义之分。狭义的子学,是指先秦诸子学,晚清以来的学者如章太炎、梁启超、胡适等均持此见,这是现代学术界对诸子学最基本的理解。广义的子学,大多源于当代学者,如陈鼓应、方勇、杨国荣[2](P1、205),他们把先秦、秦汉直至清代的注重思想性的子部文献通称作"子学",并梳理出一条通贯性的子学线索①。后一种主张是与诸子学的当代发展紧密联系在一起的。重新界定子学在传统学术中的位置，能够更好地促进诸子学的当代展开。后一种思路无疑给我们以更多有关诸子学的想象空间，拓展了诸子学的内涵。

不过，应该看到，广义的子学描述过于含混，缺乏清晰的内涵。其概念把子学等同于先秦诸子学、玄学、理学、清代诸子考证学的集合，等于是去掉经学和佛学后的思想通史、学术通史、哲学通史。这是否过于庞大？是否顺畅？子学这一范畴是否有如此大的涵摄力？其中最大的问题是，理学应如何处理？笔者注意到，不少学者在讨论中国后期思想时，对理学是否属于子学，用语谨慎，或语焉不详。把理学纳入子学范畴，在笔者看来过于别扭，有同级概念相互阐释的困难，毕竟理学作为历史和现实的存在，其规模宏大，实难用子学加以规范。如果我们问：子学范式下的理学研究是怎么回事？比如，如何说朱子研究是一种子学研究？这事实上并不可行。而去掉了理学，子学研究在元、明、清这一阶段就没有了主要研究对象。那么，这几百年间，子学又在哪里呢？有学者喜欢举傅山为例，说傅山倡导经子平等。这是事实，没有人否定。明末也的确出现了理学的衰微，但子学并不是当时思想界的主流，清初也没有人沿着傅山的路向走，基本学术格局还处于理学与考据学的转型过程中。傅山无论如何也没有顾、黄、王三大家重要，其反理学、倡导子学恐怕只是一个个案，无法说服我们相信明末清初有一个子学复兴。

那么，如何定位子学呢？笔者认为，在上述两种叙述之外还有一

---

① 方勇在《"新子学"构想》中谈到魏晋玄学与宋明理学为子学：魏晋以后，（中略）诸子学不断汲取外来学说，又陆续产生了以何晏、王弼、周敦颐、二程、朱熹、陆九渊、王守仁等人学说为代表的诸代子学（或准子学）著作。

条道路，即把子学视作前期中国思想的重要线索，以先秦诸子学为中心，以汉、魏、六朝、隋、唐诸子学为展开，而与经学并立。这种理解的关键是对早期中国和晚期中国的划分，关节点是唐宋之变。我们把春秋战国直至隋唐称为早期中国，把唐宋之后称作晚期中国，中国学术在这两个时期有着不同的面貌。唐宋之间存在巨大的历史变革，史学界称作唐宋变革或者宋代近世说①。从中国思想史来说，子学兴替可以作为一个明证。在前期中国，经子关系是一个关键点，构成了思想与学术的主流。而在唐宋以后的晚期中国，子学呈隐伏状态，其思想主题则表现为三教关系。

前期中国可以说是中国思想的自身发展时期，基本冲突在于经子之间，经学和子学共享着基本的共识，其区别于晚期中国的特征在于：以社会控制为思考面向，注重公共秩序。而晚期中国思想的基本冲突在于儒佛之间，儒家和佛教分享着基本共识，其思考的焦点在于心理控制，因而心性问题是其焦点。前期思想可以看作是中国源生系统，经子之间有冲突，但能够共存，即使是班固也不曾把子学称作异端。而晚期思想的根本在于本土与外来思想的对抗，所以宋儒的正统——异端意识特别强烈，以继道统、辟佛老为己任。明清以来的所谓三教一致论，也只是释、道向儒教倾斜，而正统的理学家从来对三教一致说保持着警惕。

关于中国前期思想和晚期思想之别，这里举一个简单的例子。以圣人观念来说，前期思想主张圣人天纵说，圣人总是作为王出现的（所以孔子是素王），而晚期思想主张圣人皆可为，圣人仅是纯粹德行意义上的。所以当程颐作《颜子所好何学论》，胡瑗大为惊诧，因

---

① 关于唐宋之间的转型，吕思勉、钱穆都指出过，不过以内藤湖南之说影响最大（参见内藤湖南《中国史通论》（上册），社会科学文献出版社2004年版）。

为自古以来的传统都是圣人不可至①。儒家之所以有这样的发展，当然是受到佛教的影响。道生的一阐提皆有佛性说就是圣人可至的先声，后来"圣人满街走"风行，圣人的公共性就丧失了。晚期中国的学者对于前期中国的学者总是以驳杂来批评②，殊不知这是他们自身受佛教影响注重于内在而偏于狭隘的表现。以今天的立场来看，我们更同情前期中国外向开通的经子传统，而对晚期中国内敛狭隘的儒佛传统报以警觉。朱子批评汉唐儒者不知道③，在今天看来，宋儒的这种看法不过是门户之见罢了。明末以来思想界的主流就是走出宋明的桎梏，在理学短暂复兴后，由考据学至今文学，由东汉返西汉，又至齐学、鲁学之辨，而至前期中国经子杂糅时代，可说是渐次逼近中国的元典精神。今天更应该回到前期中国的语脉中去。须知，重要的不是成圣悟道，而是建立良好的文明秩序④。

由此，我们对子学的历程就有一个四段分期。子学之前有王官学，子学继之而生，在春秋战国年间发展。于是，有所谓的百家之学。百家之学区别于后世学问者，就在于其毫无畏惧的议政精神，即

---

① 程颐、胡瑗的事迹见《宋史》卷四百二十七。又可参汤用彤《魏晋玄学论稿》第四章（上海古籍出版社1998年版）。

② 略举一例，清人称姚信《士纬》："书中推尊孟子亦识仁义为中正之途，而其论清高之士则以老庄为上，君平子贡为下，儗非其伦，此其所以不能醇乎儒术乎？"老庄为上，前期中国多有此论，后世不解，故作此说。

③ "孟子后数千载，乃始得程先生兄弟发明此理。今看来汉唐以下诸儒说道理见在史者，便直是说梦！只有个韩文公依稀说得略似耳。"（《朱子语类》卷93）。

④ 现代新儒家就有过于内敛的倾向，而缺乏早期儒学的实践热情，身处其中的徐复观对此有深刻的反省（参见徐复观《向孔子的思想性格回归》，《中国思想史论集续编》，第282页，上海书店2004年版）。依笔者的看法，儒学过于纯粹化是道统意识所致，是晚期中国思想与前期中国思想的重要区别。

孟子所谓的"处士横议"①。这里具有中国学问的基本特征。这是子学的第一期发展，也是子学的元典期。两汉期间，子学遭到经学的阻击，然而仍旧有《论衡》等著作出现，一直绵延到唐代。在立说不拘一格的意义上，出现了大批准子学著作，如王弼《老子注》、郭象《庄子注》、刘勰《文心雕龙》、王通《中说》等，这些著作不依傍儒学经典，兼采各派而自成一家，这是前期中国背景下子学的第二期发展阶段。宋之后，理学兴起，道统说风行，儒、道、佛三教并立的格局形成，此后子学进入潜伏期，虽有书籍传播，有学者研究，但作为一种重大的思想资源，在晚期中国思想发展地图中，已丧失其原有位置。

随着中国被迫进入近现代世界，子学迎来了新的发展机遇。晚清诸子学的复兴只是一个开端，当时的学者囿于经学传统观念，子学本身的意义未被真正发掘出来。随着现代学科体系的建立，诸子学作为一个独立的学术范畴消失了，其作为中国哲学研究的一个部类被纳入现代学术话语中②。不过，随着中国本土意识的觉醒，诸子学作为一个独立学术领域的观念在逐渐生长。方勇所倡导的"新子学"，首次正式标举出独立意义上的子学范畴，这是诸子学在现代发展的一个重要信号。在现代学术语境下，诸子学是有第四期发展空间的。

那么，子学研究的对象就很清楚了：应把子学研究集中于先秦诸子之学，这是符合历来研究的事实，也是民国以来学术界的共识。同时，应关注子学的第二期发展，重视子学和经学的互动关系。更重要

---

① 《孟子·滕文公》："圣王不作，诸侯放恣，处士横议。"这里的关键是"圣王不作"，所以无位者亦可高鸣。其潜台词是，一旦圣王出现，处士横议就无此必要了。用今天的话说，在良好的社会秩序下，不任公职者无议政必要性。

② 子学和哲学之间的关系，是近代学者所讨论的一个重要话题，刘咸炘、柳诒徵、胡适等都对此有所反省，当代学者也有不少类似思考。

的是，须把以上二者统一起来，来把握中国前期思想的基本特征。对于宋明时期的子学，同样可以研究，比如朱子对先秦诸子学的研究，但这毕竟不是重点。而如何展开新时代下的子学研究，这是其关键所在。萧萐父、冯契都曾谈到回顾传统和关注西方并行不悖，子学研究也是如此，在发掘古典中国精神的同时关注当下，并参考西方，既不盲从，也不闭守，这里更有一番艰苦工作要做。

二、剥去子学身上的多元主义外衣

在现代叙述中，诸子时代一直是作为学术和思想的黄金时代来渲染的，这已成为固定的印象。胡适《中国哲学史大纲》（上）平视诸子，蔡元培大为赞赏，称其有划时代之功。冯友兰在《中国哲学史》中把子学之后完全划为经学时代，而极力鼓吹子学的自由时代。学者在研究诸子时，诸如自由、平等、多元等是最常用的词汇。百家争鸣成了思想自由的代表，似乎诸子时代就是中国思想学术的黄金时代。后来，雅斯贝斯的轴心时代说传入中国，更加深了人们这种印象。但事实真的如此吗？这里面恐怕有很多现代的扭曲。

人们用得最多的词是多元，这是百家争鸣的另一种说法。"多元"二字在中国古代文献中尚未组成一个单词。"五四"之后，多元或多元主义开始在汉语中流传使用，如鲁迅《书信集·致曹聚仁》："四，先建设多元的大众语文。"现在尚不清楚最初的汉译是否借用了日语的翻译，不过可能性很高。

"多元"一词，源于欧洲语汇，英语为"Pluralism"。《大英百科全书》和维基百科的解释是：多元意味着不同的部分如何共处，包括政治多元、宗教多元、文化多元。西方多元方案的早期版本大概是宗教多元主义（《威斯特伐利亚条约》）和政治多元主义（三权分立及联邦制)。作为一种主流的理解框架则是1960年代之后，主要是借助后现代主义对现代性的批判而流行起来的。多元是相对一元而言的，都是针对一个系统的结构而言的。一元则有刚性的一元和柔性的多元。现代的极权体制是刚性的一元，传统的皇权则是柔性的一元。后者能够容忍必要的差异性，如所谓三教一致论。但两者在要求保持一个中枢、一个主流上是一致的。相对而言，一元主义是一个简洁的结构，需要压制其他诉求，因而总保持内部紧张。多元的用意在于不承认一个中枢，而是充分释放差异性，其问题是不同的差异者之间如何保持合作，而不是互相否定。多元的实质是冲突的合法化，因而需要一种中立的构架来提供低烈度冲突的平台。在政治上，宪政是这样的设计；在文化上，言论自由是这样的设计。这里的关键是，多元或多元主义作为一个有效的术语，意味着差异性主体的合法共存。所谓"合法共存"，即在观念上和制度上都保障差异性主体的合法共存，这意味着制度上能够容纳差异性（无论是政治力量还是思想倾向），在思想上具备容忍性，政治和价值系统适度分离，即所谓的价值中立。这是现代西方才可能出现的政教关系形态。

子学与此是根本不同的。子学是前期中国语境下国际竞争与时代转型的产物，诸子学派的兴起往往与诸侯的支持密切相关，如西河学、稷下学和吕氏学派、淮南学派均如此。诸侯通过学官制度、养士制度、馈赠等方式笼络诸子，思想家则与诸侯保持密切的交往，得到政治和财政上的支持，因而这并非纯粹的私人立说。子学在客观上也是支持诸侯的，最明显者如作为晚期主流的黄老思潮，因而也不是什么思想独立。诸子学派都追求天下一统，有强烈的正统——异端意识，墨子、孟子、荀子、韩非都是如此。墨子说天下最大的问题是十人十义，要回到天下一义；所谓"尚同"，也就是说在政治秩序和思想秩序的高度统一。孟子以辟异端为己任，不遗余力，直斥杨、墨为禽兽。荀子与孟子争正统，排斥异己，以儒家的嫡系自居，并著

《非十二子》。韩非更是主张杜绝一切非官方言论，力斥儒者为蠹虫，把以吏为师作为政教原则，严格限制民间学术。其他如《吕览》、《淮南子》、《易传》也是这样。但诸子都不反对尊尊（这是周人最基本的原则），都渴望王者统一学术，这怎么能说是思想自由呢？都崇尚圣人，都要以圣王来治世，这怎么能说是思想平等呢？都渴望自己的方案成为主流，这怎么能说是思想多元呢？可以说，诸子是一种事实上的多样，其根子却是一致的。天下大乱，众生喧哗，如此而已。诸子不是多元，而是无法一统。中国的政治和文化有其自身逻辑，政教关系的一致性是其基本预设，我们不能对此无视。

在中国文化中，大概除了庄子和郭象，没有人真正考虑过所谓多元主义的方案。所有思考的中心可谓是如何建构一个合理的一元结构，儒家是文化一元论，法家是权力一元论，墨家接近法家，甚至老子也可以称作道一元论，因为这是一个顺理成章的思路。多元主义方案，对于中国古典时期的庞大帝国而言，未免太过反常。百家争鸣并不具备现代文化意义上的多元精神，诸子学只是过渡时代的学问。从长时段来看，诸子学并不特出，与其前的王官学，其后的两汉经学，在根本诉求上并无区别，都在探讨一统的秩序和方法（庄子也许是唯一的例外）。如果说经学是帝国的自我意识，那么，诸子学是诸侯的自我意识，两者在政教关系上并无本质差别。

诸子时代的结束，并不是所谓黄金时代一去不复返，只是历史的淘汰。墨子的学问无根，杨朱只是一种态度，法家凝聚为制度，黄老无法在制度上支撑一个庞大帝国，其最后都被边缘化或消失了。两汉经学是王官学在子学洗礼后的复兴，这是一件正面的事情，显示了中国文化顽强的一致性，我们应承认这一事实。剥去多元主义的外衣，诸子学并非暗淡无光，而是回归其自身。诸子学是一套中国的古典学问，背后有自己的预设，不适当的语词会妨碍对它的理解。子学的确和多元主义的一些观念很相近，但在根本上还是两回事。说子学与多元主义相近，莫如说子学与经学相近。真正理解子学，还是要回归中国语境之中。

三、从经学、子学贯通的一面来把握子学

如果我们放弃对子学的多元主义式的印象，那么如何进入子学的内部呢？对子学的理解有两个范式：一是班固的（或者叫经学的）《汉书·艺文志》；一为胡适的（或者叫哲学的或现代的）《中国哲学史大纲》（上）。班固之前有刘向、刘歆父子，但他是一个代表性人物。胡适之前有章太炎、梁启超，后面有陈独秀、冯友兰、郭沫若、侯外庐，但他是一个标志性人物。班固与胡适所思考的根本都是经子关系。经学与子学在二者那里都是绝对对立的，班固以经学来排挤子学，胡适以子学来排挤经学；班固排斥诸子，赞述六经，退诸子于六艺后；胡适平视诸子，以儒学为一家，这是反班固的标志。以今观之，需深刻反省胡适模式，理智地同情及理解班固，同时需对二者都要作一定的批判。无论班固还是胡适，都是在做一种话语建构，背后都有一种核心理据。历史真如班固、胡适所说的那样吗？经学与子学是对立的吗？从早期经学和子学的发生来看，并不是这样。如果把经学与子学的关系简单对立起来，就忽略了两者背后更根本的政教关系问题。

首先，我们应该回到早期经学和子学同构并生的时代，了解两者之间的关系。经子关系不是从汉代开始的，而是从孔子开始相伴而生，如七十子就有着不同的趋向。后来学派纷出，遂形成儒家和反儒两大分野。在诸子时代，儒学不得势，众所周知。不过，那时的儒学有显、隐两条线。从七十子的思想流脉来看，子思和子弓都有代表（孟、荀），但子夏（还有子张、子游）的代表一直不显。从戴宏在

《春秋公羊传正义·序》中所叙述公羊学的传承来看,这些传孔子微言大义的儒者与诸子并行,但默默无闻。传其他经者,也是如此。庄子所言一若龙一若虎的邹鲁缙绅先生,荀子所斥的贱儒,稷下学宫中看不到的,叔孙通看不起的,《王制》、《周礼》的作者①,实际上就是《史记》、《汉书》之《儒林传》中的传经诸老,他们是孔子之教的"原教旨主义者"(这与宋儒的看法恰好相反)。这条隐秘的线索的终点就是董仲舒②。直到刘向和班固的时代才表彰他们,称其为保存正统的有功之臣,而把孟、荀等列为次等。

这些是早期经学的代表人物。其中,《春秋》公羊学一支在汉代崛起,彻底扭转了子学所塑造的思想格局。其与诸子的最大区别是讲大一统。在他们眼中,恐怕孟子和荀子都是儒家的叛徒,违背了孔门大义。何休说公羊学是非常可怪之言,因为大一统在诸侯时代是没办法讲的,只能口耳相传,等待机会。由此能看出子学和经学的确有根本的差异,汉人看低子学是有其道理的。平心静气来看,经学是支撑中国文化的基石,儒家是这块基石最主要的继承者和维护者,而儒家的确有正统与非正统之别,这大概没有问题。子学和早期经学的相互影响是实际存在的,其中的问题是非常复杂的。梳理其中的原委,有助于我们重新理解经子关系,进而理解"子学时代",而有一个不一样的诸子学。

如上文所讨论的,早期的经学与子学是复杂共生的,这是经子的一种历史关系。秦汉以降,经学与子学处于一种前所未有的语境下,于是有了完全不同的关系,即经子之间的政教关系。所谓"政教关系",是指政治系统和思想系统所建立的一种协作的关系体。二者相

---

① 关于《王制》、《周礼》的作者,这里采用战国说。

② 董仲舒虽然赞赏孟子与荀子,但其学问的根基是公羊学,与孟、荀迥异。

互影响，相互作用。任何一个政治系统都需要合法性证明，需要一套解释系统。有生命力的思想体系，最初是思想家个人思考的结果，但最终都会进入政治领域，转化为现实的操作方案，产生实际影响。一个政治系统选用了一套思想系统，二者共同运作，就是一套完整的政教体系。对于政教关系，古人用"内圣外王"来表达，圣代表着价值系统或规范，王代表着政治系统或传统。宋儒所讲的道统与政统，也是这样的意思。

在前期中国，至少试验了三种不同的政教体系：一是法家的方案，由李斯、韩非提供思想和政策思路，由秦始皇来实践。后世诸葛亮等也有类似的政治运作。二是道家的方案，由老庄、黄老提供思想主张，由汉初及魏晋时代政治人物（如王导）来实践[3](P36)。另外一种，影响最大的就是由儒家提供思路，由汉武帝以降的历代君主来实践。中国主流的政教关系，大致有这样三类。这些都是前期中国思想与政治实践的显例，后世不出其外。

从政教关系来看，法家政治和儒家政治都排除异端，以吏为师如此，独尊儒术亦如此。只有道家政治能够包容，不过道家是以否定性的方式包容，以寡言为中心，也就是放弃对思想领域的强力干涉，而并非对思想自由的正面肯定。但无论是哪一种政教形态，一家之说成为治国理政的指导原则后，其他学说都退居社会，只是一种空谈而已。这是实际情况。

我们再回到经子关系。在一般人的印象中，儒家式的政教关系是唯一的。于是，经子关系成了分析子学的入口，似乎经学不断吞噬、压制子学，儒学也成了与其他学说相对立的话语霸权。这种印象是符合一般史实的，但并不全面和客观。如上文所述，道家和法家作为主流，同样有一个笼罩性的影响。法家主导时有政府的法令作为重要的经典，而道家也有自己的经典传统，唐代不就把道家五子作为经典吗？经不是儒家的专利，而只是对主流文本的称呼而已。不是经学或儒学压制了子学，而是总会有一种主流学说与政治系统结合，以维系基本的文明秩序和社会秩序。儒家之所以最后成为一个主流，就在于其具备其他各家所不具备的适应性。是历史选择了经学和儒家，而不是帝王。如果说儒家有压制人性的历史，那也不是儒家如此，而是任何一种文明都会压制人的某些方面的欲求，这不是儒家的问题，是文明自身发展过程中的问题。关于这一点，道家早就说得很清楚了，只是其所开出的方案在古典背景下无法长时段现实化。

有主流话语就有压迫，这是福柯所指出的一个事实。正如他所判断的，这种状况是文明自身所带来的，无法从文明内部去除。假如我们接受这一点，那么，一切关于经学和儒学对子学的压制就没有什么可以抱怨的了，这只是一个必须接受的事实而已。即使是以自由主义作为政教系统的主流，同样会有这样的问题。后现代学者及西方左翼学者所指出的还不够吗？在英、美等国有所谓政治正确（Political Correctness）一说，很少有人会直接对抗这些言论禁忌。政教关系意义上的主流和非主流之间的紧张关系，在现代西方社会仍无处不在。子学，作为一个在野的学术存在，其意义不在于推翻主流，而在于给予主流以不停息的冲击，从而缓解其可能出现的僵化。但政教系统本来就是要维系秩序，要顺从现实的逻辑，因而这种斗争从来都是存在的，也无法停息。

那么，回顾了早期经学与子学的关系，以及政教关系下的经子关系，我们回到最初的元问题：什么是子学？子学就是脱离于政教系统之外而又无时不与之关涉的精神和观念而已。先秦诸子如此，后世的子学亦如此。如果其中有一家进入了政治系统，那也没有什么好或不好的。经学与子学在这个意义上就是在朝和在野的区别罢了，不一定就是儒学和其他各家。任一时代的任何一种学问都可能成为官学或主流思想意识，只要其具备了适应时代发展的内涵。今天所作的诸子学思考，也是如此。所以，我们不必过分强调经子之间的冲突，而应在更大的视野中看到子学和经学的共通处，探索前期中国的精神和观念，以应对未来中国社会发展对文化学术思想的挑战。

参考文献：

[1] 方勇. 新子学构想 [N]. 光明日报，2012-10-22.

[2] 叶蓓卿. 新子学论集 [C]. 北京：学苑出版社，2013.

[3] 陈寅恪. 金明馆丛稿初编 [M]. 上海：上海古籍出版社，1980.

（原载于《河北学刊》2015年第5期。作者单位：东北师范大学古籍研究所）

"新子学"对国学发展的理解

刘思禾

众所周知，国学问题的提出与近代以来的社会巨变相关，其直接的动力则来自于西学的强势输入。张之洞率先提出"中学为体，西学为用"的主张，拉开了国学发展的序幕。黄节、邓实完整地表达了保存国粹的立场，掀起了国粹运动。其后众多学者参与到讨论中去，一时蔚为壮观。到了新文化运动时期，胡适等人的整理国故论一反国粹派的复古忧思，以科学整理为指向，为后来的文史哲研究定了基调。而其他如学衡派、顾实等学者则力图走中间路线，融汇旧学新知，这一思路在清华国学院的创办过程中也得到贯彻。从晚清到民国期间，国学的讨论很热烈，但是国学的发展却远远无法和现代学制下的各种研究相比较。建国后这一局面也没有改善。直到 2004 年，学者提出《甲申文化宣言》，加之儿童读经、汉服运动、"论语热"等等，国学作为一个问题才又重新提出。

在以往的讨论中，各方对国学的定义差异非常大，往往不同的立场决定了不同的定义。仅拿命名来说，国粹和国故就代表了不同的态度。而国学则相对中立，故而慢慢为学界接受。一般地讲，国学指中国传统学问的总和，但实际上说到国学又意味着是对传统学问的现代研究。深一层来看，有关国学的讨论都在传统学术如何进行现代转型这个问题域中。没有这个问题域，就没有国学这个话题，更没有围绕国学的种种纠结和挫折。在这个问题域中，学者们对国学的界定、国学价值的判断和结构分析以及国学发展的方向都有不同的思路，因而可以区分出不同的派别。在这些差异中，胡适和马一浮代表了两种截然相反的方向，而其他学者则多在二者之间，可称作中间派。

胡适可称作体制派，或者主流派的代表，类似的主张还有陈独秀、傅斯年等。他的整理国故论系统说明了对于国学发展的看法，其要点就是把传统学术判定为旧的无价值的故纸，学术的工作就是在大学中做博物馆式的清理，并且坚持怀疑为中心的方法论。这一主张事实上成为大学体制内中国人文学科学者的基本规范，日后的研究也基本是在这一路径下展开的。这一路径的西化倾向、非价值化和多元精神是传统学术转型的主流。胡适的方向，实际是传统学术现代化的一个自觉，无价值化的学压倒了价值诉求，学术成为生产知识的机制。即使今天我们对大学体制内的研究是否可以称作国学存有疑虑，不过大学体制下的学者是国学研究的主力，这在过去和今天都是一个事实。

与胡适相对立的是马一浮。马一浮的国学路径可称作基本教义派，或者说是绝对保守主义。在马一浮之前有黄节和邓实，张扬国粹。但是马一浮更彻底，他甚至和熊十力、梁漱溟、钱穆都有区别，根本拒绝大学体制，也不热衷学术的现代转型，坚持依靠传统书院，紧紧抓住传统学术成德之教的特质，而以六艺（六经）为根本，这不能不说是时代的一个异数。我们知道在儒学的传统中也有为道与为学的争论，但是无论如何，价值总是优先于学术，马一浮继承的就是这一传统，这一思路与胡适的思路是针锋相对的。在一个全面现代化的时代，学术的现代化就是科学化、专业化和实用性，而马一浮的书院既不能提供文凭，又不能给人功名，其义理系统又缺乏逻辑，最后失败似乎无可避免。马一浮代表了传统学术精神在现代语境下的主体自觉，其价值取向是国学发展的另一个路径，只不过这条路要远为艰辛。

更多的学者则在胡适和马一浮之间，如章太炎不赞同大学体制，不赞成去价值化，和马一浮一致，但是章太炎不求一统，推崇诸子学，以史学视野观察古代学术，这与胡适又相同。钱穆在大学体制内，也自创过书院，他积极创建现代史学体系，同时也保持浓厚的价值追求。在文化观上尊儒但是不求一统。梁启超作为清华国学院的道师，致力于传统史学的改造，对传统抱有温情和敬意，但是并不墨守一家，积极倡导现代价值以造就新民，这是他不同于马一浮的地方。其他诸如学衡派以及东南大学顾实等学者更是自觉地走汇通的方向。不过，从历史上来看，这些学者都被边缘化了。

检视上述学者的言行，首先在对国学的界定上，有泛化的主张和精英的主张。其次是对待的国学价值评判，是去价值化还是存价值化。再次国学的结构是尚一统还是重多元。最后在国学的发展路径上，是大学化还是书院化。我们认为核心问题是价值评判和结构分析，这里有存价值化的多元主义，如章太炎、梁启超，也有去价值化的多元主义，如胡适。还有存价值化的一统，如马一浮。

梳理国学的不同发展脉络是为了更好地面对现实。国学要发展，这是传统学术要适应时代、自我更新的问题。今天，已经过了胡适、马一浮的时代，我们对传统和现代有了更深更复杂的理解，亡国灭种的焦虑已经消失，但是文化认同的焦虑却迎面袭来。在技术日益同质化的时代，我们民族的文化和生活是否并且应否与西方人一样呢？重新来看待国学发展问题是很有必要的了。

新子学对国学发展基本持一种中间的立场，我们认为有四个方面的问题需要加以注意，一是国学范围的界定，二是国学发展的路径，三是国学的价值问题，四是国学的精神。这里主要谈第四点。

关于国学的范围，我们主张收窄到传统学术的精英层面，反对漫无边际的国学分类。把国学范围扩展到几乎所有领域，这是邓实、胡适以来的流行主张，今天的《国学通论》等都是如此。我们认为，这种划分在今天实际已经失去了能指意义，不利于我们把握传统学术的根本特征。要把关注点集中在传统学术的精英层面，其中最重要的是经子之学，这是文化的灵魂，当是今天国学的适当对象。

国学的发展路径要走民间化的路，传统书院是一可行思路。如果国学仍旧依附于现代大学体制，进一步发展的难度会非常大。在这点上，章太炎和马一浮是正确的，因为传统学问在精神气质上和现代大学体制是相冲突的。国外的神学院和日本的松下政经塾以及民国时期的无锡国专、复性书院，这样的思路是值得借鉴的。当然，这需要国家和社会方面条件的成熟。

确定了国学的内涵及其发展路径，之后最重要的是重新恢复国学的价值意义。如前所述，主流的学术研究就是把国学作为材料来处理，以知识生产为目的，这是去价值化的知识路径。我们今天看待国学，应该离开胡适，回到章太炎和梁启超、马一浮那里去。既然大学体制已经完成了传统学问的知识化工作，致力于传承的国学就该做真正的价值恢复工作。当年梁启超就提醒人们，要把国学作为德性的学问，这就要求国学去知识化，进入生活。这种工作，恰恰是这个社会最需要的。

以今天知识界的共识来看，重新重视传统的正面价值似已成为主流。而恢复传统的目的在于文化的主体自觉。无论我们怎么来定义这种主体性，某种程度的特殊性总不可避免，问题只在于这种特殊性如何加以明晰化。"新子学"致力于传统学术的研究，一直在思考这一问题。我们认为，如果国学的新发展在于为今天的中国人提供自我认同的基本资源，那么更应该关注其如何贯注多元精神，这是"新子学"对国学发展的根本意见。

就国学的历史而言，主流一直都是在多元的方向上。章太炎和胡适在国学价值问题上并不一致，但是在反对一统、客观评判国学的多元发展问题上是一致的。在某种意义上梁启超、钱穆也是如此，今天张岂之等也如此。这也就意味着我们要放弃马一浮式的经学一统意识，以更加开放和复合的姿态看待传统。从现代的古典学术研究成果来看，传统学术内部的确是复杂和多元的，而从现代国学的发展来看，多元并进正是前进的方向。这里的关键还在于在胡适、章太炎和马一浮之间找到中道。我们今天已不可能放弃多元精神，但是同时也要对传统学问的基本性格保持尊重，这就要通过回到精英学问、依据民间方向和着力恢复价值这三个方面来着实工作。"新子学"希望开掘和继承中国学术的多元精神，破除旧国学的封闭意识，同时注意恢复其价值意义，以进一步推进国学的发展。

（原载于《诸子学刊》第十辑。作者单位：东北师范大学古籍研究所）

"新子学"对国学的重构
——以重新审视经、子、儒性质与关系切入①

陈成吒

在国学研究领域，经学、子学、儒学三者性质与关系一直是关键性问题。班固《汉书·艺文志》认为，周有王官之学，其基本形式与核心内容为六艺之学，至汉代则发展为博士官体系下的六经之学；子学是王官之学的"蜂出并行"，实质不出经学范畴，为"六经之支与流裔"；在子学中，唯独儒学"游文于六经之中"，最完整地继承了经学，当为子学之首。民国时，胡适《诸子不出于王官论》则指子学与王官无涉，是诸子忧惧世乱而形成的救世之学，并以此倡导儒学与其他子学平等，乃至子学、经学平等。

此后学界仍多尊班固之说，少和胡适之论。即使在离经学、儒学独尊甚远的今日，传统学术界仍存在经学为众术核心、儒学为子学骨干的观念，即经、子无法平等。至于诸子内部，即使酌情考虑胡适之

---

① 本文系教育部人文社科研究青年基金项目《先秦老学研究》（15YJCZH008）、上海市哲学社会科学规划青年课题《先秦老学研究》（2015EWY001）、上海财经大学校立社科项目《先秦老学研究》（2014110882）、上海财经大学基本科研业务费项目之青年教师预研究项目《诸子学现代转型研究》（2015110125）的阶段性研究成果。

论，名义上可称诸子平等，但就思想深度、题材内容、历史地位而言，儒家均超出其他诸子，自然也不能分庭抗礼。

实则，班固之言不足取，他只是简单地从经学、子学、儒学的思想内容出发，未触及思想内容背后的学术生产方式，自然无法确切认知三者的实质与关系。胡适之论也存在同样的问题，也落入了班固所言的预设陷阱，无法脱离旧有观念的束缚，因此在旧说面前显得绵软无力，难以撼动之。

笔者认为"新子学"对传统文化学术的重构，需从对传统旧有观念进行彻底清理开始，而对经、子、儒性质与关系的重新审视无疑是首要问题。在2013年"新子学"国际学术研讨会上即提出了该看法，并对经学、子学、儒学性质与关系进行了初步梳理。但正如此后会议侧记所反映的，因为相关观点与以往学界对经、子关系的看法大相径庭，与会学者多有异议[①]。因此本文试对相关问题做进一步探讨。

一、经学是一种自圆的思维与文化学术体系，经学早于子学

三皇时期，时人穴藏，以原始采摘、狩猎为生。族群的存在与次序维系皆依赖对有灵万物和祖先的敬畏崇拜，但祭祀尚未形成统一的意识形态与等级制度。五帝时期，帝颛顼命重黎"绝天地通"，开始形成以血食为核心、以血缘关系为基准的祭祀等级制度，并在此基础上建构出贵贱有等、长幼有差的礼制。《史记·五帝本纪》所谓"帝

---

① 崔志博《"新子学"大观——上海"'新子学'国际学术研讨会"侧记》，《光明日报》2013年5月13日15版。

颛顼高阳者，……载时以象天，依鬼神以制义，治气以教化，絜诚以祭祀"即此体现。帝颛顼也以此形成了最原始的王权、王道意识形态和统治制度。此后，帝高辛、三王以及夏商周皆承其制。

血食祭祀等级制度带来王权观念的同时，也形成了与之相配套的霸权观念。在血食祭祀等级制度中，除存在主祭者权威外，主祭者的叔伯也有其地位。且在王天下格局中，当天子实力衰落时，就需要诸侯实行伯霸之道，以维护天子的权威。霸道的基本内涵就是在尊王之下，以天子名义平和诸侯、存亡继绝。

王霸理念与制度在夏商时代应该已经存在，西周时则更为显著，《诗经》部分篇章对此有所体现。它对东周社会的发展起到了非常重要的作用。可以说，春秋战国的兴起与发展，除因客观的社会形势发展外，也与王道、霸道观念与体系的兴衰存在直接关联。

周平王东迁，历史从西周进入东周，且开端为春秋。从西周发展为春秋，正是王权、王道衰落，伯权、霸道兴起的结果。如果周天子依然拥有强有力的王权，王道意识形态与体系必然能成为天下的基本理念，就不会开始所谓的春秋时代。同样，如果当时伯权不兴，霸道意识形态没有获得普遍认同，则周天子也将不复存在，天下也就不会是东周，而将是另外一个新的王朝。因此，春秋时代是王道颓废，尊王霸道仍被认同的结果。

从王道到霸道的转移来看，战国的开启当以霸道不行为标志。战国时代之所以区别于春秋时代，是因尊王霸道已不再是当时社会的主流意识形态，诸侯已开始尊奉其他政治理念。春秋末年，勾践灭吴后，成为最后一个被周室承认为伯，并强有力践行尊王霸道的霸主。勾践去世后，天下霸主难觅，战国时代从此正式开启。

战国前期天下已无强有力的尊王霸主，而社会观念仍尊奉周天子为权威，在名义和形式上仍追求实现尊王之下的霸道。但从梁惠王、齐威王称王开始，周天子权威尽失，尊王霸道理念荡然无存，诸侯开始彻底走上一天下之路。随后的秦、齐称帝，则是更进一步的发展。王霸之道的兴衰其实代表了社会形势、意识形态、文化学术基本制度的转变，它也深刻影响了先秦学术的变革，尤其是经、子之术的发展。

三皇时代为神灵治化之世，人们对世界的理解都在各种神灵观念的支配之下。且最初并无文字，一切都只是在玄默的膜拜中盲从。即使后来伏羲氏开始创造契刻（八卦符号系统），对天地万物加以模拟，但总体上还是处于对神谕启示的渴求状态中。当时的学术主体也只能是神学。黄帝时代，仓颉初创文字，开始对天地万物进行大规模梳理，尤其在颛顼"绝天地通"后，人开始自我觉醒。圣人将天理高悬，强调遵道而行，其鬼不神，同时形成了最原初的王权、王道体系，于是经学出场。

正如笔者此前指出的，传统观念一般将经学视作儒家经典的研究发展之学，此说甚谬①。经学是一个具备形而上内涵和形而下具体内容的完整而相对封闭的系统性事物。其基本核心是"经"，呈现在思维和意识形态上就是认同"常"，并试图追寻、呈现"常"。具体的，它认定并强调一个根本、唯一、永恒的先验本源，并以一元生殖理念来演绎世界，梳理出一个疆界分明、等级俨然的宇宙次序，是所谓"理"。在此宇宙观下，人所要做的就是对它的理解与服从，是所谓"德"。

对这些形而上的本质与次序进行认知、推演、论证与记述而呈现出的最基本的形而下内容单元就是经学文本。经学形而下系统又以经学文本为基础，围绕它的生产与传播，形成一整套更为复杂的文化学

---

① 玄华《"新子学"：子学思维觉醒下的新哲学与系统性学术文化工程》，方勇主编《诸子学刊》第九辑，上海古籍出版社2013年版，第81~94页。

术体制，集中体现为王权、王道之下的王官之学体制。

在王官之学体制下，王庭对经学文本的产生、传播拥有绝对权，私人无权著书立说及进行教育与接受教育。且王庭拥有经学文本的绝对解读权。经学文本原是一元论思维的产物，在其世界中存在宇内皆一之理与永恒不变的本义，其内涵不证自明，本不需要诠释，即天然权威地具有不可诠释性。即使退一步，也仅王庭具有解释权。此即所谓礼乐自天子出，经学文本编修乃天子事，大众仅需"循法则、度量、刑辟、图籍，不知其义，谨守其数，慎不敢损益也"（《荀子·荣辱》），其无权思考与诠释，只有接受、信仰与服从。

这种经学体系产生甚早，王权之下始有经学。在帝颛顼时，神学自我否定式的发展已进入质变期。人们开始分离人神，追求本质，并以此形成圣人、经典、经典垄断性生产传播等体系。即从五帝后期开始，神学隐退，经学出场。且自三王、夏商周，一直到西周，虽然历代所奉经典存有差异，但经学精神与体制一脉相承。至于周代王官之学体制下的六艺之学，到汉代博士官制度下的经学也本是一脉相承，不可割裂。

应该说，经学是由神学的自我否定发展而来，是人实现自我的进一步发展，但经学本身有着不可剔除的顽疾。它在蛮荒、惶恐之中，为找到一个驯服阴晴不定神灵的主宰，从而走上了寻找世界本源与永恒之理的道路。它并没有认清多元客观实在的否定发展是其本身，而是错误地将自身固化，设置为高度抽象、永恒之物的投射。于是所谓学术也就成为对这个高度抽象不断继承、诠释的东西而已。

更何况，这种学术自觉天然地是从少数者开端，是少数所谓先知先觉者带领着众人往这条路去行进，少数者有将它限定于少数者的本能。他们承袭神学的陋习，自诩为神之子、天之子或先知圣人，将自我对学术的觉识视作自己的神器，借此掌握庞大资源，将自己从群体中区分开来，视为别样的存在，将群民视作牛羊一般的财物，为巩固既得权势，不断强化文化私有与专制，形成经学专制体系。这种情况下，文化的传播、创造与发展极其受限制，它所带来的是人的专制。虽然它是人觉醒的开端，也使少数人开始实现"人"，但这种实现不是彻底的、完全的人的实现。少数者在文化的觉醒——以此所作的人的实现中，其实现才刚开始，还没有确立，就已经异化了，没有真正的实现"人"。而多数者无法获得文化及其益处，反而是加深了受压迫与受剥削。从全局来看，无论是王侯，还是大众，离"人"越来越远，经学所导致的最终结果不是"人"的实现，而是"人"的全面异化。

二、子学是一种自主开放的思维与学术，是经学的否定者

正如笔者此前在论述"新子学"世界观问题时所指出的，自在多元是世界的自然状态，万物就是在这个多元的世界中面对着丰富的他者，以自我否定的形式发展着，并以这种连续而永无止境的发展来呈现自我、实现自我，学术发展也是如此①。

王权、王道体系是经学的强有力保障。在王权强有力时，经学必然巩固其地位，而霸权、霸道也为王权、王道服务。虽然王权、王道衰，经学衰退，但在霸权、霸道仍存时，经学还是在一定程度上能维系自己的统治。但在霸权、霸道也衰落后，经学则成为无皮之毛，其体系自然瓦解。当然，子学不是在霸权、经学彻底消失后才诞生，而是在它们衰落到一定程度后应响而来。

---

① 玄华《关于"新子学"几个基本问题的再思考》，《江淮论坛》，2013年第5期，第104~109页。

经学统治本身是一个封闭形态，随着原来少数者团体的发展，其内部不断壮大的同时，又不可遏止地出现分裂。随着分裂的发展，原有的中央集权式的文化专制开始瓦解。经学的瓦解是在文化逐步下移、文化权威逐步分散中开始的。恰如《论语·季氏》所言：礼乐征伐原自天子出，其后自诸侯出，又次自大夫出，终致陪臣执国命。经学权威起初在王庭，此后消解于诸侯国，最后消散于下层士。最终在文化与学术层面诞生了其对立面与否定力量——子学。

子学的诞生是经学自我否定发展的自然结果，且在历史上也存在直接而具体的标志性事件。周景王二十五年（西元前520），周庭在周景王死后，因王位继承问题发生了王子朝之乱。四年后，王子朝夺位失败，于是携周庭石室守藏人员与图文逃亡楚国。周敬王因此无法正常确立法统和行使王官之道，乃命老聃为征藏史，下诏天下诸侯，征六艺之书，以充石室。但当时公侯皆"肉食者鄙"，已不能通晓礼乐典章，便求助于已没落在野的贵族才士。天下由此形成了第一波私人修编六经的浪潮，孔子也正是在此背景下修编《春秋》等。同时，六经修编权的开放也直接导致了著述垄断的瓦解。当时下层士借征书之名，希望自己的私人著述能见重于公侯、王庭，于是又形成了第一波的私家著书浪潮。两股浪潮最终促使了子学的诞生及其不可逆的发展。

子学的正式诞生可以第一代子学原典的产生为标志。正如上文所言，文本是意识形态发展的结果，也集中呈现着意识形态的变化。且对于子学而言，子学文本是具体载体，又是思想的结晶，更是继续文化生产的产房。子学流派等也无不以文本传承为存在依据。故无论作为思想的子学，还是作为流派的子学，都是在文本中获得呈现与确立的。

第一部子学原典——《老子》的诞生即是子学诞生的正式宣告。围绕该文本，我们可以确认它是一部私家著作。关于第一部私家著述，一直存有争议。冯友兰曾认为：孔子之前无私人著作，《论语》为第一部私家著述。但胡适、马叙伦等对其有所批评①。应该说，老子本人述而不作，常修编古籍，不自我创造新书。他也只是论说道德，关尹子整理而成五千言。严格来说，并非老子亲著五千言。且在历史上，《老子》也不会是第一部私人著述。但从传世文献以及现在所知的著述来看，它是可以被确定的第一部私人著述。

《老子》的诞生是在经书之外著书立说的结果，它冲破了王庭对著作权的垄断，直接动摇了经学文本的权威。从内容上看，其根本目的虽然还是供君王参阅，但直接目的却是向大众宣扬自己的学说。这种意图的出现说明它已面对着大众，且存在着一个聆听其教诲的固定群体，即门徒，这表明老子已经开始私家讲学。此可印证于史籍传说：孔子、关尹等即曾闻其名而亲往问礼、挽留求教。当然，其规模尚小，影响仍限于贵族或有识之士（多是没落的贵族）。老子的子学践行有其个人际遇的特殊原因，同时由老子及《老子》文本呈现的子学践行也并非像子学成熟期那样彻底，却具有深刻的时代原因，且其作为一个新时代开启的标志意义是不可估量的。

《论语》作为第二部子学原典的出现，则明确子学的诞生不是一枝独秀，而是拥有社会基础的群体性勃发。该文本是大规模、有组织、明目张胆的修编之物，已是公开挑战经学专制。且已将供君王参阅的目的退却，立足于供门徒学习。这标志着历史上第一个有思想、有组织、有传承的子学流派——儒家的实际确立。有组织的以教育后学为目的文本修编直接体现了私人教育的公开化，且其教育已经是有

---

① 冯友兰《中国哲学史》，《三松堂全集》第二卷，河南人民出版社1986年版，第162页。胡适《与冯友兰先生论〈老子〉问题书》，罗根泽编《古史辨》第4册，上海古籍出版社1982年版，第417~420页。马叙伦《辩〈老子〉非战国后期之作品》，罗根泽编《古史辨》第6册，第526~533页。

教无类，彻底打破了贵族对文化的垄断。此外，该文本部分内容直接体现了孔子删《诗》《书》、定《礼》《乐》、赞《周易》、修《春秋》。私人修编经学原典正是对经学原典的解构，且产生了第一代经学子学化文本。这是直接在经学内部对经学专制进行瓦解。以孔子为首的儒家三千弟子对经学专制的消解是全面、深入而系统的，标志着子学在开创后已进入稳定发展状态。

此后，《墨子》文本的产生则呈现出一个强大的墨家学派。墨家学派无论是在子学文本的创立，还是教育的普及化、学派的建构组织上，都已彻底从经学专制的阴影中走出，自信而独立地走上了全方面发展的道路，标志着子学诞生阶段的完满实现。

子学诞生后便进入了发展阶段。且战国以后，霸道也彻底衰落，形成了天下并争之世，也为子学发展提供了有利的客观条件。虽然当时子学的发展并不是在自觉状态下进行，但其客观的现实成果却是惊人的。

在战国时代，诸子继承了开创者消解经学的精神，并展开了更系统、更深入的消解行动。如诸子对经学观念中的核心要素，如天道、圣人等意识形态进行消解。儒家学派中的部分贤者对天道加以隐退。道家学派又对圣人加以贬斥，乃至战国中后期稷下学宫的诸子，以追述、追论圣贤著述之名，从近及古，伪托、虚构了大量圣人之作，如管子书、太公书、周公书、伊尹书、鬻子书，乃至黄帝书等等。在追述、追论中，实实虚虚，使得圣人的权威尽失，动摇了经学的重要根基。且也对已有的经学文本进行更全面的解构，产生了《左传》、易传等第一代诸子学化经学诠释本，并具有了一定的消解经学文本的理论自觉，形成了"春秋笔法"、"尽信书不如无书"、"以意逆志"等初始理论。

同时，也形成了子学原典研究。诞生的第一代子学原典诠释本，如郭店楚简中的各种子学原典重组本，以及韩非《解老》、《喻老》

等，皆是其典型呈现，而百家争鸣中的相互诘难是子学原典自觉研究的高级表现。

最后，战国时代的诸子在学习子学原典和消解经学文本的基础上，创作了诸多第二代子学原典，如《孟子》、《庄子》、《荀子》、《韩非子》，以及上文所提到的"黄帝书"等，初步完成了子学核心要素的建构。

总之，先秦学术在春秋末年经历了一个重大的突变性发展。从五帝三王到西周时期，皆为王权、王道之下的王官经学专制时期，春秋末年诞生了新的学术与发展方式，即子学。子学并非简单的是经学学术的下移与扩散，而是经学的否定者，在本质上迥异于经学。虽然子学因自身在历史上一直处于不自觉状态，在思想内容层面未能完全走出原有经学思想的范畴，但在学术生产方式上，它已经彻底打破了原有的经学范式，开启了一个全新的学术。首先，子学打破了学术垄断，将教育不断普及化与大众化。无论是老子隐居沛地，传道四方，还是邓析以襦为酬，教民以讼，以及孔子有教无类，弟子三千，乃至墨子海聚贩卒，横行天下，都是对教育进行普及化、大众化的直接体现。子学文本的直接目的也是向大众宣扬自己的学说。无论是第一代经学子学化文本，还是第一代子学原典，乃至第一代子学诠释本，无不是在为大众阅读，在大众写作中诞生。此后子学的每一次重要变革，也都是与大众阅读与写作的不断扩大、深入相为一体；其次，子学对学术文本有着天然的解放性，子学的诞生始于对经学文本封闭僵化的打破，其发展也立足于对子学文本的不断解构，唐宋以后，更是围绕文本解放形成了诸如古文运动、白话文运动等多次文本革命浪潮；最后，子学发现并尊崇学术多元化本性，并以此形成自身的开放体系。先秦诞生了诸子百家，魏晋又以中国佛学文本的产生为标志诞生中国佛学流派，清末民初又新增以魏源、严复、梁启超、胡适等为代表的西学（或称"新说"）流派，"五四"后又有了马克思主义中国化的新思想与新学派。子学以文本进化为核心，勾连起了上至先秦的诸子百家，中及宋明的道学大师，下逮近代以来的传统学术研究者以及融通中西的思想大哲及各种新流派，始终以开放的姿态，维护学术开放多元本性，促进其发展。

三、儒学是经学异化子学和子学消解经学的前沿阵地

自子学诞生后，中国学术核心部分的发展在很大程度上就是围绕经学对子学的不断异化和子学对经学的不断消解展开，两股力量角力的前沿阵地则是儒学。

经学在汉初时遵照自己原有思维与理念发展，继续设立五经博士，并继承原有经学的王庭统一采风、修编制度。同时，也开始积极吸纳儒学，将经学专制理念渗透到其中，以独尊形式异化儒学，使儒学成为一种"亚经学"。

首先，经学对儒学的异化，莫过于将自我附身于儒术，使后人经儒不分。经学本身早于儒学，儒学是经学消解过程中产生的新事物。但经学将自身伪装为儒学的腹中子，从而使后人不得识见儒学真面目。同时，经学又以儒术独尊的形式，割断其与子学的联系，从而实现对儒学的独占。汉代的儒术独尊，以及此后的以五经、四书的科举取士，皆是其具体体现。经学也正是以这样的方式使儒学成为自己的寄主与木偶。儒学也因此迷失了自我。

其次，经学不断将自身的一元专制意识形态渗透到儒学之中，使之为其所用。如在基本思维与观念方面，不断强化儒学在不自觉发展时期所具有的唯一本源思维与理念。经学的原始基础是血食祭祀等级制度，这决定了它与其肉身共在式的具有非常顽固的一元及其生殖论

思维观念。经学本身认定追寻唯一、永恒的宇宙本源,并用一元生殖论来理解世界。该思维与观念从三王时代到夏商周,在漫长的上古岁月中一直占据统治地位,因此早已渗透到中原文明的骨髓之中。春秋战国时代的诸子在一时之间,自然完全难以摆脱其影响。故诸子,尤其是儒家在最初时也是不自觉地以该思维理念为主道。经学则抓住了早期儒家思维观念的这一漏洞,不断强化之。

经学也在一元生殖论思维的基础上,通过不断强化圣人与道统观念来异化儒家,如历代以来不断建构圣人谱系,所谓的尧舜禹、汤文武、周孔孟、程朱陆王圣人谱系就是其结果;进而建构出更为宏大而精深的道统体系。实则,圣人、道统本身是经学文化的另一种呈现。儒学本身在其内部是复杂多元的,如以往以经学思维与体系出发的所谓儒家异端,实际上正是儒学自身多元性、复杂性以及经学对此进行打击、异化的直接体现。

最后,经学也深入到具体的学术研究层面异化儒学。如在经学文本体系方面,便以圣人和道统之名,不断吸纳儒学经典。西汉初期虽仅立五经博士,但东汉光武时又升格《孝经》、《论语》,统称"七经"。唐宋以来,各有增益,清人段玉裁更倡"二十一经"(《十经斋记》)。在经学文本含义诠释发展方面,则采用儒者所论,将其诠释性发挥到极致。如董仲舒谓"《春秋》无达辞",依据"春秋笔法",发挥能指,将《春秋》义变为《公羊》义,终至董氏义。朱熹进而假借考据训诂,以孔孟原句作一起头,接着全然自发己意。陆九渊"六经注我,我注六经"、王阳明"得鱼而忘筌,醪尽而糟粕弃之"对经学文本文字毫无依傍则更进一步。及今饶宗颐、李学勤等则提出"新经学"诠释学。且经学也一直指出相关理念本为其所固有。

经学正是通过以上方式,维系着自身的权威统治,同时也以此形成了诸多经学流派。经学似乎在异化儒学的基础上,已经成功建构一个以一元生殖思维观念为内核,包罗万端的学术体系。具体而言,就是以五经为核心，以后人对其内容的不断阅读理解和天才式的创新为基础，以内容继承变化为外在呈现的相对封闭的学术体系，并以此为基础，形成一个经学统摄万端，视各种思想与流派为其支裔，具有严密发展序列的学术大生态。

但实际上，经学在其诞生时便认定经典内涵明确，具有权威性，并不具备理念变革的动力，历史上经学诠释文本生生不息的动力来自子学——子学对经学文本的解放与发展。表现在经学与儒学关系上，不是经学吸纳了儒学，而是儒学用子学精神、方法及其学术生产方式消解了经学：

首先，经学专制下的经学文本具有经的特性，私人无权修编，子学下的儒学将其视作一般文本，不断消解其体系。孔子删六经便是私人对经学原典的首次全面解构。汉以后经学所奉五经也已非经学原典，经典体系又不断扩容，元明以来四书等子学下儒学著作的经学地位更有后来居上之势。

其次，经学原理中，经典拥有永恒不变的本义，但儒学依从子学精神将其不断解构。《论语》诸多内容就体现了私人对经学文本的消解，而孔子直言"《书》不尽言，言不尽意"（《系辞传》）。孟子将之上升到"尽信《书》不如无《书》"、"以意逆志"等理论高度，实践以"断章取义"。至于董仲舒谓"《春秋》无达辞"、王弼"得象在忘言"、"得意在忘象"，以及朱熹、陆九渊、王阳明等后学的文本诠释理念，包括诠释方法、思维与方向无不是继承于子学。即使是李学勤等所谓"新经学"诠释学也是在子学精神与方法的直接影响下，融合西方诠释学理念的产物。

最后，儒学的发展使惑传疑经思潮越演越烈。从唐刘知几指《春秋》"五虚美"、"十二未谕"，到康有为《新学伪经考》一以贯之。这些都是儒学依从子学本性，对经学进行全面消解的结果。也正是通过以上方式，使得经学即使在君主专制时期也日趋衰落，最终在近代西方文化的夹击下，消散于子学之中，复归学术本身。

因此，在认知儒学时，应注意其两面性。以往在判断儒学属性及其著作归属时，总是左右为难。即使将它归入子学，也只是依从传统经、史、子、集四部划分原则而言。但相关原则是以经学为核心确立的，其实质是经学体系原则。也正因此，即使依其划分，儒学与经学的关系依然混而不清。通过上文的辨析，则可知儒学在经、子相争中所扮演的具体角色，本质上是子学之一。

小　结

"新子学"主张在探讨"国学"基本构成——经学、子学、儒学等问题时，需要追本溯源，打破旧有观念的束缚。经学自有其内涵与发展，传统观念割裂其历史，将之定义为汉代以后儒家经典之学，未确切揭示其实质，并混淆了相关事物间的关系。近代以来的各种论见，无论是新儒家，还是新经学皆未出此藩篱，致使经学不成经学，子学不成子学，而儒学也一直未能自觉其子学性，一直束缚在经学的牢笼中，不能完整地呈现其自身。

简而言之，经学是以其特有的精神和体制为核心的学术综合体，子学则是经学的否定者，是一种全新的文化学术。根本层面上，它是人不断自我实现的产物，是文化学术发展到一定阶段的自我解放者，直接层面上，则是经学发展出来的自我否定者。自子学诞生后，中国学术的进化便主要围绕子学对经学的不断消解和经学对子学的不断异化展开，儒学则是两股力量互相角力的前沿阵地。虽然儒学因此具备一定特殊性，但本质上仍是子学的一部分。离开了子学，又岂能有儒学的存在与发展。同时，儒学也正是以子学精神与方式，共同参与对经学的消解。也正是在包括儒学在内——完整子学的全面消解下，经学终因其固有局限而消散于子学之中,复归学术本身。在当今时代,我们应正本清源,不拘泥于旧见,从学理上打破纠缠在传统学术身上的经学枷锁,彻底解放其子学性,最终消解盘旋在传统文化上空的经学阴魂,实现其重构与发展。

(原载于《诸子学刊》第十三辑。作者单位:上海财经大学人文学院)

"新子学"的儒家

陈成吒

"新子学"自提出至今已两年有馀,关于其内涵、定位的理解可能仍是众家各有其见。不过,笔者始终认为其内涵与定位应是多层次的,其中之一就是立足于当代中国社会现实,为传统学术文化现代转型提供一个切实有效的通道与平台。本文以"新子学"对儒家的新转化为例,说明它给后者所带来的新认知、新定位与新发展。

"新子学"的基本理念之一是倡导全面复兴诸子学,其中自然包括对儒家的传承与发展。但在今天这样一个新时代里,提倡对它的传承与发展,不是要回到那个旧时代的儒家怀抱中去。恰如国家主席习近平在2014年9月纪念孔子诞辰2565周年国际学术研讨会暨国际儒学联合会第五届会员大会开幕式上的讲话所指出的:儒家文化在形成和发展过程中,因当时人们认识水准、时代条件、社会制度的局限性

---

① 本文系教育部人文社科研究青年基金项目《先秦老学研究》(15YJCZH008)、上海市哲学社会科学规划青年课题《先秦老学研究》(2015EWY001)、上海财经大学校立社科项目《先秦老学研究》(2014110882)、上海财经大学基本科研业务费项目之青年教师预研究项目《诸子学现代转型研究》(2015110125)的阶段性研究成果。

制约和影响，必然会存在陈旧过时，甚至于今时已沦为糟粕的东西，因此必须坚持有鉴别的对待、有扬弃的继承，坚持创造性转化、创新性发展。"新子学"对于儒家的处理就是要还原其在多元传统文化中的本来面目，并推陈出新，重构、创造出一个新时代的儒家。

在"新子学"看来，传统文化一直处于一个多向多元的发展状态。亦如习近平主席所言："中国传统文化，尤其是作为其核心的思想文化的形成和发展，大体经历了中国先秦诸子百家争鸣、两汉经学兴盛、魏晋南北朝玄学流行、隋唐儒释道并立、宋明理学发展等几个历史时期。"这基本上也是目前学界的一种共识。诸子争鸣奠基了传统学术文化的基本气象及其多元格局，也为其此后的发展注入了强大的生命力。中国历史上每一次重大文化思潮的兴起，无不有诸子的参与和造就，秦汉以降，如珠串联。

也正是在这样一种诸子百家学说既对立又统一，既竞争又相互借鉴的学术生态中，传统文化包括儒家思想才实现了与时俱进的发展。也正是因为有传统文化这样一种整体性、多元性、多向性的发展，才形成和维护了中国这样一个多民族国家的长期团结统一和稳定繁荣的发展，从而使中华文明跨越数千年，成为当今世界上硕果仅存的从未中断而古今融通的文明。也正因此，中华文明在当今世界上牢牢占据着特殊而重要的地位。

"新子学"认为只有在全面、客观地把握传统文化多向性、多元性、整体性的基本特点之下，才能真正认清儒家的性质、历史与作用。如果离开传统文化这个整体性大生态，离开诸子百家，则儒家也就不能确立其自身，也无法实现其发展，更不必说促进传统文化发展，支持中华民族伟大复兴了。"新子学"也正是在这样的视角下来看待"儒家"、"儒学"的历史以及它接下来的发展。

一、过去的历史

笔者此前在论述"新子学"世界观问题时指出：自在多元是世界的自然状态，万物就是在这个多元的世界中面对着丰富的他者，以自我否定的形式发展着，并以这种连续而永无止境的发展本身来呈现自我、实现自我，学术发展也是如此①。其实，也只有以这样的理念才能看见、看清中国学术发展历史的完整面貌。

"新子学"也当以此对中华文化学术发展的历史进行完整的观照。笔者认为应以该理念对旧有的经学、子学观念进行再审视，做出新的理解，并以此对中国学术发展的历史分期实现新的认知，具体情况可参见笔者的几篇拙文②。简而言之，笔者认为早期中华文化学术发展存在"前子学时期"和"子学时代"。其中，"前子学时期"内部又可以分为"神学时代"和"经学时代"。

"神学时代"是指从三皇到五帝初期。三皇时期，时人穴藏，茹毛饮血，以对神灵的敬畏为核心，生产文化，维系族群社会。此时为神灵治化之世，人们对世界的理解都在各种神灵观念的支配之下。"经学时代"则是从五帝到西周时期。五帝中后期，圣人觉醒，强调遵"道"而行，其鬼不神。开始形成血食祭祀以及相应的亲疏、贵

---

① 玄华《关于"新子学"几个基本问题的再思考》，《江淮论坛》，2013年第5期，第104~109页。

② 玄华《"新子学"：子学思维觉醒下的新哲学与系统性学术文化工程》，《诸子学刊》第九辑（暨2013年4月"新子学"国际学术研讨会论文集），上海古籍出版社2013年，第81~94页。玄华《"新子学"对国学的重构——以重新审视"经"、子、儒性质与关系切入》，见2014年4月"诸子学现代转型高端研讨会"论文集。

贱有等的礼制，从而产生了原始的王权、王道以及相配套的霸道观念。而相关体系皆是要求天子治化天下，学术的生产、传播皆出自王庭，这意味着原始"经学"的正式出场。

笔者始终强调在当今重构、新创中国文化学术体系时，应对"经学"观念及其学术体系进行重新审视与建构。传统观念一般将"经学"视作儒家经典的整理、诠释与研究发展之学，实是对"经学"现象的狭隘化和对其历史的人为割裂。实则，"经学"是融合特定的思维精神、意识形态、学术生产传播方式于一体的复杂的文化体系与现象。

从"经学"的自身特点来考察，它是一个具备形而上内涵和形而下具体内容的完整而相对封闭的系统性事物。形而上层面，就是在思维和意识形态上认定并强调一个根本、唯一、永恒的先验本源，以一元生殖理念来演绎世界，梳理出一个疆界分明、等级俨然的宇宙次序，并强调人对它的理解与服从。形而下层面，就是将相关理念呈现为具体的"文本"，并以之为基础，围绕它的生产与传播，形成一整套更为复杂的文化学术体制，集中体现为王权、王道之下的王官之学体制。即王庭对"经学"文本的生产、解读、传播拥有绝对权，大众无权思考与诠释，只有接受、信仰与服从。

这种"经学"体系形成于帝颛顼时代。且自三王、夏商周，一直到西周，虽然历代所奉经典存有差异，但"经学"精神与体制一脉相承。至于周代王官之学体制下的六艺之学，到汉代博士官制度下的经学也本是一脉相承，不可割裂。

但春秋末期，中国社会剧变，学术也迎来了新的发展。当时，王权、王道体系以及与之相配套的霸权、霸道理念相继衰落，"经学"因此成为无皮之毛，其体系逐渐瓦解。也正是在此情势下，"经学"的自我否定发展进入了质变期，子学应响而来。

"子学"并非是"经学"学术的下移与扩散，而是"经学"的否定者，在本质上迥异于"经学"，虽然子学因自身在历史上一直处于不自觉状态，在思想内容层面未能完全走出原有"经学"思想的范畴，但在学术生产方式上已彻底打破原有的"经学"范式，开启了一个全新的学术。在形而上层面，它是人的一次自我觉醒，是学术的一次自我解放。形而下层面，它打破了学术垄断，将教育不断普及化与大众化。同时对学术文本有着天然的解放性，子学的诞生始于对"经学"文本封闭僵化的打破，其发展也立足于对子学文本的不断解构。最后，它发现并尊崇学术多元化本性，并以此形成自身的开放体系，勾连起了上至先秦的诸子百家，中及宋明的道学大师，下逮近代以来的传统学术研究者以及融通中西的思想大哲及各种新流派，始终以开放的姿态，维护学术开放多元本性，促进其发展。

　　子学的诞生是"经学"自我否定发展的自然结果，且在历史上也存在直接而具体的标志性事件，即周敬王四年（西元前 516 年），周敬王因王子朝之乱，丧失石室图文，命老聃为征藏史，征天下之书。天下由此形成了第一波私人修编六经以及私家著书的浪潮，最终促成了子学的诞生及其不可遏制的发展。

　　子学诞生后，"经学"并没有退出历史舞台。中国学术核心部分的发展在很大程度上就是围绕"经学"对子学的不断异化和子学对"经学"的不断消解展开，而"儒家"、"儒学"也是在这种背景下产生、异变与发展。

　　春秋晚期诸子争鸣奠基了中国文化的多元基础及其强大生命力。儒家也正是在子学思潮兴起，并借助诸子各家学说的勃兴，促成了自我的诞生和发展。孔子以其"学而不厌"的好学精神造就其"多能"，为开宗儒家提供了扎实的思想基础。孔子为此，转益多师，《史记·仲尼弟子列传》载："孔子之所严事：于周则老子；于卫，蘧伯玉；于齐，晏平仲；于楚，老莱子；于郑，子产；于鲁，孟公绰。数称臧文仲、柳下惠、铜鞮伯华、介山子然。"除此之外，又有周之苌弘、鲁之师襄等等。在孔子的师法中，不乏道家、法家、隐士，甚至具有纵横家特点的人物。如无百家，孔子焉学，儒家何能兴？

同时，孔子借子学思潮删《诗》《书》、定《礼》《乐》、赞《周易》、修《春秋》，是私人修编、解构"经学"原典的典范。他的修编行为直接在"经学"内部对"经学"专制进行瓦解，本身也是对"经学"文本进行子学化的直接参与。同时也为儒家后学进一步生产"经学"子学化文本打下扎实的基础。

更为重要的是，孔子也是在子学思潮中积极参与打破学术垄断，自觉进行私人教育，而且将其规模化。这些也为儒家学派的最终形成与强势发展提供了最为核心的思想家。

最后，孔子逝世不久，儒家便在子学思潮的作用下编写了《论语》一书。《论语》是大规模、有组织、明目张胆的修编之物，是对"经学"专制的公开挑战。且已将供君王参阅的目的退却，立足于供门徒学习。这标志着历史上第一个有思想、有组织、有传承的子学流派——儒家的实际形成与确立。

儒家在战国时期发展也是如此：首先，儒家后学继承了开创者消解"经学"的精神，并展开了更系统、更深入的消解行动。如对"经学"观念中的核心要素，如天道意识形态进行消解，倡导"天道远，人道迩"，动摇了"经学"的重要根基。且也对已有的"经学"文本进行更全面的解构，产生了《左传》、《易传》等第一代子学化"经学"诠释本。并具有了一定的消解"经学"文本的理论自觉，形成了"春秋笔法"、"尽信书不如无书"、"以意逆志"等初始理论。同时，也形成了子学原典研究，诞生了第一代子学原典诠释本，如郭店楚简中子思派的各种子学原典重组本等便是典型体现，而儒家参与百家争鸣的相互诘难更是高级呈现。最后，儒家诸子在学习子学原典和消解经学文本的基础上，创作了诸多第二代子学原典，如《公孙尼子》、《子思子》、《孟子》、《荀子》等，初步完成了儒家核心要素的建构。也就是说，儒家诞生于子学思潮兴起之时，也是在子学思潮的发展中壮大。

至于此后儒家的每一次革新发展，如程朱理学、陆王心学，无不是来自大儒们出入百家之后的彻悟。历史上，没有哪次儒家思想的变革发展是由儒家一门面壁枯想而成的。

从历史教训来看，当儒家谋求自我独尊，唯吾一门乃圣乃神时，中国传统文化就整体性地陷入困顿、迷失之中。如自汉代独尊儒术开始，中华文化发展常常会出现"间歇式"的休克，且每个"间歇"时期总是相当的漫长。随着中华文化的多元性、多向性受到压制，儒家也开始自我异化，进一步陷入固步自封、视新思想为洪水猛兽的病态中。在百花齐放的学术生态丧失之后，在"万马齐喑究可哀"的沉闷气候下，儒家自然无法实现自身的良性发展。而日渐腐朽的独木怎能支撑擎天巨厦！如此孤寡的儒家自身难保，更不必说带着整个国家向前发展。也正因此，在儒家独尊达到顶峰的清代，中华文化失去了更新的原动力，以致最终在政治、经济、科学等各方面全面地落后于时代，面对新世界的开启，却只能落得被动挨打、丧权辱国的境地。而儒家自身也因此自受其罪，受到国人的罪责乃至唾弃，斯文扫地。

在近代，中国传统文化的再一次勃兴以及儒家的自我救赎，又是始于何时呢？那就是"五四"新文化运动前后的诸子学惊觉。当传统文化、中国社会陷入最危急时刻，诸子学又再度兴盛，道家、名家、法家、墨家、阴阳家等研究著作层出不穷。在此期间，有关诸子学的考证、校释、注译、汇编、引得等著作有数百种之多，诸子学术的发展出现了一个小高潮。在这股思潮中，诸子学既承担了对传统文化的抢救工作，也肩负起了对接世界各类新知识、新文明的重任。传统文化借此开始如海绵吸水一般吸收了当时世界上的其他文明，并极速地对其实现创造性的转化。也正因此，挽救了近代中国社会的进一步撕裂，促成其获得相对稳定的发展。也正是在这个时候，儒家思想受到了最强烈的冲击，同时开始实现自我蜕变——"新儒家"便在此刻开始孕生。以此可知，只有在诸子百家并存的生态中，儒家才能实现自己的革故鼎新与发挥积极的作用。

二、当下的新路

通过对中国文化以及儒家发展历史的分析可知，中国传统文化只有作为多元性、多向性、整体性的存在时，才能实现良好的发展。也只有在诸子百家并存的生态中，儒家才能实现自己的革故鼎新与发挥积极的作用。而我们在今天这样一个新时代里，重新面对传统文化、儒家思想，就要还原其本真面貌，正视其历史，同时推陈出新，重构、创造出一个新时代的儒家。

那么，如何完成这个时代任务呢？"新子学"即是一条可以尝试的路径。我们在今天倡导"新子学"，就是基于传统文化固有的诸多特性而提出的一种对其进行继承、重构、再创的新通道与平台。我们也希望以此来完成与旧时代儒家的彻底告别，实现对新时代儒家的重构与创造。如以"新子学"来重构、新造儒家，则包含这样几个基本原则。

（一）就儒家自身而言，应知晓其由历史原因所造成的两面性

在历史上，儒家由于"经学"与"子学"的相互搏杀而处于特殊地位，因此存有两面性，我们对此特殊性应有自觉的认知，否则只是盲目地尊崇或否定，必将导致劳而无功，甚至会产生负面作用。如民国初期，学界没有很好地认知"儒家"的经学异化下的面貌，盲

目推崇，以致有了以"儒家思想"为名，对袁世凯称帝、张勋复辟的倡导与拥护，造成了极大的社会与文化认知混乱。同时，又由于只是简单地看到了被"经学"异化下"儒家"的丑陋，而没有看到子学下"儒家"的荣光与作用，以致有了"五四"文化运动，乃至"文化大革命"对"儒家"简单、粗暴的否定。这也对中华文化和民族精神造成了极大的戕害，当今中华文化的认同危机也与之存在重要关联。在当今社会必须对其两面性进行全面、辩正的分析与理解，在子学的背景下，重新确立子学的儒家。

（二）在中国文化内部而言，必须是在诸子多元生态中重新审视、定位儒家

中国文化不是简单的传统汉族文化，而是已交融着中国多民族传统文化、西方文化的现实的当下中国的文化。且这个中国文化因中国社会百年来的剧变，目前正处于一种特殊的状态中，笔者称之为患有"前现代、现代、后现代交错综合症"：在当前社会的发展中，作为底层的物质基础与社会构成已经开始进入后现代发展阶段，大众文化的多元性、娱乐性、碎片化发展就是该现实在文化层面的直接显现。但在文化自觉的学术研究与基本理念层面，许多地方仍然停留在前现代阶段而正试图进入现代性建构阶段。也就是说，在自觉的基本理念方面，许多地方还困守在前现代阶段，现代文明的基本观念都还没有建立起来。

我们现在所面对的就是这样一个特殊的社会发现阶段。儒家文化所要面对的就是这样一个现实，它本身也处在这样的现实之中。因此，儒学必须从旧有"经学"异化下的"一元思维"、"生殖思维"中出离出来，不要再困守所谓的一根本元、包罗万象的道统辐射体系，而应真正地摆好自己的位置，改造自己，更好地融入这个时代，并服务于它。

(三) 在世界范围内，必须在世界文化多样性以及全球化的背景下来重构、发展儒家

世界的多样化发展已经超出了旧有儒学的基本想象与设定，不能再说"道不变，天亦不变"，不能再固守"道"生化万物，器可变而"道"为一的痴人之见。世上本不存在唯一的"道"，每个"器"都有自我的生命，它们都一起建构着这个"世界"。我们必须承认这个多元、多样的世界。

且我们应承认自己在诸多方面的落后，在此之下才能真正地平视中国传统文化，同时批判、吸收其他现代文化，从而创造出属于中国自身的新文化。这种新文化既能解决中国的问题，又能回应世界性的问题。儒学的改造与发展也须如此。

也就是说，儒家必须正视因历史原因而形成的两面性。同时只能在多元的生态中，才能重新找到自己应有的位置。在内部，它只是传统文化，诸子百家中的一部分，不能搞自我封闭、唯我独尊。而对外部，则要与中国其他传统文化相并肩，一起面向世界。否则，难道在当今这样一个中国，这样一个世界中，我们还要用儒家来一统中国如此丰富多彩的文化，让它来一统中国如此复杂的社会吗？让它独自冲在前面，去面对当今既多元，又全球化的世界文化吗？同时，又让其傲慢地自足，从而孤立自身，而又期望以这样的方式去解决中国的现实问题，乃至世界的现实问题吗？我们即使让儒家去这样做，恐怕它也难以胜任，而真正的儒家也肯定有此认知。

小　结

总之，"新子学"立足于中国文化的整体性大地上，在诸子学术

多元性生态中，以历史还原、多向多元、生态发展的方式来认识和处理儒家文化。在历史上，儒学是子学消解"经学"和"经学"异化子学这两种力量互相角力的前沿阵地。它虽然也因此具备了一定的特殊性，但本质上仍是子学的一部分。离开了子学，不会有儒学的存在与发展。同时，儒学也正是以子学精神与方式共同参与对"经学"的消解。也正是在包括儒学在内的完整子学的全面消解下，"经学"才最终因其固有局限而消散于子学之中，复归学术本身。当今时代，我们应正本清源，不拘泥于旧见，从学理上打破纠缠在儒家文化身上的"经学"枷锁，彻底解放其子学性，实现其在当下的全面的、创造性的新发展。从而使它能真正扎根、生长于这个社会现实，并参与对这个"世界"的建构，从而服务"以文化人"的时代任务，为中华民族面向世界，实现伟大复兴，贡献出更多应有的智慧与力量。

（原载于《诸子学刊》第十三辑。作者单位：上海财经大学人文学院）

"新子学"对中国传统经学的超越

李小成

《光明日报》2012年10月22日，发表了方勇教授的《"新子学"构想》，立刻引起国内外文化学界的广泛关注。"新子学"一提出为什么能在学术界引起共鸣？我们不能不思考它的产生背景。近年来兴起"国学"热，但人们在热烈地崇拜传统之后，却并未找到中国学术发展的新路径，国学没有给我们的生活带来光芒四射的活力，在困惑中反而是"标新立异，生动活泼"的子学，让越来越多的人找到了久违的归宿，子学精神以其原创性、多元性、开放性、包容性、发展性、个性化的特点，历久而弥新。如方勇先生所言"'新子学'正以饱满的姿态蓄势待发"。其实在此之前，姜广辉就提出"整合经学与子学"的思想，给原有的经学注入生命力。

姜广辉在《新思想史：整合经学与子学》中说：

> 在中国古代两千多年的历史中，经学一直是社会的指导思想，自《庄子·天下篇》、《汉书·艺文志》以及后世关于经、史、子、集的文献分类等等，有关传统的思想文化的陈述都是以经学为纲统合子学的。后世无论多么伟大的思想家，其影响都是无法与儒家六经相比的。而两千年间的一般

知识分子可以不读诸子百家之书，但很少有不学儒家经典的。若一部中国思想史（或哲学史）著作不包括经学的内容，你能说它是信史吗？即以子学而言，中国思想家（哲学家）的问题意识，多是从经学衍生出来的，许多哲学命题所讨论的正是经学中的问题，你如果不懂经学，如何能正确理解那些命题呢？所以我认为，如果一位中国思想史（或哲学史）教授不懂经学，那他就没有真正把握中国思想史或中国哲学史。[1]

经学是中国文化的源头，我们的历史、哲学，包括文学中的唐诗宋词等，所有这些，都是从经学这个源头派生出来的，有了这个源头才有了源远流长的中国文化。熊十力先生在《读经示要》中说："经是常道，不可不读"。所谓"经是常道"，一方面是说经中包含了某些永恒、普遍的核心价值，对今天仍有启迪意义；同时也是说经是可以被不断诠释、不断丰富的，所以它是"常道"，就是说经是有着恒久生命力的，是历久弥新的。

近年经学研究持续升温，许多知名的学者纷纷开展对儒家经典诠释学的理论研究。但是，虽然国学热、经学热、儒教热不断出现，涌现了许多学术热点，但在理论方面却没有取得令人瞩目、公认的成就。以经典诠释作为新经学研究的中心，依然会使人感到困惑，因为任何经学研究都体现为对经典诠释的研究。人们所不解的是我们今天的新经学研究与20世纪的对经典文本的研究有何不同。如果我们仅把经学当作哲学来看待，经学研究就必然失去现实意义，我们就没有必要重新提倡研究经学了。另外，人们在阐述中国哲学史时，所遇到的一个很大难题就是不知如何处理经学与子学的关系？"新子学"在这种情况下提出，那么，"新子学"的时限怎么划分，这个"新"字从何而起？有人以为从近代开始，也有人认为从新文化运动开始算起，亦有人说从当今而起，这个有待商榷。笔者认为"新子学"作为国学的一个组成部分，以其充满活力的创造精神，应该是对中国传统经学的超越，其超越性体现在以下几个方面。

一、"新子学"具有思想原创性

儒学作为统治者的主流意识，虽然延续了两千多年，但它也具有原创性的缺陷，使它在开放的中国、全球化的背景下出现了生存危机。

首先，儒学的基本思想是一种治国学说，孔子要学人们"学而优则仕"，追求"齐家、治国、平天下"的理想。儒家之礼乐制度是建立严格的社会等级制，天子具有至高无上的权力。为维护这种等级制的稳定进行了两方面推理：一是对普通百姓的心理提出了以道德感化方法，对社会成员进行心理改造；二是对统治者提出了贤人政治，即"为政以德"。

其次，儒学的思维方式存在着模仿和象形的缺陷，从某种程度上来说，还是一种经验主义。这种思维方式缘于模仿和象形日常的见闻，以及总是引用古人之言，而不是对人类心理产生进行抽象和逻辑推理的结果，这种没有普遍性的心得结论，缺少广义性和不能量化指导人类的心理。在封建制度下，统治者的意愿是至上的，在现代社会中人类的行为标准由理性法律规定，而不是决定于个人的想法。

其三，儒学的等级制扭曲了人性的基本需求，压抑个性的张扬，没有个性哪来的创造。儒学的礼就是一道不可逾越的鸿沟，否则就变成了僭越。儒家之礼是等级规范，它要人们各处其位，各安其分，不在其位，不谋其政，俨然是一个有序和谐的理想社会。这样的社会只讲继承守礼，不忘祖宗，缺乏朝气蓬勃而鲜活的创造力，缺乏革命性的思想。

  "新子学"应该在继承先秦子学传统的基础上，面对当今陈陈相因的、反复其说的学术困境，以其原创性作为动力，走出一条新的道路。创造性是学术的灵魂，也是"新子学"的使命。其实，一切伟大的作品都具有飘然脱俗的原创性，司马迁将屈原的《离骚》和孔子的《春秋》相提并论，给予了崇高的道德和美学的评价；所以李白说："屈原辞赋悬日月，楚王台榭空山丘。"[2]374独创就是唯一的创造，是不可逆的、个性化的创造，也是从来不曾有的创造。原创性、独创性的获取与实现，是要付出艰巨的劳动，要有对理想的执着追求。我们这个时代的文化生态使人们变得非常浮躁，追求数量，不重质量，一年发表十多篇论文，著作等身，垃圾其半，真正属于自己的东西到底有多少？更谈不上原创性了。究其原因，皆为名利所累矣，故而心累体乏，为此当今人生存之状态，惟一"累"字概括之，根源在于其学为人而不在己。当今我们提倡"新子学"，其实就是在进行一场思想革命，是针对学术理想的没落，而要唤醒人们内心的道德与良知，说自己的心里话，不与他人同也，此之谓成一家之言。正像徐敬修说的："凡属子书，必持之有故，言之成理，卓然自成一家之言，而后可称为子书，此则无可勉强者也。"[3]2此乃"新子学"所肩负的历史使命，其途艰辛，然居功必伟。

二、"新子学"具有包容开放性

  包容性是一种宽广的心胸，开放性是走出小我而延揽万象的心态。大千世界，百味杂陈，你之思，他之想，不可一一而同，故世界才会色彩斑斓、绚丽而缤纷。然要发展壮大，不可偏于一隅，闭门而造车，其思虽巧，不合车辙，何以能行之天下，故《尚书·君陈》

言:"有容德乃大。"讲其包容与开放的胸襟,无人能与庄子匹敌。他在《齐物论》中讲"天地与我并生,而万物与我为一",这个我,不是拘束狭隘之小我,而是无限放大的我,是通于天地宇宙的大我。陈鼓应说:"开放的心灵,须有一个开阔的思想空间来培养;一个开阔的思想空间,可以舒展一个辽远的心灵视野。庄子深深了解到,人的闭塞,在于见小而不识大。因而他第一番手笔,在于描写一个'大':他从经验事物中抽离出来,借变形的巨鲲大鹏,突破物质形相的拘限,创造一个无边的大世界,托出一番浩瀚的大气象。由巨鲲潜藏的北溟,到大鹏展翅高空而飞往的天池,拉开了一个无穷开放的空间系统。"[4]124庄子善言大而蔑视小,"小知不及大知",麻雀之笑大鹏,即小天地与大世界之不同耳。只有思想的大解放,才能达到"无待"的境界,从而处于天地之间,而精神与宇宙同一。儒之克己,会闭塞人生,庄子"无己",会有磅礴万物的心胸。"新子学"之精神应基于庄子而展开,因心态决定一切,良好的心态能成就一番伟大的事业,观古今之业有所成者,无不如此,尚未见小我而建世之奇功者。故"新子学"亦应写一个无限"大"字,以此安放一个开放舒展的心灵。

儒学虽讲克己,但并不一味走向自我,在儒家一统天下的时代,其自身亦在不断变革,《易传》早就有言:"变则通,通则久",所以儒家在新的形势下逐渐打开自我,接纳外在世界,对其他文化也不一味排斥,也能兼容并包了。在西方,不同的宗教绝不相容,甚至同一宗教的不同教派亦难相容。基督教国家与伊斯兰教国家曾长期进行宗教战争。佛教产生于印度,却不为婆罗门教所容。然中国对于外来宗教,只要它能适应中国的社会习俗,不危害中国主权,都容许传入。故而会有魏晋南北朝时期的众多佛教宗派,亦会有"南朝四百八十寺,多少楼台烟雨中。"渐渐地使外来的宗教融入中华民族的血液,变成了中国思想的主体儒、释、道三大主干,这要归功于儒家的兼容并包精神。任继愈说:"研读中国哲学史的人,都会发现宋元明理学家们,如周、程、张、朱、陆、王诸大家,在青少年时期都有'出入于佛老'的治学经历。已出版的中国哲学史中,不少书的也曾提到过,如朱熹的'理一分殊'的概念,'月印万川'的比喻,来自佛教,有的指出来自华严宗。陆象山指斥朱学近'道'(道教),朱指斥陆学近禅(佛教)。王夫子也指出朱熹的学术来自佛教。王夫子自己以儒学正宗自居。王守仁也自称得自孔孟真传。这些互相攻击和自我标榜,都表明理学家们对于佛教、道教坚持反对的立场。如果仔细考察,会发现宋明诸儒并没有真正反对佛教,倒是可以认为他们是佛教的直接继承人。也可以说,他们是接着佛教的一些中心问题,沿着他们的路线继续前进的。"[5]12没有对外来文化的包容胸怀和开放的心态,也不能使他们成为哲学大家,宗教的信仰总是强调唯一性、排他性;而儒家思想则不然,它只要有教人为善的意义,便会被认为"并行而不悖",[6]75"同归而殊途"。[7]52所以有了隋朝大儒王通"三教可一"的思想。儒家在不断地调和佛、道,自宋代以后,原来佛教的本色,几乎属于儒家了,成为儒化的佛教。

  在中国学术史上,佛教在日益的中国化,也是不断地被中国传统思想文化所吸收和改造的过程。当然,佛教能从印度走向中国、朝鲜而遍及东南亚,它也有着自适、包容与开放的心胸,不然何以壮大。佛教到了中国,为了自身的生存和发展,它也要不断扩展自己的空间,有时也得妥协、依从、迎合、赴会。魏晋时期的般若学,就带有浓厚的玄学色彩,如支道林好养马养鹤,赋诗写字,有魏晋名士之风趣。东晋禅宗的慧远,宣扬孝道、尊敬君主,把儒家的"人皆可以为尧舜",改造成了"一切众生皆可成佛"和"顿悟成佛"的思想。此乃佛教亦明"有容乃大"之真理,故而才能在中国战胜道教。

三、"新子学"具有学术争鸣性

"新子学"之新,就在于思想之新,这种新是学术思想相互碰撞带来的结果,是不同声音相互争鸣的结晶。在这种氛围中没有绝对的权威,只有平等的讨论,自由地表达自己的声音,故而就必须有自由的空间。

西汉的今文经学时代,只有一种声音,五经博士乃学术权威,"罢黜百家,独尊儒术",儒学成为当时社会的主流意识,这就是大环境,是时代氛围。而经学的确立也使得周公和孔子成为儒者的人生典范,他们所孜孜追求的最高境界就是成为一个君子,这是人生的最高理想,亦为生活的终极目标。儒家讲究个人修养的重要性,"修身、齐家、治国、平天下",个人修养为第一要务,一切皆向内求,完善内在之小我,既而成就孔子所讲的君子,这是儒者的精神追求和人格理想。他们把五经上升到经典的地位,心无旁骛,只读经书,注重传承绵延的师法和家法。如"《易》有施、孟、梁丘、京氏之学,皆指师法;《易》有之施有张、彭之学,孟有翟、白之学,梁丘有士孙、等、衡之学,则皆指家法而言。《尚书》有欧阳、大小夏侯之学,指师法而言;欧阳有平、陈之学,大夏侯有孔、许之学,小夏侯有郑、张、秦、假、李氏之学,则皆指家法而言。"[8]217故西汉经学传授系统分明,渊源有自,后来解经越来越烦琐,一部经书说解至几十万字,也用大量的迷信内容去附会经意,使得今文经学逐渐丧失了鲜活的生命力。正因为今文经学只知守家法,抱残守缺,僵化保守,虽为官学,却日益衰微。而东汉的古文经学以实事求是的精神战胜了今文经学,但在注经的过程中,注重文字训诂,虽有众多的经学大师兼通五经,但毕竟属于儒家之学,故而东汉后期亦随一个时代的结束而消亡了。自由者生，禁锢者死。没有一个大的自由氛围，心灵得不到舒展，就没有创造力。

当然仅就西汉今文经学来说，也是不是铁板一块，其内部也在不断争论着。汉宣帝甘露三年，于石渠阁开五经异议大会，相互论辩，从而使五经博士皆有扩展。《尚书》学本来只有欧阳，《易》学唯有杨氏，《春秋》唯有《公羊》。但石渠论经之后，《尚书》增立大小夏侯，《易》学增立施、孟、梁丘，《春秋》增立《穀梁》。西汉末年，古文经学与今文经学的学术争鸣，居然变成了一场残酷的政治斗争。倡导古文经学的刘歆上书哀帝，请立古文《左氏春秋》以及同为古文的《尚书》、《逸礼》、《毛诗》于学官。"刘歆的移书责让，令五经博士以及今文经学出身的高官大为震怒。比如，光禄大夫龚胜以退为进，上疏深自罪责，愿乞骸骨；大司空师丹则奏称刘歆'改乱旧章，非毁先帝所立'。刘歆知众怒难犯，自请外放。"[8]225 后来王莽执政，刘歆才得以提携，官运亨通。于是古文《左氏春秋》、《尚书》、《逸礼》、《毛诗》终于立于学官，此后古文经学更为兴盛。他们的分歧在于，刘歆认为《左氏春秋》释《春秋》，当远胜于晚出之《公羊春秋》、《穀梁春秋》；而今文学派的五经博士则否认左丘明为孔子《春秋》作传的看法。这一场学术争鸣使刘歆被贬为五原太守，但刘歆没有伪造古文献，通过残酷争论，终于恢复了古文献的地位。没有争鸣、没有碰撞就不会有思想的火花，就不会有学术的发展。

从宇宙观来说，"新子学"应该具有不确定性，这就使得它天然具有一种争鸣性。人们对"新子学"看法不可能完全一致，多元化的思想才是正常的，比如人们对"新子学"对象和范围的界定就存在很大的争议。方勇认为新子学应该以思想史为对象。[9]孙以昭认为：思想史的资料极为丰富，方技、天文、历数中也有思想史的资料，要研究这些，要进行多学科的综合性的大文化研究。[10]目前，"新子学"面临许多难点问题，碰撞与争鸣是不可避免的，这也正是

"新子学"的特征之一。

四、"新子学"具有鲜明时代性

传统经学主要是阐释经典，一类是陈陈相因的解释，所谓"集解"、"通释"之类的经典解释著作，虽然其中一些内容也不乏新意，但最多不过是前人注疏之学的集成；另一类是推陈出新的经典解释著作，亦名之"新经学"，如文中子之著《续六经》，朱熹等著名理学家的解经之作、康有为的解经之作等，都具有对注经体例整体改观的特征。这些新的解释之所以能令人耳目为之一新，根源在于它顺应了时代发展的需要，即具有一定的时代性。

其实，先秦诸子无不关怀现实，注目于当前。春秋战国是一个大动荡、大变革的时代。旧制度、旧思想、旧传统都受到了极大的冲击，社会已是孔子所感叹的"礼崩乐毁"的状况，各诸侯国所养之士，纷起而论政，发表对未来社会的看法。诸子站在各自利益集团的立场上，针对动荡不安的现实社会给予尖锐的批判，以前瞻性的眼光建构出自己对未来社会的理想蓝图。老子站在当时小农私有者的立场，批判现实社会的不公，抨击它违背自然之理："天之道，损有余以奉不足；人之道，损不足以奉有余。"（《老子》七十七章）谴责统治者草菅人命，"以百姓为刍狗"（《老子》五章）。亦反对文明进步带来的丑恶面，要求回到无知无欲的社会状态，提出了"小国寡民"的社会理想。孔子乃当时没落之贵族，见其旧有的繁华不再，对伦理混乱、名实相违的社会现状极为不满，竭力反对"礼乐征伐自诸侯出"，反对"陪臣执国命"（《论语·季氏》）的种种僭越行为，就提出了恢复"君君，臣臣，父父，子子"（《论语·颜渊》）的西周制度的理想蓝图。墨子从当时小手工业者利益出发，痛感"饥者不得食，寒者不能衣，劳者不得息"(《墨子·非乐上》)的现实社会，提出了"兼相爱，交相利"(《墨子·兼爱中》)的平等友爱的社会原则。孟子以当时士的身份，反对"假人以力"的霸道政治，提出了"推己及人"的"仁政"理想，并给人们构筑出了"老者衣帛食肉，黎民不饥不寒"(《孟子·梁惠王上》)的社会美景。庄子以一个局外人的眼光，怒视社会的机巧虚伪，以愤激之辞抨击儒家之"有为"，表达对现实的不满。他向往"至德之世，同与禽兽居，族与万物并"(《庄子·马蹄》)，希望返归原始，建立人与自然和睦相处的理想社会。荀子以贵族的立场密切关注现实变化，以入世的情怀讲学于齐，仕宦于楚，议兵于赵，议政于燕，论风俗于秦，汲汲努力，扩大了儒家的生存空间。他提出"隆礼"、"重法"的礼法政治理想。韩非目睹了战国后期韩国的贫弱，数次上书韩王，希图改革，然终不用。他以功利思想而倡导君主专制，建法制社会。诸子之思想皆来源于当时的社会现实，均为当时各阶层利益代言者，代表了本集团阶层对理想社会的向往和建构。

"新子学"的关键在一个"新"字，它的新体现在哪里呢？首先我们要明白"新"就是它的时代性，先秦诸子就是时代精神的集中概括。华中师范大学刘韶军教授认为，民国之前传统子部之学是"旧子学"，"新子学""是新学科体系背景下运用新的学术理念、方法认识、理解等研究'旧子学'的存留内容"。福建师范大学欧明俊教授也主张："我们今天讨论的应指'当代子学'即20世纪80年代以来兴起的以新观念、新理论、新方法、新材料、新模式等研究传统诸子百家学术的'新子学'。"[11]先秦子学的根本就是面对时代课题而思考，今天的新子学也要有这样的期许。"新子学不是目录学意义的子部之学，而是一种蕴含中国问题和表达方式的新中国学。"今天的中国人的思想失去了权威，原有的价值崩塌了，出现了道德危机，只是一味地拜金，素质下降。学术界看似繁荣，其实是一种伪学术，真正有学术含量的少之又少。如今国学复兴，民间儒家书院不知其数，儒学读经班、兴趣沙龙组织更是不可胜数，他们经常组织幼儿的读经活动，武汉大学等学校举办国学班，设立孔子研究院，全国各大学、中学树立孔子像，依时祭拜，一时间"新儒学"看似轰轰烈烈。子学从一诞生就是面向现实世界的，在"礼崩乐坏"的春秋时代寻找社会病因，那么面对传统文化复兴和现代化转型的社会现实，"新子学"要走出学术的象牙塔，要以有所为的担当精神，引导人们的精神走向与"新儒家"不同的道路，从而得到一个健康的人生。这是我们迫切需要考虑的事情，即"新子学"如何解决人们现实的精神危机问题？如何从学院走向民间？如何落实到民生日用？如何安顿好每个生命，使他们在迷茫中找到精神家园。

参考文献：

[1] 王中江. 新哲学：第一辑［M］. 郑州：大象出版社，2003：91.

[2] ［清］王琦，注. 李太白集［M］. 北京：中华书局，1977.

[3] 徐敬修. 子学常识［M］. 上海：大东书局，1933.

[4] 陈鼓应. 老庄新论［M］. 北京：中华书局，1992.

[5] 《文史知识》编辑部. 佛教与中国文化［M］. 北京：中华书局，1988.

[6] 方向东. 《大学》《中庸》注评［M］. 杭州：凤凰出版社，2006.

[7] ［宋］朱熹注，李剑雄标点. 周易［M］. 上海：上海古籍出版社，1995.

[8] 马宗霍，马巨. 经学通论［M］. 北京：中华书局，2011.

[9] 方勇. "新子学"构想［N］. 文汇报，2011-10-22（14）.

[10] 孙以昭. 时代召唤"新子学"［N］. 安徽日报，2012-12-14（02）.

[11] 崔志博. "新子学"大观——上海"'新子学'国际学术研讨会"侧记［N］. 光明日报，2013-05-13（15）.

（原载于《山西大学学报》2014年第6期。作者单位：西安文理学院）

固本培元 革故鼎新
——儒道学说与"新子学"的发展

张洪兴

从 2012 年 10 月起,在方勇先生的倡导下,学界开始探讨"新子学"的相关问题,取得了相当喜人的成果。毫无疑问,当下有关"新子学"的研究已经成为中国文化复兴大潮中的一支生力军,现在乃至将来必将取得更大的成绩。我们知道,任何理论的发展、成熟都要经过反复地讨论,最终才能够有所升华,"新子学"的发展亦然。现在,让我们回到"新子学"的起点,重新审视"新子学"提出的任务与方法。"新子学"当然是相对于子学而言的。在百家争鸣的时代,儒、墨、道、法等诸家张扬其事,蔚为大观,奠定了中华文明的根基。我们的问题是,"新子学"在中国文化进程中该有怎样的担当?我们又该如何弘扬"新子学"呢?

一

在倡导实现中华民族文化复兴的大背景下,近半年多来,中国发生了一些有价值、有意思的文化事件,我们不妨先看几条:

2013 年 9 月 4 日,秦晖、陈明等 28 位学者在牛津大学联合签名发表了《关于中国现状与未来的若干共识》（又称为"牛津共识"），倡导以民为本、公平正义、文化多元，内容简短，仅就宣言基本内容而言，或者可称为底线共识或基础共识（陈明先生语）。但由于28位学者中不乏新儒家、自由派、新左派人物，在国内外还是产生了一些影响。

2013年11月26日，习近平总书记到曲阜孔府考察，特意要了《孔子家语通解》和《论语诠解》两本书，说"要仔细看看"，并强调让孔子和儒家思想"在新的时代条件下发挥积极作用"。习总书记作为中国共产党的最高领导，他的言行是建国六十馀年乃至建党九十馀年来从来没有过的，引起了很多积极的解读。

2014年2月23日，由大陆"新儒家"发起，包括中国大陆及台湾、香港地区以及美国、新加坡、韩国、马来西亚、墨西哥等国家在内的70位学者联合签名发表《优化孔庙文化功能，推动中华文化复兴——关于孔庙使用和保护问题的建议书》。该建议书以优化孔庙功能为切入点，以点带面，引起了较好的反响。

下面，我们来重点看一看北京大学汤一介先生论文集《瞩望新轴心时代——在新世纪的哲学思考》[①]所透露出的观点。2013年12月21日，北京大学哲学系和中央编译出版社在北京大学联合举办了"汤一介先生学术思想研讨会暨《瞩望新轴心时代》发布会"，余敦康、成中英、牟钟鉴、蒙培元等40馀位重量级学者出席，引发媒体广泛关注。汤先生学贯中西，从国际学术的大视野，借用德国哲学家雅斯贝尔斯在《历史的起源与目标》中提出的"轴心时代"观点，提出了"新轴心时代"的概念，表达了汤老对当下中国学术乃至世界学术的良好愿景。汤老在接受采访时曾说："一个没有自己文化的

[①] 汤一介《瞩望新轴心时代》，中央编译出版社2014年版。该书收集了汤先生新世纪以来的30馀篇论文、书序、演讲以及访谈录。

国家是没有希望的,一个国家必须有自己的文化传统,而且只有珍惜自己传统的国家才是有希望的国家。"① 对于中国的学术之路,汤老主张"返本开新",并强调"我为什么特别重视西方哲学文化对中国哲学文化的冲击的积极意义?正是在这一冲击下,我们才有了一个反思、自省其哲学传统的契机,让我们知道应该继承什么,扬弃什么,吸收什么,从而使中国哲学文化得以在现时代反本开新。反本才能开新;尤为重要的是,反本是为了开新"②。笔者服膺先生之言,但对"新轴心时代"的提法有些悲观。在公元前500年前后,古希腊、以色列、印度和中国都在"原生态"的状态下产生了伟大的思想家,他们的学说成为人类最重要的精神财富。但在当下,以美国为首的西文社会推行政治霸权、经济霸权和军事霸权,思想、学术也自然而然地形成话语霸权,中国的学者对西方的学术体系趋之若鹜,少有人坚持民族文化本位,要想形成新的轴心时代谈何容易?更何况,中国文化百馀年来受政治戕害的程度无以复加,从"打倒孔家店"到"破四旧"(旧思想、旧文化、旧风俗、旧习惯),中国的文化成了"牛鬼蛇神",即便是现在还有人把中国文化视为"眼中钉",看成是中国落后的根源,哪有同西方文化平等对话的时机与条件?所以,单就当下中国而言,还是一个以西方为"中心"的而非中西平等对话的"轴心"时代。再就是汤老说的学术路径问题,"返本开新"首先要知道什么是"本",中国文化的"本"是什么呢?汤老特别强调"西方哲学文化对中国哲学文化的冲击的积极意义",是不是可以理解为中国文化的"本"有问题需要改造呢?是不是仍然在强调以西方文化为圭臬呢?中国文化经历了屈辱的百年史,现在已经到了我们展现

---

① 见《汤一介新作〈瞩望新轴心时代〉出版》,《南方都市报》2013年12月29日。

② 见《汤一介〈瞩望新轴心时代〉》,《光明日报》2014年1月7日。

文化自信的时候了。其实，如果真的会有一个新的"轴心时代"来临的话，我们应该尽全力实现中国哲学文化对西方哲学文化的冲击，从而体现中国哲学文化的意义。

我这里从汤老的观点展开话题，对汤老绝没有一丝一毫的不敬；而且我也不认为中国文化中没有糟粕，不需要改造，我这里强调的是中国文化"本"的问题。因为中国文化的"根本"受到了一些破坏，我们需要"固本培元"；因为中国文化中有糟粕，我们需要借鉴西方文化的优秀成果来"革故鼎新"。所以，我把"新子学"在当下的任务概括为固本培元、革故鼎新八个字。唯有固本培元，才能坚持中国文化本位，才能真正做一个中国人；唯有革故鼎新，才能借鉴人类文明的成果，实现中国文化的伟大复兴。

二

中国文化的根本是什么？我们知道，一方水土养一方人，中国文化有三重根基，即黄河长江流域的地理环境、自给自足的农耕文明、尊老重亲（嫡）的宗法制社会。西周建立后，尤其是周公旦制礼作乐之后，中国开始了文化整合的过程，开始形成以周文化为中心，楚文化、齐文化、鲁文化等地域文化相互整合的中原文化。而西周末年，礼崩乐坏，诸子百家争鸣，则是中国文化最终定型的催化剂、黏合剂、固化剂。

儒、墨、道、法、阴阳等百家争鸣，为什么最后只有儒家、道家学说成为了中国文化的骨架呢？在笔者看来，有三个方面的原因：

（一）学术背景与渊源

任何思想、学术都不是无源之水、无本之木，从整体来看，儒家、道家思想脱胎于《周易》。儒家继承了易之乾道的功能与特征，刚正自强，致力于世事功名；道家继承了易之阴道的功能，阴柔自在，以清静虚无自励。老子、孔子以自己的聪明才智，概括、归纳、总结这些沉淀在中国文化中的东西，并最终使其升华为一种思想学说。所以，儒家、道家有其深厚的学术背景。再者，从人类最基本的心理层面而言，人生于世，每个人都面临吃、穿、住、用的问题，吃什么、如何吃，穿什么、如何穿，住什么、如何住，用什么、如何用，这些都是人们日夜思考的问题，于是就形成了各种各样的欲望，人的欲望是没有止境的。在时机、条件具备的情况下，人们会去努力争取，追求自己的功名利禄；在时机、条件不允许的情况下呢？就要学会控制自己的欲望，懂得放弃，学会舍得。这样，人们总会在进与退、取与舍、有与无之间徘徊挣扎。上升到哲学层面，就有了崇有与贵无的不同。儒家崇有，道家贵无，儒家、道家学说其实是人类心理中最基本的两个层面，它们契合人心、鼓舞人心而又安抚人心、温养人心，自然就会有强大的"地气"。

（二）学术特征与价值

我们前面说到轴心时代，那个时代伟大的哲学家、思想家之所以具有强大的、持久的影响力，就在于他们回答了人类普遍的、重大的关切，孔子、孟子、老子、庄子亦然。人类最大的关切莫过于生与死的问题，儒家、道家学说立足于农耕文明与宗法社会，回答了中国人这方面的问题，这也是造成中国社会宗教观念薄弱的直接原因；而墨家、农家、法家、阴阳家等学说，间或涉及生与死的问题，但都没有儒、道两家说得全面、复杂和深刻。在笔者看来，儒家、道家学说在生与死的问题上学术路径是迥然相反的，儒家是由生入死，道家则是由死入生①。具体说来,儒家重生,以仁义为中心,讲究人道,如孔子修礼尚中,孟子舍生取义,荀子隆礼重法,包括后来产生的仁、义、礼、知、信("五常")都是以生为中心、以生为目的的。儒家对死的问题则较为回避,不语怪、力、乱、神,但儒家讲究厚葬,强调慎终追远,要求"祭如在,祭神如神在"(《论语·八佾》),把祖先神化,把人生神化,以生来事死,让生人感悟死亡,或者说赋予死亡以意义。道家哲学的基点是无,他们的学说从无展开,又复归于无。而生命的过程则是从无开始,而死(无)则是其母、其根,只有"复守其母"(《老子》五十二章)、"复归其根"(《老子》十六章),才能达到"死而不亡者寿"(《老子》三十三章)、"没身不殆"(《老子》十六章)的境界,在这方面《庄子·至乐》"庄子妻死"的寓言表达得最为明确:"然察其始而本无生;非徒无生也,而本无形;非徒无形也,而本无气。杂乎芒芴之间,变而有气,气变而有形,形变而有生。今又变而之死。是相与春秋冬夏四时行也。"人们从出生到死亡,生而死,死而生,就如春夏秋冬四时交替一样,自然而然。在儒道生死观念的影响下,中国人能够正视死亡,不回避死亡,并赋予死亡以道德意义。生为天,死亦为天,此观念并不低于宗教意义上的生死观。

(三) 政治与宗教因素

毋庸讳言,汉武帝"罢黜百家,独尊儒术"的政治方略,对儒家学说的发展、繁荣产生了极大的影响,这一点耳熟能详,不再赘言。道家黄老之学在汉初也曾受到统治者的青睐,其影响也不容低估。汉以后,道家学术逐渐向民间沉淀,影响也越来越大。在宗教方

---

① 笔者曾在《论中国古代道德生态的形成及其特点》(《学术论坛》2013年第2期)中论及,这里简而言之。

面，汉代受谶纬之学的影响，孔子首先被神化、宗教化，如《春秋纬·演孔图》中对孔子的描绘。后世儒家学说中既有宗教观念，也有宗教形式、宗教情感，张荣明先生《中国的国教——从上古到东汉》、李申先生《中国儒教史》中的一些观点笔者深以为然；而道家学说被宗教化的特征更为明显，中国的本土宗教即从道家学说中脱胎而来，老子成为道教的教主，《道德经》则是其经典。儒家、道家学说被宗教化，这就进一步加大了它们对历史文化的影响。

从上面的论述我们可以看出，儒家、道家学说虽各有千秋，但它们常常呈现出一种互补的状态。儒道互补的观点近些年来已引起较为广泛的关注，较有代表性的著作有牟钟鉴《走近中国精神·论儒道互补》、吴重庆《儒道互补——中国人的心灵建构》、安继民《秩序与自由——儒道互补初论》等。儒家、道家学说相辅相成，相生相融，形成一种互补的格局，譬如太极图之阴阳鱼，此消彼长，此长彼消，生生不息，并在此基础上形成了中国文化的基本精神。当然，我们强调儒家、道家学说的作用，并不妨碍对其他子学的研究。如果把中国文化比喻为一棵参天大树的话，儒家、道家学说是中国文化树的主干，其他诸家学说则是中国文化树的枝叶。我们现在强调固本培元，首先需要培育中国文化精神，培育儒家、道家精神。

三

我们知道，文化有几个层次，如器物层次、制度层次、行为层次、理念层次等，它的核心与灵魂是理念层面的东西。因为随着世事推移、时局变迁，随着科学技术的发展进步，器物层次、制度层次、行为层次等文化内容会不断变化，但万变不离其宗，理念层次的内容根深蒂固——对一个民族而言，如果把理念层次的内容完全异化，则标志着该民族消亡。我们当下弘扬"新子学",一方面要整理文献,梳理文本;但更为重要的是培育子学精神,发挥子学在当下文化建设中的作用。在笔者看来,这种作用主要体现在三个方面:

(一) 道德修养

中国古代被誉为道德的国度,先秦诸子皆以道德为务,"人人自以为道德矣,……皆自以为至极,而思以其道易天下者也"(章学诚《文史通义·原道中》)。从中国社会历史进程来看,重道不重技,以至于被现代人诟病,其实这仍是评价标准的问题。西方文明重视科技创新,在某种程度上说是一种技术文明,其特点就是发展无止境、创新无止境、超越无止境,目的是满足人们不断膨胀的物欲。西方文明模式发展到现在,其弊端也日益显现,如环境污染、物种灭绝、能源危机、生态恶化等,使人类的生存面临着危机。中国文化尤其是儒道学说是"治人心"的学问,如果没有道德的约束,中国的道德状况可能变得比西方还要糟糕,近年来相继发生"毒奶粉"、"瘦肉精"、"地沟油"、"彩色馒头"等事件,都让人触目惊心。我们现在需要重拾道德的大旗,在发展物质文明的同时(我们既然已无法摒弃西方发展模式),努力加强道德修养,提高精神境界。

(二) 温养人心

在高速发展的现代社会,消费主义和享乐主义盛行,人们都在欣欣然享受着物质文明的成果。但一个不可否认的事实就是,在变化万端、奢靡浮华的现代生活面前,人们的心灵变得越来越脆弱,有些时候甚至不堪一击。据世界卫生组织调查,中国现已是世界上自杀人数最多的国家之一(约占全球四分之一),具有自杀倾向的人、患有抑郁症(轻度或重度)的人数则更多,这是一个很可怕的事实,有什么事情让人想不开呢?大多都是纠结于功名利禄,陷于其中不能自拔。在这方面，道家思想尤其是庄子思想绝对是一剂救世的良药，他主张自事其心、游方之外，主张逍遥齐物、贵生安命，这是很值得现代人借鉴的。与西方文化相比，中国文化从整体上都具有内转、内省、内化的特点，重视修身养性，正如钱穆先生所说"心是中国文化之本。中国文化以人文为中心，以人心为本位，以人生问题及人与人、人与社会的关系为核心展开"，其功能即是温养人心。

（三）社会和谐

中国古代社会，在儒道互补格局的作用下，呈现出一种超稳定的社会结构，这也是中国民族历经劫难，最终没有解体或者消亡的重要原因。在中国文化体系中，要求人们首先从自身做起，修身是齐家、治国、平天下的基础，这是实现社会和谐的重要基础。而现代人往往被金钱、物欲异化，人人都长着一双"斗鸡眼"，紧盯着别人，却忘了自己，陷入争斗的焦虑之中，导致社会不稳定。如果人们都能够从自身做起，反省自己，这种现象大概不会出现。再者，儒家所谓君君、臣臣、父父、子子，说法虽然过时，但这种观点本身强调的是一种角色主义，它强调人人各安其分，各尽其力，这同样对现代社会有借鉴意义。试想一下，如果现代社会中人人都能各安其分、各尽其才、各出其力，社会怎么会不和谐呢？

当然，如何在新形势下实现子学的现代化转型，如何在现代社会中弘扬子学精神、发挥子学的作用、实现子学的功能，这都是"新子学"亟须研究的大课题，笔者才疏学浅，所论幼稚浅薄，唯求方家教之。

（原载于《诸子学刊》第十三辑。作者单位：东北师范大学文学院）

"新子学"与"狂"的现代意义

[韩国] 曹玟焕

一

在中国宋代理学的形成过程中，需要关注的是关于孔子对曾点"浴沂咏归"评价为"吾与点"的各种见解。宋代理学的学问倾向有两种，一种是朱熹想要强调"戒慎恐惧"和慎独，实现"存天理，遏人欲"的重视"敬畏"的思维①；另一种是追求与周敦颐的"光

---

① 朱熹对《中庸》第一章"是故君子戒慎乎其所不睹，恐惧乎其所不闻。莫见乎隐，莫显乎微。故君子慎其独也"的注释："是以君子之心常存敬畏，虽不见闻，亦不敢忽，所以存天理之本然，而不使离于须臾之顷也……独者，人所不知而己所独知之地也。言幽暗之中，细微之事，迹虽未形而几则已动，人虽不知而己独知之，则是天下之事无有著见明显而过于此者，是以君子既常戒惧，而于此尤加谨焉，所以遏人欲于将萌，而不使其滋长于隐微之中，以至离道之远也。"

风霁月"①、邵雍的"逍遥安乐"、程颢的"吟风弄月"② 相关的"洒落"境界的思维。至于如何理解敬畏和洒落的意义,每个学者的看法都是不同的。当过分强调敬畏和洒落中的某一个时,会出现问题。在这一点上要求敬畏与洒落的巧妙结合③。

宋代理学中,"洒落"境界的象征性表现为对曾点"浴沂咏归"的见解。对曾点的"浴沂咏归",有肯定和否定两种见解。其中朱熹的见解处于争论的中心。因为说"浴沂咏归"的曾点是儒家所批判的狂者形象,而且从儒学的观点来看,"浴沂咏归"在某种情况下可能会流入老庄。

本论文将通过曾经出现在中国思想史上的对"狂"的概括性理解,阐明符合当今要求多元性、开放性和创意性的"新子学"中"狂"的地位。

二

孔子在将"天下无道"改变为"天下有道"的过程中,经历了

---

① 黄庭坚《豫章集·濂溪诗序》:"舂陵周茂叔,人品甚高,胸怀洒落,如光风霁月。"

② 《宋史·周敦颐传》:"敦颐每令寻孔颜乐处所乐何事。二程之学源流乎此矣。故颢之言曰,自再见周茂叔后,吟风弄月以归,有'吾与点也'之意。"

③ 陈来认为:"儒家的境界本来是包含有不同的向度或不同层面的……孔子既提倡克己复礼的严肃修养,又赞赏吾与点也的活泼境界……从宏观上看儒家,受佛老影响较大的周邵的洒落境界,与近于康德意义的敬畏境界的程朱学派构成了一种互辅的平衡。"陈来《有无之境》,人民出版社1995年版,第239页。

"固穷"等各种各样的难关①。他在这种情况下,注意到了与自己共患难的弟子中的狂狷者:

> 子在陈曰:归与,归与。吾党之小子狂简,斐然成章,不知所以裁之。(《论语·公冶长》)

被称为"狂狷"的弟子们在节制性和实践性上是有问题的②,但是孔子却看到了这些狂狷之士不入俗流、知进取、守志操等值得肯定的方面。

> 子曰:不得中行而与之,必也狂狷乎,狂者进取,狷者有所不为也。(《论语·子路》)

孔子的"必也"一语里蕴涵着超越不得已的选择或单纯的第二选择的坚定意志。越是在艰难的情况下,狂者的行为举止和刚毅精神就越是光彩夺目③。孔子的所谓"狂"并不是医学上所讲的精神病的

---

① 《孟子·尽心章下》:"万章问曰:孔子在陈曰:盍归乎来,吾党之小子狂简,进取,不忘其初。孔子在陈,何思鲁之狂士?孟子曰:孔子不得中道而与之,必也狂狷乎。狂者进取,狷者有所不为也。孔子岂不欲中道哉?不可必得,故思其次也。"
② 《论语·公冶长》:"吾党之小子狂简,斐然成章,不知所以裁之。"
③ 参照《朱子语类》卷四三:"问不得中行而与之一段,曰:谨厚者虽是好人,无益于事,故有取于狂狷(时举)","人须是气魄大,刚健有立底人,方做得事成(偲)。"

狂①。朱熹也说狂者的过于"刚"与孟子相似②。刘劭在《人物志·体别》中，提到并肯定了狂者的"厉直刚毅"③。钱穆指出，将中行与狂狷当作两回事是错误的④。黄绾则认为，因为狂者没有利欲之心，所以在进道上具有优势⑤。本文关注的则是朱熹规定的"志高而行不掩"中"志高"所具有的优点。

孔子并没有绝对排斥狂者。在他的弟子中，包括曾点在内有几名狂者⑥。对于曾皙（曾点）的"浴沂咏归"，孔子评价为"吾与点"。这一评价引发了宋代理学家的许多争论⑦。本文将通过朱熹对"吾与点"的评价来展开论点。宋代理学家对曾点的评价有肯定评价和否定评价，肯定评价认为"曾点之志"有"尧舜气象"，否定评价则关注于曾点的狂者行态。这一点主要体现在朱熹的见解中。朱熹虽然不否定"曾点之志"，但也没有全部肯定：

---

① 参照《论语·子路》"子曰：不得中行而与之，必也狂狷乎，狂者进取，狷者有所不为也"之朱熹注："狂者，志极高而行不掩；狷者，知未及而守有馀。"

② 《朱子语类》卷四三："且如孔门只一个颜子如此纯粹，到曾子，便过于刚，与孟子相似。"

③ 刘劭《人物志·体别》："夫拘抗违中，故善有所章，而理有所失，是故厉直刚毅，材在矫正，失在激讦。"

④ 钱穆《论语新解》："中行之道退能不为，进能行道，兼有二者之长也。后人舍狂狷而别求所谓中道，则误矣。"

⑤ 黄绾《明道编》卷六："孔子取狂獧，以其无利欲之心，便可以进道，非谓狂獧足以尽道。"

⑥ 《孟子·尽心章下》："敢问何如斯可谓狂矣？曰：如琴张、曾皙、牧皮者，孔子之所谓狂矣。"

⑦ 关于曾点"浴沂咏归"的详细说明，请参照田智忠《朱子论曾点气象研究》，巴蜀书社2007年版。

> 曾点一段，集注中所引诸先生说，已极详明，盖以其所见而言，则自源徂流，由本制末，尧舜事业，何难之有。若以事实言之，则既曰行有不掩，便是曾点实未做得又何疑哉。圣人与之，盖取其所见之高，所存之广耳。非谓学问之道，只到此处，便为至极而无以加也。然则学者观此，要当反之于身，须是见得曾点之所见，存得曾点之所存，而日用克己复礼之功，却以颜子为师，庶几足目俱到，无所欠阙。横渠先生所谓心要弘放，要密察，亦谓此也。（《朱子文集》卷四三《答廖子晦》）

本文要关注的正是朱熹的这种两面性。首先，朱熹对于曾点的行态流入老庄的可能性，说："曾点意思与庄周相似。"朱熹把曾点比喻为庄子，说他虽然还没达到庄子跌荡的地步，但是可能会流入老庄[1]。特别是，朱熹认为曾点"近庄老"是狂者非礼无法的行态[2]。曾点在季武子死后，曾经"倚其门而歌"，从重视丧礼的儒家立场来看，其行为属于不能容忍的狂的行态。在"下学而上达"的思维上，是说

---

[1] 《朱子语类》卷四〇："曾点意思与庄周相似，只不至如此跌荡"（潘时举录），"只怕曾点有庄老意思……他也未到得便做庄老，只怕其流入于庄老"。（叶贺孙录）

[2] 《朱子语类》卷四〇："曾点言志，当时夫子只是见他说几句索性话，令人快意，所以与之。其实细密工夫却多欠阙，便似庄列。如季武子死，倚其门而歌，打曾参仆之，皆有些狂怪。"（万人杰录）《朱子语类》卷四〇："观季武子死，曾点倚其门而歌，他虽未是好人，然人死而歌，是甚道理，此便有些庄老意思。"（辅广录）

"其下学工夫实未至此"①。在"下学而上达"这一点上，说明邵雍与曾点的不同之处，就是说，如果不能理解天资高的邵雍的境界，"一向先求曾点见解"，那么没有不入佛老的②。而且通过"涵养未至"③对曾点的学问方法提出疑问。

从整体来看，朱熹要求对曾点的"浴沂咏归"进行有条件的判断。要想正确评价曾点，就要考察曾点的全部行为。不能仅仅通过"杏坛鼓瑟"时曾点所说的几句话来评价曾点。而且朱熹说，和其他三个弟子（即子路、冉有、公西华）相比，曾点的话较为高明，所以孔子赞许他④。值得注意的是，朱熹认为可以接受一次"浴沂咏归"，但是如果不加以制裁，经常"浴沂咏归"是有问题的⑤。

朱熹对"吾与点"下的最终结论是："某平生便是不爱人说此

---

① 《朱子文集》卷四三《答陈明仲·为长府与季氏聚敛事》："曾点见道无疑，心不累事，其胸次洒落，有非言语所能形容者。故虽夫子有如或知尔之问，而其所对亦未尝少出其位焉。盖若将终身于此者，而其语言气象，则固位天地育万物之事也。但其下学工夫实未至此，故夫子虽喟然与之，而终以为狂也。"

② 《朱子文集》卷六一《答欧阳希逊所示卷子》："人有天资高，自然见得此理真实流行运用之妙者，未必皆有学问之功，如康节、二程先生亦以为学则初无不知也。来喻皆已得之，大抵学者当循下学上达之序，庶几不错，若一向先求曾点见解，未有不入于佛老也。"

③ 《朱子文集》卷四二《答石子重从事于斯》："门人详记曾晳舍瑟之事，但欲见其从容不迫，洒落自在之意耳。若如此言，则流于庄列之道矣。且人之举动，孰非天机之自动耶？然亦只此便见曾晳狂处，盖所见高而涵养未至也。"

④ 《朱子语类》卷四〇："曾点之志，夫子当时见他高于三子，故与之。要之，观夫子不知所以裁之之语，则夫子正欲共他理会在。"（杨道夫录）

⑤ 《朱子语类》卷四〇："若是不裁，只管听他恁地，今日也浴沂咏归，明日也浴沂咏归，却做个甚么合杀。"（黄义刚录）

语。"朱熹说:"易箦之前,悔不改浴沂注一章,留为后学病根。"①朱熹说曾点的"浴沂咏归"时语气这样重,不是因为别的,只是因为"浴沂咏归"会对"戒慎恐惧"和敬畏产生否定的影响。朱熹对曾点的有限思维中,包含着以儒家圣人心法"允执厥中"为基准的道统意识的确立与对异端的排斥。

此外,黄震则从曾点回答的"浴沂咏归"究竟是不是正确答案入手。曾点是一个不关心行道救世的狂者,他的回答中有一种洒落之趣,但却不是与孔子要求的行道救世相关的正确答案②。于是黄震说,有必要正确了解孔子所说的"吾与点"的本旨是什么,并说:"浴沂咏归之乐,吟风弄月之趣也,自适其适者也。"③ 把儒家的"适人之适"与庄子式的"自适其适"区分了开来④。当然庄子所追求的理想境界是"忘适其适"⑤。这种理解是对"吾与点"有条件

---

① 杨慎《升庵集》卷四五《夫子与点》:"朱子晚年有门人问与点之意,朱子曰某平生不喜人说此话,《论语》自《学而》至《尧曰》皆是工夫……又易箦之前悔不改浴沂注一章,留为后学病根,此可谓正论矣。"

② 黄震《黄氏日抄》卷二:"四子侍坐,而夫子启以如或知尔,则何以哉。盖试言其用于世当何如也。三子皆言为国之事,皆答问之正也,曾晳孔门之狂者也,无意于世者也。故自言其洒洒之趣,此非答问之正也。"

③ 黄震《黄氏日抄》卷二:"今此四子侍坐而告以如或知尔则何以哉,此专指出仕之事,而非泛使之言志也。老安少怀之志,天覆地载之心也,适人之适者也。浴沂咏归之乐,吟风弄月之趣也,自适其适者也。"

④ 《庄子·大宗师》:"若孤不偕,务光,伯夷,叔齐,箕子,胥馀,纪他,申徒狄,是役人之役,适人之适,而不自适其适者也。"又《骈拇》篇:"夫不自见而见彼,不自得而得彼者,是得人之得而不自得其得者也,适人之适而不自适其适者也。"可参照。

⑤ 《庄子·达生》:"忘足,履之适也。忘腰,带之适也。知忘是非,心之适也。不内变,不外从,事会之适也。始乎适而未尝不适者,忘适之适也。"

的、受限制的理解。

　　孔子对狂者的接受与肯定评价拓宽了儒学思维的广度和人生的选择。对曾点"浴沂咏归"的肯定评价使人们能够不被敬畏所束缚，去追求洒落。可是像朱熹那样强调敬畏，会拘束人的自由心灵。朱熹曾经说过："要看他狂之好处是如何。"① 但是这句话在朱熹整体思想系统中所占的比重并不大，因为朱熹以戒慎恐惧的敬畏和礼法为基准，对曾点的"浴沂咏归"采取了有限的选择。想要严格区分正统和异端的朱熹，是经学中心主义的化身。

三

　　孔子对狂者的接受和肯定评价在王守仁的思想中更为具体化。如果说朱熹对"吾与点"表现出肯定和否定的两面性，那么说"由狂入圣"的"圣狂"与"狂者胸次"的王守仁的理解则是肯定的。在如何评价曾点的狂者气质上产生这种区别点，王守仁坚持："圣人与天地民物同体，儒佛老庄皆吾之用，是之谓大道。"（《传习录·拾遗》）摆脱经学中心主义，包容儒佛老庄的王守仁对狂者也是肯定的。

---

　　① 《朱子语类》卷四〇："恭甫问：曾点咏而归，意思如何？曰：曾点见处极高，只是工夫疏略。他狂之病处易见，却要看他狂之好处是如何。缘他日用之间，见得天理流行。故他意思常恁地好。只如莫春浴沂数句，也只是略略地说将过。"（潘时举录）

王守仁说得到了"狂者胸次"①,从"一克念即圣人"的观点出发提出自己对狂的见解:

> 狂者志存古人,一切纷嚣俗染,举不足以累其心,真有凤凰翔于千仞之意,一克念即圣人。 (《王阳明全集(下)》)

王守仁高度评价孔子包容曾点的狂态与狂言,根据每个人物的才气实行不同的教育②。王守仁说洒落不是"旷荡放逸",并提出敬畏之心和洒落的合一③。王守仁对洒落的这种理解表现为对曾点"浴沂咏归"的肯定性理解。王守仁对狂者的肯定性理解中包含着脱离经学中心主义、与子学共存的可能性。

---

① 《传习录》(下)卷七:"诸友请问,先生曰:我在南都已前,尚有些子乡愿的意思在。我今信得这良知真是真非,信手行去,更不著些覆藏。我今才做得个狂者的胸次,使天下之人都说我行不掩言也罢。尚谦出,曰:信得此处,方是圣人的真血脉。"

② 《传习录》(下):"汝仲曰:观仲尼与曾点言志一章略见。先生曰:然。以此章观之,圣人何等宽洪包含气象。且为师者问志于群弟子,三子皆整顿以对,至于曾点,飘飘然不看那三子在眼,自去鼓起琴来,何等狂态。及至言志,又不对师之问目,都是狂言。设在伊川,或斥骂起来了。圣人乃复称许他,何等气象。圣人教人,不是束缚他通做一般,只如狂者便从狂处成就他。"

③ 《传习录·拾遗》:"君子之所谓洒落者,非旷荡放逸之谓也。乃其心体不累于欲,无入而不自得之谓耳。夫心之本体,即天理也。天理之昭明灵觉,所谓良知也。君子戒惧之功,无时或间,则天理常存,而其昭明灵觉之本体,自无所昏蔽,自无所牵扰,自无所歉馁愧作。动容周旋而中体,从心所欲而不逾,斯乃所谓真洒落矣。是洒落生于天理之常存,天理常存生于戒慎恐惧之无间,孰谓敬畏之心,反为洒落累耶。"

王守仁对狂者的这种肯定性理解,又被阳明左派所积极接受。这正是李贽的狂者观。李贽在情与势的观点上解释为什么狂者只能"行之不掩",表明自己对狂的见解。归根结底,"爱狂"的李贽李挚①认为狂者的特征是"不蹈故袭,不践往迹,见识高"②。李贽的这种狂者的根基其实是来自《庄子》,尤其与"识见高"相关的"志高"更是如此。

在《庄子·逍遥游》中,肩吾把接舆说的话理解为狂。接舆的话很好地再现了狂者的"志高"境界:

> 肩吾问于连叔曰:吾闻言于接舆,大而无当,往而不反。吾惊怖其言,犹河汉而无极也,大有径庭不近人情焉。连叔曰:其言谓何哉?曰:藐姑射之山,有神人居焉。肌肤若冰雪,淖约若处子。不食五谷,吸风饮露,乘云气,御气龙,而游乎四海之外。其神凝,使物不疵疠,而年谷熟。吾以是狂而不信也。(《庄子·逍遥游》)

肩吾所说的"人情"象征着现实世界中"井底之蛙"的小知。肩吾认为接舆有关神人所说的话是"狂而不信"是当然的。因为狂者接舆的描述是肩吾无法想象的"志高"的境界、大知的境界。庄子则

---

① 《焚书》卷二:"盖狂者下视古人,高视一身,以为古人虽高,其迹往矣,何必践彼迹为也。是谓志大。以故放言高论,凡其身之所不能为,与其所不敢为者,亦率意妄言之,是谓大言。固宜其行之不掩耳,何也?其情其势自不能以相掩故也。……又爱其狂,思其狂,称之为善人,望之以中行,则其可以成章,可以入室,仆之所谓夫子之爱狂者此也。"

② 李贽《焚书》卷一《与耿司寇告别》:"狂者不蹈故袭,不践往迹,见识高矣。所谓如凤凰翔于千仞之上,谁能当之,而不信凡鸟之平常,与己均同于物类。是以见虽高而不实,不实则不中行矣。"

认为"有真人而后有真知"(《庄子·大宗师》)。庄子批判儒家通过"择善固执"思维建立一个基准，并且按照这个基准裁断世间的事情，认为裁断出的结果物是真理，这是一种小知。庄子要求把人的精神扩张到无限的宇宙，通过大知去理解世界，于是说："独与天地精神相往来，而不傲倪于万物。"(《庄子·天下》) 这样的庄子是"志高"的象征。章学诚在《文史通义·质性》中，把庄子的"独与天地精神相往来，而不傲倪于万物"视为"进取之狂"①。

历来对狂者有多种理解。那是因为狂者包含着肯定的方面。吴从先在《小窗清记》中说明君子之狂和小人之狂时，对"出于神"的君子之狂是肯定的②。屠隆在《辨狂》中对"心狂而形不狂"的善狂者和"形狂而心不狂"的不善狂者加以区分。在儒家立场中也有从肯定的角度接受实践"非礼不动"的善狂者③的部分。纵观中国历史，这一点在包括陶渊明在内的许多追求儒道互补生活的隐逸人物身上都有所体现。儒学者们反而推崇这些人物。

根据某种观点去理解狂者，会有肯定性理解和否定性理解。问题是以儒家的中和中心主义和理性中心主义为基准去评价狂者，这时，

---

① 章学诚《文史通义·质性》："孔子曰：不得中行而与之，必也狂狷乎。狂者进取，狷者有所不为。庄周、屈原，其著述之狂狷乎？屈原不能以身之察察，受物之汶汶，不屑不洁之狷也；庄周独与天地精神相往来，而不傲倪于万物，进取之狂也。"

② 吴从先《小窗清记》："君子之狂，出于神；小人之狂，纵于态。神则共游而不觉，态则触目而生厌。故箕子之披发，灌夫之骂座，祸福不同，皆狂所致。"

③ 屠隆《辨狂》："善狂者，心狂而形不狂；不善狂者，形狂而心不狂。何以明之，寄情于寥廓之上，放意于万物之外，挥斥八极，傲睨侯王，是心狂也。内存宏伟，外示清冲，气和貌庄，非礼不动，是形不狂也。毁灭礼法，脱去绳检，呼庐轰饮以为达，散发箕踞以为高，是形狂也。迹类玄超，中婴尘务，遇利欲则气昏，遭祸变则神怖，是心不狂也。"

在人类文明发展史上狂者所追求的"志高"境界的肯定方面就会被稀释掉。而且，即使站在儒家立场上看，思维的广度和深度也会受到限制。所以无条件地批判和排斥狂者，并不是儒家所希望的。在这种情况下，特别是庄子所追求的"不近人情"的大知和"志高"境界、"独与天地精神往来"的自由心灵在今天更能发挥作用。

四

中国文化与哲学范畴中有许多和西方不同的部分。"狂者精神"是其中之一，我想说的是我们有必要关注狂者的"志高"境界所包含的肯定方面。在全球化时代，要求多元性、开放性思维的今天，我们要从儒家的经学中心主义、理性中心主义、敬畏中心主义中摆脱出来。现在是一个需要通过"志高"和独特思维去发展人类文明、具有创意性的人才的时代。因此有必要重新设定"新子学"中追求"志高"的狂者的地位。方勇教授在《再论"新子学"》一文中，对于今天为什么需要"新子学"这样说：

> 我倡导，"新子学"不仅意在呼吁革新传统诸子学的研究方式，更主张从子学现象中提炼出多元、开放、关注现实的子学精神，并以这种精神为道引，系统整合古今文化精华，构建出符合时代发展的开放性、多元化学术，推动中华民族文化的健康发展。换言之……"新子学"承认多元世界的自在状态，敢于直面纷繁复杂的现实社会，积极主动地去改变主张经学一元的思维模式和思维原则，使经学重新回

归学术本身。①

曾建华在《"新子学"的本质与使命》中说:"新子学将继续秉承子学的反叛精神,全面而自觉之解消经学思维所带来的思维专制与思维局限。"② 作为一个既能充足对符合时代的新思想的要求,又能打破经学中心主义的思维专制和思维局限的问题点的思维,我想提出象征"叛奴精神"的狂。

韩非子把狂与"人之所不能"联系起来加以理解③。当我们关注人类历史,可以认识到狂者精神的持有者们都克服了被韩非子认为是"人之所不能"的界限,使人类文明向前发展了一步。关于这一点,让我们来看1997年重返苹果担任CEO的乔布斯推出的著名广告《Apple Think Different》:

> 这是一群疯子,他们不合时宜,乖戾无常,他们桀骜不驯,反叛忤逆,他们麻烦不断,从不安分守己,他们与世界格格不入,他们用自己的眼光去看待这个世界,他们从不循规蹈矩,更不安于现状,你可以赞美他们,反对他们,引证他们,质疑他们,崇拜他们或者诋毁他们,但是你却无法忽略他们,因为他们改变了这个世界。他们勤于发明,他们敏于想象,他们乐于救助,他们勇于探索,他们敢于创造,他

---

① 方勇《再论"新子学"》,《诸子学刊》第九辑,上海古籍出版社2013年版,第3页。
② 曾建华《"新子学"的本质与使命》,《诸子学刊》第九辑,第125页。
③《韩非子·显学》:"今或谓人曰:使子必智而寿,则世必以为狂。夫智,性也。寿,命也。性命者,非所学于人也,而以人之所不能为说人,此世之所以谓之为狂也。谓之不能然,则是谕也。"

们擅于激励，他们推动了人类文明的进步，也许他们只能成为疯子，而当别人视他们为疯子，我们则认为他们是天才。正是那些疯狂到，认为他们可以改变这个世界的人改变了这个世界。①

将乔布斯（Steve Jobs）这段话的核心与中国思想史进行对比，可以找到许多和庄子、李贽说的狂者所追求的"志高"及形态相通的部分。即，狂者所追求的"志高"境界是乔布斯所说的"think different"的另一种形态。

儒家经由"择善固执"的中和中心主义是有优点的。中节的理性人在教育方面，或者要求利他生活的伦理方面都具有优点。但是如果以中和中心主义为基准，将其适用于所有领域，就会引发诸多问题。比如，要求人的独特性和创意性的科学或艺术领域②。创意性的提高与独特性的追求可以通过对狂者"志高"境界的肯定性理解得到解决。

今天我们有必要对狂者追求脱离人类常识性世界和实情，将自己的思维扩张到无限宇宙的"志高"境界、通过超群的思维打破常规

---

① Apple Think Different: Here's to the crazy ones. The misfits. The rebels. The troublemakers. The round pegs in the square holes. The ones who see things differently. They're not fond of rules. And they have no respect for the status quo. You can praise them, disagree with them, quote them, disbelieve them, glorify or vilify them. But the only thing you can't do is ignore them. Because they change things. They invent. They imagine. They heal. They explore. They create. They inspire. They push the human race forward. Maybe they have to be crazy. While some see them as the crazy ones, we see genius. Because the people who are crazy enough to think they can change the world, are the ones who do.

② 怀素的狂草具有的杰出的艺术性就是一个例子。

的创意性、不屈不挠的刚毅精神、积极的进取性、大胆性、开放性、批判性等进行重新解释。我认为,对于狂者的适应时代要求的肯定性重释是"新子学"应当去追求的重要课题。

(原载于《诸子学刊》第十三辑。作者单位:韩国成均馆大学)

从"为学"与"为道"来试谈
21世纪新东道西器论

[韩国] 金白铉

一、反思"东道西器论"

吾人先简单地反思中国的"中体西用论"如下：

一般所说的19世纪"中体西用论"中，对于"中体"的各种表述，或曰伦常名教，或曰四书五经，或曰尧舜禹汤文武周公之道，或曰四书五经中国史事政书地图。推而及于中国旧有的文化皆属之，其核心则为伦常名教，且这个核心是不可动摇的。

"中体西用论"的不同历史作用可划分为前后两个时期。第一个时期，从19世纪60年代到80年代中法战争以前，"中体西用"思想冲破顽固保守思想的禁锢，提倡向西学学习思想，起到了解西方思想的进步作用。第二个时期，1884年中法战争后，特别是1894年中日战争以后，"中体西用论"逐渐丧失了历史的进步意义，成为中国社会经济继续近代化的思想障碍。维新派的代表人物严复强调指出："中学有中学之体用，西学有西学之体用，分之则并立，合之则两亡。"因此，当维新派将其由理论宣传发展成为1898年的维新政治运动时，"中体西用论"便完全成为了对封建君主制度进行改革的思想障碍。此后，在政治变革的浪潮中，中国封建社会政治体制的保守性日益显露。然而，当中国的统治者在政治上固守"中体西用"的防线，拒绝近代的民主主义精华之时，知识分子在思想上日益倾慕西洋文化，以至于后来出现了全盘西化的思潮[1]。

众所周知，在全盘西化的思潮中展开了"五四"运动，其口号就是民主与科学，由此，发生了"科玄论战"。"'中体西用'与'科玄论战'，这两场文化论战有深刻的关联。'中体西用'以'用'的名义论证了西学传入的合理性与合法性，促进科学在近代中国由'功利主义'过渡到了'文化启蒙'，为'科玄论战'的爆发埋下了诱因；而'科玄论战'后，科学社会功能的全面扩张则破除了以'体用'来会通东西的樊篱，在很大程度上结束了'中体西用'的历史，在新的时代背景下实现科学基础上的文化整合。"[2] 吾人认为此处的科学，乃指称之为古典物理学为中心的近代性意义的科学。

日本明治维新提出的"和魂洋才"口号，与"中体西用"并没有本质的区别，而它们所产生的实际效果却大异。"首先，二者都是在遭到西方文化的强烈冲击下，作为一种回应方式而产生的。其次，二者都试图调和与融合东西方文化，并期以西方文化之长补自身文化之短。再次，二者都强调自身文化在这种融合中的主体性，试图以自身文化之'魂'或'体'去主西方文化之'才'或'用'。另外，二者的原始含义基本相同：'和魂'与'中体'都主要指的是东方的伦理道德，而'洋才'与'西用'则均指西方以科学技术为中心的'富强之术'。二者都是把东方伦理道德和西方科学技术对举组合的。

---

[1] 熊吕茂、建红英《近代中体西用思想的蕴涵及其演变》，《文史博览》2005年，第22页。

[2] 李丽《"中体西用"到"科玄论战"的文化动因》，《自然辩证法通讯》, Vol. 36, No. 6, 2014年12月。

也就是说,'和魂洋才'与'中体西用'的出发点原本是相同的,而其不同是由此后的实践过程中逐渐渐显露的。一般说,'和魂洋才'论者在吸收西方文化时掌握的尺度较宽,'洋才'不仅限于西方科学技术,甚至西方的某些制度和思想也被视为'洋才'而加以接受。相反,'中体西用'论者在吸收西方文化时掌握的尺度较严,'西用'一般局限于西方科技,西方的制度(尤其政治制度)和思想被视为'中体'的异端和对立物而加以排斥。"[1] 吾人认为,日本看似成功现代化了,但它学的是现代工业文明文化具有的殖民帝国主义,因此,它挑起了第二次世界大战。吾人认为,"和魂洋才"的实际结果是巨大的失败了。

近代19世纪后半期朝鲜朝(韩国)随着西方殖民势力的入侵,朝鲜朝国内针对如何维护朝鲜朝的独立,增强朝鲜朝的实力,保障朝鲜朝的安全,在统治阶层内部展开了开化派和斥邪派的思想较量。伴随着思想上的斗争,在政治上,开化派和保守派也经历了几次较量。然而,在日本的入侵下,在当时国际政治形势下,开化派虽然提倡"东道西器论",但是国家独立、改革强国的愿望落空了。

东亚三国学西方的现代工业文明的道路有所不同:中国的道路是,封建王朝体制→国家社会主义体制→多种经济并存体制;韩国的道路是,封建王朝体制→殖民地资本主义体制→外围资本主义体制;日本的道路是,封建幕府体制→帝国主义资本主义体制→中心资本主义体制[2]。

西方现代工业文明之下,产生了资本主义与社会主义,因此,吾人认为,资本主义也好,社会主义也好,都是西方现代工业文明的儿

---

[1] 武安隆《"和魂汉才"到"和魂洋才"》,《日本研究》1995年第1期。

[2] 申光荣《当代韩国》2005年第1期,第12~18页。

子。有人说，资本主义的本来名字就是清教徒资本主义，由此，在美国的华人儒学者主张儒教资本主义。吾人认为，这就是20世纪"新中体西用论"的复活，儒教资本主义者所说的"中体"当然不是纲常伦理，就是"道德理性"。如此，以"道德理性"来建立20世纪"新中体西用论"，这就是20世纪现代新儒家的成果与贡献。

到了21世纪，西方尤其美国丧失了清教徒精神而走了霸权主义之路，日本政治人士正在做梦军国主义的复活。那么东亚三国学西方现代工业文明的目的是不是为了富国强兵？不但东亚三国，而且世界人类面临的社会与必须解决的问题都是大同小异而已。因为现代工业文明在20世纪的确经历了深刻的危机，暴露出自身的一些严重的弊端，并且延续到了21世纪生态信息化社会。

二、为学与为道

老子云："为学日益，为道日损；损之又损，以至于无为；无为而无不为。"

河上公注云："学谓政教，礼乐之学也；日益者，情欲文饰，日以益多。道谓自然之道也；日损者，情欲文饰，日以消损。"王弼注云："务欲进其所能，益其所习。务欲反虚无也。"蒋锡昌说："为学者日益，言俗主为有为之学者，以情欲日益为目的；情欲日益天下所以生事多扰也。"朝鲜朝儒学者徐命膺（1716—1787）从以儒解老的角度说："广知识，故日益，此儒家博文之事也。守谦虚，故日损，此儒家反约之事也。"如上，为学是指政教礼乐之学，为道是指自然之道。

陈鼓应说："为学是指探求外物的知识活动。这里的为学，范围较狭，仅指对于仁义圣智礼法的追求。这些学问是能增加人的知见与智巧的。为道是通过冥想或体验以领悟事物未分化状态的道。这里的道是指自然之道，无为之道。"陈鼓应又把老子所说的"绝学无忧"（二十章或十九章）解释为"弃绝仁义圣智之学"。任继愈说："老子承认求学问，天天积累知识，越积累，知识越丰富。至于要认识宇宙变化的总规律或是认识宇宙最后的根源，就不能靠积累知识，而要靠玄览静观。他注重理性思维这一点是对的，指出认识总规律和认识个别的东西的方法应有所不同，也是对的。老子的错误在于把理性思维绝对化，使他倒向了唯心主义，甚至陷于排斥感性知识的错误。"

老子提出工夫论的两个方向，就是"为学"方向与"为道"方向。"为学"的目的是在获得经验知识以及观念知识，故一天多一天，每天皆有所增益。此将陷于无穷的追逐而无止境。而庄子亦云："吾生也有涯，而知也无涯。以有涯随无涯，殆已。"（《庄子·养生主》）此根本是无与于道的。"为道"的目的是在反身自证自明以求洒然自适，所谓"自然"。故"为道"的方向是与"为学"相反的。"为学"是向外取，向前追，而"为道"则是向内归，向后反（牟宗三《智的直觉与中国哲学》，台湾商务印书馆1971年版，第203页）。为学用头脑，为道用心灵。有人认为老庄是反知论者，就是说老庄反对"为学"。吾人认为老庄不是反知论者，也不是反对"为学"，只是老庄清楚地了解"为学"的局限，希望超越"为学"的局限，所以不提"为学"方向的工夫论而已。

庄子云："天下之治方术者多矣，皆以其有为不可矣，古之所谓道术者，果恶乎在？曰：无乎不在。曰：神何由降？明何由出？圣有所生，王有所成，皆原于一。"（《庄子·天下》）

林云铭说:"神者明之藏。明者神之发。言道术之极也。"唐君毅说:"以神明言灵台、灵府之心,尤庄子之所擅长。神与明之异,唯在神乃自其为心所直发而说,明则要在自其能照物而说,故明亦在神中。"① 王邦雄说:"道术是有道有术,有体有用,道有内在的神体,也有外发之明用。提问:'神何由降,明何由出?'自答:'圣有所生,王有所成。'何由就是术,术是引道通路。道术是道体即体起用,当体流行,上之神降由下之圣,上之明出为下之王,神体明用,神降为圣,明出为王,形上之道,其运无乎不在,神体内在为人间之圣,明用下照为人间之王。从上下直贯而言,神明是上,圣王是下,从内外横通而言,神圣是内,明王是外。神明是圣王的超越根据,神圣是明王的内在根源,是既超越又内在之全体大用的终极原理。此上下内外是一,上之神明,降为下之圣王,内之神圣,出为外之明王,上下直贯内外横通统合为一,道术其运无乎不在,上下内外整体是一,故为'皆原于一'。"②

庄子又云:"天下之人,各为其所欲焉,以自为方,悲夫!百家往而不反,必不合矣。后世之学者不幸,不见天地之纯,古人之大体,道术将为天下裂。"(《庄子·天下》)

方术就是"为学",因此,"方术之学"这个名称可以成立。道术可分为分裂的道术与原于一的道术。庄子云:"古之人,其知有所至矣,恶乎至?有以为未始有物者,至矣,尽矣,不可以加矣。其次,以为有物矣,而未始有封也。其次,以为有封焉,而未始有是非也。

---

① 陈鼓应注译《庄子今注今译》,中华书局1983年版,第856页。
② 王邦雄《儒道之间》,台北汉光文化事业公司1989年版,第106页。

是非之彰也，道之所以亏也。道之所以亏，爱之所以成。"（《庄子·齐物论》）吾人认为分裂的道术是已经变成日益外物的，就是成为日益观念物的道术之学，也是可道之道，也是庄子所说的"以物观之"的心态。原于一的道术才是"有以为未始有物，至矣，尽矣，不可以加矣"的道术，也是不可道之常道，也是庄子所说的"以道观之"的境界。就是可分为如下：

为学：方术之学+分裂的道术之学－可道的道－理论性，思辨性－以物观之。

为道：原于一的道－不可道的常道－实践性，直觉性－以道观之。

庄子云："颜回曰：'回益矣。'仲尼曰：'何谓也？'曰：'回忘仁义矣。'曰：'可矣，犹未也。'它日复见曰：'回益矣。'曰：'何谓也？'曰：'回忘礼乐矣。'曰：'可矣，犹未也。'它日复见曰：'回益矣。'曰：'何谓也？'曰：'回坐忘矣。'仲尼蹴然曰：'何谓坐忘？'颜回曰：'堕肢体，黜聪明，离形去知，同于大通，此谓坐忘。'仲尼曰：'同则无好也，化则无常也，而果其贤乎！丘也请从而后也。'"（《庄子·大宗师》）

上面的文章可分析为，第一步是仁义价值观念，第二步是礼乐文化，第三步才到坐忘阶段。第一步的仁义价值观念与第二步的礼乐文化可以算是为学日益而成的。一般的人容易了解第二步的礼乐文化可以算是为学日益而成的东西，但比较不容易了解第一步的仁义也可以算是为学日益而成的观念物，尤其是儒家主张仁义之心就是天地之心，所以仁义决不是观念物。但是庄子认为儒家把仁义用语言来规定而说仁义是如何如何，如此，仁义成为观念物，这就是经书（四书五经）

的内容。在此，吾人可以问，那么把握经书内容的儒家的心是否相同于天地之心？吾人认为，把握经书内容的，不是用心灵的，而是用头脑的。

众所周知，佛教的工夫论可分为教宗式与禅宗式，儒学的工夫论可分为"居敬"与"穷理"或"道问学"与"尊德性"。"穷理"、"道问学"可以算是向外为学日益而成的为学工夫论，"居敬"、"尊德性"可以算是儒家式的向内为道工夫论。朱熹虽然提出"豁然贯通"（在此，吾人不问豁然贯通的真实意义），就是向外为学日益而成的"穷理"、"道问学"的为学工夫累积起来的话，有时，可以豁然贯通，但是朱熹的道德哲学为主知主义道德形上学。由此可知，朱熹虽然主张"居敬"，但是朱熹所说的天理—天伦可算是向外为学日益而成的"穷理"、"道问学"的为学工夫来达到的。就是说，19世纪"中体西用论"所说的"纲常名教"不过是一种观念物，就是一种意识形态而已。

老子所说的"学不学，复众人之所过"。（六十四章）王弼注云："不学而能者，自然也。"但孟子云："人之所不学而能者，其良能也。"那可以了解，道家所说的不学而能者就是"自然"，由虚静工夫而达到的境界。儒家所说的不学而能者就是"良能"，就是阳明所说的"良知"。就是由"居敬"、"尊德性""致良知"工夫而达到的境界。总言之，儒家式的向内为道工夫可称之谓敬工夫—致良知工夫或诚工夫，道家式的向内为道工夫可称之谓虚静工夫，佛教式的向内为道工夫可称之谓禅工夫。由此可以说，道儒佛三家通过向内为道工夫才达到天人合一的境界。

庄子云："气也者，虚而待物者也。唯道集虚。虚者，心斋也。"（《庄子·人间世》）吾人认为，庄子所说的"虚而待物之气"也是与孟子的"浩然之气"一样通过工夫而达到的精神境界，因此庄子所说的"虚而待物之气"与孟子所说的"浩然之气"都是主客合一的气，也都是天人合一的气。就是说，庄子所说的"虚而待物之气"与孟子所说的"浩然之气"，如果从宇宙论的层面讲，都是"塞于天地之间"的气、"游乎天地之一气"、"通天下一气"（《庄子·知北游》），如果从工夫论的层面讲，都是内在于体内的精神境界上的气。但是孟子所说的天是仁义道德之天，庄子所说的天是无为自然之天，如此，孟子所说的天与庄子所说的天的含意不同，因而孟子的"浩然之气"是配义与道而展现仁义道德，庄子的"虚而待物之气"是自然生命之气而展现逍遥齐物之道。

虚工夫不但是道家工夫，而且是儒家工夫与佛教工夫都必须的工夫，就是说，道儒佛的工夫都非通过虚工夫不可。吾人认为，道儒佛三家共通的向内为道工夫可称之谓虚工夫。甚至于真正的基督教徒也须要虚工夫。如果没经过虚工夫而表现出来的孟子所说的"浩然之气"或基督教所说的"圣灵充满"的话，这不是真正的浩然之气或圣灵充满，而是顽固的意识形态而已。

总言之，老庄体会到了向外为学日益工夫的局限，因此，他们为了超越为学工夫的局限，提出向内为道的虚静工夫，由此，体认了无为自然之道，就是体会了自然而然的虚灵之道。

三、试谈21世纪新东道西器论

吾人认为，重视向外为学、日益而成的"穷理"、"道问学"的儒学与重视理论理性的西方近代哲学之间有相似的地方，由此，20世纪学西方的时候，儒学有贡献，现代新儒家也有成果。现代新儒家可分为比较重视"穷理"的新理学与比较重视"居敬"的新心学。

前文已经提到，朱熹虽然主张"居敬"，但是他所说的天理—天伦可算是向外为学日益而成的"穷理"、"道问学"的为学工夫来达到的。就是说，19世纪"中体西用论"所说的"纲常名教"不过是一种观念物，就是一种意识形态而已。如此看，西方的新实在论为中心主张新理学的冯友兰的哲学也重视向外为学日益而成的"穷理"、"道问学"的为学工夫。

从"为道"层次看，比较重视"穷理"的新理学不如比较重视"居敬"的新心学。所以，吾人在此，探讨一位新心学的学者——唐君毅。有的中国学者说："唐君毅人文精神论所提供的人文精神，是不容忽视的。其一，中国文化有着前后相继的一以贯之的思想传统，在未来的文化建设中，不能割断传统，不能进行无'本'之创造，必须弘扬中国传统文化的根本精神；其二，要超越'全盘西化论'与'中体西用论'，真正立足于中国文化的本根，使中西文化融会贯通，如此才能开创出新的文化；其三，在吸收西方文化的过程中，必须对西方文化的精神价值、特点与长短处，有整全的理解，以便合理吸收。"① 吾人大部分同意以上意见，那么先看②：

（1）客观境界：（A）万物散殊境——观个体界；（B）依类成化境——观类界；（C）功能序运境——观因果界——目的手段界。

（2）主观境界：（A）感觉互摄境——观心身关系与时空界；（B）观照凌虚境——观意义界；（C）道德实践境——观德行界。

（3）超主观客观境：（A）归向一神境——观神界；（B）我法二空境——众生普度境——观一真法；（C）天德流行境——尽性立命境——观性命界。

如上，唐君毅的"心灵九境"，可算是包罗了东方与西方的所有

---

① 单波《心通九境》，人民出版社2001年版，第235页。
② 唐君毅所说的"心灵九境"的大纲唐君毅《生命存在与心灵境界》，台湾学生书局1977年版。下面，由此书来探讨现代新儒家的"20世纪新中体西用论"。

哲学，然后定位各个哲学，并以儒家哲学为最高境界。他对儒学传统似乎抱有一种宗教信仰的情绪。因此，吾人还要商榷如下意见，就是唐君毅说："道德理性具有永恒的对治人的物化、异化的价值，文化的分殊展开形式如政治、经济、教育、科学、宗教、艺术、文学等，都离不开道德理性的指引和激励。"他又说："道德的主体与认识的主体的融合，所体现的是'内在而超越'精神与'超越而外在'精神的融合，'圆而神'与'方以智'的融合，'无对'与'有对'、'无执'与'有执'的辩证；所追求的是仁智双彰，是对中西文化的双重超越。"①

如此可知，唐君毅已经克服了以"纲常名教"为"中体"的说法，他提出道德理性或道德主体，所以唐君毅所说的道德理性或道德主体可算是"中体"。就是说现代新儒家以"天德流行境"、"尽性立命境"、"观性命界"为"中体"。因此，现代新儒家喜欢说"践仁知天"与"尽心知性知天"。在此，再探讨孟子云："人之所不学而能者，其良能也。"不学而能者是指称先天性，换言之，就是累积文化传统而遗传下来的文化基因。因此，吾人认为儒家所说的"天命"、"天理"、"天伦"都不是绝对性的，也不是独一无二的"内在而超越"精神或"圆而神"、"无对"、"无执"的精神境界。

众所周知，新儒家的理论有其合理的成分，但也存在着许多不足之处，一般所说的比较突出的缺点如下：

1. 把多原的多民族不同时空条件下，中国传统简单归结为儒家文化，这是不符合中国历史的事实的。

2. 对传统儒家文化造成中国历史和现实的巨大负面影响，不是低估就是视而不见，即使有一点批判也往往是轻描淡写的。

3. 过分强调道德的作用，没有找出从"内圣"开出"新外王"

---

① 单波《心通九境》，第205页。

的可行性途径，他们的理论大多带有一厢情愿的纯理论的色彩，尤其是集中于阐发了儒家的"内圣"心性之学，具有明显的唯心论倾向。

吾人认为唐君毅所说的"道德的主体与认识的主体的融合"也好，牟宗三所说的"一心开二门"也好，都偏重于"内圣"心性之学。由此，非问不可，是否可能"仁智双彰"？吾人认为自然而然虚灵的道德主体与自然而然虚灵的认识主体之间才有妙合之可能性。因为妙合之可能性不在别的地方，就在于自然而然虚灵之道。吾人认为自然而然虚灵之道就是具有内在性和超越性的"神"，在此，再引用《庄子》：

> 天下之治方术者多矣，皆以其有为不可矣，古之所谓道术者，果恶乎在？曰：无乎不在。曰：神何由降？明何由出？圣有所生，王有所成，皆原于一。（《天下》）

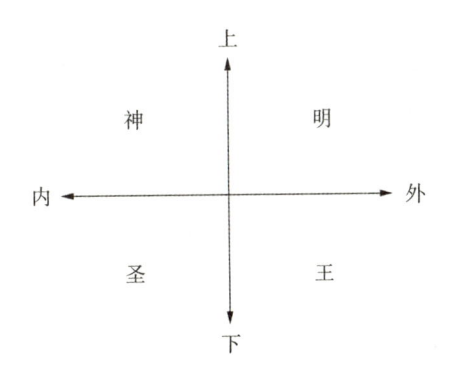

```
          上
          │
    神    │    明
          │
   内 ────┼──── 外
          │
    圣    │    王
          │
          下
```

《易·系辞传》曰："易无思也，无为也，寂然不动，感而遂通，天下之故。非天下之至神，其孰能与于此。"又说："神无方，易无体。"老子云："万物生于有，有生于无。"因此，"无"——"无思""无为""无方""无体"——就是具有自然而然的虚灵性，由此，"神"可算是自然而然的虚灵之道。

"神"具有超越性而内在性的自然而然的虚灵之道，"明"具有超越性而外在性的形而上的目的（思辨性等）理性，"圣"具有内在性和具体性的实践（道德性等）感性主体，"王"具有外在性和具体性的工具理性主体。由此看，重视内在性的东方文化以及哲学比较偏重于"神"与"圣"，重视外在性的西方文化以及哲学比较偏重于"明"与"王"。并且可以说，儒家所说的内圣外王之学就是内在性的道德感性主体与外在性的认识理性主体的会通之学，又如此的学缺乏真正自然而然虚灵的超越性。由此，明确了解没有真正超越性的内神外明之内圣外王之学具有其局限，而没法内在性的实践（道德）感性主体与外在性的认识（工具）理性主体之间的真正会通。

"神"是具有内在性和超越性的自然而然的虚灵之道，"明"是外在性和超越性的目的理性，因此，具有超越性的"内神"与"外明"才可以通而为一，所以"圣"与"王"是通过具有超越性的"神明"而可以妙合。换言之，内在性的"圣"与外在性的"王"是通过具有超越性的自然而然虚灵之"神"与具有超越性的目的理性主体之"明"才可以妙合而成为"原于一"的道术。这是《庄子》"庖丁解牛"寓言当中"神遇"、"神欲行"之类的浑然一体性的天人合一。总言之，如下：

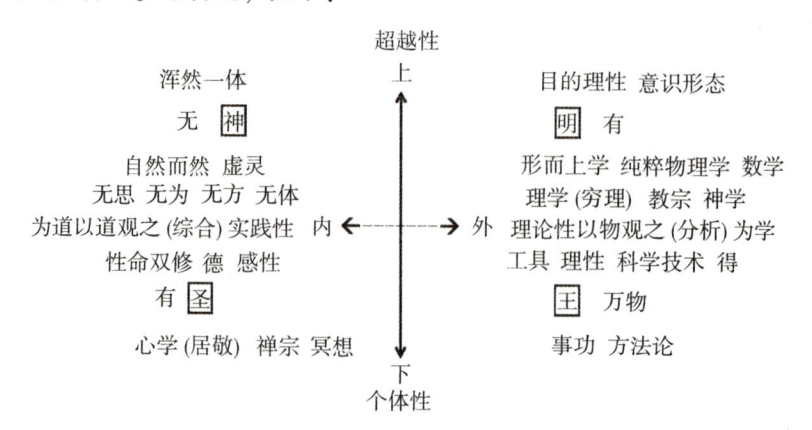

```
                    超越性
                     上
   浑然一体                    目的理性  意识形态
    无 [神]                      [明] 有

   自然而然 虚灵                形而上学 纯粹物理学 数学
   无思 无为 无方 无体          理学(穷理) 教宗 神学
   为道以道观之(综合)实践性 内 ←——→ 外 理论性以物观之(分析)为学
   性命双修 德 感性              工具 理性 科学技术 得
      有 [圣]                    [王] 万物

   心学(居敬) 禅宗 冥想          事功 方法论
                     下
                    个体性
```

由此比较东方哲学与西方哲学，东方哲学的长处就在于实践性的向内为道日损的"神圣"之路，西方哲学的长处就在于理论性的向外为学日益的"明王"之路。吾人认为，东方哲学的长处与西方哲学的长处的妙合就是21世纪东方哲学与西方哲学妙合的方向，也是21世纪新"东道西器论"的方向。

结　语

有的中国学者说："20世纪以来的中国学术范式基本上是近代以来西方文化传入中国后'全盘西化'文化价值观作用下'西体中用'文化价值观的产物，无论是西方古典近代学术范式、马克思主义红色意识形态学术模式还是当代西方哲学思潮派生的学术范式，都已经在百年实践中一边影响中国学术、一边显露出自身与中国本土学术的龃龉不合之处。饱受三段西方学术范式灌输的中国学术，已经严重消化不良，亟待重新定位，找回本体，再度重生。这一范式应当在21世纪尽快结束，并且应当用'中体西用'的文化价值观重建中国体系的学术范式。"①

有的中国学者说："西方近代哲学的主客二分式的主体性——普遍性与确定性给西方人带来的好处是科学发达、物质文明昌盛以及反封建压迫的民主，但随之而来的，一方面是物统治了人，一方面是形而上的普遍性的确定性把人的本质加以抽象化、绝对化，从而压制了人的具体性，压制了有血有肉有意志有感情欲望的个体性。这样，西方近代人虽有科学和民主，但并不自由，而且这种不自由——受物统治的不自由与受形而上的普遍性确定性压抑的不自由——是人人普遍

---

① 宁稼雨《重建"中体西用"中国体系学术研究范式》，《学习与探索》2013年第6期（总第215期）。

感到的一种不自由。"①

有的中国学者说:"随着现代化进程的加快,以科技为主道的经济世界日益暴露出其弊端;一方面是现代化的深入,另一方面是包括精神在内的宇宙秩序的紊乱。特别是中国,除受此二难之外还受到来自西方的经济、文化霸权的威胁。为此,对中国传统文化进行梳理,建立一种'中体西用'的文化结构是民族自尊心、自信心的有力保障。'中体'之中,道家文化的自然主义和天人合一的人生理想契合了时代的精神呼唤,也是中国文化的根底和渊源。"②

吾人认为,真正的原于一的道术必须具有自然而然虚灵的"神"才可以完整地发挥,就是说,缺乏自然而然虚灵之"神"的"明王(上明下王)"或"圣王(内圣外王)"不过是分裂的道术或方术而已。所以为了发挥真正的原于一的道术就要向内为道日损而达到自然而然虚灵之道的道家工夫。但是在建立21世纪新道学的时候,向内为道日损的道家工夫也不过是必需条件,不能成为充足条件。建立21世纪新道学必须要通过东西哲学文化的妙合才可以。

东西哲学文化比较之下,可以了解东方哲学文化的长处就在于实践性的向内为道日损的"神圣"方面,西方哲学文化的长处就在于理论性的向外为学日益的"明王"方面。所以吾人在此从建立21世纪新道学真正发挥原于一的道术的一个方向来试谈"21世纪新东道西器论"。

(原载于《诸子学刊》第十三辑。作者单位:韩国国立江陵原州大学校哲学科)

---

① 张世英《中国传统哲学与西方后现代主义哲学》,《文化的冲突与融合》,北京大学出版社1997年版,第343页。
② 向达《道教文化及其现代意义——一种新的"中体西用"的文化构想》,中共济南市委党校学报2008年第1期。

"新子学"研究的当代指向与方法寻绎[1]
——兼论刘笑敢《老子古今》的"人文自然"概念

贾学鸿

2010年曾有一本《零距离美国课堂》流行于世。在该书题为《石为何物，何以攻玉——与〈零距离美国课堂〉探讨》的序文中，作者批评中国的传统教育是"不打不成材"的"棍棒政策"，并引用《说文》对"教"的解释，就中国教育在社会发展中所扮演的角色提出质疑。与之相对，文章谈到美国的"进步主义学校"，摘引了美国实用主义哲学家、教育家约翰·杜威（John·Dewey）的一段话，让人感慨颇多。文中写道：

> "进步主义学校在美国的兴起，是人们对传统教育不满的产物。"传统教育强调"顺从、服从……和灌输知识。书本，特别是教材，它们都是过去的知识和过去的智慧的主要代表。"事实的学习和知识的获取是传统学习和静态社会的主要特征，而这是和进步主义学习相对立的。进步主义学习和民主社会相对应，是通过解决问题来进行学习，以探索和

---

[1] 本文是"扬州大学新世纪人才资助项目"的阶段性成果。

实验为特征的。①

杜威关于"进步主义学习"的观点确凿无疑是正确的，作者对中国传统教育的批评也不无道理。然而，对书本知识的看法，并非是美国学者杜威的"专利"。早在两千三百多年前，中国的亚圣孟子就提出了这一主张。《孟子·尽心下》记载：

> 孟子曰："尽信书，则不如无书。吾于武成，取二三策而已矣。仁人无敌于天下，以至仁伐至不仁，而何其血之流杵也？"②

孟子所说的"书"指《尚书》，《武成》是其中的一篇，记载了武王伐纣的事件。在中国思想史上，儒家思想的逻辑起点就是周公实施的礼乐制度。《论语》中，孔子一再强调"周公之美"，渴望梦到周公。而武王伐纣这一事件，便是周公"制礼作乐"的前提。由于商纣王的残暴，武王伐纣这一流血事件便被冠上"以至仁伐至不仁"的正义美名。然而，在倡导仁政的孟子看来，一切战争都是非正义的。武王伐纣造成死亡无数、血流漂杵，从重生爱民角度来说，便是极不仁道的体现。因此，孟子认为阅读《尚书》也需要甄别取舍、辩证接受。孟子的话虽然出于维护自己的仁政立场，但他对存世典籍的态度，已经表现出清醒的、科学的认识。与公元前300前后的孟子相

---

① 王文《零距离美国课堂·序》，中国轻工业出版社2010年版。
② 关于《尚书·武成》，依《尚书正义》引郑玄说，到东汉光武帝时已经亡佚，今日《尚书·武成》是伪古文，敘"血流漂杵"为商纣士兵倒戈自相残杀所致，与孟子原意不合。见杨伯峻《孟子译注》，中华书局1960年版，第325页。

比，杜威生活在 1859—1952 年，要晚二千二百多年。遗憾的是，中国这位先哲的箴言早已被后人淡忘，不仅他的观点没有在后世教育中发扬光大，就连对违背这一理念的教育模式的批判，都要从西方学者那里寻求给养了，这不能不说是中国国学的悲哀！

然而，令人扼腕之际，便迎来使人振奋之时。华东师范大学先秦诸子研究中心以重振国学和发展传统文化为目标，倡导"新子学"，宛如润物之甘露，化生之春风。借此平台，本文略抒浅见，以待方家指正。

一、"新子学"之概念界定及其思想开掘的困境

作为传统国学，除了指代表精英文化的经学之外，还应包括体现个体智慧性创造的子学系统。子学发端于春秋时代的私学，兴盛于战国期间的诸子百家。它汲取了王官之学的精华，又大大超出王官政治智慧的狭义束缚，把对宇宙、社会和人生的深刻思索融入其中，蕴涵着哲学、美学、宗教、文学、经济、军事、教育、科技等人类全方位的思想和知识。因此，子学是思想史意义上的概念，具体对象是指起于战国、讫于六朝的原创性诸子著作，以及历代学人对这些典籍的整理、注释和研究成果[①]。

研究子学，不仅要梳理传统主流意义上的思想认识，更要注重挖掘基于生命个体和普通百姓心理的价值取向、生活观念，如天文、历算、术数、方技、艺术、谱录等知识。只有不拘于"官学"，而是面向媒体时代的普通大众的学术定位，才是应时而起的"新子学"的

---

① 参见方勇《"新子学"构想》，《诸子学刊》第八辑，上海古籍出版社 2013 年版，第 361~367 页。

真正价值所在。"五四"运动时期的知识大众化是近代中国史上的一次思想解放,把普通大众纳入"新子学"的受众范围,可以称为媒体时代的又一次思想解放,即学术的大众化。学术大众化不是要降低研究的水准,更不是片面迎合普通世人的口味,而是要通过规范学术标准,使参与学习者形成问题意识、分析性思维和解决问题的能力,从而实现知识共用,达成思想共识,进而实现引领价值、移风易俗的目的。同时,学术只是高居"象牙塔"之上,受众日益减少的清冷局面,或能有所改善。

然而,研究中国古代的学问,传播传统文化,古今中外的关系问题是不容回避的学术前提,特别是古今问题。现代人解读古代经典,必然会面临两种定向,即立足文本的历史还原和面对现实的观察与思考。这两种定向既矛盾冲突又不可分割。德国当代哲学家、美学家伽达默尔(Hans-Georg Grdamer,1900—2002,又译为高达美)就此提出"视域融合"理论,即任何对经典的解读,都是诠释者的视域与经典文本之视域的融合①。迦达默尔这种基于本体论的诠释学,招来不少批评。道家研究学者刘笑敢先生在其著作《老子古今·道论》中,认为"视域融合"理论只是从终极意义上讲出了诠释学的本质共性,是人的存在与理解活动的同一性。然而从动机和心理活动角度上讲,这一理论强调了融合,却淡化或掩盖了"回归文本"与"面对现实"之间的冲突。再从诠释成品的角度来说,"视域融合"理论也忽视了最初结果对两种定位与定向的取舍。有鉴于此,刘先生结合《老子》的"自然"观,努力探寻两种定向之间衔接与转化的内在机制,并以此为出发点,推出一个自己创设的概念——"人文自然"。

---

① 伽达默尔《真理与方法·序言》,上海译文出版社1999年版。

二、由明晰概念的追索到结构意涵的剖析

"自然"在《老子》中共出现五次。刘笑敢先生根据五种《老子》版本,即河上公本、王弼本、傅奕本、郭店楚墓竹简本、马王堆汉墓帛书本,对这五处原文作了逐一对照,从语境和语法角度辨析该词的丰富含义,细致程度令人叹服。他认为,《老子》的"'自然'不是一般的叙述性辞汇,而是与道、与圣人、与万物密切相关的普遍性概念和价值,具有最高价值的地位",是具有普遍意义和名词属性的固定语言形式,是"被用作判断的主词和宾词"的哲学概念①。由于"自然"的意思太宽泛,人们对其产生很多误解,或曰"大自然",或曰"原始状态",或曰"隔绝状态",甚至解为霍布斯(Thomas Hobbes, 1588—1679) 的"自然状态"。于是,刘先生推出了"人文自然"一词。刘先生强调,"人文自然"概念的提出,一方面为清理各种误解,另一方面也是一种新的诠释。从本质上,它揭示和强调了《老子》的最基本精神,同时,也为《老子》哲学在现代社会的应用和发展开辟出一条可能的途径②。那么,"人文自然"到底有怎样的意含(meaning)与意义(significance) 呢?刘先生说道:

> 现代汉语所讲的"自然",往往相当于西方的 nature 或自然界,不包括人类社会文明及人的文化活动,这一意义不是中文"自然"二字的古代意义,而是近代经由日文翻译

---

① 刘笑敢《老子古今》,中国社会科学出版社 2006 年版,第 235、302 页。

② 同上书,第 73 页。

过来的。……今日所说的自然灾害,保护自然,自然生态,自然演化,自然而然,清新自然,自然流畅,其意义各不相同。……在很难创造准确的新词语来表达老子的思想而又不至于造成新的误解,用人文自然的概念是目前所能想到的最好方案。

……

人文自然就不是天地自然,不是物理自然,不是生物自然,不是野蛮状态,不是原始阶段,不是反文化、反文明的概念。一言以蔽之,老子之自然不是任何负面的状态或概念。

……

老子之自然首先是一种最高价值,是一种蒂利希(Paul Tillich,1886—1965,或译为田立克)所说的终极关切的表现。[①]

由以上表述不难看出,刘先生对"人文自然"的解释,是由厘清概念入手所作的解析,进而创造一个新概念,并赋予它特定的含义,这是一种基于西方理性思维的逻辑思路。西方的学术研究,自17世纪法国哲学家笛卡尔在其著作《方法谈》中确立求真求实的科学标准以来,一直沿着追求概念明晰、材料准确、逻辑严密这一理路发展。西方语言中的"nature",包含与"文化"、"约定"、"技术"、"精神"相对的意义。而《老子》中的"自然",并没有这种对立意义。因此,在概念的内涵与外延上,与"nature"相对应的中文词语"自然",不能涵盖《老子》"自然"观念的全部信息,二者不能划等号。而"人文自然"一语,由于加入了"人文"内容的限定,便补足了

[①] 同上书,第74~76页。

《老子》所说的"自然"的含义。由此可知,由于中西方思维方式的差异,在把传统子学推向海外的传播过程中,中国学者进行了怎样的努力!

《老子》乃至很多中国古代的典籍,都不是以概念的明晰性为指向,而往往是寻求一种表述的模糊性,强调思想的朦胧与含蓄,即所谓"道可道,非常道"。《老子》所讲的"自然",与"道"具有同一性,有时可作为"道"的替代语,如第二十五章的"道法自然",概念本身就有歧义特征。有时它指自然界、自然万物,如第六十四章的"以辅万物之自然而不敢为"。有时它又指自然而然,不加人为干预,即使涉及人的行为,也要做出一种"无为"的姿态,如第十七章"百姓皆谓我自然"、第五十一章"夫莫之命而常自然"。《老子》中"自然"的丰富蕴涵,很难以一语蔽之。因此,基于西方以概念明确性为基础的文本解读,对于传统思想的境外传播尽管很有意义,但对中国本土的文献来说,或多或少有些隔靴搔痒之感。

实际上,通过详细的文献对读、文意辨析,刘先生对《老子》的"自然"已经作出了正确的解释:"自然"即自己如此,它不排斥可以从容接受的外力,而是排斥外在的强力和直接的干预。它强调质变的渐变特点,是对发展轨迹平稳性的一种内在描述,同时也是对事物"自己如此"或动因内在性的限定和补充,与儒家的"无加诸人"可以相通[①]。然而,这种宽泛的意涵,是通过语句表达的,不必一定要转化成一个概念。或许,"人文自然"的提出,是刘先生为应对常年在国外任教而选择的一种适合西方思维模式的传播手段吧。

中国传统学术,重审美、重体悟,特别强调"言外之意"的表达。明确的概念、严密的逻辑,有利于思想的阐述、传播与接受,但由于缺少直观的形象色彩和含蓄风格,便损失了美感和艺术韵味,反

[①] 刘笑敢《老子古今》,第 235~236、306 页。

而又会弱化传播的效果。基于这种重形象、轻概念的思维特征，中国古代诸子之书常常通过比喻、意象、寓言等手法，借象明意。解读者也就形成缘象求意、得意忘象的传统。因此，象与象之间的关联，即文本的结构模式，便成为传达"言外之意"的手法之一。拙作《〈庄子〉结构艺术研究》一书，通过文本结构剖析，对《庄子》的深层意蕴进行了全面系统的开掘，如"经传结构"透视出战国时代的言经、传经方式，寓言故事的连类相次与《周易》的卦爻结构有某种关联，回环否定、重章复沓等局部文本结构形态，直接关联着"反者道之动"、"周而复始"等"道"的本质属性[①]。从结构入手，是一种先入乎其内、再出乎其外的阅读方法。入内，深入解析文本；出外，跳出文本，从宏观上对典籍的思想与表达进行综合。《庄子·天下》曾批评惠施"往而不返"，结构研究，就是用"往而知返"的方法把握经典。其实，中国古代关于文章结构的研究，到南朝时期就已经渐成体系，特别是明清时期的八股取士制度，使文章结构几乎成为文人玩味的艺术形式，以至于章法结构脱离了文章的功用，成为束缚思想表达的桎梏。随着近代八股文的废止，篇章结构也一并被抛到了故纸堆中。与中国典籍不重视概念的明晰性正相反，在中国历史发展的漫漫长河中，很多具体行动和措施又常常显得过于"明确"，缺少辩证性。就像八股文与文章结构一样，一荣俱荣，一损俱损的现象十分普遍，今人实在应当加以反思！

三、辩证思维在学术研究中的运用

任何事物都是对立统一的，兼顾积极的一面和消极的一面是认识

[①] 贾学鸿《〈庄子〉结构艺术研究》，学苑出版社2013年版。

事物的辩证态度。在学术研究中，无论是对待所选择的研究对象，还是运用具体的研究方法，都应该采取这种辩证思维。事实上，很多子书由于受到时代和作者个人观点的限制，并非完美无缺，往往具有局限性。就拿《庄子》来说，它视顺道为最高原则，对待万事万物主张"齐是非"，这就消解了人类与生俱来的价值判断能力。没有明确的是非标准，便会导致善恶不分的混乱。因此宋代实用主义学者叶适曾为《庄子》作出总结："好文者资其辞，求道者意其妙，汩俗者遭其累，奸邪者济其欲。"[①] 叶适对《庄子》有清醒的认识，"道"具有包容万事万物的属性，但同时也会鱼目混珠、善恶杂糅，读者则要以意去取。

然而，多数学者对自己所选择的研究对象，往往溢美过多，客观批判较少，就连新一代儒学大师牟宗三先生也概莫能外。牟先生对先秦道家的诠释，从实践性说起，把老庄文献中具有客观实在意味的"道"彻底扭转为一主观的境界，并由此判定道家为"纯粹的境界形态"、"彻底的境界形态"的形上学[②]。在牟先生看来，道家言道所具有的客观实在意味纯为一种姿态，而"境界形态的形上学"实质上提升了"道"的价值意义，而"道"所包含的"伪"的因素，也即叶适所谓的"奸邪者济其欲"的一面，被上升到心境修养，从而突出了道家虚一而静的修养境界。牟先生的这一观点，是基于与儒家对比提出的。学术要服务于社会，是儒家学者的立学之本，对道家理念进行提升改造，便是这一原则的体现。或许，这也是牟先生辩证认识道家思想体系之后所做的态度决择。

---

① 叶适《水心别集》卷六，同治九年（1870）李春和刊本，见《丛书集成续编·永嘉丛书》第105册。

② 牟宗三《中国哲学十九讲》，台北学生书局1983年版，第103、104页。

现代"新子学"在研究方法上常常借鉴西方，然而，对产生于西方世界的诸种理论与方法，同样要进行辩证取舍，以适合本土文本的具体特征。关于借用西方概念来阐释中国哲学的"反向格义"之法的弊病，刘笑敢先生进行了全面深入的探讨，一再强调"西方笛卡尔以来的dichotomy（对立二分）式的概念结构与中国哲学思想中的概念系统不合"[①]。拙作《〈庄子〉结构艺术研究》一书，同样借鉴了英国形式主义美学家克莱夫·贝尔"有意味的形式"理论。贝尔的理论是针对视觉艺术形式提出的美学假说，与《庄子》文本的语言形式并不相同，但其对视觉形式深层韵味的叩问，与探求《庄子》之道的"言外之意"具有相似性。因此，书中只是由贝尔的"有意味的形式"引出文本形式同样具有韵味，而探寻其意味的具体方式，则结合了中国南朝梁代文论家刘勰《文心雕龙·原道》的观点，即"辞之所以能鼓天下者，乃道之文也"[②]。也就是说，参考西方的理论与方法，不能全盘照搬，而是要辩证取弃，借鉴其中的某些合理因素，以此为突破口，再经过本土化转换，作为阐释本土典籍的方法思路。

四、挖掘子学思想普适性的重要意义

诸子之学的兴起，缘自先秦时期日益加剧的社会危机。礼崩乐坏，官学解体，文化重心由王官转移到士人群体。士人是居于君王贵族与百姓庶人之间的知识一族，他们承继了王官的社会责任，为寻找社会病因，疗救世人创痛，纷纷著书立说，所论问题之多、探索范围

---

① 刘笑敢《老子古今》，第93~111页。
② 贾学鸿《〈庄子〉结构艺术研究》，第5页。

之广、思想争鸣之活跃、研究氛围之浓厚,空前绝后。然而,诸子承官学而来,思路均是自下而上,以帮助国君治理天下、出谋划策为最高鹄的。也就是说,诸子之学的出发点,常常是君王,而不是普通百姓。即使是强调道德修养的儒家之学,其对象是读书人自身,最终目标还是"学而优则仕"。时光荏苒,在21世纪的今天,社会发生了天翻地覆的变化,科技进步、知识普及、信息爆炸、经济腾飞、环境污染、资源将竭、人性危机……面对时代的种种挑战,"新子学"不能仅仅盯着"上层",而是要把注意力转向普通大众,甚至不同区域、不同民族的文化。因此,关注人性的共同诉求、解决人类的共同问题,是"新子学"的使命。沉睡的传统子学典籍,早已在那里静静等候被时代的绳索牵引得精疲力尽的人们。

如上所述,牟宗三先生的"境界状态的形上学"理论,虽然淡化了对道家认识的全面性,却突出了老子哲学的实践特征与道的价值意义,实质上提升了道家哲学的品格。与此相类,刘笑敢先生的"人文自然"概念,同样挖掘出道家普适性的功能。他将老子之"自然"与蒂利希的终极价值相联系,认为老子之"自然"表达了对人与宇宙关系的终极关切、对人类各种群体关系及生存状态的希望与期待、对人类各种生存个体存在和发展的关注。同时指出,"人文自然"彰显了两个原则,一是实现人文自然的理想就意味着承认自然的秩序高于强制的秩序;二是人文自然的原则高于正义、正确、神圣的原则。刘先生关于道家"自然"观念的终极思考,实质上是通过概念的界定,实现了伽达默尔所谓的回归历史与面对现实的"视域融合"。而从中国的思维传统看,这一概念与"天人合一"的命题异曲同工。"天人合一"本身就是一种自然状态,也是人类最理想的生存状态,它以群体和谐为理想,弥补了儒家"亲亲"原则的不足,站在宇宙、人生的总体维度来审视世界。正如刘先生总结的:"遵循人文自然的原则,人类社会就多一个价值标准和精神资源,比较容易进入一个新的文明阶段。这个新阶段的特点应该是人们不仅能在亲朋好友中间感到无尽的温馨情谊，而且面对无数陌生的面孔也会感到自在、自然、放心、安心。"[1]

牟、刘两位先生的研究方法，或许有不完美之处，但为"新子学"的研究提供了参照，就是既要立足历史文本，又要面对社会现实，进行个性化和符合时代特征的解读。这要求学者既要有传统国学的功力，又要有面向世界的眼光，既要透彻领悟古代典籍的思想意涵，又要超越文本，进行具体视域下的意蕴阐释。这是时代的要求，是使传统子学焕发活力的需要。中西方乃至其他诸多民族，把握世界的思维模式差异很大，无论是体悟还是认知，无论是直觉还是分析，无论是还原还是升发，通过学术研究与交流，形成理解，实现沟通，是当代"新子学"的任务。因为，世界是复杂的，"道"是动态的，宇宙也是不确定的，强调自然，倡导多元和谐，或许正是"天人合一"这一古老理念的精髓。

（原载于《诸子学刊》第十三辑。作者单位：扬州大学新闻与传媒学院）

---

[1] 刘笑敢《老子古今》，第88页。

子学到"新子学"的内在理路转换过程研究
——以明清庄子学为例

（台湾）钱奕华

前　言

  时代变革与生存空间遽然变化的明清时期，有着恢弘繁华的文化盛世，中国的文物传诸欧洲的文化交流，在明清时代学界与政界交互影响着，繁华的外相是无法抚平中国人内在根深的观念——宗法与礼乐制度，毕竟夷狄非我族类，很多传统儒者，在宋明理学、阳明心学兴盛下，却成为亡国之果，造成有的人唾弃心学、子学，欲在新的朴学中全力以赴，当然，在子学中寻找答案者，也不遑多让。

  回顾庄子学史，是不断在时空变化中，立足不败之地，从魏晋郭象注庄以来，《庄子》一书，始终是人心的一片时空之门，人人可透由谬悠之说、荒唐之言、无端崖之辞，找到自我心灵的乐土，思想的活水，原本自我的困境，在不断的庄子交互接触、互相对话之后，人的生命力，注入时代的激荡，人人探其玄珠，用语言知识、历史接受、实证融合、自我实践过程中，开展心胸，启开全新的子学风貌。

  本文以明清庄子学为例，学者如何透由传统子学的反思，而建立"新子学"之多样气象，对其中内在理路的转换、过程与演变，做一分析研究。

一、面对新的世代，如何找到转换之路

一个朝代更迭遽变的大时代，中西文明已有接触，中国传统思维中的学者，自我的定位与社会地位已全然变革。他们如何与世界取得联系？如何找到平衡点？

仅以读者的角度看待庄子学在明清的诠释现象，则发觉《庄子》的魅力无所不在：一个开放、多元的文本，读者可通过批评、注解，与作品对话；学者在往复回旋《庄子》之中，而得其环中，且和以天倪以应无穷；批注者更可与历代读者、批注者，在视域融合的角度下，共同经营出多重的思想内涵与不朽的精神价值。

在明清庄学这些儒释道的大师学者专家身上，吾人见到：既然不能如朱舜水般乘桴浮于海，至日本传播阳明心学，也就深刻思考，如何由儒者转化，在接受时代与命运的安排下，由儒转道，在《庄子》文本中寻找答案。

《庄子解》《庄子因》《庄子本义》等书名，不难看出学者在庄子身上汲取一种宁静的智慧，转化为一种由自我生命的坎陷，转化成文字，借由文学、心学、理学、内圣外王之学，如同藏密中曼陀罗图腾的譬喻，转智成识，建构与创化自我的新世界。

曼陀罗，原由梵语而来，读作 Mandala，其简义为聚集诸佛、菩萨、圣者所居处之地，其中涵盖佛教的精神与思想内容以图像的方式表达出来；曼陀罗思考，即源自于此，也是将知识转变成实际可用的"智慧"的思考法。曼陀罗网罗宇宙万象，包括十界圣凡、兼收并蓄、显密圆融，为宇宙法界之缩影，其义广大渊博，隐涵诸佛、菩萨甚深智慧与微妙法门。

台湾大学心理系黄光国教授提出"自我的曼陀罗模型"（图1），是用曼陀罗的概念，表达普世性的人我观，并展现于世界取向的反思（World-Oriented Reflection）、行动取向的反思（Action-Oriented Reflection）及主体取向的反思（Agency-Oriented Reflection）中，具体说明社会生活各式各样的知识（智慧）与行动（实践）的模式。

《自我的曼陀罗模型》是一个基础①，是一个普世性的观点，提出以"自我"（self）为中心，

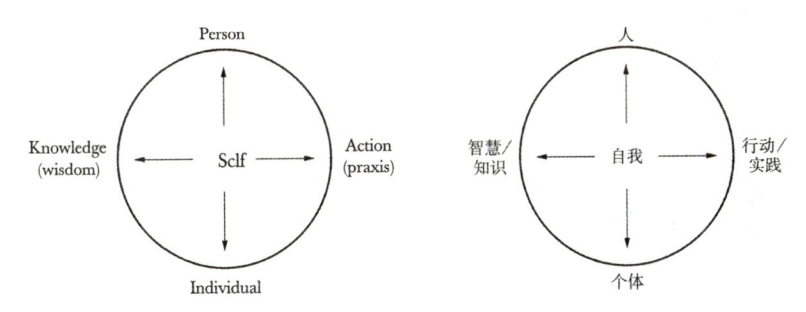

图1 自我曼陀罗模型②

横向双箭头的一端指向"行动"（action）或"实践"（praxis），另一端则指向"知识"（knowledge）或"智慧"（wisdom）；纵向双箭头向上的一端指向"人"（person），向下的一端指向"个体"（individual）。（图1）

以文化心理学的角度来看，这五个概念都有特殊的含义，都必须

---

① 以黄光国所建构的"含摄儒家文化的理论"，结合德国文化心理学者 Eckensberger（2012）的行动理论，提出一项儒家伦理疗愈理论，以说明正念（正向思考）训练可能发生的作用，以说明先秦儒家伦理的核心理念是"尽己"及"推己及人"。见黄光国《社会科学的理路》，台北心理出版社2001年版，第449页。

② 黄光国《"道"与"君子"：儒家的自我修养论》，华中师范大学学报（人文社会科学版）2014年第3期，第166~176页。

作进一步的说明:"人"、"自我"和"个体"三个概念意义①不同。"自我"(self)是一种心理学层次(psychologistic)的概念。概念架构中,"自我"是经验汇聚的中枢(locus of experience),他在各种不同的情境脉络中,能够作出不同的行动,并可能对自己的行动进行反思。

下方的"个体"(individual)是一种生物学层次(biologistic)的概念,是把人(human being)当作是人类中的一个个体,和宇宙中许多有生命的个体并没有两样。

上方的"人"(person)是一种社会学层次(sociologistic)或文化层次的概念,这是把人看作是"社会中的施为者"(agent-in-society),他在社会秩序中会采取一定的立场,并策划一系列的行动,以达成某种特定的目标。每一个文化,对于个体该怎么做才算扮演好各种不同的角色,都会作出不同的界定,并赋予一定的意义和价值,借由各种社会化管道,传递给个人。

向左走的知识建构论或向右走的智慧或行动实证论,都代表不同的理念,展开不同的面相。若以此曼陀罗模型,来看待明清时期的庄学诠释者,可以发现,由"自我"的心理层次,学者根据不同时代,不同个体特色,已经产生不同的行动,并对此相互学习。

以明清庄子学而论,若是自我指向"知识"(knowledge)或"智慧"(wisdom),则是在文学、文章、评点上,或在章法、文气脉络上,是庄子知识建构论;若是向下走向底层,是道家"个体"(individual)层次,是炼丹练气的道家身体观的一种生物学层次(biologistic)概念,也是把人(human being)当作是人类中的一个个体,

---

① "人"、"自我"和"个体"的区分,是人类学者Harris(1989)所提出来的。他指出,在西方的学术传统里,个体、自我和人这三个概念有截然不同。见黄光国《社会科学的理路》,第428~431页。

和宇宙中许多有生命的个体并没有两样，如郭象以玄学解庄，做为历史传承的"个体"思维，是庄子的历史接受论。

明清庄子学者，若是他的"自我"走向横向双箭头的一端指向"行动"（action）或"实践"（praxis），则是在道家《庄子》的系统中，结合心学、理学、儒家、《易经》或是佛教的观点，强调《庄子》的形而上的道体实践《人间世》的庄子实证创新论；若是向上进一步结合到"人"（person），就是更高境界的"全人"或"大我"，是一种社会学层次（sociologistic）或文化层次的概念，把人看作是"社会中的施为者"（agent-in-society），在社会秩序中，会采取一定的立场，并策划一系列的行动，以达成某种特定"全人"的崇高目标。这里可以王船山诠释《庄子解》为例，更赋予《庄子》一定的意义和价值，是内圣外王与天地道统纯一合体，借由解释庄子，进而传递个人与社会文化合一的大我观，是庄子自我实践论。

"自我的曼陀罗模式"可以解析转识成智的不同内在理路，也可以在明清庄学诠释中，看到学者遇到困境时，如何反思采用种种不同的历程与方法，将所体验化成"新子学"，也供给后世之人一条线索，学习其内在理路与转换过程之研究，如何由已知的语言、文学、评点的前理解，进入融合视域式的再创造，将《庄子》本身的意义，从文句、章法、传统义理而不断扩大，从"自我"的展开，到全新的变化，重新思考现状，提升人的精神层次，进一步至于有效的诠释至当代的环境，而文本得以历久不衰。

二、是语言表层的转变？是历史哲学的接受？

明清庄子学诠释中，诠释者有以下几种策略现象，首先是语言表层的接受历史现象，其次是庄子由老学而来，或是由玄学解释的历史接受论，其讨论内容如下①：

一是明清时代在《庄子》诠释中，语言接受历史现象的讨论，明清文学在语言文化的传承是文学批评、评点与小学、文学、章法、音韵等知识（Knowledge）与经验的影响者（The Influencer），学者可以务实地对《庄子》文本做批评、分析解构，这是一群集体创作的文人，他们试图在《庄子》无端崖之言论下，提出种种"草蛇灰线"或是"镜花水月"的语言文字规范与原则。

他们"以时文之法评之"、"循文衍义"等方式评论《庄子》，有文学性的思维、评点式的论述，讨论议题如辨析庄子思想的源流与篇章的真伪的考辨，也都是承袭前人而大加发挥。

从宋代开始，文人用文理的观念解庄者，如宋代林希逸《南华真经口义》是从文章血脉角度解庄子，接着以评点的方式评庄者，如南宋刘辰翁《庄子南华真经点校》，将个人读庄的感受，以及文章的呼应处，写在眉批上，此"以文评庄"时期是语言接受现象之始，庄学的诠释，开始以文学观点读庄、解庄，阐述《庄子》文学特点、为文之法、文章结构。

延续至明人接踵进行，不断地在《庄子》散文艺术特色上作发挥，但纯就"评"的角度，已经不能满足学者，于是由个人评，如孙矿《庄子南华真经评》转而到归有光《庄子南华经》集合众人之评，"以文评庄"的方式与内容，开始有所转变。虽然《四库全书总目提要》中对以时文之法解庄，语多评骘，如林希逸《庄子口义》"所见颇陋，殊不自量，以循文衍义，不务为艰深之语"，并言《口义》只是"差胜后来林云铭辈以八比法诂庄子者"，又评论明代朱得之《庄子通义》为："议论陈因，殊无可采，至于评论文格，动至连

---

① 钱奕华《明清庄子学接受历史之研究》，厦门大学中国古代史专业博士论文，2013年11月，第49~54页。

篇累牍，尤冗蔓无谓矣！"（《四库全书总目提要》卷一百四十七。见《文渊阁四库全书》）但是用时文解庄，语言、文字、文学的影响，无疑的已经是明代注《庄》的重要现象。

宋人读书之风气非常认真，圈点成为一时风潮，从朱熹曾提出自己运用点抹法来读书的经验，进而揭示为文之技巧，批评文章之优劣，文学批评之风气开始建立，到扩及评点的范畴，文评、史评、经义的评论日益兴盛。

影响至学者阐释《庄子》，以评点方式，文学性语言，博采各家之方式解庄，又有八股与古文评点的结合，如归有光评点方式写《南华真经评注》十二卷（公元1605）以郭象注本为底本，此书亦以评点方式，标出"。""、"，书的天头和地脚都有眉批，每篇篇末又有总评，计总评者有三十七人，眉诠者七十三人，音释者七人，文学与义理性的阐发，皆有论述。

明代以文学语句评经典，不限于庄，而蓬勃发展，几乎无书不可以运用，以对章法的讲求来阅读经典，而且也因为习惯于这样的文学阅读方式，所以批选圈点又几乎成中国人读书的基本方式。以不同颜色、大小的圈点标示行文之气脉、要紧之妙处、遣词造句之巧思。贬黜者甚为讥讽，称之"狼圈密点，不堪卒读"，而姚鼐之桐城派则视为学文之秘传。甚至说："于学文最为有益，圈点启发人意，有愈于解说者矣。"借由八股墨卷，圈点批注，讨论破题、章法、段落、文气，遣辞用字等，则是从经疏释义的评点角度，做文章的分析中而来。

如此评点之风，影响到文士，无书不评，无页不点，因此在批注《庄子》上，也产生了几项变化。其发展有以评点为主者，是以圈点、批评或集解为主，形式上有眉批、夹注或旁注，如归有光《南华真经评注》、孙矿《庄子南华真经评》。另外除批注外，再加文脉评庄者，是加强文章脉络、章义、段意、字句、文格照应说明、修辞境界、前后有评论（总评、文评、乱辞）及读法说明为主，以文脉评庄，诸如潘基庆《南华经集解》、陶望龄《解庄》、陈懿典《南华经精解》、徐晓《南华日抄》、韩敬《庄子狐白》、陆可教、李廷机《庄子玄言评苑》等。

由语言的接受到知识的集成，进而意图以文评庄建构文章方法论，由学者重视阅读方法，重视读者学习方法的省思，解读文本除纵向的丰富，横向的广阔，并加上提纲切要的方法切入，如明代唐顺之[1]所说："汉以前之文，未尝无法，而未尝有法，法寓于无法之中，故其为法也，密而不可窥；唐与近代之文，不能无法，而能毫厘而不失乎法，以有法为法，故其为法也，严而不可犯。"文有法式已是古文的讨论重心之一。

加上宋明学者由评点阅读，进而揭示为文之技巧，批评文章之优劣，文学批评之风的建立，扩及古文章法，讨论范围由诗文、小说、传注而成为一种思潮。因此从阅读方法到为文技巧，成为自觉性的读书方式，兴于宋，盛于明，影响至清。

当时提出"义法"以建构阅读知识论，要标出一个能够涵盖反讽、寓意、结构、章法安排等小说文体的文学特性的总概念，以"法"作为批评者细阅原文后，示人心得的方式，且此法之应用无穷，故深究其文章，精细化地试图从文脉语气、句子组织、遣词造句等细枝末节处推求普遍意义的"法"；在创作技法、叙事视角、表现技巧上有"转"与"波澜"、"繁简"、"结构"、"照应"、"针线"、"桥道"、"结穴"、"余趣"等评语的出现，体现了文章章法的趣味。

---

[1] 唐顺之（1507.11.9—1560.4.25），字应德，一字义修，号荆川，谥襄文。明朝南直隶武进（今属江苏常州）人，官终右佥都御史。唐宋派文学家，嘉靖八才子之一，与归有光、王慎中两人合称嘉靖三大家。顺之亦善武，通兵法，晓武术。

评论《庄子》时，一旦建立了上述"时文手眼"，就具有"义法"的论点与素养，在文章章法结构、修辞技巧、文脉节奏等，亦有法度可求。如能"言之有物"掌握纲领，即是文有体、文有法，但是更重要的是，在形式之上，要有所谓视域融合后之洞见，提出自己能"直指本心"或"以意逆志"的方法，由技巧、方法、形式上的论述，进而能由技入道，即得其文心之道，指文章具有思想与内容。如庖丁解牛般无视乎全牛，而批大郤、道大窾，进入道境，故得作者之"文心"。能发现与挖掘叙事文理的复杂章法，这种探讨由诗文理论中对"法"的阐释讲求，对小说文本细部"肌理组织"的探幽发微一层层论述，一直到探求修辞上之笔墨意趣，尽情发展美学鉴赏，其探讨之创见也益加丰硕。

因此庄学批注上的评点方式，也大量产生。叶秉敬《庄子膏肓》、陈深《庄子品节》、杨起元《南华经品节》、黄洪宪《庄子南华文髓》等都足以代表。加上字义考证之方法兴起，明代后期出现不少重视实际技能之学的学者，如徐霞客、宋应星、徐光启、李之藻、朱载堉、李时珍等，都是重视实学精神的学者。这种实学精神，在学术上影响后来的经世致用之学，求实求真的精神也在庄学注疏中呈现，诸如焦竑《庄子翼》、黄正位《庄子南华真经校订》、杨慎《庄子阙误》、沈津《庄子类纂》等都对难字音义开始注意。

对《庄子》文本的字义考证，是历代注家都不可或缺的重点，但以前的学者都没有把这种考证作为专门的学问来做，只有清代考证学兴盛之后，才有这种研究成果出现，如在王念孙的《读书杂志》、俞樾的《诸子平议》、陈澧的《东塾读书记》、孙诒让《庄子札迻》中，都有专门考证《庄子》的部分。王念孙《读书杂志馀编》中考证《庄子》有三十五条，近人郎擎霄《庄子学案》谓俞樾的《平议》："时能得其训诂，又后出于王书，故足补王书之所未备者甚众。"而孙诒让的《札迻》，则"校订《庄子》颇精审，足补王、俞两书所不逮也"。这种专门性的考证之作，是清代庄学的重要特点，其内容虽然不涉及很多的义理，但在具体字的考证中，也能帮助人们理解《庄子》文本的意义，也不可忽视。

清代考证学大兴，其方法必须遵循一定的次序与步骤，从小学至经学，再从经学到史学，如顾炎武就说："愚以为读九经自考文始，考文自知音始。"（《日知录》卷七）王念孙说："训诂声音明而小学明，小学明而经学明。"（《音学五书·答李子德书》）学术要从最基础的地方开始，然后其学才有根基。这种治学方法论，道至清代中期考证学的兴盛。

清代学者于经典文本的文字、音韵、训诂、版本、校勘、辑佚等方面的研究都非常深入，这样的学术研究中可以具备实证精神，在庄学方面有江有诰《庄子韵读》、吴汝纶《庄子点勘》、俞樾《庄子平议》、卢文弨《庄子音义考证》、俞樾《庄子人名考》、孙诒让《庄子札迻》、王念孙《庄子杂志》、黄奭《司马彪庄子注》、黄奭《逸庄子》等。其中集合考证之注释成为大家者当推郭庆藩《庄子集释》，以此基础，企图建构庄子章法者如马骕《庄子之学》、姚鼐《庄子章义》，以撷取文章方式、提出章法学习为主者如徐廷槐《南华简钞》、马鲁《南华沥》。

一是明清时代在《庄子》诠释中，历史哲学接受现象的讨论，身受国破家亡经历的学者，在不断自我内省（The Introspector）与观察中，回归魏晋玄学，强调自我内省者（Indival），回到学者以玄视庄的《庄子玄言评苑》《郭子翼庄》。《庄子玄言评苑》[①] 其篇末跋曰"世评庄子书以气胜恃士"、"取其气可以裨充词藻"，因此本书作者提出："庄子理至矣！精矣！难一二阐绎矣！"因此希望由《玄言评苑》，阐发其精粹之至理之气。他认为"且庄子之学本于老氏，列子

---

① 《庄子玄言评苑》四卷，明代陆可教撰，李廷机订，明刊本。

与庄子同师，俱出老氏之门"，故认为"老氏为文字之祖，庄子为百家之魁，列子则相肖似，相出入亦绵邈清邈，去尘埃而返冥极也，是为之编次焉"。因此，借此书明其老子为宗，入其幽渺之境，此为编书之目的所在。内容则相容支道林、郭象、李士表、吕南甫、褚伯秀、陈碧虚、陆西星等各家之言，用圈点明其要义，篇名下夹注二行小字说要旨，篇末再于句末论，由文中引魏晋唐至明以来的评注而知，以"玄言评苑"说明庄子之旨意，希综览各家注解解其理，而非以词气论庄。

又如《郭子翼庄》[①] 其书有李调元的序，说明其书印行原因云：

> 晋郭象注庄子，人言郭注得庄妙处，果然若文如海之疏，尹吉甫、王元泽之注，远不逮矣，而世又谓向秀所为，象窃取之，或未必然，然要足以羽翼庄子，故高允叔择其元之又元者，为八十一章，名曰《翼庄》，惜世无善本，因力为雠校以付梓焉。

回归《庄子》的历史诠释，是学者诠释个别化的方式。依此现象，学者以语言、思想解说传承等接受现象，提出对《庄子》不同层次多元的讨论，都可以回到曼陀罗模式中，因"自我"在新时代中，建立于一是有效的解释庄子、援用庄子、经世致用庄子知识建构论，以建构章法，一是回归老子道统、郭象以玄解庄，作为庄子历史接受论的两个方向中。

[①] 高夤《郭子翼庄》一卷，作者高夤字允叔，本书由绵州李调元校，明嘉靖天一阁刊本。

三、是实证融合行动的完成？
是建构自我道统的实践？

在国家政权轮替，个人际遇困顿与自我经历的逆境中，生命陷落期间，必须与逆境共处时，在孤独中面对时代际遇的丕变，因而学者们纷纷产生出不同行动，有人出家弃世逃禅，如宣颖曾至寺庙清修完成《南华经解》，如方以智等寻声向觉浪道盛大师共修，行动是非习惯的机械条件反射，来化约"冲动"，来成知觉与完成，这种有意义的意识①行为，像方以智就以《药地炮庄》，为自己"在世存有"②做有意义的连结。

对时代深思后，以批注庄子为行动者，其意识先经由投向某一特

---

① 在1920年代，行为主义"操作性条件反射"（operant conditioning），是所有行为的基础。"习惯"（habits）是机械性地重复以往成功的动作，习惯却只占人类行为的一小部分。真正的"行动"（act）分为冲动（impulse）、知觉（perception）、操作（manipulation）和完成（consummation），"意义意识"是促使个人采取行动的第一步骤。当个人面对一问题情境而产生行动的冲动之后，他会主动知觉当下情境中各种刺激的意义，以之与过去经验中关于类似刺激的记忆互作比较，并思考可能的后果，再思考采取何种操作性的行动。见黄光国《社会科学的理路》，第468~488页。

② Eckensberger的行动理论言：动手使某一件事发生，这是行动；故意不动手，而让事情不发生；任何人的生命经验都是"在世存有"（being-in-the-world），他总是以某种方式与世界关联，而不可能遗世孤立，当他开始有自我意识并发现自我的时候，他已经跟自己所存在的"物理世界"和"社会世界"产生着各式各样的关联。见黄光国《社会科学的理路》，第335~337页。

定目的，如《炮庄》以求其《庄子》一书"实践的可能"①，当诠释庄子者，向原来的社会资源索取时，如儒家科考的地位、学术资源的讯息、生活资产的金钱来源、或生活的服务等②，发现明清时代，外在世界是障碍与困顿的，他势必要改变原有的认知模式，另外采取其他行动取向③，借由他自己熟悉的方式，或以儒解，或以佛解，在诠释《庄子》以求解惑之特定目标下，而在心理场域中形成解庄的"意图结构"④，如图2。

---

① 市川弘（Ichikawa Hiroshi）认为：个人的意识投向某一特定目的，称为"意向的结构"（intentional structure）；储存由个人生活经验学得的各种"习性"，它提供给个人各种"实践的可能性"（possibility of practice），称为"取向的结构"（orientation structure）。见黄光国《社会科学的理路》，第468～488页。

② 见图2。

③ 当他发现：他从文化中习得的知识，不足以克服外在世界中的障碍时，他就必须进一步作"行动取向"（action-oriented）的反思，思考采取什么样的行动，可以恢复行动主体和外在世间之间的平衡。当他自我认同于某种社会角色时，他一方面必须思考：自我应当如何行动，才配称是一个社会性的"人"；一方面又因为自己同时是生物性的"个体"，而受到各种欲望的拉扯。见黄光国《社会科学的理路》，第371～377页。

④ 行动主体经由文化学得的某些信念、道德或法律，会成为其"规范性的认知基图"（normative schemata），而成为其规约系统（regulatory system），引道其反思的方向。"赛场"或"场域"，一方面可以用物理空间的概念来加以理解：人们可以在这个物理空间中从事各种不同形式的斗争，以争取某些特定的社会资源；另一方面它同时是指一种"心理场"（psychological field）（Lewin, 1951）：行动者是因为想要获至某些可欲的特定目标，心理场中所存在的各个不同成分，才会组成某种型态"意图结构"。见黄光国《社会科学的理路》，第468～488页。

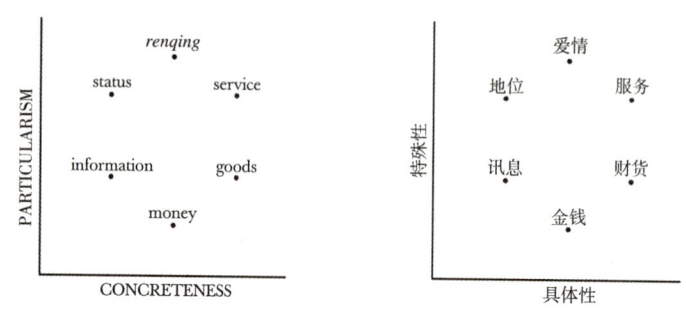

社会交易之资源在特殊性及具体性二向度上之位
资料来源：Foa & Foa(1974,1976,1980)

图2　社会交易之资源图①

这些诠解庄子的行动者，他拥有不同的资源，如以儒解庄、以佛解庄、以禅解庄②，以自己的认知基本模式与行动能力，做世界取向的反思，以表达他个人对此社会文化的个人关怀③。

---

①　见黄光国《儒家关系主义——文化反思与典范重建》，台北台大出版社2005年版，第15页。

②　就行动者所要遂行的社会实践而言，心理场中的位置和距离不能用尺寸之类的物理概念来加以描述，而必用诸如角色和关系的概念来加以理解（Orum, 1979）。Bourdieu（1986）认为个人拥有的资源称之为资本（capital）。他将人们在场域里面所拥有的资本分为三种：文化的、经济的、社会的。行动者意图要获取某种特定的资源，而必须承认场域内各种资源分配的合法性，其心理场内所意识到的个人或群体所占据的社会位置，因而形成了一种结构化的体系。见黄光国《社会科学的理路》，第468~488页。

③　用《自我的曼陀罗模型》来看，个人在成长的过程中，会针对自己所处的外在世界，学到各种不同的"知识"内容，它包含逻辑性、技术性以及工具性的认知基图（schemata）及行动能力（action competence），也包含社会行动的能力（social competence）。行动主体在其生活世界中，作"世界取向的反思"（world-oriented self reflection）时，可以基于其个人的偏好，从其知识库（stock of knowledge）中，选取他认为合宜的目标与方法，并付诸行动。其最后决定因素，为其"社会认知"中的"个人关怀"（personal concerns in social cognition）（Eckensberger, 2012）的结构。

此时无论儒释道三教合一，或以《易经》解庄，都成为他对当代的一种深层且创造性的行动脉络，形成他个人或是与这类型共同的"规范"系统①。

这群诠释者，他们面对时代的艰困而采取不同的行动，有人默默无闻，有人成就卓越，扬名于世。在比较这些历史上默默诠释的超凡人物特征下，如觉浪道圣、方以智、王船山、宣颖、林云铭等，可以归纳出三种共同经验，一是认真反省，二是找出自己力量，三是勇于接受挑战，化危机为转机②。明清时代的庄学诠释者，就是如此对时代的认真反思，借由自己所擅长之处，找出诠释庄子的策略，提出自己在当时的学术定位与自我对生命定位的疗愈。

宣颖《南华经解》以经视庄，以儒解庄，以孟子心学等来解庄，明代孙应鳌《庄义要删·序》云：

> 故齐桓轮扁之喻、老聃迹履之喻，正示人当自信自证，勿徒附会缘饰于是书也。故泥六经以读庄，则庄无稽；执六经以读庄，则庄无用；外六经以读庄，则庄无据；融六经以读庄，则庄无忤。

---

① 在"世界取向"的行动中，个人会以直觉对外在世界中的障碍作客观解释。在"行动取向"的反思中，个人会在自己"行动的脉络"中（action context）反思障碍的意义，并寻思：用何种方式来克服障碍较为合适。这时候，行动主体经由文化而得的某些信念、道德或法律，会成为其"规范性的认知基图"（normative schemata），而成为其规约系统（regulatory system），引导其反思的方向。见黄光国《社会科学的理路》，第468~488页。

② ［美］Howard Gardner 贾德纳著、萧富元译《超凡心智——大师如何成为大师》，台北天下远见出版2000年版。

以五经看庄，又如林云铭以文字、文学、八股的角度视野解庄，都证明他们在《庄子》中，推敲出自己要的答案，王船山在危机中归隐山林，参万岁而纯一的精神来推究追溯道术为天下一，自我应完成实践到达纯一之宗。

由于每个人内在都有超凡心智，在转化的过程中，他们这些诠释的学者，就各自有了不同的风貌（图3），在明清时代《庄子》诠释中，在受钳制的压抑与本身道教或佛教的熏陶下，宗教与哲学融合接受现象的学者讨论现象是一群宗教哲学的开创者（The Maker），以行动、思维实证（Action）庄子可以融合诠释，由三教合一或与易学交会而重新产出；企图结合宋明理学、心性之学、三教合一等，在注解庄子中处处呈现。如方以智《药地炮庄》曾言："庄是易之变。"觉浪道盛认为庄子："实儒者之宗门，

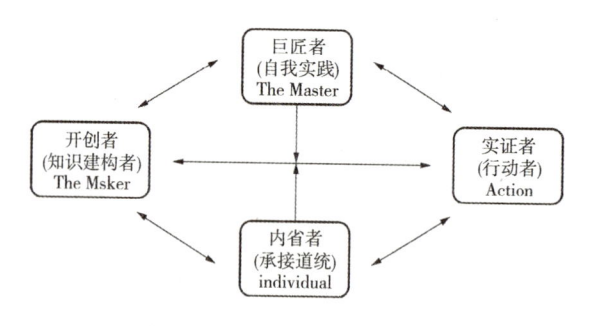

图3 心智四种典型模式

犹教外之别传也。"《庄子提正·序》心性与道的体现与应用，常常在明代庄学注疏中提出讨论。陈治安《南华真经本义·则阳》卷首就言："《庄子》每篇多一意为终始，独此自则阳干进，至灵公得谥，天人性命、刑罚兵争、小大精粗、无所不有。"就以天人性命，说明庄子内文有呈显心性之学。

为求继承中国文化道统，将庄子的思想源流与儒家经典结合，是大多明清庄子学者所关注的重要问题。人们往往把老庄并称，以庄子

为道家学派的创始人，但明时的庄学家对此多有自己的看法。有认为庄以老为源头的，如明代释性通认为庄子之书是对老子《道德经》的阐释，《庄子》内七篇只是"发挥道之一字"，外篇的十五篇则只是"发挥德之一字"。更特别的是，强调庄子来源于孔门，"庄子为孔门别传之孤，故神其迹托孤于老子耳"（方以智《象环寱记》）。于是，庄子与儒、释、道的讨论，受到宋明理学的影响，常在庄学内容中加以思辨而论证。宋明心性之学在清代"庄学"诠释中，时时见到以心性佛老解庄，儒释道三教合一，如钱澄之《庄子诂》在解"成心"时言："成心即《大易》所谓成性也，本来现成，不假拟议，一涉拟议，便非本心，即为未成乎心。"心性之学，宋明理学甚为重视，此处《庄子》之"成心"，就以《易·说卦》："昔者圣人之作《易》也，将以顺性命之理。"以顺其理者为成其性、成其心，是本然不假修饰造作的本心，"成心"也就与"成性"相通，心性的完成，是《易》的穷理尽性。

又如宣颖认为庄子处世以心即化，庄子非佛非仙，庄子应是总结宋明心学者，以庄子为醇然真儒，借由孔子的毋意、毋必、毋固、毋我，颜子箪食瓢饮心不违仁，孟子浩然正养、存养赤子之心，与庄子逍遥无己之意结合，在孔门心学中体见庄子之意。

关于庄子的思想源流，由老庄并称，进而如清代屈复的解释庄子是"以孔孟程朱之理通之"，他认为《齐物论》的"春秋经世，先王之志，圣人议而不辨"之说，就来源于孔孟。《大宗师》中的南伯子葵与女偊的问答，他认为与《中庸》的思想相合。此外郭阶《庄子识小》、胡方《庄子辨正》、陈寿昌《庄子正义》等都有对庄子思想源流的讨论，各家的讨论有新的创见。

如此重义理，自宋代褚伯秀《南华真经义海纂微》"主义理不主音训"即开始，以义理解庄者，如以佛或以禅解庄者如：明代陆西星《南华真经副墨》"欲合老释为一家"、明代方以智《药地炮庄》

"诠以佛理,借洸洋恣肆之谈"、明代释德清《观老庄影响论》"其书多引佛经以证老庄,大都欲援道入释"、清代张世荦《南华摸象记》"其学以禅为宗,因以禅解庄子"。附之以儒家解庄,如清代吴世尚《庄子解》则谓其"附之儒家,且发拨文字之妙观"。这些可以看出庄学多元诠释以开创新义的庄学观的时代已经来临。

明王朝崩解后,许多文人士大夫做了遗民,对遗民派而言,他们对时代失望,产生障碍,于是以托孤论做儒家文化的衍生关系,建立庄学仍为正统儒学的分支。民国初孙静庵所编《明遗民录》四十八卷,上面说"所载虽八百馀人,而其所遗漏者,尚汗漫而不可纪极也。"(卷首《民史氏与诸同志书》)

逃禅者是不得已的,归庄说:"二十余年来,天下奇伟磊落之才,节义感慨之士,往往托于空门,亦有居家而髡缁者,岂真乐从异教哉,不得已也!"(《送笻在禅师之余姚序》)虽然他们选择宗教,但在内心深处,则时时没有忘却这"天崩地解"、"王纲解纽"的痛楚,也一刻也没有忘怀故君故国。

即使是觉浪道盛禅师,也因目睹国势日益衰颓,便于崇祯间到麻城、金陵等地,登坛为国说法,以期鼓舞民心士气。亡国后,他还先后接纳了不少遗民作为弟子,俨然成了一位重要的遗民领袖人物。在理论上,他更是通过撰写《庄子提正》一书,以文化道统的衍生论点,用心地提出了"庄为尧孔真孤"之说,从而委婉地表达了他的爱国思想。他的说法受到弟子的普遍赞同,并在方以智《药地炮庄》的阐扬后,产生广泛而深远的影响。

以上人物以原有心学、理学、易学、佛学等经验实证,转换《庄子》意涵,是所谓庄子实证融合论,在明清庄学诠释中,这一系统最多,也最具特色。

明清时代在《庄子》诠释中,创发承先与启后的圣王接受历史现象的讨论(The Master)巨匠型人物,以"全人"(Person)的观点，变化重构内圣外王之学而自立一宗者，应属王夫之，是为自我实践庄子论者。

每一个时代，每一位解庄者，在面对时代的痛楚时，他总有一生命的经验，在内在心灵中反复思索，最后所欲说明与表现，试图让人在其文字中理解《庄子》，其实吾人所见的诠释，就是诠释者的理解，我们可以将这种理解，当做为普遍把握者的心，也就是我们的镜式的本质，在经院学者他们以"理智的灵魂"称呼，也就是英国培根所说的"人之心"，借助心的灵魂去理解，诠释者所述的，远远看来，已经不是一面明净平匀的镜子，吾人可以在其中事物的光线，按其实际的入射角来反射，还原成原来的样貌。

19世纪有位哲学家和文学史家威尔海姆·狄尔泰（Wilhelm Dithey）（1833—1911）认为诠释的公式是由"经验"至"表现"再到"理解"，我们从庄学诠释的现象，可以看出：庄学诠释其真实显现的，是诠释者的内心与创见的新思想，我们无论在憨山的以佛解庄，方以智的以《易》解庄，我们都可以看到每一个时代的人，在不断地面对时代的问题与心中的困顿中，他在诠释中看见了什么，他做了些什么，更重要的是他如何做的，后人在如镜中月的虚拟镜像的环境中，就可以看见了真实的内在，这是庄学诠释中内在意义所在。

王夫之于1681年完成《庄子通》之后，即开始解说《庄子》，他自述说："时为先开订《相宗[络索]》①，并与诸子论庄。"《庄子解》自立一宗，他以《庄子》在先秦典籍中独树一帜，既不依附于儒道观点，亦不以老子为宗，与老子之学、儒家之学的迥异，以呈现庄子思想在儒、道二家之外的独特性，有自己之独见独闻，以其特殊之言，呈现"自立一宗"，因此王夫之《庄子解》中申言：

---

① 《相宗络索》乃船山晚年六十三岁时之作。

庄子之学，初亦沿于老子，而"朝彻"、"见独"以后，寂寞变化，皆通于一，而两行无碍。其妙可怀也，而不可与众论论是非也；毕罗万物，而无不可逍遥；故又自立一宗，而与老子有异焉。

庄子之超高独见，乃是假若以庄子自己之口道出，自然说服力较弱，因此借寓言以譬喻，借重言以为代言，避开自己特立独行、自立一宗的突兀，也是庄子运用寓言之最高境界，所以夫之《寓言》解语：

夫见独者古今无耦，而不能以喻人。乃我所言者，亦重述古人，而非己知自立一宗，则虽不喻者，无可相谴矣。

如此解读《庄子》，可以说是王夫之在学问遍及各经典之后，自己学养的呈现所提出公允客观的论证。吾人在解读经典时，亦可学习其汇通之法，以不偏费一家之言的客观入手，读出《庄子》与其他文类互相融摄之处，也应读出《庄子》展现其内涵的特殊性，亦能尊重原典的独立性。

王夫之看待自我与世界，是还原《天下》篇中"道体将为天下裂"那至纯唯一的"道"，是绝对纯一的，"若夫参万岁而一成纯者，大常而不可执，岂言论之所能及哉？"既不可执，那么以真知忘言、忘知，回归圣人所蕴。夫之在《庄子解·齐物》中，特地提出"参万岁而一成纯"，足为佐证其内圣外王道体的实践性：

然则古之所贱，今之所贵；今之所是，后之所非。厉风变其南北，而籁亦异响。若夫参万岁而一成纯者，大常而不可执，岂言论之所能及哉？忘言、忘知，以天为府，则真知之所彻，蕴之而已，无可以示人者。圣人之愚芚，恰与万岁之滑滑相为吻合,而物论奚为足以存!①

自立一宗不仅言庄子,更是王夫之的朝彻见独的真知卓见,他在《庄子解》中,有意义地实践圣人参万岁的道,成为巨匠的大师(The Master),以"全人"(Person),更精确说是"圣人"的观点,以自我实践,变化重构内圣外王之学而自立一宗,是为自我实践庄子论者。

结语与反思

本文借由"曼陀罗自我模式"内在理论的建构,开展讨论明清庄子学者,在面对新世代的巨变时,自我如何找到转换之路,怎样的超凡心智,让他们在遇见困境后,如何思维,重新诠释与转识成智;他们如何在艰困与孤独中,与逆境共处,打破生命的坎陷,面对与接受,转识成智。

社会环境的刺激,正是造就与成就超凡卓越的基本元素,犹如明清庄子学的变化现象,足以提供学者更深层的反思,由接受时代的变化而转求出路,由转化而建立多重诠释,进一步创发与自立一格,除了做为自我疗愈外,更是成为全人类提升与转化的典范,除了将典范转移外,在诠释的方法上,由文学评点、心学、理学、佛学、易学融合创发,他们采取了几种转换的策略,借不同路径的切入与视角的转换,让"大师成为大师"。

以上借由庄子学是语言表层的转变,还是历史哲学的接受?是实

---

① 王夫之《庄子解》,据清同治四年(1865)金陵节署湘乡曾氏刊《船山遗书》本卷二。

证融合行动的完成，抑或是建构自我道统的实践？经由历时与共时的讨论，最终是观照与呼应今日"新子学"的建构，从中可习得者，除内在理路的变化外，还有行动建构的完成，更是在自我疗愈过程中，有经验法则的传承，以激励后学自我学习与改变。

（原载于《诸子学刊》第十三辑。作者单位：台湾联合大学华语文学系）

关于"新子学"构建的芹献刍议
——《〈庄子〉结构艺术研究》读后漫笔

李炳海

  由方勇教授主编的《诸子研究丛书》，是他主持的《子藏》工程的一部分，已经陆续推出一系列诸子学研究著作。最近，由贾学鸿著、学苑出版社出版的《〈庄子〉结构艺术研究》一书，称得上是迄今研究《庄子》结构最系统、最全面的著作，同时也提出了许多与"新子学"的构建密切相关的学术议题。

一

  由"结构"一词，人们很容易联想到西方的结构主义以及现代和后现代派的建构和解构之争，似乎这是借鉴西方理论而确定的选题。其实，对作品结构的关注，是中国古代文学的重要传统，并且历史悠久，渊源极深。只是由于科举取士制度的废止和八股文的衰落，遂使对文学作品结构的研究在相当长一段时期处于冷清状态，以至于今天一提起结构研究，仿佛是在推销舶来品。类似情况在学术研究的其他领域也经常可以见到。例如，青年男女交往以鲜花相赠，《诗经·郑风·溱洧》就有"赠之以芍药"之语，毛传曰："士与女往观，因相戏谑，行夫妇之事。其别，则送女以芍药，结恩情也。"①这是青年男女以鲜花相赠最有力的证明。可是，随着时代的推移，这种风俗逐渐淡化，只在少数地区流行，很大程度上被人们遗忘。以至于到了今天，当人们的交往以鲜花相赠，再加上用于赠送的鲜花品种有的来自域外，于是，许多人便认为赠花之礼是由域外传入的习俗，实在是一种误解。古代文学作品结构研究在当下的处境，与赠花习俗的历史遭遇有相似之处，也往往受到误解。因此，有必要对结构研究加以正名，用以消除这个领域的数祖忘典现象。

　　结构是作品的基本组成要素，也是区别中国古代文体的重要尺度之一。散文与骈文、古诗与新体诗，它们之间最重要的区别就体现在结构方式上。正因为如此，从作品结构切入去研究中国古代文学，具有很强的可操作性，并且尚有广阔的学术空间可供开拓。近些年来，文体研究成为中国古代文学的一个学术热点，是当代学术的新进展。文体之间的差异，主要体现在作品的结构方面。文体研究离开作品结构，是不可思议的。即以先秦《楚辞》及战国诸子为例，许多争论不休的学术公案，如果能从作品结构方面加以审视，学术难题就比较容易破解。《天问》是一篇千古奇文，作品前一部分按照问天、问地、问人的顺序加以追问；而在问人段落，又按照夏、商、周的时间顺序依次展开，脉络比较清晰。可是，"天命反侧，何罚何佑"至"易之以百两，卒无禄"一段，又错杂多个时段的历史故实，还有与前面重复的内容。鉴于这种情况，有些学者就认为这段文字属于错简，于是就进行重新编排。如果从作品结构的角度加以考量，就会发现所谓的错简段落，其实是一个相对独立的板块，是围绕"天命反侧，何罚何佑"的追问，联缀相关的历史事实，带有总结前文的性质。再如《荀子·成相》，各章杂用三言、四言、七言句，各类句子

---

① 王先谦《诗三家义集疏》，中华书局2009年版，第372~373页。

的数量有着基本的遵循。可是，也有个别章出现例外，如"请成相，道圣王"章没有四言句，总句数较之绝大多数章少一句。对此，王念孙断定"有脱文"①，对于"愿陈辞"一章，王念孙称"脱一三字句"②。王念孙的说法在后代得到普遍认可，近现代的《荀子》注解基本沿袭王氏的说法。可是，如果从《成相》全篇的结构板块加以观照，很容易就会发现，凡是句数不合常规的章，均是各板块的首章，起着引领后文的作用。显然，个别章的句数不足，并非是脱文造成，而是荀子有意为之，是要把各板块的首章与后面的章节加以区别，以突出它的特殊地位。再如《荀子·赋》所载的《佹诗》，前面主体部分结束之后，紧接着是《少歌》，共计二十句。杨倞注："此下一章，即其反辞，故谓之《少歌》，总论前意也。"③《佹诗》前面一个板块，结尾两句是"与愚以疑，愿闻反辞"，故杨倞把《少歌》称为反辞，又认为《少歌》相当于楚辞的"乱曰"。杨倞的分析不无道理，他是从结构模式的角度看待《佹诗》和《少歌》。但是，由于他对《少歌》这个术语把握得不够准确，所得出的结论还须进一步加以补充修正。先秦官职中，大与小经常对举，大指正职，少指副职。由此看来，《少歌》指的是副歌，前面的主体部分是正歌。荀子是把乐章结构纳入作品，使作品的两个板块有正副之分。

上述案例表明，把结构分析的方法运用于诸子文章的研究，是一条切实可行的路径，有时可以收到事半功倍的效果。《庄子》一书历来是学术热点，尤其是20世纪80年代以来，各种研究论著接连推出，铺天盖地。可是，通过检索可以发现，专门从结构切入的论著却是数量有限，是这个领域的薄弱环节。把《庄子》结构研究定为研

---

① 王先谦《荀子集解》，中华书局1988年版，第462页。
② 同上书，第463页。
③ 同上书，第482页。

究题目，并最终推出这部学术含量很高的专著，不仅是《庄》学研究的创获，而且选题本身就富有启示意义，可以推动诸子研究的进一步深入，也可视为"新子学"创立期的一次尝试。

方勇教授倡导"新子学"，顾名思义，它区别于传统的子学，与旧子学有明显不同。但是，从总体的学术格局来看，它又是当下复兴国学大潮的一个组成部分。章太炎先生的《国故论衡》把国学划分为小学、文学、诸子学三个板块，子学在国学中居于重要地位。子学的门类归属，决定了它的研究对象必然要到古代去寻找，"新子学"当然也不例外。文章层次研究是被遗落和淡忘的子学课题，把它重新找回很有必要。类似情况在子学领域还有很多，"新子学"的一个重要使命，就是把那些失落或被人忘却的子学遗产重新找回，并且发掘它在当下的价值。对于这个问题的处理，可用《庄子·天地》中如下寓言作比喻：

> 黄帝游乎赤水之北，登乎昆仑之丘而南望。还归，遗其玄珠。使知索之而不得，使离朱索之而不得，使吃诟索之而不得也。乃使象罔，象罔得之。①

黄帝在疏忽中遗失玄珠，先后派出多批使者前去寻找。在这个寓言中，黄帝发现自己遗失玄珠，并且知道遗失的场所。而在当下的中国，许多人对于子学遗产的遗失则浑然不觉；有的虽然意识到遗失，但是不知道从何处找回；还有的虽然能够指出遗失的对象，以及遗失的原因，却没有找到它的能力和办法。"新子学"所要担当的重要历史使命之一，就是重新挖掘已经失落的子学遗产，并使它进一步发扬光大。试以贾谊为例对此作简要说明。贾谊是汉初重要的思想家，他

---

① 郭庆藩《庄子集释》，中华书局2004年版，第414页。

所著的《新书》是汉代子书经典之一。他在《陈政事疏》中提出砥砺臣节的主张，希望天子尊重大臣："故主上遇其大臣如遇犬马，彼将犬马自为也；如遇官徒，彼将官徒自为也。"① 这里提出的是尊重人格，保持人的尊严的问题。对于犯罪的大臣，他列举一系列人性化的处置方式。贾谊的上述建议，体现的是人文关怀，是文明社会所需要的因素。可是，以往对贾谊的研究，或是评论他在仕途上是幸运还是怀才不遇，他的思想属于儒家还是法家，而他的学说中最珍贵的重视人的尊严的主张，无论是在记忆层面还是在现实层面，很大程度上已经被遗忘，以至于今天一提到人权、人的尊严，仿佛是来自域外的思想库存。这只是一个典型的例子，在其他各个领域，子书宝贵遗产丢失的情况大量存在，通过"新子学"研究，使它重放光芒。当然，这一任务涉及繁多、具体的操作性工作，绝非易事。然而，最重要是有追寻的自觉意识，并善于发现值得追寻的对象。

二

《〈庄子〉结构艺术研究》是以传世的《庄子》文本为依据，这必然涉及《庄子》的成书过程，会遇到有关《庄子》文章本然状态的追问。这部著作没有回避这个问题，而是作出了积极的正面回应。这就又涉及"新子学"的一个重要问题：对于像《庄子》这类由几代学者陆续编撰，经历漫长历史时段最后写定的诸子著作，是把主要精力投放在原书的作者考证、文本形态演变方面，还是对这些传世经典的价值进行发掘，两种选择反映不同的治学理路，也是存在争议的问题。

---

① 班固撰、颜师古注《汉书》，中华书局2009年版，第2256页。

汉代及其以后的子学著作，其作者、文本形态的认定和先秦时期的同类著作相比，难度较小，通常可以还原历史的本来面目，因为有足够的文献作支撑。比如桓谭的《新论》，《后汉书》本传中明确记载："《琴道》一篇未成，肃宗使班固续成之。"[①]据此，可以把《新论》的著作权明确地认定为桓谭和班固二人，属于班固的只有《琴道》篇，其余则均是桓谭所作。可是，对于多数先秦诸子著作而言，其作者究竟是一人还是多人？如果是多人，每个人的具体担当如何？这些问题基本都是学术悬案，至今真正落到实处的并不是很多。学鸿这部著作设专节论述《庄子》文本结构的形成过程及特点，反复援引前代学者章学诚《文史通义》、余嘉锡《古书通例》中的相关论述，承认《庄子》文本所经历的历史演变过程，以及该书出自多人之手，在此基础上从现代接受学视角，进行文本结构研究，从而把这部书与后世出自一人之手的著作区别开来，这种做法是可取的。

《庄子》作者和篇目考证，是难以澄清的问题。造成这种情况主要有两个原因：一是章学诚和余嘉锡两位先贤都谈到的，先秦时期还没有明确的著作权观念，还处于以言为公的时代，未曾出现抄袭剽窃之类的纠纷。学人著书相互附益，在那个时代属于正常现象；二是那个时代的许多文献属于公共资源，也可称为学人进行著述的公共素材，大家都可以利用，而不存在所谓的专有权。由以上两个方面的原因所决定，先秦诸子著作出现彼此重复、自相矛盾等现象，也就不难理解了。对于著作权观念尚未自觉确立时期的诸子著作，要对各篇的作者逐一加以考证，这样做本身就不合乎逻辑。对生成于文献、素材共享时期的诸子著作，非要对作品的文献按学派进行严格划分，这种做法同样不合情理，是违背历史实际的。当下学界流行历史还

[①] 范晔撰、李贤等注《后汉书》，中华书局2006年版，第961页。

原之说，体现出对历史的尊重和求实精神。但是，诸子研究的对象，有些问题可以最大限度地进行历史还原，力求得出的结论尽量符合历史实际。同时，有些问题无法进行历史还原，只能作为悬案暂时搁置。

因为《庄子》的作者及篇目无法考证清楚，据此而否认对它进行结构研究的合理性，这种看法实际上是受了疑古思潮的影响。要建立"新子学"体系，一个需要认真解决的问题，就是如何走出疑古思潮的阴影，对于传世诸子著作进行整理，重新发掘它们的当代价值。疑古思潮对诸子研究所产生的负面效应，随着出土文献的陆续面世，已经显露得越来越清楚。马王堆汉墓帛书《老子》出土之前，许多人怀疑《老子》文本的真实性，对它的文字大加改动。帛书《老子》的面世，证明此前许多怀疑属于主观臆测。河北定州西汉中山怀王墓的《文子》出土前，不少人认为《文子》抄袭了《淮南子》。这批竹简的面世，同样使这一怀疑不攻自破。当然，也有的诸子著作目前还未能如此幸运，继续被视为伪书。如有人提出《列子》掺入张湛的论述，致使这部书至今还遭受冷处理的待遇，未能引起足够的重视。也许某一天地下出土张湛所处时段之前的《列子》，这部书才有正名的机会。"新子学"的建立，不能把希望过多地寄托在考古发掘，而应该重视传世文本的整理和研究。近些年来，随着出土文献的陆续面世，疑古思潮又以新的形式再度涌动，那就是重出土文献而轻传世文献，甚至用出土文献否定传世文献的真实性，这种做法同样毫无道理，不足为法。出土文献和传世文献可以相互印证，但是，就同一部书而言，出土文献未必优于传世文献，二者之间往往是不同版本系统之间的关系，而不能简单地以优劣论之。如果就文献的实际效应和价值而言，有的出土文献在地下沉睡千年以上，它对后代所产生的影响，根本无法与传世文献相比。出土文献从入土之日起，它的文本样态就已经凝固，未再发生变化。它对文献古本原貌的考证确实有重要价值。传世文献往往经过多次校勘、翻印,文本形态与开始阶段难免存在差异,但是,传世文献的流传在文本形态上也是一个历史的筛选过程,总的趋势是优胜劣汰,由粗到精。由此看来,把《庄子》的传世文本作为结构艺术研究的依据,实际是对历史积淀的认可,是把它作为既定的历史遗产加以继承、开掘和利用。同样,对于其他早期诸子著作,也不能无限度地陷入作者和篇目的考证,而要把主要精力投放到传世文本的整理和开发利用。即以《孟子》一书而言,赵岐《题辞解》称:"此书孟子之所作也,故总谓之《孟子》。"孙奭则写道:

> 唐林慎思续《孟子》书二卷,以为《孟子》七篇,非轲自著,乃弟子共记其言。韩愈亦云:孟轲之书,非轲自著。轲既没,其徒万章、公孙丑,相与记轲所言焉。①

林慎思、韩愈的说法无疑是正确的。但是,如果据此去考评哪些篇目是孟子自作,哪些出自弟子之手,或者弟子所记录的篇目,万章、公孙丑又具体有何担当,显然,这种考证无法得出确切的结论。反之,即使不作这种考证,只是以师徒共撰为背景,并不会妨碍对《孟子》一书的研究。事实上,从古到今对《孟子》研究所取得的有价值的成果,并不是作者、篇目的考证,而在于对传世《孟子》一书思想及文学等方面的研究。

"新子学"体系的建立要以诸子传世文本为基本依据,还须遵循一个原则,就是不对传世文本轻易改动,尊重它的历史存在。对于那些怀疑传世文本真实性的说法,必须慎重地加以斟酌,而不能盲从。

---

① 赵岐注、孙奭疏《孟子注疏》,中华书局 2008 年影印《十三经注疏》本,第 2661 页。

即以《淮南子》各篇的标题为例，姚范称：

> 疑"训"字高诱自名其注解，非《淮南》篇名所有，即诱《序》中所云"深思先师之训"也，《要略》无"训"字。①

《淮南子》共计二十一篇，除末篇《要略》外，其余各篇题目均缀以"训"字。姚范认为各个篇题的"训"字是高诱后加，而不是原文所有。姚范的说法在当代得到普遍的认可，谁如果再对篇题以三个字称之，就会被视为孤陋寡闻，受到嘲讽。从实际情况考察，姚氏的看法并非确乎不拔的定论。《淮南子》一书末篇《要略》，相当于全书的序言，为了与其他篇目相区别，故篇题不缀以"训"字。该书其余各篇题目，有的去掉"训"字可以作为标题，如《原道》《俶真》等，有的去掉"训"字就成为《天文》《地形》，可在那个时代还见不到这样的篇题。由此看来，不能因为篇题有"训"字，就断定是注释者所加。传世的《逸周书》，各篇标题均缀以"解"字，如《度训解》《命训解》，但是，并没有人怀疑"解"字是作注者所加。从著述体例考察，《淮南子》前二十篇的题目，或原本就缀以"训"字。如果《淮南子》的篇题是高诱所增益，那么他注《吕氏春秋》也应照此办理，实际情况并非如此。这个案例再次表明，对于传世的诸子文本，不应该轻易地怀疑，更不能妄加改动。

---

① 刘文典《淮南鸿烈集解》，中华书局1997年版，第1页。

三

近年来，中国古代文学理论的研究者提出两个明确的口号，一是实现中国古代文论的现代转换，二是实现与西方文艺思想的无缝对接。这两个口号带有理想色彩，但也是学术研究的大势所趋。无论是古代文论的现代转换，还是对西方文艺思想的借鉴，"新子学"都可以大有作为，并且是必须确定的目标，否则，"新子学"体系就无法真正建立起来。《〈庄子〉结构艺术研究》这部著作在以上两个方面均作了有益的尝试，并且卓有成效。

研究《庄子》是古代的显学，尤其是宋代起步的评点派，对于研究《庄子》的结构艺术更具有借鉴价值。如何有效地继承这笔历史遗产，发挥它对当下研究的推动作用，《〈庄子〉结构艺术研究》采取的处理方式颇为可取。

(一) 取长补短

古人从文章学角度评论《庄子》，往往是感悟式的，所用的评语富有形象性。这些评语与古代以诗论诗有异曲同工之妙，给人以美的享受。当下是散文气息弥漫的时代，文本阅读已经无法产生出那些诗性的评语。对《庄子》所作点评充满诗意，成为古人所长，把这些评语移植过来，是以古人之长，补今人之短。但是，这些充满诗意的评点，往往恍惚朦胧、扑朔迷离，显得不够确切和严密。遇到这种情况，就需要用现代的理念、范畴加以界定，作出清晰的阐述，这便是以今人之长，补古人之短。因此，所谓的取长补短是双向的，而不是单向的。《〈庄子〉结构艺术研究》一书的有些标题，明显是取自古人的评点。如对结构艺术类型划分所用"登峰观顶"、"拨云露月"、

"草蛇灰线"等词语，就是属于这种情况。这些富有诗意的评语源自古人，同时，书中对它们又有具体的说明，实现了古代文学命题的现代转换。

(二) 精挑细选，择取合宜

古人对《庄子》文章所作的评点，往往连续使用多个富有诗意的评语，类似于独立的短文，读起来令人目不暇接，乃至于眼花缭乱。明代陆西星评论《逍遥游》，连续运用"犷中引线，草里蛇眠，云破月映，藕断丝连"①，共计四个形象的比喻。这段评语确实很优美，然而，它们是否完全合乎《逍遥游》的文本实际，则另当别论。如何对古人的评语作出取舍，使得所选择的评语与所评论的对象相契合，确实需要谨慎地斟酌，有时甚至要忍痛割爱。尽管评语诗意盎然，但是针对性不强，或是与所评论的对象存在隔膜，还是不能作为立论的依据而加以援引。学鸿在著作中，将陆氏评价《逍遥游》篇章结构的用语"草里蛇眠"作了改造之后，应用到《齐物论》和《天地》篇的结构分析当中，体现出甄别的细致入微。

(三) 综合考量，评价适中

古人对《庄子》文章所作的评语，有时还出现溢美失实的情况，所作的评价过高，已经超出《庄子》文本的实际水平。这种倾向在刘凤苞《南华雪心编》体现得尤为明显。而当下的子学研究，也往往出现类似情况，出于对研究对象的偏爱，自觉或不自觉地对它作出过高的评价，甚至作出理想化的处理。学鸿这部著作对此有清醒的认识，在"《庄子》结构研究的缺憾"一节，明确指出评点派所存在的形式化和主观化的偏向。对于古人评语的援引，能从《庄子》文本

---

① 陆西星《南华真经副墨》卷一，上海爱古书店1933年石印本。

的实际出发综合考量，所作的评价公允适中。

实现中国古代文学和西方理论的会通，这部书也有所尝试。主要采用了两种方式：一种是借鉴西方理论，用以阐释《庄子》的结构艺术，其中反复提到英国形式主义美学家克莱夫·贝尔关于"有意味的形式"这个著名命题。《庄子》是言道之书，道又无法直接加以显现，而必须采用特殊的方式对它进行描述。所以，把"有意味的形式"作为研究《庄子》结构艺术的理论支撑，可谓恰如其分，切中肯綮。在运用这个命题的过程中，指出它最初是针对视觉艺术而言，因此，把它用于《庄子》的结构分析，又经历了由视觉到语言转换的环节，而不是直接与《庄子》挂钩。这种会通是以他山之石而攻己之玉，收效明显。第二种是援引西方学者有关中国古代文化的论述，如德国汉学家卜德的《中国哲学的和谐与冲突》一文，是用海外汉学家的论述印证自己的看法，也做得恰到好处。不过，阅读全书之后会发现，对于域外学者相关论述所作的借鉴，远远少于中国古代的评点及相关阐述，这固然受到书的作者学术视域制约，同时也表明，"新子学"体系的建立，主要应该依傍中国古代传统文化，而西方的理论只能起参照作用。

对现代及域外相关理论的借鉴，有利于"新子学"成为一个开放的系统，而不是把自身封闭起来。不过，这种借鉴必须谨慎进行，要对借鉴对象加以甄别推敲，而不能原封不动地套用。学鸿在著作中多次援引台湾学者陈满铭有关作品中章法结构的论述，其中有如下一段：

> 纵向的结构，由内容义旨，也就是情、理、景、事等组成；而横向的结构，则是内容之形式，也就是篇章逻辑，亦即各种章法，如今昔、远近、大小、本末、宾主、正反、虚实、凡目、因果、抑扬、平侧……等组成。因此，舍纵向而

取横向，或舍横向而取纵向，是无法分析好文章的篇章结构的。①

这里将文章结构划分语义和形式两大类，确实有可取之处。这种处理方式既避免了将结构类型划分过于繁琐、宽泛的弊病，同时，又能防止对结构类型的关注仅限于形式而忽略内容。至于把语义系统称为纵向结构，把形式系统称为横向结构，则有违于作品结构的实际情况。语义结构、形式结构都是有纵有横。比较复杂的作品，不但两种结构纵横交错，就是同一系统的结构布局也是有横有纵，而并非单向延伸。陈氏对两种结构所作的纵横划分，并不完全符合它们在文章中的实在状态，很大程度上是他本人对这两种结构的观照视角，是从纵向去看语义结构，从横向去审视形式结构。如果真地按照这种纵横之分去研究文章的结构，势必会遇到许多难以逾越的障碍，无法自圆其说。用批判的眼光看待所要借鉴的对象，"新子学"所建立的开放系统才有可能坚牢而圆通。

四

子学是中国古代的思想宝库，"新子学"体系的建立，必须注重思想方面的研究，对此，章太炎先生已经开风气之先。他的《国故论衡》下卷《诸子学九篇》，题目有原儒、原道、原名、明见、辨性②。从这些题目可以看出，先生所说的子学，指的是古代思想方面的学问。中国近现代的子学，基本是在这条道路上向前推进的，可以

---

① 贾学鸿《〈庄子〉结构艺术研究》，学苑出版社2013年版，第328页。
② 章太炎《国故论衡》，上海古籍出版社2003年版，第101~147页。

说是子学的正路。对于"新子学"而言,还必须继续沿着这条路前行,并且有所创新。具体而言,就是对先哲思想的研究要有新思维、新角度、新方法。

学鸿这部以《庄子》的结构艺术为研究对象的著作,难能可贵的是,没有停留在对结构方式、类型的排列,以及对作品功能、效应的陈述,而是通过对文章结构的分析,发掘其中所蕴含的思想、观念。该书的"结语"部分,以"大道理念蕴藏于结构之中"为题,具体总结了书中所涉及的一系列理念[①]。其中包括哲学理念、美学理念,涉及许多经典的命题。结构艺术的分析与思想观念的开掘有机地结合在一起,从结构形式切入,探索它的思想承载,是把《庄》书的结构作为有意味的形式进行处理。

子书的思想是成体系的,虽然流派繁多,但是许多思想各个学派都予以关注,并且是被认可的理念,可以称为子学的核心理念。如果能对这些理念进行系统的梳理,划分为众多系列,那么,中国古代思想的精华,它所具有的普适性也就基本得以揭示。即以该书中提到的同类相从命题为例,文中列举的材料出自《周易·乾·文言》《礼记·乐记》,还提到东方朔的《七谏·谬谏》。如果进一步加以搜索,会发现这是众多子书反复申诉的理念。董仲舒的《春秋繁露》专设《同类相动》栏目,苏舆的义疏援引《荀子·大略》《吕氏春秋·有始览》《新论·类感篇》的相关论述加以解说[②]。这种带有普遍意义的命题,在子书中数量众多,"新子学"应该成为研究这类命题的数据库和学术平台。

《〈庄子〉结构艺术研究》通过文章结构分析所发掘出的主要是哲学和美学理念,这是该书有较大理论深度和较高学术价值的重要原

---

① 贾学鸿《〈庄子〉结构艺术研究》,第383~389页。
② 苏舆《春秋繁露义疏》,中华书局2010年版,第358页。

因之一。按照传统的学科分类，美学是哲学的分支。按照传统的说法，哲学是人文社会科学和自然科学的概括和总结，居于各类学科的顶端。没有哲学思辨的民族是思想贫乏的民族，同样，没有哲学作为支撑的中国古代文学研究，是流于表面的浮浅学问，不可能有巨大的深度。"新子学"是受新儒学的启发而来，综观新儒学几代学者的研究，他们的著述之所以产生深远的影响，很大程度上得益于他们良好的哲学素养，得益于他们对中西哲学的会通。他们的主要特点，是运用西方理论对中国儒家学说加以阐释。"新子学"要形成自己的体系，同样必须以哲学思辨为支撑，否则，面对许多子书会无所措手足，很难有效地进行发掘和利用。但是，"新子学"又不能步新儒学的后尘，而必须在强化哲学支撑方面走出自己的路数。章太炎先生在论述诸子研究时指出："四裔诚可效，然不足一切画以自轻鄙。何者？饴豉酒酪，其味不同，而皆可于口。今中国之不可委心远西，犹远西之不可委心中国也。"[①] 这段论述至今仍有参考价值和指道意义，也是"新子学"应遵循的基本原则。"新子学"强化哲学支撑，首先应该立足本土，坚持民族本位，而不过分依赖他山之石。中国古代哲学思想是极其丰富的，而且主要见于子书。先秦时期的阴阳五行学说、精气说、魏晋玄学、宋明理学，都有宝贵的哲学思想资源有待继续发掘。以这些哲学思想为支撑所形成的"新子学"体系，既能体现鲜明的民族特色，又能反映历史的逻辑，从而展现出与新儒学不同的风貌和走势，更易于植根于中华大地，并以独特的样态走向世界。"新子学"强化哲学支撑的另一翼，是尽量吸收自然科学的成果，对子书中的哲学思想加以提升，显示它的当下价值。《老子》四十五章提出一系列哲学命题，其中包括"大直若屈"。王弼注："随物而直，

[①] 章太炎《国故论衡》，第103页。

直不在一，故若屈也。"① 王弼是从处世的角度解释这个哲学命题，认为它指的是随世推移，与物婉转。如果从现代科学的角度加以审视，老子的这个命题能够成立。在地平面所画的直线如果不断延伸，就会围绕地球一周而成为曲线，正是大直若屈。《老子》四十一章也提出多个哲学命题，其中包括"大方无隅"。河上公注："大方正之人，无委曲廉隅。"② 这是从立身的角度解释"大方无隅"，着眼人的行为方式。如果从古人直观的思维方式考察，这个命题同样具有合理性。先民认为天圆地方，称天为大圆，地为大方，具体记载见于《管子·心术下》。从现代科学角度来看，地球是圆形的，整体上可以说是没有边角。古人以朴素的直观面对世界，他们虽然在想象中称地为大方，实际上他们也无法见到大地边缘的角。再如《庄子·逍遥游》中说："天之苍苍，其正色邪？其远而无所至极邪？其视下也亦若是则已矣。"这是由大鹏抟扶摇而上九万里所产生的想象和推测，认为人在地面仰视上天其色苍苍，大鹏在高空俯视地面所见到的也是这种颜色。庄子为什么会有这种想象和推测？是否有道理？对此，近人刘武的解释最为具体：

> 然天之高不易写也，特写轻虚而居上层者，状如野马之云气也；其下，则浮空之尘埃也；又下，则生物相吹之息也。……三者原无色，厚则在色，如水原无色，深则有色，色亦苍苍然也。③

---

① 楼宇烈《老子道德经注校释》，中华书局2010年版，第123页。
② 王卡《老子道德经河上公章句》，中华书局2009年版，第165页。
③ 刘武《庄子集解内篇补正》，《庄子集解·庄子集解内篇补正》合刊本，中华书局2008年本，第5页。

这是从空间厚度方面解释"天之苍苍"色彩感的由来，已经接触到光学原理，但是，对于庄子的猜测是否合理并没有作出解答。随着现代宇宙飞船的升天，庄子的猜测得到了证实。从太空俯视地球，确实"其色苍苍"，是和蓝天相似的色彩。用现代光学理论来解释这种现象是比较容易的，由此可以看出庄子猜想的合理性。子书中的这类案例还有许多，如果"新子学"能够自觉地借助自然科学的相关知识和研究成果，那么，它一定会有不同于新儒学的鲜明特色，并且与当下所处的时代、与子学受众的联系更加紧密，使古老的学说重新焕发生机和活力。当然，这就关涉到"新子学"的跨学科研究，学科队伍的结构问题。需要以学科整合的方式，形成一支有别于传统子学的研究队伍。

五

《〈庄子〉结构艺术研究》所征引的文献包括著作和论文两类，其中著作140部，论文30篇。与当下的博士论文及相关学术著作相比，所列出的文献数量不是很多。但是，作者列出的是征引文献，也就是说，所列文献均是书中具体引用的对象，而不只是过目浏览的参考文献而已。《庄子》一书共33篇，出现在该著作目录中的篇目计31篇，只有《说剑》篇和《盗跖》篇未被列入。从目录中可以看出，在阅读《庄子》原典方面投入精力颇多。由此联想到"新子学"构建与解读原典的关联，如何通过对原典的深入解读，推出一批标志性成果，是"新子学"构建的当务之急，也是长远的任务。

在当今网络时代，文献资料的搜集已经是很容易的事情，一部计算机就相当于一个颇具规模的图书馆、数据库。但是，任何事情都有两面性，对于古籍的整理和研究而言，网络也是一把双刃剑。一方面，它使人提高效率，节省时间和精力；另一方面，它又导致人的惰性，助长浮泛空疏的学风。"新子学"应该担当起匡正时弊、引领风气的责任，通过推出系列有学术品位的成果，牢固立足于当代学术之林。而要实现这一目标，就要组织一批以学术为人生归宿的志愿者、应召者，在子学著作的整理、出版方面开创新局面。旧版《诸子集成》惠及几代学人，至今还在不断重印。可是，这套书所收的著作毕竟数量有限，无法满足社会的需求。有鉴于此，几家有远见的出版社都以不同的方式，扩大子书出版的种类和数量，并且已经取得良好的效果，但仍有继续拓展的空间。中华书局拟定的"新编诸子集成"书目，收录著作四十一种，其中有些与旧版《诸子集成》重复，但相对于数千种子书而言，仍是极其有限的，用《庄子·秋水》的话加以形容，犹如"小石小木之在大山"、"礨空之在大泽"、"稊米之在大仓"。当然，这个系列的书目是精品，都有很高的学术价值。由四川大学古籍整理研究所编辑、四川人民出版社1997年刊印的《诸子集成补编》共十册，在一定程度上弥补了旧版《诸子集成》收录书目偏少的缺憾，把许多比较罕见的子书分门别类地集中在一起，省去学人许多翻阅之劳，亦是功不可没。不过，这套书采用的是原版影印方式，虽然每部书前面有提要，但没有对原文重新加以点校，加之影印效果欠佳，许多地方字迹不清，造成阅读障碍。上海古籍出版社推出的"诸子译注丛书"颇具特色，其《前言》对各书有全面系统的叙述，注释简明扼要，译文亦准确畅达，更便于广大学人研读，预计会有良好的市场效应和社会效应。

　　上述三个子书系列的刊行，为"新子学"提供了可供参照的对象，有的做法可以借鉴，有的模式则需要加以修改完善，在此基础上可形成"新子学"自己的品牌。根据《子藏》的编纂计划，在出版方面是三套马车并驾齐驱，有资料、有论文、有专著。介于资料与专著之间，似乎还应该增加子书原典注释一个类别。从当前流行的子书来看，真正经得起推敲的注本，多出自古人及前辈学者之手，当代人的注本所占比例较低。而当前学术界、知识界迫切需要的，则是既有学术品位，又能雅俗共赏的注本。"新子学"在这方面可以大有作为，应该在子书传播、与现实接轨方面作出自己的贡献。到目前为止，许多重要的子书尚缺少较大读者覆盖面的合适注本。近些来看，虽然许多研究生的学位论文以子书为研究对象，但是，由于注释类著作在许多专业不能作为学位论文提交，因此，由这批青年学人完成的子书注释比较罕见，在这方面留下许多空白。就是已经出版的三个系列的子书，在子书原典中所占的份额也很小，还有广阔的选择余地，而不会与它们相重复。

"新子学"的子书原典注释，应该形成自己的特色。除了注释和翻译之外，还可以设立导读及考辨栏目，这两个栏目的文字必须简明扼要，便于理解，而避免长篇大论和繁琐考证。所选的子书原典，应是具有代表性的著作，在历史上有较大影响，并且与现实比较切近。子书原典的注释是一项艰苦细致的工作，实际操作者要有相应的资质，以深厚的学养为支撑，尤其是在语言文字方面要有较深的造诣。这类工作只能采取一人一书的承包方式，而不能层层转包，或是多人合注一本书。这类书目的选定应该经过严密论证，开始阶段数量不宜过多，采取稳步推进的方式，逐渐形成子书注释系列。如果能在三、五年之内推出十部左右，也是颇为可观的成就。总之，这个系列的工作如果能够付诸实施，那么"新子学"的创立就有了更加坚实的基础。

《周易·屯·彖》称："天造草昧，宜建侯而不宁。"当下正处于学术昌盛的时代，"新子学"是在这种形势下应运而生。它的创立具有合理性、必然性，也可视为学界的建侯之举。"新子学"处于初创阶段，面临艰巨的任务，有许多重要的事情要在预定的时间内完成。令人欣慰的是，"新子学"的创立经过了充分论证、长期酝酿，形成了清晰的理路，并且具有很强的可操作性。以上所述，是阅读学鸿博士的新著之后的零散感思，很不成熟，也不成系统，属于献芹之举。学鸿这部著作主体部分的结尾提到卡尔·雅斯贝斯的"大全"理论，提到《庄子》美学的圆通韵味。"新子学"的创立，体现的正是学术上追求大全、圆通的理想。而这种理想的实现，需要无数个圆环扣合，需要从局部做起。《老子》二十二章称："曲则全，枉则直，洼则盈。"这大概就是"新子学"实现大全、圆融的途径。

（原载于《诸子学刊》第十三辑。作者单位：中国人民大学文学院）

浅谈"新子学"建设的历史脉络
——从傅山到章太炎

周 鹏 贾泉林

方勇教授曾在《"新子学"申论》中指出:"'新子学'要努力以新的视野去审视古代传统,重新定位子学之为学术主流,去寻觅经学观念笼罩下被遮蔽的东西;……'新子学'还要充实'国学'概念,赋予其更新、更切实的内涵,以发掘中国学术文化曲折多元的历史真实,推进具有中国气派的现代学术的生长。"又云:"就学术与思想的时代性和创造性而言,子学反而更能反映历史真实。"又云:"经学传统在中国历史上并非不重要,但在纯粹的学术与思想的标准下,历代子学才是主流,而且经学恰恰是在子学的滋养下发展的,是子学渗入经学体系之后再政治化的产物。"从这些论述可以看出,如果我们换一副眼镜,以一种不同于经学的"子学视角",重新审视我国的古代文化史,眼前便有可能呈现出一幅完全不同的思想图卷来。做是想者,代有其人,远有傅山,近有章太炎。

一、傅山的子学观

傅山是明末山西大学者。在傅山的遗作中,研究子学的著作占着很大的比例。他在概括子学的特点时曾说："子书不无奇鸷可喜，但五六种以上，径欲重复明志，见道取节而已。"① 傅山认为，子书给人可喜的"奇"与"鸷"，只要读五六种以上，就可以重新明白自己的志向，看清自己的道路，找到立身为人之大节。可见，傅山研究子学，从一开始就是很自觉地在寻找一种与传统经学不同的思维模式。

傅山对子书的研究，主要采用了"批注"、"评注"、"校改"的形式，他在这方面有自己的原则标准和方法论，概括起来有三点，即"经子平等"、"自居异端"及"餐采"②。

（一）经子平等

傅山的子学思想最为人所知的便是"经子平等"。自从汉代"罢黜百家，独尊儒术"之后，诸子百家之学便被视为异端邪说，除老庄外，其精义一直没有被认真研究。刘勰在《文心雕龙》中曾说："诸子者，入道见志之书。……夫自六国以前，去圣未远，故能越世高谈，自开户牖。两汉以后，体势漫弱，虽明乎坦途，而类多依采，此远近之渐变也。"傅山对此评论道："心鸷气坚，眼偏手辣，似无忌惮，而非无忌惮。以其言，济其事，不华不腐，不周不漏，中古之风也。难难。"③ 显然，他是把《文心雕龙》也看成了子书，才会给予这么高的评价。不过，他并不像刘勰一样"宗经"，他说："经子之争亦末矣。只因儒者知六经之名，遂以为子不如经之尊，习见之鄙可见。"④ 傅山认为扬经贬子、经尊子卑不是学术史的真实状况。他

---

① 《霜红龛集》卷二十四《书剳·与戴枫仲》。本文凡引《霜红龛集》，皆据傅山著、丁宝铨刊、陈监先批校《陈批霜红龛集》，山西古籍出版社2007年版。

② 依魏宗禹《傅山评传》说，南京大学出版社2011年版。

③ 《杂著录》手稿，山西省文物局藏。

④ 《霜红龛集》卷三十八《杂记三》。

应用训诂的方法论述道：

> 即以字求之，经本"巠"字："一"即天，"巛"则川。《说文》："巠"水脉也，而加"工"焉，又分"二"为天地，"↑"以贯之。"子"则"一""了"而已。古"子"字作。巠、子皆从"巛"者，何也？巛即川者，水也。巛则无不流行之理。训诂者以上之巛为发形，亦浅矣！人，水也，子之从巛者，正谓得巛之一，而为人也。与巠之从巛者同文。①

通过对巠、子的字源学分析，说明二者同属于巛，巛即川，水也；巛之一是人，人亦水也。"经""子"既然同源于水，故没有高低贵贱之分。傅山还说："即不然，从孩稚之语，故喃喃孔子、孟子，不称孔经孟经，而必曰孔子孟子者，可见有子而后有作经者也。岂不皆发一笑。"② 即是以经学来说，也是先有子即孔子、孟子，而后始有经书，从没有听说过什么孔经、孟经的。由此可见，傅山欲让"经子平等"的思想是多么强烈！

(二) 自居异端

其实，汉以后对子学的研究并没有断绝，历代都有子学论著问世，但这些学者或以为诸子可与经学合观，或主张儒释道以及百家之说皆得道之一理，或明言九经可与诸子同读而不能高下轩轾，或倡言诸子在某些论点特具卓见而有益世道，他们虽然重视诸子学，但每每还受着正统偏见的束缚，在潜意识里以儒学为宗。即以明清之际而

---

① 《霜红龛集》卷三十八《杂记三》。
② 同上。

论，李贽对先秦诸子都有涉猎，并有《老子解》《庄子解》《孙子参同》《墨子批选》等专著，方以智有《诸子燔痏》《药地炮庄》等子学著作，王夫之亦写有《老子衍》《庄子通》《庄子解》等书；黄宗羲则"九流百家之教无不精研"（《清史稿·列传二百六十七》）。但是在这样开通的学术风气下，学术界并没有摆脱正统思想的束缚，那层尊经的窗户纸，始终没有人去戳破。而敢于恢复诸子与儒家本来平等之地位，并在诸子学研究中作出更多成绩的，应推傅山。他说："异端辞不得，真谛共谁诠。自把孤舟舵，相将宝筏牵。灶觚垂畏避，薪胆待因缘。吐凤聊庭这，雕虫愧祖先。"①

傅山与李贽一样以异端自命，且一往独深，对先秦子书作了大量的批注、评注、校改、训诂。现存有他对《老子》《庄子》《管子》《墨子·大取》《公孙龙子》《荀子》等批注性的专著，还有他对先秦诸子所做的大量的读书零条劄记。从这些遗作看，数量之多，内容之泛，思想之精，中国学术史上可谓空前绝后。比如：

> 知不知，上。不知知，病。夫惟病之，是以不病，不病即不殆也。夫之将知，正是知不知耶！②
>
> 古人之爱人也，非今之爱人也。何也？古公而今私也。如以臧获二种论之，臧主耕，获主织；获，人也，臧，人也。③
>
> 所谓离者，乃其藏也。得见白其白，得见坚其坚，见其白则不见其坚矣。所见之白，所不见之坚，实相附离也。所不见之坚，离在一偏，即当与所见之一争盈矣。而卒不相

---

① 《霜红龛集》卷十一《览岩经诗即事》。
② 《霜红龛集》卷二十二《读子一·老子》。
③ 《霜红龛集》卷三十五《读子四》。

盈，故能相附离，能相附离，自然藏于中，犹言石能藏坚白也。①

《荀子》三十二篇，不全儒家者言。而习称为儒者，不细读其书也。有儒之一端焉，是其辞之复而啴者也。但其精挚处，则即与儒远，而近于法家，近于刑名家。非墨而又有近于墨家者言。②

评老子，拈出"知不知"，评墨子之兼爱，谓之"古公而今私"，论公孙龙之"离坚白"，认为坚白"实相附离"，论荀子，看出其精挚处实乃法家与刑名家，这些均可谓打中诸子要害之论，而傅山以一人之识力为之，真可谓能为往圣剖心之人。

(三) "餐采"

傅山自居异端的主张，并非感情用事，亦非绝对排斥儒学。他说"古学"不可废，尤重《左传》，对孟子之学还多所赞扬，对孔子弟子如子游、子思等，尊称为"先君子"。他尖锐批判的是那些"雕虫愧祖先"的"后儒"，这些人奴性十足，执经传注，在故纸堆中讨生活。他认为欲要"执古之道，御今之有"，必须全面研究子学。因此，他提出一个"餐采"的观点：

> 失心之士，毫无餐采，致使如来本迹大明中天而不见，诸子著述云雷鼓震而不闻，盖其迷也久矣。虽有欲抉昏蒙之目、拔滞溺之身者，亦将如之何哉！③

---

① 《霜红龛集》卷三十四《读子三·公孙龙坚白论》。
② 《荀子评注·后记》手稿，藏山西省文物局。
③ 《霜红龛集》卷十六《重刻释迦成道记叙》。

>　　申商管韩之书，细读之，诚洗东汉、唐、宋以后之粘，一条好皂角也。①
>
>　　吾以《管子》《庄子》《列子》《楞严》《唯识》《毗婆》诸论，约略参同，益知所谓儒者之不济事也。②

治学如同就餐，不可偏食，如果仅读一家之书，听一家之言，必然耳目昏蒙，思维停滞。学者应该运用"餐采"的方法广泛涉猎，重新形成一个"云雷鼓震"的百家争鸣的局面。傅山还认为"餐采"之法可以"解粘"，像申不害、商鞅、管仲、韩非、庄子、列子，以致佛家诸经论皆是洗儒者之粘的"皂角"（皂树所结之荚，含碱，古代用以洗涤衣物的油尘和污秽，即今之肥皂）。只有对各家"约略参同"，才可以"解去粘缚"，而诸子书中收"解去粘缚"之效最速者，则为老庄。

（四）"老夫学老庄者也"

傅山是一位自觉地、公开地把老庄学说作为其治学底蕴的学者，他不止一次地表达过自己对老庄尤其是庄子的钦慕，如"老夫学老庄者也"③、"吾师庄先生"④、"吾漆园家学"⑤。而正因为傅山自觉地以老庄为本构建学术体系，他便跳出了宋明以来以儒解庄的藩篱，讲过许多大胆的话，比如："读过《逍遥游》的人，自然是以大鹏自勉，断断不屑作蜩与鸴鸠为榆枋间快活矣。一切世间荣华富贵，那能

---

① 《霜红龛集》卷二十五《家训》。
② 《霜红龛集》卷三十四《读子三》。
③ 《霜红龛集》卷十七《书张维遇志状后》。
④ 《霜红龛集》卷二十八《杂著二·傅史》。
⑤ 《霜红龛集》卷十六《王二弥先生遗稿序》。

看到眼里。所以说金屑虽贵，着之眼中，何异砂土？奴俗龌龊意见，不知不觉打扫干净，莫说看今人不上眼，即看古人，上得眼者有几个？"① 他又说："释氏说断灭处，敢说过不断灭。若儒家似专专断灭处做工夫，却实实不能断灭。'世路莫如人欲险，几人到此误平生！'如此指摘，何等严毅。学者概因一个'怕'字，要远他，所以士大夫不无手松脚脱时。若但能平常淡淡看去，鬼不向人不怕处作祟也。"② 明朝灭亡的惨痛教训，让傅山深深感到宋明理学禁欲主义的弊端。傅山从佛学的角度指出，这样做其实是"断灭法"，"人欲"实际上是不可能"断灭"的。他又从学理的角度对儒学展开更猛烈的批判："后世之奴儒，生而拥皋比以自尊，死而图从祀以盗名，其所谓闻见，毫无闻见也，安有所觉也。不见而觉几之微，固难语诸腐奴也。若见而觉，尚知痛痒者也，见而不觉，则风痹死尸也。"③ 在傅山看来，所谓儒者，只会希图功名富贵而已，即便是有些闻见，大都也不过是一些不知痛痒的行尸走肉罢了。由此可见，傅山以老庄思想为后盾，径直把儒家当成了自己的对立面，把司马迁所谓庄子"诋訿孔子之徒"的论断给坐实了。

从以上论述我们可以看出，明清之际的子学研究，已越出了学术研究范围，带有民主启蒙的因素，所以明末清初的最高统治者，不约而同地应用政治权力扼杀研究子学之风。康熙皇帝一道上谕即说：

> 朕披阅载籍，研究义理，凡厥指归，务期于正。诸子百家，泛滥奇诡，有乖经术。今搜方藏书善本，惟以经学史乘，实有关系修齐治平助成德化者，方为有用。其他异稗

---

① 《霜红龛集》卷二十七《杂著一》。
② 《霜红龛集》卷三十四《读子三》。
③ 《霜红龛集》卷三十一《读经史·学解》。

说，根不准录。①

这条记载虽记于傅山辞世一年以后，但其晚年便已施行，可见康熙帝对诸子的严厉态度。其实，早在明末，朝廷即对诸子之书"数申诡异险僻之禁"，在清初则是"止许刊行理学政治有益文业诸书"，对包括子学著作在内的其他书籍"通令严禁，违者从重究治"。虽然晚明以来研究子学之风很烈，但经学独尊之势依然如故。傅山研究子学，深感压力巨大，共鸣者很少，所谓"自把孤舟舵，相将宝筏牵。灶觚垂畏避，薪胆待因缘"（《览岩经诗即事》）即是此意。这种状况在黄宗羲、王夫之那里均有同样的表露。黄宗羲说："锋镝囚牢取次过，依然不废我弦歌。"② 王夫之说："思芳春兮迢遥，谁与娱兮今朝。"③ 他们都寄希望于将来，在艰辛的生命旅程中，自居异端，自持船舵，精神百倍地去迎接"芳春"。于是直到两百年后的近代，中华终于又听到了这样的声音：

> 非儒学派的恢复是绝对需要的，因为在这些学派中可望找到移植西方哲学和科学最佳成果的合适土壤。④

与傅山"经子平等"的观点不同，胡适把子学作为与西方近代科学文化的结合点，这体现了某种近代的需求。而真正恢复子学在国学中之独立地位的，则是章太炎。

---

① 《东华录》卷十三，中华书局1980年版。
② 《南雷诗历》卷一《山居杂咏》，清乾隆郑大节刻本。
③ 《姜斋诗文集》卷八《袯襫赋》，《四部丛刊》影印《船山遗书》本。
④ 《胡适学术文集·中国哲学史·先秦名学史》，中华书局1991年版，第766页。

二、章太炎的诸子学

章太炎的诸子学建构开始于19世纪末维新变法时期，历经《訄书》时期、1906年日本讲学时期，而1910年《国故论衡》与《齐物论释》的完成，标志着章氏诸子学建构的成型。

（一）《訄书》时期

《訄书》写作于章氏在政治上追随康有为转而走向革命的时期。他将《尊荀》列为该书第一篇，其次《儒墨》《儒道》《儒法》《儒侠》《儒兵》，代表了诸子在章氏心目中的价值次第。《尊荀》曰："汉因于秦，唐因于周、隋，宋因于周，因之曰以其法为金锡，而已形范之，或益而宜，或损而宜。损益曰变，因之曰不变。仲尼、荀卿之于周法，视此矣。其傺古也，提以便新也。"在章氏看来，社会政治变革既不能像康有为那样完全虚化、割断传统去创新，也不能泥古不化，而是在因循古制的基础上根据现实需要予以损益，而这正是孔、荀的精义所在。章氏还对历史上一直遭受打压的墨家给以较高的评价，认为墨家备受历代攻击的"兼爱"与"短丧"实是针对"奔命世"提出的合理主张，正是师法禹的真意。章氏还对庄子消极遁世的言行抱有同情："夫庄周愤世湛浊，已不胜其怨，而托卮言以自解，因以弥论万物之聚散。其于治乱也何庸？"在章氏看来，庄周恰恰是因为无法济世才愤懑，为求一己之解脱不得不提倡遁世之说，其负面效果并不如历代要求"废庄"者所宣扬得那么严重的。

不过，章氏《訄书》初刻本论诸子学部分称不上系统与深入，创获性的观点也不多，其意义在于表现出平视儒学与诸子学的气度。在1901—1904年删订的《訄书》复刻本，章氏已经与康有为决裂，学术思想也得到了解放。《订孔第二》是《訄书》复刻本最大的变化，开篇不久即说道：

> 凡说人事，固不当以禄胙应塞。惟孔氏闻望之过情有故。曰六艺者，道、墨所周闻。……异时老、墨诸公，不降志于删定六艺，而孔氏擅其威。遭焚散复出，则关轴自持于孔氏，诸子却走，职矣。

这是对康有为"六经皆孔子所作"观点的批驳，章氏认为六经本是周室"太史中秘书"，道家、墨家等诸子皆通六经。后来秦始皇焚书，只有孔子删定的六经流传下来，因此孔子的威望骤然提高，先秦其他诸子，不能与其争锋。紧接着，章氏抬高孟子与荀子，并认为二者"踊绝"孔氏："夫孟、荀道术皆踊绝孔氏，惟才美弗能与等比，故终身无鲁相之政，三千之化。"认为荀、孟时运不济，没有建立功业，"而流俗多视是崇堕之"。然后章氏又立论："虽然，孔氏，古良史也……孔子死，名实足以伉者，汉之刘歆。"孔子由古代最伟大的思想家成为一名"良史"，经学等同于史学，孔学于是成为考据之学，地位严重降低。《订孔》一文在思想界影响极大，正是此文启发了一些倾向革命的学者、留学生从传统文化的束缚中解放出来，质疑儒家学说的正当性与有效性，先秦诸子也代替儒家成为重塑中国文化传统的重要资源。

（二）日本讲学时期

1906年9月，章氏在日本演讲《论诸子学》①，这是章氏第一篇

---

① 章念驰编《章太炎演讲集》，上海人民出版社2011年版，第36~49页。

系统论述诸子学的文章。在该文中，章氏对诸子学做出定义："所谓诸子学者，非专限于周秦，后代诸家，亦得列入，而必以周秦为主。"章氏这一定义与今天的"新子学"范围相近，不再仅限于先秦诸子，而是将历史上所有在思想上有所创获的学者文士都涵盖在内。章氏认为，先秦诸子仍具有后世诸子无法达到的高度："惟周秦诸子，推迹古初，承受师法，各为独立，无援引攀附之事，虽同在一家者，犹且矜己自贵，不相通融。"先秦诸子的特点在于其学说的独立性与有所师承。章氏亦对经学与诸子学做出区别：

> 说经之学，所谓疏证，惟是考其典章制度与其事迹而已，其是非且勿论也。……若诸子则不然。彼所学者，主观之学，要在寻求义理，不在考迹异同。

经学与子学一为客观之学，一为主观之学。经学在清代沦为考据之学，无法提供一套价值体系，与之相比，诸子学可提供丰富的思想资源以应对西学的挑战。

这一时期，章太炎对诸子分别展开了论述。关于儒家，他延续《订孔》的意见，指斥"儒家之病，在以富贵利禄为心"，得出儒家之士道德不高的判断。与之相比，章氏对道家有很高的评价："道家老子，本是史官，知成败祸福之事，悉在人谋，故能排斥鬼神，为儒家之先道。"他将儒家不讲鬼神的传统追溯到老子，认为孔子只是剽窃了老子的部分学说：

> 老子以其权术授之孔子，而征藏故书，亦悉为孔子诈取。孔子之权术，乃有过于老子者。孔学本出于老，以儒道之形式有异，不欲尊奉以为本师，而惧老子发其覆，……老子胆怯，……于是西出函谷，知秦地之无儒，而孔氏之无如

我何,则始著《道德经》以发其覆。

孔子的"诈伪"之性在他与老子的关系中被章氏鲜明地刻画出来。在《訄书》时期,章氏更为看重荀子与墨家,而这一时期,道家的地位得到明显抬高。

至于墨家,章氏认为其敬鬼神之论与现代精神不符之处:"墨家者,古宗教家,与孔、老绝殊者也。儒家公孟言'无鬼神',道家老子言'以道莅天下,其鬼不神',是故儒、道皆无宗教。"而墨家胜过儒、道的地方在于不言天命,而尊信鬼神与无命说恰为相反相成之一体:

> 不知墨子之非命,正以成立宗教。彼之尊天佑鬼者,谓其能福善祸淫耳。若言有命,则天鬼为无权矣。卒之盗跖寿终,伯夷饿夭,墨子之说,其不应者甚多,此其宗教所以不能传久也。……墨子之学,诚有不逮孔、老者,其道德则非孔、老敢窥视也。

虽然墨家言鬼神不符合现代人的精神,但墨者具备很高的道德,这是其他诸子所无法比拟的,亦是章氏一直对墨家心存好感之处。阴阳家与墨家同属宗教,但二者有所不同:"盖墨家言宗教,以善恶为祸福之标准,阴阳家言宗教,以趋避为祸福之标准。此其所以异也。"

至于法家,章氏沿用韩非之说将法家分为两派:"其一为'术',其二为'法'。……然为术者,则与道家相近;为法者,则与道家相反。"韩非则是"兼任法术者"。汉武帝时期,儒家融合法家,共同奠定了之后历代封建王朝的统治模式。章氏认为法家对解决现实问题十分有效:"然儒家、法家、纵横家,皆以仕宦荣利为心,惟法家执守稍严,临事有效。"故而对法家评价较高。

章氏对素来以逻辑学著称的名家思想评价不甚高，对荀子、墨子的逻辑思想倒十分重视。在讨论名的产生时，章氏用佛学解释荀子的"缘天官"之说：

> 中土书籍少言缘者，故当征之佛书。大凡一念所起，必有四缘：一曰因缘，识种是也；二曰所缘缘，尘境是也；三曰增上缘，助伴是也；四曰等无间缘，前念是也。

他认为，心与五官创制"名"，也即四缘之间互相合作的过程。他用《墨经》与佛家因明论互证，将墨子逻辑论中的"故"等同于因明之因，小故、大故，类似于今天所说的必要条件与充分必要条件，接着又将欧洲三段论与两者做了简单对比并认为，因明论立论最为精密。章氏对逻辑学的研究并不深入，他以此证明先秦诸子学中也有不输于西方的名学，恢复了学人对中国传统学术的信心。

(三)《国故论衡》与《齐物论释》[①]

《国故论衡》下卷诸子学九篇是在《论诸子学》基础上又一次系统而深入的总结。篇目分别为《原学》《原儒》《原道》上中下、《原名》《明见》《辨性》上下。《原儒》的特色在于从考证"儒"的所指出发，提出"儒有三科，关达、类、私之名"。章氏对三者分别予以定义："达名为儒，儒者，术士也。"只要是通一项学问或技艺，在九流十家中，都可称为儒。"类名为儒，儒者，知礼乐射御书数。"精通古之六艺者皆为"儒"。"私名为儒"指的是从政以辅佐君王之徒。后世所尊的"五经家"不属三科之内。在《原道》篇中，章氏

[①] 章太炎《国故论衡》，上海古籍出版社2006年版。章太炎《齐物论释》，《章太炎全集》，上海人民出版社2014年版。

反对"谈者多以老聃为任权数"的观点,认为老子使世人皆知权术正是要使权术失效:"老聃所以言术,将以捭前王之隐匿,取之玉版,布之短书,使人人户知其术则术败。"老子的"绝圣去智"只是摒除先入为主的"前识",以及"尚贤"之风带来的"流誉",使有才能的人能够得其位。在《原名》一文中,章氏对"名"的产生过程有了更明晰的描述:"名之成,始于受,中于想,终于思。领纳之谓受,受非爱憎不著。取像之谓想,想非呼召不征。造作之谓思,思非动变不形。"人体五官接于外界曰"受",通过五官之受传于心曰征知,也就是"想";五官所接之物已逝,"无待于天官",心仍可"识笼其象"而活动谓之"思"。这些看法显然有《荀子》的痕迹。

《明见》篇与《齐物论释》一书皆是用佛学来解释庄子的思想,这是章氏诸子学的最大突破。《齐物论释》开宗明义道:

> 齐物者,一往平等之谈,详其实义,非独等视有情,无所优劣,盖离言说相,离名字相,离心缘相,毕竟平等,乃合《齐物》之义。

在章氏看来,庄子《齐物论》的真意与佛家的真如哲学一致,佛家将世界万物看作由八识即阿赖耶识、末那识与眼、耳、鼻、舌、身、意六识生成,只有阿赖耶识也即真如才是真实,末那识执著阿赖耶识为我,生成人我法我,意识与眼、耳、鼻、舌、身互为增上缘生成我执、法执,从而变现世界。章氏认为世界万物起源于真如,最终又会殊途同归于真如,这一过程便是庄子的"齐物",世界万物虽然在形态上千差万别,但本质上都是真如平等变现,不平等是由于幻我、心识造成的,所以,"先说丧我,尔后名相可空。"章氏一再强调庄子"吹万不同,而使其自己也,咸其自取,怒者其谁邪"的"天籁"观,意在强调万物生命形态的多样性,不存在一个主宰或标准统摄一切。这一观点有很强的现实意义：

> 原夫《齐物》之用，将以内存寂照，外利有情，世情不齐，文野异尚，亦各安其贯利，无所慕往，……然志存兼并者，外辞蚕食之名，而方寄言高义，若云使彼野人，获与文化，斯则文野不齐之见，为桀、跖之嚆矢明矣。

章氏的《齐物论释》戳破了西方列强打着传播文明的幌子，却行掠夺之实的恶行，为民族独立与民族文化的合法性提供了理论依据。

章氏不同时期对诸子学的阐释，是分别通过与儒学、佛学的互证来实现的。章太炎始终对民族文化抱有信心，他的诸子学思想，为当时亟需传统思想资源以应对西方文化冲击的知识分子提供了一套新的价值体系。诸子学的地位空前提高，正式成为儒学之外另一套独具中国文化传统色彩的精神资源。

三、傅、章子学思想的隔代传承

上文概述傅、章二人的子学思想。之所以在漫漫的学术史上将二人拈出，是由于他们都是比较典型的"子学本位论者"。我们今天建设"新子学"，需要在历史的长河中寻找这样的典型。那么，经过近三百年的时空隧道，傅、章二人的子学思想又有着怎样的隔代传承呢？

（一）以诸子学应对民族危机

傅山处在山崩地裂的明末清初，本来百花齐放的文化氛围被这一场民族浩劫硬生生地掐断，思想界很快又进入了万马齐喑的状态。在这个时候，傅山以诸子学为阵地，"自把孤舟舵，相将宝筏牵。灶觚垂畏避，薪胆待因缘"（《览岩经诗即事》），因此，他的诸子学不得不染上了一层遗民的黯淡。而鸦片战争以后，清政府在抵抗列强侵略的战争中一败再败，作为价值体系的儒学未能提供一套可以迅速改变挨打现状、实现民族复兴的有效资源，这导致一批先进士大夫将目光转向了儒家之外的传统资源，诸子学应运而兴，章太炎正是这一过程的关键人物。由于章太炎遇上的是比晚明"亡天下"更可怕的"亡种"的危局，他的诸子学，便带有了傅山所没有的民族主义的色彩。"今中国之不可委心远西，犹远西之不可委心中国也。校术诚有诎，要之短长足以相覆。"① 与梁启超、严复那些大力吹捧西学的学者相比，章太炎始终坚持民族文化的自性。

（二）重订诸子与经学儒学的关系

早在明末，傅山第一个喊出"经子平等"的口号；而到了晚清民国，这个口号再一次被章太炎等学人重新提起。在《论诸子学》一文中，章氏厘清了诸子学与经学的最大差别在于经学主要是考证之学，而诸子则更注重义理，如果从应对西方思潮冲击的角度而言，诸子学无疑更有文化上的兼容性。而在《国故论衡》中，章氏将国学分为小学、文学、诸子学三种，诸子学在他看来就等同于西方的哲学，他想以诸子学为根柢，整合整个西哲。如果说，傅山的平视经子主要是从经子关系本身的历史演进出发的话，那么章太炎抬高诸子地位，则更多了一层诸子学现代化的考量，正是他对诸子学的挖掘、阐释、表彰，使诸子学比儒学更早地具备了现代性面貌。

---

① 《国故论衡·原学》，第86页。

（三）对"子学精神"的推重

晚明是一个思想极其解放的时代，阳明心学的独盛，本身就可以说是"子学精神"的产物。傅山的价值在于，他径直斩断了晚明学术囿于政治原因而不愿割舍的经学脐带，使诸子学成为真正独立的思想，虽然这种行为被视为"异端"，并很快淹没在满清入关的铁蹄声浪中，但穿过岁月的封尘，却在三百年后的西潮冲击下，在章太炎那里复活。章太炎的"子学精神"并不完全等同于西式的个性解放，它更体现了中华先贤对于宇宙生命的深邃思考。"今是天籁之论，远西执理之学弗能为也。遗世之行，远西务外之德弗能为也。十二律之管，吹之，捣衣舂米皆效情，远西履弦之技弗能为也。"① 就应对现代性而言，诸子学可以比儒学表现出更强的生命力与包容性，所以一大批近代知识分子选择诸子学来解决中国的现代危机。但是，如果更进一步，论及为现代性注入传统的深度，近代学者中，只有章太炎一人所思及此。可以说，章太炎是近代历史上第一位兼具现代性与传统深度，亦即第一位具有"新子学精神"的学者。

（四）视道家学说为本源

傅、章二人还有一个共同的癖好是，他们都是道家学说的拥趸。傅山公开以老庄门徒自居，老庄的著作是伴随他一生的常备之物。"三日不读《老子》，不觉舌本软。"② "癸巳之冬，自汾州移寓土堂，行李只有《南华经》，时时在目。"③ 在他心里，《老子》《庄子》才是真正的"经书"。而自视极高的章太炎虽说笔下支使诸子犹如用

---

① 《国故论衡·原学》，第86页。
② 《霜红龛集》卷四十《杂记》五。
③ 《霜红龛墨宝》，山西书局1936年影印本。

兵，但其《原道》篇却云："老聃据人事嬗变，议不逾方，庄周者，旁罗死生之变、神明之运，是以巨细有校。儒、法者流，削小老氏以为省，终之其殊在量非在质也"，又云"儒家法家皆出于道，道则非出于儒也"。可见在章太炎看来，道、法、儒本是同质的思想，而道家最是诸子之本源。章太炎还在庄子《齐物论》的启发下，形成了他独特的"新齐物论"哲学，他想以此为基础建构一个宏大的哲学体系，这个体系不仅有中国思想，还兼采西方20世纪以前的哲学思想，包括柏拉图、亚里士多德、笛卡尔、康德、黑格尔等。章氏这一体系不但为中国，也为世界不同思想的冲突提供了答案。这些都是今天"新子学"发展的珍贵的历史资源。

综上所述，我们发现，确立子学之为本位，是晚明以来一直就存在的思想暗潮，但历史在前清打了一个大大的盘旋，推迟了这股暗潮浮出水面的时间。傅山第一个发现了这股暗潮，他从义理脉络上，以艺术家的妙语连珠捕捉到了时代新思潮的星星点点。而三百年后的章太炎，经过了朴学的训练、西学的洗礼，返回头再治子学，则使得子学有了更坚实的基础和更广阔的视野。今天治"新子学"者，如能充分发掘二位先贤的思想精华，再以二位先贤为道引，在更广大的历史时空里找寻与之相类的同侪，那么这条"新子学"之路，必能越发宽广明亮地展现在我们面前，涅槃重生的诸子学，必将实现与现实的完美对接。

（原载于《诸子学刊》第十三辑。作者单位：华东师范大学中文系）

告别路径依赖　构建大乘墨学
——"新子学"视野下的墨学发展进路

（香港）黄蕉风

相较大陆新儒学因应国学热而呈"一阳来复"的盛况，张斌峰、张晓芒先生所倡导的"现代新墨学"似乎还处于潜伏的状态①。在学

---

① 1997年张斌峰、张晓芒在《哲学动态》当年第12期发表《新墨学如何可能》，这篇以康德式发问为题的文章可视为"现代新墨家"的文化宣言，它在本土思想学派的建制成型上，第一次提出了"新墨学如何可能"以及"新墨学有无必要"的关键命题。文章阐述了现代新墨家在"建本"层次（文化的全观与深层透视）、"创新"层次（对墨学的创造性诠释）上所能做的工作，亦提出墨学现代化诠释的方法论更新，即对"作者意"、"文字意"、"精神意"的贯通。2004年彭永捷先生在《现代哲学》当年第2期发表《"现代新墨家"的文化解读》，在肯定"现代新墨家"发扬新墨学的同时，也提出了一些切实中肯的意见，比如论到新墨学和西学的"会通"，究竟是"援西入墨"还是"援墨入西"；"草创而未明"的新墨学如何与当代文化中的各家显学互动；新墨学是否会沦为应付万事且应之无穷的"万金油"等。自《新墨学如何可能》发表至今已有18年，自彭永捷先生文章发表至今也逾10年，在这段时间里，国内外墨学研究者贡献了许多重要的学术成果，一些问题如墨子里籍、墨学中绝等得到一定程度的澄清，墨学的现代价值逐渐得到人们的重视，学者的努力推动了新墨学在当今时代的发展。参张斌峰、张晓芒《新墨学如何可能》，《哲学动态》1997年第12期；彭永捷《现代新墨家的文化解读》，《现代哲学》2004年第2期；刘邦凡、张晓光《略论新墨学的形成》，燕山大学学报（哲学社会科学版），2005年8月第六卷增刊。

术范式上，墨学研究仍难突破传统训诂考据校勘、"十论"义理诠释的"旧学"范畴；在介入当下如民族主义、宪政民主、宗教对话等社会议题上，墨学似乎又缺乏明显的回应资源。相比大陆新儒家在近十年开出了截然迥异于港台新儒家"心性儒学"的"政治儒学"，并在儒家宪政、公民宗教、王道政治、汉服运动、读经运动、新康有为主义等更广阔的文化层面，不断提供儒家式的政治哲学/法学新理路，"现代新墨家"在墨学之外的公共领域所能发出的声音着实少得可怜。至于墨学价值在当代社会的"重光"，则仍处于诸如"墨学的现代价值"、"墨学的现代意义"、"墨家的法律观"、"墨家的尚贤观"、"墨家的管理思维"、"墨家节用和节约型社会"等浅层次。诚如彭永捷先生所言："新墨家应该明白，不能总是停留在不断应付当前热点题目的皮相化水准上，而应该朝深度研究与转生的方向上去努力。"（《现代新墨家的文化解读》）也就是说，当代新墨学的新生转进，必须告别过往墨学研究的路径依赖，转向更深层次的义理新阐发，使墨学"大乘化"，从而"现代化"。

方勇先生首倡的"子学转型"，无疑为新墨学的发展，即墨学"大乘化"带来重大契机①。根据方先生的"新子学"理路，当今墨学的义理研究成果大致可分为三类：还原性研究、旁观性研究、现代

---

① 方勇先生近几年的工作给予笔者建构大乘墨学很大的启发，方先生于2012年10月22日和2013年9月9日，在光明日报上分别发表了《"新子学"构想》《再论"新子学"》两篇文章，提到"诸子资料的收集和文本的整理迎来了一个前所未有的高峰，也意味着以文献整理为主要工作的传统子学将走向终结，子学转型已势在必行"、"西方的人文主义精神刺激了诸子学由'考据'到'义理'的转变，子学文本从考据的材料变成了研究对象，思想研究逐步深入"、"传统子学视子学文本为考据的材料，以文献整理为主要工作；而新子学则视子学为研究对象，以子学义理研究为主要工作。从传统子学到'新子学'的转向，实际上就是诸子学由'考据'到'义理'的转变。"

性研究。还原性研究有如雷一东先生的《墨经校解》，旁观性研究有如杨义先生的《墨子还原》，现代性研究有陈克守先生的《墨学与当代社会》，分别居处"以墨还墨"、"以我评墨"、"以时论墨"的层次。这三种墨学义理的阐发，是逐步递进的关系，有各自不同的价值，亦从"我注墨子"进展到"墨子注我"。还原性研究是墨学研究的基石，是一切墨学研究赖以自存的前提；旁观性研究提供了多元的视野，有利于纠正墨学义理之偏，具有重要参考价值；现代性研究可以彰显墨学的生命力，既有为时所用的实用价值，也有文化传承的意义。但这三种研究也各有不足，比如还原性研究强调以墨学原义为中心，容易自我设限，处理不当可能走向食古不化；旁观性研究强调以研究者本人的立场为中心，可能会歪曲墨学原义，淹没墨学真精神；现代性研究强调以时代意识为中心，若是过分实用主义，则墨学不免被工具化，既助长随意比附之学风，亦对墨学本身的健康发展不利①。

比照大陆新儒家、港台新儒家与过往旧儒家治学路径、言说方法的不同，新墨学和旧墨学、旧墨家和现代新墨家的区分应该体现在对生命体认态度的差异以及言说传统的不同上：过往墨学研究者，乃将墨学视为"他者"，是遥远陌生的死体，研究者与墨家思想的对话是活体与死体的对话，文本只能"听我说话"；而后进展到视墨子思想、墨学文本为"你"，是值得尊重的活体，"我"与墨子之间的对话，是你我之间生命与生命的对话，这是方勇先生等"新子学"学者正在做的新义理研究的阶段。而今新墨学的发展则应在此基础上更进一步，将墨子思想视为"我"，也就是说墨子就是我的生命，我就是"他"的活体，他的精神与我同行。由"他—你—我"关系的进

---

① 黄蕉风、顾如、南方在野《该中国墨学登场了(2)——对大陆新儒家重建中国学术范式的评价》，见共识网：http://www.21ccom.net/articles/thought/bianyan/20150205120619.html。

展,是从材料到义理到生命的跃进,即由"文本化",进展到"经学化",从而"现代化",乃一种新型模式的"通经致用"、"经世致用"。现在义理研究存在的问题是"他者"太多,"你者"不够,"我者"不足。本来"他者"也是好事,多元的视野有助于墨学乃至诸子学义理的还原化,但由于历史上一教独尊的情况长期存在,就使得"他者"变成了过度的妖魔化评述,又由于除了孔孟之道之外,其他先秦哲学存在"活体的缺位",墨家作为异质"他者"长期以来遭到了孟子"辟杨墨,闲先贤之道"遗传的缺席审判,进一步导致了对墨学义理的深度歪曲①。

因此笔者倾向于以"Already but not yet",也就是"既济"然而又"未济",来为当代新墨学的现实和未来划定一个状态栏间。也就是说经过方勇、张斌峰、张晓芒等诸多学者的努力,新墨学"如何可能以及有无必要"的问题,显然已经得到明确解答。至于当代新墨家思想学派的建制成型,则有赖于学人对墨学自身文化当量是否足以和普世诸宗教文明对话的信心到达何种地步。笔者在年初与两位民间墨学推广者顾如、南方在野的对谈《该中国墨学登场了》中已经提出墨学介入当下更广阔公共议题的可能性及限度,并开始以"当代新墨家"自居。我们均认为,凸显"当代新墨家"之"我者身位"的"在场"和"开显",乃是由训诂考据向义理新诠的学术转向之后的"再度跃进",即前文所述的建筑墨学生命体认,开拓墨家言说传统。只有当"当代新墨家"(或者"现代新墨家")由"研究者"成为"被研究者",一如港台新儒家、大陆新儒家从儒学自身资源开发出独属于其思想学派的"主体性"和历史叙事、言说传统,我们

---

① 黄蕉风、顾如、南方在野《该中国墨学登场了(2)——对大陆新儒家重建中国学术范式的评价》,见共识网:http://www.21ccom.net/articles/thought/bianyan/20150205120619.html。

才能说"该中国墨学登场了"。

人能弘道,非道弘人,自晚清民初孙诒让、梁启超等前贤开出近代墨学复兴浪潮至今已逾百年,墨学在文献校勘、白话今译、分类阐释、墨辩逻辑学、十论义理诠释上已经进展到足够充实的程度(此即为 already—既济),但在公共领域的墨学话语建构还未成型(此即为 not yet—未济)。下一步的工作乃是将墨学推进至能够与普世诸宗教文明——基督教、新儒家、马克思主义、自由主义同等并提的地步,从而建构一种截然不同于大陆新儒学的、既具中国文化特色又不排斥普世价值、根植于原典墨学经义又能与诸宗教文明对话的"大乘墨学"(从未济再迈向既济)[1]。这种"大乘墨学"甚至应该主动介入当下意识形态之争,在不断地与诸学派思想的辩难中建立自身,这是当代新墨家突破"未济"走向"既济"的必由之路——套用丹麦神学家克尔凯郭尔的说法,有赖于当代新墨家"信心的一跃"[2]——其题中之义,就是提出墨学中具备何种资源能够回应普

---

[1] 大乘乃是相对于小乘而言。大乘墨学乃是笔者展望未来新墨学前景,希望从事于新墨学研究的学者能够将墨学由墨学领域之内(小乘)进展到墨学领域之外(大乘),兼收并蓄中国本土学术思想如儒学/诸子学、诸宗教文明如基督教/佛教/希腊哲学、西方哲学政治学法学如自由主义、马克思主义、存在主义等等,挺立墨学自身价值,提高墨学自身地位。

[2] 丹麦神学家、存在主义之父克尔凯郭尔在其神学著作《致死的疾病》中指出人在不同存在层次也就有不同的绝望。感性的人为世俗物事而绝望,理性的人也就为拒绝自我或选择视绝望为最终真理而绝望。信仰是脱离绝望的唯一方式,选择信仰也就是实现自我的唯一法门。"信心的跳跃"即是从理性进展到信仰的跳跃过程。笔者在此使用"信心的一跃",是指当代新墨家应该对墨学自身的文化当量怀抱信心,墨学具备足够的资源和普世诸宗教文明进行对话、并举,而不须依附于大国学陈述或者儒家言说传统,仅仅止于墨学或者墨家是传统文化主流核心价值的偏统、支流、补充这样的地位。

世文化的宏大命题，并给出回应方案和解决策略，论证其可能性、可行性及限度，以彰显独属当代新墨家的"墨家身位"和"墨家立场"。

当代新墨家之所以对"墨学大乘化"有信心，建基于以下观察：

第一，墨学能够对接全球伦理①。过往关于墨学的伦理学探讨大多局限在中学范畴，无法像儒学或者基督教神学一样提供一种普世性的、全球性的伦理学维度。如此限制了墨学在全球学术体系中的地

---

① 90年代以来，因意识形态斗争而展开的东西方冷战已告完结，然而全球范围内因宗教冲突、种族歧视、阶级矛盾而发生的局部"热战"却更趋激烈。全球一体化的进程并未给人类带来爱与和平，反而进一步促成了对抗资本主义生活方式的宗教原教旨主义的崛起和"一超多强"新格局下在政治经济文化领域全方位角力的新霸权主义的更生。世界的局势动荡不安，人民的生命财产受到威胁。伴随冷战结束后传统东方意识形态阵营的崩溃以及地缘政治的急速变化，一种新的处理全球关系的全球伦理呼之欲出。1993年在美国芝加哥召开的世界宗教议会大会上，由天主教神学家孔汉思（Hans Kung）起草并由大会通过的《走向全球伦理宣言》里，明确提出了"全球伦理"之于人类作为整全形体（或至少针对几个主要文明形态），在伦理道德上存在某些相同或相近的普世性的共识（Consensus），包括：具约束力的价值（Binding Values）、千古不易的准则（Irrevocable Standard）以及个人基本的道德态度（Fundamental Moral Attitudes）。"全球伦理"在承认当代不同文化"多元共在"的既成事实下，对后现代主义"去中心化"、"反元叙事"的伦理形态做出了全新的定义和诠释，亦即在"第二轴心时代"，如何重建神圣和崇高的价值观。而今有关"全球伦理"已经成为介入跨文化伦理、宗教对话的重要进路，其原则囊括建立宪政民主、公民社会、宗教和解、生态环保等国际间事务的最大公约数，对构建全球性"普世价值"（Universal Value）的一环具有重要意义。因之在考量诸文明战争伦理与和平主义思想上，"全球伦理"有助于给当下提供一种全新视角来观照。参［瑞士］孔汉思著，邓建华、廖恒译，杨煦生校《世界伦理手册》，生活·读书·新知三联书店2012年版，第130~147页。

位，亦将墨学中千古不易的真理下降为仅仅是地域性的伦理。在"全球伦理"的"元问题"——也就是"黄金律"上①，汉语学界常规上将孔子的"己所不欲，勿施于人"（儒家金律）与耶稣的"（如果）你们愿意别人怎样待你们，你们也要怎样待别人"（基督教金律）相提并论，皆被作为具有世界级文化重量、放之四海而皆准的底线共义和普世通则，前者是"消极而肯定式的"，后者是"积极而

---

① "全球伦理"提出"两个基本原则"（Two Fundamental Principle）和"四项不可更改的要求"（Four Irrevocable Directives）。前者包括：每一个人都应该得到人道的对待；你希望别人怎样待你，你也要怎样待别人（So in everything, do to others what you would have them do to you）。后者包括：提倡非暴力、尊重生命的文化（Commitment to a culture of non-violence and respect for life）；提倡休戚相关、实现公正经济秩序的文化（Commitment to a culture of solidarity and a just economic order）；提倡宽容、诚实生活的文化（Commitment to a culture of tolerance and a life of truthfulness）；提倡男女之间权利平等、合作互助的文化（Commitment to a culture of equal rights and partnership between men and women）。在《全球伦理宣言》的文献中，"两个基本原则"包括了第一义的人性原则和第二义的推己及人原则——在中文语境下一般被表述为《论语·卫灵公》中孔子同子贡谈论的"恕道"：己所不欲，勿施于人。在此基础上提炼而得到的处理群己关系、利他主义的"全球伦理黄金律"（Golden Rule），一直为国际社会所称道。参［瑞士］孔汉思著，邓建华、廖恒译，杨煦生校《世界伦理手册》，第130~147页。

否定式"①。然而笔者认为,墨家的"兼爱、非攻、交利"似乎更充要地包含了儒家金律的"消极无伤害原则"又规避了基督教金律的"潜隐地强加于人",能够为全球伦理黄金律提出儒耶之外的第三种进路②。比如墨家"兼爱"应用到当下处理社会关系和人际关系上,可以有几个非常积极的面向:(1)"兼爱"是本质的爱,作为一种道德要求,它鼓励人爱人利人;同时"兼爱"考量人性,预设"自爱"

---

① "黄金律"在"全球伦理"的文本表述上,常规分为"肯定式"和"否定式"两种。"肯定式"为《圣经·新约·马太福音》第七章第十二节和《圣经·新约·路加福音》第六章第三十一节的"(如果)你们愿意别人怎样待你们,你们也要怎样待别人"(基督教金律);"否定式"为孔子的"己所不欲,勿施于人"(儒家金律)。伴随中国经济实力的崛起、主流意识形态崩溃的危机以及文化软实力输出的要求,90年代初传统文化呈现出强劲的复兴态势。中国在参与塑造21世纪世界政治经济秩序的过程中亟待获取能够代表自身精神文明底色的文化符号,以儒家思想为精神底色的传统文化似乎具备了某种参与辩识和推销有中国特色的"全球伦理"和"普世价值"的资格,比如孔子的"己所不欲,勿施于人"中强调"消极无伤害原则"的"恕道",就可以被儒家学者解读为带有"同情心"、"同理心"的普遍主义王道理想在层层外推、化成天下的过程中所彰显的和平崛起的理想。在"宗教对话"、"比较哲学"等相关议题上,亦主要以儒家作为中国传统文化的代表,来与西方的基督教思想进行比较。

② 对儒家持批判态度的当代学者刘清平,提出了"去忠孝,取仁义"的"后儒家"理论,并以"不可坑人害人,而要利人助人"作为普世价值的底线伦理。根据他的提法,笔者认为:"不可坑人害人",属于"消极的无伤害原则";"而要利人助人",乃不忽视"能动有为的利他主义"。刘清平先生的提法充要地含纳了儒耶金律的要求,给了笔者很大的启发。事实上这个原则,在去今2000多年的先秦墨家的"兼爱、交利、非攻"中已经得到充分展现,若能得到更好的发掘,或可作为"全球伦理黄金律"在耶儒之外的第三种表述,从而达到普遍主义和特殊主义的对立统一。参刘清平《忠孝与仁义——儒家伦理批判》,复旦大学出版社2012年版,第5~7页。

和爱亲族,只是要求爱利他们的时候不损害别人;(2)"兼爱"视人能力的不同,分工合作,各展所长;建立于社会的共同规则(底线共义)上,处在流动的关系变化中,使得处境的问题处境解决;(3)兼爱是一种能动有为的利他主义,是走出自己走向别异的行动;既讲求主观善念,也重视实践果效(义利重一,志功为辩)——墨家的"兼爱"具备超越一己血亲走向超血亲伦理的维度,在群己施受(对自己)、血亲情理(对家人)、利他主义(对陌生他者)三个伦理维次所展示的从文本到伦理的普遍适用性,均可为"全球伦理"在构建人伦维度之底线共义上扩展充分的可能性与限度①。这些全部体现了"全球伦理黄金律"的要求。

第二,墨学能够参与宗教对话。汉语学界相关"宗教比较"的议题,历来多以"儒耶对话"、"儒佛对话"、"儒回对话"为主;论到外方宗教如基督教与中国文化的对话与融通,也多以儒家为主,很少涉及墨家、墨学。儒家在近代虽然经过"五四"运动文化激进主义和"文化大革命"的冲击已经式微,但作为一个文化上的"活体"还是足以代表中华文明的,而墨家自汉代中绝之后只是"死掉的文本"——《墨子》,而没有"活的传统",因之被人们认为根本没有资格介入普世诸宗教文明的对话,并能对其有所贡献。事实上民国以来,教会内外知识分子致力于从中国传统文化中找到能够与西方"民主与科学"或者基督教精神若合符节的资源,他们发现墨家无论从建制上、思想上、义理上和科技成就上,都与西学最接近,故又发

---

① "兼爱"之"兼",在《经上》篇解释为"(同)不外于兼,体同也","(异)不连属,不体也","不外于兼"乃是"不相连属"的反义,也就是说"兼爱"之"兼"充分含纳相互联系的关系。"兼爱",正是把所有人看作是相互联系、属同类的爱,因之在施爱的同时,"不分贵贱,不别亲疏,当下肯定对方的存在,极容易形成平等概念"。参颜炳罡、彭战果著《孔孟哲学之比较研究》,人民出版社2012年版,第284页。

展出"西学墨源说"① 以及"墨教耶源说"②,形成了"耶墨比较"的

---

① 一大批儒家士君子根据"经世致用"的精神演绎出"中学为体,西学为用",这个思潮横贯了从洋务运动、戊戌变法、立宪运动的晚清最后几十年。"西学中源说"就是在这个时代背景下被提出来,即西学是源自中国古代的器物之学,如"格致",只是后来在中国衰微了,传入西方之后才得以继续存在。而随着儒家思想在中国社会的衰弱,知识分子开始寻找传统文化内部能够和西学对接的其他元素。例如张自牧在《蠡测卮言》中论到耶墨二家在宗教建制和利他主义上或可通约,"耶稣其教以煦煦为仁,颇得墨氏之道。耶稣二大诫,一曰灵魂爱主尔主神,即明鬼之旨也;二曰爱尔邻如己,即兼爱之旨也";陈澧在《东塾读书记》转引《墨子》关于人施爱要层层上同于天的论说后认为"特夫以为此即西人天主之说";郭嵩焘认为基督教教人爱人如己,是"墨氏兼爱之旨";黎庶昌在《拙尊园丛稿·读墨子》中谈到基督教的思想大多源自中国墨家学说,"今泰西各国耶稣天主教盛行尊天、明鬼、兼爱、尚同,其术槁然本诸墨子";谭嗣同激赏"耶教墨源说",认为基督教的博爱和西学的善巧得益于中国墨学,景教十字架实际上也是墨家的圆规尺矩:"其俗工巧善制器,制器不离规矩。景教之十字架,矩也,墨道也,运之则规也。故其教出于墨。"(《仁学》)转引自郑杰文、王继学等《墨学对中国社会发展的影响》,山东人民出版社 2011 年版,第 431~434 页。

② 晚清以来,中国社会的上层建筑几经变迁,洋务派的器物改革和维新派的制度改革均告失败。一些开明分子开始关注文化层面革新的可能性与限度,基督教对西方文化的巨大影响于是乎受到重视。"耶教墨源说"就是这个时候被提出来,本质上与"西学墨源"说、"西学中源"说一脉相承。不过无论是"中体西用"、"西学中源"、"西学墨源"还是"耶教墨源",晚清知识分子更加强调的是以中国传统文化为主体,旁参基督教和西学的本位主义思想,所以他们在处理耶墨比较的议题上,更加注重的是墨家兼爱非攻之于基督教和平主义、墨家天志明鬼之于基督教天堂地狱等问题,并不特别措意于耶稣、墨翟的人格精神。在比较范式上大抵延续的是明末利玛窦、罗明坚等耶稣会士来华传教以来,传教士与儒生关于世界观、价值观的形而上辩难,未完全落实到道德践履的实在界层面。"耶教墨源说"的比较范式是"中 A 等于西 B"——"西方有的我们中国早有";亦即在本位主义的影响下,认为中国文明高于西方文明,道高于器,具有排他性。

风潮。以"耶墨比较"为例，墨家以鬼神有明，善恶必赏，则神观上必然是"人格"的而不是"人文"的了；其又以天志为纲，奉行兼爱，则比之儒家"推恩"式的泛爱，更接近基督教突破五伦的博爱了。比之儒家，墨家思想无论从哪个层面都与基督教有更多可比性，似更适宜作为代表参与诸宗教文明之间的对话。我们可以反思，基督教与墨家血亲伦理的比较，是否可以进一步反思两者"人论"的不同？基督教的止战与墨家"非攻"比较，可否助力和平主义的反思？基督教的三一神论与墨家的"天志"、"鬼神"观的比较，是否能够帮助厘清普遍恩典以及自力他力的迷思？《圣经》中《申命记》史派到《约伯记》作者，《墨子·明鬼》到上博简战国楚竹书《鬼神之明》中酬报神学衍变，是否有利于探索基督教神学以及普世宗教文化中的神义论转型？这是近似于比较神学的进路，强调的是一种"历程"而非结果效能，故未来"耶墨比较"之议题，或许有望在借用此方法论的基础上，实现对比较哲学之平行比较方法论上的"更新转进"，从而进一步提高汉语学界"宗教对话"的科研视域。

第三，墨学能贡献于宪政民主。这十年来崛起的本土思想学派大陆新儒家，其代表人物及其学说，比如蒋庆的"儒家议会三院制"、"儒式虚君共和"，姚仲秋的"一个文教，多种宗教"，陈明的"儒教公民宗教说"、刘海波的"马克思诸子化"、余樟法的"化马归儒"等，兴趣不在心性哲学的"内圣"，而在建制成型的"外王"。可以说他们的治学路径和言说方法已经溢出了儒学领域的范畴，为政治哲学和法学提供了新的角度。笔者认为相比大陆新儒家提倡的这种大陆新儒学，墨学能够提供更多切近当下普世价值又能守住中国文化本位的资源。比如"儒家宪政"倡导者秋风声称能够推己及人就能为天下人立法，从与天地准、与天地相参的儒家学派中去找保守主义和哈耶克的自发秩序、共同体自治，以笔者的角度来看，就显得不可思议。在明显带有理性建构色彩的学派里面，怎么可能找到保守主义？

只能找到哈耶克说的"致命的自负"。可以说西方启蒙主义理性盛行的无知论传统、案例法、知识的自由流通、自由市场、经验主义、消极自由、马克思·韦伯讲的责任伦理、托克维尔讲的对变革的谨慎和面临变革应该采取的态度以及否定性正义、三权分立制衡原理、非强制原则透明政权、社群自治，统统能从墨学中找到对应。甚至选举的标准——"先万民之身，后为其身"；差额选举——"两而进之"，"设以为二君"；执政者的道德要求——"言必信，行必果，使言行之合，犹合符节也，无言而不行也"；选举的主体——"皆天臣"，择"兼君"；以及政法分立、法高于权、以法治官、依法仪行义政的"依法治国"论。诸如此类的"普世价值"，也能直接从墨学传统中开出来，不假外求①。

第四，墨学能够充实国学体系。中国传统文化，自先秦至汉初，即有儒、墨、道、法、名、兵、阴阳；及至之后，则有儒释道三家合流。近代以来，在文化层面上苏俄的马恩列及西方的自由主义相继传入中国，已经融入并成了中国文化性格的一部分；在宗教层面，耶、回、犹太、天主等外方宗教今天也拥有广大的信众，亦极大改变了中国长期以来以佛道和民间信仰为主的宗教版图。以上这些都是"合汇"于"国学"传统的重要组成部分，是故"国学"不该局限于"中国之学"，更应该是"普世之学"。由于文化惯性，国学在当代大部可"化约"为儒学。是故国学复兴的最大得益者，依然是新儒家。在这种条件下，诸如当代新墨家等"新子学"学派及其思想的建制成型，恐怕还须经历相当长的一段时间。最关键的问题，恐怕还是要考虑在脱离了儒家言说传统的情况下，如何构建属于自己学派的价值

---

① 黄蕉风、顾如、南方在野《该中国墨学登场了（1）——当代新墨家对大陆新儒家的看法》，见共识网：http://www.21ccom.net/articles/thought/bianyan/20150205120619.html。

观和民间实体。笔者心目中的大乘墨学，正是起到一个"中保"的作用，为国人桥接一条还原国学真脉的道路。当代新墨家应当充当国人回归古之道术的施洗约翰，是那在前头预备道路的。新墨学在伦理观、宗教观和政治哲学等多个维度的全面复活和重新阐释，其重要性我比之为马丁·路德、加尔文的"新教革命"，乃是在国学领域全面复兴新诸子学、离经还子、脱离儒家言说传统的一次重新"启蒙"运动。

这里还涉及治新墨学及"新子学"的学者对于儒家言说传统的态度。笔者以《圣经·旧约》的一首诗篇作为比喻："我往哪里去，躲避你的灵？我往哪里逃，躲避你的面？我若升到天上，你在那里；我若在阴间下榻，你也在那里。"儒家言说传统，就是中国当代学术要"更新转进"必须面对的一个"无可逃避的灵"。因为无论是先秦至清末，还是民国以降，中国哪一派的知识分子在探讨文化的"更新与转进"上，都脱离不了儒家的言说传统。也就是说，无论是儒家的拥护者还是儒家的反对派，无论是文化传统内部的墨、法、道、名还是文化传统外部的耶、回、佛、马，都必须依傍于以儒家思想为中心主轴的历史叙事主体，儒家之外的诸子百家或者外方宗教，似乎都没有能力依靠自己的学说来建立一整套的道统经纬。这种情况必然指向三个完全不同的历史命运，即"儒化"、"胶着"和"消亡"，对应物分别为佛教、基督教和墨家。当然，自"五四"运动以来到"文革"，出现了"打倒孔家店"、"崇法抑儒"、"批林批孔"等文化激进主义，自由主义知识分子和马列政党分别期望以文化解构和行政手段等方式，彻底"取消"或者"灭绝"儒家文化。清末借废除科举制度断绝了儒家的千年学统；"五四"新文化运动借"民主与科学"罢黜了孔子"圣人"、"素王"的权威；"文化大革命"借摧毁宗族共同体而清除了儒家价值观在民间赖以生存的土壤；"儒学复兴"又是官方借儒家思想来填补主流意识形态淡弱后的国民精神空缺。要么"契合"、"会通"、"融贯",要么"拒斥"、"批判"、"打压",总而言之,以儒家的言说传统为参照系的"新子学"学派的崛起或者所谓"儒耶对话"、"儒马合流",都脱离不了以儒家思想为中心主轴的历史叙事主体的范式转移。所以当代新墨家要在"古之道术"的基础上重新收复思想界、知识界的失地,甚至构建一种相关当代性的本土思想学派,就不能不直面儒家言说传统。新墨家也好、新法家也好、中特派也好(中国特色社会主义),在和新儒学争夺当代中国文明价值的现代诠释话语权时,经常忘记了如果没有"儒家"作为其比较和参照的对应物,自身就很难开出独立的特属的政治哲学话语和传统。尤其是像当代新墨家这样从"古之道术"开出来的子学学派与新儒学的争夺角力,应该是中国文化内部的互相批判,而不是相咬相吞。就墨学和子学而言,先秦虽曰百家,然诸子共用的"公共文本",却也不出《诗经》《尚书》《易经》等范围。故就文化传统内部而言,以儒家言说传统为主要模式的近两千年的中国文化形态,已经差不多将诸子百家的异质性化合为以儒家言说传统为主的同一性。其表现不但在周初诸子百家对公共文本的诠释上,更表现在"独尊儒术"之后诸子学处理公共文本的方法论上。但这不意味着就新诸子学(新墨学)必须完全化合于儒学之下,因为当代新墨学之"新",正是要摒除依附儒家言说传统和以儒解墨之路径依赖的"旧墨学"。笔者认为儒家只是历史不是传统,中华道统在古之道术而非儒家,墨学归真必要非儒,墨学复兴绝不仅做儒学回潮之补充和注脚。两千年蒙尘,绝学墨道法;十数载开新,诸子百家言。该中国墨学登场了,此其时也。

综上所述,笔者认为墨学的"大乘化"或曰"大乘墨学",从学术方法论和学术范式上考量,可目为一种类似"比较神学"(Comparative Theology)而非止于"比较哲学"(Comparative Philosophy)的"思想实验",例如以墨学义理来介入宗教对话、全球伦理——即墨学的"大乘化";在回应社会热点和当下议题上,大乘墨学则有自信进入宪政民主、普世价值等公共场域,建构一套脱离儒家言说传统的墨家叙事方法——即墨学的"现代化"。在访谈《该中国墨学登场了》中我们已经从诸个角度提出当代新墨家所能应对的思路,这也是近年来笔者和墨学同仁试图从旧墨学之小乘领域跳脱从而介入公共议题之大乘领域的一点粗浅尝试。

(原载于《诸子学刊》第十三辑。作者单位:香港浸会大学饶宗颐国学院)

"子商"再思考

郑伯康

2014年，我受方勇教授《"新子学"构想》的启发，提出了"子商"这个概念，是从自己所从事的商业与企业家视角，经过思考后提出的。学术研究并非我的特长，但有益的探索必定能够促人进步。"子商"这个新概念需要"新子学"作支撑，而"新子学"反过来也需要许多像新"子商"这样的新概念来组成。就像孔子、老子、孙子对于诸子学一样，"子商"是"新子学"思想文化在商业管理领域的自然延伸，是"新子学"精神内涵的一部分。

就概念而言，"子商"这名称是相对于"儒商"而提出的。我认为："儒商"的提法是基于儒学和经学作为主流思想背景下的产物，以儒统商未必妥当。在当今多元化、开放性的时代，以诸子思想精神统商倒不失为一种上策。由"子商"来代表商道文化，比"儒商"更全面、更响亮、更贴切。

"子商"是在"新子学"精神的指道下，一方面全面吸收子学的思想精华，"由子入商"，把子学文化精神与现代经济、管理进行对接，把隐藏在子学里面的管理智慧激发出来，形成一门具有中国特色的经济管理显学。另一方面也可以遵循多元化、开放性的"子学精神"，立足于现代经济管理理论，反过来"以商通子"，用现代经济管理理念与诸子思想文化进行贯通，从现世哲学和商业实用价值的角度来理解"子学精神"。

本文试图遵循方勇教授的《再论"新子学"》一文的学术脉络来作进一步阐述。

一、"子商"商道文化的深层内涵

商道文化不能困囿于儒学一家的思想，而是包含儒学在内，涵盖诸子各家各派人文智慧，并化生为管理之道，为现实的经济社会输送正能量，实现企业的可持续发展。

《汉书·艺文志》曰："九家之术，蜂出并作，各引一端，崇其所善，以此驰说。"诸子思想各有特长和精要。尽管"儒商"中也有很多的文化精华，但"子商"终究要跳出"儒商"那些道德伦理观、义利观、修己安人观的圈圈，来构建更为广阔、多元共生、符合"子学精神"的商道文化。晋商有晋商的特点、徽商有徽商的特性、而浙商又有浙商的优势，这些商帮文化都"各引一端，崇其所善"，很难以一个"儒"字再加一个"商"来涵盖。而"子商"既要吸收多元化、开放性的子学精神，又要发挥经济人实用性的特点，相容并蓄，不断发展。

"子商"是商道文化的集成，包含诸子的"精义之理"，用于经邦济民，从本质上讲不算创造。"子商"只是以中国传统的语境把"子学"中的道理阐明出来，再转化为中国特色的、融经济、管理和文化于一体的商道文化。

这种商道文化有利于提升中国企业在全球化的竞争能力，来实现我国经济社会的可持续发展。如果按照现代经济学、博弈论或政治哲学再结合诸子特点来划分，儒家的伦理经济学、法家的奖惩经济学、兵家的战略经济学、道家的自然经济学、杂家的实用经济学、墨家的理想经济学等，都具有一定的现实操作意义。每个企业的不同发展阶段，以及发展过程中随着政策、环境、实力、市场竞争程度的各要素变化，都需要有不同特点的管理思路和管理方式。其中形势判断、战略决策和实施力度，过程中"度"的拿捏和把握，都要求不同的技战术和管理智慧。企业家光以儒学精神来应对，往往做不到得心应手。

"子商"之所以坚持紧跟着"新子学"学说的发展而发展，是基于"新子学"不仅最为彻底地继承了"子学精神"那种多元、鲜活、灵动的思想形态。同时，又注意吸收西方文化理论和当下先进的发展理念，显示出极具时代气息的生命力和特有的文化张力。

"子商"正需要方勇教授所说的："不被主流文化信条所束缚，意在呼吁传统诸子学的研究方向，主张从'子学现象'中提炼出多元、开放、关注现实的'子学精神'，并以这种精神为引道，系统整合古今文化精华，构建符合时代发展的开放性、多元化学术，推动中华民族文化的健康发展"的"新子学"精神作统领，来构建具有现代中国特质的经济管理思想和商道文化体系。

将子学精义与西方现代经济学中五花八门概念作直接比较是十分困难的。其含义边界、语境、表达方式、文化精神都存在着巨大的差异。总的说来，诸子精义是"一化万象"的智慧，是对自然世界本质的阐明，逻辑思维性较强。而西方各种经济学说是把自然世界割裂开来后用各自的概念，一是将大量抽象的概念比如消费者的需求等用数量化来研究，二是在研究方法上，以提出设想，建立假设，进行试验，得出结论的逻辑顺序来进行，产生了一个反向运行却不能回到原来设想的误区（因为假设太多，太理想化，太经验主义），所以才会有繁杂性和不切实际的层面。这些所谓的理论难免是碎片化的、复杂化的、随机性的。当今世界经济矛盾的交集、困难重重，其自食恶果的原因就在于此。

　　但是，我们一百多年来习惯性地向西看、向西学的结果是表达方式、语言环境、思维模式发生了改变。如果不用一些西方经济和理论概念来套用又难以说明问题，说教者难以表达，听者难以理解。许多时候貌似理解，实际还是张冠李戴了。譬如，中医上说的"上火"，西医就没有相对应的知识，勉强用"炎症、发烧、免疫力"来解析，其结果既似是而非又十分勉强。中医再把"上火"细化到虚火、实火、寒热、燥湿、胃火、心火、肝火、肾火以及各种各样表症现象，那就更加复杂了。所以，子商的商道文化要形成具有东方管理特色的经济管理和文化思想体系，并且被广泛接受和推广，注定是艰难的，长期的。

二、"子商"商道文化多重思考

　　当下的中国，正处于重要的政治改革、社会转型和经济崛起阶段。大规模的社会实践在不停地发展，空前的文化交融和碰撞在全球范围展开。而互联网和移动互联网的普及，又打开了人类全新的生存空间和生活方式，也快速地改变着人们的文化结构和文化需求。知识的储备不像以前那么重要了，轻点键盘可以解决，但有效信息的搜索力、判断力和知识的整合力却提出更高的要求。近几年，网购的横空出世，迅速地改变了许多商业业态和相互之间的结构，传统的商业形态受到了严峻的挑战，阿里巴巴淘宝网"双十一"一天创造571亿元的业绩不再是神话。

　　世界性的人才和资本流动，在快速地进行财富转换，同时也加剧了竞争的程度和宽度。运输成本的降低，信息系统的发达以及金融衍生品市场的繁荣，导致原先商品的区域差价、季节差价几乎都不复存在，新的商业模式和业态不断地呈现。国际之间的物资流动不仅仅是传统的进出口贸易，也可以在期货虚盘中去操作完成，而期货金融杠杆的运用可以放大十倍资金去运行，带来的是巨大的不确定性，财富的积累和消耗都有可能瞬间衍变成生死两界的企业命运。

在企业界看来，如今的世界时时处处呈现着危机与机遇并存、竞争与合作同在的格局，这样的企业生态与竞争法则，企业如果还是守残抱缺那一成不变的老观念，就无异于自杀。企业家必须适应现代新的形势，兼收并蓄各种技能和智慧，同时具备系统性思想、多元化技能、开放性思维和与时俱进的观念，真正把经济、管理和文化融合在一起的管理思想体系。

从大的文化背景看，目前潜在的社会危机和大变革并列的时代，绝不亚于先秦哲学家们当时的处境，子学文化在这样的环境下显得尤其宝贵。子学文化的接轨和借鉴就成为现实最经济、最便捷的捷径。

方勇教授认为"先秦子学继承了三代以来的思想文化传统，同时又关注现实，深究学理，对诸如世界图景的想象、基本的政治形态、人的道德禀赋的来源，以及如何理解历史、如何进行有效的国家管理等问题都做了精深独到的思考"。我国先哲们的这些思想和智慧正是"子商"取之不尽用之不竭的源泉，不管用之于竞争，还是用之于合作，或者战略、战术的运用，都可以整体提高企业的竞争力和市场议价的主动权。如今政治体制的深化改革、经济结构的调整、产业运营的升级、资源环境的平衡发展以及法制建设、核心价值观的推广、大国关系处理、国民文化素养的提高等，都可以在传统子学思想中去获取营养。

"子商"商道文化与子学系统的接轨和融合也不是简单的拼接，而是精神内涵的整体运用；不是一家独尊，而是复归子学整体的活力；不是以西方经济学来作子学的解析，而是以子学的思想文化在现代经济领域中的活学活用。以诸子学活化了的思想灵魂来转变成我们的经济之道、治企之法和生财之术。

君子爱财，取之有道，但如何取"道"却有很深的学问，如果"道"学过于笼统和宏观，对于微观中从事商场运营管理的企业家个体来说，往往不知所云。"子商"就是要有所指向的解决这个问题，"子商"包含的商道文化必须要把子学精华理出来，转化成为较为具体的道、法、术的一整套应对体系。比如说儒家角度来看的取之有道自然就是仁义之道，可是仁义之道并不是适合每个人的，而子商其实是一种更辩证更理性的商道，为什么这么说，因为他的包容和广阔展现了对世界最本质的多元性的深刻认识，如果社会上都是仁者当先的儒商，外敌前来时又如何坚守阵地？如果所有商人学者都是同一风格，所有公司协会都是一般的格局，那又何谈创新，又何谈在竞争中求发展呢？

传统经典不再是高山流水的曲目而落个曲高和寡的局面，而是要形成"高僧只说平常话"的通用性文化理念，使企业家们不管面对如何复杂的环境，都能够找出大小咸宜的因对策略，大有大的道理，小有小的办法，做到先秦诸子那种吾道一以贯之、吾法一以守之、吾术一以固之的有利的竞争态势。

陈鼓应先生在《"新子学"论集》序中提出："自古至今，人类就不停地面临三大冲突，人与自然的冲突，人与人的冲突，人与自己内心的冲突。环顾今天的世界，这些冲突不但没有减缓，反而在一些霸权意识下愈演愈烈。在这种情况下，子学中蕴含的人文精神与对话、和谐的精神，就具有非常现实的意义。"社会既然存在着冲突，自然会就有和谐的要求。大凡符合和谐要求的管理思想，就是可持续的管理之道。

企业的管理更是如此，大抵也逃不出这三大冲突，与经邦济国、经国济民的道理一样，企业与邦国，只是层面不一样，节点不一样，企业的价值生成必定是其内部资源与外部市场存在的更多的"和谐"。以子学中蕴含的人文精神与对话、和谐的精神指道具体的商业行为，必然能够产生无穷的能量。在雾霾猖獗、资源耗尽的今天，治污、治气、新能源的环保企业和资源再生利用的企业，必然会有更大的发展空间；致力于世界和平、缓和世界冲突的国家，必然会被世界人民所尊重；财富的增长永远赶不上欲望膨胀的速度，这时候内心的平静，显得尤其重要。

如今的信息化时代，已经进入了移动互联网、大资料、云计算、物联网的高级阶段，每天产生的信息流量不计其数，物物之间、物我之间的交换速度和变化形态瞬息万变。如何去伪存真、去粗存精，解读并整理出自己所需要的有效信息，考验着每个经济人的认知能力和知识整合能力。而认知能力和知识整合能力的提高，必须依托"新子学"这种文化特质和精神特性至上的智慧，才能泰然若定地作出预判，在竞争中成为制胜的法宝。

三、"子商"商道文化的致力点

在我看来，学术文化如果脱离了当下时代，就如同脱离了生命之源。"新子学"的最主要特征就是既抓住了子学精神，又与当下进行紧密结合，同时对时代问题进行了回馈和交融。"子商"作为"新子学"新文化在经济领域延伸出来的子系统，就更要关注当下商业时代的应用价值，将传统文化抽象层面的精神智慧与企业家日常经营管理行为进行会通，使之成为当下之学、应用之学。如果把"新子学"作为文化之魂，那么"子商"可以看成商业文化之体，最后形成了有魂有体、有血有肉、有精神有生命的结合体。

我们知道，企业间的竞争归根结底是文化的竞争，人是文化的载体，而每个人在情感方面、精神层面、在功能和秉性方面，都有很大的差异性。企业管理者不仅要知人善用，还要教育引导好团队整体的企业文化。这种企业文化要具备提高企业内部的凝聚力、外部的竞争力和可持续发展能力。这三股力，是相互影响、互为支撑的，就像方勇教授所说，子学系统的"诸子皆叙道言治，自开户牖，他们或内圣、或外王、或循天道、或析物理"，"只有敢于正视多元共存的'子学现象'本身，方能在彼此对立、交融的关系中确立自身"，"子商"商道文化也要遵循这样的思想体系，吸取诸子之长，为企业所用，才能构建强大的企业文化。企业文化建设，尽可能多的吸取诸子思想智慧，来发展壮大自己的东方管理特色。

吸收儒家"仁爱"思想优势，以情义、信义、仁义来构建企业伦理文化的管理特色，推进"论语加算盘"的管理之道。儒家道统几千年，必然有其强大的生命力和深层次存在的理由，"儒商"的概念被企业家广泛接受和推崇，自有其道理。

吸收道家"无为"的学术思想优势，汲取自然法则为企业所借鉴。以无为来实现有为的企业文化，往往会给人以举重若轻、游刃有余的感觉，借以构建曲直随行的无模式、无边界的无极管理之道。道家那份坦然和出世精神，对于成功企业家来说尤为尊贵，人类面临的三大冲突，多半需要"无为"思想去调和。

吸收法家"法、术、势"的学术思想优势，以"法为天下之程式"的管理方法来构建"制度面前人人平等"的企业文化，推行奖罚分明为特色的现代企业管理之道。在法治社会背景下，制度的设定是规范化管理最基本的法则，也是大企业管理文化最直接的体现。

吸收兵家重视攻守谋略的学术思想优势，以"道、天、地、法、将"五大法宝的思想精髓，来构建企业的核心战略和主要对策，推行审时度势、知己知彼、狠抓执行力的企业管理之道。企业间的竞争与搏击往往是非常残酷的，绝对离不开兵家那些具体的谋略和手段，在信息化的时代里，以变应变的管理思路往往是企业不变的定律。

吸收墨家"尚同、兼爱"的思想精华，把企业价值观渗透到每一个团队成员的执行力上，构筑互爱平等的人际氛围，强调尚贤的用人标准和增收节支的企业管理之道。对于企业家来说，保持浪漫主义情怀和个人节俭的生活风格，也是企业长青的法宝之一。

吸收阴阳家"一阴一阳谓之道"和"木火土金水"的阴阳五行学术精华，以万事万物相生相克的思想来确立企业的管理思想，以事物的正反两面性来构建对立统一的管理思维，从而把复杂的问题归纳成简单的道理。在企业里无论是部门的设置，人事的安排，岗位的分工还是业务的构成，都无不契合着阴阳对立统一的哲学道理。

吸收纵横家顺势应时、量权知变、纵横捭阖的权谋光芒，为企业的经营管理所用。企业为了在丛林法则中争取自己生存权，无论是向政府要政策，与对方谈合同，问市场要资源，都要发挥能人智慧和团队优势，借以构建以变应变的企业管理之道。

吸收名家端正"名"与"实"相辅相成的思想智慧，跳出语言的束缚，以更高层次、更抽象化的思维来思考适合自己企业的管理之道。中国历来有名不正则言不顺、言不顺则事不成的说法，可谓深谙企业生存之道。

而"兼儒墨，合名法"的杂家，更是"以为备天地万物之事"协调各家所长，为企业管理所借鉴，借以构建全攻全守型的治企方略。其实，企业也好，世间万事万物也罢，在发展过程中都不存在一成不变的东西，更不存在一招鲜吃遍天的真理。尤其是企业，不同的人才组合，不同的发展阶段，不同的生产环境，不同的市场规则，需要不同的应对智慧，更需要多重智慧的集成。

总之，中华民族在以自己的智慧和汗水托起"中国梦"之时，文化人和学术界也要遵循"空谈误国，实业兴邦"的担当精神，避免在空乏的概念和逻辑的材料上打转转，而应实实在在地把经济、管理和文化融合在一起，形成以"新子学"为代表的子学精神，发挥经邦济民、致用于企的效应，来助推企业更加健康的发展。企业家也要主动承接"新子学"为代表的传统子学精神，在人生哲学、国学和文化素养方面来提高自己，为壮大企业不断输送正能量，这就是"子商"所创道的文化精神所在。

（原载于《诸子学刊》第十三辑。作者单位：浙江省再生资源集团有限公司）

精进开拓 推陈出新
——方勇教授访谈录

却咏梅

【编者的话】 2015年4月18日,由华东师范大学先秦诸子研究中心主办的"第二届'新子学'国际学术研讨会"在上海召开。《中国教育报》记者却咏梅在会议期间采访了教育部"长江学者"特聘教授、华东师范大学先秦诸子研究中心主任、《子藏》总编纂、《诸子学刊》主编方勇先生,就方教授的学术研究、《子藏》编撰工程、"新子学"的概念、精神内核等问题进行采访。

【记录整理】 周 鹏

却咏梅(以下简称却):这次我应邀出席由贵研究中心在这里举行的"第二届'新子学'国际学术研讨会",我们终于有机会见面了。我很想知道您是如何走上庄子学研究道路的。据我所知,庄子在中国古典哲学里是偏于出世的,这跟您给学术界留下的开拓进取的形象不太相符。这也是一种"沉潜刚克,高明柔克"吗?

方 勇(以下简称方):也许是的。我生性比较内向,早年接触到《庄子》时,就有一种亲近感,觉得读《庄子》是一种享受。1986年我在河北大学中文系获得硕士学位后留校任教,即与中国社科院陆永品先生合著《庄子诠评》一书。此后，我师从杭州大学吴熊和先生，攻读唐宋文学博士学位，但仍心系子学，特别是庄子。1997年7月我进入北京大学中文系博士后流动站从事研究工作，确定以"庄子学史"为较长时期内的研究课题，经过十年多的努力，终于完成了200万字的《庄子学史》，2008年10月已由人民出版社出版。同时，我又受到游国恩先生《离骚纂义》的启发，启动了第二课题——《庄子纂要》，经过多年的努力，2012年3月由学苑出版社出版发行。此外，我所撰写或整理的庄子学著作还有十几本，已经陆续出版。

却：这么说，您并非一直从事庄子学研究，博士期间还治过三年的唐宋文学？您是否觉得这段研治唐宋文学的经历对您的庄子学研究是一种打断与耽误？

方：在读博士以前，我的阅读对象以先秦汉魏六朝为主，而对唐以后的学术关注则较少，仅辑校过宋遗民诗人方凤的遗文《方凤集》。攻读博士期间，却与往昔相反，大量的精力是放在阅读《四库全书》《四部丛刊》《丛书集成初编》等丛书中唐宋以后的相关文献上，同时也阅读了大量江南地方志及相关家族宗谱，在三年之中将唐宋以后的文化背景梳理出来。对中国文化的大背景有清楚的掌握后，才能对历代文化学术有较为客观的定位与评论，这个过程对于后来撰写《庄子学史》有极大的帮助。

却：您博士期间的导师吴熊和先生本人对您以后的学术生涯有没有帮助呢？

方：吴先生对我最有启发、使我获益最深的，莫过于对我的学术整体框架构建的指导。先生常引夏承焘先生的话说："大学者是出题目的，小学者是做题目的。"吴先生这些话，开阔了我的学术眼界，使我在之后的学术生涯中，逐渐有了做大题目的决心。

却：您做的题目的确是大，似从未有像您这样彻底地对庄子学进行一番爬梳的。读您的《庄子学史》，发现其中涉及到的材料的方方面面真不是一般的多。

方：《庄子学史》以庄子研究作为主线脉络，副线则以各个角度的文化背景作为辅助，三教九流，佛教禅宗，只要与《老》《庄》有关的文献，都要在书中做统一爬梳。我认为要做好一项学术研究，必须对整个中国文化史有全面性的掌握与了解，若仅是注意一部分的相关文献，便无法对研究对象有清楚的认识。

却：《庄子学史》之后，2012年您又推出了一部八册本400万字的《庄子纂要》。这样一来，《庄子诠评》《庄子学史》《庄子纂要》，就构成了您庄学研究的三驾马车。而《庄子纂要》更是一项集大成的工作，曹础基先生就评论此书"为后来学庄者节省了半生精力"。

方：我在梳理"史"的过程中，又想从"史"重新回到文本，让"史"与"文本"互为阐发，这就是《庄子纂要》的由来。它既辑录了历代庄子文献资料中的原文校勘、名物训诂、义理阐释和文学鉴赏，又将历代学者的评价辑入其中，并辑出历代与庄子有关的序跋及诗文，聚碎玉零金于一箧。当然，曹先生过誉了，这部书对研究生研究庄子应该有一定参考价值，但真想让后来的治庄者节省精力，还得另编丛书。

却：您是想说《子藏》吗？您是怎样由庄子研究萌发出编纂《子藏》的念头的？

方：我想要说的正是《子藏》。不过，我也不是由庄子研究直接就跳到《子藏》上来的。我在进行庄子学研究的同时，也在整理历代的庄子学文献，并与华东师范大学图书馆古籍部主任吴平教授成了合作伙伴。2003年4月，《庄子集成》文献资料的搜集整理工作就已经开始了，至2006年4月编纂完毕，并按合同要求把全部稿子交给了学苑出版社，但是数年后中止了出版合同，因为这仅仅属于我们个人的学术编纂行为，严重缺乏经费，无法讲究版本的遴选，更不可能得到海内外图书馆所藏稿本、抄本、孤本等庄子文献资料，连我们自己也深感不能尽遂人意。

却：台湾的严灵峰先生也曾整理过历代的《庄子》文献，您是如何看待的？

方：是的，但不只是《庄子》文献。上世纪五六十年代，严灵峰先生凭借一己之力，广泛搜集《老子》《庄子》《列子》《墨子》《荀子》《韩非子》六个系列的子学著作，编成并出版了《无求备斋诸子集成》，使大量平时难得一见的古代子学著作昭然广布，其仁心仁术，嘉惠学林者可谓夥矣！只是由于当时两岸学术文化交流不畅，大陆方面的大量子学著作无法利用；同时又受当时技术条件的限制，影印质量也不是太高。所以今天看来，严先生所做的工作，虽然标志了子学著作搜集整理史上的一个发展高峰，但仍留下了不少缺憾。

却：您做的工作可以弥补这个缺憾吗？

方：我相信以今天的学术环境与技术条件，应该可以做出一些超越前人的成就了。2010年，《子藏》编纂工作升格为华东师范大学校级超大型科研项目，在这种背景下，对包括《庄子卷》在内的整个编纂任务提出进一步的严格标准和要求，已是势在必行。2010年3月28日，我们召开了《子藏》专家论证会，会上我们确立了"全"且"精"的编纂原则。随后，原有《庄子集成》的稿子基本被撤换，代之以精善之本，并力求觅得第一手资料。在寻找手稿、抄本、孤本、稀有之本等方面，编纂者更是铁鞋踏破，苦心经营，共搜集到中国历代庄子学著作302部，较之严灵峰《庄子集成》初编、续编和《老列庄三子集成补编》中庄子部分（截止于1949年）的总数超出130部，基本做到"竭泽而渔"了，应该可以免却庄学专家和《庄子》爱好者的遗珠之憾了。

却：2011年12月，《子藏》第一批成果《庄子卷》在北京人民大会堂举行了新闻发布会，去年4月，你们又在上海举行了"《子藏》第二批成果新闻发布会",才两年多的功夫,进度真够快的!

方:时不我待。去年出的第二批成果,包括道家部中的《鹖子》《关尹子》《文子》《鹖冠子》《子华子》《亢仓子》《列子》等七子,另有《杨朱》附于《列子》之后,法家部包括《商子》《慎子》《韩非子》三子,另有《申子》附于慎子之后。司马迁认为法家出于道家,把道家人物与法家人物写进同一篇《老子韩非列传》中,我们这次的文献整理,也是按照这个思路。

却:那么多古代的子学文献,你们收书的原则是什么?我很好奇您究竟是怎样驾驭这么庞大的一个学术工程的。

方:盛世必修典。既然是修典,态度就一定要慎重,方法一定要科学,眼光一定要长远。《子藏》是一项浩大的基础性文化工程,运作这样大型的文化工程,不能凭匹夫之勇,也并非一夕之功,需要有专家团队的周密论证和全国各文化单位的通力协作。根据《子藏》的前期运作经验,首先,是给《子藏》确立名分。经过长期认真考虑,并采纳多数海内外专家的意见,确定《子藏》之"子"不是"经史子集"之"子",而是"诸子百家"之"子"。其次,作为超大型图书纂集工程,我们需要明确图书收录的原则、范围和体例。《子藏》收书的原则,一是"全",二是"精"。全,就是要全面发挥其资料性作用,把所有相关书籍全部收录进去。精,就是要尽可能选择最好的版本,通过版本自身体现其学术价值。诸子原典收录的时间,以六朝末年为下限;而研究子学的著作,其下限原则上截止到1949年。《子藏》共分为《老子卷》《庄子卷》《管子卷》等约六十个系列,每一个系列都包括该诸子白文本及其历代注释和研究专著三个部分,这样算下来,整部《子藏》共收录约六千种著述,几乎可以比肩《四库全书》的规模。最后,我们为《子藏》工程设定时间表,分步骤有计划地开展工作。第一,以我个人多年的前期准备和众多专家学者的集体智慧为基础,我们把六十个系列分为若干"部",

分批分次予以整理出版，不断总结工作经验，完善工作方法。第二，以我主编的《诸子学刊》为平台，联络海内外诸子学学者，凝聚力量，积极准备为每种著述撰写提要，考述著者生平事迹，揭示著作内容，探究版本流变情况，力争把《子藏》的学术价值体现在精心选择的版本和认真打磨的提要上。第三，以华东师范大学先秦诸子研究中心为依托，大力培养后备人才。早在几年前，我们就开始有意识地把门下的博士后、博士生、硕士生由庄学研究逐渐转移到了其他各个诸子研究上来了，将我所创造的庄学文献资料的搜集、整理方法和庄学研究模式推而广之，全面展开诸子学术文献资料的搜集、整理与诸子思想文化的深入研究，努力把《子藏》打造成一座宏大的传世经典文库，为诸子之学的全面复兴打下坚实的基础。

却：感觉您不像在做学问，而是像在指挥一场超大型的战役似的。

方：道理其实是一样的，任何一场大的战役，都是由小的战役汇总而成的。我一开始通过对《庄子诠评》的撰写，对《庄子》有了充足的认识与了解，对《庄子》的研究史也有了基本的掌握。后来通过写作《南宋遗民诗人群体研究》一书，又积累了对中国文化史的通盘了解，这才有了写作《庄子学史》的能力。写了《庄子学史》，编撰了《庄子纂要》，又深感必须对子学文献做全面而系统的整理，这才有了现在的《子藏》工程。这一系列工作，都是一个渐进积累的过程。

却：《子藏》第二批成果已经面世，我想知道你们的编纂工作是如何做通盘打算的？

方：整个《子藏》工程分两个阶段进行，即先编纂先秦部分，而后编纂汉魏六朝部分，但这不是绝对的，有时可采取更为灵活的方法。《子藏》工程拟将整部《子藏》分为主体和提要两个部分来进行，首先把主体部分作为重点工程优先影印完成。其次是撰写各系列子书的提要，先以单行本的形式出版，出齐后再汇成《子藏总目提要》。我执笔撰写的《庄子书目提要》，目前已由国家图书馆出版社出版发行，凡四十五万字。其他书目提要，正有计划地请各子学专家在撰写过程中。

却：您近年来又提出了一个"新子学"的构想，这应该可以看作是对您前期子学研究与编纂工作的顺理成章的延续了。

方：是的。如果没有《庄子学史》《庄子纂要》的写作，以及《诸子学刊》的创办、《子藏》工程的启动，贸然抛出一个"新子学"理念，那就让人觉得太空泛了。其实这个理念在我心里已经酝酿了很多年。我最终把这个理念写成了《"新子学"构想》一文，刊登在2012年10月22日的《光明日报》上。不过这篇文章见报的过程颇为曲折，文章成稿前，我同《光明日报》相关栏目的主编当面详谈过多次，文章成稿以后，我又先后与该栏目主编往返修改了五轮，历时半年左右。《光明日报》认为，"新子学"的观点一旦推出，很可能会一石激起千层浪，因而格外慎重。五轮修订过后，正式定稿。文章刊发后，声势确实不小，许多学者与媒体都纷纷响应。后来我又在《光明日报》上刊登了一篇《再论"新子学"》，又激起了许多篇呼应文章。这些呼应文章，如今绝大部分收录于首部《"新子学"论集》（学苑出版社2014年2月版）中，第二部现在也已在编。目前，"新子学"相关论文累积已达一百五十多篇，规模不容忽视。不过，"新子学"作为一个系统性的架构，并非百十来篇文章就能涵盖其所有内蕴，也不是短短数天数月甚至数年就能辨析清楚的。

却：究竟什么是"新子学"？

方：我们最古老的知识系统分为两大部分：一部分是以周公为代表的西周文化精英，承上古知识系统并加以创造发明的礼乐祭祀文化，经后人加工整理所形成的谱系较为完备的"六经"系统；一部分是以老子、孔子为代表的诸子百家，汲取经学思想精华，并结合新的时代因素独立创造出来的子学系统。经学系统代表了中华学术最古老、最核心的政治智慧，受到历代统治阶级的追捧，一直作为中华文化的主流思想传承至今；子学系统则代表了中华学术最具创造力的部分，在哲学、美学、政治、经济、军事、技术等诸多领域多维度、多层次的深入展开。比起经学系统，子学系统地位虽有不如，但重要性却丝毫不见逊色，它们共同构成中华文化传统知识系统的两翼，为东方文明的薪火相传奠定了深厚的思想基础。我们不敢想象，假如缺少了子学系统的内在张力，东方文明在人类文明发展史上还能走多远。

却：您能具体说说子学在历史上所起的作用吗？

方：好的。与经学在前台四平八稳地充当国家大法的状况不同，子学从兴起的时候起，就一直在充当着时代精神的疗救者的角色，其思想作用若隐若现。春秋时代礼乐秩序的全面崩溃引发了西周"王官"文化体制的解体，而"王官"文化体制的解体导致文化的迅速下移，士阶层中的佼佼者为寻找社会的病因、疗救世人的创痛，纷纷兴办私学、著书立说，这便出现了儒、墨、道、法、名、阴阳等诸多思想流派"百家争鸣"的空前盛况。"百家"，说明当时人才之兴盛、思想之活跃；"争鸣"，意味着学术批评的自由、学术思想的独立。然而，文明的胎动是一个痛苦的过程，伴随社会大转型而来的思想大解放给思想家们带来的生命体验并不愉快。我们今天很难再感同身受地体验当时思想家们的痛苦了，但站在一个更超脱的立场、以更长远的历史眼光来看，痛苦的社会现实显然有助于思想家们实现"哲学的突破"。冯友兰即认为："在中国哲学史各时期中，哲学家派别之众，其所讨论问题之多，范围之广，及其研究兴趣之浓厚，气象之蓬勃，皆以子学时代为第一。"

却：但是在秦汉之后，子学是否就从来没有再次兴盛过？

方：自秦之后，子学发展之路一直危机四伏、偃塞难行。秦代焚书坑儒，"天下敢有藏《诗》、《书》、百家语者，悉诣守、尉杂烧之"。"百家语"说的就是诸子之学。汉武帝建元元年（公元前140年）以申不害、商鞅、韩非、苏秦、张仪之言乱国政，皆废而不用。后又遵从董仲舒之议，"罢黜百家、独尊儒术"，致使儒家独大，诸家不显。汉成帝时，东平思王刘宇曾上书求诸子书，遭到拒绝，理由是"诸子书或反经术，非圣人；或明鬼神，信物怪"。东汉班固的《汉书·艺文志》以六经权衡百家，以为诸子"亦六经之支与流裔"，"若能修六艺之术，而观此九家之言，舍短取长，则可以通万方之略矣"。班氏虽置经学于诸子之上，但不否认诸子价值，然后世读书人多以经学为独尊，废诸子之书不观，甚者如南宋吕公著上书请禁诸子，以为"主司不得出题老、庄书，举子不得以申、韩、佛书为学"（《宋史·吕公著传》）。然亦有博学宏识之士，以子书创作为己任，发其宏论。扬雄《法言》、王充《论衡》、王符《潜夫》、荀悦《申鉴》、葛洪《抱朴》、佚名《刘子》、萧绎《金楼》、颜之推《家训》、王通《中说》，皆踵武"百家"，流誉后世，如此，子学传统方能不绝如缕。

却：晚清时期，诸子学似乎曾经兴盛过一阵子，后来不知怎么回事，又湮没无闻了。

方：还是时运未到之故。民国时西学东进，以西方思维、逻辑和知识体系来阐释诸子者渐多，诸子研究颇为兴盛，但也呈现出光怪陆离之势。邹伯奇以泰西科技、宗教、文字滥觞于《墨子》，薛福成以西洋电学、化学起源于《庄子·外物》，张自牧以西人算学、重学、数学、声学、热学、光学、电学、化学、医学、天文学、气象学、地理学、机械学、测量学、植物学出自《墨子》《关尹》《淮南》《亢仓》《论衡》等书。诸如此类，皆有基于当时经济技术落后于西方，欲以思想文化争胜，所以奇谈怪论一时遍起，以至于当时罗根泽想写一篇《由西洋哲学铁蹄下救出中国哲学》的论文，以揭穿这种为中国哲学家披上西洋外衣的拙劣把戏。其实，西洋的科学与我国的诸子学并非一点可比性也没有，但当时学者急于从本国经典中找到自信力，以抵抗异质文明的入侵，有时难免把话说得太绝对罢了。

却：时至今日，您提出的"新子学"，应该可以与西学之间做一番平等的对话了吧？

方：这种工作当然应该有人做，但我更看重的是诸子学本身所蕴含的"子学精神"或者说"子学思维"的挖掘。我在《"新子学"构想》《再论"新子学"》两篇文章里皆强调，当下是一个多元、开放的时代，传统学术面临现代转型，"新子学"正是此背景下的产物，同时也服务于这个时代。"新子学"要将诸子百家思想的优长提炼升华成创新、解放的"子学精神"。诸子学术的多元特质，与晚周时期王纲解纽、时代巨变的大背景相关，也与学术和思想发展的内在规律相关。从学术文化内部来讲，先秦子学继承了三代以来的思想文化传统，同时关注现实、深究学理，对诸如世界图景的想象、基本的政治形态、人的道德禀赋的来源以及如何理解历史、如何进行有效的国家管理等问题都做了精深独到的思考。这些问题重大而复杂，相互牵涉，因而在各家之间存在重大差异，使其思想的发展也不可避免地走向多元化。这种思想的多元特质，实际上是思想本身所具有的多种可能的显示。我们说晚周学术是中国学术的高峰，正是因为那个时代触及了人类思想的灵魂——多元精神。诸子百家无所畏惧地探索着任何领域，而拒绝任何先验的前提。这样的精神品质在后世为一统的文化秩序所掩盖，这种无所顾忌的思考也被主流的文化信条所束缚，因而显得羸弱而拘谨。不过，在后世的子学传统中，这种精神虽若隐若无，人们总是能从时代的脉动中感受到其特有的生命气息。

却：当今世界，似乎跟当年的战国时代很相像。

方：当今世界与先秦诸子时代极为接近，皆处于多国并立、文化异质、竞争与交流并重的时代，因此在思想文化上不可能固守一家，而应当直面现实，选择中华民族传统文化中与之相适应的多元文化因素，通过大力整合和提升来引领时代文化的走向。我倡导"新子学"，主张从"子学现象"中提炼出多元、开放、关注现实的"子学精神"，正是要以这种精神为导引，系统整合古今文化精华，构建出符合时代发展的开放性、多元化学术，推动中华民族文化进一步向前发展。

却：这真是一个美好的愿景！习近平总书记在比利时布鲁日欧洲学院发表演讲时，也专门谈到了诸子百家之学。习总书记指出，孔子、孟子、墨子等诸子百家，上究天文，下穷地理，广泛探讨人与人、人与社会、人与自然的关系，他们的理念影响着中华价值体系的建立，也深深影响着国人的社会生活。

方：这是中国领导人首次把国家价值体系重建与传统文化视为一体，明确肯定了传统文化在当代的作用，为传统文化的研究和发展提供了方向。这对于致力于传统文化研究的学者来说，是一件令人欣喜的事情。去年9月下旬，第五届国际儒学联合会在京召开，24日上午习近平总书记在人民大会堂举行的开幕式上做了报告。他在报告中反复强调，儒学与诸子百家等共同推进了中国文化的发展。在场的许多学者认为，总书记的报告即使单从学术角度去理解也是十分深刻而有意义的，很可能指引着以后相当一段时间内中国文化发展的根本方向。第二天，这个报告在《光明日报》第二版全文刊登。

却：您本人怎么看"新子学"与"新儒学"或"新经学"之间的关系？

方：现在许多学者认为，中国的文化仍需要有一个能够代表意识形态的东西，儒学还应该经学化，保持高高在上的地位，并主张在儒学经学化的基础上再来实现文化的多元化，而我提出的"新子学"刚好要破这个观念，不能有一个高高在上的经学。因为历经两千多年的专制统治，经学观念已经深深渗透进整个中华民族的文化心理中，不能再把它变成一种意识形态来固化之。儒学中当然可以整合出一些合理的内容来为今天的政治文明建设服务,"新子学"也可以从儒学中多吸收一些养分,但不能将任何一门学说绝对地置于所有学术文化之上。如果有人觉得我们提倡子学,只是在强调子学在学术史上如何重要,那么显然对"新子学"产生了误解。诸子学在中国思想史上固然十分重要,但并不总占据着最显著的地位。以《四库全书》为例,子学的位置就不是最突出的。我们提出"新子学"的主张,最重要的就在于发扬子学精神,这是中国文化源发时期的基本特色,正契合这个时代的气质。

却:请您定义一下"子学精神"。

方:简单地说,"子学精神"就是不尚一统、主张多元并生,就是学派间要保持平等对话、相互争鸣。"新子学"反对任何独尊,反对以权力宰制学术,反对借古圣人之言造作道统。不能理解"子学精神",也就不能理解"新子学"的关切点。我们提出"新子学",并不是说诸子百家作为学术研究要改变一些方法,渗透一些异质;更深层的理念观照在于,整个中国文化的气质要因此有一个巨大的改变。我曾在第五届国际儒学联合会上表达了以上观点,可惜与会者并未能充分理解。

却:港台与海外的"新儒学",有着宋明理学的历史印记,您提出"新子学",有明确的历史传承吗?

方:当然有。早在唐朝,韩愈就有"孔墨相用"之论,柳宗元有《读鹖冠子》之篇;宋高似孙有《子略》之书;明宋濂有《诸子辩》之谈,他们都一直在试图为子学正名。自明中叶以后,王阳明、朱得之、罗汝芳、焦竑、杨起元诸人,更以佛、道推盛心学,子学亦随之渐张。明末傅山更是倡导"经子不分",说"有子而后有作经者也"(《杂记三》),且身体力行,评注《老》《庄》《墨》《荀》《淮南》等,开近代诸子研究之先声。晚近更有太炎先生作《訄书》《检论》,为历代诸子学之系统总结。所以我提出"新子学",并非自己的发明创造，不过是上承先人余绪而已。

却：但宋明理学曾经在中国思想史上统治了七百年，子学除了战国时代之外，似未曾在历史上真正地兴盛过。您提出"新子学"，似乎有为传统做凿空创获的意思。

方：传统也不是一成不变的。公羊学二百多年默默无闻，经由董仲舒成为时代主流；当年程朱诸人创立宋明理学，依据的也就是《礼记》中的《大学》《中庸》和《论语》《孟子》，有限的几部书而已，其学术动机明显有以这些经典中的心性学内涵与佛教的心性学争衡的意味。可就是这样窄的一条学术路径，引领了一个统治中国学坛七百年的思潮！我认为学术应当适时而动，应适时对传统进行重构。现在，我们有自战国至六朝的子学著作为依凭，又身处多元时代的巨流之中，我对"新子学"的前途充满信心！

却：我听说"新子学"现在已不仅在国内有相当的影响力，而且也已波及海外，其关注度似不减于《子藏》。

方：《子藏》工程的内容很专业化、专门化，但"新子学"这个理念却可以经由各大媒体广泛传播至各个学科，使各个阶层都对其有所了解。其实按我们原来的设想，"新子学"的讨论主要是在诸子学研究范围内开展，然而它一经登出，立刻波及其他各个学科领域，而非局限于诸子学一门。于是去年11月9日，由上海大学郝雨教授牵头，在上海大学专门举办了一次"'新子学'与现代文化：融入与对接"的学术研讨会，与会学者许多都是从事现当代文学与传媒科学研究的。在地域上，"新子学"也已经传播至海外多个国家和地区。去年10月上旬，我到韩国首尔参加有关21世纪道家文化的国际学术研讨会，主办方已将"新子学"作为一个专门的议题来进行讨论了。韩国学术原以儒学为命脉基准，儒学正统的观念根深蒂固，如今，他们也同样面临着思想转型的问题。"新子学"的观点传播至韩国以后，不光影响到学术方面，还与其他一些社会问题整合在一起，引起了一些反响。这次与会的韩国的姜声调先生，就专门提交了一篇《在韩国如何推广"新子学"》的文章。

却：相信许多朋友都很好奇，您在主持《子藏》《诸子学刊》等编纂或编辑工作的同时，还身兼中国诸子学会会长（筹）、国际儒学联合会理事、国家社会科学基金学科规划评审组专家，更被教育部评为"长江学者"特聘教授，所著《庄子学史》又获得第六届高等学校科学研究优秀成果一等奖，用世俗的标准看，您早已是一位功成名就的大学者了，是什么力量支撑您不断在学术领域乘风破浪的呢？

方：《庄子》里有一句话："人生天地之间，若白驹过隙，忽然而已。"虽说天长地久，但个体一生的光阴却是极短暂的，"以有涯随无涯"，怎能不以有限之光阴，尽量做些有历史价值的事呢？我希望我提出的"新子学"理念能够具有历史价值。而回顾历史，任何重要的新观念的蔓延，往往不会拘泥于一朝一代，可能经过数个王朝，其生命还在延展与振作。所以，我更愿意把目前获得的殊荣看作是一种历史赋予的责任。我会认真地运用这些荣誉，诚挚邀请更多的思想研究者尤其是哲学工作者参与"新子学"的讨论，为这一创生伊始的理念能够更为蓬勃地发展多多建言。

却：听了您这一席话，我也很受鼓舞。衷心祝愿您和您的"新子学"事业，能为中国学术在新时代的发展开辟出一条光明大道。

方：感谢您的祝福！

（原载于《社会科学论坛》2015年第8期）

"新子学"与中华文化之重构
——方勇教授访谈录

张勇耀

【内容摘要】 经学与子学共同构成了中华文化传统知识系统的两翼,为东方文明的薪火相传奠定了深厚的思想基础。与经学在前台充当国家大法的状况不同,子学从兴起的时候起,就一直在激励人们进行创新,并展现和传承中华文化发展的多向性。

【关 键 词】 经学　子学　创新
【时　　间】 2015年12月10日
【地　　点】 上海市华东师范大学先秦诸子研究中心
【访谈嘉宾】 方勇,教育部"长江学者"特聘教授、华东师范大学先秦诸子研究中心主任、《子藏》总编纂、《诸子学刊》主编
【采　访　人】 张勇耀,《名作欣赏》上旬刊执行主编
【记录整理】 周　鹏

张勇耀(以下简称"张"):很高兴方教授能接受《名作欣赏》杂志的采访。学界同仁都知道,您近几年来的动作很大,撰写《庄子学史》、创办《诸子学刊》、编纂《子藏》,同时又创造性地提出了"新子学"的理念,并且已经开过好几次国际或国内"新子学"学术

研讨会了。您是怎样从传统学术研究走到理念创新的呢？

方勇（以下简称"方"）：学术研究都有一个循序渐进的过程，提出"新子学"的理念，应该说是我以往研究不断积累拓展的自然结果。我早年接触到《庄子》时，就有一种亲近感。1986年我在河北大学中文系获得硕士学位后留校任教，即与中国社科院陆永品先生合著《庄子诠评》一书。1997年7月我进入北京大学中文系博士后流动站从事研究工作，经过此后十年多的努力，完成了二百万字的《庄子学史》，2008年10月由人民出版社出版。我在梳理"史"的过程中，又从"史"重新回到文本，这就是我的另一部庄学著作《庄子纂要》的由来。这部书在2012年年初出版后，曹础基先生评其"为后来学庄者节省了半生精力"。在上述过程中，我就想，为什么不一劳永逸地解决治庄者所面临的文献问题呢？于是萌发了编一部比台湾严灵峰先生的《无求备斋庄子集成》更为完备的庄子文献集成的想法，再进一步就有了关于《子藏》的构想。2010年3月28日，我们召开了《子藏》专家论证会，会上确立了"全"且"精"的《子藏》编纂原则。2011年12月，《子藏》第一批成果《庄子卷》在北京人民大会堂举行了新闻发布会；2014年4月，我们又在上海举行了《子藏》第二批成果新闻发布会。在这一系列工作的基础上，在与诸子学界学者的交流中，我们逐渐意识到，提出一个具有统领全局视野的创新性理念是很有必要的，它可以统摄我们的工作，也能够指出一个新的学术方向，"新子学"构想即诞生于斯。这个构想，可以说是我们前期子学研究与编纂工作的顺理成章的延续。

张：您是如何把"新子学"理念介绍给学界的呢？

方：我把这个理念写成了《"新子学"构想》一文，刊登在2012年10月22日的《光明日报》上。文章刊发后，声势确实不小，许多学者与媒体都纷纷响应。后来我在2013年9月9日的《光明日报》上刊登了一篇《再论"新子学"》，又激起了许多呼应文章。这些呼应文章，如今绝大部分收录于首辑《"新子学"论集》（学苑出版社2014年2月版）中，第二辑现在也已在编。目前"新子学"相关论文累计已达一百五十多篇，规模不容忽视。不过，"新子学"作为一个系统性的架构，并非百十篇文章就能涵盖其所有内蕴，也不是短短数天数月甚至数年就能辨析清楚的。

张：那究竟什么是"新子学"？

方：这要从什么是"子学"说起。中国最古老的知识系统分为两大部分：一部分是以周公为代表的西周文化精英，承上古知识系统并加以创造发明的礼乐祭祀文化，经后人加工整理所形成的谱系较为完备的"六经"系统；一部分是以老子、孔子为代表的诸子百家，汲取经学思想精华，并结合新的时代因素独立创造出来的子学系统。经学系统代表了中华学术最古老、最核心的政治智慧，受到历代统治阶级的追捧，一直作为中华文化的主流思想传承至今；子学系统则代表了中华学术最具创造力的部分，在哲学、美学、政治、经济、军事、技术等诸多领域多维度、多层次地深入展开。经学与子学共同构成中华文化传统知识系统的两翼，为东方文明的薪火相传奠定了深厚的思想基础。与经学在前台充当国家大法的状况不同，子学从兴起的时候起，就一直在激励人们进行创新，并展现和传承中华文化发展的多向性。可以说，"子学"是直接面对"问题"的学问，而如今我们的"新子学"就是要直面当下社会的种种"问题"。

张：但在秦汉之后，子学似乎就没有再次兴盛过，是这样吗？

方：自秦之后，子学发展之路一直危机四伏、偃蹇难行。秦代焚书坑儒，"天下敢有藏《诗》、《书》、百家语者，悉诣守、尉杂烧之"。"百家语"说的就是诸子之学。汉武帝建元元年（前140年）因申不害、商鞅、韩非、苏秦、张仪之言乱国政，皆废而不用。后又遵从董仲舒之意，"罢黜百家、独尊儒术"，致使儒家独大，诸家不显。汉成帝时，东平思王刘宇曾上书求诸子书，遭到拒绝，理由是

"诸子书或反经术，非圣人；或明鬼神，信物怪"。东汉班固的《汉书·艺文志》以"六经"权衡百家，以为诸子"亦六经之支与流裔"，"若能修六艺之术，而观此九家之言，舍短取长，则可以通万方之略矣"。班氏虽置经学于诸子之上，但不否认诸子价值，而后世读书人却多以经学为独尊，废诸子之书不观，甚者如南宋吕公著上书请禁诸子，以为"主司不得出题老、庄书，举子不得以申、韩、佛书为学"（《宋史·吕公著传》）。当然也有博学宏识之士，以子书创作为己任，发其宏论。扬雄《法言》、王充《论衡》、王符《潜夫》、荀悦《申鉴》、葛洪《抱朴》、佚名《刘子》、萧绎《金楼》、颜之推《家训》、王通《中说》，皆踵武"百家"，流誉后世，如此，子学传统方能不绝如缕。到了清代中晚期，乾嘉学者以其余力整理诸子文献，其后有章太炎、梁启超等系统论述诸子学，子学从此自成一格。晚清民国时，西学东进，中国学者急于在本国思想中找到能与西方对话的资源，乘此机运，诸子学似有复兴之势。但随后战乱不断，学界屡遭倾覆之灾，全面复兴诸子学的事项，遂被无限期搁置了。

张：晚清时期，诸子学曾经兴盛过一阵子，但后来又湮没无闻了，不知何故？

方：还是时运未到之故。民国时西学东进，以西方思维、逻辑和知识体系来阐释诸子者渐多，诸子研究颇为兴盛，但也呈现出光怪陆离之势。邹伯奇以为泰西科技、宗教、文字滥觞于《墨子》，薛福成认为西洋电学、化学起源于《庄子·外物》，张自牧以为西人算学、重学、数学、声学、热学、光学、电学、化学、医学、天文学、气象学、地理学、机械学、测量学、植物学出自《墨子》《关尹》《淮南》《亢仓》《论衡》等书。诸如此类，皆有激于当时经济技术落后于西方，欲以思想文化争胜之意，所以奇谈怪论一时遍起，以至当时罗根泽想写一篇《由西洋哲学铁蹄下救出中国哲学》的论文，以揭穿这种中国哲学家披上西洋外衣的拙劣把戏。其实，西洋的科学与我国的诸子学并非一点可比性也没有，但当时学者急于从本国经典中找到自信，以抵抗异质文明的入侵，有时难免把话说得太绝对罢了。

张：这么说来，您提出"新子学"，主要是为了接续中国文明发展初期的思想资源。那么，这些资源的主要特征是什么？

方："多元"是诸子学最大的特征。自古至今的所有学派，每一家都在竭力打造自身的理论自洽，都绝对无法容忍理论内部的矛盾性，而诸子学恰恰建立在对矛盾性的包容上。先秦子学继承了三代以来的思想文化传统，同时关注现实，深究学理，对诸如世界图景的想象、基本的政治形态、人的道德禀赋的来源，以及如何理解历史、如何进行有效地管理国家等问题都做了精深独到的思考。这些问题重大而复杂，相互牵涉，因而在各家之间存在重大差异，使其思想的发展也不可避免地走向多元化。这种多元特质，实际上是思想本身所具有的多种可能的显示。诸子百家无所畏惧地探索着任何领域，而拒绝任何先验的前提。这样的精神品质在后世为一统的文化秩序所掩盖，这种无所顾忌的思考也被主流的文化信条所束缚，因而显得羸弱而拘谨。不过，在后世的子学传统中，这种精神虽若隐若现，但人们总是能从时代的脉动中感受到其特有的生命气息。

张：听闻您最近又在做《"新子学"与中华文化重构研究》课题，能具体谈一谈吗？

方：好的。自"新子学"理念提出以来，得到了《光明日报》《文汇报》等众多媒体的连续报道，加上我们多次举办国际、国内"新子学"会议，影响广泛，所以我们认为，"新子学"的价值应该不仅仅体现于当今社会，更要关乎未来社会。"新子学"理念在某种程度上应该是可以引领未来中国文化走向的，而国家也确立了这个课题。先秦学术研究领域大多数课题都是研究某一个问题或文化现象，"新子学"课题则是对我们原先提出的理念做进一步的阐释。我们得到了学校的积极支持，也得到了哲学社会科学研究申报课题评议小组专家的认可，这是很不容易的，由此可见"新子学"这个理念的分量。

张：如何理解"中华文化重构"？"新子学"与"中华文化重构"有什么内在联系？

方：这个问题太大，正是我们接下来要全力探讨的，在这里我只能从我自己研究的角度谈一点看法。我们的传统就像一个大仓库，各种各样的东西都有，但站在某个具体的时空，要用的东西并不那么多。如果时空更改，我们就要重新回到仓库里去找，好比冬天去找棉衣，夏天去找蚊帐。魏晋时正统的经学无法回应时代的课题，玄学就出现了；而宋朝的大儒们则从儒家经典中拈出大讲心性的《中庸》和《孟子》，以回应佛学的挑战。那么，当今时代的新课题是什么呢？假如用一个短语来概括的话，那就是"制度性地解决个人自由"，也即个人与国家如何有效地互动。显然，这些问题我们古代的哲人尚未深入探讨过，而此前的诸子宝库中，哪一家相对来说与这一问题最有契合度呢？未必是儒家或经学，我们可以发现，只有道家，才把目光关注到在一个庞大的密不透风的政教控制系统下，个人如何有效地与之协调，而非建构这个系统。当然，"新子学"不等于"新道家"，但"新子学"可能还是偏向于那种与大一统的经学话语相歧异的气质，它试图打开一个空间，契合我们当下的生活，论证和说明我们的生存状况。而现在的问题正是，我们自己的生活状态，甚至历史文化的身份，都没有办法认证，我们现在处于一种话语与生存相脱节的状态，我们的文化心理是古今中外一切思潮的大杂烩。这在当下阶段未必不是好事，但一个民族如果长久找不到自己的心灵家园，这个民族是无法自立于世界之林的。

张：这个说法很有启发性，那您可否再举例谈谈，"新子学"在其他方面有什么资源可以开发？

方：好的，我们可以举一个先秦时代经济思想方面的例子。《管子》可算是中国人的第一本经济学著作，其中《轻重》十九篇，《权修》《乘马》《治国》《禁藏》《入国》《问》等篇目，都是论述经济的。管子以一个国家为单元，论述了财富的生产、分配、交换、消费，建立了完整的经济学体系。美国学者《经济思想史》的作者Harry Landreth 说："今天中国正在经历一场重大的经济改革……研究《管子》可能与中国的经济学更相关。"许多经济学家现在都开始尝试用《管子》中的原理来解释中国经济了。我们希望条件成熟的时候，与经济学界研究《管子》的学者通力合作，完成"管子学"的现代转化——《管子》是诸子学里最能与现代文化直接契合的资源之一。当然，最重要的不是某一本书、某一种思想，而是诸子学本身具有的精神品质，也就是我们一直强调的"子学精神"。

张：那么您认为"子学精神"的核心理念是什么？

方：简单地说，"子学精神"就是不尚一统、主张多元并生，学派间要保持平等对话、相互争鸣。"新子学"反对任何独尊，反对以权力宰制学术，反对借古圣人之言造作道统，更反对"神道设教"。不理解"子学精神"，也就不能理解"新子学"的关切点。在多年研究诸子学的过程中，我深深感到，虽说同为中国学术的两个源头，"经学思维"与"子学精神"是完全不一样的。从汉武帝独尊儒术开始，讲究服从与权威崇拜的"经学思维"便渗入了各个阶层中国人的灵魂。中唐以后，这种僵化的思维又和禁欲主义合流，打着"明道""明明德"的旗号，把中国人的自主精神阉割殆尽。明代中后期，王阳明"心学"曾盛行一时，那时的儒者就是想在儒学内部，以自师其心的"子学精神"来造"经学思维"的反，从而恢复儒学的本来面目。后因清人入关，这次心灵革命被活生生地掐断了，接踵而至的还是"经学思维"的遮天蔽日。清朝灭亡后，本来五四新文化运动是一次很好地整修"经学思维"的契机，可正如李泽厚所说，那个时候"救亡压倒启蒙"，民族存亡是第一位的，于是古老的"经学思维"又披上了民族革命与人民解放的外衣，继续统治中国人的心灵长达半个世纪。时至今日，在政府机关里，在企业管理中，金字塔管理模式下的对上级的服从与崇拜仍然占据主流。如果这种思维再得不到彻底的清理，代之以崇尚独立自主并具有创造力的"子学精神"，中国文化就无法在新的历史条件下自立于世界文明之林。我提出"新子学与中华文化重构研究"课题，也正是基于这种担忧。

张：听了您的一席言谈，我也备受鼓舞。但是，诸子学毕竟是一种沉埋千年的历史资源，您打算如何"发潜德之幽光"，让它为更多的民众所知晓呢？

方：你说的是"新子学"如何传播推广的问题，这个问题已在我们考虑之中了。2014年11月9日，上海大学专门举办了一场"'新子学'与现代文化：融入与对接"的学术研讨会，与会学者大多都是从事现当代文学与传媒科学研究的，他们提出了许多关于如何在当下环境里传播推广"新子学"的良好建议，我听了之后感慨良多。早先我想到"新子学"这个理念时，只是把它设定为一个学术流派，没想到这个理念一经推出，一石激起千层浪，引起了方方面面人士的关注。从那时起，我就开始思考"新子学"在纯学术之外的社会价值。在国学的四部分类里，经部讲的是治国修身的大纲大法，史部是官方对家国兴亡更替的记录，集部则是文人际遇离合的写照、挥洒才华的舞台，只有子部，既充满思想家个人的深刻洞见，同时又针对最具体的现实问题。子书即便讲政治，也讲得亲切直接，很少会有经学里"光被四表，格于上下"式的神学化表述。平民性的文本更容易为各个阶层广泛接受，而这正是"新子学"传播推广的精神基础。

张：但是文言的限制也是一个瓶颈吧？

方：不要低估民间自发学国学的热情。如果经常去书店就会发现，像《周易》《老子》《庄子》这样的"三玄"书籍，是非常热卖的。而且文言其实没那么复杂，就是熟读而已，百十篇下来，就有基本的语感了。我幼年时比较内向，就觉得读古文是一种享受，正如今天听流行歌曲一样，所以我在读研究生之前把先秦汉魏六朝的经典粗读了一遍。而我的许多学生，他们也没有什么"家学渊源"，文言功底却相当不错，也无非是熟读而已。诸子学真正的难点不在语言，而在其思维方式，即便你懂文言，也未必真能理解诸子的思维，所以对原文进行准确地翻译就非常重要了。和外语一样，准确的古文翻译是理解古文化的桥梁。我曾经向中华书局倡议，在《诸子集成》《新编诸子集成》的基础上再编一部通俗化的诸子普及丛书，后来就演变成了《中华经典名著全本全注全译丛书》，这套书十分畅销，现在仍在不断重印。近来，我又为北京商务印书馆策划主编《诸子现代版丛书》，以配合"新子学"的大力推进。

张：现在是一个网络时代，您考虑过怎样利用网络媒体来推广"新子学"吗？

方：我触"网"比较晚，但我觉得网络与子学有着某种天然的契合。在网络里，人人自做主人公，独立发表自己的见解，这不正好就是新时代的"子学精神"吗？与"新儒学"浓厚的精英味道不同，"新子学"可以走平民化道路。我们可以充分利用日益发达的自媒体，比如博客、微博、微信公众号，建立"新子学"的宣传平台，定期向网友推送一些好文章、新书，发布一些讲座的通知，这样积累了一定经验后，我们就可以建设专门的"新子学"网站，到那时候，"新子学"主要的推介工作将在网络上多方面展开。

张：除了国内大陆文化界，"新子学"有走向国际的打算吗？

方：当然。事实上，"新子学"已经传播到了台湾、香港地区及海外。2014年10月上旬，我到韩国首尔参加有关21世纪道家文化的国际学术研讨会，主办方已将"新子学"作为一个专门的议题来进行讨论了。韩国学术原以儒学为命脉基准，儒学正统的观念根深蒂固，如今，他们也同样面临着思想转型的问题。所以，他们对"新子学"的观点比较敏感。2015年4月在上海举办的第二届"新子学"国际会议上，韩国学者姜声调就专门提交了一篇《在韩国如何推广"新子学"》的文章，不仅介绍了"新子学"在韩国的影响，还就"新子学"的推广方法提出建议。韩国成均馆大学东亚学科教授、韩国道家道教学会会长曹玟焕则在会上探讨了"新子学"与"狂"的现代意义，认为"在全球化时代，要求多元性、开放性思维的今天，我们要从儒家的经学中心主义、理性中心主义中摆脱出来"，并用"独特思维去发展人类文明"。韩国江陵原州大学哲学科金白铉教授在《从"为学"与"为道"来试谈21世纪新东道西器论》一文中指出，"现代新儒家可分为比较重视'穷理'的新理学与比较重视'居敬'的新心学"，然而新儒家"有其合理的成分，但也存在着许多不足之处"，所以"建立21世纪新道学必须要通过东西哲学文化的妙合才可以"。我国台湾地区的简光明教授提交了《在台湾推动"新子学"研究的策略》一文，介绍了"新子学"在台湾地区的影响，讨论了经学与子学的关系、研究人力与研究风气等问题。目前，台湾学术界正在积极筹备"新子学"国际学术研讨会，以期推动"新子学"的全面发展。香港的黄蕉风博士，则认为墨学发展是"新子学"的组成部分，并就当前墨学发展应如何摆脱旧有思路阐述了自己的看法。总之，"新子学"已在中国大陆以外逐步扩大影响。

张：衷心祝愿您和"新子学"能为中国文化在新时代的发展开辟出一条光明大道！

方：谢谢。

（原载于《名作欣赏》2016年第1期）

致力于弘扬子学文化的传统魅力
——访中文系方勇教授

杜晓玥

【**人物简介**】 方勇，教育部"长江学者"特聘教授、我校先秦诸子研究中心主任、《诸子学刊》主编、《子藏》总编纂。数十年来，方勇教授全身心地投入了诸子学的研究，所著《庄子学史》（200万字）先后获得了上海市第十届哲学社会科学优秀成果一等奖、教育部第六届高等学校科学研究优秀成果一等奖，《庄子纂要》（400万字）先后获得了上海市第十二届哲学社会科学优秀成果二等奖、教育部第七届高等学校科学研究优秀成果三等奖。

在方勇教授的诸多研究工作中，《子藏》的编纂无疑是其中最重要的一项。《子藏》编纂工程于2010年4月在华东师大启动，是一项国家级的重大学术文化工程项目，是对中国传统文化和国家重要古文献的一次大规模整理。

"子藏"一词，"子"取自思想史"诸子百家"之"子"；"藏"则类比道藏、佛藏而来，是对诸子学经典的统称。第一批成果《子藏·道家部·庄子卷》已于2011年12月在北京人民大会堂发布，新华社、《人民日报》、《光明日报》、《解放日报》、《文汇报》等多家国内外主流媒体都对此进行了报道，引起了海内外学术界的很大震动。方勇教授介绍说，继第一批成果后，《子藏》编纂中心已于2014年4月发布了第二批成果，包括《道家部》的《鹖子卷》《文子卷》《关尹子卷》《子华子卷》《列子卷》《亢仓子卷》《鹖冠子卷》，以及《法家部》的《商君书卷》《慎子卷》等系列，已初步显示了《子藏》"蒐天下之遗籍，极百家之大观"的宏伟景象。方勇教授说，《子藏》工程项目整合了我校文科的相关力量，联合了海内外有关高等院校和学术机构，并汇集两岸三地及海内外一些研究诸子百家、古籍文献以及版本目录方面的专家，集中力量搜集整理自先秦至民国所有存世的先秦汉魏六朝诸子白文本和历代诸子注释、研究专著，并为每种著述撰写提要。完成后的《子藏》，总册数约为1400册（精装16开本），大致与《四库全书》部头相当，整个编纂工程（除提要外）预计将于2020年全部完成。

此外，方勇教授还积极倡导"新子学"。在2012年4月"先秦诸子暨《子藏》学术研讨会"上，他第一次提出了"新子学"的概念。之后通过《"新子学"构想》《再论"新子学"》两篇刊发在《光明日报》上的文章，进一步阐释了"新子学"的理念，并策划出版了《中华经典名著全本全注全译丛书》《诸子现代版丛书》等书籍，也引发了学术界的热烈讨论和社会的广泛关注。短短三年，"新子学"已经得到了国内外诸多学者的回应，相关论文累积达150多篇。上海大学还举办了两次以"新子学"为主题的学术研究会，就"新子学"与现代文化的对接问题进行了专题研讨。在2014年韩国举办的21世纪道家文化国际学术研讨会上，主办方还将"新子学"作为一个专门议题来进行讨论，其影响力可见一斑。此外，"新子学"的理念还受到了中学执教者的重视，一些中学甚至将其作为考试内容。

"我们提出'新子学'的主张，最重要的就是要发扬'子学精神',这是中国传统文化中非常宝贵的内涵,也正契合了这个时代的精神。"所谓"子学精神",就是主张多元并生,学派间保持平等对话、相互争鸣。方勇教授还表示,倡导"新子学",就是希望借助诸子学文献整理的成果,大力推进诸子学的现代转型,积极引导国学的发展,为文化强国贡献智慧和力量。

(原载于《华东师范大学报》2016年1月12日第3版)

"新子学"将助力当代思想文化建设
——访方勇教授

李向娟

新闻由头：自方勇教授2012年10月创造性地提出"新子学"构想以来，学界持续热烈讨论这一崭新的学术理念，在海峡两岸和韩国等地形成了一股强劲的"新子学"思潮。今年11月28日，《"新子学"深化：传统文化价值重构与传播国际学术研讨会》在厦门举办，来自海内外70多位专家学者汇聚一堂，为"新子学"深化问题建言献策，扎实推进了"新子学"的深化发展。

"新子学"的真正内涵

记者：从思想史、哲学史来看，"子学"是研究诸多思想家、哲学家的学问。请问"新子学"的构想是如何提出来的？您又如何把"新子学"理念介绍给学界？

方勇："新子学"理念的提出，应该说是我以往研究不断积累拓展的自然结果。自上世纪80年代以来，我先后完成了《庄子诠评》《庄子学史》《庄子纂要》等十多种诸子学研究著作，并创办了《诸子学刊》，启动了《子藏》编纂工程。在长期从事诸子学研究和相关文献整理过程中,我逐渐意识到,提出一个具有统领全局视野的创新性理念是很有必要的,于是在2012年先后提出了"全面复兴诸子学"的口号和"新子学"理念。

　　子学根植于中国文化土壤,其学术理念、思维方式等皆与民族文化精神、语文生态密切相关。因而对相关学术概念、范畴和体系的建构,本应从中国学术自身的发展实践中总结、概括、提炼而来。"新子学"即是此理念的实践。如在思维方式上,诸子百家重智慧,讲彻悟,不拘泥于具象,不执着于分析。表述形式上,或对话,或随笔,或注疏,不拘一格,各唱风流。这些都是存在于特定历史阶段的思维方式和话语风格,本不与西方乃至中国当前的思维话语相类。而在子学内部,"老聃贵柔,孔子贵仁,墨翟贵廉,关尹贵清,子列子贵虚,陈骈贵齐,阳生贵己,孙膑贵势,王廖贵先,兒良贵后"(《吕氏春秋·不二》),本各具特点。"新子学"自觉认知此点,从客观历史出发,在辩证思维之下对其进行继承发展,以促进其更好地完成现代化转型,实现合乎历史发展规律的新进化。

　　"新子学"的提出至今已有4年了,从最初的《"新子学"构想》,到《再论"新子学"》,再到《三论"新子学"》,引发许多学者与媒体的回应,形成了一股"新子学"热潮。不过,"新子学"作为一个系统性的理论架构,并非一二百篇文章就能涵盖其所有内蕴,也不是短短数天数月甚至数年就能辨析清楚的。

　　记者:什么是"新子学"?它的真正内涵是什么?"子学精神"又是如何形成的?

　　方勇:子学产生于文明勃兴的"轴心时代",是以老子、孔子等为代表的诸子百家汲取王官之学精华,结合时代新因素创造出来的新学术。自诞生以来,子学便如同鲜活的生命体,在与社会现实的不断交互中自我发展。当下,它正再一次与社会现实强力交融,呈现出全新的生命形态——"新子学"。"新子学"是子学自身发展的必然产物，也是我们在把握其发展规律与时机后，对其做的进一步开掘。

我认为，"新子学"具有更深层的内涵，它是以"子学精神"为灵魂，重视晚周"诸子百家"到清末民初"新文化运动"时期，每每出现的多元性、开放性的学术文化发展趋向。诸子学的多元性，不仅在横向上展现为诸子百家各呈其说，也在纵向上通过大量的冲突与交融，推动了每一学派内部的自我发展。儒学在孔子、子思、孟子、荀子间相承相递，道家在老子、关尹子、文子、列子、庄子中多方推进，墨家在墨子及其后学间代代衍生，法家在商鞅、申不害、韩非子中层层发扬。各个学派内部都有不同的发展谱系，任何一名厕身其中的学者都在不停息地前行。如孟子上承孔子，中接子思，标举仁义，改造五行，收礼义于内在，独创"四端"说，这既是对孔子、子思学说的深刻继承，又是对其学说的精彩创新。事实上，正是这种于内外纵横间的长期对立、会通与交融，才有力地推动了我国历史上多元文化的不断发展。历代以来，"子学精神"一直都鲜活地存在着。

那么，"子学精神"的核心理念又是什么呢？简单地说，"子学精神"就是主张多元并生，学派间要保持平等对话、相互争鸣。就深层意义而言，"新子学"是对"子学现象"的正视，更是对"子学精神"的提炼。所谓"子学现象"，就是指从晚周"诸子百家"到清末民初"新文化运动"时期，其间每有出现的多元性、整体性的学术文化发展现象。这种现象的生命力，主要表现为学者崇尚人格独立、精神自由，学派之间平等对话、相互争鸣。各家论说虽然不同，但都能直面现实以深究学理，不尚一统而贵多元共生，是谓"子学精神"。

"新子学"着力推动中华文化重构

记者：听说您正在做《"新子学"与中华文化重构研究》课题，如何理解中华文化重构？"新子学"与"中华文化重构"又有什么内在联系？

方勇：中国作为一个连续不间断的文明体，其文化的生命力由来已久。当然，近代以来的挫折也揭示了中国文化内在的弱点。特别是近三十年来，中国社会极速现代化，经济繁荣、社会昌盛的同时，也不可避免地引发诸多问题。一个单纯发展经济的社会是没有前途的，社会发展必须落实为每个人的文明生活，这就需要文化的形塑力量。西方的流行观念在当下中国影响甚大，学界对于传统的研究也大多处于整理知识的阶段，研究方法尚依赖于西方话语体系，这实际上强化了外来价值体系的影响。此前，"新子学"提出正本清源的主张，就是希望中国学术能摆脱既有模式，重视创新精神。我们认为，传统文化研究创新首先需要回到中国思想的原点，即先秦时代的诸子学传统。

当今的世界与先秦诸子时代极为接近，皆处于多国并立、文化异质、竞争与交流并重的时代，因此应当选择中华民族传统文化中与之相适应的多元文化因素，通过大力整合和提升，来引领时代文化的走向。

我倡导"新子学"，不仅意在呼吁革新传统诸子学的研究方式，更主张从"子学现象"中提炼出多元、开放、关注现实的"子学精神"，并以这种精神为导引，系统整合古今文化精华，构建出符合时代发展的开放性、多元化学术，推动中华民族文化的健康发展。

我们认为，"新子学"的价值应该不仅仅体现于当今社会，更要关乎未来社会。"新子学"理念在某种程度上应该是可以引领未来中国文化走向的，而国家也确立了这个课题。先秦学术研究领域大多数课题都是研究某一个问题或文化现象，"新子学"课题则是对我们原先提出的理念做进一步的阐释。

"新子学"对国学发展的影响

记者："新子学"对国学发展有哪些帮助？又如何观照传统文化创新？

方勇：我们在述说"国学"时，显然指的不仅仅是过去的历史文化，而是一直以显性或隐性的方式、活生生地伴随我们左右，甚至参与我们自身的自我构建的学术文化。因此，对于"国学"而言，它除了包含中国固有的传统学术文化内容外，自在的当下属性和走向未来的使命也是题中应有之义。

基于对"传统"的历史性和现实性特点的明确认知，"新子学"强调，"国学"在漫长的岁月中必然存在一个变化发展的过程，可以说一代有一代的"国学"。今日之社会更为多元复杂，而民族历史文化的传承和发展必然会显示出鲜明的时代特征。这就要求我们从经学思维和体系的禁锢中真正解脱出来，以开放的姿态传承传统文化，维护学术开放、多元的本性，积极构建具有时代特征、富于活力的"新国学"。"新子学"正是适应这样的"国学"发展要求，将应运承载"新国学"的真脉。

其实，不同的文明传统有不同的价值体系，西方有其自身的价值体系和解决方案。西方的价值体系与其历史文化紧密相关，并不能解决中国社会的困境。要解决现代化中的中国人的问题，无法模仿西方，只能通过对自身文化的创新来解决。诚然，先秦诸子并没有现代生活的经验，他们的思想也不是为了解决今天的问题。但是，诸子思想是对文明的深刻洞见，尤其是对人的深刻理解，这些具有普世和恒久的价值。假如我们把技术和资本的问题理解为物，先秦诸子要处理的就是人如何应物的问题，这是传统文化研究创新的根本点。

在当今社会，我们倡导子学复兴、诸子会通，主张"新子学"，努力使之成为"国学"新的中坚力量，非为发思古之幽情，更不是要回到思想僵化、权威严厉的"经学时代"，而是要继承充满原创性、多元性的"子学精神"，以发展的眼光梳理过去与现在，从而更好地勾连起未来。产生于"轴心时代"的诸子之学从来都是当下之学，自汇聚诸子思想的诸子文本诞生伊始，诸子学就意味着对当时社会现实的积极参与。而后人对诸子文本的不断创作、诠释、解构与重建，亦是为了积极应对每一具体历史阶段之现实。子学如同鲜活的生命体，不断发展、演变，生成了一代又一代的新子学。我们倡导"新子学"，正是对诸子思想的重新解读和扬弃，也是借重我们自身的智慧与认识对传统思想的重新寻找和再创造。

"新子学"要打破旧体制，实现跨学科发展。而打破学科局限，凝聚研究力量是诸子学研究完成自我突破的重要方法，以往的研究受制于学科体系差异，学者之间来往不多，研究方法相对单一，对诸子学的自身发展十分不利，而"新子学"的重要内容之一，就是要在汇聚多学科学者的方向上下功夫。

"新子学"是一个新课题，现在还仅仅是破题阶段，"新子学"的未来最终还是要依靠诸子学界乃至整个人文学界同仁的共同努力，在研究的实践中加以交流、发展、开拓，逐步积累经验。

（原载于《福建日报》2016年12月6日第10版）

以"新子学"作为传承与
重构中华文化的基础
——《"新子学"论集》出版

汤漳平

自20世纪初开始，伴随着各种运动对传统文化学术的不断批判，尤其是"文革"期间的全面摧残，造成全民对它普遍的漠视与疏离，以至明显出现断层。尽管当下社会各阶层都强调对优秀传统文化学术的传承与弘扬，"国学热"也方兴未艾，但对深层次的作为相关文化学术精髓的元典理论的研究仍显不足，尤其尚缺乏明白而正确的基本理念系统建构。在此状况下谈中华文化学术复兴，显然缺乏坚实的基础。因此，当下学界应着手参与设计，建立正确而切实可行的思想理念与学术体系。这是时代发展所赋予的使命，同时也是一项十分复杂的系统工程。

华东师范大学先秦诸子研究中心方勇教授自一年前提出关于"新子学"的构想，在学术界引起了强烈的反响。一年多以来，许多学者认真思考，积极参与研究和探讨，并对其内涵与内容进行了更全面、更深层次的系统建构，提出许多有价值的见解，新近出版的《"新子学"论集》(叶蓓卿编，学苑出版社2014年1月版)，即集中体现了这一期间的主要研究成果。全书汇编了至今所有与"新子学"相关的学术信息，包括傅璇琮、卿希泰、许抗生、张双棣、陆永品、谭家健、杨国荣、王锺陵、孙以昭、邓国光（澳门）、赖贤宗（台湾)、金白铉（韩国）等海内外众家论文及新闻报道共79篇，并由陈鼓应先生作序。全书集中呈现了"新子学"的时代性、基本内容及其对中华传统文化学术重构的重要意义。

中华文化的重构是一项复杂的系统工程，民族传统文化的自觉传承毫无疑义的是重构中华文化的基础。但是，我并不认同当前一些主流说法，似乎民族文化的传承就是经学与儒学的传承。虽然在长期封建社会中，儒学一直受到各个不同时代统治者的褒扬，成为二千年来的显学。然而，中国传统文化的结构是多元的，是先秦诸子共同创造了中华文化的基础，历朝历代所有有成就的学者，也都是精通诸子百家之学，我们断不可到今天反而画地为牢，仅仅去弘扬儒学而丢掉其余的百家之学。且当下的文化荒漠现象，不是因对儒家文化学术重视不够，而是因对整个传统文化学术的无知与误解。

"新子学"是对中华文化轴心时代的诸子百家生态的全面梳理，显示出它对传统文化与学术基本命脉的敏锐把握，正如许抗生先生所言，我们在当下要做的是民族文化学术的全面复兴，"新儒家"虽在相关方面提出了一些新概念，如先后提出"新理学"、"新心学"、"新气学"、"新经学"等理念，但中华文化极其丰富多彩，绝非儒家一枝独秀的文化所能替代，"新子学"的提出合乎传统学术实际，正是当下所急需。且相较而言，"新子学"对当前文化病症也做出了更为确切的诊断。也正因此，他以为，"新子学"应当作为传承中华文化的基本内容和进行中华文化重构的基础。

在时代性方面，方勇先生从《"新子学"构想》到《再论"新子学"》，皆强调当下是一个多元、开放的时代，传统学术面临现代转型，"新子学"正是此背景下的产物，同时也服务于这个时代。"新子学"强调要将诸子百家思想的优长提炼升华成创新、解放的"子学精神"。林其锬先生也概述了先秦诸子的五重基本精神，即：入道见志、自开户牖的原创精神；述道言治、拯世救俗的求实精神；

飞辩驰术、百家飙骇的争鸣精神；百虑一致、殊途同归的会通精神；与时竞驰、通变无方的开放精神。相关内容皆可以为"子学精神"的重要构成。"新子学"也强调以这种精神为道引，系统整合传统文化中的精华，构建出符合时代发展的开放性、多元化学术，从而引领时代文化的走向。这种内在要求，也使得它更符合时代潮流。

"新子学"较之其他理念，更具有包容性。经学独尊的时代已结束，且正如陆永品先生所言，经学范围狭窄、陈旧、僵化、停滞，其中的一些主张也已不符合当今的国情民意，因而应当重申"新子学"在自身建构方面的一个基本理念，即强调"子"为思想史的"诸子百家"。如傅璇琮先生所言，"新子学"对自身之"子"的勘定，较传统目录学"经、史、子、集"之"子"的分类，更合乎思想史的实际。何况子学本身也包括了儒家的学说，如孔孟的学说。当然，我们必须强调的是，应该弘扬的是元典的儒学，而不是汉代以后变了味的专门为封建统治阶级服务设计的那一套东西。中华文化要复兴的是传统中的优秀文化。

"新子学"之所以适合今天的需要，还在于它所具有的开放性。中华文化的重构，是以现代的眼光从传统的中华文化中选择那些经过现代阐释能适合今日社会发展需要的内容，同时吸取世界各民族文化的长处，融汇形成新的充满生机活力、具有强烈时代性的一种文化。进入全球化时代的今天，只固守旧的一套，是十分荒诞的。时代的发展要求推陈出新，因此，应当广泛吸取世界各国文化中的精华，使之为我所用。在世界文化广泛交融的今天，如何吸取各种文化的精华，经过消化吸收，为我所用，应当认真思考。许多被认为是普世价值的东西，应当大胆加以回应和吸收。这些也都是"新子学"的题中之义。如"新子学"即强调扎根传统文化沃土，以独立姿态坦然面对西方学术。即在追本溯源，继承传统，发掘、保持本身特性的同时，也着眼国际，取西学之所长，补自身之不足，从而建立既有中国气派，又具有世界性意义的中华文化研究范式。

"新子学"在对传统文化进行新的梳理后，也将相关研究带入了新阶段。体现在学术创新方面，就是全面继承传统学术理念与方法的基础上，又结合现代学术，形成了拥有自身特色的新学术方法体系。即用新观念、新理论、新方法、新材料、新模式等对传统子学以及整个传统文化学术进行新的梳理。如"新子学"将结合历史经验与当下学术理念，对诸子学资料进行全面的收集和整理，除继续修编诸子经典外，也将无规则散见于各类其他文献中的有关资料予以辨别整合，从而形成一个系统的诸子学资料库。且结合现代学术方法，对诸子文本进行更为深入的注释和研究，并阐发出诸子各家各派的精义，梳理出清晰的诸子学发展脉络。同时，继承冯友兰"接着讲"理念，保持诸子学术的时代性品质，结合当下其他学术的新发展，创造出诸子学的时代新意。

目前，"新子学"也已经直接影响到传统文化研究领域的发展。应该说，"新子学"本身必然会带来传统文化学术的革新，当它落实到具体研究时，将产生新的"家"学、"子"学。从《"新子学"论集》所收录的文章来看，相关方面已取得不少成果，如许多学者已开始在"新子学"理念之下，对"新道家"、"新儒家"、"新墨家"、"新法家"等作了初步探讨，并也开始尝试用"新子学"理念对庄学、韩非学等"子"学，以及《老子》《论语》等子学思想元典进行了新的梳理与研究。当然，"新子学"的题中之义，应有新"子"的创造。即"新子学"不仅是要对传统文化学术进行新的研究，更是要努力创造新的文化学术，不断催生21世纪的新诸子百家。在我看来，凡是能在传统文化与思想的基础上，创造出新文化、新思想的学者就是新时代的"子"家。当然，这是大难之事，但确是建设者们的殷切期待，且也相信在"新子学"的号召之下，新诸子学必然会连肩而立。

在专门的文化研究领域之外,"新子学"在文化传播方面尚应多予重视,应该注重诸子学的普及。张双棣先生认为"新子学"不能只在几个专家或学者的笔下,应成为全民文化的一部分,特别是要使青年一代能够对它有尽可能多的了解和认识。徐国源先生也指出"新子学"不仅是学术层面的整理和研究,也应该展开有效的文化传承和跨文化传播。诸子学中丰富的思想义理既是可解读意会的,也可以通过故事化、生活化的方式通俗生动地传播,包括讲坛、影视、动漫和各种新媒体传播媒介,都应该能为"新子学"传播所用,而且很有当下意义。但我以为,就目前来说,最为迫切,也确实可行的便是,我们应以"新子学"作为传承中华文化的基本内容,由浅入深,选择和编写出一套适合从小学到高中学习的教材,应专门开设一门中华文化的基础课,用12年的学习时间,使学生具备最基础的中华文化知识。大学阶段,在通识课中设立相应内容即可,以利于进一步的深入学习和提高。也只有如此,才能使传统文化的传承,具备比较扎实而广泛的社会根基。

先秦时代产生的子学,是中华文化智慧的宝库,在其产生之后的两千多年间,对世界文化发生了重大影响,对西方的文艺复兴起到一些积极的推动作用。今天,大力弘扬"新子学",无疑是对这一座宝库进行更深度的开发,实现其现代转型,并为中华文化的重构奠定坚实的基础!

(原载于《文汇读书周报》2014年3月28日第10版。作者单位:闽南师范大学)

"《子藏》第二批图书新闻发布会暨诸子学现代转型高端研讨会"召开

叶蓓卿

2014年4月13-14日,"《子藏》第二批图书新闻发布会暨诸子学现代转型高端研讨会"在上海隆重举行。来自中国大陆、港澳台地区以及新加坡、韩国、马来西亚等国家的一百三十多位专家学者及相关领导出席了本次会议。本次大会提交论文近八十篇。与会学者就"子学精神"与多元文化发展、"新子学"与西学关系、"新子学"如何处理"经"、"子"关系等传统议题,以及"新子学"与中华文化复兴、"新子学"与当前和谐社会建设等时代问题展开多方探讨。

中国社会科学院文学研究所党委书记刘跃进研究员认为,"新子学"的提出,具有推进中国传统文化现代化进程的重要意义。华东师范大学中文系徐中玉教授则指出,"新子学"可以直接丰富"海派文化"的内涵与内容。北京大学中文系张双棣教授提出,诸子多元的发展应该是"新子学"的首要工作,建设"新子学",应当彻底了解传统子学的内涵与真谛。中国社会科学院文学研究所孙少华副研究员则认为,"新子学"的创新,应当重点从传统选题的深化与突破、传统方法的改善与突破、传统观念的更新与突破等方面着手。"新子学"与跨学科学术建设,也是与会学者十分关心的议题。上海社会科学院研究员、五缘文化研究所所长林其锬指出,建构"新子学"

学科，是应时代的需要，也是子学历史发展的必然。安徽大学中文系孙以昭教授认为，"新子学"的提出，高瞻远瞩，有统领诸家学派、各门学术的气势。韩国圆光大学姜声调助教授则认为，"子学"自有博大精深的含义，不同学科人员自由活跃地接受发挥，科际整合，贯串为一，符合"新子学"学科建立与学术研究的理念。

（原载于《文学遗产》2014年第4期。作者单位：华东师范大学中文系）

诸子学现代转型高端研讨会在沪召开

万姗姗

本网讯（通讯员万姗姗）4月11日至13日，由华东师范大学先秦诸子研究中心主办的诸子学现代转型高端研讨会在上海召开，来自中国大陆、港澳台地区以及新加坡、韩国、马来西亚等国家的130多位诸子学专家学者齐聚申城，以"新子学"及诸子学现代转型为主要议题，深入展开研讨。

华东师范大学先秦诸子研究中心方勇教授在大会开幕式上致辞，他指出诸子学是中华民族宝贵的思想资源，在当前多元复杂的文化背景之下，学界应适应时代要求，发掘"学者崇尚人格独立、精神自由，学派之间平等对话、互相争鸣，直面现实以深究学理，不尚一统而贵多元共生"的子学精神，突破学科限制，凝聚研究力量，在夯实"新子学"的基础上，探索诸子学研究的新范式。"新子学"主导国学的发展，子学界的专家学者要勇挑历史重担，为开创诸子学新局面，实现社会主义文化大发展大繁荣而努力。

中国社会科学院文学研究所党委书记、《文学遗产》主编刘跃进研究员认为，"新子学"的提出具有推进中国传统文化现代化进程的重要意义。"新子学"要批判吸收诸子精神，取其精华、去其糟粕，使其为当代文化建设服务。"新子学"研究要为社会主义核心价值体系和思想道德建设提供精神支持，为探索建立中国特色文化建设的理论经验提供借鉴，为实现"中国梦"和具有"中国风"、"中国气派"的文化大国做出贡献。

上海社会科学院、五缘文化研究所所长林其锬研究员谈到，"新子学"学科的建立既是因应时代的需要，也是历史发展的必然。"新子学"要发扬舍短取长、博采百家的精神，解放思想、大胆创新，从而创建立足历史、面向世界，具有新视野、新使命、新内容、新方法、新架构的"新子学"。

北京大学中文系张双棣教授提出，建立"新子学"要与时俱进、着眼创新，在彻底了解传统子学内涵与真谛的基础上，借鉴先秦诸子宽容的、兼收并蓄的精神，在传统与外域的思想文化中吸取营养和智慧，为现代与本土的文化服务，为当今社会的政治文化注入活力。

安徽大学中文系孙以昭教授谈到，"新子学"的提出，高瞻远瞩，有统领诸家学派、各门学术的气势。在"新子学"的旗帜下，不但可以进一步进行某一子学流派的专门研究，也可进行整体子学的整合性研究；既可进行单一学科的微观探寻，也可进行跨学科和多学科的宏观把握，从而逐步做到分合有序，大小并进，蔚为大观，取得前所未有超越先贤的成就。

中国社会科学院文学研究所孙少华副研究员认为，进入21世纪之后，新的学术要求与历史机遇，要求"新子学"在创建学术"新传统"方面承担起应有的责任。从"新旧之争"的学术传统看，"新子学"具备开展学术研究的可能性；从"破与立"的学术关系看，"新子学"可以再"立"方面进行创新性研究；而"学与用"，则是"新子学"未来发展的主要方向。

本次研讨会共提交会议论文71篇，与会学者分组讨论了"新子学"对诸子学现代化的推进、"新子学"基本内容与体系的系统建构、"新子学"如何引领多元文化发展、诸子学复兴与当前建设和谐社会的关系、现代诸子学转型的困难与出路等议题。

（原载于"上海教育新闻网"2014年4月12日）

发掘诸子沉淀在历史中的"金子"
——学者呼吁推进"新子学"理论建构

胡言午

"'新子学'学科承负的历史使命,就是要发掘、研究诸子百家沉淀在历史发展长河中的'金子'。我们要实现古今转化,培育和弘扬社会主义核心价值观,使民族精神命脉不断延续。"在4月11-13日由华东师范大学先秦诸子研究中心主办的诸子学现代转型高端研讨会上,上海社会科学院研究员林其锬表示。

对于"新子学"的"新",华东师范大学先秦诸子研究中心主任方勇称,因为至今一个成熟的诸子学研究范式仍未建立,因此,"新"并非是对事实的肯定,而是期许和展望。把"新子学"作为一个独立的领域,作为中国思想的内在脉络来把握,这是"新子学"的题中要义。对此,中国社会科学院文学研究所副研究员孙少华认为,从内容和方法上看,"新子学"创新的可能性在于传统选题的深化与突破、传统方法的改善与突破、传统观念的更新与突破。除了传统的义理、考据与辞章治学,还需要借鉴西方现代主义的成果,与世界文明接轨。

林其锬认为,当下应给予"新子学"明确的学科定位,其中要厘清"新子学"的内涵、时代特征、历史使命、学科特点等。不少与会者认为,跨学科研究是"新子学"学科建构的重点。安徽大学中文系教授孙以昭认为，进行跨学科、多学科的综合性研究势在必行。韩国圆光大学学者姜声调表示，"新子学"与跨学科学术研究可以从唐宋到近现代所遗留学术成果中发掘一些相关证据，使其成为跨学科研究的范例，加之解构与重建工作，能使"新子学"进入跨学科研究行列，从而被更多领域所接受。

关于"新子学"的当代使命，北京大学中文系教授张双棣提出，建立"新子学"要与时俱进、着眼创新，在彻底了解传统子学内涵的基础上，借鉴先秦诸子兼收并蓄的精神，在传统与外域的思想文化中汲取营养和智慧，为现代与本土文化服务，为当今社会文化注入活力。

（原载于《中国社会科学报》2014年04年14日第A01版）

"新子学"推动文化复兴
——《子藏》第二批成果发布会暨诸子学现代转型高端研讨会举行

潘　圳

诸子百家之学是中国文化的源头，诸子典籍承载着古圣先贤的思想与智慧。华东师范大学大型古籍文献整理工程《子藏》第二批成果近日隆重发布。这项重大的学术文化工程项目是对中国传统文化和国家重要古籍文献的一次大规模整理。第二批成果包括《鬻子》《关尹子》《文子》《鹖冠子》《子华子》《亢仓子》《列子》《商君书》《韩非子》等12个系列，共收入先秦至民国时期有关子学著作672种。《子藏》汇辑影印海内外所存的先秦汉魏六朝诸子白文本和历代诸子注释、研究专著等，并为每种著述撰写提要，考述著者生平事迹，揭示著作内容，探究版本流变情况。其收录的下限原则上截止到1949年，适量收入今人所辑出土文献资料。

《子藏》工程的全面推进，为新时期子学的研究与复兴奠定了坚实厚重的基础，为传承和弘扬中华传统文化提供了有力的支撑。本次成果的发布引起了国内外学术界的高度关注，来自中国大陆、港澳台地区及韩国、日本、新加坡、马来西亚等120多位学者齐聚申城，围绕《子藏》并以"新子学"及诸子学现代转型为主要议题，展开了深入的交流与研讨。

诸子学多元发展重在创新

新子学,当今形势下的诸子学,即诸子学在新形势下的发展。在当前多元复杂的文化背景之下讨论新子学,面对古今中外的各种思想学说,应"择其善者而从之,其不善者而舍之"。新子学到底"新"在何处?安徽大学中文系孙以昭教授解释到,新子学的"新"是全方位的"新",要做到"三新一全",即观念新、视角新、方法新、资料全。今天的新子学不仅是回归本原,更须进一步发展,要深入研究古代子学的精义,以解决现实社会的大问题。厦门大学新闻传播学院谢清果副教授认为,新子学之"新"在于它能继承子学对"礼崩乐坏"时代问题的回应意识,既回应了在当代中国社会治理现代化进程中提升文化自信的需要,又回应了中国向世界贡献建构和谐世界思想资源的使命。天下观是中国从古至今力图构建的世界文明秩序。北京大学中文系张双棣教授指出,建立新子学要特别着眼于创新,不能墨守成规。我们的思想文化建设不能只停留在一个层面上,必须与时俱进,创新是学术进步的生命。在诸子多元、独立的发展过程中,要借鉴杂家宽容、兼收并蓄的做法。诸子多元的发展应该是新子学的首要工作。

在思考诸子学转型的现实途径的问题时,必须明确何谓转型。一般而言,所谓诸子转型,是对诸子学研究定式、评价标准、研究方法等相关观念的根本性转变,是一个创新的实践过程。东南大学哲学系许建良教授认为,儒家仅仅是诸子百家中的一个因素,偏重儒家的现实,迫使我们不得不联系同受思想影响的海外地区和国家而进行实质的思考,如日本在借鉴儒家思想中巧妙地避免了利益与道德对立和重视孝而不认可仁的实际。我们必须尽快转型,这不是形式的转变,而是思想认识的革命。中国人民大学国学院宋洪兵副教授表示，国学可以为当代中国的信仰体系的重建提供思想资源，未来中国的信仰体系必然呈多元化之特质。社会需要更加开放和包容的心态，彼此尊重各自的信仰。国学在此过程中必然有所作为，并且其作用与功能日趋重要，这并不会因少数坚持现代价值的反传统斗士的批判而有所改变。

百家争鸣成就学术与思想自由

诸子学的创新研究要在"旧传统"的基础上，建立一个适应历史发展和社会需求的"新传统"。这就需要破除诸子思想中已经不适应现代社会的消极成分，找到诸子思想与现代学术的结合点。南洋理工大学国立教育学院严寿澂教授提出，中华文化有一重大缺陷，即太过实用，以致妨碍了纯科学的发展。他列举了章太炎、陈寅恪等有识之士的观点，"依自不依他，求是致用相资，乃中华文化复兴必由之道"。今日提倡新子学，当于此取法。上海社会科学院、五缘文化研究所所长林其锬研究员谈到，"新子学"学科的建立既是因应时代的需要，也是历史发展的必然。"新子学"要发扬舍短取长、博采百家的精神，解放思想、大胆创新，从而创建立足历史、面向世界，具有新视野、新使命、新内容、新方法、新架构的"新子学"。

仅就思想史、哲学史而言，"子学"就是诸多思想家、哲学家的学问。武汉大学哲学学院院长吴根友教授指出，中国传统文化当然有自己的主流，但并不因此而能过多地奢谈"正统"，争抢所谓的"正宗"。思想与文化的发展恰恰要在诸子百家争鸣的状态下才能健康地向前推进。中国传统文化很少有西方思想界的"自由主义"传统，但诸子百家的争鸣在实质上就反映了学术自由与思想自由。华东师范大学先秦诸子研究中心方勇教授表示，新子学主导国学的发展，学界应适应时代要求，发掘"学者崇尚人格独立、精神自由，学派之间平等对话、互相争鸣，直面现实以深究学理，不尚一统而贵多元共生"的子学精神，突破学科限制，凝聚研究力量，在夯实"新子学"的基础上，探索诸子学研究的新范式。中国社会科学院文学研究所党委书记、《文学遗产》主编刘跃进研究员认为，"新子学"的提出具有推进中国传统文化现代化进程的重要意义。"新子学"要批判地吸收诸子精神，取其精华、去其糟粕，使其为当代文化建设服务。"新子学"研究要为社会主义核心价值体系和思想道德建设提供精神支援，为探索建立中国特色文化建设的理论经验提供借鉴，为实现"中国梦"和建设具有"中国风"、"中国气派"的文化大国做出贡献。

（原载于《社会科学报》2014年4月24日）

"新子学"稳步推进
——"诸子学现代转型高端研讨会"纪实

方 达 崔志博

自方勇教授于 2012 年 10 月提出"新子学"构想以来，关于"新子学"的国际、国内学术研讨会接踵而至，学界持续热烈讨论这一崭新的学术理念，形成了一股强劲的"新子学"思潮。2014 年 4 月 12 日—13 日，"诸子学现代转型高端研讨会"在上海召开。这次研讨会又是一次深入探讨"新子学"的学术盛会。来自中国大陆、港澳台地区以及新加坡、韩国、马来西亚等国家的一百三十多位诸子学专家、学者汇聚一堂，为"新子学"建言献策，扎实推进了"新子学"建设与发展的进程。

本次研讨会开幕之前，举行了《子藏》第二批成果发布会。与会学者一致认为：《子藏》为"新子学"提供了厚重的基础，"新子学"将进一步推动《子藏》等新时代古籍整理工程的繁荣发展。在研讨会开幕式上，上海图书馆历史文献中心主任黄显功基于《子藏》第二批成果的推出，对"新子学"提出了殷切的期望。他认为，"新子学"是《子藏》编纂过程中的重要理论结晶，具有重大的学术意义，未来随着"新子学"理论的更加丰富和完善，势必为建构当代新学术作出积极探索，同时也为中国日后大规模开展的古籍整理工作提供了理论创新的榜样，有助于共同繁荣中华学术。北京大学哲学系教授许抗生也谈到:"我们在积极倡导的'新子学',就是为了发展子学传统,使子学精神薪火相传,历久弥新,并使'新子学'这一理念与传统子学文献整理交相辉映,更好地为我们当前时代服务。"从两位学者的言谈中不难看出,"新子学"理念已逐渐得到深度认知和普遍认可。在这次大会讨论中,参会学者各抒己见,对"新子学"的发展历程、"新子学"理念内涵的界定、"新子学"未来发展前景的展望、"新子学"与社会价值的相互关系等议题展开了深入的研讨。

"新子学"发展历程梳理

回首"新子学"构想的首次提出到如今的蓬勃发展,我们不难发现,一方面参与讨论"新子学"的队伍愈见壮大,另一方面"新子学"的发展脉络也愈加清晰。本次研讨会上,不少学者对"新子学"的发展历程予以了回顾与梳理,力求为当前"新子学"的构建与进一步发展提供借鉴。

三亚学院人文学院曾建华先生在发言中对"新子学"的发展历程进行了全面的回顾总结。他将"新子学"的发展过程分为"'新子学'理念的提出及其初步建构(2012年10月—2013年4月)"和"'新子学'理论的全面建构和初步形成(2013年4月—2013年7月)"两个阶段。曾建华认为,经过"新子学"构想首次于《光明日报》提出、首次"'新子学'学术研讨会"于华东师范大学召开、首次书面大讨论《"新子学"笔谈》刊于《文汇读书周报》、"现代文化学者如何认识和评价'新子学'"的主题研讨会于上海大学举办等过程后,"新子学"第一阶段完成,其理念已初步形成。2013年召开的"'新子学'国际学术研讨会"后,经傅璇琮等参会学者的深入研讨，"新子学"第二阶段完成，其理论体系得以全面建构。曾建华认为，"新子学"概念从无到有，并很快地渗透到文史哲等诸多领域，这不仅体现了方勇教授个人学术理念的前瞻性，更体现了学界同仁对子学未来发展方向的共同思考。"新子学"是学术界诸位前辈、专家共襄盛举的成果，对当前"新子学"的发展历程及理论建构进行必要的梳理和总结，必将进一步推动其发展。

北京大学中文系教授张双棣对方勇教授提出"新子学"构想以来"新子学"的发展情况进行了重温，他强调"新子学"的建立一定不能停留在某一层面上，必须与时俱进，并借鉴杂家思想中多元发展、相容并收的做法。厦门大学新闻传播学院副教授谢清果、中国人民大学国学院副教授宋洪兵等也从不同角度对"新子学"的发展历程及时代任务予以了说明。

与会学者对"新子学"发展历程的回顾，较为清晰地梳理出了"新子学"的发展脉络，有助于形成对"新子学"历史与现状的准确认知，为日后参与"新子学"研究和建设的学界同仁提供了借鉴，并为全面深入建构"新子学"学术体系奠定了坚实的基础。

"新子学"内涵界定

自"新子学"提出以来，其内涵问题，一直是学界热议的焦点。任何一种新学术的诞生，必定要对之前学界已成共识的旧理论框架进行解构、批判继承和再创造。"新子学"的内涵界定，是"新子学"发展需要解决的首要任务。只有理性回归到其理论本身，方能达到夯实理论基础以致千里的理想效果。

上海社会科学院、五缘文化研究所所长林其锬研究员提出，"新子学"的内涵实际上就是"新子学学科"的建设。林先生认为，在全球化、多元化和中国正在崛起、民族正在复兴的大背景下，构建"新子学学科"必须解放思想、大胆创新，做到新视野、新使命、新内容、新方法、新构架。而要完成这一目标，就需要面对历史、面对世界、博采百家，吸纳"综核众礼，发于独虑；猎集群语，成于一己"的杂家精神。林先生通过对《文心雕龙》和《刘子》文本的细致分析，从侧面强化了对传统子学本质属性的理解，其中特别是对《刘子》一书中有关诸子各家的分析，丰富了我们对魏晋时代学者关于诸子学认识的了解，为"新子学"理论的自我界定提供了一个重要的参照系。

"新子学"理论的内在突破对象是传统子学研究，因此学术界面对的最主要问题是如何重新审视先秦诸子学原有形态和后世学术发展研究对于这种形态的异化和僵化，即如何重新认识、梳理传统意识中的"经"、"子"关系。复旦大学哲学系教授李若晖着眼于经学和子学在早期历史中的复杂关系，提出经学和子学都是活泼泼的自由思想，在文体上也具有一致性，这就打破了长期以来认为"经"、"子"对立和截然二分的观念，具有重要的参考价值。在讨论中提到回归古典文本的脉络的方式方法问题时，李若晖表示，要坚决警惕不经意间现代观念的入侵和摆脱流行框架，回到思想的源发处的基本路径。李若晖教授以德性政治学为例，对以上观点进行了独到的阐释，给在场学者留下了深刻印象。新加坡南洋理工大学国立教育学院教授严寿澂通过对"中国学术渊源与经子之别"的分析，提出先秦时期的儒家经学与其他诸子之学并无本质上的不同，皆为"就现象加以研求，发明公理者"的观点，并进而认为今日倡导"新子学"者，宜祛除诸子与经学矛戟相向的谬见。李先生与严先生的观点是对之前有关学者认为"新子学"的本质就是以"子学"消解"经学"理论的再次思考和重新解读。显然，断然认为"经学"本质从伊始就是体制化和认定"子学"是对"经学"否定的观点有待进一步商榷。

除去对于"新子学"内涵中需要对早期"经"、"子"关系再认识的思想倾向外，还有学者对"新子学"回归"子学时代多元化"的认识提出了自身看法。东南大学哲学系教授许建良认为，儒家仅是诸子百家中的一支，我们当前最应该转变的是对于偏重儒家现实的认同，掀起自我认识的革命。中国人民大学国学院教授韩星通过对汉初诸子复兴思潮与整合历史过程的论述，类比了现在所面临的学术、思想革新局面的相似性。韩星认为，国家、政体的一统、强大是形成学术、思想大融合的前提，各门各类的学术流派应该在服务政治教化需求基础上，形成一个一统多元的格局，从而达到"建久安之势，成长治之业"（《汉书·贾谊传》）。东北师范大学文学院古籍所讲师刘思禾则认为，将"子学时代"冠以"多元化"的特性是不准确的，与起源于西方的、意味着观念和制度上保障差异性主体的合法共存的"多元"概念不同，子学如同经学一样，在其发生的时代都具备自我的强烈正统、异端意识，并不具备现代意义上的多元精神。这就使得我们对于百家争鸣时代的整体性不得不做出更进一步的全面思考。

"经学"与"子学"的概念是西汉初年对于战国时代思想、政治、文化形态的一种总结。这种总结一方面最为贴近春秋战国时代的原始面貌并为后世确立了主流的意识中枢；但另一方面，其本身就是基于当时官方权威的政治意识指导之下的产物，具有一定自我的立场。因此，在全新的世界性思想背景下，在近代兴起的科学方法的帮助下和多种人文学科的共同作用下，我们能否在思想传统中尽可能真实地还原先秦诸子学的原始形态面貌就显得尤为重要。因此，如何确定早期经学的性质，以及早期"经"、"子"关系，是厘清子学传统概念的关键所在，更是界定"新子学"如何对照"旧传统"创新的关键所在，而上述诸位学者的深见无疑给"新子学"和当代学界提供了宝贵、独到的方法。

"新子学"发展路径与展望

"新子学"概念是在批判继承传统子学的基础上提出的，它的面世不仅宣告了当代诸子学已处于转型发展时期的历史现实，同时也对未来学术范式的整体走向产生了深远的影响。"新子学"未来将如何发展，这面文化的大旗将引领当今学术走向何方，是与会学者讨论的又一热点。

方勇教授在大会开幕致辞中提出，"新子学"要打破旧体制，实现跨学科发展。他认为，打破学科局限，凝聚研究力量是诸子学研究完成自我突破的重要方法，以往的研究受制于学科体系差异，学者之间来往不多，研究方法相对单一，对诸子学的自身发展十分不利，而"新子学"的重要内容之一，就是要在汇聚多学科学者的方向上下工夫。安徽大学中文系教授孙以昭提出，"新子学"的发展要做到"三新一全"，即观念新、视角新、方法新、资料全。孙以昭特别强调，传统子学本身就是跨学科、多学科的作品，只不过在后世学者的专项研究下失去了原本的全面性。苏州大学文学院教授王锺陵对这种强调"大文化"、"大学术"研究的重要性及目前诸子学研究环境所起到的积极作用表示赞同，他也认为多学科、多角度的归纳、分析，可以发现前人有所忽略的学术问题，由此才能实现对前人成果的有益补充。韩国圆光大学校教育大学院姜声调教授同样强调了这一问题，他将跨学科研究作为"新子学"发展的关键点所在，并作了细致思考，认为应该把跨学科的理念从现代分科体系延伸到整个传统学术脉络中去，这一想法与孙以昭教授对诸子学原生形态的强调颇为相似。但究竟怎样定义跨学科研究，跨学科研究是某位学者的研究方法？还是诸子学整体的研究格局？这是未来需要进一步讨论的话题。

针对"新子学"未来的发展，中国社会科学院文学研究所副研究员孙少华从创造学术新传统的高度提出建议。他认为，建立学术新传统在历史上是一个长新的课题，在近代尤为如此。虽然"新子学"本身具有高度的理论创新自觉，但若想真正实现在现代学术转型语境中的汇通古今、辨析经子，则具有极大的理论难度。若能实现，必然是对以往传统学术的重大突破。处理这一课题，首先要着眼大局，在新与旧、破与立、学与用三个问题上融会贯通。在具体方法上，要注重传统选题的深化和突破、传统方法的改善和突破、传统观念的更新与突破。孙先生的建议与方勇教授在大会发言中讲到的"新子学"就是创造一种诸子学研究的新格局、新范式，具有异曲同工之效。

关于"新子学"如何引领文化发展方向，与会学者也提出了各自的看法。南京大学哲学系教授李承贵认为，"新子学"想要引导国学发展方向的愿望是美好的，但必须切实解决面对西方文化时的困惑和海纳百川时的局限这两个重要课题，尽量避免自我本位意识，找到一个科学的立场和真正开放的学术形式。武汉大学哲学学院院长吴根友教授则指出，传统文化当然有自己的主流，但并不因此过多地奢谈"正统"，争抢所谓"正宗"。思想与文化的发展，恰恰要在诸子百家争鸣的状态下，才能健康地向前推进。正是因为中国传统文化中没有西方思想界的"自由主义"传统，所以我们才要回到先秦诸子百家争鸣的时代，真正做到学术自由、思想自由。

正如方勇教授所言，"新子学"是一个新课题，现在还仅仅是破题阶段，"新子学"的未来最终还是要依靠诸子学界乃至整个人文学界同仁的共同努力，在研究的实践中加以交流、发展、开拓，逐步积累经验。

"新子学"的社会价值

诸子之学，向来是当下之学。新时期的"新子学"，也理应对当今社会产生作用。若无现实意义，就丧失了其存在的价值。"新子学"不仅是要提供未来学术范式走向，更要助力解决当今社会的现实问题。因此，"新子学"的社会价值问题是与会学者重点讨论的问题之一。

中国社会科学院文学研究所研究员刘跃进从现实角度出发，认为"新子学"要批判地吸收诸子精神，为当代文化建设服务，为社会主义核心价值体系和思想道德建设提供精神支援，为实现"中国梦"和建设具有"中国风"、"中国气派"的文化大国做出贡献。

上海大学影视学院教授郝雨在全体大会发言上作了《"新子学"的深化与二十一世纪中国文艺复兴》的报告，他提到，中国当代文化发展必须打破旧的束缚，要在文艺复兴的高度理解新子学的新发展，这是对研究"新子学"现实意义的高度重视。

浙江科技学院中文系教授张涅在提交的论文中提到"新子学"的发展要与政治体制的改革同步。他认为，"新子学"的研究方向除了有关现实的政治人生，还应特别考虑民族文化的思维形式和形而上思想体系的建设问题。就这一问题，山西省社会科学院文学研究所副所长耿振东也表达了同样的关注。他从历史的角度出发，分析了子学和现实的紧密联系，指出学术与现实治道之间相互促进、相互服务的关系。与会学者就此展开对学术和政治的关系如何处理、二者如何既保持紧密联系又能做到相互独立做了深入讨论。这不仅有助于当代学者处理在社会政治际遇中碰到的实际问题，也有利于对诸子政治理论等重要问题的深刻理解。

本次会议共收到论文近八十篇，除以上集中讨论"新子学"自身问题的篇目外，尚有许多对传统诸子学研究贡献颇深的论文。孟子说："充实之谓美，充实而有光辉谓之大。""新子学"在不断地探讨中充实、壮大、扎实推进。相信在子学界同仁的共同努力下，"新子学"必将为诸子学界开拓新局面，同时也势必会在实现中华民族伟大复兴、推动社会主义文化大发展大繁荣、提高国家文化软实力的道路上贡献自己的力量。

（原载于《文汇读书周报》2014年5月9日）

《"新子学"论集》出版

陈成吒

中华民族的当代复兴，不能离开对优秀传统文化的弘扬。而传统学术在新形势下，也面临诸多挑战，迫切需要完成自身的现代转型。"新子学"正是在这样的背景下应运而生的。自方勇教授提出相关命题以来，引起学界多番探讨与争鸣。新近面世的《"新子学"论集》（叶蓓卿编，学苑出版社2014年2月版），汇编了至今所有与之相关的学术信息，包括傅璇琮、卿希泰、许抗生、张双棣、陆永品、谭家健、杨国荣、王锺陵、邓国光（澳门）、金白铉（韩国）等海内外众家论文及新闻报道共79篇，陈鼓应先生为该书作序。《"新子学"论集》全面呈现了"新子学"的基本内容、核心问题及其日益突出的学术影响。

"新子学"是子学自身的新发展，同时也是发掘"子学精神"后，对其进行的全面超越。它强调"子"为思想史的"诸子百家"，摒弃了子学作为经学支裔的旧观念，实现了自身的觉醒与独立。同时依从历史本貌，将孔、孟为代表的儒家学术离"经"还"子"，形成更为完整的新体系。应该说，"新子学"较之传统子学，更具有综合性、系统性；较之传统经学，更具有开放性、多元性。在世界日益全球化、中国改革开放日渐深入的大背景下，"新子学"无疑将成为变革"国学"基本结构、推动其新发展的主导力量之一。

"新子学"在确立自身主体内容后，更直面西方学术。世界学术在相当长一段时间内横吹"西学东渐"之风，而如今"东学西进"之潮正日渐兴起，传统学术当抓住机遇，建立具有民族学术特色的研究范式与学术体系。20世纪后期，西方文明出现深刻危机，转向"后现代主义"。具有东方学术诸多优秀特质的"新子学"，恰能弥补后现代哲学中的诸多缺失，故而更应自觉自信，汇通中西，在世界学术领域内确立自身的话语权。

"新子学"在传统、现代，乃至后现代之间确立自身的立足点，也以此实现其历史传承与时代创新的使命。在学术方法论上，"新子学"既继承传统学术的训诂、辞章、义理之法，发扬冯友兰"照着讲""接着讲"理念，同时不困守旧境，积极谋求新出路，主动将"接着讲"发展为"对着讲"，从而使传统文化在现实困境与西方话题的对照与呼应中，获取新生。"新子学"还进一步深化了中西学理的融合，尝试建立既有中国义理特色，又与西方阐释学相交融会的新诠释学，以及既有传统文献学精髓，又与西方开放文本理论无缝对接的新文本学。

"新子学"的蓬勃发展，为中国学术思想各领域注入了新鲜血液。落实到具体研究层面，则将产生新的"家"学、"子"学，如新儒学、新道学、新法学，以及新老学、新孔学、新孟学等；而其题中之义，更有新"子"的创造，即在对传统子学进行重新研究之外，更要不断催生新诸子的出现。可以预见，"新子学"的未来发展，必将汇聚与激发起新时代的百家争鸣。

（原载于《光明日报》2014年6月17日第16版。作者单位：上海财经大学人文学院）

以开放多元的态度解决精神困境
——"'新子学'与现代文化：融入与对接"跨学科研讨会举办

刘 凯

　　本报讯 11月9日，由上海大学新闻理论研究中心、《探索与争鸣》杂志、上海金誉阿拉丁投资管理有限公司联合举办的"'新子学'与现代文化：融入与对接——-新媒体时代'子学精神'传承与传播研讨会"在我校举行，来自北京、河北、吉林、山西、陕西、福建、江苏、浙江及台湾等地的50多名专家学者，纵论"新子学"与现代文化的融入对接问题。

　　研讨会主办者郝雨认为，"新子学"的现代发现、倡导与构建无疑是中国文化史上的一件大事。自2012年10月以来，《光明日报》、《文汇报》、《中国社会科学报》、《文汇读书周报》、《文学报》、《深圳特区报》等各大媒体连发专版，连刊数文，大力倡导"新子学"的研究以及"子学精神"的构建，上海等地陆续召开大型学术研讨会，"新子学"概念及相关学说得到各路专家充分肯定和积极响应。在此基础上，《诸子学刊》、《探索与争鸣》等学术杂志也开辟专栏和专刊，发表了许多更加具有学术深度的论文，积极推动新子学的学术进展。这样的一场颇具声势的学术思潮，又在现代媒体传播与推波助澜之下，越来越广为人知，越来越深入人心。所以，他认为，这将引发21世纪中国的新一轮文艺复兴。

作为"新子学"研究的开创者，华东师大方勇教授认为，"新子学"是扎根传统文化沃土，响应中央文化强国战略的重要课题，也是当下国学热的核心脉络。而新媒体时代子学之发展，关键在于如何大众化以及子学精神如何传承与传播。

复旦大学中文系教授郜元宝则将"新子学"一分为三：一是"新子之学"、二是"新的子学"、三是新的子学时代的精神。他认为"新子之学"可议之处尚多，"新的子学"作为学术推进难以波及社会，而第三层面才是重中之重。因为"新的子学时代的精神"不仅延续了轴心时代的辉煌思想，也是后世学术独立、思想自由、推陈出新的精神宝库。

我校中文系教授葛红兵从自身当代文学研究背景出发，认为对待传统文化我们有两个缺乏，一是实证的践行，二是理论的梳理。有鉴于此，对"新子学"与传统文化对接问题，他认为应注意以下几点：一是从融入与对接角度出发进行研究尚属起步阶段，必须要做好文献整理等基础性工作；二是应注意轴心时代虽然文化繁荣巨匠迭出，但其蕴含的思想并未充分现代化；三是在现实生活中要做好传统思想伦理的践行工作。

与会专家指出，经历过新文化运动，子学的影响、儒学的影响式微了，无论是在学术界还是在日常的生活中，子学与儒学早已淡出，中国文化的根脉被切割，这导致了现代文化的混乱，"新子学"研究要立足于解决当下中国人的精神困境，解决当下人的价值观的崩溃与混乱问题。"新子学"研究应该是开放的多元的，不应该拒绝其他学派，应该在吸收中外优秀思想的基础上发展，不要重蹈当年独尊儒学为"王官"之学的覆辙。

(原载于《上海大学报》2014年11月17日第02版)

专家研讨扎根中国文化的"新子学"

周玉宁

子学是中国文化宝贵的遗产。近日，由上海大学新闻理论研究中心、《探索与争鸣》杂志等单位主办的"'新子学'与现代文化：融入与对接——新媒体时代'子学精神'传承与传播研讨会"在沪举行。方勇、郜元宝、葛红兵、陈歆耕、李美皆、郝雨等来自全国各地的近50位专家学者与会研讨，共话如何拓展与普及扎根于中国文化土壤的"新子学"。与会者认为，在当下高度碎片化的社会背景下，"新子学"研究不仅是为当下中国人寻找精神出路，也是民族文化复兴的重要组成部分。

（原载于《文艺报》2014年12月1日第2版）

"新子学"国际学术研讨会在沪召开

刘晓晶　万珊珊

本网讯（记者刘晓晶、通讯员万珊珊）4月18日，由华东师范大学先秦诸子研究中心、中国诸子学会（筹）主办的第二届"新子学"国际学术研讨会在上海召开，来自中国大陆、港澳台地区以及美国、韩国等国家的120多位诸子学专家学者齐聚申城，就子学与当代思潮、子学与传统学术和"新子学"的发展等议题，尤其是诸子学包涵的治国理念资源，展开深入研讨。

开幕式上，华东师范大学党委常务副书记曹文泽教授介绍了华东师范大学人文社科发展的深厚传统，肯定了《子藏》编纂工程的学术和社会价值，并认为"新子学"理念是中国传统文化在新时期发展的一个重要方向，是时代性的文化建设课题，也是中华文化复兴工程在理论建构方面的尝试与突破，具有很高的理论前瞻性和实践探索性。

北京大学哲学系陈鼓应教授指出，子学构成了轴心时代精神突破的核心内容，先秦诸子对人世的深切关怀和对理想世界的建设，是中国哲学区别于其它文明的独特之处，构成了中国哲学的基本性格。他认为尽管经历了秦代焚书坑儒的摧残和汉代独尊儒术的压制，但子学总能寻找到生长空间，反复焕发生机，不断自我重生，这充分证明了中华文明从源头上就孕育了自我更新的基因。作为研究中国先秦诸子治学的前辈，他指出方勇教授的"新子学"面对现代中国的复杂情况，在世界哲学的大背景下，紧紧抓住中国哲学的本质，开拓出新境界，具有学术创新和思想变革的特别意义。

华东师范大学先秦诸子研究中心主任方勇教授在会议中如此阐述，诸子学研究长期处于经学附庸的学术边缘地位，缺乏独立、完整的学术研究格局，研究者需要突破学科限制、拓展研究领域、强化研究深度，而诸子学与政治学研究相结合，深入开掘中国早期的国家治理思想资源，这是一个极有潜力的突破，有利于推动诸子学向纵深领域发展。方勇指出，诸子学界的研究者从学科来源来说日益趋向多元化，除传统文史哲学科外，政治学、新闻传播学等学科学者的加入，使研究队伍的结构更加合理，而研究队伍的年轻化，更是为新子学研究带来了源源不断的活力。

除了学术层面的意义，方勇特别指出这种新型学术领域的现实意义，"新子学"要回应习近平主席多次强调诸子精神的当代意义的讲话要求，研究者要紧抓时代脉搏，凸显学者声音，同时也要满足大众需求，积极介入教育界和传媒，面向子学爱好者和一般公众讲清楚经典的基本内涵和微言大义，准确传播历代先贤的智慧，使其在当代社会生活中发挥应有的作用。

原《中州学刊》社长汤漳平教授提出，政府大力推动优秀传统文化的传承与弘扬，致力于提升中华文化软实力，既给子学复兴提供了良好条件，又给学者提出了众多课题。他指出，"新子学"既根植于传统文化的历史土壤，又坦然与世界各文明交流对话，这种开放包容的精神是学术理论创新的典范。不过，他也提醒道，当前"新子学"面临的主要难题是如何准确地对传世作品作出评价和新的阐释，避免褒贬任性、抑扬过实的误区。

安徽大学中文系孙以昭教授提到，处于社会大变革的春秋战国时期所孕育的中华文化经典，具有突出的原创性，又包罗万象，涵盖极广，给后世提供了丰富的知识和信息资源，也为当代社会建构提供了价值取向和现实意义。孙以昭指出中国文化传统最主要特征是中正平和，蕴藏于儒、道、墨、法四家，尤以儒、道为多，一味尊儒或单纯崇道，都有失偏颇。他认为方勇教授提出的"新子学"，高瞻远瞩，有统领诸家学派，各门学术的气势，将子学流派的专门研究和整体子学的综合研究，单一学科的微观探寻和跨学科、多学科的宏观把握结合起来，分合有序，小大并进，蔚为大观。韩国圆光大学校教育大学院姜声调助教授指出，韩国的诸子学研究走进了一条墨守方法论之路，表现为偏离文本、华而不实，亟待自我检讨和反省。他说，当前韩国学者已开始研究"新子学"，新的学术体系已经起步，正潜移默化地推动韩国学术研究的转型，并在"新子学"的推广方法和实际操作上提出了有益的建议。

本次研讨会为期两天，共收到会议论文80余篇，涉及诸子学的基本原理与现代价值、子学精神的现实功用、诸子学术的专题研究等领域。

（原载于"上海教育新闻网"2015年4月18日）

让诸子智慧真正走入当代生活
——第二届"新子学"国际学术研讨会深入探讨

却咏梅

"把古典时代诸子的智慧说清楚,引导到当代生活中来,在社会实践中发挥作用,这可能需要几代人的努力。"近日,由华东师范大学先秦诸子研究中心、中国诸子学会(筹)主办的第二届"新子学"国际学术研讨会在上海举行,来自中国大陆、港澳台地区以及美国、韩国等国家的120多位诸子学专家学者齐聚一堂,就子学与当代思潮、子学与传统学术和"新子学"的发展等议题,尤其是诸子学包涵的治国理念资源展开深入研讨。

子学又称诸子百家之学,"新子学"概念是在批判传统子学的基础上由华东师范大学先秦诸子研究中心主任方勇教授于2012年提出,意在将诸子百家的思想精粹提炼升华为创新、解放的"子学精神",并以这种精神为导引,系统整合古今文化的精华,构建出符合时代发展的开放性、多元化学术。

作为研究中国先秦诸子治学的前辈,北京大学哲学系教授陈鼓应认为,子学构成了轴心时代精神突破的核心内容,先秦诸子对人世的深切关怀和对理想世界的建设,是中国哲学区别于其他文明的独特之处,构成了中国哲学的基本性格。他说:"尽管经历了秦代焚书坑儒的摧残和汉代独尊儒术的压制,但子学总能寻找到生长空间,反复焕发生机，不断自我重生，这充分证明了中华文明从源头上就孕育了自我更新的基因。"

"诸子学研究有一个较大的突破，就是诸子学和政治学研究的结合，这是一个有益的尝试。"方勇教授表示，诸子学研究长期处于经学附庸的学术边缘地位，缺乏独立、完整的学术研究格局，研究者需要突破学科限制、拓展研究领域、强化研究深度，而诸子学与政治学研究相结合，深入开掘中国早期的国家治理思想资源，有利于推动诸子学向纵深领域发展。

在方勇教授看来，诸子学界的研究者从学科来源来说日益趋向多元化，除传统文史哲学科外，政治学、新闻传播学等学科学者的加入，使研究队伍的结构更加合理，而研究队伍的年轻化，更是为新子学研究带来了源源不断的活力。除了学术层面的意义，方勇特别指出这种新型学术领域的现实意义，"新子学"要回应习近平总书记多次强调诸子精神的当代意义的讲话要求，研究者要紧抓时代脉搏，凸显学者声音，同时也要满足大众需求，积极介入教育界和传媒，面向子学爱好者和一般公众讲清楚经典的基本内涵和微言大义，准确传播历代先贤的智慧，使其在当代社会生活中发挥应有的作用。

原《中州学刊》社长汤漳平教授坦言，当前"新子学"面临的主要难题是如何准确地对传世作品作出评价和新的阐释，避免褒贬任性、抑扬过实的误区。而韩国圆光大学校教育大学院姜声调教授则表示，韩国的诸子学研究走进了一条墨守方法论之路，表现为偏离文本、华而不实，亟待自我检讨和反省。他说，当前韩国学者已开始研究"新子学"，正潜移默化地推动韩国学术研究的转型，并在"新子学"的推广方法和实际操作上提出了有益的建议。

方勇教授告诉记者，国内第一套高中传统文化通识教材今秋开学将正式进入学校课堂。这套国学教材包括《论语》《孟子》《道德经》等，这些是传统文化的经典，也是诸子学界的研究重点，希望能在传统和现代之间搭建桥梁,真正让诸子学走近时代。

据了解,2010年,华东师范大学整合文科院系和古籍所、图书馆有关力量,并联合国内外相关高等院校和学术机构,启动了《子藏》编纂工程,并分别于2011年12月和2014年4月陆续发布了《子藏》第一批成果《庄子卷》以及第二批成果,包括《鹖子》《关尹子》《列子》《商君书》《韩非子》等12个系列,共收入先秦至民国时期有关子学著作672种。

(原载于《中国教育报》2015年5月4日第006版)

发掘诸子治国理念
——第二届"新子学"国际学术研讨会综述

刘思禾

光明日报编者按：近年来，本刊对"新子学"给予了持续性的关注，形成了一个渐进的学术系列。2012年10月22日，本报刊发了华东师范大学方勇教授的《"新子学"构想》，该文正式提出建构"新子学"。2013年9月，又刊发了方勇教授的《再论"新子学"》。该文对"子学精神"等问题做了详细阐述，是"新子学"在理论上的推进。"新子学"理念引发了学术界持续关注，不同领域的学者就此议题展开多次热烈讨论。本刊先后以《新子学大观》和《新子学：几种可能的路向》为题刊发新子学研究综述。本期综述的，是不久前在上海召开的第二届"新子学"学术研讨会。欢迎关注。

阳春时节，万象更新，中国传统文化研究呈现出勃勃生机。2015年4月17日至19日，由华东师范大学先秦诸子研究中心、中国诸子学会主办的第二届"新子学"国际学术研讨会在上海召开，来自海内外的120余名诸子学专家学者齐聚申城，围绕"新子学"理念，就诸子国家治理思想展开深入探讨，并对其现代价值做出正面阐述。

"新子学"范式的深度拓展

北京大学人文讲席教授陈鼓应先生在开幕式发言中指出，在继承中华文化传统过程中，方勇教授所倡导的"新子学"立足于诸子学的当代发展，是一个重要的理论视角。先秦诸子对人世的深切关怀和对理想世界的构想，是中国哲学区别于其他文明的独特之处。"新子学"继承传统，立足当代，具有巨大的发展潜力。作为颇具影响的道家思想研究专家，陈先生还提到儒道之间要相互补充。他认为，儒家和道家在很多方面有着相近的观点，道家也具有人文精神，提倡人文的自然、境界的自然。在伦理问题上，儒家讲的尊尊亲亲自有其合理处，长辈谈起小辈油然而生爱护之情，小辈见到长辈油然而生敬重之情，这都非常宝贵。老庄并非不讲伦理，老子讲忠信，庄子对孔子孝的思想也有继承和发展，讲道"以敬孝易，以爱孝难；以爱孝易，以忘亲难；忘亲易，使亲忘我难"，这是庄子式的世界主义情怀。陈先生认为，在当代的世界格局下，民族情感和民族意识具有重要意义，要更重视家庭伦理和民族文化传统。

本次大会深入讨论了"新子学"的哲学原理和发展机制，闽南师范大学汤漳平教授在《再论"新子学"与中华文化之重构》中指出，子学复兴是时代的选择，在提升国家软实力上具有重要意义。"新子学"的构想，适时地提供了重构中华文化的新思路。河北工业大学李洪卫研究员认为，儒学在礼崩乐坏时代是社会的一服良药，有大用。不过，儒学如果不能调低自己的节奏和坚持学在民间，则必然会在获得权力之后走向僵化与宰制，这是中国历史经验和世界不同民族宗教学说的共同教训。儒学的一阳来复之日也是它的多元分化之时，这种分化本身须要诸子学的渗透乃至洗涤。由此，"新子学"乃是一种必要的均衡性和疏解性的力量。上海财经大学玄华讲师在《新子学的儒家》一文中讨论了"新子学"视域中的儒家定位问题，这是对"新子学"内涵中关键问题的深入探讨，他指出要把握传统文化多向性、多元性和整体性的特点，儒家不要陷入历史上反复出现的自我独尊、一门独大的心态，而要在当代世界文化中超出旧有设定，承认多元多样的思想世界和生存世界。北京师范大学曾建华博士在《"新子学"的当代境遇与未来使命》一文中指出，"新子学"的宗旨在于以学术的"返本开新"和多元发展为基本模式，以开放、合作的姿态，直面时代问题，共同建构一个产生于中国文化之中，又保持着开放形态的知识体系。这一要求对于当代知识者的身份归属、话语权、价值重构都形成巨大挑战，进而要求一种道不畏杂、不斥异端、多元开放的建构之路。

在"新子学"的发展问题上，韩国圆光大学校姜声调助教授在《在韩国如何推广"新子学"》为题的发言中介绍了"新子学"在韩国的影响。他指出，韩国学者已开始研究"新子学"，新的学术体系已经起步。他还就"新子学"的推广方法提出建议。台湾屏东教育大学简光明教授在《在台湾推动"新子学"研究的策略》为题的发言中介绍了"新子学"在中国台湾地区的影响，讨论了经学与子学的关系、研究人力与研究风气等问题。两位学者着重讨论了如何进一步推进"新子学"在海外的发展，这是当代诸子学发展的一个重要方面，值得深入探索。

诸子国家治理思想的现代转化

"新子学"的发展不仅是理念的提出，也体现在研究领域的实际推进上。本次大会的一个亮点是诸子国家治理思想的讨论，共有16

位学者撰写了诸子政治思想的论文，形成了诸子学在政治治理领域的一个突破。复旦大学白彤东教授就政治儒学的定位展开讨论。他在《子学还是经学——对政治儒学复兴之路的一些思考》为题的发言中，论述了儒学作为普遍价值的意义，指出其在发展路径上，走今文经学的路是有问题的，应该调整到子学路径。所谓子学路径不是无立场的多元的子学，而是站在儒家立场上的诸子竞争。其论证的方式不是"因为你们不是儒家、不遵经，所以错了"，而是"因为好，所以要接受"。当代是一个放大的诸子时代，我们应该采取一种更开放、从而也是更强的、更"正统"的子学方法，走一条经学与"史学"之间的中道。浙江省社会科学院徐儒宗研究员在《儒家的民本思想与民主意识》一文中讨论了先秦儒家民本思想与蕴含其中的民主观念，他就民为邦本的仁学价值本体论、儒家倡导人格平等和人格独立、民贵君轻与立君为民、君权合法取决于民心、君民平等与君尊民卑相统一，分别作了细致分析，指出儒家虽然没有创建一套民主制度，但是儒家有民主思想的某些因素。儒家也希望通过政治实践把这种民主精神表现出来。他还就儒家民本思想在近代民主进程中的作用作了讨论，如革命思想，天下为公的观念，自由民权学说借助儒家思想中的进步学说逐渐传播开来。

华东师范大学刘思禾博士后在《政治伦理抑或国家伦理——儒家伦理思想现代转型的一个理论探索》一文中，讨论了儒家思想在现代语境中转化为一种精英政治伦理的可能性。他认为儒家思想本质上是一种精英政治伦理，主要是规范政治精英的政治行为和国家运作的。我们可以在现代修正的前提下，给予儒家伦理一个新的形态。由此，他提出儒家政治伦理六条原则：政治系统运作要符合伦理准则、政治精英要承担政治责任、对政治精英要有严格的伦理约束、政府责任与国家信用、政治目的的实现在于民众认同、国际间责任。复旦大学李若晖教授在《老学与中国德性政治史论纲》一文中，从政治哲学的高度和历史发展的维度分析道家政治思想。他认为，政治与道德的结合为德性政治。德性政治包含四个层次，哲学思想、伦理道德、政治制度、社会形态。政治制度设计的哲学导向，构成了一定人群的基本行为模式，并最终指向德性之养成。中国德性政治以老子为始，老子以血缘之亲来重建社会，回归人的自然性，其后有黄老——法家德性政治，其与儒学德性政治最终合流为玄学德性政治，为外王提供了心性修养之内圣。后期则有理学德性政治之成熟，其仍有赖于老学为之提供术德，理学德性政治才得以具备行动能力。李教授最后论及重建中华德性政治的必要性。

香港浸会大学黄蕉风博士在《告别路径依赖，建构大乘墨学》一文中集中讨论了墨学在当代发展的可能性，认为墨学发展是"新子学"的重要部分，墨学智慧需要摆脱旧有思路，向更深层次的义理转进，其目的就是建构公共场域内公共议题的现代化墨学。黄博士认为墨学大乘化有其自身的优势，具备内在资源以回应普世文化的宏大命题，并给出回应方案和解决策略。表现在其能够对接全球伦理，能够参与宗教对话，能够充实国学体系。他认为，墨学的"大乘化"或曰"大乘墨学"可视为一种类似"比较神学"，大乘墨学有自信进入公共场域，建构一套脱离儒家言说传统的墨家叙事方法。温州大学程水龙教授则着眼于诸子家训文献的整理，他在《诸子"家训类"文献与和谐的法治社会》一文中指出家训类文献在当代的现实意义。他认为，家训为维护封建社会家族的稳定、团结发挥过重要作用，对家风、世风的良性发展影响很大，具有相当的诫勉功效。家训中所蕴藏的理性道德价值观，与社会主义核心价值观有诸多吻合之处。这些研究充分显示了诸子国家治理思想的现实意义。

诸子治国思想的学理脉络

与会学者还深入诸子思想的学术谱系，发掘其治国理念的历史脉络。华东师范大学陈卫平教授在《儒学培育践行核心价值观的历史经验》一文中，分别就儒学核心价值观的结构与制度化问题展开讨论，认为在汉代以后儒家是主导的意识形态，其核心价值观由此就成了传统社会的核心价值观，而儒家核心价值观就是至今人们还在说的"五常"即仁义礼智信，实际上是区分为国家、社会、个人三个层面。华侨大学杨少涵副教授就儒家政治哲学在古代的发展展开讨论，其在《从中庸"政犹蒲卢"郑朱注之歧义看儒家政治哲学的两种路向》一文中，通过精致的文本分析，指出《中庸》"政犹蒲卢"一语中"蒲卢"的解释，郑玄持蜾蠃说，引申为万民需要教化而成为己民，而朱子则持蒲苇说，引申为立政治民如土壤中种树，成长自然迅速。在这二者背后存在对政治的不同认识，郑玄强调政治的根本是师法与礼义教化，而朱子强调政治的根本是依据仁的内在善良德性成德成善，这分别代表了儒家政治哲学的外在进路和内在进路。台湾政治大学詹康副教授在《从韩非的臣道论君权稳定》一文中就韩非的君臣关系展开讨论，指出韩非思想内部的矛盾。一般认为韩非是维护君权独尊的，但是作者从一些未受重视的材料来分析，指出韩非并不主于维护君主，从大臣的角度来看，君主能辅佐则辅佐，不能辅佐则取而代之。詹教授细致分析了后稷、皋陶、伊尹、太公望、周公旦、百里奚、郭偃、华登、范蠡、吴起、商鞅诸人的出处进退，指出他们欠缺忠君观念，其佼佼者能够覆灭王朝、推翻或者罢黜君主，韩非对这些人并不否定，而是认为如果缺乏明君在上，这些人辅助另外的明主取而代之是可取的。这对我们理解法家有非常大的启示。

上海师范大学蔡志栋副教授在《儒家式和道家式："新子学"政治自由论的两种建构路向——以康有为和严复为中心》一文中，梳理了近代儒家道家两个面相上的政治思路，他认为康有为从儒家的角度诠释政治权利的古典根源，揭示了自主之权和先秦思想之间的内在联系，将权利理解为"名分"，又将之误解为利益，大加挞伐。而严复则将杨朱和庄周等同起来，将"在宥"解读为自由，将老子诠释为民主之道，成为了道家自由主义的滥觞。康、严从不同角度展示了"新子学"诠释政治自由的儒家式和道家式两种典型路向。蔡教授还就当代道家发展与定位问题和陈鼓应先生展开积极对话。总的来看，此次会议在诸子政治学方面打开局面，初步显示了诸子政治研究的重要性，为今后的诸子学研究开辟了一个新方向，可以说是"新子学"在研究领域的一个实际推进，是本次大会重要的成果。

诸子学深层价值的当代阐释

本次会议深入讨论诸子学深层学理和现实价值，就诸子学与现代生活之间的联系展开研讨。韩国国立江陵原州大学校金白铉教授在《从"为学"与"为道"来试谈"21世纪新东道西器论"》一文中，分析了近代以来东亚三国面对西方文化入侵的策略及其历史命运，指出中国近代中体西用说所论的纲常名教是一种观念物，一种意识形态，新儒家如唐君毅所提出的道德理性或道德主体则为一种新中体，而21世纪新东道西器观就是要道德主体与认识主体的妙合，这样的资源以先秦道家最丰富，表现为自然而然的虚灵之道的"神"。东南大学许建良教授在《新诸子学视域下的传统"袭常"美德考》一文中，发掘道家袭常观念的意义，指出老子和庄子都是非宇宙论的和宇宙关系论的，他们说的因自然就是对整体联系性的因袭，而表现为万物这一观念上，并可以拓展为人类与宇宙万物和谐共存，这显然不同于西方主流的人类中心主义思路，对于今天激活中华传统美德极为关键。

中国社会科学院罗检秋研究员在《清代思想史上的诸子学》一文中，从清代学术内部嬗变的视角分析了诸子学的逻辑演进，指出清代中期诸子学偏重校勘训释，嘉、道之后则借助经世之学渐入复兴，晚清则成为西学东渐的桥梁，由附庸而蔚为大观，成为近代新思想的重要资源。重视这一历程对于诸子学融入现代社会具有现实意义。辽宁大学涂光社教授在《古代子学综论管窥——儒、道互补的理论基石，务"杂"求"新"的拓展途径》一文中，博引《庄子》《史记》、汉唐史籍和《刘子》论子学的材料，分析各家述评诸子的思想倾向，指出子学构成汉魏六朝隋唐政治和学术思想传承的主流，道家之学与儒学在取向上确有内外和本末的互补关系。中国人民大学宋洪兵副教授在《先秦儒家与法家的三种成德路径》一文中，认为先秦时代有三种成德路径。一种是孟子的性善论由内而外的思路，强调"德"的内在根源。一种是由外而内的思路，以荀子循礼成德与韩非子循法成德的思想为典型代表，主张以外在的规矩来约束个体的道德行为，进而形成一种风俗和习惯。先秦诸家对于伦理问题的讨论对于今天的道德建设仍然具有启发意义。

北京师范大学李山教授在《孟子性善论的突破》和华南师范大学周炽成教授在《性朴论：〈荀子〉与〈庄子〉之比较》中分别讨论了孟子和荀子的人性主张，老问题有新观点，承前启后，发人深思。李教授认为，先秦时儒家人性论分新旧两派。新派以孟子"道性善"为巨擘，旧派则以主"性恶"之荀子为代表。两派之说，都可以从《论语》找到根据。缕析两者理路之流变，可知孟子"性善"为创造型阐释，而荀子"性恶"则系出于强辩的饰说，理论上并无新意。两者的分别，直接影响到后来文化史的发展。周教授认为，

《荀子·性恶》应该是荀子后学的作品,在刘向编辑的版本中夹在《子道》和《法行》之间,而这两篇已被公认为荀子后学作品。荀子本人持性朴论,其典型论述是《礼论》的"性者,本始材朴"。《荀子》中的《劝学》《荣辱》《儒效》等都显示了性朴思想。而《庄子》也主张性朴论,《马蹄》明确说:"素朴而民性得矣。"在反对性恶论这一点上,《荀子》的性朴论和《庄子》的性朴论是一致的。不过,《庄子》认为朴之天性绝对完美,故其性朴论实际上是一种性善论,而《荀子》认为朴之性有善的潜质,但还不够完美,需要人为的努力来完善。华侨大学黄海德教授讨论了先秦学术史问题,就《庄子·天下》和《汉书·艺文志》的学术分野展开讨论。他认为,从学术的维度来考察,晚周学术实无百家,仅有诸子,而在历史上影响深远的九流百家说是经学影响下的汉代产物。因而《庄子·天下》和《汉书·艺文志》是先秦与汉代学术的分野。此文对诸子学的基本问题做了深入探索,极富理论价值。韩国国立庆尚大学金炯锡教授在《咸锡宪之老庄观》讨论了近代韩国学者咸锡宪的老庄研究。华东师范大学德安博博士后在《执大象之道——〈道德经〉的意象分析》一文中,从海外汉学的方法论视角出发,讨论了如何就意向理论分析老子,很有启发性。

推动诸子学研究新格局

华东师范大学先秦诸子研究中心主任方勇教授在大会闭幕式上指出,继承和发展多元的民族文化是"新子学"的基本观点,我们这个时代尤其要尊重民族文化。古人讲亡国不可怕,亡天下是最可怕的,因为历史和文化都灭掉了。"新子学"反对任何形态的新经学化,认为经学化下的多元不是真正的多元,"新子学"就是要提倡真正的多元精神。在"新子学"的发展问题上，方勇认为，把诸子学作为一个独立的研究领域，作为中国思想的内在脉络来把握，这就要求研究者突破学科限制，拓展研究领域，强化研究深度。诸子治国思想是一个有益的尝试，需要继续探索下去。诸子学是应世而发的学问，当代的诸子学研究要深入开掘中国早期的国家治理思想，不能无病呻吟，也不能坐而论道。他认为，不同的研究方向构成诸子学研究的良好布局，全面呈现了诸子学的面貌。不同领域研究者之间要良性沟通，人员构成需要合理化，从而形成一个成熟稳定的研究团体。方勇还指出，"新子学"要抓住时代脉搏，在当代社会生活中发挥更大作用。诸子学的发展，要适应时代，也要努力影响和引道时代。在这一过程中，诸子学界的学者和出版界、新闻界的同仁有责任把传统文化经典中的内涵讲清楚，传播开来，从而在传统和现代之间搭建桥梁，真正让诸子学走进时代。

（原载于《光明日报》2015年6月8日"国学"版。作者单位：东北师范大学古籍所）

新媒体时代民族文化探源与经典传播
——"子学精神"传承与传播研讨会综述

毛冬冬　刘　凯

随着各类新媒体的不断涌现，人类信息、知识、文化的传播方式与媒介使用习惯正在经历前所未有的重大变迁。身处这样的时代变局之中，如何有效地实现民族文化的传承与传播已经成为中国知识界、文化界无法回避的问题。如何在传统文化式微的背景下探寻中华民族文化之渊源，并对传统文化中的经典作品与思想精髓进行有效传播和大力弘扬，也已成为当下人文社会科学领域的重要课题。

2014年11月9日，由上海大学影视学院教授郝雨筹划并发起的，以"'新子学'与现代文化：融入与对接——新媒体时代'子学精神'传承与传播"为主题的研讨会在上海大学乐乎楼隆重举行。此次研讨会为期一天，先后以主题演讲和讨论的形式开展了四场专题研讨活动，来自清华大学、复旦大学、中国传媒大学、同济大学等多所高校的专家学者从自身的研究领域出发，发表了各具特色的主题演讲，并就共同关注的问题展开了深入讨论。

一、探诸子思想精髓促民族文化传承
——助力文化探源与理论建构

上海大学影视学院院长郑涵教授首先代表会议的主办方之一简要阐述了对此次会议意涵及要旨的认知与期待。在其看来，"新子学"的提出在学术界已经获得了越来越多的关注与越来越大的反响，而本次会议更是具备了跨学科的视野，把文史哲与新闻传播学的学者汇聚在一起，以"新子学"为切入点，深入讨论新媒体时代民族文化传承与传播的问题，这对于当今中国的学术研究工作是具有重大意义的。不同学科就这一问题相互启发、相互碰撞，对于这一问题能向更高层次推进，向更大范围推广，都会大有裨益，对于解决当今时代我国文化建设、文化传播过程中面临的诸多问题与挑战也将具有借鉴意义。随后，郑涵教授对出席会议的各位专家、学者以及参会的同学表示感谢，并预祝会议取得圆满成功。

华东师范大学先秦诸子研究中心主任方勇教授首先对"新子学"概念酝酿与正式发表的艰难历程进行了回顾，而对于"新子学"能够突破古代文学先秦诸子研究的范畴，获得其他学科、其他领域的广泛关注，方勇教授在表达欣喜与感激之余，对更多专家学者能够参与到这一研究进程中也表示殷切期待。同时，他期望这一概念能够在各个学科不同的研究视角下得到拓展、丰富，从而为民族文化的传承与传播发挥更大的作用。

子学产生于文明勃兴的"轴心时代"，是以老子、孔子等为代表的诸子百家汲取王官之学精华，结合时代新因素创造出来的新学术。自诞生以来，子学便如同鲜活的生命体，在与社会现实的不断交互中自我发展。当下，它正再一次与社会现实强力交融，呈现出全新的生命形态——"新子学"。2012年4月，在上海召开的由华东师范大学先秦诸子研究中心举办的"先秦诸子暨《子藏》学术研讨会"上，方勇教授率先提出"全面复兴诸子学"的口号，"新子学"的概念应运而生。在方勇教授看来，"新子学"追求的不仅仅是在传统子学研究的基础上推陈出新，其深层理念更在于破除思想上的禁锢。传统经学的思维方式至今仍然渗透在国人的思想观念当中，儒家思想一家独大的经学理念仍远未破除，整个中国文化在走向真正多元化的道路上需要一次深刻的转向，而对于"新子学"的研究便将致力于此。

作为会议主办方之一，《探索与争鸣》杂志社的代表叶祝第先生对方勇教授的观点深表赞同。他认为，中国正处于一个面临重大转折的时代，而这往往意味着新的文化类型和新的时代精神诞生的可能。近30年来《探索与争鸣》杂志发表了很多关于中国传统文化的文章，他们所做的就是迎接这样一种新的文化的诞生，提供一个"探索与争鸣"的平台，汇聚专家学者的前沿思考，发出文化界最真实的声音，为推动中国传统文化的传承与传播贡献一份力量。叶祝第先生认为，以互联网为代表的新媒体，虽"泥沙俱下"，却也生机勃勃。互联网的开放平台、协作分享让自由表达成为可能，与方勇教授所说的"直面现实意义、深究学理，不尚一统而贵多元共商"的子学精神不谋而合。我们有理由相信，前现代和后现代的结合一定会绽放出最美丽的花朵。

复旦大学教授郜元宝将其对方勇教授提出的"新子学"三个层面意义的理解进行了深入阐释。在他看来，第一层面的所谓"新的子学"是无可非议的，然而这一层面很容易演变成一种学术的操作，成为学者之间讨论的事情，很难波及整个社会，无法对大众及社会文化造成广泛而深刻的影响，难以促成更大文化目标的实现。而作为第二层面的"新子之学"似乎还无从谈起。事实上，对于当代中华民族文化的传承与传播最具现实意义的是"新子学"的第三个层面，也即"新的子学时代的精神",而这恰恰是最值得思考与珍视的。

上海大学教授葛红兵认为中国现代文化与"子学源头"的对接还有漫长的路要走。总的来说,利用中国传统文化内生性的现代性资源去做民族文化新的现代性改造,在国内还没有成功的经验,在整个东亚范围内也没有完整的、国家性的、民族性的经验可供借鉴。迄今为止,学术界对此还缺乏理论上的梳理,而这也将成为下一阶段工作的重点。而在谈及传统文化经典如何在现代社会广泛传播的问题时,葛红兵教授强调,对经典文献的整理和解读仍然是一项工程量十分浩大的基础性工作,而对传统文化经典作品中思想"原点"的阐释无疑将成为重中之重。也只有先做好这些基础性的工作,才能扎实地推进传统文化中思想精髓的现代化进程,从而使得民族文化传承与传播的工作能够顺利、高效地开展。

逄增玉教授谈到其所任职的中国传媒大学正在开展的国际汉学传播项目。在他看来,"新子学"所提倡的对诸子百家思想的继承、发扬以及结合时代特点促成其与现代文化对接的诸多举措,对传统文化传承与传播具有至关重要的作用。如何重建诸子时代的多元并包的文化心理结构,并使之促进大众的精神生活、思想价值的建设应该是重点关注的问题。此外,逄教授对"'五·四'(新文化运动)断裂了传统文化"的观点并不认可。他以鲁迅的历史小说中对子学精神的肯定与继承为例,提出新文化运动中真正"断裂"的是儒学,而子学在这个时期是有所传承的,这一段历史值得当代学者进行更为深入的发掘。

同济大学教授张生从在当代学者中较为普遍的文化自卑感入手,强调现如今的中国社会在某种程度上已经"全盘西化"了,而中国文化在新文化运动100年来所经历的各种"折腾"和碰撞,非常鲜明地表现在几代国人,特别是知识分子身上。在张生教授看来,很多知识分子就像追求时尚的女性一样,"一会儿流行鲁迅了,我们就都

'鲁迅'了，一会儿流行耶稣了，我们就都'耶稣'了，一会儿流行儒家了，我们就都'儒家'了"。他进而反对知识分子中时常出现的将自身所研究的学术内容意识形态化的取向，并认为当今知识分子最应该摆脱的是传统的学以致用、经世报国的思想。他认为，现代知识分子应该尽可能少一点家国思想，少一点经世致用的思想，把该作为学术内容的还给学术，把该在生活中解决掉的问题还给生活，没必要把自身研究的内容提到国学的地位。他坦言，因为现代社会的日常生活本来就是一种"随波逐流"的状态，可能这样的学术态度更符合当代生活的处境。

《文学报》主编陈歆耕从媒体人与普通写作者的角度提出了两点思考。第一，传统文化的传承与传播在从学术层面展开的同时，也要立足于解决当代中国人的精神困境，更要注重其社会意义的建构。只有获得广泛的社会认同，才能获得更加丰富的精神活力，否则影响的范围很难拓展到社会公众之中。挖掘先秦诸子以来的民族文化精神之源务必要着眼于现实社会，这样才有可能汇聚成一种新的学术思潮，对社会价值观的重建做出相应的贡献。第二，子学产生于学术多元、百家争鸣的土壤，而"新子学"的建构也应承袭这一传统和精神气质，应该是开放的、多元的，不应该拒绝其他学派，当然也包括西方思想文化中的优秀成果。在吸收中外优秀成果中要力求让自己更丰富、更包容、更有生命力。陈歆耕主编坦言，他不希望"新子学"成为一种丰碑式的显学，像尊崇儒学那样形成自我封闭的传统。

《名作欣赏》副主编张勇耀则强调了女性视角在先秦诸子思想的精神萃取与价值传承方面的重要性。她认为，虽然相对于男性而言，女性的理性思维较弱，但凭借其独有的女性视角，艰涩古奥的诸子言论更易被内化为更温暖、通俗的大众话语，这无疑将助力于诸子思想的大众化传播。基于此，张勇耀女士对"新子学"研究百家争鸣局面中的女性角色参与表示了期待。

上海金誉阿拉丁投资管理有限公司总经理孙兴武致力于在上海建设开发一座中华民族的复兴主题公园，他认为理论上的探讨固然重要，但提升中国传统文化的影响力终归是一个实践操作的问题。如何赢得社会资源、政府资源的支持，也是值得在接下来的研究中重点关注的问题。他从自身的经验出发，认为传统文化需要发挥更加实际的效用，这样才能引起社会各界更为广泛的关注。

二、回归原点专注现实
——聚焦新媒体时代传统文化传播之道

当今新媒体时代的知识形态表现出许多新的特点。吉林师范大学新闻学院院长夏维波认为这主要表现在以下几个方面：其一，知识愈来愈信息化，人与知识的关系变成了简单的刺激反应关系；其二，媒体拟态知识体系的影响力的日益增长促成两套知识体系并存的局面；其三，知识分子不但对于知识垄断权消失，"知行合一"式的知识传承者的神圣地位也在消失；其四，新媒体时代，未必是百家争鸣的时代，传媒技术为自由提供平台，也为控制创造前提。最后，夏维波教授将新媒体时代子学精神的传承问题表述为"三个民间"的见解。"第一民间"强调"子学下乡"，这一过程伴随着崇高化与世俗化两种看似对立的倾向；"第二民间"强调中国知识分子所具有的"中间型"空间性的特征，即知识分子既是王官之学的维护者，又是民间之学的传播者，认为"新子学"应有明确的自我定位；"第三民间"则强调民间之学的异质性和多元性应得到保障，以维持民族的文化反省能力。文化反省需要思维工具，一种文化是否先进，应看其有无文化反省的工具，而中国的知识谱系有这样的工具，儒释道一体文化谱系具有一种发展的自洽性。夏维波教授认为，以上三点都是符合新媒体时代媒介发展特征的。

　　河北大学宣传部部长刘焱认为,学术研究很多时候是在自说自话的氛围中做的,这样很不好,文化自信的建构首先是在深层次地解决人们魂归何处的问题,在这个层面展开文化建设工程是很重要的。前年到德国考察时,发现他们的中小学开设有人文精神教育课、伦理道德推理课,其课程体系也是很完整的,在他们看来,不管信奉什么教,最重要的是敬畏生命。所以他提倡在"新子学"的研究中应该注重人们精神出路的寻找,要着眼于解决人们精神匮乏的问题,使人们在心态上变得阳光、积极,使"新子学"的研究在人际关系建构上发挥正面作用。而回到大学中来,培养具有鲜活生命力的大学生也是很重要的,使他们更明白生命是怎么回事,文化究竟应该走向何处。

　　吉林工程技术师范学院传媒学院院长陈少志首先谈及中央电视台关于寻找最美乡村教师、最美村官、最美少年的"三寻找"节目,进而提出将"新子学"的理论基点与现代传媒中的典型人物报道相关联,捋顺"新子学"中着力弘扬的子学精神与现代传媒典型人物报道的关系,探索二者得以顺利"对接"的"接点"。这样才能在增加主流媒体社会公信力的同时,同步提升人们对传统文化中最具价值的观念的认同。

　　天津师范大学王艳玲教授从新媒体时代信息碎片化的问题谈起,认为文化经典作品应该放下身段,借助新媒体的多元路径,在内容和形式上适应现代文化的旨趣,在一定程度上顺应当前公众获取信息与知识的习惯。王艳玲教授引述中国人民大学教授喻国明的观点,认为碎片化会导致两个结果:一个是话语权威和传播效能不断降低,另一个就是海量信息的堆积和表达意见的多元。由此,她提出碎片化阅读是当今社会飞速发展的必然结果。大众阅读的碎片化形势是不可逆转的,甚至可能成为一种主流。碎片化阅读可能会成为经典导读的一种有效途径。王教授列举了"国学堂"网站上的"一张图让你看懂什么是国学"、"老子道德经的白话全解"、百科全书网站的"48张图让你了解48种主义"、古典新风尚网站的"一篇短文了解诸子百家"。这些都对传统文化经典起到了道读作用。虽然我们不可能通过一张图了解国学，通过一篇文章了解诸子百家，但是其在朋友圈的分享链接使得摘要的精华知识部分起到刺激人们阅读经典的作用，这对经典作品的普及、影响力的提升是一种不可忽略甚至是不可估量的贡献。

集美大学教授景国劲认为，在中国传统文化传承与传播的过程中，价值选择是一个非常重要的问题，对其进行的研究也将波及很多领域。他认为，从某种意义上讲，这是一个文化诉求与价值诉求的问题。我们可以借助生态哲学和美学的一个概念——"有机整体性"——把整个中国文化作为有机整体，强调包涵、多元与平等。他认为三种精神是在新媒体时代的传统文化传播最需要具备的：一是创新精神；二是参与精神；三是对话、平等、多元的思想。

此外，上海体育学院新闻学院院长杜友君强调了文化传承与传播的重要性。他认为，推动社会进步理论与知识的大众化与普及化，使之能够为更多人所理解，是每一位人文社会科学工作者的职责。苏州大学曾一果则认为，在新媒体时代，包括"新子学"在内的传统文化经典的传播既不能过分娱乐化，也不该过度崇高化，而是应该探寻一种相对中和的方式。

三、新管道新视角
——青年视野中的经典传播策略性建议

《申江服务道报》记者孔亮列举了许多源自网络论坛、微博、微信朋友圈等社交媒体平台的涉及传统文化的极具趣味性的案例，并认为许多传统文化中的经典作品其实都是古人一种生活状态的体现，之所以能够广泛传播并且世代传承除了其本身具备的审美价值以外，更重要的还在于它们符合大众的审美趣味，获得了更广泛群体的审美认同，这也是一个传播学的问题。在新媒体时代，全民娱乐的因素很强，传统意义上"说教式"或者说"传教式"的传播方式很难起到实际的作用，因此，文化经典也不能固步自封、固守成规，必须在传播形式上做出重大调整，这样才能在新媒体时代的文化舞台上占据一席之地。孔亮进而认为，传统文化的研究者和传播者应该主动拥抱新的技术，并掌握当今时代的传播规律，利用热点焦点事件，并借助资本市场的力量和管道，将文化经典作品"借势"传播出去。他以"今日头条"的APP为例，认为其中推荐的古诗和文章恰恰是在座的专家学者最擅长的，这些内容也并非得不到年轻受众的认可。事实上，正是由于它做到了以上几点，才创造了涉及数千万受众的广泛影响力和估值5亿美元的巨大价值。

安徽省社科院研究员王飞重点就"新子学"如何适应时代的需求和新媒体环境下"新子学"如何接地气的问题阐述了自己的观点。在他看来，任何一个学术概念乃至学科的发展，都离不开现实环境，而在新媒体环境下，"新子学"如何"接地气"的问题值得传统文化的研究者和传播者思考。王飞谈到图书馆中大量子学经典及各代学者所做的"集注"对于普通读者而言太过艰深晦涩，而且人们对于这样大部头的作品是会产生阅读心理障碍的。在新媒体环境下，如何把传统文化中的经典作品以让人们喜闻乐见的形式表现出来，让大家更容易去接受，这就是一个"接地气"的问题。从历史上来看，越简单的学问越容易为人们所接受。他举了佛教在中国传播发展的例子，认为在佛教诸多宗派中，净土宗之所以能够广泛流行就是因为净土宗专修往生阿弥陀佛净土法门，教义简单，修行方法简便，人人都能做到，故自中唐以后广泛流行，而当今文化经典的传播也应该对此有所借鉴。

宝鸡文理学院的王小宁提出对以子学为代表的传统文化的研究应该在研究方法与研究视角上寻求突破，并建议从中西比较的立场上去重新介入传统文化的研究。她认为，在当今时代，唯有在不同民族的对话中才能激发出中国传统文化思想价值的活力。

台湾学者陶奕骏提出，应该从文化传播的角度对传统文化予以更多的思考和关注。传统文化不能仅仅通过专家的纸笔和文字来传播，而应该成为全民文化的一部分。特别是青年一代，需要对这方面有更多的了解和认识。包括推出一些讲坛，或者更进一步地推出影视、动漫作品或者借助各种新媒体传播都是更为有效的传播途径。此外，陶奕骏认为更加注重中小学教材的编写和大学阶段通识课程的开设，才能使传统文化的传播具备更加广泛的社会根基。

清华大学博士后孙平从其自身从事纪录片创作的视角出发，认为以子学为代表的传统文化在其传播过程中，可以充分利用BBC、美国国家地理的商业化运作模式来拍摄一部大众化的文化纪录片。在她看来，通过这样的模式，既讲了文化，大家又喜欢看，才能真正实现文化传承与传播的目标。她试图寻求拍摄这样一部文化纪录片的可能性，并希望能为本次会议做一些后续性的贡献。

在会议接近尾声之际，同济大学教授王鸿生的一番言论颇能引起所有与会者的共鸣。他认为这次会议的主题特别具有当下感。在这样一个极度扩张的、以技术为支撑的互联网世界中，中国传统文化的活力如何被释放，如何进一步和西方文化对话，将是人类另一段漫长的精神交往史。在这一段精神交往史中，西方怎么做，中国怎么做，对人类未来的命运意义非常重大。这也将成为今后很长一段时期内，所有关注民族文化传承与传播的人士需要关注和思考的问题。

（原载于《诸子学刊》第十三辑。作者单位：上海大学影视学院）

海峡两岸学者研讨"新子学"

陈志平

由台湾高东屏区域教学资源中心等举办的"2016'新子学'国际学术研讨会"近日在台湾屏东举行。来自海峡两岸及韩国、马来西亚等国的40名学者，针对"新子学"的理论框架与具体内涵、地域差异与发展前景、传统诸子学研究等问题，展开深入讨论。

对于"新子学"理念，与会学者均表示认同。屏东大学简光明教授指出，"新子学"的提出非常有意义，是诸子学在当代新的发展样貌。"新子学"对于传统学术的转型提出新的要求，其进一步的发展则有赖于两岸学者的共同努力。台湾联合大学钱奕华副教授认为，台湾的传统学术研究经历了从以往的经学一尊到当下的西学泛滥的历程。经学一尊，不利于百家争鸣，遏制了其他领域的研究；而过分推崇西学，抛弃传统，又缺乏自己研究的特色，根源是学术的原创性动力不足。"新子学"的提出，开启了学术研究的新视野和新领域，为我们的研究提供了新的思维方式。

"新子学"内涵的讨论是此次学术会议的重头戏。华东师范大学方勇教授作了专题演讲"'新子学'与中华文化重构"，介绍了自己研究诸子学的历程和"新子学"提出的经过。"新子学"的提出，就是要突破经学思维的禁锢，还经于子，挖掘子学内涵，倡导子学精神，打破对于西学的迷信，增强民族学术自信，为探索民族文化走向提供智力支持。方勇教授的演讲引起了与会学者与听众的极大兴趣，纷纷参与讨论。问题主要集中在三个方面：什么是"子学精神"？"新子学"与传统子学相较，新在何处？"新子学"会不会整合文史哲？正修科技大学吕立德教授认为：在儒家传统教育下很容易陷入固化呆板的思维和倾向。只有跳脱，才能有新的阐释和希望。中华民族面对全球化，诸子思想是很有必要的，因为多元思维已经渗透到文化、经济、政治各个领域。"新子学"的提出，就是对现实问题的回答，正是子学精神的体现。台南大学张慧贞教授认为："新子学"的提出，有利于学术的多元发展，但也要警惕碎片化问题。碎片化不仅表现在学术思想上，也会蔓延渗透到各个方面。百家争鸣与思想一统，提倡多元与建立中心，似不可偏废。百家思想如何在"新子学"框架下融为一体，还值得研究。东北师范大学古籍研究所刘思禾认为："新子学"最大的新，就在于它是一种文化的自觉。在新的历史条件下，子学研究要在一子一家的具体研究的基础上，从学术走向文化，积极自觉地回答时代的问题，努力引领文化走向，乃得子学真精神，也是"新子学"的"新"之所在。"百家争鸣"，首先要有百家，才能争鸣，所以"新子学"倡导的是文化研究的多元，反对经学、儒学的禁锢。百家敢于争鸣，就在于学术的自信与创新，所以"新子学"倡导的是民族学术的自尊和超越，反对崇洋媚外和人云亦云。"新子学"倡导的是学术的求同存异和兼容贯通，反对党同伐异和"攻乎异端"。"新子学"要承续中华民族的优良学术传统，提倡文史哲不分家，处理好与国学、儒学乃至经学的关系。

对"新子学"的地域差异性的思考和讨论是本次会议的重要收获。韩国江陵原州大学的金白铉教授结合自己在韩国提倡"新道学"的经历指出，21世纪的文化应该有诸子百家的一面，应该有新哲学、新道家、新子学，甚至有西学，这样才有光明。譬如"新道学"，"是应当东西思想和文化的妙和而建立的"。而"儒家、道家、佛教都各具有其界限，因此，严密反思而批评性的继承才对"。韩国圆光大学姜声调教授认为，所谓韩国"儒学"，是中国儒学传入韩国后，基于韩国人的思考能力、意识形态与其价值观，并按照韩国人的需求，批判地接受、独特地变化、一新地发展而改造，长期栖息于当地的生态环境，乃成为本土气息极其浓厚的学术思想体系，它与中国"儒学"有共同的普遍性，同时也有独自的特殊性。简光明教授评述指出，儒学和诸子学在海外尤其是东亚地区的发展极其兴盛，留下了大量典籍。而海外诸子典籍的搜集，将扩充《子藏》的收书数量；将海外子学纳入中华子学的发展脉络中，展开研究，能极大丰富"新子学"的内涵。这是值得注意的领域。域外汉籍近几年渐成显学，其中有关诸子著作的发掘整理、子学在东亚学术中的互动研究，将是"新子学"发展中新的一翼。

黄冈师范学院陈志平教授指出，如今的文化走向，处在十字路口，"这就如同一辆卡车，左边坐着孔子，右边坐着耶稣，开车的人怎么办呢？听谁的？左拐、右拐，还是走直线，这类问题大陆讨论得很多。我们可不可以换一种思维，换一批乘客，大家商量、对话来共同确定未来的方向"。高雄师范大学林晋士教授认为这个比喻很有趣，"也许我们让他们坐后面当乘客就好了，可以提点意见。至于司机，则是我们今天的研究者来当。因此，在座的每一位都有责任"。但他同时指出，两岸文化同源异流，发展路径不同，面临的问题也不尽相同。大陆经历过儒学崩塌，台湾则儒学传统一直得以延续，大陆社会思想比较稳固，而台湾地区本就多元开放，思想五花八门，尤其是近些年西学气氛浓厚。"新子学"要在台湾生根发展，还需要面对和解决台湾自己的文化问题。台湾目前的文化太过重视西洋学术，欧风美雨，挟洋自重，哲学、文学、美术都是用西方传进来的论述方式来架构，弄得中华学术要去依傍西学，结果"抛却自家无尽藏，沿门持钵效贫儿"（王阳明《咏良知》）。"新子学"以独到的眼光和新颖的想法，占据了研究思想和学术的制高点，使我们的研究有相当高的自主性，不用躲在经学和儒学的阴影中，更不用依傍西洋。台湾文化要怎么走，需要大智慧。

　　本次台湾"新子学"国际学术研讨会，是大陆以外地区首次关于"新子学"的专题讨论会。海外学者以及两岸学者在与会发言中深入沟通，进一步深化了"新子学"的理论内涵和影响广度。作为"新子学"研究历程中的重要一步，首届台湾地区"'新子学'国际学术研讨会"必将为"新子学"研究全面纵深发展起到积极的推动作用。

　　（《光明日报》2016年12月5日第16版。作者单位：黄冈师范学院）

编后记

　　2012年10月22日,《光明日报》"国学"版刊登方勇教授《"新子学"构想》一文,引发了海内外学术界及社会各界的关注与讨论。同年10月27日华东师范大学召开"'新子学'学术研讨会",12月1日上海大学、宁夏宁川市文联《黄河文学》杂志社联合主办"新媒体时代民族文化传承——现代文化学者视野中的'新子学'"研讨会,2013年4月12日至4月14日华东师范大学主办"'新子学'国际学术研讨会",这三次学术会议所收会议论文及发言讲稿,连同此间公开刊登的其他讨论"新子学"的文章,包括2013年9月9日《光明日报》"国学"版刊载方勇先生《再论"新子学"》等,已分别编入《诸子学刊》第八辑"'新子学'论坛"栏目、《诸子学刊》第九辑("新子学"专号)以及学苑出版社2014年2月出版的《"新子学"论集》,并广为读者所知晓。

　　2014年4月12日至4月13日,华东师范大学先秦诸子研究中心举办"诸子学现代转型高端研讨会"。这是又一次深入探讨"新子学"的学术盛会,来自中国大陆、港澳台地区以及新加坡、韩国、马来西亚等国家的130多位诸子学专家学者汇聚一堂,并就"新子学"内涵界定、"新子学"的社会价值,特别是"新子学"发展的路向等问题进行了深入讨论,为坚实推进"新子学"发展、大力推动文化复兴积极建言献策。详情可参阅本辑所收《"新子学"稳步推进——"诸子学现代转型高端研讨会"纪实》、《新子学：几种可能的路向——国内外学者畅谈"新子学"发展》、《"新子学"推动文化复兴——〈子藏〉第二批成果发布会暨诸子学现代转型高端研讨会举行》三篇文章。2014年11月9日，上海大学影视学院举办"'新子学'与现代文化：融入与对接——新媒体时代'子学精神'传承与传播"学术研讨会，来自清华大学、复旦大学、中国传媒大学、同济大学等多所高校的专家学者从自身研究领域出发，对"新子学"理念进行了细致讨论，发表了各具特色的主题演讲，有效促进了"新子学"理念与新媒体的结合。详情可参阅本辑所收《新媒体时代民族文化探源与经典传播——"子学精神"传承与传播研讨会综述》一文。2015年4月18日至4月19日，华东师范大学先秦诸子研究中心主办"第二届'新子学'国际学术研讨会"，来自海内外120余名诸子学专家学者围绕"新子学"理念，主要就诸子国家治理思想展开深入探讨，并对其现代价值作出正面阐述，显示了"新子学"发展的强劲势头。详情可参阅本辑所收《发掘诸子治国理念——第二届"新子学"国际学术研讨会综述》一文。这三次会议有关"新子学"主题的论文，以及2016年3月28日《光明日报》"国学"版刊载的方勇教授《三论"新子学"》一文，已分别编入《诸子学刊》第九辑"'新子学'论坛"栏目、《诸子学刊》第十三辑（"新子学"专号之二）。2016年10月22日台湾高东屏区域教学资源中心在台湾屏东举办"2016'新子学'国际学术研讨会"，来自海峡两岸及韩国、马来西亚等国的40名学者，围绕"新子学"的理论框架与具体内涵、地域差异与发展前景以及传统诸子学研究等问题，展开深入讨论。详情可参阅本辑所收《海峡两岸学者研讨"新子学"》一文。同年11月28日，厦门大学、上海大学、河南省社科院等在厦门筼筜书院联合举办"'新子学'深化：传统文化价值重构与传播国际学术研讨会"，来自海内外70余位专家学者就"新子学"与传统价值重构、"子学精神"与中国文化之魂、"新子学"与现代中国核心价值观、自媒体的碎片化与传统经典阅读等展开讨论。与上述同时，各地报刊也先后刊发了多篇探讨"新子学"的非参会论文。

本次编辑《"新子学"论集》（二辑），因考虑到篇幅的合理性，除暂时割舍2016年11月在厦门筼筜书院举办的"新子学"国际会议的相关论文及媒体报道，拟于来日收入《"新子学"论集》（三辑）以外，已收录自2014年初《"新子学"论集》出版以来其余所有讨论"新子学"的论文及相关访谈录、媒体报道等，共计78篇。综合这些新近成果可知，"新子学"理念已超越单纯学术范围内的研讨，并引发了社会各界的热烈参与和积极讨论。自构想之初，"新子学"即意在破除经学思维禁锢，广纳万响，振道常新。纵其深层影响未必朝夕顿现，然微木之衔可荡清波，跬步之积或晤羲和。今于三载之后，再辑时彦典论，非慕声华之彰，实冀以寸心不材，而闻德音常奏，众志有托！

叶蓓卿

2017年4月